KB073969

선사시대 고인돌의 성좌에 새겨진 한국의 고대철학

한국 고대철학의 재발견

이 저서는 2014년 정부(교육부)의 재원으로 한국연구재단의 지원을 받아 수행된 연구임
(NRF-2014 S1A6A4026406)

This work was supported by the National Research Foundation of Korea Grant funded by the
Korean Government. (NRF-2014 S1A6A4026406)

한국철학총서 42

선사시대 고인돌의 성좌에 새겨진 한국의 고대철학 – 한국 고대철학의 재발견

지은이   윤병렬
펴낸이   오정혜
펴낸곳   예문서원

편 집   김병훈
인 쇄   ㈜ 상지사 P&B
제 책   ㈜ 상지사 P&B

초판 1쇄   2018년 6월 25일

주   소   서울시 성북구 안암로 9길 13 4층
출판등록   1993년 1월 7일 (제307-2010-51호)
전화번호   925-5913~4 / 팩시밀리   929-2285
Homepage http://www.yemoon.com
E-mail   yemoonsw@empas.com

ISBN 978-89-7646-387-6   93150

YEMOONSEOWON 13, Anam-ro 9-gil, Seongbuk-Gu Seoul KOREA 136-074
Tel) 02-925-5913~4, Fax) 02-929-2285

값 53,000원

한국철학총서 42

선사시대 고인돌의 성좌에 새겨진 한국의 고대철학

한국 고대철학의 재발견

윤병렬 지음

예문서원

책머리에

"말할 수 없는 것에 대해서는 침묵해야 한다"(비트겐슈타인)고 치더라
도, '말할 수 있는 것', '말해야 하는 것'을 침묵으로 일관해서는 안
되리라. 심지어 '말할 수 없는 것'도 말해야 하는 것이 철학의 운명이
아니던가. 필자는 한국 고대철학의 영역에서 '말할 수 있는 것'과
'말해야 하는 것'을 발견하고서 이를 평생토록 심사숙고해 보기로
마음먹었다. 독일유학시절에 우연히 책을 통해, 또 어느 전시회에서
보았던 고구려의 고분벽화와 여기에 그려진 여러 별자리들, 나아가
사신도四神圖와 사수도四宿圖의 체계를 보고서 필자는 적잖은 전율을
느꼈고, 이후 『고구려의 고분벽화에 그려진 한국의 고대철학』을 집필
하게 되었다. 이 책 『선사시대 고인돌의 성좌에 새겨진 한국의 고대철
학』도 그 연장선에서 탄생하게 되었다. 이 책들을 집필하면서 필자는
<한국 고대철학의 재발견 시리즈>를 새로운 철학의 지평에서 엮어
보리라 마음먹었다.

고분벽화에서뿐만 아니라 성혈고인돌의 덮개돌에도 사수도가 새겨
져 있다는 것, 청동거울에 사신도가 디자인되어 있다는 것은 여간
놀라운 일이 아니다. 그것은 선사시대에서부터 사신도-사수도체계
가 전승되어 왔음을 말해 준다. 이로 인해 필자는 H. 롬바흐가 규명한

4

"사람들은 결코 '미개'했던 적이 없었다"라는 명제가 점차 진실인 것으로 느껴졌다.

놀라운 것은 세계에 흩어진 고인돌들과는 달리 우리의 성혈고인돌에는 천문도가 새겨져 있어 해독할 수 있은 계기가 마련되어 있다는 것이다. 말하자면 이들은 자신이 무엇이라는 것을 밝히는 "말하는 돌"이고 자신의 정체를 "비춰 주는 거울"인 것이다. 이런 "말하는 돌"과 "비춰 주는 거울"은 곧 자신의 정체가 비-은폐의 세계로 드러내는 "존재의 진리"(하이데거)이고 "정신의 소인이 찍혀 있는 것"(롬바흐)이라는 사실을 말해 준다.

선사시대 사람들은 성좌도, 특히 사수도(해, 달, 북두칠성, 남두육성)를 통해 경천사상과 귀향의 철학 및 불멸사상을 드러내었고, 또한 이들을 통해 온 세계를 보살피고 수호하는 철학의 체계를 탄생시켰다. 그들이 세운 이러한 체계는 어떤 자의에 의한 것이 아니라 서로의 공감각(Sensus Communis: 칸트)에 의해 공감하고 공명하여 이룩한 것으로서, 사숙도와 사신도의 존재자들이 촉발하는 힘을 바탕으로 각별한 존재의미를 부여한 결과이다. 이러한 체계에는 경천사상과 귀향의 철학, 불멸사상, 온 누리를 보살피고 수호하는 철학의 체계인 우리의 고유한 고대철학과 우리의 독특한 정신적 원형이 구축되어 있다.

우리의 고대철학에 대한 지평이 이미 선사시대에서 발원하였다는 사실은 무척 놀라운 일이다. 더욱이 이러한 철학의 체계는 충돌과 전쟁(polemos)을 기반으로 하는 서구의 변증법체계(헤라클레이토스, 헤겔 등)와는 근원적으로 다르기에, 인류정신사에서 새롭게 조명되어야 할 것으로 여겨진다.

이제 우리는 한국의 고대철학에로 다가갈 수 있는 획기적인 단서를 찾았다. 그러나 대부분의 선사유적은 문자로 전승되지 못한 편이어서 거의 침묵하고 있는 것이나 다름없다. 게다가 선사시대 이래 수천 년 동안이나 지속되어 온 문화단절현상은 이런 선사유적에 담긴 철학적 의미를 읽어 내는 작업을 더욱 요원하게 만들었다. 그러나 단지 문자로 기록되지 않았다는 이유로, 혹은 '미개'한 선사시대에 관련된 것이라고 해서 실제로 선사시대에 일어났던 일들을 인문학과 철학의 지평에서 끌어내리려는 태도는 무지와 오만을 동시에 폭로하는 것이나 다름없다.

필자는 전국에 흩어진 성혈고인돌에 대한 답사에 매진했으며, 사신도와 사수도의 철학체계에 대한 철학적 정당화 작업—이 책의 대부분의 분량—을 위해 매달렸다. 이러한 정당화 작업에는 많은 철학자들의 방법론적인 도움이 있었다. 플라톤의 우주론, 칸트의 미학, 롬바흐의 그림철학, 하이데거와 셸링의 예술철학, 후설과 하이데거의 현상학 및 존재론, 파스칼과 스피노자의 심오한 사유 등등.

　끝으로 필자가 이러한 연구를 할 수 있도록 재정적 지원을 아끼지 않은 한국연구재단에 고마움을 표하며, 또 국내의 인문학적 위기와 열악한 출판계의 상황에도 동양철학의 출판을 위해 심혈을 기울이고 있는 예문서원의 여러분께 감사드린다. 특히 철학적 사유와 대화에 기꺼이 함께해 준 동료 교수들(강학순, 이승종, 최정일)과, 신비로운 고창 고인돌을 사진에 담아 준 아우(사진작가 윤병삼)에게, 또한 고인돌 답사를 위해 험산준령을 마다하고 따라나선 아내(심진숙)에게도 고마움을 전하고 싶다.

2018년 5월
홍익대학교 연구실에서
윤병렬

사람들은 결코 미개했던 적이 없었다. – 하인리히 롬바흐

들어가는 말

강화도나 전라도 지방 혹은 한반도의 그 어디라도 여행을 하다 보면 예기치 않게 몇몇 고인돌이나 고인돌군을 만날 수 있다. 그럴 때 사람들은 대체로 예사롭게 이름 없는 옛 무덤이나 돌무덤이겠거니 여기고 지나칠 것이다. 설령 가까이 다가가서 살펴본다고 하더라도 고인돌은 고인돌일 뿐이라거나 그저 말없이 땅위에 있을 따름이라고 여겨 대수롭지 않게 생각할 것이다.

그런데 이들 고인돌이 선사시대(신석기시대에서 청동기시대에 이르는)의 유적일 뿐만 아니라, 전 세계 고인돌의 절반 이상이 한반도와 옛 고조선 지역에 있으며 그 고인돌의 덮개돌에 새겨진 성혈들이 각별한 의미를 지닌 성좌도 내지 천문도라는 것을 알게 된다면 태도가 달라질 수도 있을 것이다. 강화도의 고인돌을 비롯해 고창과 화순의 고인돌군 이 세계문화유산으로 등록되어 전 세계적으로 학계의 비상한 관심을 모으고 있지만, 정작 우리는 야산에 널려 있는 돌무덤일 따름이라고 여기며 지나쳐 버리고 있으니 안타까울 따름이다.

그러나 고인돌이나 선돌은 선사시대의 정신적인 무엇인가를 드러 내 보이는 문화유적으로서, 초기 인류문명의 태양거석문화를 펼쳐 보이는 증거이다. 그것이 고매하고 심오한 "정신의 소인이 찍혀 있는

것"(H. 롬바흐)이라고 한다면, 혹은 성혈고인돌이 자기 스스로 자신이 무엇이라는 것을 밝히는 "존재의 진리"(A-letheia, 하이데거)라고 한다면, 고인돌에 대한 무지와 '존재망각'으로 일관하고 있는 우리의 태도를 바꿔야만 한다. 우리는 스콧 펙처럼 "내 영혼을 찾는" 태도로 거석문화의 유적을 찾아 나설 것이다.

우리의 선사先史와 고대사에 대한 문헌적 역사자료는 퍽 빈약한 편이다. 혹자는 고구려가 당나라에 의해 패망할 때 고구려의 도서관이 열흘 동안이나 불탔다고 하는데, 어쨌거나 그런 선사와 고대의 역사적 문헌의 빈약함은 우리의 역사서술뿐만 아니라 정신문화에 대한 제반 학문적 연구를 어렵게 하고 있다. 그래서 우리의 연구는 중국 고대의 동이東夷에 관한 역사서술에 의존하는 편인데, 그들의 시각에 맞춘 역사서술인지라 깊이와 정확성에 늘 의혹을 품지 않을 수 없다는 사실을 우리는 잘 알고 있다.

다행히도 고인돌과 성혈고인돌, 고인돌 덮개돌에 새겨진 성좌도, 청동거울의 사신도, 고분벽화의 사신도와 사수도(해, 달, 북두칠성, 남두육성) 등등은 우리에게 생생하게 전해져 오고 있는 유물이다. 여기서 우리는 역사적·문화적 자료뿐만 아니라 고귀한 정신적 원형을 읽어낼 수 있는 단서를 마련할 수 있다. 이들 선사 유물과 선사 이후의 유물들이 정보가 되어 말을 들려줄 때에는 어마어마한 섬광이 비치고 "존재의 진리"가 밝혀지게 될 것이다. 필자 또한 이런 자료들을 바탕으로 이 책을 기획할 수 있었다.

처음 이 책을 기획할 때의 타이틀은 '한국 고대철학의 재발견―선사先史의 고인돌 성좌에 새겨진 한국의 고대철학'이었다. 여기서 '재발견'이라는 말에는 퍽 도발적인 발상이 들어 있다. 말하자면 한국의 고대철학이 그때에도 있었다는 것이고, 필자는 지금 그때의 철학을 재발견한다는 뜻이기 때문이다. 그렇기 때문에 이러한 철학에 대한 증거를 제시하는 것이야말로 이 책의 연구 목적이고 최대의 관건인 것이다. 진화론적 사고방식에는 이러한 기획이 납득되기 어려울 수도 있겠으나—마치 선사시대에는 인류가 원숭이로부터 좀 진화된 상태라서, 수다한 진화의 그림책이 펼쳐보이듯 인류는 직립한 지 얼마 되지 않는 구부등한 신체를 지니고 퍽 미개했을 것으로 여기기 쉬우나— 본 연구에서는 그러한 사고방식을 결코 받아들이지 않고[1] H. 롬바흐의 규정에 입각하여 "사람들은 결코 '미개'했던 적이 없었다"(Heinrich Rombach)[2]라는 전제에서 출발해서 선사 유적의 사료들을 통해 그 증거를 제시한다.

물론 선사先史의 고인돌 성좌에서 한국의 고대철학을 읽어 내려는 기획은 어쩌면 무모할 만큼 어려운 과제일 수 있다. 선사에 관한 역사적 사실은 문자로 전승되지 못한 편이며, 선사의 유적들은 대부분 침묵하고 있기 때문이다. 이런 침묵하고 있는 것을 바탕으로 터무니없는 문학적 상상을 그려놓거나 근거 없는 형이상학을 늘어놓아서는 안 된다. 비트겐슈타인은 『논리철학 논고』(Tractatus logico-philosophicus)의 마지막 종결 문장에서 "말할 수 없는 것에 대해선 침묵해야 한다"[3]라고

---

1) BC 5300년경에 시작된 수메르 문화의 시작과 그 점토문자만 생각해도, 혹은 이보다 더 오래된 홍산문명을 참고해 봐도 진화론적 사고가 오히려 신뢰하기 어려운 것으로 보인다. 수메르의 왕이자 영웅인 길가메시의 이야기로 알려진 『길가메시 서사시』(*Das Gilgamesch Epos*, übersetzt von Albert Schott, Reclam: Stuttgart, 1958; 한글판: 김산해, 『길가메시 서사시』, 휴머니스트, 2005)만 참조해 봐도 인류는 선사시대부터 고도의 정신적 문명을 소유했던 것으로 추리할 수 있다.

2) H. Rombach, *Leben des Geistes* (Herder: Freiburg · Basel · Wien, 1977), 65쪽, "'Primitiv' sind die Menschen nie gewesen".

3) 원문: "Wovon man nicht sprechen kann, darüber muß man schweigen."(Ludwig Wittgenstein, *Tractatus logico-philosophicus*, Suhrkamp Verlag: Frankfurt a.M. 1971.)

피력했는데, 이는 필자에게도 적절한 이정표가 되었다.

진실로 말할 수 없는 것이라거나 하이데거의 '존재'나 비트겐슈타인의 '신비로운 것'(das Mystische),[4] 나아가 노장의 '도道'처럼 개념으로 포획되지 않고 언어로 표상되지 않는 것이라면 우리는 그런 속성을 그대로 이해하고 받아들일 수밖에 없다.[5] "말할 수 없는 것"에 관해 말하는 순간 이 말할 수 없는 것은 대상화되고 만다. 이를 하이데거의 사유방식으로 표현하면, 말할 수 없는 '존재'에 관해 말하는 순간 '존재'는 존재자로 대상화되는 것이다.[6] 그러나 이들 철인들이 어떻게든 언어로 철학적 노력을 기울여서 저 '말할 수 없는 것'에로 다가갈 수 있도록 끊임없이 이정표를 마련하고 있다는 것도 주시해야 한다.

그런데 위의 비트겐슈타인의 "말할 수 없는 것"이란 대체로 논리적으로 타당시될 수도 검증될 수도 없는 것, 실제와 거리가 먼 것, 그의 말로 표현하자면 형이상학적인 것을 의미한다. 물론 철학이 다 논리적으로 검증 가능한 그런 것만으로 전개되어야 한다는 강요는 없다. 때로는 "말할 수 없는 것"에 대해서도 말해야 하는 것이 철학의 운명이기 때문이다. "말할 수 없는 것"을 말했다고 해서 그 말해진 것이 항상 거짓이 되는 것은 아니다. 철학의 세계에는 참과 거짓의 도식이 필요 없는 것이 있을 수도 있으며, "말할 수 없는 것"에 대해 말한

---

4) 이승종 교수가 지적하듯 "하이데거가 말하는 '존재'나 비트겐슈타인이 말하는 '신비로운 것'은 언어로 표상되지 않는다."(이승종, 『크로스오버 하이데거』, 생각의 나무, 2010, 345쪽) Wittgenstein, *Tractatus logico-philosophicus*, 6.522 참조.

5) 노자는 그의 『도덕경』의 제1장에서 말로 표현된 道는 常道가 아니라고 하고, 하이데거도 그의 『존재와 시간』 제1장에서부터 '존재'는 개념적으로 파악할 수도 또 규명할 수도 없는 것이라고 한다.

6) 이승종 교수도 이를 온당하게 지적하고 있다(이승종, 『크로스오버 하이데거』, 131~132쪽 참조)

것이 때로는 의미 있게 와 닿는 경우도 있기 때문이다. 세상의 모든 비밀을 논리학이나 실증학문으로 다 대답할 수는 없다.

그러나 정작 놀라운 것은 저 비트겐슈타인의 옐로카드가 전혀 적용이 되지 않는 철학의 지평이 있다는 점이다. 바로 그 옐로카드가 적용되기 이전에 분명하게 일어나 있는 사태와 사건들이다. 비트겐슈타인의 명제도 전제로 삼지 않을 수 없는 것, 이를테면 존재하는 것과 그런 존재하는 것에 의미를 부여하는 것들이 바로 그것이다. 그런 지평 위에 든든한 고대철학의 집을 짓기 위해 우리는 이 책과 함께 대장정에 오를 것이다.

과연 저 비트겐슈타인의 옐로카드가 적용되지 않는 영역이 있느냐고? 물론! 이를테면 어떤 존재자가 존재하고 있다는 적나라한 사실 자체와 우리가 어떤 존재자(예를 들면 어떤 별자리나 산, 강, 은하수, 등대, 금과 은, 바위 등등 수없이 많다)에게 이런저런 혹은 독특한 의미를 부여하는 것은 자연스럽기도 하고 필연적이기도 하지만, 진위판단이나 논리적 검증이 일어나기 이전의 사태라서 비트겐슈타인의 옐로카드가 적용될 여지가 없는 것이다. 이 책에서 구심점의 위치를 차지하는 사신도와 사수도도 그렇게 의미부여된 존재자들이다. 어떤 사물에 이런저런 의미를 부여하고 난 뒤에 그 적합성 여부를 검증할 수밖에 없다. 그런데 그런 검증을 해야 하거나 할 수 있는 것도 있겠지만, 검증할 수 없는 것 또한 수없이 많을 것이다. 더욱이 그런 검증 불가능한 것들이 다 유해한 것이라고 할 수는 없다.

더욱 놀라운 것은 우리가 이런저런 의미를 부여하고 그렇게 부여된 의미를 받아들이는 행위가 비록 객관적이지 않고 주관적이기는 하나, 칸트가 『판단력비판』에서 밝혔듯이 그것은 '공통감'(sensus communis)에 의한 것으로서 보편성을 획득할 수 있는 근거가 있다. 어떤 특수한 의미를 부여받은 것(이를테면 사신도와 사수도)은 결코 전적으로 자의적이나 임의적인 것에서가 아니라, '공통감'에 의한 것이다. 더욱이 어떤 특수한 의미에 대한 공감과 공명을 불러일으키는 것은 그런 의미를 부여할 만한 이유가 전제하기 때문이며, 또 어떤 존재자가 그런 의미를 부여받을 만큼 우리를 미리 촉발하는 것도 사실인 것이다.(금이나 은 같은 존재자들이 부여받은 의미나, 꽃과 등대와 같은 사물, 친구나 애인이 부여받는 의미, 태양과 달 등이 부여받는 의미를 생각해 보라.)

우리가 어떤 존재자에게 이런 혹은 저런 의미를 부여하는 것은 마치 '우리가 사유한다'(wir denken)거나 '우리가 존재한다'(wir sind) 내지는 '우리가 살고 있다'(wir leben), '우리가 이런저런 의지를 갖는다'(wir wollen) 등의 유형과도 같이 그 정당성이나 진위를 물을 수 없는 원초적인 상황이다. 좀 더 정확하게 말한다면, "말할 수 없는 것에 대해서는 침묵하라"와는 무관한, 혹은 말할 수 있는 것과 없는 것의 상황 이전에 일어난 선-논리적, 선-명제적 사건인 것이다.

아울러 우리가 이런저런 의미를 부여하는 것은 자연적이면서 동시에 필연적인 것이다. 마치 장미가 아무런 이유 없이 피어나듯이, 의미를 부여하는 것도 이와 유사하여 더 이상 환원해서 그 근거를 물을 수 없는 절대적인 시작행위이기 때문이다. 사신도(청룡, 백호, 현무, 주작)와 사수도四宿圖7) 즉 일월남북두日月南北斗에 이런저런 의미를 부여한 것도

---

7) 四宿圖라는 용어는 해와 달과 북두칠성과 남두육성, 즉 日月南北斗를 일컫는 말로서 김일권 교수에 의해 형성된 개념인데(김일권, 『우리 역사의 하늘과 별자리』, 고즈윈 2008, 106쪽 참조), 김일권 교수는 이를 '사숙도'라 칭하고 있다. 필자는 김일권 교수가 개념 형성한 日月南北斗의 개념을 그대로 받아들이되, 다만 '宿'(별자리 수)자의 뜻의 살려 '사수도'로 읽고자 한다.

대동소이한 소치이다.(이 책의 후반부에는 이런 혹은 저런 의미를 부여한 것에 대한 정당성 문제를 다룰 것이다.)

인간은 실제로 이런저런 의미를 부여하며 살아가는 존재이고, 우리의 삶 자체도 어떤 의미를 찾고 갈구하면서 혹은 누리면서 살아간다. 만약 그렇지 않다면, 혹은 우리의 삶이 무의미하다면 삶 자체가 생동력을 잃고 만다. 의미야말로 우리를 살게 하는 원초적 힘인 것이다. 실제로 고구려인들은 고분벽화에다, 또 그 이전의 선사시대 사람들은 고인돌의 석각천문도에다 각별한 의미를 부여하였는데, 이를테면 사신도와 일월남북두日月南北斗라는 사수도를 통해 그들의 세계관을 드러내었던 것이다.

위에서 언급한 비트겐슈타인의 명제는 오늘날 과학이 지배하는 시대에 시사하는 바가 크다. 황당한 사견이나 터무니없는 주장, 신화적이고 문학적인 상상력을 액면 그대로 철학이라고 우길 수는 없다. 따라서 침묵하고 있는 선사 유적을 그대로 철학의 카테고리에 넣을 수는 없다. 그러나 이러한 선사 유적에 담긴 혼과 정신을 읽어 내고 해석하는 과정에서, '말하는 돌'의 소리를 듣고 깨닫는 데서, 이 선사유적의 기원에 담긴 의도를 간파하는 과정에서 철학이 비-은폐된 세계로 드러나는 것이다.

한반도에 있는 5만 기 이상이나 되는 고인돌과 선돌들, 이를테면 강화도와 고창 및 화순과 안동, 평양과 황해도 등 한반도 전역에 흩어져 있는 한국 선사시대의 유물로 전해지는 고인돌과 선돌들, 또 거석문화라고 하면 대명사처럼 등장하는 영국 솔즈베리 평원의 스톤헨지(stonehenge), 아일랜드의 아르다라(Ardara)에 있는 고인돌, 스코틀랜드에 분포되어 있는 고인돌, 프랑스의 브르타뉴 지방에 있는 고인돌과 카르나크(Carnac)의 열석군, 지중해의 말타(Malta)에 있는 거석신전, 인도네시아 자바(Java)섬과 니아스(Nias)섬의 고인돌, 인도 마라요(Marayoor)의 고인돌, 또 칠레의 이스터(Easter)섬에서 일정한 방향을 응시하고 있는 모아이(Moai)들 등등은 신비스럽기도 하고 영감의 원천이 되기도 하는데, 우리는 그런 건축물들이 분명한 의사표시가 담긴 것으로서 확실한 목적과 취지가 있었음을 추리할 수 있다. 그러나 안타깝게도 그 속에서 오늘날의 철학 개념이 요구하는 수준에 맞는 분명한 철학을 읽어 내기는 퍽 어렵다.8) 추측하고 짐작하며 상상할 따름이지, 분명한 철학적 메시지를 읽어 내기는 어렵다는 것이다.9)

선사시대로부터 전승되어 온 동굴벽화들 또한 비슷한 차원에 머물고 있다. 울산 반구대와 천천리에 있는 암벽벽화, 알타미라의 동굴벽화, 피레네 산맥에 수없이 분포되어 있는 선사시대의 암벽벽화들, 인디언

---

8) 그런데 이러한 동서양의 "태양거석문화"에서 공통으로 읽을 수 있는 것은 거석이 선사시대의 사람들에게 숭배의 대상이었다는 것이다. "전 세계적으로 분포되어 있는 거석문화들이 서로 어떠한 관계를 갖고 있는지에 대해서는 정확하게 구명되지 못하고 있지만 거석이 선사시대의 인류에게 있어 보편적 숭배대상이 되어 왔다는 것에 대해서는 이견이 없다."(임영진, 「유럽의 거석문화」, 『세계 거석문화와 고인돌』, 동북아지석묘연구소, 2004, 23쪽)

9) 스콧 펙은 거석의 신비를 풀려고 노력을 기울인 두 학자를 소개하고, 이들이 그 신비를 풀지 못해 좌절하고 한탄한 결말을 소개하고 있다. "1825년 프랑스 대성당 평의원인 마에 신부는 거석의 신비를 풀려고 애쓰다가 마침내 좌절감에 사로잡힌 채 이렇게 소리쳤다. '나에게 말해다오! 왜 말해주지 않는 거냐?' 그로부터 근 90년이 지난 뒤 또 다른 프랑스인 신부인 밀론은 마에 신부가 한탄한 내용을 인용하면서 '돌들은 침묵을 지키고 있는데 학자들은 그들을 대신해서 너무나 많은 말을 지껄여왔다'고 했다."(스콧 펙, 김훈 옮김, 『거석을 찾아서, 내 영혼을 찾아서』, 고려원미디어, 1996, 395쪽) 만약 고인돌이나 선돌이 아무런 정보를 제공해 주지 않는다면 마에 신부와 밀론 신부의 절규가 오히려 정직하고 정당할 것이다. 그러나 성혈고인돌이 아닌 일반 고인돌도 부장품이나 유골 같은 것들을 갖고 있고, 또 무덤이나 공동체의 집회장소 내지는 제단으로 사용된 것이 오늘날 이미 밝혀진 상태이고, 성혈고인돌의 성좌도는 그야말로 '말하는 돌'로서 마에 신부와 밀론 신부의 한탄을 잠재우듯 스스로 자신이 무엇을 말하는지를 밝히고 있는 것이다.

들의 벽화나 태평양 원주민에 의한 선사시대의 벽화 등등, 해석하기
어려운 선사 유적들은 위의 거석문화나 고인돌과 유사하게 오늘날의
철학 개념이 요구하는 수준에 맞는 분명한 철학적 메시지를 읽어
내기가 어렵다.

또 우리나라 고인돌의 경우, 선사시대에 수없이 많은 바윗돌에
새겨졌던 다채로운 성혈들도 마찬가지이다. 아직 해명되지 않은 성혈
고인돌들과 성좌들은 신비감을 주는 동시에 많은 추측을 낳게 하지만,
분명한 철학적 메시지를 읽게끔 허락하지 않는다.

그러나 이 모든 선사 유적들을 건립하거나 창조하는 데는 분명한
목적과 의미가 있었음이 분명하다. 말하자면 이 모든 것들은 인류가
큰 의미를 부여해서 정성과 의지 및 노력을 갖고 창조한 작품이기에
철학과 내밀한 관련을 갖고 있는 것이다. 단지 그때의 그런 정성과
의지 및 정신적이고 철학적인 의미를 지금 읽어 낼 수 없다는 데에
문제가 있을 뿐이다.[10]

우리가 이들 선돌이나 고인돌, 열석 등에서 분명한 철학적 메시지를
읽어 내지 못한다고 해서 그들의 존재의미가 약화되는 것은 결코 아니다.
그들은 여전히 억겁의 비밀을 간직한 신비스런 존재자로서, 또는 성스러
움을 간직한 고귀한 존재자로서 영감의 원천이 되기도 하고 외경심의
대상이 되기도 하기 때문이다. 스콧 펙(M. Scott Peck)은 그의 저서 『거석을
찾아서, 내 영혼을 찾아서』에서 불확실하지만 성스러움을 간직한 고인
돌과 선돌의 존재의미를 훌륭하게 드러내고 있다. 그는 성스러움을

---

10) 롬바흐의 "그림철학"은 단연 인간 정신의 흔적을 철학의 카테고리에 포함시킨다.
   그러나 선사유적들로부터 오늘날 철학개념이 요구하는 분명한 철학적 메시지를 읽어내
   는 데는 한계가 있는 것이다. 물론 무엇이 정확한지 그 기준이 없기에, 나름대로 해명한
   메시지는 단연 의미가 있는 것이다.

간직한 거석들을 찾아다니면서 신의 현현을 체험한 끝에 거석은 최소한 위대한 예술혼을 간직하고 있다고 진단한다.[11]

스콧 펙은 오히려 과학기술문명과 기계론적 물질주의에 젖은 서구문화에 염증을 느끼며 과학과 이성으로 모든 것을 설명할 수 없다고 선고한다.[12] 그는 과학과 확실성을 신봉하는 시대를 살아가며 "신비를 안고 살아가는 것을 견딜 수 없어 확실성을 필요로 하는"[13] 사람들과 "알지 못하는 것으로 인한 공허감을 견디지 못하는"[14] 사람들을 질타하면서, 선돌과 고인돌이 이런 혹은 저런 목적으로 세워졌다고 속단하는 태도를 경계하고 있다. 펙은 이런 속단하는 태도보다는 오히려 "만성신비중독자"[15]에 머물러 있기를 원한다.

그는 웨일스와 스코틀랜드의 거석들에 완전히 매혹되어 영감에 사로잡혔다가 "신비중독자"로 몰리기도 했지만, 실제로는 정직하게 알 수 없는 것은 알 수 없는 상태로, 또 알 수 있는 것은 알 수 있는 것으로 받아들이는 자세를 지키고 있었다.

"선사시대 사람들"이라 할 때 그 말은 무엇을 뜻하는가? 그것은 우리가 아는 바가 거의 없어 그 역사에 대해 어떠한 조리정연한 설명도 가할 수 없는 사람들을 뜻한다. 우리는 그들을 이끈 지도자의 이름이나 부족의 이름도, 그리고 그들 중의 어떤 개인의 이름도 모른다. 그들의 언어, 종교, 역사, 신화를 모르는 것은

---

11) 스콧 펙, 김훈 옮김, 『거석을 찾아서, 내 영혼을 찾아서』(고려원미디어, 1996), 4·6·11·18장 참조. 스콧 펙은 웨일스의 서쪽 해안, 롱하우스의 농장들판 한 가운데에 선 채 바다를 굽어보고 있는 고인돌을 응시하면서 "신의 현현"을 느꼈다고 술회하고 있다.(『거석을 찾아서, 내 영혼을 찾아서』, 50~51·56~57쪽 참조)
12) 스콧 펙, 김훈 옮김, 『거석을 찾아서, 내 영혼을 찾아서』, 1장 참조.
13) 스콧 펙, 김훈 옮김, 『거석을 찾아서, 내 영혼을 찾아서』, 60쪽.
14) 스콧 펙, 김훈 옮김, 『거석을 찾아서, 내 영혼을 찾아서』, 151쪽.
15) 스콧 펙, 김훈 옮김, 『거석을 찾아서, 내 영혼을 찾아서』, 63쪽.

물론이고 우선 그들이 어떤 경로로 그곳에 이르게 되었는지조차도 모른다. 그러나 우리는 그들이 그곳에 존재했다는 사실에 대해서는 추호의 의심도 품지 않는다. 그들은 자기네의 흔적을 대단히 많이 남겼다. 사실 이 이야기가 일종의 미스터리 스토리 같은 것이 된 것도 바로 그 흔적들 때문이다.[16]

그런데 흔적만을 남긴 이러한 선사 유적들과는 달리, 당시의 정신적이고 철학적인 메시지가 선명하게 각인되어 있는 선사 유적을 우리는 갖고 있다! 고구려의 고분벽화에 그려진 사신도와 사수도, 고인돌이나 바위에 새겨진 일월남북두日月南北斗 성좌의 성혈, 청동기시대의 청동거울에 새겨진 사신도와 같은 것이다. 이것들은 흔적의 차원을 뛰어넘어 말하는 돌로 자리 잡고 있다. 이러한 전승된 유적은 ―누구나 쉽게 읽고 공감할 수 있는― '말하는 돌'처럼 분명한 철학적인 메시지를 담고 있다. 그리고 그 철학적 메시지는 바로 "위대한 정신의 소인이 찍혀 있는" 그런 흔적이자 심층철학의 증거 자료이다. 이 성좌들의 의미 해석이 이 책의 핵심테마를 이룬다. 이러한 근거에서 필자는 주저 없이 이 책의 제목을 『선사시대 고인돌의 성좌에 새겨진 한국의 고대철학』이라고 붙일 수 있었던 것이다.

'말하는 돌'로서의 성혈고인돌과, 사신도가 각인된 청동거울, 사신도와 사수도의 고분벽화는 특별한 이론을 끌어들일 필요 없이 스스로 자신이 무엇인지를 밝히는 "존재의 진리"(하이데거)이다. 성좌도의 말하는 돌은 하이데거의 존재론적 현상학과 진리론을, 또 역으로 하이데거의 존재론적 현상학과 진리론은 저 성좌도의 말하는 돌을 충족시키기에, 양자 사이에는 필요충분조건이 성립된다.

---

16) 스콧 펙, 김훈 옮김, 『거석을 찾아서, 내 영혼을 찾아서』, 22쪽.

고대 그리스의 근원어로서의 '진리'(Aletheia)에 입각한 하이데거의 진리 개념은 선사시대 성혈고인돌의 성좌도, 청동거울의 사신도, 고분벽화의 사신도와 사수도의 이해에 탁월한 이정표를 제공해 준다. 하이데거의 '비은폐성'으로서의 진리(A-letheia, Un-verborgenheit)는 말 그대로 "스스로 드러내 보이는 사태 그 자체" 내지는 "스스로 드러내 보이는 것"이다. '비은폐성'으로서의 진리는 존재자가 스스로 자기 자신을 드러내 보이기에 상응론(일치론)이나 일관론과 같은 진리이론의 틀에 맞출 필요가 없다. 따라서 저 비은폐된 존재자에 대해 우리는 자의적으로 왜곡하여 대상화하거나 이론적인 범주에 넣을 필요가 없이 있는 그대로 받아들일 수 있다. 하이데거의 존재론적 현상학은 —본론에서 많이 다루겠지만— 바로 이러한 비은폐성으로서의 '존재의 진리'를 있는 그대로 드러내고 전하는 것이 주요 관건이다.

선사시대 고인돌의 덮개돌에 새겨진 성혈星穴들이 별자리의 형태를 하고 있다는 것은 —별다른 이론적 근거를 끌어들일 필요도 없이— 그것들이 선으로 연결된 별자리 형태를 하고 있는데다가 이들 별자리들이 고구려의 고분벽화에 나타나 있는 천문도와 아주 유사하기에 하이데거의 비은폐성의 진리처럼 자신이 무엇이라는 것을 보여 주고 있다.—고인돌 덮개돌에 새겨진 천문도는 제1부 4장(「고인돌 답사」)을 비롯한 이 책의 여러 장에서 확인할 수 있다.— 이렇게 새겨지고 그려진 성좌들은 선사시대 사람들이 남긴 지적 기록이라 할 수 있는데, 이 성좌들의 의미를 해석하는 것이 바로 이 책의 핵심 테마를 이룬다. 그리고 이 핵심적인 테마는 오늘날도 여전히 생생하게 살아 있는 테마일 뿐만 아니라 인류에게서 큰 위치를 차지하는 철학의 내용인 것이다.

고무적이게도 한국연구재단의 어떤 한 연구 리포트도 우리의 선사시대 고인돌에서 천문학이 태동되었음을 잘 지적하고 있다.(한국연구재단 웹진 2014년 7월 연구리포트: 「세월의 축적, 데이터 집적으로 빛나는 천문학」) 이 연구리포트는 "4천 년의 역사를 걸어온 천문학"을 소개하면서 인류의 천문학 연구에 대해 언급하고 있다.

해가 지고 짙은 어둠이 드리우면, 검은 하늘에는 은빛 별들이 촘촘히 솟아오른다. 오늘의 밤하늘도, 4천 년 전의 밤하늘도 똑같았다. 별들은 수천 년간 변함없이 하늘을 수놓았다. 하늘을 올려다보는 것 외에 달리 별을 관측할 방법이 없었던 고대의 사람들은 맨눈으로 볼 수 있는 태양과 달, 행성, 혜성 등을 관측하며 천문학의 기초를 쌓아 갔다. 문명의 발상지인 메소포타미아와 중국에서는 행성의 주기뿐 아니라 일식이나 월식을 예보할 정도로 천문학의 발전을 이루었으며, 달의 움직임을 자세히 관측한 후 태음력을 만들어 썼다.

그런데 이 리포트는 —이 책 전체의 연구 동향이 표명하듯— 우리나라 선사시대의 천문학을 고인돌의 성혈을 통해 밝혀내고 있다. 퍽 고무적인 이 리포트의 내용을 인용해 본다.

우리나라 천문학의 역사도 선사시대로 거슬러 올라간다. 우리나라 천문학의 태동을 발견한 것은 아이러니하게도 천문학자가 아닌 역사학자들이었는데, 역사학자들은 기원전 1000년부터 100년 사이에 만들어진 것으로 추정되는 고인돌 덮개돌에 새겨진 구멍들이 주요 별자리(북두칠성, 남두육성, 묘성, 오리온자리 등)와 일치한다는 사실과, 고인돌 덮개돌의 방향이 동남쪽(해가 뜨는 방향)을 따른다는 규칙을 발견했다. 이는 한반도 역시 고대문명 발상지였다는 것과, 중국에서 별자리가 전해지기 전부터 우리 조상들이 밤하늘을 관측해 왔다는 것을 증명한다.

위의 연구 리포트 기사는 역사학자들의 견해를 참조해서 고인돌의 역사가 기원전 1000년 무렵부터 시작된 것으로 추정하고 있지만,

북한 일대를 위시하여 한반도의 남쪽 및 옛 고조선 지역에 분포되어 있는 고인돌의 경우 그보다 훨씬 전, 즉 신석기시대까지로 소급될 수 있다는 것이 이미 밝혀진 상태이다.17) 그런데 필자가 지향하는 바는, 선사시대 사람들이 단순히 하늘의 별을 관측하여 고인돌의 석각천문도로 남겼다는 것을 넘어, 그 별자리들이 어떤 각별한 의미를 갖고 있었다는 데서 출발한다.

어쨌든 선사시대의 고인돌 성좌에서 천문학이 시작한 것은 부인할 수 없는 사실이다. 흩어져 있는 별들을 하나의 '별자리'로 만든 과정(이를테면 북두칠성이나 남두육성)에도 엄청난 시간이 소요되었을 것인데(그래서 별들의 천문에 관한 의미부여는 초기 선사시대로 거슬러 올라갈 수밖에 없다), 그렇게 이런저런 별자리를 만들어 특별한 의미를 부여했다는 데에 바로 인류의 위대한 정신—철학—이 자리 잡고 있다. 필자의 연구는 바로 이런저런 별자리에 특별한 의미를 부여한 인류의 행위에 관심을 집중하고, 또한 이토록 의미부여된 별자리들의 상징어에 천착한다.

박창범 교수가 지적하듯, 고인돌은 우리 역사의 사료로도 훌륭한 가치를 가지며 숨겨진 고대문명의 기원과 내용을 밝히는 데 큰 단서가 된다.

나는 고인돌을 우리 문명의 기원점으로 이어지는 징검다리라고 생각한다. 고인돌을 우리 역사의 사료로 잘만 이용한다면, 숨겨진 고대문명의 기원과 내용을 밝히는 데 커다란 이정표를 세울 수 있을 것이다. 이는 과학·종교적인 측면뿐만 아니라 사회·정치를 아우르는 청동기시대의 문화 전반의 내용을 우리에게 직접 전달해 줄 것이다.18)

---

17) 이 책의 「고인돌의 석각천문도에 새겨진 천문사상」 후 참조.
18) 박창범, 『하늘에 새긴 우리 역사』(김영사, 2004), 97쪽.

"말할 수 없는 것에 대해서는 침묵해야 한다"는 비트겐슈타인의 명제는 논리학적인 맥락에서 타당하다. 그런데 말할 수 있고, 말해야만 하는 것에 대해서도 침묵하고 있다면, 그것은 용서할 수 없는 태만이고 무지이다. 우리 학계는 고대철학에 대한 관심이 미미하며, 대신 중국으로부터 유입된 불교와 유교가 중심축을 구축하고 있다. 물론 유교와 불교를 들여와 나름대로 독자적인 꽃을 피운 것도 충분히 의미가 있지만, 반만년의 역사에서 우리 나름의 고유한 철학을 철학사의 지평 위로 올리지 못한 것은 부끄러운 일이다.

필자는 『고구려의 고분벽화에 그려진 한국의 고대철학』(철학과현실사, 2008)을 저술하면서 선사先史의 성좌에서 한국의 고대철학을 읽을 수 있는 가능성을 타진했으며, 이를 뒷받침할 만한 역사적 유물에 의한 증거가 분명히 존재하고 있음을 확인하였다. 그것은 고구려의 고분벽화에 그려진 성좌 중에서 특별히 네 방위신의 역할을 수행하는 사신도와 사수도의 그림이 많으며, 이러한 사신도의 개념이 선사시대인 고조선으로까지 거슬러 올라간다는 사실을 감지했던 것이다.

고대 동양의 천문도에는 적도 28수가 등장하는데, 이는 각각 동방7수, 서방7수, 남방7수, 북방7수로 구성되어 있다. 고대에 이미 네 방위신의 역할을 담당하고 수호하는 사신도와 사수도의 개념이 형성되어 있었던 것이다. 특히 청동기시대의 대표적 유물인 청동거울에는 사신도가 각인되어 있어, 사신도의 개념이 최소한 청동기시대 이전에 확립되었음을 확인할 수 있다. 그런가 하면 신석기시대에서 청동기시대에 이르는 시기에 형성된 고인돌에는 특별히 성혈星穴[19]이 새겨진

---

19) 이 책에서 사용된 '성혈'이라는 용어는 사전적 의미인 性穴이 아니라 星穴임을 밝혀 둔다. 오늘날에는 고인돌의 덮개돌에 새겨져 있는 홈이 별자리라는 사실이 적나라하게

것들이 많은데, 이들 성혈들 가운데 해와 달 및 북두칠성과 남두육성이 새겨진 것들은 당대의 정신적 삶과 철학을 밝혀 주는 표현인문학을 읽게 한다.

위에서 밝힌 단서들은 한국의 고대철학을 재발견하게 하는 귀중한 요인들이다. 사방을 수호하고 보살피며 지킨다는 것은—이를 '보살핌의 철학'이라 규정할 것이다— 고귀한 철학의 테마인 것이다. 타자를 배려하는 사상도 이 '보살핌의 철학'에 내재하고 있다. 또 고인돌에 새겨진 북두칠성과 남두육성의 성혈은 불멸사상을 반영하는 것으로, 이 또한 철학사에서 심층적으로 다루는 철학의 테마이다. 필자는 선사시대의 성좌에서 시작하는 한국의 고대철학을 '보살핌의 철학'에서 접근하고, 그 정당성을 공—의미부여의 현상학(ko-sinnverleihende Phänomenologie)에서 찾으며, 나아가 그 정당성에 대해 실례를 들어 가며 논증할 것이다.

밝혀졌기 때문이다. 고인돌이 건립되던 시대 이후에 문화적 단절이 歷劫의 세월이 흐르는 동안에 일어나 인류는 성혈이 星穴임을 망각하였던 것이다. 더욱이 이 별구멍들이 선사시대 사람들의 천문현상에 대한 지적 기록임을 감안하면 당연히 성혈을 星穴로 이해해야 하는 것이다. 물론 무수한 역사가 흐르는 동안 성혈이 性穴로 이해되어 알구멍 등으로 불리고, 생산과 풍요, 자손 기원을 뜻하는 민간신앙으로 자리 잡은 때도 있었을 것이며, 불씨 제작의 도구로 사용된 홈 정도로 받아들여진 때도 있었을 것이다. 그러나 지금은 과학자와 역사가 및 천문학자들에 의해 이 별구멍들이 별자리임이 밝혀졌고, 일반인들도 별자리임을 확인할 수 있게 되었다.

제1부 말하는 돌 고인돌

제1장 선사시대에서 시작하는 과학과 철학

앞서 밝혔듯이 이 책은 최초 기획에서부터 '한국 고대철학의 재발견'이라는 측면에 초점이 맞추어져 있었다. 필자가 처음 이 기획을 발표했을 때, 혹자는 너무 무모한 기획이 아니냐며 가시 돋친 질문을 던졌다. 한마디로 선사시대의 경우는 철학을 운운할 수 없고 철학의 카테고리에 들어올 수 없다는 것이었다. 그러나 필자는 이런 혹평을 예상했기에, 그 가시 돋친 질문에 기꺼이 설전을 벌였다. 그의 질문의 일부분을 인용하면 다음과 같다.

우선 '철학'이라는 단어가 지칭하는 범위를 명확히 할 필요가 있겠습니다. 한국 고대철학의 재발견이라는 제목에 의거할 것 같으면 이미 발견된 한국 고대철학이 있다는 것인데, 단군철학이나 기타 종교적인 설화에 입각한 한국 고대철학은 실증적인 면에서 보자면 문헌적인 근거가 희박합니다. 서양철학에서도 탈레스 이전 이집트의 문헌, 메소포타미아의 여러 신화, 벽화 등 우리보다 훨씬 많은 고대의 자료가 있지만, 그것들에서 고대철학을 끌어내지는 않습니다. 인도나 중국의 경우도 마찬가지입니다.

물론 보통은 위의 말에 동의하는 경우가 대부분일 것이다. 단군신화는 그야말로 신화적 세계관이라고 하여 학문의 세계에서 쫓겨나고, 우리에게 고대철학이라고 해 봐야 으레 중국에서 들어온 불교나 유교 및 도교를 해석하고 그 주변을 기웃거릴 뿐이다. 이런 실정에서 선사시대의 유물 정도야 거들떠볼 만한 대상도 못 될 것이다.

그런데, 위의 인용문에서 첫째 문장의 경우는 '철학'이란 단어가 지칭하는 범위만 답해 주면 간단히 풀릴 수 있는 문제이다. 그리고 두 번째 문장의 경우, 즉 한국 고대철학의 재발견이라는 제목은 질문자가 지적한 대로 이미 발견된 한국 고대철학이 있고 필자는 그것을 재발견한다는 뜻이니, 이 부분은 질문자가 필자의 취지를 올바로 이해한 것으로 보인다. 물론 그런 게 어디 있겠느냐는 부정적인 뉘앙스도 있겠지만.

필자는 그러나 어떤 단순한 순간적인 충동으로 선사시대의 유물에서 철학을 운운하고 있는 것이 아니다! 철학도로서의 인생길을 걸어오면서 수없이 많은 사유와 고민을 쏟아 부으며 체득한 것을 밝히고자할 따름이다. 당시에① 이미 고도의 정신적 삶과 철학이 있었다고확신하기에, 필자는 오늘날의 견지에서 '발견'이 아니라 '재발견'이라고 한 것이다. 말하자면, 그들이 역사적 유물에 남겨 놓은 흔적은분명한 철학적 메시지에 근거한 것이기에 필자가 시도하는 것은 '발견'이 아니라 잃어버리고 망각된 것을 '재발견'하는 것이 된다.

또 "단군철학이나 기타 종교적인 설화에 입각한 한국 고대철학은실증적인 면에서 보자면 문헌적인 근거가 희박합니다"라고 평하는부분에는 철학이 문헌적인 근거에만 의존해야 한다는 주장이 깔려있다. 그러나 철학의 대상이 안 되는 것이 무엇이란 말인가?! 문헌적인것만 '실증'이 되는 것은 아니다. 더욱이, 참고 문헌들이 더러 있다고 해도 이들 참고 문헌들이 아직 어떤 사실을 모르고 있다면 그 가치는 줄어들 수밖에 없다.

물론 문헌적인 것은 일반적으로 좋은 자료가 되고 꼭 참고할 사항이다. 특히 오늘날 홍산문화의 발견이나 동이東夷에 관한 연구 같은 것들은 우리의 선사시대를 연구하는 데에 좋은 참고 자료가 된다. 이를테면 중국의 역사서들에 등장하는 「동이전」은 그 자체로 좋은 자료가 되며, 중국의 석학 부사년傅斯年의 『이하동서설夷夏東西說』(정재서 역, 우리역사연구재단, 2011)은 감추어진 동이의 실체와 고대 한국을 아주 잘 알려 주고 있다.

그러나 문헌 외의 자료로도 얼마든지 철학을 읽어 낼 수 있다. 우리는 본문에서 현상학자 롬바흐의 표현인문학이나 그림철학을 통해—넓게는 성혈고인돌의 천문도나 청동거울의 사신도며 고분벽화의 사신도 및 사수도도 그림철학의 영역에 포함될 수 있다— 그것을 확인할 수 있다. 물론 해독되지 않은 섣부른 표현인문학이나 그림해석을 철학이라고 우겨서는 안 될 것이다. 현상학자 롬바흐(H. Rombach)의 경우 인간정신의 흔적이 스며 든 것이라면 —그것이 동굴벽화나 암벽화든 혹은 신화나 전설이든— 대부분 '그림철학'의 영역으로 받아들여지고 '정신의 소인이 찍혀 있는 것'으로 해독되는 편이지만, 우리는 그러나 엄격한 학문성을 중시하는 오늘날의 철학 개념을 고려하여 보편성을 띠고 공감할 수 있는 논지와 해석을 제시할 것이다.

그야말로 그림은 그림이고 벽화는 벽화이며 신화는 신화이고 천문사상은 천문사상일 뿐이다. 더욱이 고분벽화가 존재하고 있다는 사실, 고인돌과 청동거울과 같은 유물이 있다는 사실만으로는 철학이 될 수 없다. 그러나 이들을 해석하면서 그 제작 의도와 정신적인 배경을 읽어 내는 곳에서, 또한 그 해석의 보편성을 획득하는 과정에서(!)
철학이 둥지를 틀게 된다. 이를테면 플라톤은 그의 대화록 곳곳에서
수다한 신화와 비유를 등장시키는데, 그 신화를 해석하며 로고스의
장을 여는 곳에서 철학의 지평이 열리는 것이다!

성혈고인돌과 청동거울 및 고분벽화에 새겨진 사신도와 사수도는
온 코스모스를 수호하고 보살피겠다는 보살핌의 철학과 불멸사상을
표현한 것으로서, 전자는 우리의 철학사에서 지극히 고귀하고 고유한
철학이라 할 수 있고 후자 즉 불멸성의 철학 또한 철학사에서 심층적으
로 다루는 철학의 테마이다.1) 필자는 선사先史의 성좌에서 시작하는
한국의 고대철학을 "보살핌의 철학"에서 접근하고, 그 정당성을 공-의
미부여의 현상학(ko-sinnverleihende Phänomenologie)에서 획득하며, 나아가 그
정당성에 대한 타당한 실례를 증거로 들어가며 논의할 것이다.

그런데 위의 가시 돋친 질문 중에서 마지막 문장에 드러난 의혹,
즉 "서양철학에서도 탈레스 이전 이집트의 문헌, 메소포타미아의 여러
신화, 벽화 등 우리보다 훨씬 많은 고대의 자료가 있지만 그것들에서
고대철학을 끌어내지는 않습니다. 인도나 중국의 경우도 마찬가지입니
다" 같은 경우는 퍽 참기 어려운 질문이다. 탈레스 이전의 경우는
철학의 카테고리에 넣지 않는다는 고정관념이 역력하다. 이 질문에
관해서는 아래에서 소상히 풀이할 것이다. 물론 철학을 발견하지
못한 곳에는 철학의 지평을 운운할 수 없다.

필자는 저 가시 돋친 질문을 미리 감지하였고, 이런 질문 때문에
『선사시대 고인돌의 성좌에 새겨진 한국의 고대철학』을 기획했다고

---

1) 플라톤과 칸트를 비롯한 많은 철학자들에게서 불멸성은 '철학의 근본과제'로 받아들여진
다. 칸트는 신, 자유, 불멸성을 형이상학의 피할 수 없는 3대 과제라고 밝혔다.

해도 과언이 아니다. 고대에서부터 역사를 갖고서 살아 왔으면서도 철학이 없다는 것이 말이나 되는가! 도대체 우리는 저 옛날부터 그저 물고기나 잡아먹고 활이나 쏘며 살아 왔단 말인가? 이것이야말로 필자의 참을 수 없는 의혹이며, 그 의혹을 풀어내려는 것이 바로 이 책의 기획의도인 것이다.

우리 학계는 이런 절박한 문제에 대해서 아무런 심각성도 의식하지 못하고 있는 편이다. 더욱이 외국으로부터 받아들인 유교와 불교, 도교를 중심축에 앉히고서 이것이 마치 전통철학의 전부인 양 착각하고 있다. 더욱 안타까운 것은 이런 유교나 불교조차도 훈고학이나 '가라사대 철학'으로 흘러서 지나간 것을 뇌까리기만 한 뿐, 바깥 세계를 들여다보기는커녕 오히려 거기에 맞추려는 데만 급급하였다는 점이다. 유교와 불교는 우리 역사를 천년 이상이나 지배한 정치와 종교의 이데올로기였기에 더더욱 그런 절대자의 권좌에 머물러 있었던 것으로 보인다.

철학사에서는 대체로 철학의 탄생 기점을 기원전 6세기경으로 잡는다. 신화적 세계관에서 로고스에로의 전이가 그때에 분명히 이루어졌다는 것이 철학사가들의 대체적인 견해이고 철학사 책들 또한 그렇게 써졌다. 그리고 그 사례로 탈레스를 비롯한 소위 밀레토스학파를 언급하고 파르메니데스와 헤라클레이토스와 같은 철인들을 든다. 그러나 이런 철학사적 견해는 표면적인 것일 뿐 절대적인 척도가 아니다. 이들 철인들은 신화를 액면 그대로 부인하거나 로고스의 저편으로 배척하지 않았다. 오히려 그들의 철학 내용에는 신화가 수용되어 있다. (엄격한 논리학을 구사한 파르메니데스조차 그의 단편에 여신 Dike를 등장시킨다.) 모든 신화가 다 근대 계몽주의자들이 미신이나 '미개' 내지는 '비과학'이라고 몰아붙인 그런 저차원의 장르는 아닌 것이다.

어떤 신화는 지혜를 추구하는 고도의 정신적인 것과 로고스가 포장되어 있다.[2] 이를테면 플라톤의 대화록에는 수시로 신화나 비유 등이 등장하고 있다. 그는 로고스로 해결하지 못하는 문제에 대해서는 신화나 비유를 통해 그 해결책을 추론케 했다. 그렇기에 "철학에서 문제가 되었던 것은, 신화의 힘이 퇴색하기 시작한 시대에 신화가 알고 있던 바로 그것을 보존하는 것이었다."[3]

철학자 바이셰델은 철학사가들의 일반적인 시대 구분이 결코 절대적이어서는 안 된다는 사실을 정확하게 언급하고 있다.

> 철학의 탄생 시기를 추적해 보려고 하면 이내 당혹감에 빠지게 된다. 그토록 멀리까지 소급해 올라가서 철학의 탄생 기록을 찾아볼 수 있게 해 주는, 이를테면 정신계에서 벌어진 일들을 정리 보관하고 있는 호적사무소란 없기 때문이다. 철학이 실제로 언제 태동했는지는 아무도 확실하게 알지 못한다. 철학의 시초는 태고의 어둠 속에 파묻혀 버렸다.[4]

그래서 우리는 한편으로 철학사가들에 의해 이루어진 피상적이고 통상적인 구분인 기원전 6세기를 절대화해서는 안 된다는 것과, 다른 한편으로 철학의 시초가 어둠 속에 파묻혀 버렸다는 다소 회의적인 시각을 벗어나서 긍정적인 답안 찾기에 나설 것이다. 이런 답안 찾기는 그리 어려운 작업이 아니다. 우리는 철학의 개념을 곱씹어보는 가운데

---

2) 우리가 쉽게 접하는 오이디푸스 신화라거나 시시포스의 신화, 디오니소스 신화 같은 걸 음미해 보면, 거긴 고도의 정신적인 것, 즉 철학이 내재하고 있음을 어렵지 않게 발견할 수 있다.
3) W. 바이셰델 지음, 이기상·이말숙 옮김, 『철학의 뒤안길』(서광사, 1990), 24쪽.
4) W. 바이셰델 지음, 이기상·이말숙 옮김, 『철학의 뒤안길』, 15쪽.

자연스럽게 그 가능성을 타진할 수 있다.

　서구의 철학 개념의 어원인 고대 그리스의 'philo-sophia[5])나 동양의 '哲學'[6])이란 개념에 적합하게 지혜를 사랑한 흔적이 있거나, 이런 지혜 사랑의 일환이라 할 고도의 정신적 행위가 있는 것은 당연히 철학이 살아 생동하고 있음을 입증하는 것이다. 이런 철학의 개념으로 우리는 고대와 선사시대로까지 발걸음을 옮길 수 있다. 그러지 않고 피상적으로 구획된 탈레스 전후를 기준삼아 철학의 유무를 결정지어 버리는 것은 극히 단세포적이고 무모한 태도라고 하겠다.

　물론 진화론적 사고방식에 젖어 있는 사람에게는 청동기를 비롯한 선사시대에서 철학을 읽는다는 것 자체가 꺼려질 것이다. 오히려 그때에 어떻게 고도의 정신적 활동이 존재할 수 있었겠느냐고 반문해 올 것이다. 진화론은 그러나 애석하게도 늘 외양적인 것, 육체적인 것, 뼈다귀와 관련된 것에만 과학을 빙자한 추측을 쏟아 붙지 않았던가. 거석문화시대와 고인돌에 성혈(별자리)을 남긴 시대, 나아가 청동신수경과 다뉴세문경을 남긴 선사시대에 정신적인 것이 덜 진화되었다고 한다면 그야말로 무모하고 미개한 생각이다. 우리는 이 책의 서두에서 모토로 언급했던 H. 롬바흐의 경구를 다시 부각시켜야 할 것 같다. "사람들은 결코 '미개'했던 적이 없었다."

　만약 우리가 기원전 1000년경의 호메로스 서사시나, 이보다 훨씬

---

5) 고대 그리스로부터 유래한, 서구의 철학개념의 어원으로 자리 잡은 'philo-sophia'는 지혜에 대한 사랑, 즉 애지학으로서 우리말의 '슬기학'에 가까운 말이다.

6) '哲學'의 사전적 의미는 "인간이 살아가는 데 있어 중요한 인생관, 세계관 따위를 탐구하는 학문"(다음 인터넷), "인간과 세계에 대한 궁극의 근본원리를 추구하는 학문", 또 국립국어연구원의 표준국어대사전에는 哲學을 "인간과 세계에 대한 근본 원리와 삶의 본질 따위를 연구하는 학문. 흔히 인식, 존재, 가치의 세 기준에 따라 하위 분야를 나눌 수 있다", "자신의 경험에서 얻은 인생관, 세계관, 신조 따위를 이르는 말"로 규정하고 있다.

더 이른 시기(호메로스보다 2000년 전, 그러니까 지금부터 약 5000년 전)에 이루어진 길가메시의 서사시(점토판에 새겨진 쐐기문자를 통해 고도의 정신적인 노력, 이를테면 불멸을 좇는 인간의 처절한 노력을 읽을 수 있다)[7]에도 고도의 철학이 내재해 있는 것을 목격한다면, 그래도 그때의 철학을 인정하지 않을 것인가? 고대 유다이아의 모세에 의해 기록된 '모세오경'도 종교적인 차원을 넘어 ─고도의 윤리와 법률과 같은 정신적인 것, 초월자와의 관계, 인간의 운명 등등 ─ 심층적인 철학을 내포하고 있음을 우리는 꿰뚫어 볼 수 있다.[8] 만약 누군가 호메로스나 길가메시, 모세의 텍스트와 해당 시대의 문화를 미개하다고 매도한다면, 그야말로 그는 조야하고 미개한 시각을 갖고 있는 것이다.

인류학자와 고고학자 및 역사가들은 인류문명의 발전사를 구석기시대 → 신석기시대 → 청동기시대 → 철기시대 등으로 분류하는데, 이는 학계뿐만 아니라 일반인들에게도 이미 상식의 차원으로 받아들여지고 있다. 그러나 이런 문명발전사의 견지에서 본다면 구석기시대는 단순한 돌도끼와 돌로 된 도구들에 의존한 미개한 단계에 머무를 뿐이며, 신석기시대의 경우 또한 저 구석기시대에 비해 그 사용되는 도구들이 좀 더 발전되었다는 데 그치고 만다. 따라서 고인돌과 성혈고인돌, 선돌과 청동거울 등을 다룰 때에는 이런 문명발전사의 차원에 의존해서는 안 된다.

고인돌은 신석기시대 후기에 건립되기 시작하여 청동기시대에 꽃

---

7) übersetzt von Albert Schott, *Das Gilgamesch Epos* (Reclam, Stuttgart, 1958) 참조.
8) 종교적인 것은 쉽게 철학과 연결된다. M. 엘리아데의 Homo religiosus(종교적 존재로서의 인간)가 밝히듯 종교는 인간의 근본적인 문제이기 때문이다. 기독교는 어렵지 않게 기독교철학과, 불교 또한 불교철학과 연결되며, 도교는 도가철학, 유교는 유가철학(유학), 힌두교는 힌두철학 등으로 퍽 자연스럽게 연결고리를 맺고 있다.

을 피웠다고 하는데, 이러한 고인돌과 선돌의 '태양거석문명'을 우리는 저 문명발전사의 카테고리에 묶어 둘 수 없다. 그것은 무엇보다도 고인돌과 성혈고인돌 및 선돌이 어떤 생활방편으로서의 도구나 물질 획득을 위한 도구가 아니기 때문이다. 오히려 선돌과 (성혈)고인돌은 물질문명적 차원과는 전혀 다른, 고도의 문화적이고 정신적이며 형이 상학적인 의미를 갖고 있다. 그래서 현상학자 H. 롬바흐는 초자연적 의미를 지닌 거석으로부터 태초의 형이상학을 읽어내어, 고인돌을 건립한 선사시대의 문화를 '고급문화들'(Hochkulturen)의 일환으로 보고 있다.9)

신석기와 청동기에 이르는 우리의 거석문화시대에, 온 코스모스의 방위신이면서 인간을 수호하고 보살피는 사신도와 사수도로써 보살 핌의 체계를 세운 것은 단연코 일종의 로고스적 해석이다. 그것은 인간이 결코 미미하거나 무의미한 존재가 아니므로 몰락이나 영원한 종말로 끝장나지 않아야 하며 코스모스가 카오스로 추락하지 않아야 한다는(sein-sollen) 고도의 철학을 표명하고 있는 것이다. 그뿐만 아니라 이 코스모스가 결코 인간과 무관하게 현전하는 것만으로 존재하는 것이 아니라는 것임을, 인간과 유의미하고 유관함을 강력하게 표명하 고 있다.

고인돌의 덮개돌에 북두칠성과 남두육성을, 태양과 달을 형상화한 것은, 또 고분벽화에서 사신으로 하여금 인간을 수호하게 한 것은, 인간이 생성과 소멸이라는 굴레와 그 비극적 대립에 감금된 존재가 아니라는 것을 드러낸 것이다. 죽음과 파멸, 생성과 소멸의 대립을 극복하려는 노력은 철학의 근본과제인바, 기원전 6세기의 고대 그리스

---

9) H. Rombach, *Leben des Geistes* (Herder: Freiburg · Basel · Wien, 1977), 104쪽.

철학에도 이미 이 문제가 대두되고 있음을 바이셰델은 탈레스를 해석하면서 밝히고 있다.

> 그리스인의 근본 경험이자 그리스인의 세계에 대한 깊은 고뇌란, 현실은 그 모든 아름다움에도 불구하고 죽음과 파멸에 끊임없이 위협받고 있다는 것이다. 그러나 그리스적 정신은 이러한 세계의 모습을 앞에 두고 그저 말없이 체념만 하고 있지는 않았다. 그리스적 정신은 지나가 버리는 세계의 섬뜩함을 신성의 관점 아래에서 더욱 깊이 파악해 보려는 정열적인 시도를 꾀한다.[10]

탈레스와 밀레토스학파에 이어서 고대 그리스 철학이 생성과 소멸, 불멸과 영원의 문제에 깊이 천착했음을 우리는 철학사를 통해 잘 알고 있다. 특히 플라톤의 경우 영혼불멸의 문제는 '이데아의 실현' 및 진·선·미(소크라테스적 삼위일체)의 문제와 함께 그의 철학의 근본과제였는데, 대화록 『국가』와 『파이돈』, 『파이드로스』 등에서 심층적으로 다루어지고 있다.

잘 알려졌듯 탈레스는 만물의 근원을 물이라고 했는데, 그는 물이 생성소멸하는 현상을 통해 초월하는 신적인 근원을 보았던 것이다. 소멸해 버리는 것의 유래에 대한 물음을 영원으로 답한 것이 바로 "물이 아르케"란 명제에 담긴 내용이다.

> 물은 그 모습이 여러 가지 상태로 변하며 나타나지만 여전히 동일한 것으로 남아 있다. 신적인 것도 바로 그와 같다. 신적인 것은 영원하고 항상 자기 자신과 똑같지만 다른 모습으로 변하며, 바로 이 때문에 그것은 계속해서 생성되고 소멸되는 것, 즉 현실세계의 근원이 될 수 있다.[11]

---

10) W. 바이셰델 지음, 이기상·이말숙 옮김, 『철학의 뒤안길』, 25~26쪽.
11) W. 바이셰델 지음, 이기상·이말숙 옮김, 『철학의 뒤안길』, 26쪽.

거석문화의 시대에 사람들은 단단하고 반영구적인 형상을 하고 있는 바위에 영원의 흔적을 남겼던 것이다. 바위는 결코 쉽게 생성소멸의 굴레에 떨어지지 않는다. 그런 고인돌의 덮개돌에 다시 성혈을 형상화함으로써 영원과 잇대어진 사상을 새겨 놓았다. 북두칠성은 마치 지상에서의 캘린더(calendar)처럼 일정하게 운행하지만, 그 운행이 북극성을 중심으로 영원한 것임을 간파한 것이다. 윷판은 이런 북두칠성의 운행을 형상화한 것이다.[12]

지상을 떠나야만 하는 인간은 영원한 북두칠성에 자신의 영혼을 맡겼다. 북두칠성은 우리 인간과 관련을 맺고서 인간의 영혼을 포용하고 보살핀다는 것이다.[13] 이에 비해 남두육성은 영원한 생명의 축복을 쏟아내는 별로서, 고구려의 고분벽화는 인간이 선인이 되어 하늘세계로 나아가 영원한 고향에 다다름을 드러내고 있다.

다시, 앞에서 논의했던 기원전 6세기의 문제로 되돌아가 보자. 철학사에서 기원전 6세기는 철학의 탄생기라기보다는 『대철학자들』(Die grossen Philosophen)의 저자인 카를 야스퍼스(K. Jaspers)의 지적대로 인류정신사의 획기적인 시기라고 할 수 있다. 그것은 동서양에서 동시다발적으로 위대한 철인들이 인류역사에 등장했기 때문이다. 그래서 야스퍼스는 이 시기를 주목하여 "세계사의 주축을 이루는 시대"라고 칭하였다. 실제로 이 시기에는 고대 그리스의 철인들(탈레스, 파르메니데스, 헤라클레이토스 등), 고대 인도의 마하비라(자이나교)와 부다, 고대 중국의 노자와 공자, 고대 페르시아의 자라투스트라, 고대 유다이아의 예레미야와

---

12) 윷판의 북두칠성 사방위 주천운동에 관한 모형에 대해서는 김일권, 『우리 역사의 하늘과 별자리』(고즈윈, 2008), 35쪽 이하 참조.
13) 사후의 세계에 관해서는 지상의 그 어떤 과학이나 논리학도, 또 어떤 신학이나 종교도 이와 유사한 견해나 믿음의 차원에 머물러 있는 것이다.

에스겔 등 수많은 철인들이 역사 속에 등장하였다.

중국과 함께 반만년의 역사를 가진 우리나라로서는 철학사에 등장하는 인물이 없어 못내 아쉽기도 하다. 더욱이 중국으로부터 들어온 유교나 불교만으로 우리의 원형적 철학이나 정신문화라고 하기에는 다소 석연찮은 측면이 있는 데다, 소위 '토속적인 신앙'은 아직 철학의 지평에서 논의되지 않고 있는 실정이다. 물론 원시유교나 원시도교의 경우 동이족과 직접적인 관련이 있기에 새로운 철학사를 쓸 수 있음은 명백한 사실이다. 그러나 철학자 중심의 철학사가 아니더라도, 다른 분명한 요인을 중심으로, 말하자면 인물 대신에 표현인문학의 내용을 중심으로 얼마든지 철학사를 쓸 수 있는 것이다.

선사시대의 인류가 수렵과 채집 및 어로漁撈와 농업 등으로 삶을 영위했음을 우리는 역사책을 통해 익히 알고 있다. 주지하다시피 인간은 빵이 없으면 살 수가 없지만, 그러나 이와 동시에 빵만으로는 살 수 없는 것이 인간이다. 진화론적 사고방식에 젖은 사람들은 선사시대의 인간이 미개하고 정신적으로 뭔가 뒤떨어져 있었다고 생각하기 쉬우나, 그것은 그야말로 확인되지 않은 사항이며 위험한 발상인 것이다.

인간은 —많은 철학자들이 규정하듯— 지혜로써 살아가는 '호모 사피엔스'(Homo sapiens)이고 '로고스를 가진 존재'(Zoon logon echon: 아리스토텔레스)이며, '생각하는 갈대'(파스칼)이고 '결핍된 존재'이지만, 또한 '문화적 존재'(A. 겔렌)이자 '문화의 창조자인 동시에 피지배자'(M. 란트만)이기도 하다. 이러한 규정들을 참조해 보더라도 선사시대의 인류가 수렵이나 채집을 하는 데만 그치지 않고 정신적인 삶까지도 영위했음을 추리할 수 있을 것이다. 따라서 선사시대의 유적에서 지혜를 사랑한 분명한 증표나 정신문화의 흔적, 정신적 삶을 향한 확실한 단서를 찾는다면, 단연 그것을 바탕으로 철학을 읽어 낼 수 있는 것이다. 이 단서를 찾아서 그 철학적인 의미를 해석하는 것이 이 저서의 중요 테마이다. 그런 온당한 해석은 한국 고대철학의 철학사적 의미를 훨씬 앞당길 수 있다.

물론 이러한 해석 과정에는 —비록 그것이 초과학적·초합리적·초논리적 요소를 갖고 있다고 해도— 과학적이고 논리적인 냉정을 잃지 말아야 하고 역사적 사료와 단서에 철저해야 한다. 천문학자인 박창범 교수는 『하늘에 새긴 우리 역사』를 저술하면서 우리의 고대사를 과학적으로 검증된 사료에 바탕을 둘 것과 객관성을 잃지 않을 것을 철저하게 천명하고 있다.

> 나는 이와 같은 좋은 발상을 살리는 취지에서, 또 우리 역사에 대한 개인적 호기심에서 이 연구를 시작했다. 그리고 나의 관심을 과학적 소재에 국한시키는 한, 연구의 객관성을 잃지 않으리라 생각하며 용기를 내었다. 우리의 역사라고 해서 우리에게 유리한 쪽으로 역사를 과장하거나 왜곡하는 자의적 작업은 실체적 진실을 탐구하는 과학자뿐만 아니라 누구나 피해야 할 함정이다.[14]

과학자 이종호 박사도 한국 고대의 선사 유적에 과학적인 냉철한 태도를 갖고서 접근하고 있다. 그는 우선 세계의 문화유산에 내놓아도 손색이 없는 위대한 우리의 문화유산을 망각한 것을 『한국 7대 불가사의』를 통해 주지시킨다. 이종호 박사의 증언대로 실제로 우리는 위대한 문화유산을 갖고 있으면서도 그것을 망각한 채 문화유산에 대한 자괴감이나 왜소 콤플렉스에 휘감기곤 한다.

---

14) 박창범, 『하늘에 새긴 우리 역사』(김영사, 2004), 17쪽.

(사람들은) 우선 우리나라 유산의 규모에 대해 불평한다. 외국의 유물에 비해 왜소한 것은 물론 1000년 전의 건물도 별로 남아 있는 것이 없다고 말한다. 세계 7대 불가사의는 최소한 2300년 전에 만든 것인데 이는 우리나라에서 삼국이 건국되기 전임을 강조한다. 그러면서 우리 조상을 책망한다. 과거에 세계를 향해 변변히 큰소리 한번 쳐보지 못했음은 물론 항상 강대국의 침략을 받았으며 결국에는 한일합방이라는 엄청난 수모도 겪지 않았는가. 나아가 우리 것을 제대로 돌보지 않아 세계에 자랑할 만한 유산이 없지 않느냐고 반문한다.[15]

이종호 박사는 이러한 자괴감과 왜소 콤플렉스, 심지어 자기비하의 식까지 형성된 선입견과 통념의 내막을 들여다보고, 무엇보다도 우리 스스로가 져야 할 책임을 지적한다.

우리 유산의 과학적 측면을 파고들면서 왜 여태껏 이런 사실들이 알려지지 않고 묻혀 있었을까 안타까워한 적이 한두 번이 아니었다. 나름대로 그동안 저술과 강연활동 등을 통해 우리 유산의 과학성과 우수성을 알리기 위해 노력해 왔다고 자부하지만, 아직도 한국인은 물론 세계인들의 통념을 바꾸기에는 역부족이라는 것을 실감한다. 이런 현실은 우리 자신에게도 어느 정도 책임이 있다. 우리 선조가 남긴 유산을 대하는 태도에 자기비하의식과 선입견이 있기 때문이다. 우리 선조가 남긴 앞선 문명과 뛰어난 과학기술이 발견되기라도 하면 당연히 외국(주로 중국)에서 받아들였을 것이라고 추측한다.[16]

물론 이런 책임을 절감하면서 이종호 박사는 뭔가 반사적으로 문화 유산의 자부심만 일깨우는 것은 아니다. 그도 이러한 민족적 자부심에 호소해서는 안 되는 것을 직시하면서, 과학적 냉정으로 사실을 들여다 볼 것을 주문한다.

---

15) 이종호, 『한국 7대 불가사의』(역사의 아침, 2007), 6쪽.
16) 이종호, 『한국 7대 불가사의』, 7쪽.

필자는 과학자이므로 우리 역사를 무턱대고 민족적 자부심에 호소할 생각은 전혀 없다. 하지만 과학이라는 객관적인 눈으로 보더라도 우리의 자랑스러운 유산이 중국 등에서 전수된 것은 아니라는 사실을 알 수 있다. 주변국인 중국은 동북공정을, 일본은 역사교과서 왜곡을 통해 자국의 입맛에 맞게 역사의 흐름을 바꿔 놓으려 하는데, 우리는 있는 그대로의 유산과 역사마저 제대로 밝히지 못하고 있는 실정이다. 바로 이것이 '세계 7대 불가사의'와 견주어도 손색이 없는 우리 유산을 모아 '한국 7대 불가사의'라는 제목으로 책을 내야겠다고 결심한 시발점이다. 한국에 '세계 7대 불가사의'에 버금가는 유산이 존재하기 때문이다.[17]

물론 철학이 과학의 카테고리에 묶여 있는 것은 아니지만, 어떤 이론적 주장이나 논의의 전개는 이러한 과학자의 고백과도 같아야 한다. 논리적 근거도 없는 주장이나 터무니없는 사견, 황당한 가라사대 철학 혹은 왈ㅂ철학이어서는 안 된다. 우리는 이러한 과학적 냉정을 아리스토텔레스의 진리 개념에서 확보할 수 있다. 신적 권위를 가진 파르메니데스의 '진리'와 (초자연적) 이데아로서의 진리(플라톤), 하이데거의 '존재의 진리'(die Wahrheit des Seins: Aletheia) 같은 개념들이 철학적 존재론의 진리 개념에 깊게 자리 잡고 있지만, 아리스토텔레스의 냉철한 논리학적 진리 개념은 아직도 결코 퇴색되지 않았다.[18]

---

17) 이종호, 『한국 7대 불가사의』, 7~8쪽.

18) 아리스토텔레스의 진리개념은 우선 아퀴나스(T. Aquinas)에 의해 "진리란 사물과 지성의 일치"(veritas est adaequatio intelectus et rei)라는 공식으로 변환되며, 이른바 진리 '대응설'(correspondence theory)의 근간을 이룬다. 이런 진리론은 서양의 학문(특히 과학, 논리학)에 뿌리 깊게 각인되었고, 현대의 논리학과 분석철학에도 그대로 적용되고 있다. 타르스키(A. Tarski)의 "의미론적 진리론"(semantic theory of truth)도 아리스토텔레스와 아퀴나스의 진리론을 현대적으로 정리한 것에 불과하다. 러셀(B. Russel), 램지(F.P. Ramsey), 포퍼(K. Popper), 데이비드슨(D. Davidson), 크립키(S.A. Kripke)와 같은 저명한 논리학자들도 예외가 아니다. 현대분석철학의 거목인 비트겐슈타인의 『논고』에도 이러한 진리개념이 확실하게 자리 잡고 있다. 그에게서 의미 있는 문장이란 "사실의 그림"이고, 이 그림이 참인지 거짓인지를 알려면 그것을 사실과 비교해 보아야 한다는 것이다.

아리스토텔레스는 『형이상학』에서 "존재하는 것을 존재하지 않는다고 하거나 존재하지 않는 것을 존재한다고 말하는 것은 거짓이다. 이와 반대로, 존재하는 것을 존재한다고 하고 존재하지 않는 것을 존재하지 않는다고 말하는 것은 진리이다"[19]라고 천명한다. 그런데 여기서 이 명제를 참이게 하는 것은 말(진술)하는 데에 있는 것이 아니라 존재하는 사실 그 자체이다. 이러한 아리스토텔레스의 진리 개념은 선사시대의 유물을 해독하는 작업에도 바람직한 이정표가 된다. 물론 이미 앞에서도 언급하였듯이 선사시대 유물의 해독에 탁월한 이정표가 되는 것은 하이데거의 비은폐성으로서의 진리(A-letheia, Unverborgenheit) 개념이라는 점은 말할 필요도 없다.

철학에는 진리로 확정하기 어려운 테제도 많다. 그러한 경우 진위판단을 유보할 수 있으며, 경우에 따라서는 가설이나 추리 및 추측의 형태로 남겨 놓을 수도 있다. 철학적 진위판단이 ―근대의 철학이나 과학이 요구한 것처럼― 지금 당장 검증되어야 하거나 경험되어야 하는 것은 아니기 때문이다. 그것은 구조상 진위판단이 불가능한 경우도 있거니와 진위판단의 차원을 넘은 의미 문제와 관련된 것도 있기 때문이다.

논리적이고 수학적인 진리는 당연히 중요하지만 그 절대화나 과용 또한 문제가 되지 않을 수 없다. 논리학이나 과학(수학)으로 코스모스의 비밀과 인간의 운명을 다 설명하겠다는 태도는 헛된 망상과 오만에 불과하다. 쿤(Thomas Kuhn)의 패러다임이론은 우리에게 잘 알려져 있는데, 곧 과학 내부에도 절대적 진리는 존재하지 않고 패러다임에 따라

---

19) Aristoteles, *Aristoteles' Metaphysik*(『아리스토텔레스의 형이상학』), hrg. von Horst Seidel (Felix Meiner Verlag: Hamburg, 1989), 1011b.

바뀐다는 것이다. 과학 내부에도 '불확정성의 원리'(W. 하이젠베르크)가 존재한다는 것, 더 나아가 '명제불능의 원리'(K. 괴델)가 현대의 첨단물리학의 장場을 장식하고 있다는 점을 감안하지 않으면 안 된다.

그런데 철학은 '말할 수 없는 것도 말할 수 있거니와, 상황에 따라서는 말해야만 하는 경우, 말하지 않으면 안 되는 경우도 분명히 존재한다. 말해야만 하는 것, 침묵해서는 안 되는 것, 사실을 사실로 말해야 하는 것을 말하지 못하는 것은 용서할 수 없는 무능력이고 우매이며 몽매이다. 뻔히 보고 있으면서도 그것을 알지도 말하지도 못한다면, 그것은 죽은 지성이고 철학의 죽음이다. 이런 무지와 몽매, 무능력과 싸우기 위해 필자는 '한국 고대철학의 재발견'이라는 —몽매한 자들에게는 다소 저돌적으로 보일지 모르나 기실 자연스러운— 테마를 전방에 내세웠다.

박창범 교수가 지적하듯이 우리 민족은 하늘과 '오랜 인연'[20]을 맺어 왔다. 아울러 "이 전통과 자산을 우리 스스로가 망각하거나 일부러 기피해 온"[21] 것도 자명한 사실로 보인다. 그런데 선사시대부터 시작된 하늘에 대한 관찰에는 경우에 따라서는 —오늘날의 과학을 비춰 볼 때— 미숙한 면도 분명 있겠지만 어떠한 측면에서도 전혀 손색없는 '과학적인 행위'를 목격할 수 있다. "우리 선조는 땅과 하늘에서 일어나는 온갖 현상을 철저히 관찰하여 기록으로 남겨 왔다. 이는 인류의 생존과 지식확장을 위해 꼭 해야만 하는 가장 기본적인 자연과학 행위였다."[22]

---

20) 박창범, 『천문학』(이화여자대학교출판부, 2009), 8쪽.
21) 박창범, 『천문학』, 8쪽.
22) 박창범, 『천문학』, 8쪽.

그런데 이러한 과학적 행위는 하늘을 실제로 관측하는 데에서부터 출발한다. 이러한 관측을 바탕으로 천체에 이름을 붙이고, 천체의 변화와 특성을 규명하며, 천체의 공속성을 고려하여 별자리를 만들고, 하늘의 영역을 분류하여 천문도를 만든 것이다. 이런 맥락에서 이종호 박사도 "곧 하늘에 대한 지식은 전문가들이 계속해서 자신들의 지식을 전수하지 않는 한 더 이상 진보할 수 없다. 그러므로 천문도를 만들었다는 것은 조직적인 체계, 곧 국가와 같은 조직 아래서 하늘을 비롯한 자연현상을 정기적으로 관찰했다는 뜻이다"[23]라고 하였다.

천문도가 제작되고 천문지식이 형성된 과정을 보면 "천체와 천문현상에 대한 방대한 관측자료를 축적한 뒤에야 천체에 대한 지식을 체계화하고 천문현상의 규칙성을 발견할 수 있는데",[24] 이 모든 과정이 그야말로 "과학적 행위"인 것이다. 그리하여 천체의 세계에 대한 전체적 모형과 이해 및 해석이 형성되면, 그것이야말로 하나의 우주론이라고 할 수 있다. 우리 민족은 오랜 옛날부터 이러한 우주론과 "우주의 운행원리에 대한 이해를 바탕으로 정교한 역법을 만들어 미래의 천문현상을 예측하려"[25] 했던 것이다.

물론 선사시대와 고대의 고천문학에는 현대과학으로 도무지 받아들이기 어려운 미신이나 점성술—이를테면 사마천의 『사기』 「천관서」에서와 같이 하늘의 별자리를 통해 왕조의 흥망성쇠나 길흉화복을 읽어 내는 경우로, 유교적 봉건주의 시스템으로 천문현상을 설명하는 방식—도 많이 있다. 그러나 그렇다고 고대의 천문학과 그 활동을 통째로 도외시한다면, 그것은 곧 "목욕물

---

23) 이종호, 『한국 7대 불가사의』, 16쪽.
24) 박창범, 『천문학』, 13쪽.
25) 박창범, 『천문학』, 13쪽.

을 버리다가 아이까지 같이 버리는" 잘못을 범하고 마는 것이다. 우리는 선사시대와 고대의 사람들이 그들의 삶과 관련하여 천문학을 탄생시키고 발전시킨 것에 대해 경탄하지 않을 수 없다.

> 당시 사람들이 실생활에 활용하기 위해서 수행한 해와 달과 별자리의 이동, 혜성·유성 등의 출현에 대한 면밀한 관찰과 분류, 그리고 우주모형과 역법의 고안은 전형적 과학 행위가 아닐 수 없다.[26]

선사시대의 고인돌 성혈에 새겨진 석각천문도는 말할 것도 없고 아직까지 절대적 의미를 지니고서 사용되고 있는 정교한 역법, 나아가 농업 및 어업과 관련하여 구축된 일월성신日月星辰에 대한 천문학은 동서양을 초월하여 의미 있는 하나의 위대한 문화적·과학적·철학적 유산이라고 하지 않을 수 없다.

오늘날 우리는 대부분 망각하고 있지만, 박창범 교수가 지적하듯이 '과학적 행위'에 의한 한국의 전통천문학은 세계사에서 단연 모범을 드러내 보였다고 볼 수 있다.

> 천문관측 자료의 축적 → 천문지식의 체계화 → 우주모형 구상과 천문현상 예측으로 이어지는 천문학 발달의 과정 중에서 한국의 전통천문학은 처음 두 분야에서 단연 두각을 나타내고 있다. 한국의 고대 왕조들은 천문관측을 담당하는 전문 부서와 관리를 두고 천문대를 지었고, 서기전 1세기부터 천문현상을 공식적으로 관측하기 시작하여 20,000개가 넘는 방대한 육안관측기록을 남겼다.…… 한국의 옛 선인들은 또한 해와 달과 다섯 행성, 그리고 뭇 별들에 대한 장기간의 관측을 통해 천체들의 종류와 운행에 대한 체계적인 이해를 이루었다.[27]

---

26) 박창범, 『천문학』, 13쪽.
27) 박창범, 『천문학』, 14쪽.

그런데 이런 한국 고대 왕조들에 의한 전통천문학의 발전은 —필자가 이 책의 중심적인 사항으로 선사시대의 성혈고인돌에 새겨진 석각천문도를 근거로 논의를 전개하듯이[28]— 그 이전의 선사시대에서 기원한 것임이 역사적 사료들을 통해 확인되는데, 박창범 교수도 이를 적절하게 지적하고 있다.

> 한국에서의 천문과학의 기원은 실제로는 역사시대 이전의 석기시대와 청동기시대로 거슬러 올라가게 되는데, 고대 한국의 강역 안에 집중적으로 분포하고 있는 고인돌과 돌방무덤, 그리고 부장품들은 하늘의 천체를 관측하여 이를 현실에 응용한 대표적 과학 유물로 남아 있다.[29]

그런데 여기에 언급된 고인돌을 비롯하여 선돌이나 자연바위 등에서 발견되는 어떤 특별한 별자리를 각인한 천문도(석각천문도!)들은 오늘날 과학계[30]에서도 확실하게 인정되고 있다. 이처럼 누가 보더라도 별자리 형태를 확인할 수 있는 천문도들을 통해 우리는 전통천문학의 기원이 선사시대에 있음을 수긍할 수 있는 것이다.

여기서 우리가 말하는 선사시대라는 것은 세계사적으로 볼 때 거석문화(Megalithkultur)의 시대에 해당되는 것으로, 우리에게서는 천문과학이 기원한 고인돌과 선돌이 세워지는 시기, 즉 신석기에서 청동기를 거쳐 철기시대에까지 이르는 시기이다.[31] 위에서 언급한 천문과학의

---

28) 특히 이 책의 「고인돌의 석각천문도에 새겨진 천문사상」 및 「고인돌 답사」의 장을 참조.
29) 박창범, 『천문학』, 14쪽.
30) 이 책에서는 과학계의 박창범 교수를 비롯하여 김일권 교수, 이종호 박사, 양홍진 박사들을 비롯하여 이순지의 『천문유초』, 정태민 박사, 문중양 교수 등등과 북한의 과학자들로부터도 많은 도움을 받았다.
31) 박창범, 『천문학』, 19쪽 참조.

내용이 석각천문도라고 할 수 있는 고인돌과 선돌 및 자연바위에 새겨진 성혈星穴, 돌방무덤의 방위 등을 통해 확인되는 것이다.

그러면 이토록 면밀한 '과학적 행위'에 의해 구축된 우주론과 천문도, 역법에 철학적 행위가 없겠는가? 단연 철학적 행위는 이 모든 '과학적 행위'의 기저에도 깔려 있다. 그 어떤 철학적 열정이나 의지, 지혜 같은 것이 있었기에 자연현상을 관찰하고 천문현상을 관측하며 이러저러한 우주론과 천문학을 터득해 낸 것이다. 이 모든 과정에는 말할 것도 없이 고대 그리스적 의미의 철학 즉 '지혜에 대한 사랑'(philia+sophia)이 고스란히 들어 있다.

천문현상을 바탕으로 천문도와 역법을 구축하는 데에는 '지혜에 대한 사랑'이 근원적일 수밖에 없다. 또한 해와 달을 비롯한 별들이 인류의 삶과 운명에 절대적임을 깨달은 곳에는, 그래서 각별한 존재자에 대한 숭경심(경탄)과 경천사상을 이끌어 낸 과정에는 말할 것도 없이 '지혜에 대한 사랑'이 자리 잡고 있다. 아니, 우리는 거기서 고대 그리스적 철학 개념(지혜에 대한 사랑)뿐만 아니라 체계를 강조하는 근대적 의미의 철학 개념까지도 목격할 수 있다. 말하자면 어떤 천체들의 속성을 의식하고서, 거기에 각별한 의미를 부여하고(해, 달, 남두육성, 북두칠성, 은하수, 견우와 직녀, 카시오페이아, 북극성, 오행성 등등), 특히 거기에서 사수도의 체계를 세우는 것, 그리하여 그러한 체계를 인류와 세계를 수호하고 보살피는 시스템으로 본 것은 단연 철학적 행위라고 하지 않을 수 없다.

그러면 그러한 사수도의 체계에 과학적인 근거가 있느냐고? 그것은 과학-비과학의 카테고리로 진단할 사항이 아니다. 과학의 카테고리로는 그러한 사수도의 의미를 포착할 수 없기 때문이다. 그것은 이미 그러한 카테고리를 초월해서 있다. 그런데 그런 의미의 탄생이 어떤 임의성이나 작위성을 통해 생성된 것은 결코 아니다. 사수도의 별자리들은 일차적으로는 그런 의미가 촉발되도록 천체의 별들 스스로에 의해 단서가 제공되고, 이차적으로는 어떤 개인에 의해서가 아니라 많은 사람들의 공감과 공명에 의해 그런 각별한 의미가 탄생하게 된 것이다.

그러기에 사수도에, 혹은 견우와 직녀, 은하수 등에 각별한 의미를 부여하고 체계를 세우는 것은—이것은 나름대로 존재론적 깊이를 갖고 있다—인간이 할 수 있는 자연스럽고도 자유로운 의미부여 행위에 의한 것이다. 이를테면 태양과 달, 남극노인성 등이 각별한 의미를 갖는 것은 이미 논리학적·과학적 진위판단의 카테고리를 초월해 있다. 선사시대 사람들이 태양에 대해 인간의 삶과 운명을 관장하는 절대적인 존재라는 각별한 의미를 부여했다면, 이것이 거짓이라고 판단해야 할 하등의 이유가 없는 것이다.

인간은 의미부여 행위를 하며 살아가는 존재이다. 역법이든 보석이든 돈이든, 우리의 일상에는 온갖 의미부여된 것들로 넘쳐난다. 이와 관련하여 이 책의 제3부 5장에서는 증거로 제시된 '마지막 잎새', '큰 바위 얼굴', '별', '신곡', '역법의 탄생', '별자리와 보물들' 등을 통해 그 의미부여 행위의 타당성을 적나라하게 드러내 보일 것이다.

제2장 셸링과 하이데거, 롬바흐의 예술철학과 표현인문학

오늘날과 같은 다양화와 다양성이 존중되는 포스트모더니즘과 세계화의 시대에서는 문자만이 인문학적인 것을 표현하는 수단이 될 수 있는 것은 아니며, 전승된 '고전인문학'만이 '인문학'을 대변하는 것도 결코 아니다. 특히 정보화의 시대에서는 인문학적 표현수단이 수없이 많다. 갖가지 컴퓨터언어와 기호에서부터 동영상에 이르기까지 아주 다양하다. 따라서 철학이나 정신적인 인문학을 표현하는 데에도 문자의 차원을 넘어 그 표현수단을 확장할 필요가 있다. 더욱이 아래에서 심도 있게 논의할 셸링과 하이데거 및 롬바흐의 예술철학은 충분히 표현인문학의 범주로 수렴될 수 있는데, 특히 롬바흐의 그림철학은—그림은 인류역사에서 문자전통보다 더 오래된 형태이며, 인간 정신의 흔적이 스며 있는 암벽화와 동굴벽화 등에는 신화와 전설, 동화와 문학작품, 시詩와 의례의 내용까지 다 포함되어 있으므로[1]—표현인문학의 아주 적절한 양식인 것으로 여겨진다.

---

1) H. Rombach, *Leben des Geistes*, 8쪽 참조. H. 롬바흐, 전동진 옮김, 『아폴론적 세계와 헤르메스적 세계』(서광사, 2001), 340쪽 이하 참조.

표현 양식이 어떻든 인간의 정신적 메시지가 각인되어 있다면 당연히 인문학의 지평으로 받아들여져야 한다. 이러한 의미에서 우리의 선사시대 고인돌 성좌와 청동거울 및 고분벽화의 해석은 탁월한 인문학의 텃밭을 풍요롭게 하는 자료들이다. 그렇기에 '표현인문학'이라는 개념은 지극히 정상적인 인문학일 뿐만 아니라 퍽 창의적이고 시대정신에 걸맞으며 나아가 인문학의 지평을 확대하는 바람직한 기획이라고 할 수 있다. 최근의 '표현인문학' 연구는 한 모임(정대현, 박이문, 유종호, 김치수, 김주연, 정덕애, 이규성, 최성만)에 의해 주도되었는데, 이는 제도적 인문학과 고전인문학의 차원을 뛰어넘는 훌륭한 기획으로 보인다. 그러나 안타깝게도 인문학을 홀대하는 우리 사회에서 큰 반향을 일으키지 못하고 있다.

이토록 참신한 표현인문학에 대한 미미한 반향은 결코 연구과제가 미흡해서가 아니라 인문학을 무시하는 우리 사회와 국가 및 대학의 병폐 때문이다.[2] 저 뛰어난 모임은 우리 사회에 만연한 '인문학의

---

[2] 국가는 인문학의 중요성을 인식하지 못하고 외면하는 편이고, 과학기술이나 법, 정치, 상경, 공학 등등 여러 분야에 비해 극단적으로 저조한 정책지원을 하며, 대학사회 또한 취업률과 연계된 학과라든가 상품가치가 나가는 학과, 각종 고시와 연계된 학과, 교육부의 대학종합평가에 성과가 있는 과목에만 치중하기에, 수다한 인문과목은 '교양선택'에 몰려 있고, 전임교수확보율도 아주 저조한(거의 배정되지 않는), 상식이 통하지 않는 불구상태로 전락되었다. 인문학에 대한 동기부여가 전혀 안 되어 있는 학생들에게 인문학의 중요성을 외친다한들 결과적으로 허공에 개 짖는 소리에 그치고 만다. 입신출세를 위한 공부시스템은 많이 수정되어야 하며, 그 위치에 성찰하고 창의하는 방식이 제자리를 잡아야 한다. 오늘날 국격을 떨어뜨리는, 국가적 재난에 해당될 정도의 사회 지도층 인사들(정계, 재계, 법조계, 교육계, 심지어 종교계에 이르기까지)에 의한 각종 비리며 부도덕한 행위는 국가의 미래를 어둡게 하는 요인들이다.(2016~2017년에는 소위 "최순실 국정농단사건"으로 수없이 많은 정계와 재계의 인물들이 비리에 휩싸이고 좌파-우파 간의 이념대립 또한 극한으로 치달았다.) 정치든 종교든 교육이든 법이나 과학이든 결국 인간을 위해 존재하는 것들이다. 인간을 위하지 않는다면, 존재할 정당성에 의문이 생기는 것이다. 각종 고시와 입사시험에 철학과 윤리학 및 논리학의 과목이 필수선택 중의 하나가 되어야 하며, 나아가 인문학 과목을 전공한 사람들에게 각종

위기'를 극복하려는 시도에서 인문학의 지평을 확대하여 '제도적 인문학'과 '고전인문학' 및 '이해인문학'에서부터 '표현인문학'에로의 진입을 기획하였다. 인문학의 새 지평 마련을 위한 이런 대담한 시도는 세계적 사건이라고 해도 무리가 아니라고 여겨진다. 이런 훌륭한 기획을 국가도 대학도 우리 사회도 인식하지 못한 처지에서 국가와 시민의 미래가 우려될 따름이다.

'표현인문학'이라는 개념은 이해하기 어려운 철학적 용어가 결코 아니다. 이 개념은 현대를 살아가는 교양인이라면 누구나 쉽게 이해할 수 있는데, 다음과 같은 규정을 통해 우리는 그 의미를 분명하게 파악할 수 있다.

> 인문학이란 일차적으로 문자, 그리고 이차적으로 비문자를 포함한 문화활동을 통해 사람다움의 표현을 모색하는 노력이다.[3]

이처럼 비문자적인 표현과 문화활동 및 갖가지 '사람다움의 표현을 모색하는 노력'도 표현인문학의 영역에 포함되기에, 그림이나 여러 가지 예술활동, 즉 고분벽화와 청동거울의 사신도, 성혈고인돌의 성좌도, 하이데거가 밝히는 그리스의 신전과 같은 건축물과 선사시대의 고인돌, 고대의 행위예술인 부여의 영고와 고구려의 동맹, 예의 무천과 삼한의 각종 추수감사제, 조선시대에 성행한 탈춤, 현대의 다양한 매체를 통한 창작활동, 정보매체나 사진예술, 여행스케치 등도 단연

고시와 입사시험에서 최소한 선택과목으로 선택할 수 있는 기회를 주어야 한다. 그래야만 최소한의 인문학 공부에 대한 동기부여가 될 수 있을 것이다. 물론 스스로 인문학에 대한 동기부여를 한 사람들도 있다. 그러나 다급한 각종 고시나 취업 시험에 대비하느라 그 공부기회를 놓치는 것이 현 실정일 것이다.

3) 정대현 외 지음, 『표현인문학』(생각의 나무, 2000), 29쪽.

인문학의 카테고리에 속한다고 할 수 있다.

아쉬운 것은 위의 모임이 '표현인문학'의 폭넓은 사례들을 제시하지 않았으며 '표현인문학'에 대한 일회성의 저술을 내놓은 뒤 지속적인 노력을 기울이지 않고 있다는 점이다. 물론 인프라의 구축이 어려웠을 것이고 국가와 교육부 및 대학 당국의 미미한 반응이 걸림돌이 되었겠지만, 그들은 대부분 대학의 전임교수들로서 표현인문학에 대한 연구를 계속했어야 했다.

오늘날 다양화된 정보화의 시대에는 표현인문학에 대한 요구가 절실하다. 고전인문학에 비해 새롭게 포맷된 표현인문학의 저변 확대가 요청되는 것이다. 특히 전승되는 고전인문학의 자료가 충분하지 않을 경우 표현인문학을 통한 인문학적 확충은 거의 절대적으로 긴요하다고 여겨진다. 이를테면 우리가 특히 노력을 기울이고자 하는 고분벽화의 해석과 고인돌의 성혈에 대한 해석, 청동거울에 드러난 사신도의 해석 등은 다른 예술작품이나 문학작품, 나아가 역사학적·고고학적 유적에 대한 해석들처럼 표현인문학의 지평에서 논의될 수 있다는 입장에서, 표현인문학의 지평 위에서 한국 고대철학의 새로운 이정표를 찾으려는 취지를 갖고 있다. 전승된 유적이나 자료를 표현인문학의 지평에서 해석함으로써 그 기획의도와 지성의 흔적 및 정신적 원형들을 되찾아 내는 작업은 분명 망각된 우리의 고대철학을 재발견하는 획기적인 계기가 될 수 있을 것이다.

다음은 표현인문학적 노력에 획기적인 의미를 부여한, ―그래서 필자에게도 많은 자극과 동기부여를 안겨 준― 몇몇 철학자들의 각별한 사유세계를 소개한다. 이러한 표현인문학적 혹은 예술 철학적 노력의 사례들은 퍽 고무적이어서 필자에게 저술을 할 수 있도록 큰 용기를 안겨 주었다.

첫째는 근대 예술철학의 획기적인 새 지평을 연 독일 철학자 셸링(F. W. J. Schelling)의 경우이다. 그는 합리주의로 무장된 근대인들이 예술을 감성에 의존한다는 이유로 저급한 감성학으로 치부한 것에 극단적으로 저항하였다. 헤겔의 경우와는 반대로 그는 예술의 위상을 매우 높이 평가하였다. 그에게서 예술은 철학으로부터 동떨어진 것이 아니라, 오히려 철학의 본질적인 것을 밖으로 드러내어 주는 각별한 유기체로 자리 잡고 있다. 즉 예술은 철학의 과제를 충실히 수행하는 기관이었던 것이다. 이러한 예술철학의 거울에 비추어 볼 때 고구려의 고분벽화나 성혈고인돌의 성좌도, 청동거울의 사신도 등은 결코 단순한 고미술의 차원에 머물지 않고, 혼이 담겨 있는 메시지이자 예술철학이며 철학이 밖으로 개시된 유기체인 것이다.

둘째는 예술에 존재사유의 혼을 불어넣은 하이데거(M. Heidegger)의 경우이다. 그는 현대미학의 새 지평을 연 철학자라고도 할 수 있는데, 그의 예술철학은 특히 가다머(H.G. Gadamer)를 통해서도 전승되고 있다. 전기 사유에서 그는 인간의 현사실적 삶에 귀를 기울였다가, 이윽고 새로운 통찰을 통해 횔덜린, 트라클 같은 시인들의 시작품이나 반 고흐(Van Gogh)의 예술작품 등이 지닌 철학적 의미를 밝혀내어 "예술작품은 '비은폐성'(Unverborgenheit)의 진리를 스스로 드러내고 있는 것"이라고 정의하기에 이르렀다. 예술작품과 시작품 해석을 통한 이러한 철학적 노력은 그의 후기 사유를 전개하는 데에 새로운 이정표가 되었으며, 존재사유의 원천으로 자리 잡고 있다.

셋째는 현상학자 롬바흐(H. Rombach)의 경우이다. 고대철학과 현대의 현상학 및 하이데거의 존재론을 비롯해서 신화 해석과 동양철학에 이르기까지 넓은 철학적 영역을 구축하고 있는 롬바흐는 그림(특히 문화유적)과 철학과의 관련 여부를 면밀히 검토하여 이를 '그림철학'으로 승화시킴으로써 철학의 새로운 지평을 개척하였다. 그는 "인류역사에서 문자전통보다 더 오래고 포괄적인 그림전통(Bildtradition)이 아직까지 철학사에서 철학적 분석과 관련된 대상으로 되지 못했다"라고 개탄하고 있다.[4)]

그러면 위에서 개괄적으로 언급한 이들 세 철학자의 사유세계로 좀 더 깊이 들어가 보자.

먼저 셸링의 예술철학세계이다. 만약 셸링에게서 예술이 철학과 별개의 것이 아니라 철학의 내용을 밖으로 드러내 주는 기관, 즉 '계시된 철학'(die geoffenbarte Philosophie)이라면, 예술작품에 어떤 방식으로든 살아있는 정신(철학)이 녹아 있다는 롬바흐의 테제도 셸링의 경우와 유사한 것으로 보인다. 고분벽화와 고인돌의 성혈, 청동거울에서의 그림 등을 이런 방식으로 예술작품의 지평에서 고찰한다면 철학의 혼이 담긴 표현인문학을 읽어 낼 수 있을 것이다.

예술이 철학의 본질적인 것을 드러내는 유기체이기에, 셸링에 의하면 예술은 철학이 자신의 과제를 충실히 수행할 수 있을 능력의 구체적 증거이자 기관(Organon)이다.[5)] 철학사가인 슈퇴리히는 셸링의 예술철학이 갖는 독특한 위상을 이렇게 지적한다. "그러기에 예술은 철학이 어떤 외적인 형식을 통하여 나타낼 수 없는 바로 그것을 늘, 그리고 끊임없이 새롭게 드러내 주는, 말하자면 철학의 본래적인 뜻을 밝혀

---

4) H. Rombach, *Leben des Geistes*, 8쪽.
5) F.W.J. Schelling, *Texte zur Philosophie der Kunst* (1982), 112~121쪽 참조.

주는 영원의 기관(Organon)인 것이다."[6] 셸링은 헤겔과 달리 근대 독일의 낭만주의(Romantik)에 깊이 관여하고 있었기에, 예술이란 바로 철학의 본질적인 것을 드러내는 유기체라고 볼 수 있었을 것이다.

셸링에게서의 예술에는 세계와 자아, 실재적인 것과 관념적인 것, 자연과 역사, 무의식적인 것과 의식적인 것 등, 이항대립처럼 보이는 영역들이 마치 하나의 불꽃으로 타오르듯 근원적인 합일 혹은 완전한 조화를 이루면서 현상한다. 그리고 이러한 조화와 합일은 이론적인 방식으로는 인식될 수 없다. 이항대립으로 여겨지는 실재적인 것과 관념적인 것, 자연과 정신이 하나로 되는 저 신비로움은 셸링에 의하면 오직 '지성적인 통찰'(intellektuelle Anschauung)에 의한 예감이나 직관을 통해서만 간파될 수 있다.[7]

셸링에게서의 예술은 전통적인 미학이나 예술철학에서의 규정 즉 어떤 사물에 대한 단순한 모방의 차원이 아니고, 또 근대철학에서 흔히 규정한(특히 Baumgarten에서 볼 수 있는) '저급한 감성의 인식단계'[8]도 아니며, 특히 헤겔에게서 드러나듯 감각이라는 태생적 한계 때문에 절대정신을 담기에 너무나 부족한, 그래서 곧장 '예술의 종말'로 선언될 수밖에 없는 그런 예술이 아니다. 그에게서 예술은 심오한 정신을 담을 수 있는 유기체인 것이다.

헤겔의 『미학 강의』에서는 '절대정신'이 자신을 드러내는 역사적

---

6) Hans Joachim Störig, *Kleine Weltgeschichte der Philosophie 2* (Fischer: Frankfurt a.M., 1981), 122~123쪽.

7) Hans Joachim Störig, *Kleine Weltgeschichte der Philosophie 2*, 122쪽 참조.

8) 바움가르텐은 아름다운 것에 관한 철학적 탐구 분야를 '미학'(Aesthetica)이라 규정하고 이를 '감성적 인식의 학문'이라고 보았는데, 이와 같은 감각과 표상에 대한 감각적 이론 혹은 감각적 인식론은 그에게서 이성적인 인식론보다는 부차적인 것이어서 '열등한 인식'(gnoseologica inferior)으로 받아들여졌다.(A. G. Baumgarten, *Aesthetica*, §1750)

운동 과정에서 예술에 대해 논의하고 있는데, 이 '절대정신'은 예술을 통해서는 감각의 형태로, 종교를 통해서는 표상의 형태로, 철학을 통해서는 개념의 형태로 드러난다. 예술과 종교와 철학은 '절대정신'의 변증법적 운동과정에서 각각 자신의 소임을 맡고 있다가, 이 소임을 완수하고 나면 역사의 무대에서 사라지는 것이다. 그의 냉혹한 변증법적 발전에서 감각 형태의 예술이 종교에게 자리를 내어주고 종말을 고하는 것은 필연적 귀결이다. 말하자면 헤겔에게서 예술은 진리가 실존하는 최고의 방식으로 간주되지 않는다.

이런 맥락에서 헤겔에게서는 예술이 지극히 제한적인 역량만 부여받은, 그야말로 절름발이 예술철학을 형성하고 있다. 그런데 예술을 역사의 변증법적 발전법칙 안에 집어넣은 발상 자체가 근본적으로 잘못된 시도이며, 예술을 감각의 형태로만 본 것도 외눈깔적 시각에 의한 소산인 것으로 보인다. 예술은 고대에서부터 최소한 정신과 이데아의 재현(Representation)이라는 역할을 수행해 왔다. 예술은 감각을 본질로 하는 것이 아니라, 감각을 이용해서 본질적인 것과 고도의 정신적인 것을 드러내는 유기체인 것이다. 방대한 예술철학으로 그 증거를 댈 필요도 없이, C.D. 프리드리히의 작품이나 뒤러(Albrecht Dürer), 혹은 루터 당대의 크라나흐(Lucas Cranach)의 그림세계만 보아도 단번에 이를 알 수 있다. 그들은 감각을 이용해서 고도의 정신적인 것을 드러내었다.

이와 유사하게, 『구약성서』의 다윗은 시詩와 노래로써 깊고 높은 정신적 세계를 드러내었다. 그리스의 비극도 —야스퍼스의 『비극론』이 잘 증거하듯이— 실존의 심층을 드러내었으며, 그리스인들의 신전 건축은 신에게로 다가가려는 인간의 노력이었다. 또 고대의 행위예술

(부여의 영고, 고구려의 동맹, 예의 무천, 삼한의 각종 추수감사제 등등)은 초월자에 대한 제례가 겸해졌기에, 고도의 정신적 예술을 펼친 것으로 보인다. 예술은 영감의 원천이고 신적인 것을 드러내는 사건(explicatio Dei)이 될 수 있는 것이다.

셸링은 헤겔에 정면으로 비판이라도 하듯 예술의 위상을 다음과 같이 밝히고 있다. "예술은 철학자에게 가장 숭고한 것(das Höchste)인데, 그것은 예술이 그에게 가장 성스러운 것(das Allerheiligste)을 열어 보이기 때문이다."9) 그렇기 때문에 예술적 관조는 오히려 이성의 최고 행위로 대체될 수 있으며, 예술이 철학의 목표가 되고 미래도 될 수 있는 것이다.

셸링은 우리가 위에서 언급한 것처럼 근대의 예술철학, 이를테면 바움가르텐이나 칸트, 헤겔의 사유를 훨씬 뛰어넘는, 그야말로 획기적인 예술철학의 지평을 열었다고 볼 수 있다. 셸링에게서 예술은 저런 근대의 철학자들로부터 제한적인 역량을 인정받았던 것과는 달리, 철학의 본질적인 것을 밖으로 드러내어 주는 유기체로 자리 잡았다. 그에게서 예술은 결코 '저급한 인식의 단계'라거나 진리의 한 상징 혹은 가교로서의 역할이 아니라, 진리를 인식하고 담보하는 기관이었던 것이다. '보편학'인 철학은 그의 예술철학이 증언하듯이 의식적 활동과 무의식적 활동, 말하자면 정신과 자연의 무한한 대립상을 총체성의 이념으로 인식하는 것을 과제로 한다.

이제 앞에서 두 번째로 언급했던 하이데거에게로 방향을 돌려 보자. 근대의 주관주의 및 감성주의 미학과 첨예하게 대립했던 하이데거

---

9) F.W.J. Schelling, *Sämmtliche Werke* *1* / 3 (Stuttgart, 1856~1861).

에게서 예술의 위상은 근대와는 전적으로 다르다. 그에게서 예술은 철학과 마찬가지로 존재의 진리가 일어나는 장場이다. 예술은 곧 "진리가 작품 안에 자신을 정립하는 것"(das Sich-ins-Werk-setzen-der Wahrheit)[10]이고, 예술작품은 "존재자의 진리가 작품 안에 정립된 것"(das Sich-ins-Werk-setzen-der Wahrheit des Seienden)[11]이다.

그런데 여기서 예술은 "작품 안에 진리가 자신을 정립하는 것"이지만, 예술가는 예술작품의 주체적 산출자가 아니라 자신을 고지해 온 존재의 진리가 작품 속에서 자신을 정립하는 일을 돕는 조력자이다. 예술작품에서 존재의 진리는 곧 예술작품의 창조와 함께 생기하게 되는(geschehen) 역사적인 사건이다. 예술작품에는 그 작품 속의 존재자를 개현하는 존재 자체의 역량, 즉 존재의 진리가 생기하고 있다.

하이데거는 횔덜린과 트라클(G. Trakl), 게오르게(S. George) 등의 시작품과 시적 통찰을, 나아가 반 고흐(Vincent Van Gogh)와 같은 예술가의 예술작품을 그의 후기 사유의 사상적 원천으로 삼고 있다. 언어를 '존재의 집'(das Haus des Seins)이라고 규정한 하이데거는 시인들의 시적 언어에 주의를 집중하였다. 또 『예술작품의 근원』에서는 예술작품 속에 내재한 철학적 의미를 밝혀, 예술작품과 사물의 관계 및 진리(비은폐성)와 예술(작품)의 관계를 해명하였다. 여기서 하이데거는 반 고흐의 유명한 그림 「농부의 신발」을 예로 들며 예술작품에 내재된 도구-존재(Zeugsein)의 의미와 존재의 진리를 밝힌다.[12]

하이데거에 의하면 도구가 지닌 도구-존재의 의미는 그것에 담긴

---

10) M. Heidegger, *Der Ursprung des Kunstwerkes* (Reclam: Stuttgart, 1988), 31 · 34 · 74쪽.

11) M. Heidegger, *Der Ursprung des Kunstwerkes*, 30쪽.

12) M. Heidegger, *Der Ursprung des Kunstwerkes*, 26~30쪽 참조.

기여성(Dienlichkeit)과 신뢰성에 있다.13) 그렇다면 반 고흐의 「농부의 신발」에 담긴 의미는 농부가 이러한 신발을 신고 농토 위에서 일할 때의 그 기여성과 신뢰성에서 찾을 수 있다. 도구존재의 진리는 눈앞에 놓여 있는 신발을 서술하거나 설명하는 방식에서, 혹은 상품으로서의 가치에서 발견되는 것이 아니라, 그 기여성과 신뢰성에 있는 것이다. 어떤 도구가 유의미하게 사용되는 과정에서 우리는 그 도구스러운 것(das Zeughafte)을 실제로 포착하게 된다. 이와는 달리 만약 예사로운 한 짝의 신발을 눈앞에 세워 놓는다거나 아무런 특성도 없는, 특히 사용된 적도 없는 신발을 본다면, 우리는 도구의 도구-존재가 진실로 무엇인지를 경험하기 어려울 것이다.14)

하이데거는 반 고흐의 「농부의 신발」을 통하여 한 켤레의 농촌 아낙네의 신발이 진실로 무엇이며 무엇으로 존재하는가를 밝히고 있다. 그런데 이 고흐의 예술작품은 농부의 신발이라는 존재자가 자기 존재의 진리를 스스로 드러내고 있음을 보여 주고 있다. 말하자면 「농부의 신발」이라는 이 도구가 —어떤 미학적 이론을 끌어들일 필요도 없이— 자기 존재의 비은폐성으로 드러나 있는 것이다. 이처럼 예술작품 속에서 어떤 존재자가 무엇이며 또 어떤 방식으로 존재하는지가 드러난다면, 우리는 예술작품에 비은폐성으로서의 진리가 현현함을 목격할 수 있게 된다.15)

농부의 낡아빠진 신발에는 노동의 고단함이 버티고 있다. 적적한 농토 위에서 수없이 밭이랑을 오가며 짓궂은 날씨와 모진 풍파를

---

13) M. Heidegger, *Der Ursprung des Kunstwerkes*, 26쪽 참조.
14) M. Heidegger, *Der Ursprung des Kunstwerkes*, 27쪽 참조.
15) M. Heidegger, *Der Ursprung des Kunstwerkes*, 30쪽 참조.

견뎌 내면서 딱딱한 대지와 무언의 싸움(고단한 노동과 휴식 등)을 벌여 왔던 정황이 드러나 있다. 그리하여 대지의 부름에 응하기라도 하듯 익은 곡식이 선물로 주어진다. 그러기에 「농부의 신발」이라는 도구-존 재에는 안정된 식량을 마련하기 위한 농부의 근심걱정이 배어 있고, 가족의 궁핍을 해결하는 기쁨도 스며들어 있다.16)

농부의 신발이라는 존재자의 신뢰성에 기반을 둔 고흐의 예술작품 은 아낙네의 낡은 신발을 통해 대지의 침묵하는 부름 속에 들어서서 그 세계 안에 확신을 갖고 거주하는 것을 보여 준다. 아낙네의 낡은 신발과 대지는 농부가 거주하는 세계를 안정되고 충만하게 하고 있으 며, 이 모든 것을 제공하는 대지는 곧 농부의 삶과 세계를 떠받치는 고향의 대지로 밝혀지는 것이다.

이 농부의 신발에 드러난 존재의 진리는 학문적이고 이론적인 그런 진리가 아니라 바로 존재의 진리이다. 즉 예술작품으로서의 「농부의 신발」은 학문적이거나 이성적인 사실과 그러한 진리에 대해서는 아무 것도 알려 주지 않지만, 이 신발이 지닌 역사성과 인간과의 관계, 그 기여성 및 신뢰성이 그대로 드러나 있는 것이다. 따라서 예술작품 속에서 만약 어떤 존재자가 무엇이며 또 어떻게 존재하는지가 드러난 다면, 이것은 예술작품이 자기 안에 존재의 진리(비은폐성: Aletheia)가 현현함을 스스로 밝히는 것이다.17)

예술 작품 안에는 존재의 진리가 자리하고 있다. 하이데거에게서 예술의 본질은 "존재의 진리가 작품 가운데로 스스로 정립하는 것"(das Sich-ins-Werk-setzen der Wahrheit des Seins)으로 파악된다. 예술은 존재의 진리가

---

16) M. Heidegger, *Der Ursprung des Kunstwerkes*, 27쪽 이하 참조.
17) M. Heidegger, *Der Ursprung des Kunstwerkes*, 30쪽 참조.

스스로를 예술작품 안에 정립하는 사건이기에, 예술에서 존재사건 (Ereignis)이 일어나는 것이다. 예술작품이 아름다운 것도, 존재의 진리가 작품 안에 정립하기 때문이고 존재의 빛을 조명하기 때문이다. "아름다움과 진리는 둘 다 존재와 관련되어 있는데, 그것은 이들이 존재자의 존재를 드러내는 방식에서 그렇다."[18] 그렇기에 예술가의 창작활동은 존재의 진리를 존재자 앞으로 데려오는 활동이다.

하이데거는 『예술작품의 근원』에서 「농부의 신발」과 함께 그리스의 신전을 예술작품(건축물)의 지평에서 해명하고 있는데, 이는 우리가 고인돌(문화적 소산이고 작품이며 건축물)을 그와 유사하게 이해할 수 있게 하는 시사점을 제공한다. 고인돌은 ─마치 고대 그리스의 신전처럼─ 하나의 역사적 세계를 건립한 건축물이다. 이 건축작품은 ─하이데거의 '사방'(das Gevierte)으로서의 사물 개념이 천명하듯─ 자신의 둘레에 하늘과 신성, 인간과 대지를 결집하고 인간 삶의 모든 길과 관계를 결합하는데, 그것이 집회장소(공동체의 모임)로서의 고인돌이든 무덤으로서의 고인돌이든 마찬가지이다.

선사시대의 고인돌은 하이데거의 그리스신전처럼 하나의 세계를 열어 보이고 있다. 건축된 고인돌은 사물을 불러들이고, 인간과 존재자의 근본적인 만남이 이루어지는 장소를 제공한다. 고인돌은 인간들과 격리된 먼 산골짜기나 산꼭대기에 건립되지 않고 들판이나 들판에서 가까운 구릉에 건립되어, 태양의 광채를 그대로 받으며 대지 위에 완강하게 버텨 서서 밤의 어두움과 휘몰아치는 폭풍을 모두 견뎌내며 영겁의 세월을 지키고 있다.

뿐만 아니라 고인돌은 열린 공간을 마련하여 오곡의 곡식들을 비롯

---

18) M. Heidegger, *Nietzsche I* (Neske: Pfullingen, 1961), 231쪽.

한 초목, 독수리를 비롯한 많은 새들, 산들에서 뛰노는 짐승들, 뱀과 같이 기어 다니는 것들과 수많은 곤충들이 들락거리며 자신들의 모습을 드러내게 한다. 특히 대지는 자기 위에 현출한(herauskommen) 모든 것을 그 자체로 감싸고 보듬는 역할을 수행하고 있다. 이토록 자유롭게 존재자들이 자신의 모습을 드러내고 오므리는 것을 고대 그리스인들은 피지스(physis)라고 했다. 말하자면 피지스가 왜곡되지 않게 펼쳐졌던 것이다. 고인돌은 대지 위에 완강하게 서 있으면서 자신이 무엇이라는 것을 드러내고(비은폐성으로서의 진리: A-letheia), 주위의 사물들에게도 자신의 진리를 드러내게 한다.

하이데거가 고흐의 「농부의 신발」이라는 도구에 담겨진 도구-존재(Zeugsein)의 의미를 해명하여 그 존재의미를 기여성(Dienlichkeit)과 신뢰성에서 간파한 것은 우리가 사수도로서의 일월남북두의 존재의미를 읽어 내는 데에도 적절한 이정표를 제공해 준다. 하늘에 뜬 일월성신은 단순한 지상적 도구-존재(Zeugsein)의 차원에 머물지 않고 그야말로 경이로운 존재자 혹은 신적인 유기체로 받아들여졌는데, 이를 통해 선서시대 사람들도 온 세계와 인류를 위한 이들 존재자들의 기여성과 신뢰성을 충분히 읽어 낸 것으로 추리할 수 있기 때문이다.

이때의 기여성을 읽어 내는 것은 결코 어려운 일이 아니다. 아니, 오히려 자신의 이기적 삶과 '현전의 형이상학'에 갇힌 현대인들보다는 '태양거석문화'에 심취한 선사시대의 사람들이 태양과 달의 존재의미와 그 기여성을 더 잘 간파해 낼 수 있었을 것이다. 그래서 낮의 해와 밤의 달이 온 누리를 비추어 인간을 비롯한 뭇 생명체들이 삶을 영위하는 것과 이들이 곧 역법의 근원이라는 것을 선사시대에 이미 읽어 내었으며, 인간의 운명과 관련된 남북두(남두육성과 북두칠성)에 관해서도 마찬가지의 기여성을 읽어 내었을 것이다. 그렇게 해서 이들 경이로운 존재자들이 인간과 온 누리를 보살피고 수호하는 사수 도로 받아들여지게 된 것이다.

이제 세 번째로 언급한 롬바흐의 사유세계를 들여다보자.

롬바흐는 표현인문학의 대가로서 획기적인 '그림철학'의 세계를 열었다. 그림철학은 그림과 철학과의 관련 여부를 면밀하게 검토한 끝에 정립된 표현인문학의 새로운 지평이다. 롬바흐의 '그림철학'은 하이데거의 사유에서 많은 영감을 얻은 것임에 틀림없다. 롬바흐의 제자인 전동진 교수가 지적하듯, 롬바흐의 "구조존재론"은 "존재를 관계론적이고 역동적인 '사건'(Ereignis)으로 사유한 하이데거의 사상을 계승하면서 발전시킨 존재론이라고 할 수 있고"[19], 또 그의 그림철학은 "하이데거의 예술작품분석 또는 사물(Ding)현상학과 깊은 관련을 맺고 있는 철학이다."[20]

롬바흐는 하이데거와 횔덜린에게서 영감을 얻고 계승한 데에서 더 나아가 하나의 획기적인 변화를 가져왔다. 그림철학을 통해 철학의 한 영역을 새롭게 개척했을 뿐만 아니라, 인류가 문자 이전에 그림이나

---

19) 전동진, 『생성의 철학』, 16쪽.
20) 전동진, 「롬바흐의 그림철학」, 『하이데거 연구』 제7집, 18쪽. "그림철학은 하이데거의 '예술작품'분석 또는 '사물'(Ding) 현상학이 도달한 동일성과유일성의 존재론을 잇고 있는 철학"이라고 볼 수 있다.(전동진, 『생성의 철학』, 17쪽) 롬바흐는 하이데거 외에도 시인 횔덜린을 그 누구보다도 그림철학의 선구자로 여기고 있다.(G. Stenger / M. Röhrig, *Philosophie der Struktur – "Fahrzeug" der Zukunft?*, Freiburg-München: Alber, 1995, 271쪽 참조) 롬바흐에 의하면 횔덜린에게서 "모든 나무, 모든 강, 모든 지역이 정신적 존재자(Genius)로서, '최고 존재자의 아들'로서, '유일한' 것으로서 나타난다. 모든 것은 시인에게 전체 또는 세계의 한 '그림'(Bild)이 된다."(전동진, 『생성의 철학』, 19쪽; H. 롬바흐, 전동진 옮김, 『살아있는 구조』, 211~219쪽 참조)

벽화, 신화와 전설, 성혈성좌도星穴星座圖와 상징어 등을 통해 드러낸 '정신의 삶' 및 '그림으로 펼친 사유세계'(Bilddenken)를 읽어 낼 수 있는 계기를 마련한 것이다. 이때까지의 철학자들이 이론적이고 학술적인 노력에 치우쳤다면 롬바흐는 과감하게 비문자적인 표현인문학의 영역을 개척해 낸 것이다.

실제로 인류역사에서 그림은 "문자전통보다 더 오래되고 더 포괄적이었는데"[21], 롬바흐는 이런 그림전통에 접근함으로써 인류의 정신적 삶을 밝혀내고 있다. 그는 오히려 현대인이 인류역사에서 옛날 수세기에 걸쳐 명백하게 존재했던 그림세계를 더 이상 읽어 내지 못한다고 개탄하면서, 우리가 삶에서 아주 중요한 영역을 망각해 버렸다고 지적한다.[22] 그리고 이런 안타까운 사실을 고려하여 그는, 자신의 그림철학을 본격적으로 전개한 『정신의 삶』(Leben des Geistes)에서 수없이 많은 자료들을 통해 독자들에게 텍스트를 읽게 하기보다는 그림세계를 펼쳐 보이고 있다. 현대인이 망각해 버린 영역을 되찾기 위해 어렵고 힘든 시도를 감행하고 있는 것이다.[23]

롬바흐는 예술작품으로서의 그림은 말할 것도 없고 이보다 더 원초적이고 근본적인, 그림으로 펼친 사유세계(Bilddenken), 인간 정신의 흔적이 스며 있는 암벽화와 동굴벽화 및 신화와 전설, 동화와 문학작품, 시詩와 의례, 상징과 부호들, 풍습과 통용 용품들에 현존하고 있는 내용에까지 철학적 분석을 시도하였다.[24] 심지어 그는 퇴락한 세계의

---

21) H. Rombach, *Leben des Geistes*, 8쪽.

22) H. Rombach, *Leben des Geistes*, 8쪽 참조.

23) H. Rombach, *Leben des Geistes*, 8쪽 참조.

24) H. 롬바흐, 전동진 옮김, 『아폴론적 세계와 헤르메스적 세계』(서광사, 2001), 340쪽 이하 참조. H. Rombach, *Leben des Geistes*, 8쪽 참조.

'파편더미'와 '흔적'에서도[25] 정신은 완전히 현존하며 손상된 텍스트에서도 정신을 읽을 수 있다고 한다.[26] 그는 '고양해석'을 통해 은폐된 정신을 발견하고, 이런 정신을 통해 망각되어 버린 세계를 구제하고자 한다.[27]

그에게서 '그림'이란 따라서 단순한 예술작품만이 아니라 "자기 자신을 형성하는 모든 형성물"[28]로서, 자신의 고유한 세계와 진리를 갖고 있으면서 —간접적으로나 매개적으로가 아니라— 직접적이고 "자가생성적으로"(autogenetisch) 스스로를 이야기하는 것이다. 그런데 이러한 그림이란 전통적으로 이해해 온 단순한 모사(Abbild)의 차원—이를테면 아리스토텔레스의 예술론—이 아니라, 정신의 소인이 찍혀 있는 것, 총체적인 것의 생생한 임재(Realpräsenz des Ganzen) 혹은 총체적인 것의 직접적인 현현(Präsentation)이다.[29]

여기서 '직접적인 현현'이란 그림이 자신의 세계를 다른 어떤 것들의 매개를 통해서가 아니라 스스로 직접 표명하고 있다는 것이다. 그림은 우리에게 해명(Auseinanderlegen)하거나 해석(Auslegung, Interpretation)을 요구하는 그런 텍스트의 관계론적 구조를 갖는 것이 아니라, 살아 숨 쉬고 있는 (그림세계의) 전체를 직접적으로 보여 주며 "축소하거나 제한하거나 약화시키지 않고 전체를 직접적으로 현현한다."[30] 말하자면 그림은 이론적 매개나 관계론적인 중간 과정을 거치는 것이 아니라

---

25) H. 롬바흐, 전동진 옮김, 『아폴론적 세계와 헤르메스적 세계』, 260~261쪽.
26) H. 롬바흐, 전동진 옮김, 『아폴론적 세계와 헤르메스적 세계』, 261쪽 참조.
27) 전동진, 『생성의 철학』, 36쪽 참조.
28) 전동진, 『생성의 철학』, 24쪽.
29) 전동진, 「롬바흐의 그림철학」, 『하이데거 연구』 제7집, 20~21쪽 참조. H. 롬바흐, 전동진 옮김, 『살아있는 구조』, 217쪽 참조.
30) Rombach, Heinrich, *Strukturontologie* (Freiburg-München: Alber, 1988), 372쪽.

직접성과 직접적인 봄(Sehen)을 펼치는 것이다.31)

따라서 그림철학은 어떤 이론적인 텍스트나 개념이 아니라—그런 의미에서 그림은 어떤 중간 과정이나 매개를 전제로 하지 않는다— 직접적이고 전체적인 방식으로 자신의 세계와 진리를 갖고 있으면서 "스스로 이야기하는" 것이다. "그림철학은 그림 자신이 하는 이야기를 따라가며 이야기하고 사유할 뿐이다. 즉 그림철학은 그림 속에서 '저절로'(von selbst, 스스로) 발현하는 '명증성'과 더불어 작업한다."32)

그런데 이토록 스스로 발현하는 명증성으로 자신의 세계를 이야기하는 그림은 도대체 무엇을 드러내는 것일까? 그것은 말할 것도 없이 그림 자신의 세계와 진리이며 정신이다. 이를테면 한 농가의 전형적인 유형은 그 지역의 '정신'에 관해 많은 것을 자명하게 밝혀 주고, 고딕양식의 건축이나 그림, 나아가 포스트모던적인 그림이나 건축양식도 이 시대들의 근본철학에 관해 강단철학자들이 이론적으로 자상하게 다듬은 텍스트보다 더 많은 것을 말해 준다.33)

이토록 예리한 롬바흐의 진단은 선사시대 성혈고인돌의 성좌도와 청동거울의 사신도 및 고분벽화를 이해하는 데에도 그대로 적용된다. 이들은 자신이 무엇을 말하는지 스스로 그리고 직접적으로 밝혀 주기 때문이다. 우리가 그림이나 건축물, 조각이나 벽화, 나아가 고인돌의 성혈이나 신화·전설 등을 단순한 사물이 아니라 인간의 혼이 스며들어 있는 (예술)작품이라고 여길 때, 롬바흐의 증언대로 거기에는 어떤 방식으로든 살아있는 정신이 녹아 있는 것을 목격할 수 있다.34) 인간의

---

31) Rombach, Heinrich, *Strukturontologie*, 321쪽 참조.
32) 전동진, 『생성의 철학』, 24쪽. H. 롬바흐, 전동진 옮김, 『아폴론적 세계와 헤르메스적 세계』, 340쪽 참조.
33) Rombach, Heinrich, *Leben des Geistes*, 8쪽 참조. 전동진, 『생성의 철학』, 25쪽 참조.

여러 가지 삶의 방식에서 정신을 읽어 내는 롬바흐는 미미한 "흔적에도 정신은 완전히 현존한다"라고 역설하고 있으며, "손상된 텍스트에서도 그 정신을 읽을 수 있다"라고까지 한다.[35]

이러한 해석에 대한 사례로서 롬바흐는 그의 『정신의 삶』에서 구석기시대의 마들렌(magdalenian) 시기에 피레네 산맥을 중심으로 스페인과 남프랑스의 수많은 동굴들에 그려졌던 암벽화에 대한 읽기를 시도한다. 그런데 이 암벽화들은 ―구석기와 신석기 시대의 동굴벽화들이 거의 그렇듯이― 대부분 동물 그림이고 사람은 드물게 등장한다. 그는 아리에쥬(Ariege)의 르 포르텔 동굴에 그려진 '움직이는 말'과 카스텔론의 가술라 협곡에 그려진 '멧돼지 사냥', 로트의 페쉬-메를르 동굴에 그려진 '메머드' 등을 해석하면서, 이와 같은 동굴벽화시대의 문화를 황홀한 망아경, 즉 '엑스타지스(Ekstase) 문화'로 규정한다.[36]

그는 이러한 동물 그림들이 단순한 주술이나 장식, 나아가 고기 획득 이상의 의미를 갖고 있다고 하면서, 특히 카스텔론 가술라 협곡에 있는 멧돼지 사냥의 암벽화에서 망아경(Ekstase)의 문화를 읽어 낸다. 그는 이 그림을 보는 이는 대체로 "망아경이 무엇인지 한눈에 볼 수 있다"[37]라고 했는데, 대체로 납득이 되는 것으로 여겨진다. 이러한 사냥과 축제의 황홀한 망아경에서 인간은 삶의 충만과 행복과 존재의

---

34) 롬바흐는 그의 철학적 그림책이라고 할 수 있는 『정신의 삶』(*Leben des Geistes*, Herder, Freiburg · Basel · Wien, 1977)에서 그림 속에 내재하는 정신의 생동하는 자취를 쫓고 있다.

35) Rombach, Heinrich, *Leben des Geistes* 전체 참조. 전동진, 「롬바흐의 그림철학」, 『하이데거 연구』 제7집, 41쪽 참조.

36) 전동진, 「롬바흐의 그림철학」, 『하이데거 연구』 제7집 , 28~33쪽 참조. 전동진, 『생성의 철학』, 28~33쪽 참조.

37) H. Rombach, *Leben des Geistes*, 56~66쪽, 특히 66쪽의 그림 참조. 전동진, 「롬바흐의 그림철학」, 『하이데거 연구』 제7집, 28~32쪽 참조.

미를 추구하며 영위했다고 롬바흐는 덧붙인다.[38]

이런 롬바흐의 구석기시대 문화 해석에 대해 물론 우리는 논리적인 카테고리에서 진위를 판단해서는 안 된다. 우리는 그것의 논리적인 정확성이나 보편타당함을 묻기보다는, 그것이 공감을 불러일으키는가에 관해 물어야 한다. 그의 해석과 '고양해석'에서 불러일으키는 공감은 실제로 문학비평이나 예술비평 및 문화비평에서 흔히 대할 수 있는 영역이다. 결코 무리한 규정이나 해석이 아닌 것이다.

대담하게도 롬바흐는 이러한 시도를 바탕으로 '그림철학'을 전형적인 이론철학에 선행하는 '근본철학'(Grundphilosophie)으로 승화시킨다. 말하자면 '근본철학'이란 '펜'과 문자, 텍스트와 '낱말' 등에 의해서가 아니라 오히려 삶에서, 생활방식과 행동양식의 회화적인 표현으로부터 유래한다는 것이다. 따라서 그림에 개시된 '회화적인 자기해석들'(die bildhaften Selbstauslegungen)이야말로 저 근본철학의 심층으로 내려가기 위한 '유일한 계단들'이다.[39] 철학이라 하면 통상 떠올리게 되는 '개념적이고 텍스트적인 철학'은 롬바흐에 의하면 오히려 '근본철학'에 의존하고 있는 '이차적인 현상'에 불과하다.[40]

롬바흐의 견해에 비추어 볼 때 선사시대 한반도 사람들의 생활세계와 문화양식, 즉 고인돌의 덮개돌에 새긴 성혈을 통해 드러난 일종의 '그림으로 펼친 사유세계'(Bilddenken)는 근본철학을 그대로 펼쳐 보이고 있다. 여기서는 어떤 추측이나 상상, 분석이나 해석의 과정을 거치지

---

38) H. Rombach, *Leben des Geistes*, 65~66쪽 참조.
39) H. Rombach, *Leben des Geistes*, 8쪽 참조. 전동진, 「롬바흐의 그림철학」, 『하이데거 연구』 제7집, 26쪽 참조.
40) H. 롬바흐, 전동진 옮김, 『철학의 현재』(서광사, 2001), 12쪽 참조. 전동진, 『생성의 철학』, 27쪽 참조.

않고도 그 정신세계를 읽어 낼 수 있다. 망자의 덮개돌에 새겨진 북두칠성과 남두육성, 해와 달, 수많은 별들은 귀천사상과 천향사상, 경천사상과 보살핌의 철학, 불멸사상 등을 표현한 근본철학인 것이다. 이러한 성혈星穴들은 무리한 해석을 하지 않더라도 드러난 내용 자체에 이미 분명한 근본철학의 메시지가 담겨 있어 정신·문화·예술의 심층세계를 밝힐 수 있게 해 준다.

물론 앞에서 언급한 롬바흐의 구석기시대 유물에 대한 모든 해석이 오늘날 과학의 시대에 부응할 만큼 정확한 해석인지는 미지수이다. 확실한 것은, 그런 해석을 단도직입적으로 틀렸다거나 맞았다고 단정할 수 없는 불확실한 영역이 늘 남아 있다는 사실이다. 그것은 다른 해석이 가능할 소지도 있기 때문이기도 하거니와, 무엇보다도 영겁의 시간이 흐른 지금 우리는 당대인들의 정신을 직접적으로 관찰하거나 알 수 없기 때문이다. 그러나 그럼에도 불구하고 당대인들이나 지금의 우리나 모두가 인간인 이상 서로 공감할 수 있는 공통분모를 갖고 있다는 점 또한 분명하다.

물론 롬바흐든 우리든 정확한 내용을 표명하지 않는 그림이나 유물들에 대해 추측을 하지 않을 수 없는 경우도 있다. 실제로 온 세계에 흩어진 구석기시대의 암벽화나 태평양의 이스터 섬에 있는 라파누이, 영국의 솔즈베리 평원에 있는 멘히르, 프랑스의 카르낙에 있는 열석들, 지중해 말타 섬에 있는 거석유적들 같은 언어가 없는 고인돌의 경우 우리는 그 제작의미를 그저 추측만 할 수 있을 따름이다. 실제로 롬바흐도 "추측에 의거하는 사유(konjekturales Denken)가 불가피한"[41] 경우가 있음을 인정하면서 "대담한 가설들이 필요한"[42] 경우를 잘 지적하

---

41) H. Rombach, *Leben des Geistes*, 8쪽.

고 있다. 그리하여 그는 추측에 의거하여 대담한 가설을 세워서 "한 세계의 근본경험과 원리를 파악한 뒤 그 속에 들어 있는 통일성과 정합성을 파악함으로써 그 세계의 '연관관계를 실제로 이루어졌던 것보다 높은 수준에서 재구성'하였는데"[43], 이러한 방법을 그는 '고양 해석'(Hochinterpretation)[44]이라고 불렀다.

따라서 앞에서 롬바흐가 시도했던, 구석기시대의 한 문화양식을 '엑스타지스(Ekstase) 문화'로 규정한 것이 결코 단순한 짐작이나 억측 내지는 상상의 차원에 머문 것이라고 생각해서는 안 된다. 그것은 그의 면밀한 '고양해석'을 통해 공감을 불러일으키는 측면이 강력하게 납득되기 때문이다. 따라서 '추측에 의거하는 사유'나 대담한 가설들이 동원된 경우라 하더라도 문학이나 예술 및 문화의 영역에서 흔히 감행되는 비평에서와 같이 많은 공감을 불러일으키는 그런 해석이 당연히 존재한다는 것을 염두에 두어야 한다.

롬바흐의 시도는 우리의 선사문화를 읽어 내는 데에도 고무적이다. 우리는 선사시대의 고인돌 성좌나 고분벽화에서 철학적인 혼을 읽어 내어야 한다. 그냥 "선사시대의 고인돌이 역사적 유물로 주어져 있다"고만 하고 아무런 정신적 의미를 발견하거나 읽어 내지 못한다면 그것은 말할 것도 없이 철학적 무지이고 태만이다. 고분벽화와 고대의 천문지리 및 고인돌의 성좌, 청동거울의 그림 등은 지극히 당연하게 철학적으로 성찰할 가치가 있다. 따라서 이런 표현인문학적 노력은 우리에게 주어진, 고대철학의 재발견을 위한 절체절명의 중대한 과제

---

42) H. 롬바흐, 전동진 옮김, 『아폴론적 세계와 헤르메스적 세계』, 260쪽.
43) H. 롬바흐, 전동진 옮김, 『아폴론적 세계와 헤르메스적 세계』, 268쪽.
44) H. 롬바흐, 전동진 옮김, 『아폴론적 세계와 헤르메스적 세계』, 268쪽.

이다. 더욱이, 롬바흐가 구석기의 동물그림에서 암호와도 같은 내용을 읽어 낸 것에 비해 우리의 성혈고인돌의 성좌도와 고분벽화, 천문지리, 청동거울 등에 대한 해석은 상상력에 의존하는 위험부담이 퍽 적다. 그것은 이 자료들이 구석기시대의 동굴벽화에 그려진 동물그림과는 달리 분명한 철학적 메시지를 담고 있기 때문이다.

지금까지 표현인문학적인 노력의 본보기로 셸링과 하이데거, 롬바흐의 경우를 살펴보았는데, 이 외에 월시(W.H. Walsh)와 야스퍼스(K. Jaspers)의 경우도 잊지 말아야 한다. 월시는 『형이상학』(Metaphysics)45)에서 제도적 혹은 전승된 '형이상학'(Meta-physik)의 범주를 넘어 예술비평이나 문학비평도 형이상학의 주요 원천이 됨을 역설함으로써 오해에 기인한 형이상학 비판에 맞서고 있다.

예술비평이나 문학비평은 여타의 텍스트 비평과 마찬가지로 그 자체로 철학과 형이상학의 원천이 될 수 있다. 월시(W.H. Walsh)는 예술비평이나 문학비평이 특성상 자연과학적이고 논리학적인 보편타당성을 얻지는 못한다고 해도 형이상학의 주요 원천이 될 수 있다고 강조하는데,46) 이는 실제로 우리가 "이 예술작품이 훌륭하다"거나 "이 문학작품이 뛰어나다"고 할 때 확인할 수 있는 사항이다. 이러한 비평들에는 과학이나 수학을 뼈대로 삼아 구축된 근대 형이상학과는 달리 가부간의 결정을 명확하게 내릴 수 있는 결정적인 척도와 절차가 존재하지

---

45) W.H. 월시, 이한우 역, 『형이상학』(문예출판사, 1996).
46) W.H. 월시, 이한우 역, 『형이상학』, 254쪽 참조. 또 다른 곳에서 월시는 다음과 같이 확고히 한다. "나는 형이상학을 ―과거에 종종 그랬던 것처럼― 과학이나 수학과 비교하기보다는 문학비평과 같은 활동에 주목함으로써 형이상학적 진리와 형이상학적 논증의 문제를 더욱 명확하게 해명할 수 있으리라 생각한다."(255쪽)

않는다. 그러나 그렇다고 그 비평적 논의나 평가이론들이 —월시가 온당하게 지적했고 우리도 시인하듯이— 자의적으로 해석되거나[47] 아무런 근거 없이 채택되는 것은 결코 아니다.

물론 위대한 예술가나 문학가 및 시인의 작품이 온당하게 해석되지 않아서 역사 속에서 그 작품들의 가치가 알려지지 못했다가 뒤늦게 인정을 받게 되는 경우도 많다. 반 고흐의 예술작품[48]이나 횔덜린의 시와 같은 경우이다. 반 고흐의 표현주의 기법은 20세기에 와서야 사람들이 깨닫기 시작했으며, 횔덜린의 경우는 20세기의 걸출한 철학자 하이데거에 의해 빛을 보게 되었다.

세상의 모든 비밀과 학문의 세계를 다 과학적으로 입증하겠다는 것은 무모한 짓이다. 형이상학을 과학과 논리학으로만 구축하겠다는 시도 또한 어리석기는 마찬가지이다. 그것은 무엇보다도 비과학이나 초과학, 초논리학 등의 영역이 존재하고, 이들 또한 의미 있는 형이상학으로 될 수 있기 때문이다. 월시는 문학비평이나 예술비평 같은 활동이 형이상학과 깊은 관련이 있음을 다음과 같이 천명하고 있다.

> 문학비평작품을 평가함에 있어 우리는 작품 이해의 심도, 일관성, 통찰력 등과 같은 것을 고려해야 한다. 우리는 훌륭한 비평을 통해 일반적으로 간과하기 쉬운 측면들을 알 수 있고, 또한 전혀 새로운 시각에서 기존의 이해나 앎을 볼 수 있게 되기를 기대한다. 그것은 하나의 조명照明이며, 특별한 의미에서의 이해이다. 하지만 이런 것들은 이 책에서의 주장에 따르자면 형이상학과 깊은 관련을 갖는 특질이자 성과이다.[49]

---

47) W.H. 월시, 이한우 역, 『형이상학』, 255쪽 참조.
48) 고흐는 생전에 800점 이상의 유화를 그렸지만 오직 한 점만이 팔렸다고 한다.
49) W.H. 월시, 이한우 역, 『형이상학』, 257쪽.

형이상학이 자연과학과 수학의 획일적인 틀에서 해방된다면, 나아가 참과 거짓의 카테고리와 보편타당성의 강요에서 해방된다면(물론 이들을 배척할 필요는 없지만, 이들이 적절한 역할을 할 수 없는 영역 또한 존재한다!), 자기생성적(sui generis) 활동이나 원리, 초자연적이고 창조적인 영역, 의지와 의미의 세계, 나아가 원초적인 개방(Eröffnung)이나 생성의 영역은 오히려 형이상학의 지평을 풍성하게 하고 확대시켜 준다. 이들은 오히려 형이상학을 가능하게 하는 요인이라고 할 수도 있다.

선사시대에는 당연히 범세계적으로 체계적인 학문이나 철학은 희박했을 것으로 보인다. 그러나 고조선 때의 사람들은 성혈고인돌의 성좌도나 청동거울의 사신도를 통해 분명한 철학적 메시지를 새겨 놓았고, 고대의 고구려인들도 그 어떤 학문적 체계에 바탕을 둔 이론을 주장하지는 않았지만 벽화를 통하여 자신들의 철학적 세계를 드러내었다. 고분벽화에는 인간의 생활세계와 불멸의 형이상학, 종교론, 내세론, 우주론 등이 총천연색으로 담겨져 있다. 일월성신日月星辰 등 하늘세계의 천문학적 의미와 그 형이상학적 우주론, 나아가 플라톤과 하이데거가 철학적 논의를 통해 밝힌 코스모스의 '사방'세계를 총천연색의 고분벽화를 통해 더욱 실체감 있게 드러낸 것이다. 그렇기에 철학적 메시지가 담긴 벽화나 성혈고인돌의 천문도, 청동거울의 사신도 등은 철학적인 논의나 이론적인 작업 이상으로 더욱 생동감 있게 표현인문학을 펼치고 있다.

한편, 월시를 비롯해 앞에서 언급했던 일련의 철학자들과 유사하게 야스퍼스(K. Jaspers) 또한 그의 『비극론』(Das Tragische)에서 종교와 예술(특히 섬뜩한 비극세계를 그린 브뤼헐과 보슈의 예술작품), 문학작품(고대 그리스의 비극, 셰익스피어의 비극작품) 속에 배태된 철학적인 앎을 통하여 초월해 가는 인간의 실존적 모습을 그려내고 있다. 그에게서도 말하자면 표현인문학에 대한 지평이 유감없이 펼쳐지고 있는 것이다.

야스퍼스는 예술(작품)에 대한 심층적 해석을 통해 그 속에 도도히 흐르는 인간의 실존적 모습을 읽어 낸다. 『비극론』에서 그는 예술과 문학 속에 배태된 '비극적인 앎'을 통해 초월해 가는 인간의 실존적 모습을 그려 내고 있다.[50] 예술작품과 비극적 서사시와 비극작품 속에 배태된 '비극적인 앎'은 인간이 '난파'(Scheitern)를 초극할 수 있는 길을 안내해 주는데, 이러한 길 안내를 통해 '난파'를 초극해 가는 인간에게서 야스퍼스는 실존적 위대함을 간파해 낸다.[51]

이런 맥락에서 야스퍼스는 전승된 오이디푸스 신화와 셰익스피어의 『햄릿』을 심층적으로 재해석하고[52], 특히 섬뜩한 비극적 분위기의 작품들을 선보인 네덜란드의 화가 브뤼헐(H. Breughel)과 보슈(Hieronymus Bosch)의—죄와 죽음, 지옥과 고통이며 비참함과 같은 섬뜩한 세계를 그린 화가들—그림세계를 해명하면서[53] 인간존재의 근본에 있는 '비극적인 것'(Das Tragische)을 통한 초월의 위대함을 밝혀내고 있다.

예술작품은 —셸링, 하이데거, 롬바흐, 야스퍼스, 월시 등의 해석에서 분명히 드러나듯이— 어떤 특별한 철학적 메시지를 담고 있다. 선사시대의 성혈고인돌에 새겨진 천문도나 청동거울의 사신도 및 고구려의 고분벽화 또한 분명하게 예술작품의 차원을 넘어 인간의 심층세계, 인간의 궁극적인 문제, 불멸의 사유, 이타적인 보살핌의 철학, 이승과

50) K. Jaspers, *Die Sprache / Über das Tragische* (Piper: München, 1990), 87쪽 이하 참조.
51) K. Jaspers, *Die Sprache / Über das Tragische*, 94쪽 이하 참조.
52) K. Jaspers, *Die Sprache / Über das Tragische*, 110쪽 이하 및 113쪽 이하 참조.
53) K. Jaspers, *Die Sprache / Über das Tragische*, 102쪽 참조.

저승을 넘나드는 종교론과 형이상학 및 우주론 등을 드러내고 있다. 말하자면 이러한 작품들은 회화와 예술의 범주에만 머물러 있는 것이 아니라 철학적인 혼을 드러내는 유기체 역할을 하고 있는 것이다. 마치 호메로스의 서사시나 괴테의 문학세계, 반 고흐와 베토벤의 예술세계가 제각기 그에 상응하는 심오한 철학적 내용을 함축하고 있듯이, 성혈고인돌의 천문도와 청동거울의 사신도, 고구려의 고분벽화도 회화의 범주를 넘어 고도의 정신문화적이고 철학적인 메시지를 배태하고 있다.

일반적으로 예술작품은 —우리가 일련의 철학자들을 통해 적절하게 확인했듯이— 아무런 정신적 배경이 없이 탄생되지는 않는다. 위대한 예술가의 그림이나 작곡가의 멜로디는 바로 이 예술가들의 예술철학적인 혹은 정신적 표현임이 자명한데, 바로 그러한 바탕 위에서 작품이 탄생되는 것이다. 하이데거가 예로 든 고흐는 말할 것도 없고 낭만주의 화가 프리드리히, 르네상스의 위대한 화가들, 우리나라의 백남준 화백과 박수근 화백, 이중섭 화백의 예술세계를 들추어 보면 이들 화가들의 예술철학과 형이상학이 도도하게 흐르고 있음을 체득할 수 있다. 만약 그러한 예술철학을 읽지 못한다면 진정으로 그들의 예술세계를 이해했다고 말할 수 없을 것이다. 위대한 사상과 '정신'(Geist)은 철학자들의 이론이나 저서 속에서만 나타나는 것이 아니라 예술작품 속에서도, 시詩와 신화, 동화 속에서도, 그리스 신전이나 성혈고인돌, 청동거울의 사신도와 고분벽화에서도 드러난다.

앞서 우리는 셸링과 하이데거, 롬바흐와 월시 및 야스퍼스와 같은 철학자들의 사유세계를 통해 예술철학과 표현인문학에 대해 살펴보았다. 이제 우리는 이러한 고찰을 토대로 고분벽화와 성혈고인돌의 성좌도, 적도 28수가 그려진 고조선의 천문도와 청동거울의 사신도에 대해, 이들을 그저 역사적인 유물로만 취급하는 단계에서 벗어나서 재음미해 보아야만 한다. 이런 유물들은 하이데거가 언어를 '존재의 집'이라고 칭한 것과 유사하게 인간의 심층적인 철학과 정신적인 원형들을 거주하게 하는 집의 역할을 하고 있기 때문이다.

제3장 '말하는 돌'과 '돌의 세계'[1]

1. 우리에게 친숙한 '돌의 세계'와 '말하는 돌'

'말하는 돌'이라는 용어는 과학기술문명과 실증주의에 습관화된 현대인에게 얼마나 어색한 표현일까. 돌은 그야말로 무생물 중의 무생물이라고 선언하는 것이 정상적인 표현이 아닐까. 돌이 말한다는 표현은 그야말로 얼토당토않을 수 있지만, 그러나 돌이 전하는 메시지가 분명히 존재한다면 '말하는 돌'이라고 해도 큰 무리는 아닐 것이다. 이를테면 고인돌의 덮개돌에 새겨진 홈이 별자리를 나타낸다면, 말과 글로 전승되지는 않았어도 이러한 성혈고인돌은 천문도를 드러내고 말하는 것과 다름없다.

해석학자 H. 롬바흐는 ─아래에서 보게 되겠지만─ '말하는 돌'의 의미를 결코 어색하거나 무리하지 않게, 훌륭하게 밝혀낸다. 그러나 굳이 롬바흐의 해석이 아니더라도, 돌이 전하는 메시지가 분명히

---

1) 이 장은 『정신문화연구』 제143호에 실린 필자의 논문 「'말하는 돌'과 '돌의 세계' 및 고인돌에 새겨진 성좌」를 수정하고 보완한 것이다.

존재한다는 사실을 인정한다면 '말하는 돌'은 어색한 표현이 아닐 것이다. 실제로 고인돌사랑회의 인터넷사이트에 들어가면 '말하는 돌'이라는 항목이 있다. 고인돌이 품고 있는 의미나 메시지가 분명 존재하기에 저런 명칭을 부여한 것이다.

한국인에게 돌(石)이나 바위라는 말은 예로부터 퍽 친숙하여 사람들의 이름글자로도 사용되어 왔다. '돌쇠'라는 이름은 옛날에는 아주 예사롭고 친숙한 이름이었으며, '돌'이나 '바위'가 들어간 시詩와 책이 퍽 많을 것이라는 사실도 굳이 확인해 보지 않더라도 우리는 잘 알고 있다. 서구적 시각에서는 돌이 단지 무생물로 처단되지만, 동양에서의 돌은 나름대로 우주적 중량을 갖는다는 표징이다. 어떤 신문기사의 제목처럼[2], 우리 민족은 아주 오랜 선사시대 때부터 돌을 '벗'처럼 가까이 해 온 것으로 보인다. 이를테면 구석기와 신석기 시대의 각종 도구들(주먹도끼, 손도끼, 반달돌칼, 각종 석검, 찌르개 등등)과 선바위, 선돌, 고인돌, 각종 석탑, 돌장승, 돌하르방, 불상, 비석, 장군석, 돌짐승, 돌절구, 다듬잇돌 등등, 돌과 관련된 유물들은 수없이 많다. 인류문명이 구석기와 신석기 시대로부터 시작한다고 규정한다면 돌은 인류문명의 시원을 함께하고 있는 것이다.

우리에게 친숙한 조선시대의 문인 고산 윤선도는 「오우가五友歌」의 서시序詩에서 "내 벗이 몇인가 하니 수석水石과 송죽松竹이라 / 동산에 달이 밝게 떠오르니 그것이 더욱 반갑구나"[3]라고 읊었는데, 여기에 돌(石)이 다섯 벗들 가운데 하나로 등장한다. 돌을 벗으로 삼은 까닭을

---

2) 이광표, "우리 조상들은 왜 돌을 벗으로 생각했을까?"(『동아일보』, 2016년 1월 20일). 이광표 기자는 서울 성북구에 있는 <우리옛돌박물관>을 소개하고 동시에 우리의 돌 문화재를 소개하고 있다.

3) blog.daum.net/cha9335/7139909 참조.

고산은 다음과 같이 밝히고 있다. "꽃은 무슨 까닭으로 피자마자 쉽게 떨어지고 / 풀은 또 어찌하여 푸른 듯하다가 이내 누레지는가? / 아마도 변치 않는 것은 바위뿐인가 하노라."

시에서처럼 돌은 변치 않는다. 어떤 인위적 힘이 가해지지 않는 한 돌은 자신의 자리를 굳게 지키며 온갖 비바람을 견뎌 낸다. 돌의 이러한 굳센 성질을 보고 옛 선비들은 돌의 정신을 찬양하며 군자의 상징으로 삼았던 것이다. 돌은 고산에게 살아있는 유기체로서 우정을 나누는 벗으로, 변치 않는 인격체로 승화되어 있다.

고산 윤선도처럼 해석학자 롬바흐(H. Rombach)도 변하지 않는 돌로부터 돌의 독특한 세계를 발견하고, 이를 철학의 심층세계로 끌어올리고 있다. "돌에게서 인간은 불변(das Unveränderliche)을 배운다. 돌은 자신의 불변을 모든 변하는 것을 초월한 위치에 놓는다."[4] 불변하는 돌은 뭔가 하나의 새로운 차원, 즉 모든 변화하고 생성소멸하는 것들을 초월하고 지배하는 차원에 놓이게 되는 것이다.

"'초월한 위치에 놓음'(Über-Stellen)은 하나의 철학적 행위이다. 그런데 선사시대의 인간은 이러한 철학적 행위를 사상 속에서가 아니라 거석을 세우는 것으로 행했던 것이다."[5] 말하자면 거석을 세우는 데에는 이 거석을 통한 초자연적인, 초월한 위치에 놓는 인간의 철학적 행위가 전제되어 있는 것이다. 그런데 롬바흐에 의하면 이러한 '초월한 위치에 놓음'이야말로 원초적 형태의 형이상학 개념이다. "후세에 '형이상학'(Metaphysik)이라고 일컫는 것은 '초-자연'(Über-Natur)으로서의 형이상학(Meta-Physik)인데, 바로 이 초-자연에서 탄생된 것이다."[6] 한 걸음 더

---

4) H. Rombach, *Leben des Geistes* (Herder: Freiburg · Basel · Wien, 1977), 104쪽.
5) H. Rombach, *Leben des Geistes*, 104쪽.

나아가 롬바흐는 소위 '고급문화들'(Hochkulturen)이란 다름 아닌 이러한 초월(Über)의 문화라고 역설한다.[7]

또한 롬바흐는 초-자연으로서의 형이상학뿐만 아니라 철학적 개념인 '절대자'(das Absolute)도 거석문화에 기원을 두고 있음을 단호하게 천명한다. 롬바흐에 의하면 선사시대의 거석들은 아직 이러한 돌에 대항할 도구가 없었던 때에—거석이 세워지는 시대에는 돌보다 더 단단한 제작 재료가 없었기 때문이다— 불가항력적이고 절대적인 성격을 배태하고 있었다. "돌은 '대항할 수 없는 것', '파괴할 수 없는 것'으로서 오늘날의 언어로 절대자(das Absolute)라고 칭할 수 있다. 돌에게서 처음으로 절대자가 알려진 것이다."[8] 그리고 이러한 절대자로서의 거석은 때때로 인간에게 경외심을 불러일으키기도 했던 것이다.

돌에게서 '말하는 돌'과 '돌의 세계'를 찾아내고 절대자와 초자연의 형이상학을 읽어 낸 롬바흐에게서, 우리는 그가 내세운 "사람들은 결코 '미개'했던 적이 없었다"[9]라는 명제의 의미를 소름끼치게 체득하게 된다.

고인돌이 무덤과 관련되고 또 영원불멸의 상징이 된다는 것은 고인돌 연구가들의 일반적인 견해인데, 그토록 건립이 힘든 거석을 무덤으로 사용하는 취지만 추리해 보더라도 이해할 수 있는 대목이다. 이영문 교수는 돌이 그처럼 숭배되었던 것은 자연발생적이라고 말한다.

---

6) H. Rombach, *Leben des Geistes*, 104쪽. '형이상학'(Metaphysik)의 어원은 고대 그리스어에서 기원하는데, meta-ta-physika(μετά-τα-φυσικά)는 그야말로 초-자연(Über-Natur)에 관한 학인 것이다. 롬바흐의 어원풀이는 정확하다.

7) H. Rombach, *Leben des Geistes*, 104쪽 참조.

8) H. Rombach, *Leben des Geistes*, 102쪽.

9) H. Rombach, *Leben des Geistes*, 65쪽, "'Primitiv' sind die Menschen nie gewesen."

인간보다 오래도록 잔존하는 거목巨木이나 거석巨石에 대한 숭배는 자연발생적이라 할 수 있다. 당시의 사람들은 영원불멸한 자연에 대한 숭배나 신앙을 가지고 있었다고 생각된다. 동양에서건 서양에서건 돌은 '영원불멸의 상징'이었다.[10]

성스러운 자연의 모습은 이 우주 속의 특정한 존재양식들(일월성신, 하늘, 산, 강, 바다, 바위, 나무 등)을 통해 드러난다. 동서양을 막론하고 자연적인 것과 초자연적인 것에 대한 경외심이 강했던 선사시대와 고대에는 거대한 나무나 바위조차도 외경의 대상이었다. 거대한 바위가 지닌 "육중함과 불변성은 그 자체로 경이로운 대상이었고 그 어떤 영원성과 영험한 힘을 가진 대상"[11]으로 여겨졌던 것이다.

엘리아데(M. Eliade)는 '성현(Hierophany)으로서의 돌'[12]이 우리에게 무엇을 보여 줄 수 있는가를 이해하고자 할 경우, "돌에 부여된 다양한 종교적 가치들을 분석해 보기만 하면 된다"[13]라고 하였다.

그것들은 권능, 견고함, 영속성을 제시한다. 돌의 성현은 탁월하게 하나의 존재시현(ontophany)이 된다. 무엇보다도 돌은 존재하며, 항상 그 자신으로 머물러 있고, 변화하지 않는다.…… 종교적 경험의 눈으로 볼 때, 돌의 특수한 존재양식은 시간을 넘어서 있고 생성에 의해 침해되지 않는 절대적 존재의 본질을 인간에게 계시한다.[14]

---

10) 이영문, 「고인돌에 얽힌 지명과 신앙」, 『이야기로 풀어낸 화순 고인돌유적』(동북아지석묘연구소, 2009), 15쪽. 또 이영문 교수는 고인돌과 같은 거석은 영원성 및 영혼불멸사상과도 결부되어 있다고 한다. 이영문, 「세계문화유산속의 한국고인돌」, 『세계 거석문화와 고인돌』(동북아지석묘연구소, 2004), 51~52쪽 참조.
11) 김성인, 「화순지역의 바위신앙과 전설」, 『이야기로 풀어낸 화순 고인돌유적』, 91쪽.
12) M. 엘리아데, 이동하 역, 『聖과 俗』(학민사, 1996), 138쪽.
13) M. 엘리아데, 이동하 역, 『聖과 俗』, 139쪽.
14) M. 엘리아데, 이동하 역, 『聖과 俗』, 139쪽.

돌은 전승된 건축양식에서도 중요한 위치를 점한다. '주춧돌'이라는 말의 뉘앙스를 모르는 이는 아마도 없을 것이다. 그런가 하면 정원 장식이나 조경에서 돌은 얼마나 중요한 위치를 점하는가! 서양의 조경이나 정원 장식에서는 돌이 별로 중요한 의미를 갖지 못한다. 여전히 죽어 있는, 세계도 갖지 못하는 무생물에 불과하기 때문일 것이다. 그에 비해 한국에서는 아직도 돌을 뜻하는 '석石'자가 이름글자에 붙여지는 편이고, 과학기술문명이 깊어지는 미래에도 여전히 선호될 것으로 보인다.

세계의 모든 사물존재자에는 생명이 깃들어 있다는 탈레스의 '물활론'(Hylozoismus)에 비추어 보아도, 혹은 모든 질료는 "~을 위해" 존재한다는 아리스토텔레스의 '목적론적 세계관'(Teleologische Weltanschauung)에 반영해 보아도, 혹은 세계 내의 아무리 작은 사실도─시냇가의 작은 조약돌이나 깊은 산골에서 잠깐 피었다가 지는 야생화조차도─ 세계 전체에 대한 영향력을 갖고 있으며 상호작용을 한다는 스토아철학의 역설을 참조해 보아도, 나아가 "이유 없이 존재하는 것은 아무것도 없다"(nihil est sine causa)는 라틴의 속담을 떠올려 보아도, 돌은 작든 크든 나름대로 우주적 중량과 위상을 갖는 것임에 틀림없다.

인류문명─구석기와 신석기의 문명에서 돌로 만들어진 각종 도구들─이 돌과 함께 시작되었다고 보는 것은 결코 과언이 아니기에, 이러한 돌문명을 단순히 미개와 야만의 차원으로 돌릴 수만은 없다. 무엇보다도 인류가 그것과 더불어 생존해 왔기 때문이다. 그러한 돌문명은 단순하게 만들어진 주먹도끼, 손도끼, 석검, 반달 모양의 돌칼, 찌르개 등등 수없이 많다. 그런데 구석기시대의 돌문명은 신석기와 청동기 시대로 이어지면서 대단히 큰 발전을 이룩한다. 그것은 무엇보다도 돌문명이 단순한 도구의 차원을 넘어 인간의 정신세계와 문화를 표명하는 시금석의 역할을 하기 때문이다. 선사시대의 선돌이나 고인돌(특히 천문사상이 각인된 성혈고인돌), 선바위(솔즈베리 평원의 스톤헨지, 프랑스 카르낙의 열석들, 제주도의 돌하르방, 이스트 섬의 모아이 등), 돌장승 등등이 그러한 예이다. 심지어 이 돌문명은 문자가 새겨져 그 항구성을 자랑하게까지 된다. 이집트의 오벨리스크나 『구약성서』의 십계명, 광개토왕비, 진흥왕순수비 등이 그 좋은 보기이다.

그러나 서구의 근대에서는 동물조차도 '연장적 실체'(res extensa: 데카르트)에 불과할 따름이다. 그런 만큼 돌의 위상은 그야말로 극단적으로 낮을 수밖에 없다. 과학의 지배를 받아 온 근대에서는 세계 자체도 연장적 실체에 불과하기에, 고대 그리스가 본 영혼을 가진 유기체의 세계 의미도 퇴색되고 말았다. 근대의 '세계'는 그야말로 '연장적 실체'일 뿐이다. 슈미트(Gerhart Schmidt)가 제대로 지적했듯이 근대의 세계 개념은 "영혼이 없고 냉정하며 계산되어지는 것이다. 데카르트의 세계(le monde)는 '모든 연장적인 것'(alles Ausgedehnte)일 따름이다."[15]

그런데 하이데거가 지적하듯 칸트도 이러한 데카르트의 세계에 대한 사물-존재론을 받아들였다.[16] 실로 데카르트에게서는 세계든 자연이든, 또 동물이든 식물이든 그저 몽땅 '연장적 실체'에 불과한 것이기에, 이들에게서 생명을 가진 고유한 세계를 기대할 수 없다. 어쩌면 이런 근대의 세계 개념은 오늘날 과학기술문명의 현대에 더 첨예화되어 있는 것으로 보인다.

---

15) G. Schmidt, *Platon* (unveröffentlichtes Manuskript), 131쪽.
16) M. Heidegger, *Sein und Zeit* (Max Niemeyer: Tübingen, 1984), 24쪽 참조.

2. 롬바흐의 '돌의 세계'와 '말하는 돌'

이런 냉정한 근대적·유럽적 세계관에서는 '돌'에 '세계'가 붙은 '돌의 세계'라는 명칭이 무척 낯선 용어일 것이다. 도대체 돌에 무슨 세계가 있단 말인가? 인간중심주의의 근대적 세계관에 오리엔테이션 된 유럽인에게는 더더욱 이해하기 어려운 용어이다. 그러나 H. 롬바흐 는 이런 근대적·유럽적 사유를 강한 억양으로 반대한다. 동물을 형제 라 부르고 식물을 자매로 부르는[17] 그는, 이들뿐만 아니라 (우리가 무생물이라고 부르는) 돌에게도 생명을 불어넣고 고유한 세계를 인정 하여 '돌의 세계'를 부각시킨다.[18] 태곳적에 동양인이 가졌던 그런 세계관을 재발견하여 우리에게 돌려주는 듯하다.

동양의 사유세계에 각별한 애정과 식견을 지녔던 롬바흐는 서양의 근대적 세계관과는 전혀 다른 시각을 보여 주었다. 비록 하이데거의 제자였지만, 그는 스승의 돌의 개념에 대해 오히려 대립각을 세웠다. 하이데거는 유럽의 뿌리 깊은 인간중심주의에서 벗어나고자 각고의 노력을 기울였지만, 그래서 심지어 후설의 주관주의적인 현상학에 대해서도 등을 돌렸지만, 여전히 인간에 비해 동물과 식물의 세계 및 무생물로 칭해지는 돌을 낮은 단계로 바라보고 있었다.

롬바흐가 지적하듯 하이데거의 존재사유에서는 인간만이 '세계'를 갖고 있으며, 동물은 '세계 빈곤'(weltarm) 속에 거처하고 돌에게는 아예 '세계가 없다'(weltlos).[19] '세계'에 대한 물음에 하이데거는 세 가지의

---

17) H. 롬바흐, 전동진 옮김, 『살아있는 구조』, 246쪽 참조. 전동진, 「롬바흐의 그림철학」, 『하이데거 연구』 제7집, 35쪽 참조.

18) H. Rombach, *Leben des Geistes*, 99쪽 이하 참조.

19) M. Heidegger, *Die Grundbegriffe der Metaphysik(GA. 29/30)* (Klostermann: Frankfurt a.M., 1983),

주도적인 테제로써, 즉 "돌에게는 세계가 없고, 동물은 세계의 빈곤 속에 존재하며, 인간은 세계를 형성한다"[20]라고 응답했던 것이다. 하이데거의 답변에는 여전히 인간을 '피조물의 주인'으로 여기는 유럽적 사유의 흔적이 남아 있으며, 인간에 대해서만 세계성과 코스모스에서의 권리 및 존엄성, 의식과 인식, 의지와 자유를 인정하는 태도가 담겨 있다. 오직 인간만이 사물과 대상을 '구성'(칸트에게서 Konstruktion, 후설에게서 Konstitution)할 수 있는 특권을 부여받고 있는 것이다.

'세계-내-존재'(In-der-Welt-sein)로서의 인간 현존재에 치중된 전기 하이데거의 세계 개념에는 이처럼 돌에게는 '세계가 없다'는 선고가 내려져 있다. 오직 인간 현존재만이 세계를 형성하고 세계를 열 수 있는 것이다. 물론 엄밀하게 말하면, 하이데거의 존재론에서 인간의 세계형성이 무슨 특권에 의한 것은 아니다. 그것은 단지 그가 세계성(Weltlichkeit)을 '실존론적인 것'(Existenzial)으로 보기 때문이다.

하이데거에 의하면 "세계성은 하나의 존재론적 개념으로, 세계-내-존재의 구성하는 계기의 구조를 뜻한다"고 한다.[21] '세계' 자체를 현존재의 구성요소로 규정하고서, 세계현상을 개념적으로 정리하는 데 있어 현존재의 근본구조에 대한 통찰을 요구하고 있는 것이다.[22] 그는 우리가 세계에 대해 존재론적으로 물을 때, 우리는 결코 "현존재 분석론의 주제적 장을 떠날 수 없다"고 말한다.[23]

하이데거는 "'세계적'이라는 말은 용어상 현존재의 존재양식의 하나

---

§42, 261쪽 참조. H. 롬바흐, 전동진 옮김, 『살아있는 구조』, 245쪽 참조.
20) 이 인용문의 원문은 다음과 같다. "Der Stein ist weltlos, das Tier ist weltarm, der Mensch ist weltbildend."(M. Heidegger, *Die Grundbegriffe der Metaphysik*, §42, 261쪽)
21) M. Heidegger, *Sein und Zeit*, §14-18, 69c 참조.
22) M. Heidegger, *Sein und Zeit*, 52쪽 참조.
23) M. Heidegger, *Sein und Zeit*, 64쪽 참조.

를 의미하지, 결코 세계 '안에' 현전하는 존재자의 존재양식의 하나를 의미하지 않는다"[24]라고 하였는데, 여기서 그는 확실히 연장적 실체로서의 '세계'나 사물-존재론적인 근대적 세계 개념을 극복했지만, 여전히 인간중심주의적인 세계관에 머물러 있다. 하이데거에 의하면 '세계가 없는'(weltlos) 것으로 규정된 존재자들은 "서로를 건드릴 수 없으며, 어떤 것도 다른 것 곁에 있을 수 없다"[25]는 것이다.

오직 인간만이 '세계'를 갖고 있다는 선언은 서구 사회가 여전히 근대적 인간중심주의 사유에 놓여 있음을 드러내고 있는데, 하이데거의 제자 롬바흐는 이런 스승의 사유에 조심스럽게 비판을 가한다. "인간만이 세계를 형성하며, 동물은 세계 빈곤에 처해 있고, 돌에게는 세계가 없다"라는 규정에 대해 롬바흐는 이렇게 말했다.

> 이러한 파악은 인간을 언제나 '피조물의 주인(Herr)'으로 간주해 왔으며, 고유한 삶과 보편성(Universalität), 즉 세계성(Welthaftigkeit)과 고유한 권리 및 고유한 존엄성을 인간에게만 인정해 온 유럽 사상의 전통과 대폭적으로 일치한다.[26]

인간과 동물 및 돌에 관련된 하이데거의 세계현상 파악에는 바로 인간중심주의가 스며들어 있는 것이다. 이 인간중심주의에서는 인간이 사물과 자연에 대한 유일한 주인으로, "『파우스트』에서 말해지고 있는 것처럼 '세상의 작은 신'으로"[27] 증폭되어 있다.

롬바흐에 의하면 오늘날의 소위 환경보호론자들조차도 이런 인간중심주의적인 태도에서 벗어나지 못하고 있다. 이들에게서는 흙과

---

24) M. Heidegger, *Sein und Zeit*, 65쪽.
25) M. Heidegger, *Sein und Zeit*, 55쪽.
26) H. 롬바흐, 전동진 옮김, 『살아있는 구조』, 245쪽.
27) H. 롬바흐, 전동진 옮김, 『살아있는 구조』, 246쪽.

돌, 나아가 자연이 그저 죽어 있는 사물일 뿐이며, 그것들에도 각자의 삶과 고유한 의미와 존엄성이 있다는 것은, 즉 그것들이 각자의 세계를 지닌다는 것은 말도 안 되는 것이라고 여겨진다.[28]

롬바흐는 고대 그리스인들이 "어머니 대지"라고 불렀던 가이아(Gaia)의 사상을 회상시키고 돌을 유기체적인 대지의 구성요소로 파악하면서, 이 돌에게도 세계와 생명이 있음을 읽어 낸다.

> 다시 한 번 돌들에게로 되돌아가 보자. 돌들은 환경보호의 대상조차도 되지 못하고 있다. 하지만 대지(Erde)는 돌들의 헤아릴 수 없이 깊은 세계가 아닌가? 그 안에서 돌들은 수십억 년에 걸친 탄생과 수백만 년에 걸쳐 고동친 삶을 가졌고 또 그 축제를 벌이지 않았던가? 그리고 지상에서의(auf der Erde) 모든 삶은 처음부터 그리고 결국은 이러한 돌의 삶에 의존하는 것이고, 이 삶의 일대기에서 아주 특정한 나중 단계에 이르러서야 비로소 가능해졌던 것이 아닌가? 지상에서의 삶은 어디서 유래하는 것인가? 구름에서? 태양에서? 무無에서? 그것은 돌로 성숙한 지구 위에서야 비로소 등장할 수 있는 원소들의 배합이 아닌가?[29]

그리하여 롬바흐는 다음과 같이 선언한다. 이 선언은 인간에게도 동식물에게도, 심지어 돌에게도 모두 유효하다.

> 이 모든 세계들은 살아있으며 이로부터 자기 고유의 권리와 고유의 존엄성을, 아니 자신의 신성함과 불가침성을 갖는다. 개개의 돌을 이용할 수는 있다. 하지만 숭고한 돌의 세계 전체를 그래서는 안 된다. 개개의 식물을 이용할 수는 있다. 하지만 식물적 삶의 세계 전체를 그래서는 안 된다.[30]

---

28) H. 롬바흐, 전동진 옮김, 『살아있는 구조』, 246쪽 참조.
29) H. 롬바흐, 전동진 옮김, 『살아있는 구조』, 248쪽.
30) H. 롬바흐, 전동진 옮김, 『살아있는 구조』, 249쪽.

그리하여 롬바흐는 A. 슈바이처의 '모든 생명에 대한 외경심'을 넘어서는 모든 존재에 대한 외경심을 요구한다.

우주가 전대미문의 삶을 영위하고 있다는 사실에 대해 눈을 뜨는 것이 중요하다. 그리고 우리의 생태학적 사유가 우리의 삶이 만물의 삶 속에 편입되어 있음을 고백하고 자신이 전체에게 허용할 준비가 되어 있는 만큼만 우리의 삶에 권리와 존엄성을 인정할 준비가 되어 있지 않다면, 그것은 반쪽 진리에 불과하다.[31]

롬바흐에게서 돌은 결코 '죽은' 무생물이 아니라 코스모스에서 자신만의 고유한 세계를 구축하고 있는 존재자로 받아들여진다. 그는 '그림철학'으로 잘 알려진 『정신의 삶』에서 '말하는 돌'과 관련하여 역사적 실례와 고고학적 자료를 통해 면밀하게 증거를 제시하고 있다. 우선 시의 형식으로 쓴 그의 「돌」을 인용해 보기로 하자.[32]

돌

인간에게서 돌은
아무런 생명이 없는 사물이다.
그러기에 그는 돌을
'죽은' 돌이라고 명명한다.

그렇지만 돌은 달변을 하고 있다.
그는 자신의 무거운 중량과 과묵함으로 말하는 것이다.
그는 어딘가 의미심장한 것을
드러내야 하는 곳이라면,

---

31) H. 롬바흐, 전동진 옮김, 『살아있는 구조』, 250쪽.
32) H. Rombach, *Leben des Geistes*, 99쪽.

어디든 쓰임새가 있다. 표지석(Mahnmal), 기념비, 신성한 성전.

돌은 특별한 역사의 세기에서
이런 역할을 하였던 것이다.
그 역사의 세기는 몇 천 년이나 지속되었는데,
그것은 이른바 고급문화를 마련하였고,
그 역사의 세기는 돌과 사자死者에게 헌정되었다.

그러기에 돌은 인간에게 한 스승이었다.
거인총巨人塚의 어마어마한 돌덩어리로
인간은 스스로 높이 올려진 것이다.

그런데 이런 사실은 문자와
기록된 역사 이전에 일어났기에,
인류는 또다시 그 사실을 망각하고 말았다.
그들에 대해,
어떻게 그들이 높은 위치에 올랐는지,
어떻게 식물과 동물에 주의를 기울였는지,
이젠 아무도 짐작을 못하고 있다.

첫째 연에서는 돌에게서 아무런 생명을 못 느끼는, ‘죽은’ 돌만을 떠올리는 사람들의 세계관을 질타하고 있다. 돌에 대한 유럽적·근대적 세계관이 바로 그런 것이다.

둘째 연에서는 곧바로 이런 세계관에 대해 반격을 가하고 있다. 돌은 그야말로 ‘말하는 돌’로서 자신의 무거운 중량과 과묵함으로, 즉 일종의 ‘침묵의 언어’로써 말한다는 것이다. 그리고 무언가 의미심장한 것을 드러내려 할 때면 분명한 메시지를 전하는 ‘말하는 돌’이 된다. 표지석이나 경계석, 기념비나 신성한 성전 등이 그 사례이다. 그야말로 이러한 사례들은 의미심장한 메시지를 갖고 있다. 문자가 발견된 시기에도 인류는 여전히 그 의미심장한 메시지를 돌에 새겼다는 것을 우리는 알고 있다. 이집트의 오벨리스크나 『구약성서』의 십계명, 광개토왕비, 진흥왕순수비 등, 그 사례는 수없이 많다.

셋째 연에서 이런 '말하는 돌'의 역사와 고급문화가 몇 천 년이나 지속되었다고 한 것은 곧 '태양거석문화'(Megalithkultur)를 가리킨다. 이 '말하는 돌'은 넷째 연에서 인간들의 한 스승으로 받아들여졌다. 이를 통해 인류가 높은 위치에 다가서고 고양되었기 때문이다.

다섯째 연에서는 이 '태양거석문화'는 문자가 발견되기 이전에, 즉 역사가 기록되기 전에 일어났기에 안타깝게도 인류는 이 문화를 망각하고 말았다고 개탄하고 있다.

실로 문자가 발견되기 이전의 태양거석문화에 대해서는 —어떤 역사적인 자료를 바탕으로 하더라도— 정확하게 읽어 낼 수 없다. 그래서 우리는 세계 고인돌의 절반 이상을 차지하는 한반도의 고인돌들이나 영국 솔즈베리 평원에 둥글게 늘어선 선돌들, 프랑스 카르낙의 열석들, 태평양 이스트 섬의 모아이 등이 도대체 무슨 의미로 건립되었는지, 그 정확한 이유나 의미를 알지 못하는 것이다.

그러나 다행스럽게도 읽어 낼 수 있는 것이 있다. 바로 선사시대의 한반도인들이 고인돌이나 선돌에 남긴 성좌의 성혈이다. 별들이 모여 어떤 별자리(성좌)를 이루고 있는 것은 당대의 사람들이 별들에 가한 일종의 해석이다. 그렇게 북두칠성과 남두육성(남두칠성) 및 태양과 달의 성좌는 사수도四宿圖[33])로서 온 하늘세계를 수호하고 보살피는

───────────────

33) 사신도(동청룡, 서백호, 남주작, 북현무)가 세계를 수호하는 네 방위의 神獸들인 것처럼

각별한 메시지를 갖고 있는 것이다.

해석학자 롬바흐는 고인돌에 대해 이렇게 말하고 있다.

> 선바위와 함께 동시에 고인돌(Dolmen)이 등장하였는데, 그것은 후기 시대의 족속들에 의해 선사의 거인족의 무덤장소를 의미하는 '거석묘'(Hünengrab)로 칭해졌다. 도대체 고인돌은 어떤 목적으로 건립되었단 말인가?[34] 적당한 도구도 없는 상태에서 인간들은 왜 이런 초인간적인 일을 했던 것일까?[35]

'말하는 돌'이라는 규정을 내린 롬바흐조차도 고인돌이 어떤 목적으로 건립되었으며 당시 사람들이 이토록 초인간적인 일을 했는지를 알 수 없었기에 의문부호를 남길 수밖에 없었던 것이다. 물론 스콧 펙(M. Scott Peck)처럼 고인돌로부터 "거석을 찾아서, 내 영혼을 찾아서"[36]라고 답하는 것은, 그러한 의문부호를 넘어서서, 침묵 언어와 암시의 단계를 넘어서서 새로운 차원의 의미를 찾는 작업이라고 할 수 있을 것이다. 그는 웨일스와 스코틀랜드의 거석들(고인돌과 선돌들)을 보면서 돌에 대해 극도의 외경심과 신비로움, "신의 현현"과 성스러움을 느꼈다고 술회하고 있다.[37]

사수도(해, 달, 남두육성, 북두칠성)는 온 하늘세계를 수호하고 보살피는 별들이다. 이러한 日月南北斗의 사수도 개념형성에 관해서는 김일권, 「벽화천문도를 통해서 본 고구려의 정체성」, 『고구려 정체성』(고구려연구회 편, 학연문화사, 2004), 1044쪽 참조.
34) 원문은 "Welchem Zwecke dienten die Dolmen wirklich?"로서 "고인돌은 진실로 어떤 목적에 기여했단 말인가?"로 번역해도 좋을 듯하다.
35) H. Rombach, *Leben des Geistes*, 101쪽.
36) 스콧 펙, 김훈 옮김, 『거석을 찾아서, 내 영혼을 찾아서』(고려원미디어, 1996). 여기서 스콧 펙은 풍요와 이성의 시대를 벗어나 웨일스와 스코틀랜드에 흩어져 있는 선사시대의 오솔길에서 거석과 마주친다. 웨일스의 한 해변에서 5천 년 전의 고인돌을 발견하고서 그 소박하고 신비로운 거석에 완전히 매혹된다. 그는 거석을 찾아다니면서 마치 신의 현현을 보는 듯 신성을 체험한다. 그에게서 거석을 찾는 여행은 잃어버린 영혼을 되찾는 여행이며, 거석 찬미는 신에 대한 찬미와 존재하는 모든 것에 대한 찬미와 감사로 이어진다.

성혈고인돌의 덮개돌에 각인된 성좌도는 침묵 언어와 암시의 단계를 넘어서서 롬바흐의 의문부호에 응답하는, 말하자면 분명한 메시지로 '말하는 돌'인 것이다. 만약 일반적인 고인돌을 침묵 언어로 말하는 돌이라고 한다면(뭔가 암시를 던져주고 상징하는 바가 분명히 있기에), 여기에 비해 성혈고인돌은 우리에게 확실한 메시지를 전해 주는 '말하는 돌'이라고 할 수 있다.

3. '말하는 돌'과 하이데거의 현상학 개념

'말하는 돌'이란 돌이 언어나 문자가 아닌, 그림이나 상징 형식을 통해 자신이 무엇을 표현하는지 스스로 밝히는 것이기에 억지로 이론이나 학문적 검증 과정을 거칠 필요는 없다. 성혈고인돌 같은 유물은 그 자체로 실증하는 힘을 갖고 있기 때문이다. 이런 맥락에서 고대 그리스의 어원을 그대로 수용한 하이데거의 '현상학' 개념은 —그가 앞에서 돌에는 '세계가 없다'(weltlos)고 선언한 것과는 반대로— '말하는 돌'을 잘 설명해 주고 있다.

현상학(Phänomenologie)이라는 개념은 원래 고대 그리스어의 '파이노메논'(φαινόμενον: das Sichzeigende, das Offenbare) 혹은 '파이네스타이'(φαίνεσθαι: sich zeigen)와 로고스(λόγος)라는 단어의 합성어이다. 파이네스타이란 '스스로 드러내 보임'이고 파이노메논은 '드러난 그대로 자신을 보여 주는 것'이다.[38] 따라서 '있는 그대로 드러남'이라는 뜻의 '현상現象'(Phänomen)이란

---

37) 스콧 펙, 김훈 옮김, 『거석을 찾아서, 내 영혼을 찾아서』, 51·56·223·230쪽 참조.
38) M. Heidegger, *Sein und Zeit*, 28쪽 이하·34쪽 이하 참조.

어떤 것을 있는 그대로, 즉 현상하는 그대로 보여 주는 것을 말한다. 또 '현상학'에서의 '~학'은 로고스(Logos, λόγος)를 어원으로 하고 그 동사형은 레게인(λέγειν)인데, 이는 '말함과 밝힘', '밝게 드러냄', '말함에서 언급되고 있는 것을 드러냄'이라는 의미를 갖고 있다.[39]

그렇기에 현상학이란 '스스로를 드러내는 것'으로서의 현상을 '있는 그대로 드러내는 것'으로 이해된다. 말하자면 현상학은 어원상 어떤 주어진 것을 그것이 있는 그대로 드러나게 하는 학문이다. 따라서 하이데거의 현상학의 특징은 은폐되어 있는 것을 드러내고 밝혀 주는 탈은폐적 개시開示의 특징을 갖고 있다.

이러한 하이데거의 현상학은 근대로부터 내려오는 인식태도와는 상당한 차이가 있는 것으로, 사물에 아리스토텔레스적이거나 칸트적인 범주(Kategorie)를 부과하지 않고서, 좀 더 포괄적으로 표현하자면 정신이 사물에 의미를 투사하는 것이 아니라 사태 자체가 있는 그대로 드러나도록 하는 것이다. 말하자면 우리가 범주라는 틀을 가지고 사물을 구성하거나 그러한 방식으로 사태를 지향하거나 조작하는 것이 아니라, 사태 자체(die Sachen selbst)가 우리에게 열어 보이는 것을 우리가 그대로 받아들이는 것이다.

하이데거의 현상학에서는 칸트의 인식론이나 후설의 현상학에서 과다하게 책정된 주체의 권력과 위상이 떨어지고 만다. 그것은 주체의 인위적인 구성이 관건이 아니라 사태 자체의 존재론적 시현(apophansis), 즉 '사태 자체'(die Sachen selbst)의 '드러나는 것' 혹은 '드러나야 하는 것'이 핵심적인 관건이기 때문이다.

하이데거에게서 주체는 결코 어떤 주체중심주의적인 입장에 서는

---

39) M. Heidegger, *Sein und Zeit*, 32쪽 참조.

것도 아니고 또 근세에서 구축한 우선권(Primat)을 가진 것도 아니다. 이러한 주체는 세상과 사물을 임의로, 혹은 자의적으로 구성하는 '의미구성자'가 아니다. 주체는 단지 스스로 드러난 것을 있는 그대로 받아들이고 전달하며, 또 이렇게 드러난 것을 실마리로 하여 그 숨겨진 의미를 이끌어 내는 해석자일 따름이다.

결국 하이데거에게서 진정한 이해의 본질은 사태 자체가 스스로를 드러내는 힘에 의해 주어지는 것이지, 우리의 인위적 '구성'40)에 의한 것이 아니다. 이러한 귀결은 R. 팔머(Richard E. Palmer)의 지적대로 "해석학 이론에 대해 너무나도 중요한 의의를 갖는다. 왜냐하면 이는 해석이 인간의 의식이나 제 범주에 근거를 둔 것이 아니라 사상事象41)— 우리가 직면하는 현실—의 드러남에 근거를 두고 있다는 사실을 함축하고 있기 때문이다."42)

4. '말하는 돌'이 전하는 메시지

문자가 발견되기 이전에 문양과 성혈星穴 등의 상징어와 표현인문학으로 새겨진 고인돌과 선바위, 선돌의 경우는 검증이 불가능하고 실증이 어려운가? 전혀 그렇지 않다. 우리는 거기서 의미심장한 메시지를 찾을 수 있다. 다음은 박창범 교수의 지적이다.

---

40) 칸트의 '구성'(Konstruktion)이든 혹은 후설의 '구성'(Konstitution)이든 사태 자체가 있는 그대로 드러나도록 하는 하이데거의 현상학과는 차이를 드러낸다.
41) '사상'은 곧 '사태'로 번역되기도 하는 Sache이다.
42) 리차드 팔머 지음, 이한우 옮김, 『해석학이란 무엇인가』(문예출판사, 2001), 190~191쪽.

암각화나 고인돌·선돌 등에 새겨져 있는 문양과 홈들은 선사시대인의 직접적인 기록이라는 점에서 선사시대의 진술서이다.…… 홈이 새겨져 있는 남한 각지의 고인돌에서 이러한 문양을 유형별로 살펴보면, 이들이 분명한 메시지를 전달하고 있다는 생각을 하게 된다.[43]

아쉽게도 롬바흐는 고인돌이나 선돌에 새겨진 ―선사시대 사람들의 언어라고 할 수 있는― 성혈(홈)이나 석각천문도 및 특별한 문양 등을 보지 못했을 것이다. 그러나 역설적이게도, 성혈고인돌이나 문양이 새겨진 고인돌이나 선돌을 보지도 못함에도 불구하고 '말하는 돌'의 개념을 밝혀낸 것은 훌륭하다고 하지 않을 수 없다.

만약 성혈이나 석각천문도 및 문양이 어떤 확실한 의미를 밝히고 있다면, 그것은 그야말로 '말하는 돌'이 된다. 성혈고인돌이나 천문도가 새겨진 고인돌 등은 선사시대의 언어로써 천문, 경천, 보살핌과 수호사상 및 천향사상의 메시지를 전해 주는 '말하는 돌'이며, 성혈고인돌의 사수도는 코스모스를 보살핌의 체계로 보는 선사시대 사람들의 철학인 것이다. 절대로 인류는 미개하지 않았다!

여기서 우리는 우리의 선사시대 사람들이 고대 그리스인들의 '철학'(philosophia: Philia+sophia: φιλία+σοφία) 개념 즉 '지혜에 대한 사랑'의 차원에 머무르지 않고, 그것을 넘어서서 온 코스모스를 보살핌과 수호함의 체계로 보았다는 놀라운 사실을 목격하게 된다. 그들은 롬바흐의 지적처럼 결코 미개하지 않았고, 빵을 구하는 데만 인생을 다 바친 것이 아니었다.

결론적으로 우리는 이 장章의 중요한 대목을 다음과 같이 정리해

---

43) 박창범, 『천문학』(이화여자대학교출판부, 2009), 23~24쪽.

볼 수 있을 것이다.

'돌의 세계'나 '말하는 돌'과 같은 개념은 과학기술문명과 실증주의를 숭배하고 형이하학적인 삶을 살아가는 현대인에게 퍽 낯설기만 할 것이다. 이러한 시대에 돌은 그야말로 '무생물'로 취급받는 데다 돌 스스로 절대적인 침묵을 견지하고 있기에, 그 존재의미를 찾거나 부여하기도 어려울 수밖에 없었다. 그러나 동양문화와 사상에 심취한 롬바흐는 '돌의 세계'를 발견하고 '말하는 돌'의 의미를 명쾌하게 밝혀 내고 있다. 뿐만 아니라 그는 돌(거석)로부터 '절대자'와 '초-자연'으로서의 시원적 형이상학 개념을 읽어 낸다. 그런데 '말하는 돌'의 의미는 고인돌의 덮개돌에 새겨진 성좌가 더더욱 명쾌하게 드러내고 있다. 고인돌의 천문도는 단순히 하늘의 별을 나타내는 데만 그치지 않고, 일월남북두日月南北斗와 같은 사수도를 통해 의미심장한 메시지를 우리에게 던지고 있는 것이다.

그렇기에 선사시대 사람들을 원시적이었거나 미개했다고 해서는 안 되며, 진화가 덜 되었다고 해서도 안 된다. 더더욱 그들이 먹거리만 찾아 헤매고 다녔던 것이 아니라 고도의 정신문화와 철학을 펼쳤음을 '말하는 돌'은 우리에게 전해 주고 있다.

제4장 고인돌 답사

1. '말하는 돌'로서의 성혈고인돌

답사에 나서기 이전에 고인돌을 어떻게 규정하는지, 박창범 교수의 견해를 들어 보자. 박창범 교수는 고인돌을 다음의 네 가지 명제로 규정하고 있다.[1]

첫째, 고인돌은 암석이다.

둘째, 고인돌은 무덤이다.

셋째, 고인돌은 고고학적 유물이다.

넷째, 고인돌은 천문학적 유물이다.

여기서 첫째와 셋째 명제는 이미 지당한 사항으로 잘 알려져 있고, 둘째 명제는 무덤이 아닌 용도의 고인돌(이를테면 공공집회의 장소라거나 제사지내는 곳 등)도 더러 발견되기에 그처럼 단정하기에는 조금 무리가 따르는 것으로 보인다.[2] 넷째 명제의 경우, 오늘날 성혈고인돌이 별자

---

1) 박창범, 『하늘에 새긴 우리 역사』(김영사, 2004), 106쪽.
2) 이를테면 다음과 같은 논문에서도 고인돌의 무덤 외의 성격을 검토할 수 있다. 하문식,
「고인돌의 숭배 의식에 대한 연구」, 『비교민속학』 제35집(2008), 108쪽; 이융조·하문식,

리와 천문도를 새긴 것으로 밝혀진 이상 타당하다고 여겨진다.

그런데 필자는 여기에다 꼭 다섯째 명제를 보완하고자 하는데, 그것은 바로 "고인돌은 선사시대 사람들의 정신이 배태되어 있는 문화유적이다"라는 명제이다. 그것은 무엇보다도 고인돌을 세계사에서는 거석문화의 유적으로 보고 있는데, 그 건립 목적과 동기에 혼과 정신이 없을 수 없기 때문이다. 특히 성혈고인돌의 천문도가 상징하는 상징어는 그러한 혼과 정신을 해명할 수 있는 열쇠라고 볼 수 있다. 또한 고인돌이 무덤이나 공공집회장소 및 제단의 기능을 했을 경우, 종교적인 기능과 묘제문화 및 공동체문화와의 관련성을 부인할 수 없을 것이다.

고인돌이 밀집되어 있는 고창의 고인돌군과 화순의 고인돌군, 강화도의 고인돌군을 찾아다니면 무수한 시간을 환원하여 선서시대에 와 있다는 이상야릇한 기분에 사로잡힌다. 단단한 바위들은 굳게 입을 닫고서 행인을 노려보고 있는 것 같다. 더욱이 무수히 많은 세월 동안 고인돌문명을 망각해 버린 결과, 단절되어 온 역사가 아픔으로 와 닿기도 한다. 그러면서도 이토록 많은 고인돌을 보며 우리가 선사시대 때부터 거대한 고인돌왕국을 일구어 왔다는 사실에 대해 소스라치게 놀라기도 한다.

어떤 때는 마치 거석과 거석의 미스터리에 중독된 사람처럼 고인돌을 찾아서 길을 나선 적도 있었다. 물론 나의 조그마한 열정은 스콧 펙(M. Scott Peck)이 『거석을 찾아서, 내 영혼을 찾아서』에서 보여 주었던,

---

「한국 고인돌의 다른 유형에 관한 연구」, 『東方學志』 제63호(1989), 46~50쪽; 이영문, 「지석묘의 기능적 성격에 대한 검토」, 『한국 지석묘사회 연구』(학연문화사, 2002), 217~236쪽 참조.

웨일즈와 스코틀랜드, 영국의 작은 규모의 고인돌에 대한 열정과는 비교가 되지 않을 정도로 미미할 것이다. 스콧 펙은 고인돌을 답사하기 위해 미국에서 영국으로 건너가서 온갖 악조건 속에서 강행군하며 고인돌을 찾아 헤매었기 때문이다.

스콧 펙은 선사시대의 거석유물을 성급하게 무덤이니 혹은 천문대니 하는 식의 (성급한) 견해를 달갑게 여기지 않는다. "그런 견해는 신비를 안고 살아가는 것을 견딜 수 없어 확실성을 필요로 하는 사람들의 마음을 만족시켜 준다. 또한 그것은 대단히 의심스러운 수많은 억지 주장들을 낳는다."[3]

이미 플라톤과 같은 대철학자가 밝혔듯 세계의 신비를 이성으로 다 밝힐 수는 없기에, 그런 비밀을 조금이나마 감지하기 위해 신화나 비유 같은 도구를 끌어들이기도 하는 것이다. 물론 이런 신화는 —플라톤의 대화록에 등장하는 신화들처럼— 대체로 내밀한 로고스를 품고 있다. 근대철학은 그러나 이성을 과대하게 평가하여 이를 바탕으로 세계의 비밀을 다 풀어 보려 했지만, 스콧 펙도 지적하듯 "모든 것을 이성으로 설명할 수는 없다."[4] 그렇기에 어떤 학술적 규정을 하든지 간에 다른 가능성을 열어 놓아야 하는 것이다.

스콧 펙은 저 선사시대의 거석문화유적을 성스러움이 배어 있는 유물로 보면서 겸허하고 설레는 마음으로, "내 영혼을 찾는" 태도로 그것을 찾아 다녔다. 선사시대의 지극히 미미한 흔적조차도 "정신의 소인이 찍혀 있는 것"(H. 롬바흐)이라고 한다면, 고인돌은 대단한 역사의 징표이고 고매한 정신이 뚜렷하고 완벽하게 드러나 있는 것이다.

---

3) M. 스콧 펙, 『거석을 찾아서, 내 영혼을 찾아서』(고려원미디어, 1996), 60쪽.
4) M. 스콧 펙, 『거석을 찾아서, 내 영혼을 찾아서』, 11쪽.

아쉽게도 스콧 펙은 이 한반도에 전 지구에 분포된 고인돌의 2 / 3 이상이 있다는 것을 몰랐다. 하기야 강화·고창·화순의 많은 고인돌이 세계문화유산으로 등록된 것이 바로 얼마 전이었듯이,5) 세계에 덜 알려진 것도 문제였을 것이다.

실제로 한반도는 전 세계 고인돌의 2 / 3 정도가 몰려 있어 그야말로 고인돌왕국이라 부를 수 있을 정도인데, 학계에 보고된 고인돌만 해도 거의 5만 기에 달한다.6) 한반도와 만주 및 요동 지역을 포함한 고조선의 옛 땅과 동이족이 거주했던 중국의 산동지방에 분포된 고인돌을 합친다면 엄청난 고인돌문명권을 형성하게 되는 셈이다. 신석기시대에서 청동기시대에 이르는 세계사의 '거석문화시대'에 우리는 이토록 많은 고인돌을 소유하고 있었던 것이다. 그 덮개돌의 성혈을 통해 펼쳐진 천문사상과, 나아가 청동거울과 청동신수경, 다뉴세문경, 청동검 등으로 대표되는 고차원의 문명을 일군 고조선을 우리는 역사의 현장에서 또록또록하게 목격할 수 있다.

2000년에는 밀집분포도가 높은 강화·고창·화순의 고인돌이 유네스코 '세계문화유산 977호'로 등록됨에 따라 거의 망각되어 가던 고인돌이 다시 부각되기 시작하였다. 위대한 문화유산을 망각하는 것은 부끄러운 정신질환이다. 고인돌은 아무 말 없이 침묵하고 있는 선사시대의 유적이지만, 동시에 웅변하고 있는 역사의 증언자이기도 하다. 고인돌의 덮개에 새겨진 성혈 성좌도는 고도의 정신문화를 함축하고 있는 철학인 것이다.

그런데 이러한 선사시대의 역사적 증언으로서의 고인돌은 정확한

---

5) 강화·고창·화순의 고인돌은 2000년에 세계문화유산으로 등록되었다.
6) 박창범, 『천문학』(이화여자대학교출판부, 2009), 19쪽 참조.

조사가 가능한 한반도 남쪽에만도 이미 엄청나게 많아서, 시·군 단위에도 다량으로 발굴되어 있다. 이러한 역사적 유물을 통한 증언은 그동안 사대주의 역사관 및 일제강점의 유산인 식민사관, 나아가 실증사학 등에 발목 잡혀 고대 한국 국가 성립의 시기가 기원전 1000년을 상회하지 못한다고 했던 그릇된 주장을 일거에 침몰시킬 수 있을 뿐만 아니라 한국의 역사를 "다시 쓰게 하는 원동력에서 한 걸음 더 나아가 세계의 불가사의로 자리매김할 수도 있다"[7]는 사실을 확실하게 드러내 보일 수도 있다.

고인돌은 잘 알려져 있듯 겉모습에 따라 무덤방이 지상에 있는 '탁자식'(북방식), 육중한 덮개돌 아래에 받침돌을 고인 '바둑판식'(남방식, 기반식), 평평한 큰 돌로 땅속의 돌널을 덮은 '개석식', 덮개돌 아래를 판석으로 빈틈없이 떠받친 '위석식'(제주도식) 등으로 나누어진다. 그리고 관련 출토유물로는 토기류, 장신구류, 간돌칼(혹은 '간돌검'), 마제석검, 돌화살촉, 비파형 청동검, 청동거울, 청동방울, 각종 토기, 옥 등 다양한 종류가 있다.[8]

여기서 고인돌의 부장품으로 함께 묻힌 옥, 대전 괴정동과 강원도 고성군 죽왕면 문암리에서 출토된 옥귀걸이, 경북 안동에서 출토된 옥류연결목걸이,[9] 특히 전남 여수의 평여동에서 대량으로 발견된 곡옥(곱은옥)과 대롱옥[10] 등은 신석기시대의 유적인 홍산문명에서 대량

---

7) 이종호, 『한국 7대 불가사의』(역사의 아침, 2007), 63쪽.
8) 고인돌의 분포, 규모, 형식, 기원, 특징, 출토유물 등등 고고학적인 것에 대해서는 서울대학교 박물관 편저(최몽룡 외), 『한국 지석묘(고인돌)유적 종합조사·연구』(문화재청, 1999) 참조. 또한 『세계 거석문화와 고인돌』(동북아지석묘연구소, 2004) <제Ⅲ장 한국의 고인돌과 보존현황> 참조.
9) 김문자, 「한국 고인돌 사회 복식 고증」, 『한복문화』 제12권 3호(2009), 148쪽 참조.
10) 이영문, 「세계문화유산속의 한국고인돌」, 『세계 거석문화와 고인돌』(동북아지석묘연구

발견된 옥문화에서 전래된 것으로서, 이후 임금들의 왕관에도 박혀 있듯 후대에도 계속 전승된 것으로 여겨진다. 신석기시대부터 옥에는 각별한 의미가 부여되었던 것으로 보이는데, 김일권 교수는 "옥은 고대로부터 영원한 생명의 상징으로 주목되던 물질이다"[11]라고 지적한 바 있다. 옥이라는 상징물을 통해 영원을 염원했다는 것은 고도의 정신문명의 일환이라고 하지 않을 수 없다.

고인돌 덮개돌의 무게는 작은 것은 10톤 안팎이지만, 20톤에서 40톤, 심지어 100톤 안팎인 경우도 많은데, 화순 고인돌군의 핑매바위 고인돌은 280톤에 육박한다고 한다.[12] 덮개돌의 장축 또한 10m에 육박하는 것도 있다. 고인돌의 덮개돌이 50톤에서 200톤 내지는 300톤까지 나가는 무게일 때, 이 고인돌을 건축하는 데에 얼마만큼의 청장년들이 매달려야 했을지, 또 이들 청장년의 가족을 고려할 때 얼마만큼의 인구수가 살았는지를 우리는 어느 정도 추리해 볼 수 있다.[13] 고인돌을

소, 2004), 41쪽 참조. 여기에는 각종 토기류와 무기류, 청동제품, 특히 곡옥과 대롱옥 등의 출토물이 사진으로 제시되어 있다.

11) 김일권, 『우리 역사의 하늘과 별자리』(고즈윈, 2008), 230쪽.

12) 고인돌사랑회의 홈페이지(www.igoindol.net)에서 <특이 고인돌>사이트를 클릭하면 핑매바위 고인돌이 소개되어 있다. "이 초대형 고인돌 덮개돌은 길이 7.3m, 너비 5m, 높이 4m이며, 무게는 약 280톤으로 추정된다." 고인돌의 규모와 무게에 관해서는 이종호, 『한국 7대 불가사의』(역사의 아침, 2007), 30쪽 이하 참조. 저자 대신 '상식'이라고 기술하면서 연탄군 오덕리 1호 무덤, 은률군 관산리 1호 무덤, 안악군 로암리 1호 무덤, 오덕리 1호 무덤, 개주시 석봉산 고인돌무덤을 중심으로 「고대조선의 5대고인돌무덤」(『조선고고연구』, 2011-2, 46쪽)에도 길이가 9~10m, 너비가 6~7m에 육박하는 고인돌들을 언급하고 있다.

13) 이종호 박사는 고인돌 건립에 동원되는 인원수를 추리하여 고대에 이미 거대한 공동체나 국가가 형성되었을 것이라고 진단한다. 고인돌 건립에서 선사시대 사람들은 자연스럽게 공동체정신 혹은 협동정신을 체득했을 것이다. 엄청난 규모의 고인돌을 건립하는 일은 고된 노동이었음에 틀림없고, 그런 고된 노동에 협동정신은 필연적이었을 것이다. 고인돌의 덮개돌을 운반하는 데에 동원되는 인원이 얼마나 되는지 이종호 박사는 전남 진도에서 그 운반과정을 재현한 보고를 하고 있다. 6.8톤의 덮개돌을 선사시대와 유사하게 돌 밑에 통나무를 깔고 옮기는 방법으로 60명의 노동력이 투입되었다고

비롯한 여러 청동제의 기구들은 유령이 만든 것이 아니다. 고인돌을 건축하고 농사를 지으며 살았던 당시 사람들의 분명한 역사를 우리는 결코 역사 밖으로 밀어낼 수 없다. 그래서 역사를 다시 기록해야만 하는 것이다.

고인돌의 축조는 (전문가에 따라 다소 차이가 있지만) 대체로 기원전 3000년경인 신석기시대부터 시작되어 청동기와 철기 시대까지 이어졌다고 보고 있다.[14] 어떤 전문가들은 고인돌의 축조시기를 기원전 5000년까지 소급하여 잡기도 하는데, 오늘날에는 방사성 탄소연대의 과학적 측정에 따라 그 축조연대가 더욱 연장되고 있는 실정이다. 한반도 고인돌의 경우 주로 신석기시대부터 청동기시대에 축조되었다고 본다.[15]

이종호 박사는 북한지역 고인돌의 연대측정에 대해 밝히고 있다.[16]

한다. 통나무를 옮겨 깔고 운반을 지휘하는 사람까지 포함하면 총 73명이 필요했다고 한다. 그렇다면 수많은 거석들, 200톤, 250톤의 바위들, 290톤에 육박하는 핑매바위 고인돌, 297톤의 고창 운곡리 고인돌와 같은 돌을 운반하는데 얼마만큼의 인원이 필요한지는 충분히 추리가 된다. 그러면 당대에 음식을 나르거나 요리를 하는 사람, 노동력에 가담되지 못하는 어린이들과 노년들을 모두 합한다면 엄청난 인원에 육박하는 것이다. 도대체 고창 고인돌군이나 화순 고인돌군을 건립하는 데는 얼마나 많은 인원이 동원되었을까. 그야말로 거대한 공동체와 이웃 부족 집단까지 동원되는 큰 협력체계며 강력한 지배력도 존재했을 것임에 틀림없는 것이다.(이종호·윤석연 글, 안진균 외 그림, 『고인돌』, 열린박물관 2006, 23쪽 참조)

14) 이종호, 『한국 7대 불가사의』(역사의 아침, 2007), 17~37쪽 참조. 박창범, 『천문학』(이화여자대학교출판부, 2009), 20쪽 참조. 김동일, 「별자리가 새겨진 고인돌무덤에 대하여」, 『조선고고연구』(1996-3); 「고조선의 석각천문도」, 『조선고고연구』(2003-1); 「남산리 긴등재 1호 고인돌무덤에 새겨진 별자리에 대하여」, 『조선고고연구』(2012-2); 「증산군 룡덕리 10호 고인돌무덤의 별자리에 대하여」, 『조선고고연구』(1997-3). 김동일, 전문건, 「고인돌무덤에 새겨져 있는 별자리의 천문학적 년대추정에 대하여」, 『조선고고연구』(1994-4).

15) 조기호·이병렬, 「고인돌시대 한반도 자생 풍수읍지 —고창지역을 중심으로—」, 『한국정신과학회 학술대회논문집』 제18호(한국정신과학회, 2003), 153쪽 참조.

16) 이종호, 『한국 7대 불가사의』(역사의 아침, 2007), 19~24쪽 참조. 49~51쪽에서 이종호 박사는 북한지역에 흩어져 있는 고인돌의 대부분이 약 5000년 정도 이전 시기에 축조되었을 것이라고 추정하고 있다.

이를테면 평안남도 증산군 용덕리 10호 고인돌의 경우 세차운동을 감안해도 4800±215년이 되며, 이 고인돌에서 발굴된 질그릇 조각을 핵분열비적법으로 측정하여 4926±741년이라는 결과를 얻었다고 한다.[17] 그 밖에 평양시 상원군 번동리 2호 고인돌은 기원전 3000년경("이 고인돌 별자리의 천문학적 연대는 4800년 전 여름이다")의 무덤이며, 황해남도 은천군 정동리 '우1-19호' 고인돌은 4700년 전 여름 무렵, 은천군 'ㅎ-3호' 고인돌은 3944±215년 전이라는 등, 수없이 많은 고인돌들이 대체로 기원전 3000년을 전후하여 나타났다고 한다.

성혈과 문양이 새겨진 고인돌은 대체로 외부에 노출되어 있기에 혹시 후대에 만들어지지 않았을까 하는 의구심이 생길 수도 있다. 물론 간혹 그런 경우도 있을 수 있겠지만, 그 성혈과 문양이 선사시대의 유물임을 확인할 수 있는 몇 가지 단서가 존재한다.

첫째, 무엇보다도 과학전문가들에 의해 여러 가지 과학적인 방법(탄소측정, 핵분열비적법, Masca 계산법, 컴퓨터 시뮬레이션 등)에 의해 측정된다는 것이다.

둘째, "보성 동촌리 고인돌처럼 땅속에 묻힌 하부구조에서 홈구멍이 확인"되는데, 바로 이 점에서 그것이 선사시대에 구축되었음을 단언할 수 있다.[18] 그 어떤 후대인이라 하더라도 땅속에 묻혀 있는 고인돌의 하부구조에다 성혈을 새기지는 못했을 것이기 때문이다. 이와 유사하게 박창범 교수는 잘 알려진 '아득이 고인돌'을 예로 들며, 아득이 돌판 천문도가 "땅속에 묻혀 있던 매장유물인 만큼 고인돌 상판의 성혈과는 달리 후대에 새겨졌을 가능성이 없다"[19]라고 하였는데,

---

17) 이종호, 『한국 7대 불가사의』, 21쪽 참조.
18) http://yeosu.grandculture.net/Common/Print?local=yeosu 참조.

여기서도 유물의 신빙성을 확인할 수 있다.

셋째, 천체가 일정하게 운행하므로 그 운행방향을 역추적하여 환원해 보면 기원전 50세기나 40세기, 혹은 기원전 30세기 등의 석각천문도와 일치한다는 것이다.

넷째, 박창범 교수에 따르면, 고인돌의 홈이 대체로 남동쪽에 위치해 있는 것은 세계적인 거석문명에서도 선호되는 방식이라고 한다.

> 고인돌의 홈이 덮개돌의 방위와 상관없이 남동쪽에 주로 새겨졌다는 사실은 중요한 의미를 지닌다. 이 방향은 유럽과 중앙아메리카에서 번영했던 거석문명에서도 똑같이 선호되는 방향이기 때문이다.…… 집단적으로 보았을 때 발견되는 한국 고인돌의 이와 같은 특성은 선사시대의 문화를 반영하는 것으로서, 조사된 고인돌의 홈이 선사시대의 기록임을 입증하는 것이다.[20]

그런데 이토록 남동쪽이 선호된 것은 어떤 문화적 특성이나 우연에 의한 것이 아니라 —박창범 교수에 의하면— 천문학적 고려에 의한 것이었다.

> 고인돌에 남동향이라는 천문방위가 부여된 이유는 당연히 천문학적 고려에 의한 것이다. 남동향이 선택된 이유 중 가장 가능성이 높은 것은 동짓날 해 뜨는 방향이다. 동지는 후대에 동북아시아에서 한 해가 시작하는 기점, 즉 역일의 기준일로 사용되었던 천문학적으로 대단히 중요한 날이었다. 고인돌 홈에 천문방위가 남동향으로 부여된 사실은 당시에 태양의 연주 운동에 대한 지속적인 관찰과 이해가 있었음을 시사해 준다고 할 수 있다.[21]

---

19) 박창범, 『하늘에 새긴 우리 역사』(김영사, 2004), 104쪽.
20) 박창범, 『천문학』(이화여자대학교출판부, 2009), 24~25쪽.
21) 박창범, 『천문학』, 25쪽.

박창범 교수는 "고인돌은 한국의 선사시대를 특징짓는 대표적 유물로서 동북아시아의 고대 역사를 규명해 줄 가장 중요한 길잡이 중의 하나로 우뚝 서 있다"[22]라고 단언한다. 일본제국주의는 한반도를 식민통치하면서 한국의 역사를 왜곡·조작했는데, 일제와 일제 사학자들은 고조선의 역사를 신화나 전설로 매도하며 그 존재 자체를 부인하였다. 그러나 근세에 이르러 전곡리를 비롯한 한반도 도처에서 구석기와 신석기의 선사시대 유물이 발굴되고 고인돌이 '말하는 돌'처럼 입을 열기 시작함으로써, 고조선이 구석기와 신석기에서부터 청동기와 철기를 거쳐 역사시대로 연결되는 계기가 자연스럽게 마련될 수 있게 된 것이다.[23]

그런데 고인돌을 답사하다 보면 그 많은 고인돌 중에서 성혈고인돌이 아닌 경우도 흔히 있다. 아니, 광활한 고인돌군에서 때로는 성혈고인돌을 찾기가 쉽지 않을 때도 있다.(고창 고인돌과 화순 고인돌의 경우) 그러나 분명히 성혈고인돌은 제법 많이 있는 편이다. 성혈고인돌은 여타의 고인돌과는 달리 분명한 메시지를 가진 '말하는 돌'이다. 이 '말하는 돌'의 메시지를 철학적으로 읽어 내면 신화에 기웃거릴 필요도 없이 선사의 시대에서부터 철학이 시작되었음을 확인할 수 있다. 그리고 우리는 롬바흐가 천명한, "사람들은 결코 '미개'했던 적이 없었다"[24]라는 명제를 소름끼치게 알게 된다.

성혈고인돌은 퍽 많이 있으며―필자가 답사하여 조사한 것만으로도 충분할

---

22) 박창범, 『천문학』, 20쪽.

23) 더욱이 최근에 새로 발견된 홍산문명의 경우 동이족의 초기 신석기 시대의 높은 정신문화를 드러내고 있다.

24) H. Rombach, *Leben des Geistes* (Herder: Freiburg · Basel · Wien, 1977), 65쪽, "'Primitiv' sind die Menschen nie gewesen."

것으로 보인다 –, 우리는 이런 '말하는 돌'을 통하여 선사시대 사람들의 언어를 해독할 수 있다. 인터넷의 포털사이트에서 '성혈', '성혈산행', '성혈답사'만 쳐 보면 수없이 많은 성혈고인돌이 쏟아져 나온다. 이를테면 한 단체가 대전시 인근의 어떤 곳을 산행하고 남긴 자료가 있는데, 이 단체가 답사한 곳, 즉 자운대와 금병산에서 시작하여 적오산 – 화암사거리 – 우성이산 – 원촌삼거리 – 당산 – 우술산 – 회덕정수장 – 계족산 – 계족산성 – 비래동의 고인돌에 이르는 22.9km에 달하는 일대에도 수많은 성혈고인돌들이 있었다.

이러한 성혈고인돌들은 선사시대에 최소한 경천사상과 천향사상이 있었음을 증명하는 유물이다. 당시에 성혈을 파내는 도구라고 한들 조야한 것밖에 없었을 터인데, 그토록 지극정성으로 오랜 기간 동안 성혈을 제작한 것이 결코 단순한 취미 때문이었다고는 할 수 없을 것이다. 또 수많은 성혈고인돌에 각인된 석각천문도들은 선사시대 사람들이 천문현상을 치밀하게 관찰했다는 것을 보여 주는 충분한 자료가 된다. 하늘의 세계는 그들에게 그만큼 중요하고 또 친근한 존재자였다는 것을 직접적으로 제시하는 것이다. 그토록 치밀한 관찰이 없었다면 역법과 같은 것이 나타나기 어려웠을 것이다. 그들의 고인돌에 각인된 석각천문도에는 해와 달, 북두칠성과 남두육성, 카시오페이아와 오리온, 북극성과 삼태성, 오행성과 28수, 좀생이별과 은하수 등, 우리에게 친숙한 별자리들이 많다.

이제 다음 각 절에서는 고인돌을 답사한 곳들을 살펴볼 예정인데, 특히 성혈고인돌을 조사하여 사진과 기록으로 남긴 것을 항목별로 열거해 보았다.

2. 강화 고인돌

오래 전에 필자는 강화도 마니산의 참성대에 올랐다가 사방의 바다
와 쭉 펼쳐진 평야와 구릉에 무척 놀랐다. 그런데 이 평야는 비옥한
황토가 대부분인 것으로 보였다. 이런 구릉의 비옥한 황토에 선사시대
부터 사람들이 살기 시작했다니, 참 놀랍기도 했다. 고인돌과 참성대는
선사시대부터 사람이 살기 시작했다는 확실한 증거가 된다. 고인돌의
수나 무게 등을 보더라도 퍽 많은 주민들이 거주했을 것임을 짐작할
수 있었다. 그런데 마니산은 돌기처럼 하늘로 삐죽 솟아 있어 하늘제사
를 위한 제단이 위치할 만한 곳으로 여겨졌다.

사적 제137호인 강화 지석묘는 강화군 부근리, 삼거리, 오상리 등의
지역에 고려산 기슭을 따라 분포해 있는 1백 20여 기의 고인돌군이다.
부근리 점골, 교산리, 교동, 창후리, 내가 지석묘, 대산리 고인돌 등
강화 전역에 펼쳐져 있어 선사시대부터 퍽 많은 사람들이 거주했음을
짐작할 수 있다. 부근리 고인돌의 경우 길이 7.1m, 높이 2.6m에 달하는
대형 북방식 고인돌이 그 위용을 드러내고 있다.

언젠가 안양대학교 강화캠퍼스에서 강의하는 학기가 있었는데,
필자로서는 수업과 수업 사이의 긴 휴식시간에 고인돌을 찾아다닐
수 있는 절호의 기회였다. 혹 오전수업만 있을 적에는 오후 내내
여유를 갖고 섬 전체를 돌아다니며 고인돌을 탐방할 수 있었다. 고인돌
사랑회와 함께 삼거리 고인돌을 탐방한 적도 있었고, 강화 본섬에서
멀리 떨어진 교동의 성혈고인돌을 찾아 헤매었던 적도 있다.

물론 성혈고인돌을 찾는 것이 그리 쉬운 일은 아니었다. 한번은
강화역사박물관의 소개로 교산리 고인돌을 방문한 적이 있었다. 당시

부근리 고인돌

오상리 고인돌

박물관 측에 성혈고인돌이 있는 곳을 문의하였더니 박물관 직원들이
교산리 고인돌에 성혈이 있다고 해서 찾아간 것이었다. 교산리는
북한과 가까운 곳이라서 민통선의 군대 초소를 지나야 갈 수 있었는데,
고인돌을 찾아간다고 하니까 흔쾌히 출입을 허용해 주었다. 그러나
교산리 고인돌군을 샅샅이 훑어보아도 성혈고인돌은 나타나지 않았
다. 해가 질 때까지 그 주변을 돌아다녀도 봤지만 성혈고인돌은 없었다.
역사박물관 직원들이 잘못 알고 있는 것이었다.

오상리 고인돌을 찾았을 때에는 낮은 산허리에 아기자기하게 가족
처럼 모여 있는 고인돌들이 정겹게 다가왔다. 저 멀리 바다가 숨바꼭질
하듯 고개를 갸우뚱 내밀고 있어, 고인돌의 위치가 특별한 지형적
고려 하에 정해진 것으로 보였다. 한여름에 남두육성이 솟아올랐을
때는 고인돌 덮개돌에서 그대로 직시할 수 있을 것 같았는데, 그러나
오상리 고인돌의 덮개돌에도 성혈은 보이지 않았다.

'강화 고인돌'로 알려진 부근리의 거대한 고인돌은 무덤보다는 차라
리 사람들이 모여 공동체 행사를 한 장소로 보였다. 물론 역사학계에서
도 이 강화 고인돌을 발굴하면서 사람의 시체의 흔적이 없어 무덤의

용도가 아니었음을 밝힌 적이 있다. 넓적한 덮개돌은 제단으로 사용되었거나 여타의 공동체 행사를 위한 공간으로 사용되었을 것으로 보인다. 그런데 '부근리'의 부근은 이 일대가 '부여'처럼 '부'자 돌림의 고조선(동부여, 북부여) 씨족 마을이었을 가능성을 내포하고 있다. 강화도에는 '천촌마을'이나 '고구리'처럼 우리의 옛 역사를 떠올리게 하는 이름들이 많다.

지난겨울에는 본격적으로 강화도의 성혈고인돌을 찾아 나섰다. 먼저 삼거리 고인돌과 창후리 고인돌 및 강화 교동 고인돌을 답사하기로 하고, 우선 자동차의 내비게이션에 삼거리 고인돌을 치고 강화도로 달려갔다. 도착해 보니 이전에 고인돌사랑회와 함께 답사한 곳이었다.

북두칠성과 북극성으로 보이는 삼거리 고인돌

그때는 삼거리 고인돌을 답사한다는 내용도 모르고 그냥 고인돌사랑
회 회장님과 대원들을 무턱대고 따라다니기만 했는데, 이번에는 혼자
라 길가에 세워진 삼거리 고인돌의 안내 이정표를 자세히 살펴볼
수 있었다. 여기 삼거리 고인돌군 가운데 성혈이 나타나 있는 고인돌에
는 '41호'라는 번호표가 붙어 있었다. 단체로 왔을 때는 성혈의 존재만
보았을 뿐 자세하게 관찰하고 생각할 시간도 없었지만, 이번에는
얼마든지 성혈의 별자리를 자세하게 관찰할 수 있었다. 그리하여
이 성혈이 북두칠성과 북극성의 별자리 형태를 취하고 있다는 사실을
확인할 수 있었다.

성혈이 있는 창후리 고인돌을 찾기 위해서는 두 번이나 강화도를
방문해야 했다. 창후리 산49번지에 2기, 창후리 441번지와 441-2번지에
각 1기 등 총 4기의 고인돌이 있다고 보고되어 있는데, 이 주소만
갖고서는 찾아내기 어려웠다. 안내판도 없는 데다, 마을사람들에게
물으면 부근리의 '강화 고인돌'을 얘기하면서 그리로 가라고만 했다.
기가 막힐 노릇이었다. 창후3리 마을회관 뒤에 있는 고인돌의 경우,
주변에 큰 교회가 있는데 사람들에게 물어보았지만 아무도 몰랐다.
온 마을을 수색하다시피 하다가 어떤 시골집 마당의 샘물가에 고인돌
바위가 있는 것을 발견했는데, 마침 농부 아저씨도 "옛날에 어떤
이가 고인돌이라고 사진을 찍어 갔다"라고 했다.

그런데 옛날에는 이 바위 위에서 이웃사람들과 함께 빨래도 하고
각종 가사일도 했다고 한다. 어쨌거나 주인장은 고인돌의 특별한
의미에 관해 전혀 모를 뿐만 아니라 성혈고인돌에 관해서는 더더욱
모르고 있었다. 그런데 이 고인돌에서는 성혈이 6개 내지 7개가 확인되
는데, 불확실한 1개를 제외하면 6개의 남두육성이 분명한 것으로

보인다. 두 번이나 창후리로 찾아와서 이리저리 헤매며 성혈고인돌을 찾아야 했던 고생스런 기억이 기쁨의 땀방울로 변했다. 감격과 감동을 마음속에 품고서 강화도를 빠져나왔다.

강화 교동 고인돌의 경우도 아주 귀한 탐구 자료이다. 이 고인돌은 최근에 새로 발견된 것으로, 2005년 5월 29일에 고인돌사랑회에 의해 보고서가 작성되었다. 전문가들로 구성된 고인돌사랑회의 조사팀은 강화 본섬에서 좀 떨어진 교동에서 성혈고인돌을 새로 발견하고서 이 고인돌에 대한 상세한 답사보고서를 남겼다.[25]

고인돌사랑회의 김선만 님이 제공한 지도를 들고 필자는 교동으로 달려가 화개산 아래 부분의, 교동보건지소와 교동우체국의 중간지점에 해당하는 '성혈 2, 3, 4'호로 표기된 부분을 찾아다녔으나 발견하지 못하였다. 마을과 들판 및 화개산 아랫자락을 뒤지고 주민들에게도 물어 보았으나 (아직 안 알려져서 그런지) 허사였고, 교동보건지소 옆의 면사무소 직원도 알지 못하였다. 궁여지책으로 고인돌사랑회 회장과 통화하여 임충식이라는 전문가를 소개받았는데, 그로부터 강화 교동 고인돌에 관한 귀한 정보를 들을 수 있었으나 이미 해가 져서 깜깜해진 상태였다. 당연히 성혈고인돌이라는 귀한 보물을 그처럼 쉽게 보게 될 리는 없지 않을까 생각하고, 훗날 반드시 찾을 수 있으리라 마음먹고서 발길을 돌렸다.

황규열 선생의 『교동사』(1995)에 의하면 교동에는 선사시대(최소한 신석기시대) 때부터 사람들이 살기 시작했다고 한다. 이는 화개산 서쪽과

---

25) 고인돌사랑회 사이트(www.igoindol.net) 또는 인터넷 사이트에서 "강화 교동 바위구멍 그림 조사 상세 / 고인돌사랑회" 참조. 또한 http://blog.naver.com/g_dsong/100014293814 참조.

강화도 교동 성혈고인돌의 위치도 【고인돌사랑회 김선만 님 제공】

절병산 및 대룡리 일대에서 발견된 선사시대의 유물들, 즉 고인돌을 비롯해 마제석검, 유경석촉, 돌도끼, 돌화살촉, 조개맨틀, 무문토기 등을 통해 입증된다. 이런 실증자료들을 바탕으로 하면 여기는 선사시대부터 사람들이 살았는데, 그들이 성혈고인돌을 통해 경천사상과 천향사상, 나아가 천문사상을 지니고 있었음을 추리할 수 있다.

우선 고인돌사랑회에서 제공한 지도표를 바탕으로 성혈고인돌을 항목별로 분석해 보기로 하자.

① 지도표에 "성혈 1"로 표기된 고인돌은 바다가 훤히 내려다보이는 입지조건을 갖고 있으며, 성혈 12개가 "직각삼각형 구도 속에 일정한 질서를 가진 형태로 파여 있다"고 한다. 특별한 별자리를 구성한 것으로는 보이지 않는다는 전문가들의 판단인데, "직각삼각형 구도 바깥에 위치한 한 개의 성혈이 매우 크고 깊게 파여진 점이 인상적"이라고 한다. 여기서 언급한 12개의 성혈이 어떤 별(자리)들을 가리키는지에 대해서는 앞으로 학계의 면밀한 조사와 연구가 계속되어야 할 것으로

보인다. 그런데 매우 깊고 크게 파인 한 개의 성혈은 태양을 상징한 것으로 보아도 무리는 아닐 듯하다. 당시 하늘에서 다른 별들과 구분되는 큰 별들은 태양과 달 정도였는데—오직 육안에만 의존한 시기였기에—, 그때는 '태양거석문화'의 시대인 만큼 특히 태양의 의미가 강렬하게 부각되었을 것으로 생각된다.

② 지도표의 "성혈 2"에 조사 보고된 내용은 다음과 같다.

> 큰 성혈이 두 개 있고, 그 주변으로 작은 성혈들이 무수히 새겨져 있다. 40개 가량으로 보이는데, 어떤 질서나 분명한 의미를 읽어 내기가 어렵다. 다만 무수히 많은 별들을 본뜬 성운형 바위그림의 이미지로 보인다.

여기서 유별나게 큰 두 개의 성혈은 해와 달로 보는 편이 자연스러울 것이다. 하늘에 뜬 유별나게 큰 별은 당시의 육안관측에 의하면 해와 달이었기 때문이다. 배달(밝달: 해와 달)민족에게 해와 달은 각별한 의미를 갖는 것이었기에, 이런 대형의 성혈을 통해 그런 사실을 밖으로 드러내었을 것이다. 또 성운으로 보이는 무수히 많은 별들은 은하수를 표현한 것으로도 추측해 볼 수 있다.

③ 지도표의 "성혈 3"은 우리에게 각별한 의미를 갖는다. 북두칠성과 남두칠성이 나타나기 때문이다. 워낙 중요한 사항이라 조사보고서의 내용을 그대로 인용하도록 한다.

> 위편의 바위에 9개의 성혈이 보이고, 아래편 바위에는 북두칠성 모양을 포함한 8개의 성혈이 새겨져 있다. 아래편의 북두칠성 성혈은 배치가 국자 모양이어서 하늘의 북두칠성 별자리를 옮긴 것으로 판단된다. 다만 자루 부분을 구성하는 성혈 중 하나의 배치가 다소 꺾여 있고 다른 것에 비해 작은 점이 주목된다.

위편은 남두칠성南斗七星(궁수자리별자리)을, 아래편은 북두칠성을 그린 것으로 보인다. 이 북두칠성 성혈을 기준으로 삼는다면 위편 바위에 적당히 떨어져 있으면서 정교하게 다듬어진 한 점의 성혈은 별자리 배치관계상 북극성 별자리를 뜻하는 것으로 보인다. 일반 문헌사가 아닌 바위그림의 특성상 북극성을 표현하기가 매우 어려운데, 교동의 이 바위그림 3번은 북두칠성을 정교하게 새긴 다음 그에 마주보이는 위치에 뚜렷한 한 점을 위치시킴으로써 북극성-북두칠성의 구도를 상당히 정교하게 그리고 있다.

위의 보고서를 참고해 보면 북두칠성과 남두육성의 구도 및 해와 달의 구도가 이미 선사시대에 형성되어 있었다. 놀라운 사실이다. 그래서 이런 북두칠성과 남두육성의 구도는 자연스럽게 고구려의 고분벽화에서의 사수도 구도로 옮겨진 것이다. 또 하나의 놀라운 사실은 보통 우리가 남두육성이라고 부르는 것이 여기서는 남두칠성으로 불렸다는 점이다. 남두육성은 궁수자리의 별자리이므로, 6개로 별자리를 삼을 때는 남두육성이, 7개로 별자리로 삼는다면 남두칠성이 되는 것이다. 혹은 남극노인성을 남두육성의 자루 끝에 배치하여 남두칠성 형태로 만든 것이라고 추리해 볼 수도 있다.

고구려 장천 1호분의 고분벽화에는 남두칠성으로 새겨져 있다. 처음에 필자는 왜 북두칠성을 두 번이나 그렸을까 하고 의아해한 적도 있었다. 그런데 동쪽의 태양과 서쪽의 달, 북쪽의 북두칠성을 고려하면 남쪽 방위는 분명히 남두육성이 되어야 한다. 다만 칠성으로 별자리를

장천 1호분의 사수도
(해와 달과 북두칠성과 남두칠성)

표시해 놓았으니 남두칠성으로 보아야 하는 것이다.[26] 더욱이 하늘세계를 뜻하는 고분벽화의 천장이 여기서는 대각선으로 구분되어 각각 동서남북의 영역을 명확히 하고 있다.

남두육성을 남두칠성으로 본 사실은 역사적 사료에도 더러 나타나는 편이다. 『천문유초』에도 남두칠성으로 언급되어 있다.

> 북방7수의 하나인 두(남두)는 주로 생명의 태어남과 건강을 관장하고, 자미원에 있는 북두는 생명의 마침을 주관한다.[27]

그런가 하면 경상북도 안동시 서삼동에 있는 고려시대 벽화묘에는 북극삼성을 비롯해 28수와 일월남북두의 천문도가 그려져 있는데, 여기서도 남쪽 방위별이 남두육성이 아니라 남두칠성의 별자리로 그려져 있다.[28] 또 선조 때는 남두육성을 "선조본 남두육성"이라고 칭했지만, 실제로 이를 그려 놓은 별자리는 7개로 된 남두칠성으로 드러나 있다.[29] 『한국민족문화대백과』에서도 '남두'를 "남방에 두형斗形을 이루고 있는 7개의 별"[30]이라고 정의하고 있는데, 이어지는 다음 설명에서 확인할 수 있듯이 남극노인성을 남두육성과 연계시킨 것으로 보인다.

---

26) 장천 1호분에는 북두와 남두 사이에 "北斗七靑"(북두칠성)이란 글자가 북두와 남두 사이에 써져 있어, 식별하기 어렵게 만드는데, 방위별자리들인 만큼 남두칠성으로 읽는 것이 더 옳은 것으로 보인다. 사수도의 개념은 장천 1호분에도 분명하고, 이는 네 방위를 수호하는 체계인 바, 남쪽은 남두가 맡는 게 지당한 것이다. 전호태 교수는 『고구려 이야기』(풀빛, 2001, 66쪽)에서 '남두육성'으로 명명하고 있다. 이은봉 교수는 『한국인의 죽음관』(서울대학교출판부, 2000, 22쪽)에서 남두칠성으로 규정하고 있다.
27) 이순지 원저, 김수길·윤상철 공역, 『천문유초』(대유학당, 2013), 110쪽.
28) 김일권, 『우리 역사의 하늘과 별자리』(고즈윈, 2008), 103쪽의 천문도 참조.
29) 김일권, 『우리 역사의 하늘과 별자리』, 198~200쪽 참조.
30) 『한국민족문화대백과』에서 '남두' 참조.

도교에서는 천상天上에 동·서·남·북·중의 5두斗를 지정하여 경배의 대상으로 삼고 있다. 남두는 남극노인성南極老人星을 신격화한 남극장생대제南極長生大帝의 통치 아래에 6개의 부서가 있는 큰 관청같이 여겨지고, 그 직장職掌(직무상의 맡은 일)은 인간의 수명과 운명을 관리한다고 생각한다.[31]

또 함경남도 지역에서 전승되는 서사무가인 「창세가」에도 남두칠성이 나타난다.[32] 미륵이 천지를 분리시키고, 각각 둘로 있는 해와 달을 하나씩 떼어 북두칠성과 남두칠성 및 여러 별을 만들었다는 내용이다. 어쨌든 예로부터 남두는 관찰자에 따라 '남두육성'으로도 불리고 '남두칠성'으로도 불렸음을 알 수 있는데, 방위별로 자리 잡은 것은 분명해 보인다.

아래의 이미지는 네이버 지식백과의 「창세가」 해설에 첨부된 청동거울(日月大明斗)인데, 일월日月 즉 해와 달 및 북두칠성과 남두칠성이 동시에 각인되어 있다.

청동거울(일월대명두)
【출처: 네이버 지식백과】

---

31) 『한국민족문화대백과』에서 '남두' 참조.
32) 인터넷 <다음>의 Daum백과사전 및 <네이버>의 백과사전 참조. 한국민족문화대백과와 한국민속대백과사전에도('창세가' 항목 참조) 남두칠성으로 진술되어 있다.

④ 지도표의 "성혈 4"에는 큰 성혈이 5점, 작은 성혈이 15점 가량 새겨져 있는데, "큰 성혈 중 2점은 절반으로 잘려지거나 깨진 흔적을 보인다"고 한다. 조사보고팀은 "이 바위그림도 북두칠성 별자리를 포함한 일종의 별자리 바위그림으로 볼 수 있겠으나 북두칠성 별자리 형태가 분명한 것은 아니다"라고 하였다. 또 이와 유사하게 "성혈 5"도 바위면에 7점의 크고 깊은 성혈이 새겨져 있는데, 보고팀에 따르면 이 "성혈 5"의 고인돌은 일부분이 땅에 묻혀 있어 전체 성혈의 배치와 내용을 파악하기 위해 바위면 전체를 발굴해서 조사할 필요가 있다고 한다.

3. 고창 고인돌

고창 고인돌은 보는 이로 하여금 선사시대로 휘말려 들어가도록 하는 마력이 있다. 광활한 고인돌군을 정면에서 바라보면 온 시야를 장악하고서 선사시대로 향하도록 무언의 명령을 내리기 때문이다. 그 당시의 문화와 문명으로는 이토록 거대한 고인돌군에 따라갈 만한 유적이 세계사적으로 드물다. 앞서 말했듯이 전 세계 고인돌의 2 / 3 이상이 한반도와 고조선 유역에 분포되어 있는데, 고창 고인돌의 경우 그 다양한 종류의 고인돌 유형이 마치 고인돌문명의 전형인 것처럼 위용을 드러내고 있는 것이다. 이런 점을 고려할 때 고대 한국의 고인돌문명은 세계 고인돌문명, 나아가 태양거석문명의 본거지 내지는 시원이 되지 않을까 여겨지기도 한다.

전라북도 고창군 죽림리와 도산리 일대에 광범위하게 펼쳐진 고인

고창 고인돌군   고창 고인돌

돌군은 442기로, 우리나라에서 가장 큰 고인돌 군집이다. 사적 391호로
지정된 고창 고인돌군은 10톤 미만의 작은 고인돌에서부터 3백 톤에
이르는 커다란 것까지 다양한 크기의 고인돌이 분포하고 있을 뿐만
아니라, 거의 모든 고인돌의 유형들 즉 탁자식(북방식), 바둑판식(남방식),
개석식, 지상석곽형 등을 망라하고 있어 세계 고인돌문명의 모범이
되고 있다.

고인돌공원의 관광단지 안에는 선사시대의 주거생활양식이(역사적
인 유물이나 자료를 반영한) 드라마틱하게 건립되어 있다. 아마 상상에
의한 복원일 것이다. 또한 전시관에는 동영상도 상영되고, 현미경으로
성혈고인돌을 자세하게 보는 전시실도 있다. 여기서는 북한 지역에
있는 고인돌의 성혈 사진도 자세하게 살펴볼 수 있다. 그런데 저
거대한 고창 고인돌군에서는 아직 성혈이 발견되지 않았다. 물론
전혀 없는 것은 아니어서, 먼 산의 등성이에 있다고 군청의 문화재
담당 직원이 설명해 주었다.

4. 두물머리 고인돌

2012년 2월의 어느 날 성혈이 있는 두물머리 고인돌을 찾아 나섰다. 자동차의 내비게이션이 두물머리 고인돌을 알려 주지 않아서 양수2리 정도만 입력해서 갔다. 양수2리에서 두물머리 고인돌의 위치를 물어보면 대부분의 사람들은 모른다. 그래서 일단 두물머리까지 가 보았지만, 거기서도 모르기는 마찬가지였다. 그나마 "혹시 저기 성황나무 아래에 있지 않을까"라고 대답하는 사람들이 몇몇 있었다.

일단 두물머리 주차장에 차를 세우고 강가로 가 보았다. 아주 고목이 된 느티나무가 몇 그루 서 있는 작은 동산의 정원이 나왔다. 주위가 돌로 빙 둘러싸여 있었는데, 그 아래로 납작한 돌들이 일정한 간격으로 놓여 있었다. 나중에 알고 보니 그것이 바로 두물머리 고인돌이었다. 하지만 당시에 필자는 그저 사람들이 앉아 쉬는 돌판 정도로만 여기고 그만 지나쳐 버리고 말았고, 하다못해 '수밀원'이라는 작은 찻집에 들러 양평군청에 문의해 보았다. 그랬더니 문화담당직원이 구청과

두물머리 고인돌의 성혈

연계하여 지역의 향토문화사학가 한 분을 소개시켜 주었다. 다행히도 그분이 주변에 살고 있어 곧 만나 뵐 수 있었는데, 놀랍게도 저 느티나무 정원 남쪽에 평범한 돌판처럼 깔려 있는 것이 바로 그 '두물머리 고인돌'이었다. 하늘의 별들을 돌판에 성혈로 새겼다는 사실이 얼마나 놀랍던지, 선사시대의 유물이 구사일생으로 발견되어 이 자리에 있다는 것이 참으로 감격스러웠다.

그러나 다른 한편으로, 국보를 넘어 세계보라 해도 과하지 않을 보물을 이토록 허술하게, 마치 사람들이 앉아 쉬는 그저 그런 돌판인 양 방치해 두었다는 사실에 분노를 금할 수가 없었다. 왜 우리는 우리가 가진 이 엄청난 보물을 모른 채 사는가. 주야장천 정치와 경제, 스포츠와 연예에 관해서만 이야기할 뿐 이런 세계보는 아예 외면하고 있는 것인가. 막대기를 주변에 세우고 테이프 같은 끈으로 둘러쳐놓고서 그 옆에 표지만으로 청동기시대의 선사유적이라고 알린 것이 전부였다.

저 향토문화사학가도 염려하듯이, 누가 지나가다 발로 툭툭 차도 그만이고, 어쩌다가 정신 나간 녀석이 건축자재랍시고 싣고 가거나 골동품 상인이 돈이 된다고 생각해서 훔쳐 가도 그만이다. 혹은 누군가 무거운 것을 그 위에 올려놓아 고인돌이 박살날지도 모를 일이다. 그동안 수없이 많은 문화부 장관이 등극하곤 했지만, 또 문화와 관련된 공직의 인사들이 셀 수 없이 많지만, 이런 세계보도 못 알아보고 아무런 보호장치도 없이 그저 내버려 두고만 있는 상황이라니, 안타까움에 눈물이 찔끔 나올 지경이었다.

두물머리 고인돌이 여기 두물머리라는 곳에 있게 된 데에는 특이한 내력이 있다. 확실히 돌 색깔이 주변의 다른 돌 색깔과는 확연히 다른데, 원래 다른 곳에 있다가 이곳으로 옮겨지게 된 것이다. 그 해프닝의 슬픈 역사는 팔당댐 건설의 시대로 올라간다. 강바닥을 파는데 계속 모래흙만 나오다가 우연히 큼직한 돌멩이가 나온 것이다. 일하던 사람들은 이를 앉는 자리판 정도로 쓸 수 있겠다 싶어서 편편한 땅위로 올려놓았는데, 바위 덮개에 구멍이 뚫려 있는 것이 이상하게 여겨져 ―선사시대에 새겨진 성혈고인돌임을 전혀 모른 채― 지금의 장소에 갖다 놓았다고 한다.

이 두물머리 고인돌은 무덤방 안에서 채취된 숯(탄소)을 대상으로 한 한국원자력연구원의 연대측정에 의하면 3900±200년의 역사를 지니고 있다.33) 그런데 이런 고인돌이 1970년대 초에 팔당댐 공사 시만 하더라도 양수리의 동석마을(현재 양수2리)에서 두물머리마을(현재 양수5리)에 이르는 길가의 5~6기를 포함해서 총 15기가 보고되었지만, 모두 팔당댐 완공으로 수몰되고 말았다.34)

이 모든 것이 우리의 슬픈 역사이고 자화상이다. 국보를 넘는 세계보가 망각되는 것도 모자라 아예 사라져 버린다는 것이다. 어딘가 보이지 않는 곳에 버려져 흔적조차 보이지 않게 된 것도 엄청 많을 것이다. 그야말로 미개한 현대인들이 고도의 "정신적 소인이 찍혀 있는"(롬바흐) 선사시대의 문화유적을 방치해 버린 결과이다. '청원 아득이 고인돌'은 대청댐 수몰지역에서 용케 건져지기라도 했지만, 안동댐 수몰지역의 수많은 선사유적들이나 그 외에 애초에 알려지지도 못한 채 수몰되어 버린 유물들을 생각하면 안타깝기 그지없다.

---

33) 이종호, 『한국 7대 불가사의』(역사의 아침, 2007), 24쪽 참조. 여기서 저자는 두물머리 고인돌의 역사를 MASCA계산법으로 추정해 보면 대략 4140~4240년 전으로 거슬러 올라간다고 덧붙인다.
34) 이종호, 『한국 7대 불가사의』, 24~25쪽 참조.

두물머리에 사는 저 향토문화사학가도 사라져 가는 선사유물에 대해 설명을 덧붙였다. 두 강줄기에서 물이 만나는 지점에 만약 홍수라도 일어나면 엄청난 양의 모래 흙이 쌓이고, 그러면 점차 땅위에 있는 것들이 땅 아래로 내려가는 법이다.(이것은 우리가 학교에서 지구과학을 배울 때 확인된 것이다.) 때문에 30m 정도 파내려 가면 땅속에 이런 선사유적이 있다는 것이었다.

이 지역에 선사시대의 사람들이 살면서 문화유적을 만든 이후 수없이 많은 세월이 흘렀으므로, 안타깝게도 많은 유적들이 땅속 깊이 숨도 못 쉬고 가라앉아 있을 것이다. 선사 이래 유구한 역사가 흐르면서 유적의 문화적·철학적 가치를 몰랐던 시대도 수없이 흘러갔다. 그것은 아마도 지난 세기까지, 어쩌면 오늘날까지 이어진다고 해도 과언이 아닐 것이다. 혹시 강바닥에 얹혀 가라앉지 않은 유물들이나 땅위에서도 드물게 침몰되지 않은 그런 유적이 있을 경우에도, 이를테면 농부가 논밭을 개간하거나 건축가가 집을 짓다가 그냥 바위덩이인지라 덮어 버리거나 치워 버리는 경우가 있다는 것을 우리는 보도를 통해 알고 있다. 여기에도 현재의 양수리파출소 옆에 방치되어 있다가 나무를 옮기는 중에 우연히 발견된 고인돌이 하나 있다고 한다.

전문가의 견해로는 두물머리 고인돌이 원래 '제단 고인돌'이었을 것이라고 했는데, 그래서 아예 "경기도 양수리에 있는 제단 고인돌"[35]이라고 명명되어 있다. 그런데 이 '제단 고인돌'은 현대식 제단에 밀려 초라한 처지로 전락하고 말았다. "……제법 커다란 성혈이 여러 개 새겨져 있다. 느티나무 아래 제단으로 쓰다가 얼마동안은 현대식으로 새로 만들어진 제단에 밀려 강변의 벤치로 쓰이기도 했다."[36]

---

35) 네이버 카페 http://cafe.naver.com/hugestone/57(한국거석문명기호학회) 참조.

한동안 벤치로 사용되었다는 정보는 다음의 기사에서도 밝혀진다. 기사에 따르면 고인돌사랑회의 김영창 회장에 의해 드디어 문화재로서의 가치를 인정받게 되었다고 하지만, 무언가 씁쓸한 안타까움이 감돌 따름이다. 2007년 3월 30일의 세계일보 기사인데, 이 기사의 일부분을 그대로 인용한다. 이 기사의 제목은 「돌 벤치에서 문화재로: 양평군 두물머리 고인돌」이다.

> 고인돌사랑회 김영창(57) 씨에겐 경기도 양평 두물머리에 있는 돌 벤치가 범상치 않아 보였다. 소풍객에겐 운치 있는 벤치일 뿐이지만 분명 고인돌이었다. 덮개돌을 살폈더니 모두 22개소에 성혈(바위 표면에 홈처럼 팬 구멍)이 선명했고, 일부는 북두칠성 자리가 분명했다. 김씨와 회원들은 전문가에게 감정을 부탁했다. 무려 기원전 2200년에 세워진 고대 유물이었다. 양평군에 고인돌의 역사적 가치를 알렸다. 회원들의 노력 끝에 지난 1월 돌 벤치는 유물로 다시 태어났다. 안전한 곳으로 이전했고 문화재 안내판이 세워졌다. 김씨는 '고인돌엔 민족의 혼이 담겨 있는데 그 진가를 알지 못하는 사람이 많다'고 아쉬워한다.

두물머리 고인돌은 강변의 두 물줄기가 만나는 여기 두물머리에서도 선사시대 때에서부터 사람들이 모여 살았음을 확인시켜 준다. 당시 사람들은 하늘의 별자리를 돌판에 옮겨 성혈을 만드는 고차원의 문화생활을 하였던 것이다. 하늘의 무수한 별들에 특별한 의미를 부여하고 별자리를 구축하는 행위에는 이미 심오한 철학이 깃들어 있다. 북극성을 정기적으로 도는 7개의 별을 하나의 별자리로 만드는

---

36) 네이버 카페 http://cafe.naver.com/hugestone/57(한국거석문명기호학회). 이 지역의 향토문화사학가가 앞에서 밝혔듯 <두물머리 고인돌>은 팔당댐 건설당시 땅속 깊은 곳에서 우연히 발견되어 우연히 느티나무 아래로 옮겨진 것이기에, 한국거석문명학회의 전문가의 견해와는 달리 얼마 동안 제단으로 사용되다가 현대식의 제단에 밀렸는지는 모를 일이다.

데만도 많은 시간과 노력이 필요하고, 또 거기에는 사람들의 합의와 공감이 전제되어 있는 것이다.

두물머리 고인돌에 새겨진 북두칠성은 사람들로부터 각별한 공감과 의미부여를 받아 특별한 존재의미를 갖고 있기에, 당시 사람들의 많은 시간과 노력과 정성이 투입되어 성혈로 새겨졌을 것이다. 그것은 불멸사상을 성혈로 표현한 표현인문학인바, 철학에서 불멸사상의 주장을 언어로 담은 것과 똑같은 이치이다. 죽음으로 인해 인간의 운명이 끝장나는 것이 아니라 사후의 세계를 돌보는 북두칠성에로 연결되어 있는 것이다. 죽는 것으로 인간의 모든 것이 끝장나는 것이 아님을 이 두물머리 고인돌의 성혈은 웅변하고 있다.

5. 맹골마을 고인돌

경기도 용인에서 이천으로 가는 지방도를 따라가면 좌측으로 양지인터체인지로 들어가는 길이 나오는데, 이 양지인터체인지 들어가는 길의 반대편(그러니까 우회전하면)이 바로 원삼면으로 가는 길이다. 또 영동고속도로에서 양지인터체인지로 빠져나와 직진하면 원삼면으로 가는 길이다. 원삼면으로 가다 보면 도중에 수려한 야산들과 들판이 나타나는데, 넓은 들판이 나타나는 곳에서 좌회전하여 깊숙하게 들어가면 맹리가 나온다. 건지산과 수정산 사이에 위치한 이 맹리의 맹골마을에서, 맹골노인회관 바로 뒤쪽 밭의 모퉁이에 있는 독특한 성혈고인돌을 만날 수 있었다.

고인돌의 덮개에는 약 40여 개의 성혈이 뚫려 있었는데, 이 덮개돌은 가운데가 갈라져 있었다. 아마도 외부의 충격에 의한 것인 듯했다. 이 고인돌을 자세히 관찰하면서 필자는 무언가 놀라운 사실을 떠올렸다. 사수도 형태의 성혈이 새겨져 있어, 이런 고인돌이 바로 고구려 고분벽화에 새겨진 사수도(해와 달, 남두육성과 북두칠성)의 원류가 아닐까 하는 생각이 들었던 것이다. 만약 고구려인들이 선사인들의 사수도를 그대로 자신들의 벽화에 옮긴 것이라고 한다면, 사수도의 개념은 고조선의 선사시대로까지 거슬러 올라가게 된다.

　이 고인돌 성혈의 북두칠성과 남두육성 사이에는 각별하게 구분되는 큰 성혈 두 개가 각인되어 있는데, 태양과 달을 나타낸 것으로 보였다. 혹시나 오행성 중의 어느 두 별을 상징하는 것은 아닐까 하고 추측해 볼 수도 있겠지만, 북두칠성과 남두육성이 있기에 해와 달로 보는 것이 훨씬 더 자연스러울 것이다. 마치 고구려의 고분벽화에서 사신도가 인간의 영혼을 보살피고 있듯이, 사수도의 성혈은 인간의 영혼뿐만 아니라 온 세상 온 누리를 보살피고 있는 것이다. 그렇다. 선사시대 사람들은 결코 미개하지 않았다. 그들은 아주 심층적인 보살핌의 철학과 천향에로의 귀천사상을 갖고 있었다.

사수도로 추정되는 맹골마을 고인돌의 성혈

이 사수도를 상징하는 성혈들 외에도 북쪽 방향으로 또 한 무리의 성혈군이 나타나는데, 이 양자 사이에는 은하의 별무리를 연상시키는 성혈들이 총총하게 각인되어 있다. 이 성혈군은 6개의 별로 마치 남두육성처럼 새겨져 있지만, 이들 별 중에 네모(바가지 부분)의 한 별이 특이하게 크기 때문에 남두육성으로 단정하기는 어렵다.

6. 양구의 용하리 선돌과 선사유물박물관

강원도 양구군 남면 용하리에 가면 남두육성과 북두칠성의 성혈이 크게 새겨진 선돌을 만날 수 있다. 또 양구읍 하리의 선사유물박물관에 는 구석기시대에서 청동기시대에 이르는 선사유물이 전시되어 있으 며, 박물관 뜰에 조성된 고인돌공원에는 파로호 주변에서 수몰 위기에 처해졌다가 옮겨진 고인돌이 의젓하게 자리하고 있다.

동서울터미널에서 용하리의 남면터미널로 가는 시외버스는 무척 뜸한 편이다. 그래서 필자는 우선 선사박물관과 고인돌공원이 있다는 양구읍으로 가는 버스를 탔다. 양구시외버스터미널에서 내려 선사박 물관으로 길을 물으니, 터미널 건물에서 빠져나가 오른쪽으로 조금만 걸어가면 된다는 '안내' 직원의 말씀이 있었다. 그러나 말씀과는 달리 4~50분이나 걸리는 거리였고, 도중에 갈림길이 나와 묻고 또 물을 수밖에 없었다. 대중교통도 없고 택시도 나타나지 않는 데다, 선사유물 박물관을 가리키는 안내판조차 하나 없어 답답했다. 땀을 뻘뻘 흘리며 도착한 선사유물박물관은 그나마 다행히도 제법 선사의 멋을 살려 놓고 있었다. 석기시대의 움집이 야외에 건립되어 있었고, 고인돌공원 또한 상당히 훌륭하게 조성되어 있었다.

선사박물관의 사무실에는 세 사람의 직원들이 업무를 보고 있었는데, 성혈이 있는 고인돌이 있는지를 묻자 그런 고인돌은 없다는 것이었다. 그러나 야외에 있는 고인돌을 답사하다 보니 성혈이 있는 고인돌을 발견할 수 있었다. 사무실의 직원들은 그런 고인돌은 잘 모르고, 또 밖에 있는 고인돌을 관찰하지도 않은 모양이다.

그런데 선사박물관의 입구에 세워진 선돌이 압권이었다. 험상궂은 인물상이 새겨져 있었는데, 단순한 인물상이지만 귀신을 쫓을 만한 험악한 모습을 하고 있었다. 불교 사찰 입구의 사천왕상[37]은 인도의 힌두교에 기원한다고 볼 수 있지만, 선사시대의 선돌에도 수호신의 역할을 하는 석상이 있었다는 사실이 놀라웠다. 토속적인 수호신 역할을 하는 돌장승, 장군석, 귀면판와 등의 시원적인 형태라고 볼 수 있을 것이다. 전통적으로 기와지붕의 정상 부분이나 모서리에 장식되어 있는 다양한 형태의 수호신들도 그 근원을 찾아 올라가면 이러한 수호신 선돌에게로 향하지 않을까.

여기 고인돌공원에 세워져 있는 고인돌들은 파로호 호수 개발공사를 할 때 수몰 위기에 놓여 있다가 간신히 구출되어 이곳으로 옮겨졌다고 한다. 수몰되어 사라져 가야 할 운명에 처해진 것을 방치하지 않고 이런 고인돌공원을 조성하여 후대인들에게 선사시대의 우리 유물을 물려줄 수 있게 하였으니, 양구 시민의 현명함과 높은 문화의식을 엿볼 수 있게 되어 기분이 좋아진다.

---

37) 김일권 교수에 의하면 사천왕상의 체계는 통일신라시대에 매우 발전하였는데, 사천왕들은 "불법 수호와 청정 도량을 유지하는 호법신으로서 고구려의 사신도와 유사한 기능을 지닌다."(김일권, 『우리 역사의 하늘과 별자리』, 고즈윈, 2008, 55쪽)

양구 선사박물관 입구의 선돌
(험상궂은 모습의 지킴이)

양구 선사박물관의 성혈고인돌(남두육성으로 보인다)

여기 양구에는 공수리 지석묘군에 12기의 고인돌이 있고, 가오작리에 17기의 고인돌이 있다.[38] 또 오류2리에는 자연바위에 북두칠성과 삼성이 새겨진 성혈이 있다. 이 작은 고을 양구만 해도 이렇게 많은 고인돌들이 있는데, 그 밖에 파로호에서 수몰된 것처럼 개발이란 명목 하에 사라진 것들, 무지로 인해 건축자재로 사용되거나 농작에 방해가 된다고 해서 부수어진 것들 등, 또 얼마나 많은 고인돌들이 사라져 갔을지 생뚱맞은 짐작밖에 할 수 없다.[39] 도대체 팔당호와

---

38) 고인돌사랑회의 홈페이지 참조.
39) 거석을 불상으로 만드는 일, 그래서 돌미륵이나 돌부처, 돌탑 등으로 만든 데에도 고인돌이 훼손되었을 가능성이 많다. "거대한 암반을 수많은 부처나 탑으로 조성한 운주사가 그 대표적인 예가 될 것이다."(김성인, 「화순지역의 바위신앙과 전설」, 『이야기로 풀어낸 화순 고인돌유적』[발표집], 동북아지석묘연구소, 2009, 92쪽) 일설에 의하면 도선국사가 운주사를 창건할 당시 근동 30리에 있는 바위들을 운주사로 옮겼다고 하며(김성인, 「화순지역의 바위신앙과 전설」, 97쪽 참조), 화순의 그 유명한 핑매바위의 경우도 마고할미가 치마폭에 싸서 운주사로 옮기다가 닭이 우는 바람에 지금의 그 자리에 놓아두었다고 한다.(김성인, 「화순지역의 바위신앙과 전설」, 97·104쪽 참조) 또 전남 장흥군 안양면 기산리 기산마을에는 원래 7~8기의 고인돌이 있었으나 "미륵사를 지을 때 사용하기 위해 파괴하여" 지금은 하나의 고인돌만 남아 있으며, 그 이름도 '미륵바위'로 불러진다고 한다.(최성은, 「별칭이 있는 고인돌」, 『이야기로 풀어낸 화순 고인돌유적』, 80~81쪽 참조)

안동호, 그 밖의 온갖 개발공사들에 의해 사라져 버린 선사시대의 보물이 얼마나 많겠는가! 문화와 역사에 까막눈인 몰지각한 지도자들의 소행이 아주 심각한 결과를 초래한 것이다.

선사박물관에는 이 고인돌과 함께 구출된 수많은 구석기와 신석기 및 청동기의 유물들이 전시되어 있었다. 선사시대부터 이곳 양구에 많은 사람들이 살았다는 증거인데, 참 소름이 끼칠 정도로 놀라웠다. 이런 증거물 앞에서 옛날 일본의 야비한 식민통치와 역사날조가 떠올랐다. 그들은 우리의 선사시대를 인정하지 않고 중국의 아류로 묶으려 했는데, 이런 식민사관이 정통이라고 소리 지르며 주장하던 사람들은 얼마나 비굴하고 매국노 같은 짓거리를 한 것인지!

한반도만 해도—즉 요동과 만주 및 발해의 고조선 유역을 제외시켜도— 구석기와 신석기의 유물들이 수없이 많다. 특히 신석기와 청동기에 이르는 때에 세계거석문화를 주도했을 것으로 보이는 고인돌과 선돌은 전 세계에 흩어져 있는 거석의 2/3 이상이라니, 이 얼마나 놀라운 일인가! 그런데 더욱 놀라운 것은, 단지 고인돌이 있다는 데에 그치는 것이 아니라 그 덮개돌에 하늘나라의 별 세계를 성혈의 형태로 새겨 놓음으로써 고대 한국 선사인들의 경천사상과 천향사상 내지는 천문사상을 추리할 수 있게 해 준다는 것이다. 도대체 왜 고인돌의 덮개돌에 성혈을 새겼을까! 신석기시대라면 돌칼로 돌을 깎아 내는 일이 결코 쉬운 작업이 아니었을 텐데, 이토록 많은 성좌의 성혈은 도대체 무엇을 의미하는 것일까. 당연히 우리가 그 의미를 전부 알 수는 없겠지만, 그러나 그 의미의 일부는 알 수 있다. 그 천문사상은 고도의 정신문화, 즉 철학으로 이어지는 것이다.

선사유물박물관의 고인돌공원을 답사하고 양구군 남면의 용하리로 향했다. 꽤나 먼 거리라고 소개되어 있지만, 터널이 뚫린 길로 택시를 타고 가면 얼마 걸리지 않는다. 그 유명한 용하리 선돌은 용하초등학교 정문 입구에 있다. 예전에는 이 선돌 2기가 쓰러져 땅에 누워 있었으나, 이제 그 문화를 각성한 사람들에 의해 우뚝 세워져 있다.

해석학자 H. 롬바흐는 세계의 여러 곳에 선돌(선바위: Menhir)이 흩어져 있다고 언급하고는, 이들 선돌에는 아무런 기록(碑銘: Inschrift)이 없다고 한다.

> 많은 장소에서, 특히 유럽의 북쪽과 서쪽에서, 또한 남쪽으로 지중해와, 동쪽으로 인도와 오세아니아에 이르기까지 우리는 선바위를 발견한다. 아무런 비명碑銘 (Inschrift)도 없을 뿐만 아니라 전혀 가공되지도 않은, 대단히 강대한 돌기둥이다.[40]

그런데 롬바흐의 견해와는 달리—그는 당연히 세계에 흩어져 있는 선바위들에 대한 자료를 두루 검토해 보았겠지만, 여기 한반도와 고조선 지역인 요동의 선바위와 고인돌에 관한 정보는 몰랐을 것이다(그만큼 우리의 선사유물은 아직 세계에 알려지지 않았다)— 여기 용하리의 선바위는 성좌의 성혈을 통해 비명碑銘(Inschrift)을 드러내고 있다! 이런 성좌의 비명은 곧 선사시대의 언어로서, 그 '말하는 돌'의 메시지는 분명하다. 그것은 다름 아닌 사수도(해와 달과 북두칠성과 남두육성)의 메시지인 것이다.

용하리의 선돌 2기에는 성혈이 엄청난 크기로 새겨져 있다. 남두육성을 비롯해 북두칠성과 수많은 별들이 새겨져 있다.[41] 특별히 크게 새겨진 성혈은 틀림없이 해와 달을 나타낸 것일 터이다.

---

40) H. Rombach, *Leben des Geistes*, 100쪽.
41) 박창범 교수도 용하리 선돌2기 중 하나에 남두육성의 성혈이 새겨진 것으로 보고 있다.(박창범, 『하늘에 새긴 우리 역사』, 92·102쪽 참조)

강원도 양구군 용하리 선돌
【출처: 박창범,『천문학』, 28쪽】

▶ 최근에 직립으로 세워진 용하리 선돌

　이처럼 남두육성의 존재의미는 북두칠성과 함께 이미 선사시대에 형성되어 있었다. 안타깝게도 이들의 존재의미는, 특히 남두육성의 존재의미는 망각되어 버렸는데, 이것은 수없이 많은 외침과 전쟁, 식민통치 등의 역사로 인한 문화적 단절현상 때문이다. 더욱이 고려 5백 년을 지배한 불교나 조선 5백 년을 지배한 유교도 우리의 선사문화와 고인돌에 냉담하기는 마찬가지였다. 전자는 고인돌과 같은 거대바위를 부수어 불상을 만들었고, 후자는 지상의 봉건적인 윤리와 군주 중심의 정치에만 몰두했기에 관심 자체가 없었다. 그러나 우리는 이제 고인돌의 성혈과 고분벽화를 통해 남두육성 등의 고유한 정체성과 존재의미를 되찾을 수 있다. 수없이 많은 남두육성과 북두칠성 및 해와 달의 성혈이 한반도에만 하더라도 쉽게 발견된다.
　분명히 고구려의 고분벽화에 그려진 사수도는 이런 선사시대에 이미 각인된 것으로부터 전승된 것임에 틀림없다. 고조선의 동이족 문화가 자연스럽게 고구려의 문화로 넘어간 것이다. 얼마나 많은 역사학자들이 이런 사실을 모르고 고인돌의 덮개돌에 새겨진 사수도를 몰라서 고분벽화의 사신도와 사수도의 사상이 중국에서 유래한 것이라고 착각하고 있단 말인가! 무엇이든지 중국에서 유래한 것으로 보는 맹목적인 사대주의가 아닐 수 없다.

7. 종부리 고인돌

강원도 평창의 종부리로 가는 길은 순탄치 않았다. 영동고속도로를 타고 용인에서 이천으로, 다시 여주와 원주를 거쳐 평창에 들어서자 소나기가 쏟아졌고, 종부리로 가기 위해서는 수없이 많은 꼬불꼬불한 골짜기를 지나 산속 깊이 들어가야 했다. 그러나 종부리는 결코 좁디좁은 산골마을이 아니었다. 동네는 퍽 넓고, 산들이 사방으로 넓은 들을 감싸 안고 있는 지형이어서, 예로부터 터 잡고 농사짓기에 좋은 땅으로 보였다.

마을사람들을 만나서 좀 더 정확한 정보를 얻고자 했지만, 좀처럼 사람이 보이지 않았다. 어쩌다 몇몇 분들을 만날 수 있었지만 그들은 고인돌이 있다는 사실조차 모르고 있다. 겨우 어떤 마을 주민으로부터 고인돌이 서 있는 위치를 알게 되었는데, 그 위치가 '고인돌사랑회'의 홈페이지에 소개된 것과는 달랐다. 어쨌든 마을로 진입하기 전에 있는, 서북쪽 산으로 난 길과 개울을 따라 올라간 끝에 큰 소나무들 아래에서 성혈이 선명하게 새겨진 고인돌을 만날 수 있었다.

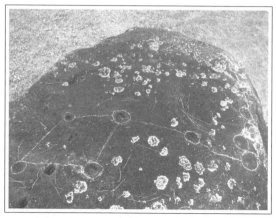
종부리 고인돌
(남두육성과 은하수로 보인다)

　그런데 이곳 성혈고인돌이 세워진 곳이 명당이라서 그런지 주위에 현대식의 무덤이 바싹 붙어 있었다. 혹시나 이곳이 명당이라고 알려지게 되면 재력가나 권세가들도 몰려들 터인데, 주인도 없는 고인돌이 제자리에 남아 있을지 걱정된다. 마을 주민의 증언에 의하면 아래로 개울을 따라서 제법 많은(10기가 넘는) 고인돌이 있었다고 한다. 지금도 밭 가운데에 방치된 고인돌이 2기 정도 눈에 띈다.

　이곳 평창지역의 선사문화도 대단한 것으로 보인다. 도돈리에서는 구석기유물이 확인되었고, 평창읍 후평리에서는 신석기시대의 유물인 빗살무늬토기가, 대화면에서는 청동기시대의 유물인 민무늬토기가 발견되었다고 한다.42) 그런가 하면 고인돌유적도 유동과 종부리, 상리, 후평리, 계장리, 주진리 등지에서 총 37기가 발견되었다고 보고되어 있다. 물론 땅속으로 내려앉은 부지불식간에 사라진 선사시대의 유물들도 퍽 많을 것이다.

---

42) 고인돌사랑회의 홈페이지 → "우리고장 고인돌"에서 평창군 참조.

8. 노림리 고인돌

　노림리 고인돌(강원도 원주시 부론면 노림리)은 폐교된 초등학교 옆에, 마을을 관통하고 있는 도로 중앙에 자리 잡고 있다. 이 고인돌은 수령이 200년이나 된다는 두 그루의 큰 느티나무 사이에 끼어 있는데, 그 때문에 여태 살아남을 수 있었던 것 같기도 하다. 느티나무는 씨가 떨어져 저절로 자라난 것인지, 마을사람들이 고인돌 곁에다 심은 것인지는 잘 모르겠지만, 어쨌거나 오랫동안 마을의 정자나무 역할을 한 것으로 보인다. 두 정자나무 사이에 끼여 잘 보존되어 온 이 고인돌의 덮개돌에는 20여 개의 성혈이 있다. 그리고 이 고인돌의 주변에서 민무늬토기의 조각이 발견되었다고 한다.[43]

　마을 주민에 의하면, 원래 이 고인돌과 함께 2기의 고인돌이 더 있었는데 노림초등학교 운동장의 땅속에 묻혀 버렸다고 한다. 아마도

노림리 성혈고인돌
(남두육성과 북두칠성. 만약 오른쪽의 별무리를 은하수로 본다면 중앙 아래의 큰 별 하나는 남극노인성으로, 왼편의 6개의 별은 남두육성으로 볼 수 있을 것이다)

노림리 성혈고인돌
(왼편의 7개의 별을 북두칠성으로 보면, 가운데 두 개의 성혈을 해와 달로, 오른쪽의 6개를 남두육성으로 볼 수 있다)

---

43) 고인돌사랑회의 홈페이지 → "우리고장 고인돌"에서 원주시 참조.

이 초등학교를 건립할 당시에는 사람들이 고인돌의 문화적·역사적 의미를 아예 몰랐기 때문에 운동장을 조성한다는 명목으로 그렇게 했을 것이다. 도로 중앙에 위치해 있던 노림리 고인돌 또한 사라질 위기에 처해졌다가, 마을의 정자나무를 함부로 자르면 안 된다는 전통신앙 때문에 살아남을 수 있었던 것으로 보인다.

9. 죽서루 용문바위 고인돌

어느 날 인터넷을 검색하다 번쩍 눈에 띈 기사가 있었다. 강원도 삼척 죽서루 경내의 용문바위에 또렷하게 새겨져 있는 남두육성에 대한 기사와 사진이었다. <강원도민일보> 2009년 6월 19일자에 실린 전제훈 기자의 그 기사는 「석회암 절벽에 깃든 방재사상(하)」이라는 제목이 시사하듯 방재사상에 초점이 맞추어진 기사였다. 말하자면 자연재해를 막고 마을의 안녕과 무병장수를 기원하는 뜻이 들어 있는 데, 남두육성에 대한 전승된 별자리신앙이 잘 드러나 있었다.

필자는 기사만으로는 호기심을 불식시킬 수 없어, 이를 직접 검토해 볼 요량으로 다음날 아침 일찍 삼척으로 향했다. 먼 길은 대중교통이 상책인데, 고속버스든 시외버스든 용인에서 직행하는 삼척행은 없어 강릉을 경유해야 했다. 고인돌답사로 처음 가 보는 도시가 많았는데, 삼척 역시 필자가 태어나서 처음으로 가 보는 도시였다.

삼척의 죽서루는 버스터미널에서 퍽 가까웠다. 도심에서 그렇게 가까운 곳인데도 죽서루는 별천지의 경관을 자랑하고 있었다. 고등학교 국어 교과서에 실린 송강 정철의 가사를 통해 알았던 그 관동팔경의 제1경이 바로 이 죽서루이다. 굽이치는 오십천과 절벽바위 및 숲이 어우러진 죽서루는 단연 제1경의 자격이 있어 보였다. 그러나 예술감각이 전무한 행정관료들의 도시계획과 현대인의 무분별한 부동산투기로 인해 오십천 너머로 아기자기하게 펼쳐져 있던 남쪽 동산들의 이미지는 그냥 지워져 버린 것 같았다.

'용문바위 고인돌'은 말 그대로 용문바위 위에 새겨져 있다. 용이 바위 가운데를 꿰뚫고 지나가는 바람에 구멍이 생겼다는 용문바위의 뜻은 물론 지나치게 과장된 전설적 표현으로 보인다. 그런데 '용문바위 고인돌'은 무덤으로의 성격이 전혀 아닌, 자연바위 위에 새겨진 고인돌로서 남두육성이 중심을 이루고 있다. 남쪽으로 약간 기운 이 바위는 남쪽 하늘과 오십천을 넌지시 바라보고 있어 물가에 위치한 고인돌의 전형적인 모습을 하고 있다.

우선 죽서루의 관광안내책자에 소개된 용문바위의 성혈性穴에 대한 기사를 인용해 보자.

성혈은 고대 암각화의 일종으로 죽서루 동쪽 용문바위 위에 새겨져 있다. 암각화는 바위나 큰 단에, 혹은 동굴 내부의 벽면에 사물의 형태, 기호, 성혈 등을 그리거나 새겨 놓은 것을 말하는데 용문바위 위의 암각화는 여성 생식기 모양의 구멍을 뚫어 놓은 성혈암각화이다. 우리나라에서 발견되는 성혈암각은 주로 청동기시대의 것이 대부분인데 고려, 조선시대에까지 그 유습이 이어져 오는 특징을 지닌다. 성혈은 풍요와 생산을 의미하는 선사시대의 상징물이지만 조선시대에 와서는 민간신앙으로 정착되어 득남得男의 기원처로 변모하게 된다. 즉 칠월칠석날 자정에 부녀자들이 성혈터를 찾아 가서 일곱 구멍에 좁쌀을 담고 치성을 드린 후 좁쌀을 한지에 싸서 치마폭에 감추어 가면 아들을 낳는다고 믿는 민간신앙이다. 용문바위의 성혈은 직경 3~4㎝, 깊이는 2~3㎝로 10개가 뚫려 있다.

죽서루 용문바위 위의 남두육성

전제훈 기자의 기사와 사진에는 "용문바위 위 견우와 직녀성과 남두육성"이라는 타이틀이 붙어 있는데, 남두육성의 경우는 누가 봐도 분명한 별자리 형태를 하고 있다. 그런데 위의 안내책자에 등장하는 '성혈性穴'은 오늘날 고천문학자들에 의해 밝혀진 별자리(성좌)이기 때문에 성혈星穴로 수정되어야 하는데, 아쉽게도 아직도 그대로 사용되고 있다. 이는 선사시대에 별자리로 새겨졌던 것이—뚜렷하게 남두육성임을 알 수 있다— 후대에 와서 망각되고 왜곡되어 '성혈性穴'로 읽히게 된 경우이다. 선사시대, 아니 우리의 고조선의 역사와 함께 시작된 성혈星穴고인돌의 별자리 신앙이—필자는 이를 기꺼이 원시도교라 칭하고자 한다— 역사가 흐르면서 깡그리 망각되어 갔다가, 오늘날 고천문학에 의해 재발견되어 되살아나고 있는 것이다.

전제훈 기자는 너무나 뚜렷하게 새겨진 이 성혈들을 자세히 취재하기 위해 원광대학교 동양학대학원의 모 교수를 찾아가서 자문을 구했다고 한다. 동양철학에 대한 전문가는 그야말로 전문가답게 저 바위에 뚫려 있는 구멍이 별자리 성혈임을 알려 주었다. 기자는 이 전문가의 조언을 받아 다음과 같이 기사를 쓰고 있다.

용문바위 위의 성혈유적은 동쪽으로 견우와 직녀성이 위치해 있고, 국자 모양의
6개의 별자리는 다름 아닌 사람의 무병장수를 관장한다는 남두육성南斗六星 자리였
다. 이들 별자리와 다소 떨어져 있는 나머지 2개의 별자리는 명확히 확인되지
않아, 올 칠월칠석날 삼척을 찾아와 밤하늘에 떠 있는 별자리를 직접 확인해
보기로 하고 후일에 정확한 분석을 기약했다.

한민족의 별자리신앙은 선사시대에서부터 이어져서, 주지하다시
피 단군신화에도 등장하고 있다. 이 별자리신앙과 신선사상, 산악숭배
사상은 원시도교의 주요한 요소들이다. 이 죽서루 용문바위의 남두육
성과 함께 북두칠성 또한 원시도교에서 중요한 위치를 차지한다.
남두육성은 인간을 지상에 내보내며 생명을 주관하는 별자리이며,
남두육성과 함께 고구려의 고분벽화에 수없이 등장하는 북두칠성은
우리 인간의 영혼이 돌아가는 곳으로서 죽음을 관장하는 별자리인
것이다.

죽서루 용문바위의 남두육성을 방재사상과 관련지은 전제훈 기자
는 남두육성과 북두칠성에 대한 숭배가 조선시대 도교에까지 전승되
었다고 하면서, 조선시대의 도교 내단수련가인 북창北窓 정렴鄭磏의
도술 설화를[44] 소개한 뒤 다음과 같은 글귀로 기사를 맺고 있다.

---

44) 짧게 소개된 북창 정렴의 도술설화는 다음과 같다. "북창이 어떤 어린애가 요절하게
될 운명인 것을 알고 불쌍히 여겨 그 아버지에게 살 방도를 일러줬다. 북한산에 가면
흰 옷을 입은 노인과 검은 옷을 입은 노인이 바둑을 두고 있을 터이니 무조건 두
노인에게 빌라는 것이다. 어린애의 아버지가 시킨 대로 하자 두 노인은 북창의 수명을
떼어서 어린애에게 주었는데 알고 보니 흰 옷 노인은 남두육성, 검은 옷 노인은 북두칠성
의 화신이었다고 한다."

그렇다면 이번에 확인된 삼척 죽서루 경내 용문바위 위에 새겨진 남두육성의 별자리는 무엇을 의미하고 있는 것인가. 이는 해일과 오십천 범람 등 잦은 자연재해로 많은 사람들이 목숨을 잃어 노동력이 상실되는 등 어려움에 처한 삼척사람들의 건강과 무병장수를 지켜 주는 수호신 역할을 하고 있다고 볼 수 있다.

10. 하리 고인돌

고인돌사랑회의 사이트에는 경북 문경에도 성혈고인돌이 제법 있다고 소개되어 있다. 언젠가 경북 성주에서 어떤 학회가 개최되었는데, 스케줄을 보니 귀경길에 문경에 들러 그 유명한 온천을 체험한다고 되어 있었다. 그래서 기대를 하면서 귀경길에 (개인적인 일이라 양해를 구하고) 꼭 하리와 가은읍의 아차마을에 들러 성혈고인돌을 답사할 요량이었다. 그런데 아쉽게도 일정이 변경되어 장소가 김천 대항면 황악산에 있는 직지사로 바뀌었다. 문경새재의 온천에 가는 것을 달갑게 여기지 않는 분들이 더러 있기 때문이란다. 그래서 따로 답사여행을 갈 수밖에 없었다.

서울 쪽에서 중부내륙고속도로를 따라 경북 방향으로 가다가 문경 새재에서 빠져 나가면 곧 문경읍의 하리에 닿게 된다. 조용한 시골마을 하리의 주민회관과 경로당 바로 곁에는 성혈고인돌 하나가 있다. 이 고인돌은 아무런 표지도 없이 뜰의 모퉁이에 덩그러니 서 있었다. 바위가 버림을 받지 않고 이 자리에 터를 잡을 수 있었던 것은 아마도 그 모양이 약간 이상하게 생겨서인 듯했는데, 원래의 위치에서 옮겨진 것 같아 보였다. 이 뜰의 약간 뒤에는 아주 크고 오래된 고목이 있는데,

그 주변이 원래의 위치가 아닐까 생각되었다.

그런데 이 성혈고인돌은 고인돌의 덮개돌처럼 보이지는 않았다. 어쩌면 원래의 위치에서 옮겨지는 과정에서 원래의 모습을 잃었는지도 모른다. 여하튼 공동체의 집회장소 등 어떤 지리를 나타내는 표지석이나 제사에 사용된 도구로 여겨졌다. 바위의 측면과 위에는 엄청나게 많은(약 170여 개 이상) 성혈들이 새겨져 있었다.45) 그래서 처음에는 이 별들이 무슨 별자리를 하고 있는지 확정하기 어려웠다.

이 바위는 북쪽 면이 좀 높고 남쪽은 비스듬히 낮은 모양을 하고 있는데, 바위의 윗면에는 지름이 10cm 정도 되는 큰 성혈 두 개가 일정한 간격으로 새겨져 있다. 분명 해와 달로 여겨졌다. 바위의 북쪽에서 남쪽으로 이어지는 중앙 지역에는 집중적으로 많은 별들이 새겨져 있는데, 전문가들이 자주 언급하듯 은하수로 보였다. 이 은하수를 따라 남쪽으로 내려가면 바로 이 은하수와 닿아 있는 남두육성이 새겨져 있고, 해와 달의 뒷면 즉 바위의 북쪽 측면에는 북두칠성 모양의 7개 성혈이 발견된다. 또 동남쪽에는 네 개의 별이 있고 그 중앙에 하나의 별이 들어 있는 오리온자리가, 서남쪽에는 좀생이별로 보이는 별무리가 있다. 또 해와 달이 있는 위치의 남서쪽과 중앙에는 다른 별들보다 규모가 큰 별들이 5개 있었는데, 혹시 오행성을 새긴 것이 아닌지 추측만 해 볼 따름이었다. 그 외의 많은 별들은 필자의 천문학 지식으로는 무슨 별자리인지 식별하기 어려웠다. 어쨌거나 선사의 성혈고인돌에서 많은 정보를 얻고 다음 행선지인 가은읍의 아차마을로 향했다.

---

45) 고인돌사랑회에서 조사한 이 고인돌의 규모는 길이 205cm, 폭 170cm, 두께 120cm에 달한다.

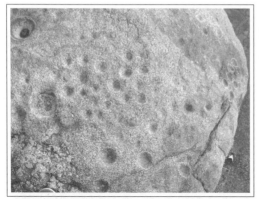
하리 성혈고인돌
(왼쪽에 2개의 큰 별은 해와
달, 맨 아래는 삼태성, 맨 오른
쪽의 6개 별은 남두육성으로
보인다)

하리 성혈고인돌
(북두칠성은 뒷면에 있다)

약 20분 가량 자동차를 타고 남쪽으로 가서 가은읍 갈전리 아차마을에 도착했다. 이 마을에도 고인돌이 있는 위치에 대한 표지나 번지판이 전혀 없기에, 고인돌에 관한 상식이 있는 주민들에게 물어 볼 수밖에 없었다. 물론 큰 바위를 찾아 이곳저곳 헤매고 다니는 것은 답사를 하는 사람들이 기본적으로 갖고 있는 태도이다.

그야말로 이곳저곳을 헤매고 다닐 즈음에 어떤 장년 농부가 "그건 고인돌이 아니오"라고 하면서 '4형제바위'라고 칭해지는 곳을 가르쳐 주었다. 그리고 마을 뒤편 산기슭에는 원래 큰 고인돌 바위 2개가 있었는데, 언젠가 밭주인 농부가 땅속에 묻어 버렸다고 말해 주었다.

현재 2개만 남아 있는 4형제바위 역시 작은 바위 위에 농자재 쓰레기가 흙과 함께 수북하게 쌓여 있어서 어떤 바위인지 확인하기가 어려웠다. 큰 바위 위에는 성혈일지도 모를 홈이 두 개 아주

"4형제바위"의 성혈고인돌

얕게 파여 있었다. 분명 인위적으로 파진 것으로 보이기는 했는데, 해와 달을 형상화한 것이 아닌가 짐작할 따름이었다.

마을로 내려와 다시 고인돌사랑회의 사이트에서 소개된 고인돌을 찾고 있을 때, 약 40대 후반으로 보이는 분을 만났다. 이분도 고인돌을 비롯한 역사 문제에 관심이 많다고 했다. 이분이 곧장 마을에서 약 250미터 떨어진 곳의 밭 언덕에 놓여 있는 고인돌로 안내해 주었다. 바로 고인돌사랑회의 사이트에 소개되어 있는 고인돌이었다. 이 고인돌에는 그러나 성혈이 보이지 않았다.

그런데 이분이 흥분하여 펄쩍 뛰면서, 이 고인돌과 가까운 곳에 또 다른 고인돌이 있었는데 없어져 버렸다고 한다. 그러면서 "요즘은 중장비가 워낙 발달되어 있어 눈 깜박할 사이에 고인돌을 장식용으로, 아니면 깨뜨려 정원의 돌담으로 사용하기 위해 싣고 달아나 버린다"고 했다. 이것이 바로 오늘날의 안타까운 현실이다. 이런 고인돌에 표지 하나 없으니, 지방행정부와 자치단체에는 공무원시험만 통과했을

뿐 문화재에 대한 상식이 없는 사람들이 진을 치고 있어 우리의 선사유물들이 계속 파괴되어 가고 있는 것이다. 또 문화재청과 같은 행정조직이 있지만, 사무실에서 통계를 내고 업무에 열중할지는 몰라도 이런 외진 곳에 와서 일일이 조사를 하고 보호조치를 취할 일은 없을 듯하다. 안타까움만 되씹으며 발길을 돌릴 수밖에 없었다.

11. 와룡산 고인돌

안동 와룡산 답사에는 곡절과 사연이 많았다. 2009년 어느 날 인터넷에서 '성혈'을 검색하다 우연히 "안동 와룡산 고인돌에 북두칠성과 남두육성 성혈"이라는 제목의 기사를 발견했다. <푸른세상>이라는 카페에서 2008년 7월 18일에 실은 기사였다. 그렇잖아도 성혈고인돌을 찾는 중이었고, 게다가 남두육성이 있는 고인돌이라기에 그 기사는 섬광처럼 번쩍 눈에 띄었다. 기사 가운데에는 남두육성과 북두칠성의 성혈이 새겨진 고인돌 사진도 실려 있었는데, 겨울에 찍은 사진인지 덮개돌에 눈이 덮여 있었다. 당시 필자는 언젠가 직접 답사하여 이 고인돌의 생생한 모습을 목격하리라 마음먹었다.

그러던 어느 겨울방학 때, 안동대학교에서 한국기독교철학회가 열려 참석하게 되었다. 자유시간이 나면 꼭 와룡산 고인돌을 찾겠다는 결심을 하고 서울의 일행과 함께 승합차를 탔다. 그러나 안동에서는 단체생활을 하느라 와룡산을 답사할 만한 여유를 가질 수 없었다. 그나마 잠깐 짬이 나더라도 그 유명한 하회마을과 서애 유성룡 선생의 생가와 서원 등을 방문해야만 했다. 그래서 안동에서 사는 몇몇 분들에게 와룡산 고인돌에 관해 물어 보았지만 아무도 알지 못했다. 결국 고인돌은 고사하고 와룡산조차 못 가본 채 서울로 돌아와야만 했다. 게다가 와룡산에 가기만 한다고 해서 와룡산 고인돌이 무조건 찾아지는 것도 아니다. "서울에서 김 서방 찾기"보다야 쉬울지는 몰라도, 그 넓은 와룡산을 다 뒤집어 헤맬 수는 없는 노릇이다.

답답한 나머지 고인돌사랑회의 인터넷사이트에서 찾아보았지만 아직 답사가 되지 않은 상태라 전혀 정보를 얻을 수 없었다. 물론 인터넷 상에서 '안동 와룡산'을 검색하면 와룡산과 관련된 각종 카페가 등장하는데, 이들 카페에는 대체로 와룡산 고인돌의 사진이 위치정보 없이 실려 있었다. 와룡산은 그러나 큰 산이기에 어디로 가야 할지 망설여졌고, 산 전체를 혼자서 뒤지기도 힘들어 보였다. 좀 더 정확한 위치를 알아내기 위해 이들 카페에 가입하여 '와룡산 고인돌'의 위치를 문의해 보았으나 답신을 보내는 이는 없었다.

할 수 없이 와룡면사무소에 전화하여 와룡산 고인돌에 관해 알고 있는 분을 찾았으나, 역시 아는 사람이 없었다. 그런데 어떤 다른 사람이 전화를 건네받더니 안동시의 문화담당 인사의 전화번호를 알려 주었다. 그래서 곧장 전화를 했는데, 이 문화관도 와룡산 고인돌에 관해서는 잘 모른다는 것이었다. 그러면서 대신 전문가에게 문의하여 3~4일 후에 연락을 주겠다고 해서 감사하다는 인사를 전했다.

다음 월요일에 전화로 문의를 했더니 그 문화관이 답하기를, 와룡산 등산로에서 만나는 모든 바위들이 다 고인돌이라는 것이었다. 그 많은 자연바위들이 다 고인돌은 아닐 것이라고 말하자, 그분은 아주 자신 있게 모두 다 고인돌이 맞다고 항변했다. 그 자연바위들 중에 이런저런 사연이 있거나 이름이 있는 것도 있겠지만, 그것들을 다고인돌이라고 주장하는 것은 너무 심하다고 여겨졌다. 더 이상 통화를 해 봐야 소용이 없겠다는 생각이 들었다.

9월의 어느 주말에 필자는 안동의 와룡산을 향해 무작정 길을 떠났다. '안동 와룡산 관광등반'이라는 지도를 구해서, 특히 안동호 주변의 구선대라는 곳에 고인돌이 있고 또 주계리 정미소 근처에 고인돌이 있다는 등의 지도상의 정보를 잘 숙지하여 찾아갔다.

먼저 주계리 정미소 근처의 밭에서 1기의 고인돌을 찾을 수 있었지만 성혈은 보이지 않았다. 그런데 구선대라는 곳에 가니 마을사람들은 고인돌이 있다는 사실조차 모르고 있었다. 거기서 안동호를 끼고 더 들어가서 안동호 주변 마을의 사람들에게 문의해 보아도 모르기는 마찬가지였다. 다시 되돌아 나와 주계리와 가구리 쪽으로 가는 큰길로 들어섰다가, 때마침 길가에서 참깨를 말리고 있던 어르신 한 분을 만났다. 그분께 여쭈어 보니 구선대가 곧 "아홉 선비가 놀던 대"라고 말씀하시면서 고인돌의 위치를 알려 주셨다. 구선대 마을로 가는 길목에 놓인 다리 아래에 고인돌이 있다는 것이었다. 실제로 구선대의 다리로 가서 아래로 내려다보니 고인돌인 듯한 큰 바위가 보이긴 했지만, 내려가는 길이 없고 너무 험악한 데다 비가 와서 냇물도 무척 불어 있는 상태라 접근조차 할 수 없었다. 결국 답사를 포기하고 발길을 돌릴 수밖에 없었다.

다시 큰길로 나와 지도상에 나와 있는 산야리를 향해 갔는데, 마침내 고인돌을 발견할 수 있어 무척 기뻤다. 산야리의 마을은 다들 일하러 나갔는지 좀처럼 사람이 눈에 띄지 않았다. 한참 동안 사람이 나타나기를 기다리다가 할 수 없이 이 집 저 집 직접 찾아다니기로 했다. 어쩌다 농부 한 분을 만났는데, 퍽 친절하였고 고인돌이 있는 위치를 훤하게 알고 있었다. 그분은 고인돌이 있는 위치와 방향을 자세히 가르쳐 주었을 뿐만 아니라, 직접 나서서 첫째 고인돌이 있는 위치까지 안내해 주었다.

자연바위처럼 보이는 이 첫째 고인돌은 남방식으로 크기가 어마어마했다. 잡풀이 주변을 꽉 감싸고 있어 덮개돌을 떠받치는 돌이 조금씩만 보였지만, 아마도 250톤이 훨씬 넘을 것 같았다. 바위 주변을 살피다가 바위 위로 올라가 보니 아주 또록또록하게 북두칠성의 성혈이 새겨져 있다! 고인돌을 찾아 와룡산 여기저기를 헤매고 다닌 보람이 느껴지는 순간이었다. 순식간에 피로가 싹 달아났다.

그런데 주변으로 특이한 고인돌이 눈에 띄었다. 타원형으로 생긴 고인돌이었다. 인터넷상에서 보았던 고인돌도 덩그러니 밭 가운데에 한쪽의 고임돌만 가진 채 누워 있었다. 윗면에는 북두칠성이, 앞면에는 남두육성이 있다고 소개되었던 바로 그 고인돌이! 앞면의 성혈은 좀 작은 편인데 이끼가 끼어 있었고, 윗면에는 많은 흙이 덮여 있어 북두칠성의 일부만이 다른 별들과 함께 보였다. 이 고인돌은 부식이 빨리 진행되는 것 같아서 안타까웠다.

고인돌의 앞면에 새겨진 남두육성

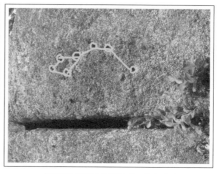

고인돌의 윗면(덮개돌)에 새겨진 북두칠성

와룡산 어귀에 있는 산야리 일대의 고인돌 답사를 마치고 나오다가 마을 주민을 한 분 만났다. 그분에게 이 주변이나 구선대 근처에 고인돌이 있지 않는지 묻자 잘 모르겠다고 하면서, 대신 큰길가의 암자 옆에 고인돌이 있다고 가르쳐 주었다. 그래서 큰길가로 가서 좌회전하여 아래로 좀 내려가 보니 과연 암자가 있었는데, 암자 주변의 논 안팎으로 고인돌이 몇 기 있는 것이 보였다. 논 가운데에 있는 고인돌은 접근할 수가 없어 벼 수확이 끝난 겨울을 기약할 수밖에 없었고, 우선 논의 변두리에 있는 큰 고인돌을 살펴보았더니 거기에 성혈이 새겨져 있었다. 제법 정교하고 깊게 뚫어진 두 개의 성혈은 태양과 달을 표현하는 것으로 보였다. 뜻밖의 수확이었다.

이제 해도 서쪽으로 기우는데, 와룡산 고인돌 답사를 성공적으로 마치고 기쁜 마음으로 남쪽을 향해 달렸다. 경남 함안에 있는 동심원이 새겨진 그 유명한 고인돌을 답사하기 위해서였다. 와룡산을 빠져나가면서 가구리 쪽으로 가다가 선사시대의 선돌이 있다는 곳을 지나게

암자 옆의 논 변두리에 있는 고인돌의 성혈
(해와 달로 보인다)

가구리 선돌

되었다. 젊은 사람들은 이 선돌이 있는 위치조차 몰랐으나, 연세가 지긋한 분들은 모두 잘 알고 있었다. 어떤 어르신은 이상야릇한 설화까지 들려주었다. 밭을 만들면서 서 있던 선돌을 밭 가장자리에 눕혀 놓았더니 마을에 과부들이 많이 발생했고, 그래서 마을사람들이 의논하여 다시 이 선돌을 세워놓았다는 이야기였다.

선돌의 높이는 3미터 정도 되었는데, 위쪽에서 아래로 50㎝ 정도 되는 곳에 성혈이 하나 새겨져 있었다. 태양거석문화시대의 산물이라면 태양일 가능성이 많겠지만, 어느 별이든 상관없이 선사의 천문사상을 드러낸 것임은 분명하다.

12. 야촌마을 고인돌

야촌마을(경남 함안군 칠원면 예곡리)에서 이곳저곳 헤매다 우연히 큰 정자나무 아래에서 고인돌 1기를 발견하였다.(마을사람들은 제3호 고인돌이라고 불렀다.) 이미 오래 전에 이 고인돌이 있는 곳에다 정자나무를 심었던 모양이다. 정자 아래에는 많은 사람들이 모여 놀 수 있도록 제법 넓은 공간이 마련되어 있었다. 이 고인돌의 덮개에는 성혈 자국이 분명하게 보였다. 고인돌을 관찰하고 사진을 찍자 정자나무 아래에서 담소를 즐기던 마을 어른들이 먼저 말을 걸어 왔다.

칠원의 야촌에서 본 고인돌은 놀라웠다. 여기 고인돌무리들은 마치 고인돌 하나가 북두칠성의 별 하나인 것처럼 7기의 고인돌이 북두칠성 모양으로 마을에 흩어져 있다고 했다. 이것은 마을의 정자나무 아래서 담소를 즐기던 마을 어른들이 들려준 이야기이다. 그 어른들은 정자나무 아래서 여름 더위를 피해 막걸리를 나눠 마시면서 마을의 고인돌에 관한 이야기를 들려주었다.

북두칠성 모양의 고인돌 가운데 제1호 고인돌은 멀리서도 보였으나 큰 논의 한가운데에 있어 접근할 수 없었다. 역시 수확이 끝난 겨울에나 확인할 수 있을 것 같았다. 제2호 고인돌은 3호와 마찬가지로 정자나무 가까이에 있었다. 개석식 고인돌인지 논 구석의 땅바닥에 붙어 있었는데, 무성한 잡초에 뒤덮여 있어서 마을 어른들이 알려 주시지 않았다면 발견하지 못했을 것이다. 낫으로 풀을 베어 내고 흙과 쓰레기를 치워

정자나무 아래에 있는 야촌 마을 제3호 고인돌 (북두칠성으로 보이는 7개의 별이 선명하게 새겨져 있다)

야촌마을 제2호 고인돌 (플레이아스성단이라는 좀 생이별을 형상화한 것으로 보인다)

내자 윤곽이 뚜렷하게 드러났다. 그런데 놀랍게도 한쪽 모서리에 작은 성혈들이 새겨져 있는 것이 아닌가!

길가에 있는 제4호 고인돌은 처참할 정도로 방치되어 있었다. 잡초더미와 환삼덩굴, 나무들, 농작물용 비닐과 온실용 뼈대, 생활쓰레기에 완전히 뒤덮인 상태였다. 낫으로 이것저것 걷어내자 조금씩 윤곽이 드러났지만, 워낙 쓰레기더미가 두터워 혼자 힘으로는 도무지 다 걷어 낼 수 없었다.

제5호 고인돌은 특이하게도 이곳 마을 이장님 집 뜰 안에 있었는데, 제법 편편하고 큰 편이었지만 성혈은 보이지 않았다. 제6호 고인돌 역시 일반 가정주택의 뜰 안에 있었다. 무척 커서 작은 마당을 꽉 채울 정도였고, 성혈도 여러 군데 새겨져 있었다. 박창범 교수는 이 성혈들을 남두육성과 삼성 및 묘수로 판단하였는데,[46] 어떤 성좌는 다소 불명확해 보인다.

제7호 고인돌이 있는 위치는 접근할 수 없었다. 건축을 하기 위해

남두육성과 삼성 및 묘수로
보이는 야촌마을 6호 고인돌

---

46) 박창범, 『천문학』, 27쪽 참조.

철판 울타리로 완전히 감싸 버렸기 때문이다. 언젠가 차후에 다시 와서 답사할 수밖에 없었다.

비록 제1기와 7기를 관찰할 수 없었지만, 답사를 마치고 마을을 빠져 나올 때에는 그래도 수확이 크다는 생각이 들었다. 선사시대에 그토록 큰 의미가 부여되었던 고인돌의 세계에 왜 현대인은 몽매할 정도로 무관심할까. 정신적인 것이 동공상태가 되어도 무관심한 채 경제제일주의, 물질주의, 상업자본주의로만 치달려 가는 국가와 사회와 학계가 밉기만 하다. 그러나 철학이 없는 민족은 희망이 없다! 고인돌은 우리나라 보물의 차원을 넘어 인류의 보물이고 세계의 보물인 것이다.

13. 도항리 고인돌

칠원 야촌마을의 고인돌을 답사하고 난 뒤에 곧장 함안 도항리로 향했다. '도항리 고인돌'이라는 이름의 고인돌은 학계에도 잘 알려진 편이다. 동심원 형태의 문양이 독특하기 때문이다. 그래도 넓은 평야에 속하는 함안은 아마 선사시대부터 정착하여 농사짓기에 적합한 조건을 갖고 있었던 것 같다

도항리 고인돌에는 무수한 성혈들이 촘촘하게 박혀 있는데, 전문가들은 이런 별무리들이 은하수를 상징한다고 추정한다.[47] 특이한 것은 굵은 테두리로 동심원 모양을 하고 있는 성혈들이다. 마치 반 고흐가

---

47) 고인돌사랑회 홈페이지(http://www.igoindol.net/teke/main_g4.htm?pn=t13) → 특이고인돌 → 도항리 고인돌. 박창범, 『천문학』, 26쪽 참조.

일월오행성의 도항리 성혈 고인돌

동심원 문양이 뚜렷한 도항 리 고인돌
【출처: 박창범, 『하늘에 새 긴 우리 역사』, 92쪽】

그린 그림 속의 별들이 동심원 모양을 하고 있는 것과 유사하다. 이 특이한 동심원 문양에 대해서는 제3부 1장의 제3절(성혈고인돌에 새겨진 일월오행성)에서 각별하게 음양오행사상과 연계하여 논의해 보도록 하겠다.

고인돌사랑회에서 조사 발굴한 내용을 우선 인용해 보기로 하자.

덮개돌에 파여 있는 작은 성혈들은 얼핏 무질서해 보이지만 부분적으로 어떤 형태를 만들고 있음을 알 수 있다. 7겹의 동심원문 왼쪽 편을 살펴보면 작은 구멍들이 원형을 그리며 새겨져 있는 것이 보인다. 즉, 작은 성혈들과 동심원문이 어떤 원칙 하에 하나의 그림을 그리고 있는 것으로 볼 수 있다. 이들의 연계성을 고려해 볼 때 작은 성혈과 동심원문 모두 별을 묘사한 것으로 생각된다. 260여 개의 성혈을 별로 본다면, 마치 은하계를 표현한 듯 덮개돌 전체에 크고 작은 성혈을 빼곡 새긴 뒤 태양이나 큰 별을 나타낸 듯한 동심원문을 새겨 놓았음을 알 수 있다. 동심원문은 밝기가 센 별이고, 작은 성혈들은 어두운 별로 이해할 수 있다.[48]

그런데 이런 특이한 모양의 선사시대 동심원 문양이 북스코틀랜드에서도 발견된 바 있다. 물론 여기처럼 7개의 동심원이 아니라 하나 혹은 두 개의 동심원 문양이다. M. 스콧 펙과 그의 부인 릴리는 북스코틀랜드 애크너브렉의 거석유적에 대한 탐사의 과정을 사진과 글로 남겨 놓았는데,[49] 여기에 거석유적에 새겨진 동심원 문양이 스케치되어 있다. 그들은 또 신석기시대의 공동묘지로 알려진, 애크너브렉 킬마틴 골짜기의 '네더 라지 돌무덤들'(템플 우드 서클)에 속하는 높이 1.2미터쯤 되는 거석에 새겨진 두 개의 소용돌이 문양도 소개하고 있다.[50] 스콧 펙과 릴리는 영국 펜리스 근방의 '롱 매그와 그녀의 딸들'이라 칭해지는 유적지에서도 동심원 문양(두 개의 똑같은 소용돌이 문양)을 발견하여 스케치해 놓았는데, 특히 높이가 5미터 정도 되는 롱 메그에 대해 스콧 펙은 "모든 거석유적들 가운데 가장 인상적인 것 중 하나"라고 하면서 이것이 '롱 매그와 그녀의 딸들'이라 일컬어지는 스톤 서클 유적지 전체를 돋보이게 하는 구실을 하고 있다고 언급한다.[51]

도대체 스콧 펙이 언급한 거석유적과 여기 함안 도항리에 있는

---

48) 고인돌사랑회 홈페이지(http://www.igoindol.net/teke/main_g4.htm?pn=t13) → 특이고인돌 → 도항리 고인돌.
49) 스콧 펙, 김훈 옮김, 『거석을 찾아서, 내 영혼을 찾아서』(고려원미디어, 1996), 191쪽 참조.
50) 스콧 펙, 김훈 옮김, 『거석을 찾아서, 내 영혼을 찾아서』, 194~195쪽 참조.
51) 스콧 펙, 김훈 옮김, 『거석을 찾아서, 내 영혼을 찾아서』, 152~153쪽 참조.

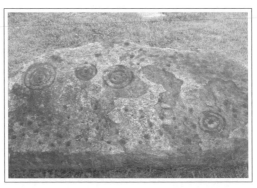
신비감을 더해 주는 동심원
모양의 성혈고인돌
(이 고인돌과 아주 유사한 2개
의 고인돌이 주위에 더 있다.)

동심원 문양의 고인돌 사이에는 무슨 사연이 있는 것일까. 우연의
일치일까, 아니면 선사시대에 서로 이웃하여 함께 살았던 것일까?
최소한 당시에 문화적 교류라도 있었던 것은 아닐까? 언젠가는 이런
미스터리가 풀릴 때가 있을 것이다. 둘 사이의(혹은 세계의 다른 어떤
곳에 또 있을 수 있는) 역사와 문화사 연구를 감안할 때 도항리 고인돌은
아주 귀한 국보급의 유물이고 세계보물급의 유물이라고 하지 않을
수 없다. 이 도항리 고인돌의 특이성에 대해서는 제3부 1장의 제3절(성혈
고인돌에 새겨진 일월오행성)에서 자세히 논의해 볼 것이다.

그런데 훌륭하게 단장된 함안박물관의 야외에서도 동심원이 있는
성혈고인돌을 두 기나 발견할 수 있었다. 두 고인돌에는 크고 작은
동심원 문양이 네 개나 새겨져 있었고, 동심원 주위에는 평범한 성혈의
성좌들과 은하수로 보이는 무수한 별들이 자리 잡고 있었다. 도대체
이 네 동심원의 성혈이 무엇을 뜻하는지, 혹 어떤 성좌를 나타내는
것은 아닌지, 그저 이런저런 추측만 해 볼 따름이었다.

그렇다면 은하수는 또 왜 새겨진 것일까. 선사시대에는 이 은하수를
강으로 보았다. 은하의 강이었던 것이다. 원시도교의 신화대로 일정

함안박물관 야외의
성혈고인돌
(남두육성으로 보인다)

기간 동안 북두칠성에 머물던 영혼들이 이 은하의 강을 따라 남두육성
으로 가는 것이라면, 은하의 강은 곧 생명의 강인 것이다. 이러한
은하수를 성혈로 새긴다거나 고인돌을 대체로 물가에 위치시키는
것은 물이 생명의 근원이라는 생각을, 혹은 탈레스처럼 물이 곧 아르케
라는 생각을 추정하게 한다.

또 함안박물관의 야외에는 꽤 높은 받침돌을 한 탁자식의 고인돌이
아주 우람하게 놓여 있었다. 약간 높은 위치에서도 덮개돌을 볼 수
없을 정도의 높이이기에, 주변의 백일홍나무에 올라가서야 덮개돌에
새겨진 남두육성 같아 보이는 성혈을 찍을 수 있었다.

14. 동촌리 고인돌

도항리 고인돌을 답사한 뒤 진주 쪽으로 가서 군북면의 동촌리를
찾았다. 여기서도 북두칠성과 좀생이별(플레이아데스성단)이 새겨진 성혈
을 볼 수 있다고 하는데,[52] 이들 고인돌은 현재 함안박물관으로 옮겨졌

다고 마을 주민이 친절하게 설명해 주었다. 동촌리의 마을에서 고인돌을 찾아 헤매고 다녔지만, 저 함안박물관에 옮겨진 성혈고인돌 외의 평범한 고인돌만 답사하고 발길을 돌려야 했다.

15. 남정리 고인돌과 지석리 고인돌

경기도 성남에서 이천과 장호원 및 여주로 가는 3번 국도를 따라서 가면 '남정리 고인돌'을 찾을 수 있다. 일단 고인돌사랑회에서 제공하는 정보를 보면 다음과 같이 제법 자세하게 소개되어 있다.

> 수광리에서 지석리 방향으로 가다 보면 도로 오른편에 양지원농장 입구가 나온다. 농장 길로 들어서서 약 150m 정도 들어가면 철조망이 보인다. 남정리 고인돌은 철조망이 끝나 가는 지점에 위치하고 있다. 덮개돌은 타원형으로 남북 방향으로 놓여 있다. 덮개돌의 규모는 길이 292cm, 폭 225cm, 두께 80cm이다. 덮개돌에는 110여 개에 이르는 성혈이 파여 있다.

그러나 철조망이 끝나는 곳에 이르러 주변을 아무리 돌아다녀도 고인돌은 보이지 않았다. 농장 주인이나 일군을 만나 물어 보고자 벨을 눌렀다. 한동안 아무도 나타나지 않다가 한참 뒤에 농장주로 보이는 사람이 모습을 드러냈는데, '남정리 고인돌'은 다른 곳으로 옮겨졌다고 했다.

그래서 다른 고인돌들과 함께 '지석리 고인돌'로 칭해지는 인근의 고인돌군을 찾아 갔다. 소재지는 이천시 신둔면 수하리 350-9, 고인돌군

---

52) 박창범, 『하늘에 새긴 우리 역사』, 95쪽 참조.

은 아담한 꽃동산 같은 곳에 정비되어 있었다. 비록 정기적으로 관리를 하지 않아서 푯말에 기록된 글자들이 퇴색해 있었지만, 꽃동산에는 잔디가 잘 자랐고 제법 많은 고인돌들이 모여 있었다. 도로공사 등으로 인해 이쪽으로 옮겨진 것들이 많았다.

그런데 여기 '지석리 고인돌'에서 놀라운 성혈을 발견하였다. 한 고인돌에 북두칠성과 남두육성의 성혈이 새겨져 있고, 이들 성혈 사이에는 은하수와 같은 성운을 연상케 하는 많은 별들이 있었는데, 성혈의 크기가 큰 것은 해와 달로도 추리해 볼 수 있었다. 더욱이 남두육성의 경우는 서로 선으로 연결되어 하나의 성좌임을 명백하게 드러내고 있는 것이 아닌가! 언젠가 용인의 양지면 맹골마을에서 감격스럽게 목격했던 사수도의 성혈(남두육성과 북두칠성, 해와 달)을 보는 듯한 느낌이 들어 온몸에 전율이 감돌았다.

지석리의 성혈고인돌
(왼쪽 아래와 위에 있는 두 개의 큰 성혈을 해와 달로 보면 중앙의 남두육성과 그 오른쪽의 북두칠성이 합해져 사수도의 형태를 갖는다)

지석리의 성혈고인돌
(왼쪽에 있는 두 개의 큰 성혈을 해와 달로 보면 중앙의 남두육성과 아래쪽의 북두칠성이 합해져 사수도의 형태를 갖는다)

16. 조남리 고인돌

　‘조남리 고인돌’은 조남리(현재 시흥시 조남동) 안골마을의 논 한가운데
에 위치해 있는데, 관리가 잘 이루어지고 있는 것으로 보였다. ‘경기도
기념물 제103호’로 지정된 이 고인돌에는 20여 개의 성혈이 새겨져
있다. 고인돌의 남쪽 아래에 집중적으로 있는 것을 보아 —박창범
교수의 지적[53]대로— 은하수를 표현한 것이 아닌가 여겨진다. 물이
생명의 근원이라는 것을 선사인들이라고 해서 몰랐을 리 만무하다.
오히려 현대인들보다 더 심각하게 알았을 것이다. 고인돌의 위치가
대체로 물가에 있다는 것이 그 한 증거이다. 원시도교에 따르면 북두칠
성에 거하던 영혼들이 일정한 기간이 지나면 은하수를 따라 남두육성
으로 간다고 했으니, 은하수는 성혈고인돌로 거듭날 충분한 근거를
갖는 셈이다.

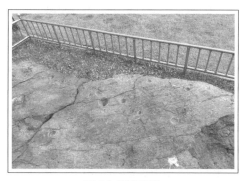

조남리 성혈고인돌

---

53) 박창범, 『천문학』, 26쪽 참조.

17. 화순의 절산리 고인돌

전라남도 화순은 서울에서 먼 거리라 미리 단단히 준비를 해야
했다. 강화 고인돌과 고창 고인돌 및 화순 고인돌이 하나로 묶여
세계문화유산으로 등재되었기에, 다른 고인돌들과 함께 화순 고인돌
에 관한 정보도 자주 접할 수 있었다. 이를테면 고인돌사랑회의 인터넷
사이트에서 기본적인 정보를 접할 수 있었고, 『고창·화순·강화의
고인돌 유적』(대동역사기행, 김영사)이라든가 『이야기로 풀어낸 화순 고인
돌 유적』(동북아지석묘연구소), 『세계 거석문화와 고인돌』(동북아지석묘연구
소) 등의 저서들을 미리 참조할 수도 있었다.[54] 답사를 떠나기 전에는
화순군청의 문화관광과와 고인돌유적지 종합안내소, 화순고인돌유
적지 공원관광안내소 등에 전화를 걸어 좀 더 세밀한 정보를 획득하기
도 했다.
전라남도에만 약 2만 기의 고인돌이 있다고 하니 말문이 막힐 일이다.
한반도와 고조선의 만주지역을 고인돌왕국이라고 할 때, 전남은 이
왕국의 수도가 되는 셈이다. 그리고 고인돌이 군장이나 족장 등 권력자
의 무덤이었다고 보는 학설은 퍽 의심스럽게 될 수밖에 없다. 군장이
그토록 많았다고?
자동차를 몰고서 곧장 화순고인돌유적지 공원관광안내소로 갔다.
이 관광안내소가 바로 대신리까지 이르는 거대한 화순 고인돌군의
입구가 된다. 공원관광안내원의 자세한 설명을 바탕으로 고인돌 하나
하나를 유심히 관찰해 나갔다. 사적 제410호로 정해진 화순 고인돌군은

---

54) 절산리에 있는 성혈고인돌의 모습(사진)들은 이영문, 「고인돌에 얽힌 지명과 신앙」,
『이야기로 풀어낸 화순 고인돌유적』, 26쪽 참조.

화순군 도곡면 효산리와 춘양면 대신리 일대의 계곡을 따라 약 10km에 걸쳐 500여 기의 고인돌들이 군집을 이루고 있다.

화순의 고인돌군

그런데 이토록 많은 고인돌들로 왕국을 이루고 있지만, 성혈고인돌은 화순 고인돌의 경우 퍽 드문 편이다. 공원 입구의 안내원도 "이 공원에는 성혈고인돌이 없다"고 했다. 화순군청 문화관광과에서는 "성혈고인돌은 찾기가 어렵고, 그나마 조그만 것 하나만 성혈이다"라고 하면서, 그것은 여기 고인돌공원에는 없고 남면의 절산리에 있다고 했다. 물론 절산리에 성혈고인돌이 있다는 것은 고인돌사랑회의 인터넷사이트를 통해 이미 알고 있는 사실이었다.

어쨌거나 선사시대로 떠나는 여행처럼 이 거대한 고인돌공원을 탐방하기 시작했다. 신비를 끌어안고 있는 고인돌들 하나하나를 살펴보며 산길을 따라 걸었다. 효산리와 대신리를 잇는 보검재의 계곡 일대(약 5km)에는 596기의 고인돌이 밀집해 있다. 기반식, 개석식, 탁자식 등 등 다양한 형태의 고인돌들을 다 볼 수 있는데, 각각의 무게가 100톤에서 290여 톤(핑매바위 고인돌)에 이르는 세계 최대의 고인돌군이다. 이들 고인돌들 중에는 특이한 이름을 가진 고인돌들도 많다. 괴바위 고인돌, 마당바위 채석장, 관청바위 고인돌군, 달바위 고인돌, 각시바위 채석장, 핑매바위 고인돌, 감태바위 고인돌군 등등 수많은 신비의 이름을 가진 고인돌들이 조용히 산자락에서 휴식하고 있다.

"도100"으로 표기된 고인돌

그런데 관청바위 고인돌군에서 공원안내원과 전문가들의 견해와는 달리 성혈고인돌 하나를 발견할 수 있었다. "도100"이라는 팻말이 붙은 고인돌의 덮개에 성혈이 선명하게 새겨져 있었던 것이다.

왜 사람들은 성혈고인돌의 특이한 의미를 전혀 모르고 있을까. 그야말로 귀하고 귀한 유물이다. 성혈에는 선사의 천문사상, 경천사상, 천향사상이 드러나 있다.

고인돌공원이 끝나는 지점인 대신리에는 선사시대 고인돌의 출토지가 있는데, 큼직한 전시실을 만들어 관람할 수 있게 해 두었다. 이 발굴지에는 선사시대의 장례문화를 알 수 있는 다양한 형태의 무덤방이 있고, 돌칼이나 돌화살촉, 청동거울, 옥, 토기 등 다양한 유물들도 있다. 선사시대를 체험한 것 같은 감동과 상념을 끌어안은 채 화순의 고인돌공원을 빠져 나왔다.

그런데 시급하게 달려갈 곳이 있었다. 바로 성혈고인돌이 있다는 남면 절산리였다. 화순군청 문화관광과에서는 절산리 386-1번지에, "과수원의 밭가에 있다"고 했는데, 도착해도 아무리 찾아도 보이지 않았다. 마을사람들에게 물어 보아도 전혀 모른다는 것이었다. 그래서 고인돌사랑회에서 제공한 정보에 따라 절산리 장선마을 433번지와 433-1번지로 찾아갔다. 절산리는 서로 제법 떨어져 있는 4개의 마을로 구성되어 있는데, 여기서도 찾기는 쉽지 않았다. 들판과 연결된 야생초지가 번지수에 떡하니 들어 있었다. 반경을 넓혀 가며 탐색해 보았지만 작은 선돌 하나만 논두렁에 보일 뿐이었다.

사람들에게 물어 보려 마을로 들어갔으나 대부분의 집들이 비어 있었다. 드물게 사람을 만나더라도 물어 보면 전부 모른다고만 답하던 중에, 어떤 농부 할아버지가 "옛날에 있었는데, 농사에 방해가 된다고 치워 버렸다"라고 했다. 그래도 혹시나 하여 집집을 찾아다녔는데, 어떤 할머니께서 냇가 가까운 곳의 풀밭에 있다고 하셨다. 그래서 그쪽 풀밭으로 가서 헤집고 다닌 끝에 고인돌을 발견하였다. 제법 큼직한 고인돌이 풀밭이 시작하기 전의 논두렁에 누워있었는데, 성혈은 보이지 않았다. 그런데 다른 고인돌이 또 이 야생 풀밭에 있었던 모양이다. 파헤쳐진 흔적이 뚜렷하게 남아 있었다. 다른 데로 옮겨진 것인지, 도굴당한 것인지는 알 수가 없었다. 이 고인돌이 분명 성혈고인돌일 터인데, 어디로 갔단 말인가.

어쩔 수 없이 절산리 큰길 옆에 있는 첫째 마을로 와서 다시 386-1번지 일대를 찾아다녀 보았지만 어떤 고인돌도 보이지 않았다. 혹시나 하여 작은 길을 따라 장선마을 맞은편의 마을로 가 보았다. 여기까지 온 김에 마을사람들에게 다른 고인돌이 있는지 물어 볼 요량이었다. 그런데 제법 교양이 있는 것 같은 젊은 분이 아까 보았던 장선마을을 소개해 주었다.

그래서 잠깐 휴식을 취했다 가려고 마을의 큰 정자나무 아래 벤치에 앉으려 하는데, 맙소사① 이 벤치가 고인돌의 덮개돌로 보이고 성혈이 파여 있는 것이 아닌가! 양평의 '두물머리 고인돌과 비슷한 크기였다. 그냥 평평하게 큰 돌이니까 마을사람들이 벤치로 사용하는 모양이라

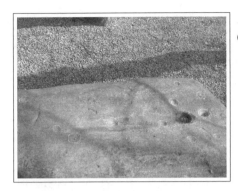
정자나무 아래의 성혈고인돌
(의자로 사용되고 있다)

고 생각하고는 어처구니없어 피식 웃음이 나왔다. 그러나 정말로
심각한 문제이다. 문화재청에 연락하여 자세한 조사를 요청해야 할
것으로 보인다.

18. 여수의 성혈고인돌

화순에서 오후 늦게야 여수로 향했기에, 여수에 도착했을 때는
이미 어둑어둑해져서 고인돌을 찾아 나설 수 없었다. 바닷가의 펜션에
서 일박을 하기로 했다. 다음날 아침 일찍 길을 나서 성혈이 있다는
여수시 미평동의 고인돌과 화양면 용주리 화련마을 지석묘군, 만흥동
상촌마을 등을 차례로 답사할 예정이었다.

미평동 고인돌은 옛 미평역에서 오른쪽으로 약 200m의 거리에
있는데, 이 고인돌도 찾기는 그리 쉽지 않았다. 우선 선사유물에 대한
무관심을 그대로 반영하듯 아무런 표지판도 세워져 있지 않은 데다,
빽빽하게 우거진 작은 수풀과 쓰레기장처럼 방치된 지역으로 연결되

어 있어, 밖에서는 이 고인 돌이 보이지 않았다. 그래서 수풀을 헤매 다닌 끝에 겨우 방치되다시피 한 고인돌 하나를 발견할 수 있었다. 인터넷의 소개에 따르면 덮개돌의 규모가 620×380×180cm에 달한다는 육

미평동 성혈고인돌

중한 고인돌이다. 덮개돌에서는 하나의 성혈이 발견되었는데, 제법 깊게 파여 있었다. 태양거석문화의 시대에 세워진 고인돌인 만큼 태양을 상징하는 것으로 볼 수 있을 것이다.

이어서 화양면 용주리의 화련마을 지석묘군을 찾아가기 위해 길을 나섰다. 용주리는 4개의 마을로 이루어진 퍽 넓은 지역이다. 인터넷에 따르면 화련마을 지석묘군도 마을 안쪽의 구릉과 들판 및 산사면에 걸쳐 있다고 하니, 하루 종일 돌아다녀도 못 찾을 판이다. 물론 지석묘에 관한 안내판이나 이정표 같은 것도 없었다. 화련마을의 한 청년은 용주리가 "화련마을, 영터, 깨때기, 물건너"라는 네 가지 이름을 가진 마을이라고 했다. 인터넷상에서 이 화련마을에 80기의 고인돌이 있다는 정보를 얻긴 했지만, 산사면과 산비탈, 산언저리, 들판을 아무리 헤매어 다녀도 보이지 않았다.

그나마 들판 가운데의 작은 소나무숲에 17기의 고인돌이 있다는 정보가 있었기에 그리로 찾아갔다. 낡은 표지판이 하나 있었는데, 부분적으로만 읽을 수 있었다. "BC 7, 8세기 신석기시대 말기 및 청동기 시대 이후의 문화유적으로 …(?)… 거석문화의 하나…(?)… 제단, 기념물,

무덤의 성격을 가졌다." 그러나 여기 고인돌들은 상당 부분 야생초목과 가시덤불에 뒤덮여 있어서 아무런 성혈도 확인할 수 없었다. 화련마을을 빠져나오면서 도시의 문화재관리가 정말 한심할 정도라는 사실을 확인하고는 답답한 기분을 억누를 수 없었다.

다음 행선지는 만흥동의 상촌마을이다. 상촌마을에서 남쪽 아래로 500m 정도 떨어진, 개울 건너 계곡 입구의 논에 고인돌 2기가 있다. 처음에 이 고인돌을 찾기 위해 좀 돌아다녔는데, 상촌마을의 사람들 역시 대체로 이 고인돌을 모르는 편이었다. 다행히 들판으로 나가 찾아다니다 우연히 밭에서 일하는 농부를 만났는데, 이 농부가 고인돌의 위치를 잘 알고 있었다. 둘 다 제법 규모가 큰 괴석형 고인돌이었는데, 그 중 뒤편에 있는 고인돌에 성혈이 2개 있었다. 태양과 달을 상징하는 것이리라 생각하고서 상촌마을을 빠져나왔다.

상촌마을 성혈고인돌

제2부 선사시대의 하늘

제1장 동양의 천문지리와 천문사상

『신약성서』마태복음(2장 1~23절)에는 동방박사 세 사람과 예수의 탄생에 관한 기사가 나온다. 이 장의 논의를 위해서 성서의 구절을 인용해 보기로 한다.

헤롯왕 때에, 예수께서 유대 베들레헴에서 나셨다. 그런데 동방으로부터 박사들[1] 이 예루살렘에 와서 말하였다. "유대인의 왕으로 나신 이가 어디에 계십니까? 우리가 동방에서 그의 별을 보고, 그에게 경배하러 왔습니다." 헤롯왕은 이 말을 듣고 당황하였고, 온 예루살렘 사람들도 그와 함께 당황하였다. 왕은 백성의 대제사장들과 율법 교사들을 다 모아 놓고서, 그리스도가 어디에서 태어나실지를 그들에게 물어 보았다. 그들이 왕에게 말하였다. "유대 베들레헴입니다. 예언자가 이렇게 기록하여 놓았습니다. '너 유대 땅에 있는 베들레헴아, 너는 유대 고을 가운데서 아주 작지가 않다. 너에게서 통치자가 나올 것이니, 그가 내 백성 이스라엘을 다스릴 것이다.'" 그때에 헤롯은 그 박사들을 가만히 불러서 별이 나타난 때를 캐어묻고, 그들을 베들레헴으로 보내며 말하였다. "샅샅이 찾아보시오. 찾거든 나에게 알려주시오. 나도 가서 그에게 경배할 생각이오."[2] 그들은 왕의 말을

---

[1] '박사들'이란 단어의 원어는 magoi(μάγοι)인데, 이는 '점성가들'로 번역될 수 있다.
[2] 이런 헤롯의 진술은 말할 것도 없이 거짓이다. 그는 왕의 지위를 지키기 위해 아기예수를 죽이려는 술책을 부렸던 것이다.

듣고 떠났다. 그런데 동방에서 본 그 별이 그들 앞에 나타나서 그들을 인도해 가다가 아기가 있는 곳에 이르러서 그 위에 멈추었다. 그들은 그 별을 보고 무척이나 크게 기뻐하였다. 그들은 그 집에 들어가서, 아기가 그의 어머니 마리아와 함께 있는 것을 보고 엎드려서 경배하였다. 그리고 그들의 보물 상자를 열어서, 아기에게 황금과 유향과 몰약을 예물로 드렸다. 그리고 그들은 꿈에 헤롯에게 돌아가지 말라는 지시를 받아, 다른 길로 자기 나라에 돌아갔다.[3]

이 기사는 서양의 천문학으로는 이해하기 어렵지만(서구의 과학자들은 이를 비과학적이고 미신적인 이야기로 몰아가는 경향이 있다), 동양의 천문지리로 는 참으로 잘 이해되는 부분이다. '사실'이란 것을 과학적으로만 설명하 고 이해하려는 것은 난센스이다. 우주 안에서는 초과학적이고 초합리 적인 '사실'들이 우주 안에 무수히 일어나는데, 이를 이해하기 위해서 굳이 형이상학의 세계로 방향을 돌릴 필요까지는 없다. 말하자면 현상의 세계 내에서 초과학적이고 초합리적 사실을 인정하지 않을 수 없다는 것이다. 이를테면 하늘의 높이는 우리가 현상의 세계에서 얼마든지 과학적으로 측정해 볼 수 있겠지만, 그러나 그 높이를 결코 과학적이고 합리적인 방법으로 다 잴 수 있는 것은 아니다. 자연의 경우도 마찬가지이다. 현상의 세계에 존재하는 자연조차 우리는 그것 이 '무엇임'을 결코 다 밝힐 수 없다. 그래서 하늘이든 자연이든 그 초월적인 실재를 인정하지 않을 수 없는 것이다. 가장 기본적인 것, 즉 존재한다는 사실부터가 초과학적이고 초합리적이며 기적적인 현 상인 것이다. 존재하게 된 근원도 마찬가지이다.

위의 성서 구절을 숙고해 보면, 별을 보고 우주의 운행을 예측하거나 길흉을 예언하는 점성가(혹은 점술가)들인 세 동방박사는 동방에서 온

---

3) 『신약성서』, 마태복음 2장 1-12. 표준 새번역에 의함.

박사들인데, 그들이 정확하게 어느 나라에서 왔는지는 알려져 있지 않다. 고대 메소포타미아의 어느 나라인지, 페르시아인지, 파르티아인지, 인도인지, 그리스인지, 혹은 더 멀리 떨어진 알타이의 어느 나라인지……. 천문지리는 하늘의 현상을 인간 및 세계와 관련지으며, 때로는 인간 및 세계의 운명이나 길흉과도 관련짓는다. 동방박사들은 어떤 유대교나 기독교적인 신앙을 가진 것도 아니었고 또 『구약성서』의 예언자들을 통해 예수 탄생에 관한 어떤 기록을 알고 있는 것도 아니었다. 단지 그들은 일상적인 천문관측을 하다가 하늘의 놀라운 현상을 목격하고, 천체현상에 일어난 기적적인 사실(기이한 별)로부터 어떤 지상적이고 천상적인 큰 사건을 예감했던 것이다.

그들은 이 전대미문의 기이한 현상이 자신들과도 무관하지 않다고 판단하고 별이 이동하는 곳으로 여행을 떠나기로 결단하게 된다. 이런 결단이 있기까지는 가슴 속에 타오르는 열정과 그 별의 존재의미에 대한 확신이 있었던 것이다. 그들은 세계의 운명과 관련이 있는 큰 사건을 염두에 두고 각자 귀한 선물을 준비하여 길을 나선다. 이런 태도는 그 기이한 별의 주인공이 되는 특별한 인물(아기예수)을 만나기 위한 간절한 소원과, 그분에 대한 진심어린 경배가 갖추어진 것이다. 경배란 당대의 인사법으로는 무릎을 꿇고 정성어린 마음으로 예를 갖추는 것이다.

오늘날 만약 먼 이국에서 그런 천체현상을 목격했다면, 동방박사처럼 길을 나서는 이가 과연 있을까. 그냥 인터넷에 발표만 하거나 언론에 퍼뜨리는 것으로 그치지 않겠는가. 그들은 그러나 미지의 나라로, 모든 위험을 감수하고 장도에 올랐다. 때로는 높은 산과 가로놓인 강물을 만나고, 때로는 싸늘한 밤바람과 낮의 뜨거운 사막과도 싸웠을 것이다. 그러나 별의 주인공(메시아)을 만나겠다는 신념으로 말미암아 이런 어려움은 다 극복된다.

목표를 향한 모험의 대장정은 곧 인생길을 말하는 것이기도 하다. 물론 그 목표가 다 손에 잡혀지지 않는 경우가 얼마나 허다한가. 말하자면 (동방박사들의 경우처럼 자신들도 알지 못하는) 그 미지의 여행길, 어디에서 끝이 날지 모르는 그런 여행길이 바로 인생인 것이다. 우리는 어디로든 저마다의 인생길을 가고 있는 셈이다.

동방박사들은 낮에는 행로를 멈추었다가 밤이면 다시 나타난 별을 보고 그 별의 행로를 따라 이동을 했다.4) 그들은 별의 인도에 따라 유대 땅 베들레헴, 곧 아기예수가 말구유에 누운 곳을 찾아내어, 자신들이 갖고 온 보물 상자를 열어 황금과 유향과 몰약을 예물로 드리며 아기예수에게 경배하였다.(마태복음 2장 11절) 이렇게 오랜 여정의 정점을 체험한 뒤 그들은 고국에로의 귀향에 나섰다.

이 동방박사의 기사에는 몇 가지 참고할 만한 사항이 있다.

우선 왜 이런 큰 사건이 유대인들이 아니라 먼 동방나라에서 천체를 관측하는 박사들에게 먼저 계시되었는가 하는 점이다. 이것은 예수의 등장이 지연과 혈통에 얽매이지 않는다는 것, 복음의 진리가 오히려 이스라엘에 감추어져 있다거나 모든 인류에게 의미가 있다는 점을 시사하는 것이라고 (신학적으로) 해석할 수 있다. 그뿐이겠는가. 예수의 탄생은 인간의 모든 상식과 계산을 뛰어넘는 사건이었다. 그가 온 때는 모든 사람들이 잠자는 깊은 밤이었고, 별들만 반짝이고 있었다. 별의 안내를 통해 그의 탄생소식을 접한 이들은 동방박사들과 들판에

---

4) 별을 따라 이동하는 동방박사들의 행적은 신학적이고 신앙적인 의미로 신(성령)의 인도하심으로 해석될 수 있다.

서 가축을 돌보는 —사회적으로 지극히 하층민에 속하는— 목동들이었다. 왜 복된 소식을 접한 사람들은 잘난 사람, 내로라하는 사람, 성공한 사람, 인기 있는 사람, 부자와 권력자들이 아니었을까. 왜 제사장이나 율법학자, 교황이나 목사, 신부와 같은 종교지도자들이 아니라 동방박사와 같은 낯선 이방인이나 목동과 같은 하층민이었을까. 아마도 이들은 성탄의 은혜에서 제외되기 쉬운 사람들이었을 것이다. 왜 그가 온 곳은 대도시나 종교지도자들이 득실거리는 곳이 아닌, 시골마을 나사렛 베들레헴이었을까. 왜 그는 제사장의 집이나 회당, 부자의 침대가 아닌, 말구유의 먹이통에서 태어났던 것일까.

참으로 안타깝고 우스꽝스러운 것은 동방박사들의 견해를 들은 헤롯왕이 자신의 권력에 손상이 갈까 봐서 이런저런 수작을 벌이는 것이다. 예수의 등장을 걱정하고 질투하는 헤롯왕의 태도가 참으로 어처구니없고 꼴사나워 보인다. 그는 자신의 왕의 자리가 흔들릴까 보아 아기예수를 죽이려고 온갖 꾀를 자아내고, 급기야는 갓 태어난 남자아이들을 다 죽이라고 명한다. 우리 인류의 역사에서 가장 죄악스럽고 흉측한 것이 바로 정치권력인 것이다.

『음양오행으로 가는 길』의 저자들은 머리말에서 동양 학문의 원형이 하늘이라고 말한다.

수많은 계곡에서 발원한 물들이 결국은 한 바다에 이릅니다. 동양의 세계를 헤매다 보면 어김없이 다다르는 곳도 역시 하나입니다. 그곳은 바로 하늘입니다. 거대한 하늘(昊天)을 운행하는 수많은 별, 그 별들이 수를 놓는 하늘무늬가 동양의 바탕이었던 것입니다.…… 음양오행은 뿌연 안개로 뒤덮인 동양의 바다를 항해하는 나침반이라 했습니다. 고대의 현자가 만든 나침반이 음양오행이라면, 하늘의 별들은 신이 만든 나침반입니다. 동양 학문의 원형은 모두 하늘에서 내려왔기 때문입니다.[5]

동양 학문의 원형을 하늘로 본 것에 상응하게, 『삼일신고』와 같은 고서古書에는 온통 하늘과 하느님, 하늘나라(天宮), 하늘과 관계된 누리(世界)에 관한 잠언들로만 가득 차 있으며, 정사正史니 야사野史니 하는 카테고리와 무관하게 예로부터 전승된 역사서들도 대동소이하게 하늘에 관한 기사들로 가득 차 있다. 그만큼 하늘은 정치적으로나 종교적으로, 윤리적으로 볼 때 인간의 생업(농업)과, 나아가 인간의 운명과도 깊은 관련이 있다고 여겨졌기 때문이다.

고대 동양의 천문사상에서는 하늘의 뜻을 묻는 행위가 중요한 관건이었다. 하늘의 뜻을 묻는 행위는 곧 천문天文을 묻는 행위이다. 그렇다면 첨성대는 곧 천문에 대해 묻는 활동을 하는 건축물 혹은 기구였음이 분명하다. 이 첨성대는 현존하는 최고最古의 고대 천문대인데, 이 기구의 다양한 역할을 정확하게는 알 수 없으나 『신증동국여지승람』이나 『동사강목』에서는 이 첨성대를 통해 "천문에 대해 묻고 요사한 기운을 살폈다"라고 기록하고 있다.6)

고대 동양의 천문사상에서는 인간세상의 만사萬事는 하늘에서 일어나는 현상들과 깊은 관계가 있다고 믿었다. 그래서 별들의 움직임과 변화는 인간세상의 변화를 예고하는 징조로 해석되었다. 따라서 천문을 맡은 관리는 하늘에서 일어나는 현상과 변화를 정확하게 관찰하여, 그런 변화에 관련된 인간세상의 변화를 예언하였다. 각종 천문지天文誌들과 『주역』, 이순지의 『천문유초』 같은 책들은 자연의 변화가 곧 인간세상의 변화라는 사상을 철저하게 전제하고 있다.

고대 동양의 천문지들에는 천문학(Astronomie)적인 요소뿐만 아니라

---

5) 어윤형 · 전창선, 『음양오행으로 가는 길』(도서출판 세기, 1999), 6~7쪽.
6) 문중양, 『우리역사 과학기행』(동아시아, 2008), 33쪽 참조.

점성학(Astrologie)적인 내용들도 가미되어 있다. 대체로 제왕과 통치에 관련된 예언들이 많은데, 하늘의 현상이 길조인지 흉조인지를 묻는 경우가 대부분이다. 일식이나 월식 같은 현상은 극한의 흉조로 분류되었고, 오성五星이 나란하게 놓이는 취루현상 같은 것은 대단한 길조로 받아들여졌으며, 혜성이나 객성과 같은 불길한 별이 다른 별자리를 침범하면 그 별자리가 상징하는 인간세상에 불길한 일이 일어난다는 식이었다.[7] 물론 이러한 해석에는 당연하게도 오늘날 납득하기 어려운 부분도 많다. 이를테면 사마천 『사기』의 「천관서」는 너무나 납득하기 어려운 예언들로 가득 채워져 있다.

고대국가에서 천문현상에 대한 관측은 또한 왕권의 존립 여부와도 깊이 관련되어 있었다. 하늘의 뜻을 제왕(王)이 대행할 수 있다고 보면서 자연재해나 기상이변 같은 현상을 제왕의 부덕에 대한 소치나 경고로 해석하는 '인격천 관념'[8]이 지배적이었기 때문이다. 그러나 이런 정치나 종교적인 의미도 물론 중요하지만, 천문 관측의 중요성은 특히 농경과 직결되는 문제였다.

> 동양에서 일관되게 천문을 중시한 제일 큰 이유는 다름 아닌 '농경農耕' 때문이었습니다. 고대 동양의 왕이 백성을 위해 해야 할 첫 번째 일은, 농사를 위해 시간을 정하고 기후를 예측하는 것이었습니다. 일년 사시四時(봄, 여름, 가을, 겨울)의 주기와 지상에 미치는 변화를 예측하는 것, 이는 백성을 위해 왕이 존재하는 첫 번째 조건입니다.[9]

---

7) 대단한 인기를 끌었던 역사드라마 <주몽>이나 <선덕여왕>에는 일식현상을 왕조의 몰락과 관련짓는 장면들이 나오는데, 당시 사회가 이런 일식과 더불어 엄청난 갈등의 회오리 속으로 휘말려드는 것을 저들 드라마들은 잘 보여 주고 있다.

8) 이강수, 『노자와 장자』(도서출판 길, 2009), 75쪽.

9) 어윤형·전창선, 『음양오행으로 가는 길』, 85~86쪽.

중국에는 전설적인 성군으로 추앙받는 세 제왕이 있는데, 요·순·우(이들 중 요·순은 동이계의 임금으로 알려져 있다)가 곧 그들이다. 그런데 이들 제왕들이 이룬 업적으로 큰 것은 하늘과 땅에 관련된 것이다. 요임금은 천문에 뛰어난 '희화씨'(희와 화는 서로 형제지간이다)라는 천문관측 관원을 두어 천문을 관측하게 했고, 순임금은 '선기옥형'(혼천의)이라는 천문기구를 창안하여 천문역법을 정비하고서 이를 통해 백성들에게 정확한 시각을 알려 주었다고 한다.[10] 또 우임금이 순임금의 친자가 아님에도 불구하고 제왕의 자리에 오를 수 있었던 것은 홍수로 황폐해진 중원지역의 치수治水에 성공하였기 때문이라고 한다. 이처럼 세 성군은 천문역법과 치수治水에 뛰어났기 때문에 임금의 권위를 계속 누릴 수 있었던 것이다.

그런데 이런 천문역법과 치수는 백성들의 주요 생업인 농사일과도 직결되는 것이어서 파종 시기, 수확 시기, 계절의 변화와 절기 등등을 적절하게 알려주는 것은 제왕에게 부여된 매우 중요한 의무였다. 따라서 자연의 질서를 깨달아야 했고, 이 질서와 직접적 연관이 있는 천체(해, 달, 별)의 변화와 운동을 관찰하여 역법을 만들어야 하는 필연성이 자연적으로 발생했다. 선사先史의 고조선에도 천문을 관측한 천문도가 고인돌의 덮개돌에 나타난다.

이러한 이유로 고대 문명사에서 천문학의 발달 여부가 중요시되고, 기원전 1200년경에 하늘을 관측했음을 보여 주는 바빌로니아 토지경계비가 높은 평가를 받는 것이다. 그런데 이보다 1800년이나 앞선 천문도가 우리나라의 고인돌에서 발견되었

---

10) 이종호, 『한국 7대 불가사의』(역사의 아침, 2007), 18쪽 참조. 문중양, 『우리역사 과학기행』(동아시아, 2008), 80~81쪽 참조. 어윤형·전창선, 『음양오행으로 가는 길』, 제1장(희화의 관직) 참조.

다. 고인돌에 새긴 천문도는 주로 평양의 고인돌에서 발견되는데, 그 수가 200여 기에 이른다. 고인돌의 뚜껑돌에 새긴 홈 구멍이 천문도라는 것을 알기 전에는 이 홈 구멍에 대한 견해가 분분했다.[11]

고인돌의 덮개돌에 새겨진 성혈이 천문도라는 사실은 오늘날 과학자들에 의해 널리 확인되는 사항으로, 실제로 별과 별 사이의 연결선으로 이어진 별자리는 이제 누구든 인정하지 않을 수 없게 되었다. 별자리로 이루어진 천문도의 성혈고인돌은 고대의 고조선 전 영역에 걸쳐 수없이 발견되었고, 또 계속 발견되고 있다.

고인돌에 새긴 홈 구멍의 배열 상태를 조사한 학자들은 널리 알려진 별자리와 거의 일치한다는 사실을 발견하고, 그것이 '성좌도'라는 결론을 내렸다. 평범한 돌에 아무렇게나 구멍을 뚫은 것처럼 보이는 고인돌이 현대 과학자들도 놀랄 정도로 정확한 별자리를 나타내고 있다는 것이다. 이는 우리 선조들이 당시의 최첨단 과학기술정보를 돌 위에 새긴 것으로, 우리의 고대사를 다시 쓰게 한 획기적인 자료라고 할 수 있다.[12]

이제 우리는 선사시대의 고인돌문화를 세계적 '태양거석문화'의 중심축으로 삼아서 인류역사 안으로 수용될 수 있도록 해야 한다. 특히나 성혈고인돌의 천문도(성수도)는 고천문학뿐만 아니라[13] 고대사와 고대의 천문사상, 나아가 선사시대의 철학을 재발견하게 해 주는 획기적인 실증자료가 될 수 있다.

---

11) 이종호, 『한국 7대 불가사의』, 19쪽.
12) 이종호, 『한국 7대 불가사의』, 19~20쪽.
13) 특히 필자에게 많은 도움을 안겨준 과학자들, 이를테면 김일권, 박창범, 이종호, 양홍진, 나일성, 박석재, 정태민과 같은 여러 분들은 고천문학를 통해 고대사를 읽어내는 획기적인 시도를 하고 있다.

지금까지 우리는 '실증사학'이니 '사대주의사관', '식민사관' 등으로 인해 얼마나 우리의 역사를 침탈당해 왔던가. "지금까지도 우리 고대사의 상한선은 삼국시대의 벽을 넘지 못하고 있다. 수많은 외침과 약탈로 역사를 도륙당한 우리로서는 '실증'이라는, 사료와 유물에 기댄 현재의 연구 방법으로는 잃어버린 우리의 고대사를 찾을 길이 없다. 그렇다면 마냥 손을 놓고 있어야 하는 걸까."14) 다행히 이제 실증적 사료와 자료들은 충분히 갖추어져 있다. 구석기시대와 신석기시대, 청동기시대의 유물들이 흘러넘치고 있는 것이다. 그러나 역사가들은 뜻을 모우지 못한 채 각각 개별적인 사관에 입각하여 여전히 자기네 역사관만을 고집하고 있다.

동양의 고대국가들은 아주 일찍부터 천문과 역법에 눈을 떴다.15) 그런데 천문에 관한 사상은 몇몇 뛰어난 궁정관료나 학자들뿐만 아니라 일반에게도 퍽 많이 일반화되어 있었다. 그것은 무엇보다도 천문지리가 일상적인 시간 개념을 위한 척도일 뿐만 아니라 신석기시대부터 시작된 농업과 각별한 연관이 있었기 때문이다.

중국의 고대에서도 천문지리에 일찍 눈을 떠서, 음양오행사상이나 천자天子사상, 사마천의 『사기』(「천관서」)에서부터 한나라의 동중서에 이르기까지 천문 연구가 많은 편이다.16) 이런 천문사상에는 하늘과

---

14) 정태민, 『별자리에 숨겨진 우리 역사』(한문화, 2007), 7쪽. 책의 제목에서도 드러나듯 정태민 선생님은 별자리를 통해 우리 역사를 읽어내는 시도를 하고 있다. 이런 훌륭한 학풍이 발전하기를 기원할 따름이다.

15) 『주역』 「계사상전」에는 易를 설명하는 과정에서 '천문'과 '지리'의 개념을 쓰고 있다. "역은 천지와 일치한다. 따라서 천지의 道는 모두 이 속에 포용되어 있다. 위로는 일월성신을 나타내는 天文을, 아래로는 산천초목을 만들어내는 地理를 포괄적으로 관찰하고 이것을 체계화한 것이 역이다."(노태준 역해, 『주역』, 홍신문화사, 1996, 221쪽)

16) 이문규 교수는 중국 고래로부터 유가와 도가 및 불가와 제자백가 등에서의 天개념을 馮友蘭의 해석을 참조로 하여 간단명료하게 분류하고 있다.(이문규, 『고대 중국인이

인간의 관계를 규명하는 데서 더 나아가 '천인감응사상'(동중서)을 확고히 하려는 의도도 다분히 있었던 것이다.

비록 하늘과 인간의 미묘한 역학관계를 전체적으로 규명할 수는 없지만 천인감응사상에서는 하늘의 의지가 음양을 매개로 하여 자연현상을 통해 구현된다고 본다. 이는 사실 천인감응사상을 좀 더 구체적으로 표현한 것으로, 인간이 하늘뿐만 아니라 나아가 자연세계 전체와 관계를 맺는 것이라고 할 수 있다. 그런데 동중서의 천인감응설에는 유교적 특성이 잘 드러나 있으니, "천인감응이란 구체적으로 군주의 정치적 행위에 대한 자연현상을 통한 하늘의 반응을 의미하는 것"이라고 한다.17) 이런 동중서의 천인감응설에서는 무엇보다도 군주를 하늘에 근거하는 존재로 설정함으로써 독재적이고 중앙집권적인 황제지배체제를 강화시킨 흔적이 역력하게 드러난다.

이처럼 천문학이 지나치게 절대권력자를 위해 봉사하는 것은 천문학 자체의 발전에 장애가 되었을 것으로 보이는데, 박창범 교수도 이를 지적하고 있다.

바라본 하늘의 세계』, 문학과 지성사, 2000, 26쪽 참조) 유가의 天개념은 우선 땅과 대비되는 하늘의 의미로서의 "물질의 천"(物質之天), 인격적 의미를 갖고 있는 皇天上帝 내지는 "주재의 천"(主宰之天), 맹자에게서 두드러진 운명적 의미를 지닌 "명운의 천"(命運之天), 자연의 운행을 일컫는 순자의 "자연의 천"(自然之天), 우주의 최고원리를 표명하는 "의리의 천"(義理之天), 소박한 인격신과 유사한 天개념으로서 덕이 있는 자에게 복을, 죄가 있는 자에게 벌을 주는 존재 등으로 파악되고 있다. 天개념은 고대동양에서는 유·불·도나 그 어떤 사상에서든 도덕의 근원으로 받아들여졌다. 또 『주역』이나 『중용』에서 하늘은 "조화로운 우주의 법칙"과 "人性의 絶對善의 근거"가 되고 있다. 도가사상가인 노자와 장자에게서는 '자연' 개념을 매개하는 하늘의 理法性이 부각된다. 또 程子와 朱子는 "天卽理의 명제를 통해 천을 理神論적으로" 이해했다고 한다. 이 외에도 고대동양에서의 天 개념에 대해서는 윤원현, 「유가사상의 세계관—우리에게 天의 의미는」, 『철학 오디세이 2000』(권오만 외, 담론사, 2000), 219~248쪽 참조. 이강수, 『노자와 장자』(도서출판 길, 2009), 75~77쪽 참조.
17) 이문규, 『고대 중국인이 바라본 하늘의 세계』(문학과 지성사, 2000), 33쪽 참조.

중국의 경우 천문학의 정치적 효용이 강조되어 역법이 천문가들의 주 연구 과제였던 데에 비해, 우리나라의 천문학은 하늘의 변화를 철저히 관측하고 기록하는 데에 더 힘을 기울었다.[18]

유가에서는 천天—물론 여러 가지의 의미로 풀이될 수 있겠지만—이 권력시스템의 최상층에 자리매김하고 왕(황제)은 천자天子로서 인간세상에서 권력의 최상층에 위치하고 있었다. 그런데 천자의 권력은 거의 절대적이고 무조건적이어서—현자들의 예치禮治 주장은 실제로는 거의 무시되었다—그 어떤 보편성 및 진리나 정당성 문제도 규제의 역할을 수행하지 못했다.[19]

유가의 천 개념은 상제上帝의 형상으로 세상을 지배하는 인격천人格天으로 자리매김하였고,[20] 이런 인격천의 관념에 의거하여 통치권 기원설이 정립되었다. 통치자(왕, 황제)는 곧 천명을 받았다는 것이다.[21] 그리하여 통치자는 천자天子 곧 하늘(상제)의 아들이 된다. 이렇게 형성된 권력은 단연 절대권의 성격으로 굳어져 독재와 전제의 원흉이 되었다. 이런 유가의 천자사상은 도가의 천天 개념과는 사뭇 다르다.

도가에서는 하늘이 상제上帝로 해석되거나 '인격천' 내지 의지를 가진 '의지천意志天'으로 받아들여지지 않았다. 이미 유가적 봉건주의와

---

18) 박창범, 『하늘에 새긴 우리 역사』(김영사, 2004), 133쪽.
19) 특히 춘추전국시대에서와 같이 전쟁이 일상이었을 때 백성들은 그저 전투력과 생산력 및 강제노역의 원천이며, 많은 세금갈취의 원천이었다. 권력자의 탐욕에 백성들의 고통은 무시되었으며, 전쟁터에서 수많은 인명을 잃어도 그 생명들이 절대권력자의 소유물에 불과했기에, 인명경시풍조가 만연하였다.
20) 이강수, 『노자와 장자』, 75쪽 참조.
21) 김일권 교수에 의하면 주나라 때부터 정치권력을 천명이론 및 上天개념과 연결시켰다고 한다. 또한 공자도 주나라의 정치를 이상시하면서 하늘의 별과 지상의 정치를 같은 관점에서 바라보았으며, "하늘의 아들"인 황제만이 하늘에 제사 지낼 수 있다는 것을 주장했다고 한다.(김일권, 『고구려 별자리와 신화』, 사계절 2008, 24쪽 참조)

전제주의가 굳혀진 춘추전국시대에 저러한 인격천이나 의지천을 부인하는 것은 상당히 위험하였으나,[22] 노자는 개의치 않고 자신의 천 개념을 부각시켜 갔다.

노자에 의하면 "하늘의 도는 편애하지 않고"(天道無親), 심지어 "천지는 어질지 않다"(天地不仁)고 한다.[23] 이런 주장은 하늘이 의지나 인격을 갖고서 어떤 사람이나 집단, 나아가 통치자에게 복과 화를 내리는 '주재자로서의 천'(主宰天) 사상을 부인하는 것이다. "인법지人法地, 지법천地法天, 천법도天法道, 도법자연道法自然"[24]이라는 말 속에는 그러한 노자의 사상이 잘 드러나 있다. 이 말을 장종원張鍾元은 다음과 같이 번역한다.

> 인간은 땅을 따르고, 땅은 하늘을 따르고, 하늘은 도를 따르니, 도는 스스로 그러함을 따르는구나.[25]

인간이 땅을 따른다는 것은 땅위에서 생을 영위하고 안전을 구하기 때문이고, 땅이 하늘을 따른다는 것은 하늘이 땅위의 만물을 유지하고 또 생육시키기 때문이다. 또 하늘이 도를 따른다는 것은 하늘이 그 운행과 활동을 그르치지 않는다는 것이다. 그리고 마지막 구절의 도道가 "스스로 그러함을 따른다"는 것은 도의 법칙이 곧 자연의 법칙이라는 것이다. 즉 도는 어떤 상위개념이나 실체로서의 개념이 전혀

---

22) 이강수 교수는 유가적 天개념을 부인한 노자의 천개념이 "당시 천지를 진동시킬만한 위험스런 주장"이라고 표현하였는데, 권력지상주의의 유가사상과 심한 갈등을 빚었을 것으로 보인다.(이강수, 『노자와 장자』, 76쪽 참조)
23) 이강수, 『노자와 장자』, 76쪽 참조.
24) 노자, 남만성 역, 『老子道德經』(을유문화사, 1970), 제25장.
25) 張鍾元, 엄석인 옮김, 『道』(민족사, 1992), 114~115쪽.

아니라, '스스로 그러함' 즉 작위함이 없는 것이다.

작위하지도 주재하지도 군림하지도 않지만 천지만물이 저절로 마땅하지 않음이 없다는 것이 바로 무위자연이다. 노자는 하늘을 권력적 의미를 지닌 상제上帝나 인격천 혹은 의지천으로 여기지 않았다. 그에게서 천도는 만물의 본래대로의 모습, 즉 '스스로 그러함'으로서의 자연自然이었던 것이다.

그런데 고대 동양의 천문사상은 고대 그리스와 고대 메소포타미아에서도 그 유사성을 목격할 수 있다. 우선 플라톤의 경우를 들 수 있는데, 이에 대해서는 이 책 제3부 4장의 제4절(사신도와 사수도 사상에 대한 인식론적·존재론적 접근)과 제5절(동양의 천문지리로 가는 길목에서 만나는 플라톤의 『티마이오스』)에서 자세하게 논의할 예정이므로 여기서는 단지 그의 천문사상이 전형적인 서구의 천문학과는 달리 오히려 동양적이라는 것26)과 천체와 우리 인간의 운명이 깊이 연루되어 있다는 것만 언급하고자 한다.

플라톤에게서 우리 영혼의 고향은 —마치 천상병 시인의 「귀천」을 연상시키듯— 별의 세계이다.27) 플라톤에 의하면 "인간의 영혼은 물과 비슷하다. 하늘에서 내려와 하늘로 올라간다."28) 따라서 별을 바라보며 사색하는 시간은 영혼을 성숙시켜 주고, 현실 너머의 것을 바라보게 하는 혜안을 가져다준다.29) 그의 『국가』 제7권에서 소크라테스와의 대화자(글라우콘)는 이렇게 응답한다.

---

26) 플라톤의 천문사상이 전형적인 서구의 천문학과 다르다고 한 것은, 서구의 천문학이 지극히 자연과학적이고 물리적인 데 비해 그의 천문사상에는 정신철학 혹은 형이상학적인 면이 많이 가미되어 있기 때문이다.
27) 요하네스 힐쉬베르거, 강성위 옮김, 『서양철학사』 상권(이문출판사, 1994), 171쪽 참조.
28) 요하네스 힐쉬베르거, 강성위 옮김, 『서양철학사』 상권, 171쪽.
29) Platon, *Politeia*, 529b 이하 참조.

제가 생각하기로는 천문학이 어쨌든 혼으로 하여금 위쪽으로 보지 않을 수 없도록 하며 이 지상의 것들에서 거기로 인도한다는 것은 모두에게 분명한 것 같으니까요.30)

여기서의 천문학은 오늘날 서구의 천문학과는 상당한 차이가 있고, 오히려 동양의 천문지리와 유사하다. 우리의 혼으로 하여금 위쪽으로 보게 하고, 감각에 의해 지각할 수 있는 것들을 위해서가 아닌 '보이지 않는 것'(aoraton)을 위한 천문학인 것이다. 『국가』의 번역자인 박종현 교수도 각주에서 이런 사실을 잘 보완하고 있다. "여기서는 물리적 공간인 위를 보는 것이 중요한 것이 아니라, 혼 전체가 '지성에 의해서라 야 알 수 있는 것들'(ta noēta)이 있는 그 영역(ho noētos topos)으로 향하게 되도록 하는 데에 그 의의를 찾고 있기 때문이다."31)

놀랍게도 A. 단테의 『신곡』에서도 플라톤의 천문학적 구상과 유사한 장면이 나타나는데, 거대한 세 영역인 지옥편과 연옥편 및 천국편의 마지막 장면에서 '별'이 등장한다. 마치 플라톤에게서 별이 영혼의 고향인 것과 유사하게 인생의 목적지로 설정되어 있는 것이다. 참고로 지옥편의 마지막 시구를 한번 보자. 단테는 밝은 세상으로 돌아가기 위해 스승 베르길리우스를 뒤따라 올라갔다. 거기서 "동그란 구멍으로 천상에 있는 아름다운 것이 벌써 보였다. 그곳을 지나 우리는 밖으로 나가 다시 하늘의 별을 우러렀다."32)

죄로 인한 온갖 형벌과 고통, 비명과 아비규환, 갈퀴로 찍는 소리, 고뇌의 신음소리와 애처로운 목소리, 할퀴고 뜯고 찢는 소리, 더러운

---

30) Platon, *Politeia*, 529a. 번역은 플라톤, 박종현 역, 『국가』(서광사, 2011), 478쪽.
31) 플라톤, 박종현 역, 『국가』, 478쪽.
32) A. 단테, 구자운 옮김, 『신곡』(일신서적출판사, 1969), 166쪽.

냄새와 악취, 부글부글 끓는 역청, 불덩이와 불비, 새까만 절망의 색깔, 상상하기조차 어려운 갖가지의 형벌들……, 이런 현상들이 곧 지옥의 일상이다. 『신곡』의 지옥편을 읽는 독자는 이런 갖가지의 가혹한 광경에 저절로 소름이 끼쳐지고 숨이 막히며 탄식소리를 내뱉게 된다.

그러나 이런 지옥을 떠나 연옥에 오르게 되면 맑은 대기와 환희의 노래가 기다리고 있고, 지옥에서는 보이지 않던 '별'과 '빛'이 자주 등장하여 독자들로 하여금 한숨을 돌리게 한다. 별과 빛은 이 지상에서 지은 죄의 때를 씻는 정화의 역할을 수행하고 있는 것으로 여겨지고 있다. "혼이 이 땅에서 묻혀 간 때를 씻어 내려 별들이 빛나는 하늘을 날아갈 수 있도록 도와주어야 하지 않을까?"[33]

연옥편의 마지막 시구에서 별은 단테의 목적지로 등장한다. "나는 신록의 새 잎새를 단 어린나무 같은 청신한 모습으로 성스럽고 거룩한 물결 사이에서 돌아와 별들을 향해 올라가려 하고 있다."[34]

이윽고 천국편에서는 인생의 목적지인 별들이 신의 사랑에 의하여 움직이고 있음을 노래하고 있다. "이제 저 높고 높은 환상 앞에 나의 기력도 쇠잔하였다. 그러나 사랑은 벌써 내 소망과 마음을 한결같이 도는 수레바퀴처럼 움직이고 있었다. 태양과 뭇 별들을 움직이는 사랑이었다."[35]

특히 『신곡』의 천국편은 "만물을 움직이는 자의 영광"에서 시작하여 "태양과 뭇 별들을 움직이는 사랑"으로 끝을 맺고 있다. 성서의 말씀대

---

33) A. 단테, 구자운 옮김, 『신곡』, "연옥편", 제11곡, 218쪽.
34) A. 단테, 구자운 옮김, 『신곡』, 332쪽.
35) A. 단테, 구자운 옮김, 『신곡』, 511쪽.

로, 하나님은 사랑이시며, 그는 사랑으로써 천국을 규제하고 계신 것이다. 이런 단테의 구상은 우리로 하여금 장엄하고 정밀한 우주의 존재를 느낄 수 있게 한다. 이 천국은 믿음과 소망과 사랑이 생동하는 곳으로, 다음과 같이 지고천을 본거지로 하는 아홉 개의 별-하늘들로 구성되어 있다.

첫 번째 하늘은 월천(달의 하늘),　두 번째 하늘은 수성천,
세 번째 하늘은 금성천,　네 번째 하늘은 태양천,
다섯 번째 하늘은 화성천,　여섯 번째 하늘은 목성천,
일곱 번째 하늘은 토성천,　여덟 번째 하늘은 항성천,
아홉 번째 하늘은 원동천,　열 번째 하늘은 지고천.

이제 고대 메소포타미아에서의 천문사상에 관해『길가메시 서사시』를 통해 언급해 보자.

인류 최초의 서사시라고 할 수 있는『길가메시 서사시』는 우리 인류에게 최초로 신화와 문명과 역사를 안겨 준 것으로, 지금으로부터 무려 4820년 전, 그러니까 호메로스가 활동한 시기보다 2000년이나 앞선 시기에―호메로스는 기원전 1000년경『일리아스』와『오디세이아』를 세상에 내놓았다― 방대한 서사시의 형태로 점토판에 남겨진 것이다. 이 서사시는 기록으로 전하는 최초의 문명국가였던 수메르의 왕이자 영웅인 길가메시에 관한 기록으로, 그 가운데에는 별에 대한 길가메시의 꿈 이야기가 등장한다.

어느 날 길가메시는 아주 놀라운 꿈을 꾸었다. 그는 곧장 어머니이자 여신인 닌순에게로 달려가서 자신의 꿈 이야기를 들려주었다.

어머니, 간밤에 꿈을 꾸었습니다. 하늘의 별들이 나타났습니다. 별 하나가 제 위로 떨어졌는데, 그건 하늘의 신이신 아누의 기운과도 같았습니다! 저는 그걸 들어 보려고 했으나 너무 무거웠습니다. 그걸 움직여 보려고도 했지만 꿈쩍도 하지 않았습니다. 우르크 사람들이 모두 나와 그 근처에 서 있었고, 사람들이 그 옆으로 모여들었습니다. 수많은 인파가 그곳으로 몰려들었고, 젊은이들이 떼거리로 달려들었고, 어린아이들처럼 그 발에 입을 맞추었습니다! 저는 사랑에 빠져 여인을 대하듯 그것을 포옹했습니다. 제가 가까스로 그것을 안아 당신 발 앞에 놓았고, 당신은 그것을 내 형제로 만들어 주셨습니다.[36]

그는 수메르의 왕이고 영웅이었으나, 또 아버지가 인간이고 어머니가 여신이어서 그 몸속에 신과 인간의 요소가 공존하고 있었으나, 그 꿈의 뜻이 무엇인지 알 수 없었다. 그래서 그는 그 기묘한 꿈이 무엇인지 알고 싶어 침대에서 일어나자마자 곧장 어머니에게로 달려갔다. 그러자 모든 것을 다 아는 여신이자 현자이며 지혜의 관리자였던 어머니 닌순이 해몽을 해 주었다.

네 형제는 하늘의 별들 중 하나다. 그것은 네 위로 떨어졌고, 아누의 기운과도 같았다. 네가 그걸 들어보려고 했으나 그러기엔 너무 무거웠다. 네가 그걸 움직여 보려 했으나 꿈쩍도 하지 않았다. 너는 그걸 가까스로 안아 내 발 앞에 놓았고, 나는 그걸 네 동료로 삼았다. 네가 사랑에 빠져 여인을 대하듯 그것을 포옹한 것은 앞으로 네게 강력한 힘을 지닌 자가 온다는 말이다. 이것은 동료를 구하는 강한 친구를 의미한다. 그는 땅에서 가장 강한 자로 엄청난 힘을 소유한 자다. 하늘의 별처럼, 천계의 지배자인 아누의 힘처럼 대단할 것이다. 너는 사랑에 빠져 여인을 대하듯 그를 포옹할 것이다. 그는 너를 계속해서 구해 줄 것이다! 네 꿈은 길몽이며, 길조로다![37]

---

36) 김산해 지음, 『길가메시 서사시』(휴머니스트, 2005), 95쪽.
37) 김산해 지음, 『길가메시 서사시』, 95~97쪽.

길가메시는 얼마 후 자신의 인생에 절대적인 영향력을 미치게 되는 '하늘에서 떨어진 별'로서의 강력한 친구이자 구원자인 엔키두를 만나게 된다.

『길가메시 서사시』에서 별들은 얼마나 의미심장한 상징어들로 가득 차 있는가! 그런데 이런 별들의 상징어는 결코 낯설거나 어려운 말들이 아니다. 단지 우리의 지상적이고 과학적인 것으로는 해결하기 어려운 이야기들로 엮어져 있을 뿐이다. 이러한 길가메시의 천문사상은─앞서 본 플라톤과 단테의 사상도 마찬가지이지만─ 고대 동양의 것과 유사한 측면이 많아 우리에게 퍽 친근하게 다가온다.

우리의 선사시대 사람들은 천문사상뿐만 아니라 천문과학적인 면도 결코 소홀히 하지 않은 것으로 보인다. 주지하다시피 수천 년 된 고인돌의 덮개돌에 새겨진 성혈은 하늘의 별 세계에 대한 관측이고 또 별자리라는 형식을 통해 의미부여된 천문도이다. 한국천문연구원장인 박석재 교수는 한국의 선사시대 사람들이 고인돌의 성혈성좌들이 입증해 주듯이 태곳적부터 하늘을 관측해 왔고, 이런 전통을 국립천문기관들이 계속해서 전승해 왔음을 분명히 하고 있다.

> 하늘의 자손이니 천문관측 또한 게을리했을 리가 없다. 수천 년 된 고인돌에 새겨져 있는 별자리들이 증명해 주듯이 우리 민족은 태곳적부터 우주를 관측해 왔다. 이러한 전통이 있었기에 국사에 기록된 사실만을 토대로 살펴보더라도 첨성대, 서운관, 관상감 등의 독립된 국립 천문기관들이 연연히 이어져 내려올 수 있었던 것이다.[38]

---

38) 박석재, 『하늘을 잊은 하늘의 자손』(과학동아북스, 2009), 38쪽. 백제에는 日官部라는 관직도 있었으며, 신라에는 천문박사나 司天博士와 같은 직함도 있었다.

『삼국유사』나 『삼국사기』 등의 역사서에도 하늘을 관측한 기사가 자주 등장하며, 그러한 하늘의 현상에 대해 읽은 천문사상 또는 천문지리에 대한 사상도 기록되어 있다.[39] 당연히 거기에는 하늘을 관측한 국립 천문기관들이 등장하며, 관측된 천문현상은 당대의 정치나 국사國事에 지대한 영향력을 미쳤던 것으로 드러나 있다.[40] 이를테면 『삼국사기』의 「고구려본기」만 검토해 보더라도 다음과 같이 오행성을 비롯한 뭇 별들의 관측에 대한 기록들을 찾을 수 있다.

유리왕 13년(기원전 17)과 고국천왕 8년(186)의 관측에서는 "형혹성熒惑星이 심성心星을 지켰다"라고 하는데, 형혹성은 오늘날의 화성이고 심성은 전갈자리의 일부로서 동방칠수 중에서 가장 밝은 심수心宿를 가리킨다. 또 차대왕 4년에는 일식과 함께 오행성이 동방에 모인 것이 관측되었다. 대무신왕 3년에는 남방에 나타난 혜성이 관측되었고, 차대왕 13년에는 북두에 나타난 혜성이, 고구천왕 4년에는 태미성太微星 자리에 나타난 혜성이, 소수림왕 13년에는 서북방에 나타난 혜성이 각각 관측되었다. 이처럼 「고구려본기」에는 천체관측에 관한 보고가 자주 나타나는데, 이를 고구려의 고분벽화와 연계시켜 보면 고구려가 일찍부터 독자적인 천문관측 시스템을 가졌을 것임을 추론해 볼 수 있다. 물론 「고구려본기」 외에도 하늘을 관측한 천문기록은 수없이 많이 등장한다.

그런가 하면 『환단고기』나 『삼일신고』 같은 고서들—그 역사적 정통성에

---

39) 『삼국사기』와 『삼국유사』를 중심으로 한 삼국시대의 천문학적 관측과 기록 및 자료에 관해서는 박창범, 『천문학』, 53~68쪽 및 『하늘에 새긴 우리 역사』, 42쪽 참조.
40) 역사드라마에는 가끔 하늘의 현상을 관측하고 천문을 읽는 직책을 맡는 사람들도 등장한다. 이를테면 <주몽>드라마에서 신녀 여미을이나 <선덕여왕>에서의 천관녀 등도 보기이다.

대한 논쟁을 떠나— 또한 천문사상을 많이 내포하고 있는데, 이는 일찍부터 선사시대의 사람들이 천문사상에 눈을 뜨고 거기에 큰 의미를 부여하였다는 것을 시사한다.

조선 초기에 제작된 「천상열차분야지도」는 역사가들이 누구나 인정하듯이 그 근원이 고구려에 있는데, 「천상열차분야지도」의 바탕이 된 고구려의 석각본 천문도는 고조선의 천문지리를 모범으로 삼았다. 이 외에도 신석기-청동기시대의 고인돌(특히 성혈고인돌)과, 청동기시대의 대표적인 유물인 청동거울, 그리고 고구려 고분벽화에 그려진 사신도와 사수도를 비롯한 수다한 하늘세계에 대한 그림들은 심오한 동양의 천문사상과 철학적 메시지를 던져 주고 있다.

이 장을 마무리하면서 우리는 동양이나 서양이 모두 하늘에 관한 하늘철학을 등지지 않았음을 목격할 수 있다. '하늘철학'이라는 용어가 다소 생소하겠지만, 하늘의 뜻을 묻고 또 하늘에서 길을 찾는 태도에는 '하늘철학'이 오히려 자연스러울 수도 있는 것이다. 더욱이 이 하늘철학이 적절한 캘린더(calendar)도 시계도 없던 신석기시대에 농사에 관한 길을 묻는 과정이며 역법과 연루되어 있다는 사실을 간파한다면, 우리의 하늘철학이 결코 서구식의 추상철학이나 '낡은 형이상학'(칸트)이 아니었음을 알 수 있다.

동양이든 서양이든 하늘을 등지고는 철학할 수 없다. 동양철학의 전문가들은 주저하지 않고 동양 학문의 원형이 하늘이라고 말한다.

동양의 세계를 헤매다 보면 어김없이 다다르는 곳도 역시 하나입니다. 그곳은 바로 하늘입니다. 거대한 하늘(旻天)을 운행하는 수많은 별들, 그 별들이 수를 놓는 하늘무늬가 동양의 바탕이었던 것입니다.…… 음양오행은 뿌연 안개로 뒤덮인 동양의 바다를 항해하는 나침반이라 했습니다. 고대의 현자賢者가 만든 나침반이 음양오행이라면, 하늘의 별들은 신神이 만든 나침반입니다. 동양 학문의 원형은 모두 하늘에서 내려왔기 때문입니다.[41]

서구에서도 철학의 시조라고 할 수 있는 탈레스는 하늘에서 눈을 떼지 않았다. 그는 길을 가며 밤하늘의 별들을 관찰하다가 시궁창에 빠지고 말았다고 한다. 이는 곧 "자기 앞길도 못 보면서 하늘 길을 어찌 보겠느냐"는 시녀의 비웃음을 산 일화인바, 너무도 유명한 일화인지라 서구철학에 입문한 이라면 누구나 잘 알고 있다. 이후 탈레스의 제자들도 꾸준히 하늘에 관한 철학을 펼쳐 코스모스의 구성원리라든가 하늘의 일식현상 등 이렇다 할 하늘철학을 했던 것이다.

키케로는 "소크라테스는 철학을 하늘에서 땅으로 끌어내렸다"라고 말했는데, 이 말은 일단 우리 인류의 철학이 땅의 철학에만 머물고 있지는 않았음을 시사하고 있다. 그리고 키케로의 말과는 달리 바로 소크라테스의 제자인 플라톤조차도 ―라파엘로의 「아테네 학당」에서 플라톤의 손가락이 하늘로 향하고 있는 것과 그의 『티마이오스』와 같은 대화록이 시사하듯이― 끊임없이 하늘에 관해 철학하기를 그치지 않았다. 그는 우리의 머리가 하늘에 뿌리를 박고 있으며 인간의 본향은 하늘이라고 역설하면서, 본향으로 귀향하여 영혼불멸의 형태를 취하는 것이 인간이라고 천명한다.

칸트는 『실천이성비판』을 끝맺으면서 자연법칙을 대변하는 상징어를 하늘의 별들로 나타내고서 숭경심에 가득 찬 태도를 표명하였는데, 이는 곧 그의 묘비명이 되었다. "그것을 곰곰이 생각하면 할수록

---

41) 어윤형 · 전창선, 『음양오행으로 가는 길』, 6~7쪽.

더욱더 높아만 가는 경이와 외경으로 내 마음을 채우는 것이 두 가지 있으니, 그것은 바로 내 머리 위에서 빛나는 하늘의 별들과 내 마음 속에 있는 도덕법칙이다." 하이데거의 묘비에도 십자가 대신 그가 일생동안 청종했던 존재를 상징하는 별 하나가 새겨져 있다.

파스칼은 '생각하는 갈대'로서의 인간을 무한하고 불가사의한 우주로부터 추리하고 있다. 인간이란 지구나 태양에 비하면 얼마나 미미한가. 그런데 그런 지구나 태양마저도 "천공의 천체의 운행에 비하면 단지 아주 미세한 하나의 점에 불과할 것"라는 것이 그의 증언인데, 이를 부인할 자는 없으리라 여겨진다. 눈에 보이는 전체 세계는 전체 자연에 비한다면 눈에 띄지 않는 가는 선에 불과하고, 이런 무한한 자연을 인간은 상상력으로도 파악할 수 없다는 것이다. 파스칼에 의하면, 그러나 이런 불가사의한 우주에서 인간은 사유함으로 말미암아(생각하는 갈대) 자신의 존재위상을 갖게 된다.

"소크라테스는 철학을 하늘에서 땅으로 끌어내렸다"는 키케로의 증언에 대항하여 다시 철학을 하늘로 끌어올리기는 어렵다고 하더라도, 우리는 하늘을 등지고 철학할 수는 없다. 천체가 인류의 운명과 관련이 있다는 것을 일목요연한 논리학으로 풀어낼 수는 분명 없겠지만, 저 논리학 너머의 영역에서 우리는 얼마든지 그 심오성을 추리해 볼 수 있다.

하늘과 천체가 단순히 밖으로 드러난 물리현상이 아니라는 것은 하늘을 윤리의 최후 보루로, 인격체로 보는 동양의 사상에서도, 인간의 탄생을 별(★)로, 죽음을 십자가(†)로 나타내는 서구의 상징어에서도 목격할 수 있다. 또 "하늘에 계신 우리 아버지"로 시작하는 『신약성서』의 주기도문에서도 하늘의 초논리적·초물리적 존재의미를 읽어 낼

수 있다. 혜성이 지구로 가까이 접근한다거나, 달이 지구에 접근하여
더 크게 보인다거나, 유성이 마구 지구로 떨어져 '우주쇼'가 펼쳐지는
곳에서 현대인도 하늘철학에 다가가고 있는 것이다.

　"동양의 세계를 헤매다보면 어김없이 다다르는 곳은…… 바로 하늘
입니다"42)라는 젊은 한의학도들의 고백은 진실인 것으로 보인다.
동양에서 천문지리의 사상이 태곳적부터 싹텄음은 주지의 사실이다.

---

42) 어윤형·전창선, 『음양오행으로 가는 길』, 6쪽.

제2장 고인돌의 석각천문도에 새겨진 천문사상

1. 고인돌의 석각천문도

필자는 『고구려의 고분벽화에 그려진 한국의 고대철학』(철학과 현실
사, 2008)을 집필할 때 총천연색의 고분벽화 천문도들에 무수히 등장하는
사신도와 사수도에 감격하면서도, 왜 이토록 사신도와 사수도가 큰
테마로 그려지고 또 많은 고분에 그려졌는지 의아해했었다. 도대체
이 사신도와 사수도에 각인된 철학적 의미는 무엇일까. 여러 가지
의문들이 머릿속에서 맴돌았다.

첫째는, 도대체 그토록 깜깜한 무덤에 왜 이리도 찬란한 천문도가
그려졌으며, 이 벽화들은 무엇을 의미하는가 하는 점이었다.

둘째는, 고분벽화와 천문도는 고구려에서 발단되었는지 혹은 어디
서 유입되었는지, 혹은 그 이전의 천문사상에서 계승된 것인지 하는
점이었다.

셋째는, 왜 우리는 이 천문도에 그려진 사신도와 사수도의 의미를
망각하고 말았는가 하는 점이었는데, 그 오랜 세월에 걸친 문화단절에

대한 경악스러움도 감출 수 없었다.

특히 위의 둘째와 셋째의 물음은 이 천문도의 기원을 찾게 하는 직접적인 동기를 마련해 주었다. 많은 고분벽화에 관련된 서적들에서는 단순히 천문도의 기원이 —마치 자동 응답기처럼— 중국에 있다고만 하는 경우가 허다하다. 그러나 이런 막연한 주장은 너무나 무책임하다. 실제로 김일권 교수는 고구려와 중국의 고분벽화를 검토한 결과 중국의 고분벽화의 경우 장식적인 의미가 강하며, 일월남북두日月南北斗의 사수도 체계를 비롯한 여러 측면에서 오히려 중국이 고구려에 뒤떨어졌다고 진단한다.[1]

고분벽화의 전승에 관해, 그리고 선사시대 고인돌과의 연계성에 관해서는 박창범 교수와 양홍진 교수도 적절하게 언급하고 있다.

> 고구려 고분에 그려진 별자리들은 전체적으로 보면 중국의 고분 성수도에 채택된 별자리들과 다른 것이 많고, 연결 방식 등 표현에 차이가 있고, 벽면에 투영할 때 사용한 방위 개념도 다르다. 별자리 종류는 계통적으로 보면 삼국시대 이전에 세워진 고인돌의 덮개돌에서 발견되는 별자리들과 연결이 된다. 북두칠성, 남두육성, 묘수(플레이아데스성단), 삼성(오리온자리 또는 심수) 등은 중국에서 28수가 성립되어 들어오기 전에 이미 거석문화시대에 선호하던 별자리들로서 고인돌 위에 즐겨 새긴 별자리들이었다. 중국에서 28수가 처음으로 확인되는 유물은 하북성 증후을 묘에서 출토된 칠기상자인데, 춘추전국시기인 서기전 5세기 후반의 것으로 추정된다.…… 그런데 북두칠성과 남두육성 같은 별자리들은 이미 고구려시대보다 수백 수천 년 이전에 한반도의 고인돌에 그려졌던 별자리이고 보면, 고구려 고분에

---

1) 김일권, 「고구려 고분벽화의 천문 관념 체계 연구」, 『진단학보』, 제82호(1996), 1~34쪽 참조. 김일권, 『고구려 별자리와 신화』(사계절, 2008), 30~34쪽 참조. 김일권, 「고구려 위진 수당대 고분벽화의 천문성수도 고찰」, 『한국문화』, 24, 199~242쪽 참조. 박창범, 양홍진 교수도 위와 유사하게 중국과 고대 한국의 천문시스템의 차이를 잘 드러내고 있다.(박창범·양홍진, 「고구려의 고분 벽화 별자리와 천문체계」, 『한국과학사학회지』 제31권 제1호, 2009, 4·16·37~38쪽 참조)

그려진 이 별자리들은 한나라에서 들어온 도교와 인도에서 출발한 불교의 영향과 더불어 한국에서 자생한 점성신앙(무속)에 기인한 것으로 생각된다.[2]

그런데 이 인용문에서는―다른 많은 전문 학자들도― 28수의 천문시스템이 중국에서 들어왔다고 하는데, 그것은 불확실한 것으로 보인다. 그야말로 예로 든 서기 전 5세기 후반의 증후을묘보다 훨씬 이전에, 말하자면 ―제3부 1장의 2절(수호신으로서의 별자리들 ― 이십팔수와 사수도)에서 상세히 다루게 되겠지만― 북한지역에 퍼져 있는 고인돌 덮개돌에서 이미 28수가 새겨진 선사시대의 유적들이 발견되기 때문이다. 당시에는 아직 '중국'이라는 개념이 형성되어 있지 않은 상태였는데, 바로 이 시점에서 고대 동이족에게서는 이미 28수의 천문 개념이 형성되어 있었던 것이다.

고구려의 고분벽화에서 흔히 등장하는 별자리들은 선사시대 고인돌의 덮개돌에도 나타나기에, 고분벽화의 별 그림들을 선사시대에서 전승된 것으로 보는 것은 퍽 자연스런 귀결로 보인다. 이에 대해서는 이미 앞의 제1부의 4장(「고인돌 답사」)에서 답사를 통해 확인하였고 북한의 고천문학자들도 자주 언급하고 있는데, 다음의 대목에서도 이를 확인할 수 있다.

국내 고인돌 연구에서도 많은 고인돌 덮개돌에 북두칠성과 남두육성, 묘수昴宿 (Pleiades), 삼성(Three stars) 등의 별자리 패턴 홈이 발견되고 있다. 이들 별자리 홈은 고구려 무덤벽화에 이어지고 있어 청동기시대부터 한반도에 별 그림이 전해져 왔음을 알 수 있다.[3]

---

2) 박창범·양홍진, 「고구려의 고분 벽화 별자리와 천문체계」, 『한국과학사학회지』 제31권 제1호(2009), 38쪽.

3) 양홍진·복기대, 「중국 海城 고인돌과 주변 바위그림에 대한 고고천문학적 小考」, 『東아시

그런데 위에서 남두육성이나 묘수(좀생이별), 북극3성[4]의 경우 중국의 천문시스템과는 판이하게 달라 성혈고인돌이 선사시대부터 독자적인 천문체계를 계승하였음을 추측하게 한다.

필자는 『고구려의 고분벽화에 그려진 한국의 고대철학』 출간을 전후해서 강화도에 있는 어떤 대학에 출강한 적이 있는데(물론 고분벽화나 고인돌과 같은 것과는 전혀 다른 강의였다), 자투리 시간에 강화도의 고인돌을 자주 찾아다니곤 했다. 당시에 삼거리 고인돌과 창후리 고인돌에서 성혈이 새겨진 고인돌을 확인할 수 있었는데, 삼거리 고인돌의 경우 고인돌사랑회와 함께 답사하면서 더욱 확실하게 알게 되었다. 또 고인돌사랑회를 통해 강화도 교동의 성혈고인돌에 대해서도 좋은 정보를 얻을 수 있었다. 출강 당시에는 그렇게 짬나는 대로 강화도의 고인돌을 찾아다니다가, 이후 본격적으로 고인돌 답사에 나섰다. 강원도의 양구와 원주, 삼척, 영월, 경기도의 여러 지방, 경북의 문경과 안동, 경남의 함안과 창원, 전북 고창, 전남의 화순과 여수 등, 각지에 흩어져 있는 고인돌들을 두루 답사하며 성혈을 찾고 중요한 자료들을 수집하였다.

이러한 고인돌 답사를 통해 필자는 고구려의 고분벽화에 그려진 별자리와 같은 모습의 성혈星穴이 덮개돌에 새겨져 있음을 자주 목격할 수 있었다. 해와 달을 비롯한 북두칠성, 남두육성, 묘수(플레이아데스성

아 古代學』제29집(東아시아古代學會, 2012. 12), 311쪽.

4) 김일권 교수가 적절하게 해명하고 있듯이 고구려의 경우 북극3성을 북두칠성과 이웃한 북극성의 별자리로 삼는 데 비해 중국의 경우 북극5성을 북극성 별자리로 표현하고 있다.(김일권, 「고구려인들의 별자리 신앙」, 『종교문화연구』 제2호, 2000, 17쪽 참조) 실제로 고인돌 덮개돌에서 북두칠성에 이웃한 북극3성을 자주 목격할 수 있으며, 고구려의 고분벽화에서도(약수리 고분, 집안 오회분 4~5호묘, 통구사신총, 각저총, 무용총 등등) 쉽게 찾아볼 수 있다.

단)5), 북극삼성, 심수(전갈자리), 삼수(오리온자리), 카시오페이아, 은하수 등등인데, 해독이 어렵고 알 수 없는 성좌들도 많았다.

그러나 큰 규모든 작은 규모든 고인돌의 덮개돌에 새겨진 성혈들이 대체로 특정한 별자리를 나타내는 천문도임에는 확실한 것으로 보인다. 무엇보다도 그것들이 ―위에서 언급했듯― 북두칠성이나 남두육성, 북극삼성, 카시오페이아, 묘수, 은하수 등등의 별자리, 말하자면 누구도 부인할 수 없는 천체를 표시하고 있으며, 대부분의 성혈들이 「천상열차분야지도」에서와 같이 등급별로 크기의 차이를 드러내고 있기 때문이다. 따라서 석각천문도는 이미 선사시대의 고인돌 성혈에서 시작된 것이다.

그런데 성혈고인돌에서 해와 달은 각각 그 자체로 하나의 별자리이기에, 말하자면 연결되는 별자리가 아니기에 이들을 해와 달로 확정하기가 쉽지 않을 때도 있다. 그러나 덮개돌에 두 개의 큰 성혈만이 있거나 다른 많은 성혈 중에 각별히 크게 새겨진 성혈이 있을 경우는 태양과 달이 거의 확실한 것 같다. 선사시대에는 육안으로 관찰하는 것이 전부였기에 해와 달이 가장 클 수밖에 없는 것이다. 경남 함안군 도항리 도동(제3호 고인돌)에 있는 고인돌과, 함안박물관 내의 야외공원에 세워진 성혈고인돌에서 다른 성혈에 비해 크게 새겨진 두 개의 동심원이 바로 그런 경우이다.

---

5) 좀생이별이라고도 하는 이 묘수가 예부터 사랑받는 별자리인 것은 무엇보다도 정월 대보름날에 그해 농사의 풍년-흉년을 점치는 별이었다는 것이다.(안상현, 『우리 별자리』, 현암사, 2000, 299쪽 참조) 그런데 "묘수 별자리는 남한의 고인돌 덮개돌과 고구려 고분 벽화에 남아 있을 뿐만 아니라 북두칠성, 남두육성과 함께 한반도의 고대 유적에 가장 많이 나타나는 전통 별자리이다."(양홍진·복기대, 「중국 海城 고인돌과 주변 바위그림에 대한 고고천문학적 小考」, 『東아시아 古代學』 제29집, 東아시아古代學會, 2012, 335쪽)

많은 성혈고인돌의 별자리와 천문도들이 고구려의 고분벽화에 등장하는 것과 연계하여 박창범 교수는 "고인돌시대의 천문지식과 전통이 삼국시대로 연결되고 있음을 확인할 수 있다"[6]라고 한다. 그는 고인돌시대의 성혈고인돌에 각인된 별자리들이 고구려 고분벽화의 별자리에 선행함을 여러 실례를 통해 제시하고 있다.

그가 든 첫 번째 사례는 경남 함안군 예곡리 야촌마을의 고인돌이다. 이 야촌마을의 가정집 마당에 있는 성혈고인돌에 새겨진 세 가지 모양의 별자리를—필자는 2013년 9월에 답사를 통해 확인했다— 박 교수는 묘수, 남두육성, 삼수(삼성)라고 보면서, "묘수·남두육성·삼성 등은 모두 고구려 고분벽화에 빈번히 등장하는 별자리들일 뿐만 아니라, 이 별자리들이 새겨져 있는 방위는 하늘에서의 실제 위치와도 대체로 일치한다. 남두육성이 남쪽에 있을 때 삼수는 동쪽에, 묘수는 서쪽에 위치하기 때문이다"[7]라고 밝히고 있다.

두 번째로 제시된 고인돌은 경남 함안군 가야읍 도항리 도동(제3호 고인돌)의 암각화 고인돌이다. 이 고인돌에는 7~8개의 동심원 문양이 새겨져 있는데,[8] 박 교수는 다음과 같이 말한다. "동심원은 한국의 선사시대 암각화에서 빈번히 발견되는 문양으로서 태양과 같은 천체로 해석된다. 그런데 도항리 고인돌의 동심원은 특정 별자리와 연관시키기는 힘드나 밝은 별들을 다양한 크기로 구별하여 표현한 것으로

---

6) 박창범, 『천문학』(이화여자대학교출판부, 2009), 26쪽.
7) 박창범, 『천문학』, 27쪽.
8) 박창범 교수는 그의 『천문학』(27쪽)에서 이 고인돌의 동심원을 8개로 보고 있으나, 고인돌사랑회의 인터넷 사이트에도, 또 함안박물관에 그려진 이 고인돌에 대한 모형도에도, 나일성 박사의 『한국천문학사』(서울대학교출판부, 2002, 63~65쪽)에서도, 국민대학교 박물관에서 발행한 『한국의 선사시대 암각화』(국민대학교 박물관, 1993, 10쪽)에서도, 또 필자가 직접 확인한 바에 의하면 7개의 동심원 문양으로 보인다.

생각된다. 그리고 작은 홈들은 그 사이에 있는 어두운 뭇 별들을 표현한 것으로 보인다."[9]

　세 번째 증거로 제시된 것은 강원도 양구군 용하리의 선돌이다. 이 선돌을 보면 누구나 알 수 있듯이 성혈들이 특정한 별자리 형태를 취하고 있다. 박창범 교수는 이에 대해 "숫선돌로 보이는 것에는 큰 홈들이 북두칠성 모양으로 새겨져 있다. 암선돌에도 큰 홈들이 파여 있으나 의미가 분명치 않다"[10]라고 했지만, 『하늘에 새긴 우리

강원도 양구군 용하리 선돌
【출처: 박창범, 『천문학』, 28쪽】

▶ 최근에 직립으로 세워진 용하리 선돌

---

　9) 박창범, 『천문학』, 27쪽.
　　그러나 필자는 이 고인돌 동심원의 별자리들이 일월오행성 혹은 음양오행성(해와 달을 비롯한 5행성)으로 보고자 한다. 우선 고인돌의 중간 오른쪽 부분의 가장 큰 동심원은 하나가 아니라 둘이기에(하나라면 단연 태양으로 추리해볼 수 있을 것이다), 태양과 더불어 달로 보인다. 선사시대에는 육안에 의한 관찰이었기에 하늘에 가장 크게 보이는 2개의 별은 태양과 달일 수밖에 없을 것이다. 나머지 5개의 동심원은 거의 비슷한 크기로 되어 있는데, 선사시대부터 강력하게 부각되어 온 오행성으로 보는 것이 자연스럽지 않나 생각된다.
　10) 박창범, 『천문학』, 29쪽.

역사』에서는 이 용하리 선돌에 새겨진 홈이 "북두칠성과 남두육성으로 보인다"라고 기술하고 있다.[11]

그런데 이 누워 있는 선돌을 자세히 보면, 가장 왼쪽에 비록 작게 새겨져 있으나 뚜렷한 국자 모양의 6개의 성혈은 남두육성을 나타내는 것 같고(세워졌을 경우 제일 위쪽의 6개 별이 남두육성이다), 이 남두육성과 북두칠성 사이에 놓인 큰 성혈 두 개는 해와 달로 보이는데 약간 더 큰 것이 해의 성혈인 듯하다. 이 선돌의 경우 성혈의 크기 및 방위가 사수도의 천문학적 정확도에 따라 설정되었다기보다는—선돌이 누운 상태로 발견된 까닭에 원래의 방위를 제대로 파악할 수 없지만, 아무래도 작은 사이즈의 선돌인 만큼 정확한 방위 설정이 쉽지 않았던 것으로 보인다— 의미적으로 새겨진 것으로 보인다.

결국 이 선돌 또한 이미 선사시대의 천문사상에서 해와 달, 남두육성과 북두칠성의 사수도 구도가 갖추어져 있었음을 증명하고 있다. 선사시대에 사수도의 천문시스템을 통해 온 코스모스를 수호와 보살핌의 체계로 파악했다는 것이 그저 놀라울 따름이다. 이 시점에서 필자는 이 책의 서두에 모토로 설정했던 H. 롬바흐의 "사람들은 결코 '미개'했던 적이 없었다"라는 경구를 다시 떠올리고 싶다. 이러한 대목이야말로 필자가 이 책의 제목을 『선사시대 고인돌의 성좌에 새겨진 한국의 고대철학』이라고 칭한 증거가 된다. 저 용하리 선돌에서 북두칠성 자루 옆에 새겨져 있는 성혈을 보성이라고 할 때, 이 선돌에 새겨진 나머지 5개의 성혈은 오행성으로 추정된다. 오행성은 고구려의 고분벽화에 자주 등장할 뿐 아니라, 성혈고인돌의 천문도에서도 드러나기 때문이다.

---

11) 박창범, 『하늘에 새긴 우리 역사』(김영사, 2004), 102쪽.

네 번째 증거는 유명한 충북 청원군 가호리 아득이마을의 이른바 '아득이 고인돌'이다.[12] 이 고인돌 아래에서 길이가 32cm인 돌판이 출토되었는데, 이 돌판에 새겨진 65개의 작은 홈들이 전문가들에 의해 별자리로 확인된 것이다. "이 돌판 위에는 65개의 작은 홈들이 있는데, 이 홈들이 아무 위치에나 무작위로 새겨져 있지 않음을 알 수 있다. 돌판 홈들의 분포는 면밀히 분석되었는데, 이 홈들이 북극 근처의 별자리들을 반전시켜 표현하고 있음이 밝혀졌다."[13] 이 돌판에서 확인된 별자리는 북두칠성을 비롯해 작은곰자리와 용자리, 카시오페이아자리 등이다.[14] 그런데 이 '아득이 고인돌'의 돌판이 천문도라는 사실을 뒷받침하는 증거로 박창범 교수는 다음의 세 가지 이유를 들고 있다.

첫째, 표면이 매끈한 돌판에 새긴 60여 개의 구멍 분포가 단순하지 않아 의도적으로 제작한 흔적이 역력하고, 둘째 돌판은 발굴 전까지 2500년 동안 무덤 속에 부장품으로 묻혀 있었기에 사람의 손때를 타지 않아 후대의 가필이 없으며, 셋째 북극성 주변의 별들을 묘사한 그림이 고구려 고분에서도 나타난다는 점이다.[15]

---

12) 아득이 고인돌은 청원의 아득이마을이 1976년 대청댐 수몰지역으로 지정되어 사라질 위기에 처했을 때 발굴되었는데, 절대적 가치를 지니는 선사시대의 성혈고인돌 유적이 발견된 것이다.(고인돌사랑회 홈페이지 www.igoindol.net 참조)

13) 박창범, 『천문학』, 29쪽.

14) 박창범, 『천문학』 참조. 이종호, 『한국 7대 불가사의』(역사의 아침, 2007), 25쪽 참조. 이종호 박사가 이 '아득이 고인돌'의 돌판을 세워 놓은 상태로 찍은 사진에는 북두칠성과 남두육성 및 해와 달로 추정되는 별자리가 보인다. 맨 아래의 오른쪽에 있는 7개의 별무리는 북두칠성으로, 맨 위의 왼쪽에 있는 6개의 별무리는 남두육성으로, 또 이 남두육성 바로 아래에 새겨진 두 개의 큰 성혈은 해와 달로 추정될 수 있다. 해와 달의 성혈은 다른 성좌들과 구분되게 더 크게 새겨져 있는데, 고인돌사랑회의 홈페이지(www.igoindol.net)에 따르면 아득이 고인돌의 덮개돌에서는 40개의 성혈이 확인된다고 한다. 이들 중에는 지름이 13~17cm 되는 성혈이 2개 있으며 60여 개의 성혈이 새겨진 석판에도 지름이 7mm인 성혈이 2개가 있다고 하는데, 당대에는 육안관찰에 의존했기에 이들 2개의 별들은 해와 달로 여겨진다.

이 '아득이 고인돌'의 의의를 박창범 교수는 『하늘에 새긴 우리 역사』에서 크게 부각시키고 있다.

> 아득이 돌판 천문도는 분명 청동기시대의 작품이다. 땅속에 묻혀 있던 매장유물인 만큼 고인돌 상판의 성혈과는 달리 후대에 새겨졌을 가능성이 없다. 따라서 이것은 청동기시대 또는 고조선시대의 문화와 과학을 직접 엿볼 수 있는 기념비적인 유물이다. 이것을 통해 우리나라에 최소한 청동기시대에 별자리에 대한 상당한 관찰과 지식이 이미 있었음이 밝혀진 것이다.16)

더더욱 놀라운 것은, '아득이 고인돌'의 돌판에 새겨진 별들의 분포 형태가 서기 6세기 초에 축조된 것으로 여겨지는 평양의 진파리 4호분 고분벽화 천문도와 유사하다는 점, 또 북한에서 기원전 15세기경으로 추정하는 함경남도 함주군 지석리 고인돌의 뚜껑돌에 새겨진 천문도와 유사하다는 점이다.17) 고인돌들에 새겨진 천문도가 이렇게 서로 연계된 것이라면, 상당히 오랜 세월 동안 별자리에 대한 공통된 인식과 천문사상이 전승되었음을 추리할 수 있다. 나아가 이는 우리의 선사시대 천문지식과 고천문학이 결코 중국의 천문학에서 유래한 것이 아님을 적나라하게 드러내는 사건이기도 하다.

---

15) 이종호, 『한국 7대 불가사의』, 26쪽에서 재인용. 이 외에도 박창범 교수는 많은 성혈고인돌에 새겨진 홈들이 천문도임을 여러 각도에서 밝히고 있다. 박창범, 『하늘에 새긴 우리 역사』, 98~105(특히 99~102)쪽 참조.

16) 박창범, 『하늘에 새긴 우리 역사』, 104쪽. 이 외에도, 전남 보성군 동촌리 고인돌처럼 땅속에 묻힌 하부구조에서 홈구멍이 발견되는 경우가 있어, 성혈이 적어도 청동기시대 이전에 새겨졌음을 확인할 수 있다.(http://yeosu.grandculture.net/Common/Print 참조)

17) 이종호, 『한국 7대 불가사의』, 26쪽 참조. 함경남도 함주군 지석리의 고인돌 천문도에 관해서는 이종호, 『한국 7대 불가사의』, 22쪽 참조. 박창범 교수와 북한의 학자들은 이 함주군 지석리의 고인돌을 서기전 30세기경의 유물로 추정하고 있다(박창범, 『하늘에 새긴 우리 역사』, 105쪽 참조)

앞에서 거듭 언급했듯이, 세계에 흩어진 전체 고인돌의 2 / 3 이상이 한반도와 옛 고조선의 영역에서 집중적으로 발견되고, 또 이들 고인돌과 선돌에서는 성혈로 새겨진 석각천문도가 발견되고 있다. 이를 통해 우리는 선사시대의 거석문화가 고조선에서 크게 번창했다는 사실을 추리할 수 있다. 이런 사실을 바탕으로 박창범 교수는 한국의 전통천문학의 기원과 독창성을 이렇게 밝히고 있다.

> 상대적으로 중국 본토와 일본 열도에서는 고인돌이 매우 드물게 발견되어 밀도와 총 개수에 있어서 한국의 고인돌과 비교가 되지 않는다. 이렇게 고인돌과 선돌로 대표되는 거석문화가 한국의 고유한 선사문화였다는 점에서, 한반도와 인근 지역에서 고인돌과 선돌이 축조되기 시작했던 시기는 한국이 중국과 본격적인 학문적 교류를 시작하기 수천 년 전인 서기전 30세기에서 10세기 사이였다는 점에서, 그리고 고인돌과 선돌과 부장품에 천문 방위와 별자리와 같은 천문학적 요소가 부여되었고 이것이 삼국시대로 전승되고 있다는 점에서 한국의 전통천문학은 늦어도 거석문화시대에 한국에서 자생한 천문 지식에 바탕하여 출발하였음을 알 수 있다.[18]

거석문화시대에 이미 천문도를 만들어 내고 하늘과 자연현상을 정기적으로 관찰했다면, 이것은 세계 4대 문명이 일어난 것보다도 시기적으로 훨씬 앞서는 사건이다. 이종호 박사는 다음과 같이 지적하고 있다.

> 대동강 유역의 고인돌에서 발견된 천문도는 기원전 3000년경의 것이다. 바빌로니아의 토지경계비로 기원전 1200년경에 만든 천문도보다 무려 1800년이나 앞서는 것이다. 고인돌 별자리야말로 우리 선조들이 세계 문명 발상지에 견주어 결코

---

18) 박창범, 『천문학』, 29~31쪽.

뒤떨어지지 않는 앞선 문명을 이루었음을 보여 주는 증거자료다. 이는 한국의 고인돌과 고인돌 별자리야말로 세계의 불가사의와 견주어 전혀 손색이 없을 만큼 훌륭한 유산임을 의미한다.[19]

이종호 박사는 북한지역 고인돌의 천문도에 대해서도 다음과 같이 다양하게 언급하고 있다.[20] 평안남도 증산군 용덕리 10호 고인돌의 경우 80여 개의 성혈고인돌이 북극성을 중심으로 "큰곰자리, 사냥개자리, 작은곰자리, 케페우스자리 등 11개의 별자리를 나타낸다."[21] 또 평양시 상원군 번동리 2호 고인돌의 덮개돌에는 크기가 제각기 다른 80여 개의 홈이 파여 있는데, 북두칠성을 연상시키는 별들과 "큰 별 하나는 5제좌(사자자리의 베타별)에 해당하며 작은 별자리들은 「천상열차분야지도」의 자미원(당시 북극)과 태미원, 천시원에 속한다."[22] 평안남도 평원군 원화리 고인돌의 경우, 가장 큰 홈의 크기는 지름이 10센티미터, 깊이 3.5센티미터로서 용자리, 작은곰자리, 큰곰자리 등을 나타낸다.[23] 황해남도 은천군 'ㅎ-3호' 고인돌에는 28개의 성혈이 있는데, 북극오성, 구진, 자미원(당시 북극), 천리, 북두칠성 등이 확실하게 보인다.[24] 함경남도 함주군 지석리 고인돌에서 발견되는 성혈은 북극점을 기준으로 하여 북두칠성을 쉽게 찾을 수 있는데, 별자리로 연결된 칠성이 둘이나

---

19) 이종호, 『한국 7대 불가사의』, 17쪽.

20) 이종호, 『한국 7대 불가사의』, 19~24쪽 참조. 박창범 교수도 북한지역의 성혈고인돌에 대해 소개하고 있다. 박창범, 『하늘에 새긴 우리 역사』, 99쪽 참조.

21) 이종호, 『한국 7대 불가사의』, 20쪽.

22) 이종호, 『한국 7대 불가사의』, 21쪽.

23) 이종호, 『한국 7대 불가사의』, 21쪽. 고인돌사랑회의 홈페이지(www.igoindol.net)에서도 원화리 고인돌의 실측도를 목격할 수 있으며, 여기서는 북두칠성과 남두육성이 별자리 형태로 뚜렷하게 보인다.

24) 이종호, 『한국 7대 불가사의』, 21쪽.

나타나기 때문에 그 중의 하나는 남두칠성이 아닌가 추측해 본다.25) 지석리 고인돌에는 이 외에도 작은곰자리, 카시오페이아자리, 케페우스자리가 새겨져 있다.26) 특히 덮개돌 위의 좌측에는 작은 별들이 무수히 새겨져 있는데, 남한의 고인돌에서도 흔히 발견되는 은하수로 보인다.27) 그리고 황해남도 은천군 'ㅂ-1호' 고인돌은 오덕형五德型 고인돌로서 성혈의 수가 134개나 된다. 이 고인돌에서 발견되는 별자리는 "자미원, 직녀, 구진, 북극오성, 정수(쌍둥이자리), 삼수(오리온자리) 등이 있는데, 기원전 3200년경의 하늘로 추정된다."28)

북한에서도 석각천문도라고 할 수 있는 대형 고인돌들이 많은 것으로 조사·보고되고 있으며, 많은 별자리들과 은하수가 새겨진 성혈고인돌이 자주 답사되고 있는 것으로 보인다. 이를테면 기원전 2천년 후반기에 건립된 것으로 추정되는 황해남도 은천군 남산리 1호는 대형 고인돌로 알려져 있는데, 134개의 성혈星穴들이 관측된다고 한다. "뚜껑돌에는 134개의 홈구멍들이 있는데 북극 근방의 별들을 비롯하여 수십 개의 별자리와 은하수도 새겨져 있는 것으로 하여 천문도의 양상을 띠고 있다."29)

---

25) 고인돌사랑회의 홈페이지에서도 북두칠성과 남두칠성으로 보이는 실측도가 나와 있으며, 더더욱 보통 성혈들과 약간 거리를 둔 곳에, 해와 달로 여겨지는 2개의 크게 새겨진 성혈이 보인다.

26) 이종호, 『한국 7대 불가사의』, 22쪽 참조.

27) 이종호, 『한국 7대 불가사의』, 22쪽에 제시되어 있는 함주군 지석리 고인돌의 모사도를 참조. 경남 함안군 가야읍 도항리 도동에 있는 "도항리 고인돌"이나 경기도 시흥시 조남동에 있는 조남동 고인돌, 경북 문경시 문경읍 하리에 있는 하리 고인돌 등등에는 은하수로 보이는 고인돌이 많이 보이며, 이런 전통은 고구려의 고분벽화(이를테면 덕흥리 고분)에도 잘 전승된 것으로 보인다.

28) 이종호, 『한국 7대 불가사의』, 23쪽.

29) 김동일·전문건, 「고인돌무덤에 새겨져있는 별자리의 천문학적 년대추정에 대하여」, 『조선고고연구』(사회과학원 고고학연구소, 사회과학출판사, 1999-4), 27쪽.

김동일 박사에 의하면 황해남도 은천군 남산리 긴등재 1호 고인돌에는 덮개돌과 고임돌의 앞뒷면에 305개의 성혈이 새겨져 있다고 한다. "홈구멍은 뚜껑돌의 윗면에 134개, 동쪽 고임돌의 안벽에 148개, 바깥벽에 5개, 서쪽 고임돌의 안벽에 12개, 바깥벽에 6개 등 모두 305개나 된다."30) 이 고인돌의 천문도에는 은하수뿐만 아니라 카시오페이아자리, 쌍둥이자리, 독수리자리, 백조자리, 삼수(오리온)자리, 실수(페가수스)자리, 규수(안드로메다)자리, 자미원자리, 천기(히드라)자리 등등 20여 개의 별자리들이 등장한다고 한다.31)

또 김동일 박사는 최근에 황해남도 은천군 정동리에서 대규모의 성혈고인돌을 확인하였다고 보고하고 있다. "지금까지 별자리가 새겨져 있는 고인돌무덤이 전국적으로 여러 곳에서 알려졌지만 정동리에서처럼 많이 분포되어 있는 지역은 드물다. 정동리에는 600여 기의 고인돌무덤이 분포되어 있는데 그 가운데 별자리가 새겨져 있는 고인돌무덤은 70여 기나 된다." 이토록 방대한 70여 기의 성혈고인돌에 새겨진 석각천문도가 해독된다면 우리는 한반도의 선사시대에 인류가 선사한 위대한 정신적 유산을 공유하게 될 것이다.

이때까지의 자료들, 즉 성혈고인돌에 새겨진 별자리들이 선사시대의 천문도라는 것을 감안하면 "상고시대에 한반도에 살았던 고대인들이 별들에 관하여 남긴 자료 중에서 가장 오래된 것은 낙랑시대의 고분에서 출토된 기원전 1세기경의 것으로 추정되는 2점의 토기에 남아 있는 달을 상징한 그림과 북두칠성이 새겨져 있는 두 개의 석판을

---

30) 김동일, 「남산리 긴등재 1호 고인돌무덤에 새겨진 별자리에 대하여」, 『조선고고연구』 (2012-2), 5쪽 이하.
31) 김동일, 「남산리 긴등재 1호 고인돌무덤에 새겨진 별자리에 대하여」, 『조선고고연구』 (2012-2), 6쪽 참조.

들 수 있다"[32)라는 주장은 수정되어야 할 것으로 보인다.

김동일 박사는 「별자리가 새겨진 고인돌무덤에 대하여」[33)라는 논문에서 평양 일대에서만도 고인돌무덤이 1만 4천여 기가 조사되었는데, 이들 가운데는 덮개돌의 윗면에 여러 개의 크고 작은 홈구멍을 새긴 것이 200여 기나 된다고 하였다.[34) 그런데 이런 홈구멍들의 "배열 상태를 자세히 보면 분명히 하늘의 별자리 모양을 형상한 것이라고 볼 수 있다" 하면서, 목동별자리나 북두칠성 같은 별자리를 모사도를 통해 제시하고 있다.[35) 또 김동일 박사는 별자리가 새겨진 고인돌무덤을 일람표를 통해 밝히고, 별자리의 종류와 천문학적 연대, 성혈星穴의 개수 등도 자세히 소개하고 있다.[36)

그런데 사신도와 4방위의 수호시스템은 고구려시대에 고분벽화가 형성되기 훨씬 이전부터 이미 일반화되었을 것으로 추정된다. 4방위 별자리 체계는 기원후 300년대에 안악지역을 중심으로 드러난다고 증언하는 전문가가 있는가 하면,[37) 또 최근의 자료들이 이미 3세기

---

32) 나일성, 『한국천문학사』(서울대학교출판부, 2002), 67~68쪽.(이 유물들에 대한 사진자료는 68쪽 참조) 나일성 박사에 의하면 "이 유물들을 처음 기술한 루허스(W.C. Rufus)는 1910년대에 평양박물관 관장이었던 고이즈미(Mr. Koizumi)로부터 한국 천문 유물 중에서 가장 오래 된 것이라는 이야기를 들었다"(나일성, 『한국천문학사』, 68쪽)는 것이다. 물론 기원전 1세기경의 낙랑의 유물은 기원전 30세기경의 성혈고인돌에 비해 훨씬 뒤떨어지지만, 고귀한 자료임에는 틀림없다. 특히 나일성 박사가 루퍼스(W.C. Rufus)의 "Korean Astronomy"(*Transactions of the Korea Branch, Royal Asiatic Society* Vol. 26, 1936, pp.3~4)에 실린 자료, 즉 낙랑시대의 석판을 모사한 사진에는 북두칠성과 28수 등의 전통적인 천문도가 자세하게 소개되고 있다.(나일성, 『한국천문학사』, 69쪽 참조)
33) 김동일, 「별자리가 새겨진 고인돌무덤에 대하여」, 『조선고고연구』(1996-3).
34) 김동일, 「별자리가 새겨진 고인돌무덤에 대하여」, 『조선고고연구』(1996-3), 31쪽 참조.
35) 김동일, 「별자리가 새겨진 고인돌무덤에 대하여」, 『조선고고연구』(1996-3), 31~32쪽 참조.
36) 김동일, 「별자리가 새겨진 고인돌무덤에 대하여」, 『조선고고연구』(1996-3), 35쪽 참조.
37) 김일권, 『고구려 별자리와 신화』(사계절, 2008), 100쪽 이하 참조.

경에 여러 지역에서 사신도가 나타났음을 증언하고 있기 때문이다.[38]
최승택 박사에 의하면, 평양 일대의 노산동 1호 무덤, 우산리 3호
무덤, 대성동 벽화무덤에 이미 사신도를 주제로 한 벽화와 사신도
위주의 벽화가 그려졌는데, 이는 "그 이전 시기부터 사신에 대한
신앙관념이 고구려 사람들 속에 형성되어 있었다"[39]는 것을 보여
준다고 한다.

『삼국사기』에서도 이처럼 사신도와 4방위의 수호시스템이 고구려
시대에 고분벽화가 형성되기 훨씬 이전부터 이미 일반화되었을 것으
로 추정할 수 있는 단서를 찾을 수 있다. 『삼국사기』의 「고구려본기」
'유리왕'편에는 4방위의 색깔을 쓰고 있기에, 주몽의 아들인 유리왕
때에도(말하자면 초기의 고구려시대에도) 이미 사신도의 개념이 일반화되어
있었다고 여겨지는 것이다.

> 유리왕 29년 여름 6월 모천矛川에서 검은 개구리가 붉은 개구리와 더불어 떼
> 지어 싸워 검은 개구리가 이기지 못하고 죽으니, 사람들의 말이 흑黑은 북방의
> 빛이니 북부여北夫餘가 파멸될 징조라고 하였다.[40]

---

38) 김성철 박사는 「고구려무덤벽화에 그려진 사신도의 출현시기에 대하여」(『조선고고연구』,
  1997-2, 21~23쪽)에서 남포시 항구구역에 있는 우산리 3호 무덤과 평양시 삼석구역
  로산동 1호 무덤, 집안의 만보정 1368호 무덤 등에는 이미 3세기 중엽에 사신도가
  그려졌다고 한다. 또 김성철 박사는 「고구려사신도무덤벽화의 류형과 그 변천」(『조선고
  고연구』, 2000-1, 28쪽)에서도 고분벽화에서 사신도만 그려져 있고 벽면과 천정에 아무런
  다른 그림이 없는 순수 사신도무덤은 고분이 건립된 가장 이른 시기에 그려졌다고
  하며, 로산동 1호 무덤과 호남리 사신무덤의 벽화가 여기에 속한다고 한다. 이들 고분들
  외에도 고산동 20호 무덤도 3세기에 건립되었다고 한다.
39) 최승택, 「고구려 사람들의 사신에 대한 신앙과 고구려벽화 사신도의 특징」, 『조선고고연
  구』(2012-2), 9~10쪽.
40) 김부식, 신호열 역해, 『삼국사기』 I (동서문화사, 1978), 290쪽. 인용문에서 검은 색은
  사신도에서 북현무의 색깔이고, 붉은 색은 남쪽의 색깔이다. 북부여는 북쪽에, 신생
  고구려는 남쪽이다. 개구리는 금와왕과 그 아들들을 말하고 있다.

또 『삼국사기』의 「고구려본기」 '대무신왕'편에 있는 부여왕 대소와 고구려의 대무신왕 사이의 대화에서 "검은 것은 북방의 색깔", "붉은 것은 남방의 색깔"이라는 표현이 나타나는데, 이는 말할 것도 없이 사신도의 북쪽과 남쪽 방위신의 색깔을 가리킨다.

김성철 박사에 의하면 기원 1세기 유적인 오야리 20호 무덤에서 출토된 금동장식품에는 사신도가 조각되어 있고, 정오동 6호 무덤에서 출토된 청동띠걸이에도 사신도가 새겨져 있다고 한다.[41] 이 두 무덤에서 출토된 유물에 대하여 김성철 박사는 다음과 같이 자세하게 설명하고 있다.

기원 1세기경의 귀틀무덤인 오야리 20호 무덤에서는 4개 관이 드러났는데, 두 번째 관의 북쪽 측면에 놓인 감꼭지 모양의 금동장식판(4엽좌)에 사신이 새겨져 있다. 장식판의 윗부분에는 날개를 펴고 금시 날아갈 듯한 주작이 새겨져 있고, 밑 부분에는 뱀이 거북이잔등을 휘어 감고 서로 아가리를 마주대고 혀를 날름거리는 현무가 새겨져 있으며, 그 좌우측 부분에 각각 백호와 청룡이 새겨져 있다.[42]

정오동 6호 무덤에서 출토된 청동띠걸이의 사신도상의 경우, 생김새는 날아가는 새의 모양과 같은데, 고리 부분은 새가 목을 길게 빼고 뒤를 돌아보는 것 같은 모양이고 뒷부분은 두 날개와 다리를 가슴에 모은 것처럼 형상되었다. 고리 끝에는 새의 두 눈알이 새겨졌고, 띠의 중심에는 목을 쭉 빼고 발부둥치는 듯한 거북이가 형상되었으며, 오른쪽 날개에는 범의 모양이, 왼쪽 날개에는 용이 돋쳐졌다.[43]

---

41) 김성철, 「고구려무덤벽화에 그려진 사신도의 출현시기에 대하여」, 『조선고고연구』 (1997-2), 23쪽 참조.
42) 김성철, 「고구려무덤벽화에 그려진 사신도의 출현시기에 대하여」, 『조선고고연구』 (1997-2), 23쪽 참조.
43) 김성철, 「고구려무덤벽화에 그려진 사신도의 출현시기에 대하여」, 『조선고고연구』 (1997-2), 23쪽 참조.

놀라운 것은 이런 전승된 유물이 김성철 박사에 의하면 고조선과 직접적으로 연결될 뿐만 아니라 고구려 고분벽화의 사신도와 매우 유사하다는 것이다.

> 이 두 유적에서 나온 금동장식판과 청동띠걸이에 새겨진 사신도는 고구려 무덤벽화에 그려진 사신도와 매우 유사하다. 오야리 20호 무덤과 정오동 6호 무덤은 다 고조선 유민들의 유적으로 인정되고 있고 또 고조선 후기에 사신 형상품이 나온 만큼, 이 시기에는 사신에 대한 신앙관념이 형성되어 널리 유행되었다고 보아도 무리가 아니다. 고조선 유민들이 남긴 유물들에 보이는 사신도는 바로 고대 사람들 속에서 유행되던 사신신앙의 반영이며, 이것이 고구려 무덤벽화에 그려지게 되었다.[44]

이러한 기원 1세기의 유물들을 고려할 때 사신이라는 관념과 사신신앙은 적어도 기원을 전후한 시기의 고구려에 이미 일반화되어 있었으며, 그보다도 더 오랜 옛날부터 전승되어 온 것임을 확인할 수 있다. 말하자면 고조선시대와 선사시대까지 거슬러 올라감을 추리할 수 있는 것이다. 사신관념과 사신신앙, 나아가 사신도의 형성은 고구려 이전의 고조선시대와 선사시대에 ―우리가 이 책에서 성혈고인돌의 성좌도를 통해 목격하듯이― 이미 확립되어 있었던 것이다. 그러면 지금까지 확보된 자료들과 고인돌 답사에서 얻은 자료들을 바탕으로 특별히 의미부여된 해와 달, 북두칠성과 남두육성의 존재위상에 대해 고찰해 보기로 하자.

---

44) 김성철, 「고구려무덤벽화에 그려진 사신도의 출현시기에 대하여」, 『조선고고연구』 (1997-2), 23쪽 참조.

2. 해와 달

　해와 달이 성혈고인돌의 성좌도에서뿐만 아니라 사수도를 비롯한 사신도에도 대단한 존재중량을 갖고 전승된 것임은 '배달의 민족'이라는 개념에도 잘 각인되어 있다. 배달은 다름 아닌 어원 '밝달'의 변형태로서 해와 달인 것이다. 해와 달로부터의 '배달의 민족'에게 있어 이들 존재자들이 사신도와 사수도, 성혈고인돌의 성좌도 등에 각인되리라는 것은 거의 자명한 이치이다.

　오늘날 과학기술문명과 상업자본주의가 세상을 지배하는 시대에 현대인들은 해와 달을 신비에 가득 찬 존재자나 유기체로 보기보다는 그저 자연현상의 하나로 볼 뿐이기에, 예사로운 일상생활에서 이들의 존재의미는 각별한 중량을 차지하지 못하고 있다. 사람들은 저들을 경이에 가득 찬 시선으로 바라보지 않으며, 애써 시간을 내어 일월성신을 쳐다보지도 않는 편이다. 그러나 저들을 바라보는 선사시대 사람들의 시선은 숭경심과 경외감으로 가득 차 있었을 것이다. 그래서 해와 달은 고인돌의 성좌의 세계에 확고하게 자리 잡고 있으며, 태양빛을 반사하는 청동거울이나 암각화, 고분벽화 등에도 마찬가지이다.

　우리나라 신석기시대의 대표적인 유물로 자주 언급되는 것은 빗살무늬토기이다. 한반도 및 옛 고조선 지역인

홍산문명(BC.6000~ BC.5000경)의
우하량지역에서 출토된
빗살무늬토기

중국 동북지역에서 자주 출토되는 이 토기의 겉면에는 머리빗의 빗살처럼 수없이 그어진 빗살무늬가 있는데, 잘 알려져 있듯 이것은 태양의 빛을 상징하는 것이었다. 선사시대 때부터 동이족들은 태양을 숭배하고 숭경심에 가득 찬 시선으로 바라보았던 것이다.

그런데 이런 빗살무늬토기는 북방문화를 일군 동이족이 분포했던 지역이면 어디서든 출토되는 편이다. 이기훈 박사는 『동이 한국사』에서 고대 동이족의 중국 동북지역에서 출토된 약 8500~7000년 전의 빗살무늬토기를 소개하고, 이런 빗살무늬토기가 한반도의 것과 같은 부류임을 해명하고 있다.[45]

태양숭배사상은 청동기시대에도 이어져서, 사람들은 태양을 상징하는 동그란 청동거울을 만들고 또 이 거울에 다뉴세문경에서 나타나듯 수없이 많은 빗살을 디자인해 넣었다. 이 청동거울로 빛을 반사하는 사람은 군장이나 제사장 및 부족장으로서, 그야말로 '태양의 대리인'의 역할을 했던 것이다. 청동거울에 새겨진 빗금은 다름 아닌 빛을 상징하는 문양이었다.[46]

다음 쪽에 소개된 그림은 신석기시대의 사람들이 수수나 조로 보이는 곡물을 수확하는 장면을 표현하고 있는 동굴벽화인데[47], 아주 활기차고 기쁨에 넘치는 모습이다. 그런데 이 벽화의 중앙 위쪽에는 태양과 달이 선명하게 그려져 있다. 당시 사람들은 식물이나 자신들의 노력뿐만 아니라 태양과 달이 중심적 역할이 있었기에 이런 놀라운 수확이 가능했음을 인식하고 있었던 것이다.

---

45) 이기훈, 『동이 한국사』(책미래, 2015), 23~27쪽 참조.
46) 이기훈, 『동이 한국사』, 24~25쪽 참조. 여기서 이기훈 박사는 동이계의 상나라(은나라)에서 BC 16세기~BC 11세기에 제작된 빗살무늬의 청동거울을 제시하고 있다.
47) 역사신문편찬위원회, 『역사신문』(원시시대~통일신라, 사계절출판사, 2001), 13쪽.

이 동굴벽화에는 한강 남
부에 살던 정착주민들이 수
수 혹은 조를 수확하는 장면
이 그려져 있다. 한곳에 정착
한 사람들이 직접 곡물을 재
배하고 수확하는, 즉 농사라
는 식량조달방식이 성공했
다는 것을 잘 보여 주고 있다.
농사의 성공은 생활문화 전

수확하는 장면을 그린 신석기시대의 동굴벽화

반에 엄청난 변화를 가져왔다. 겨울식량까지 조달할 수 있었기에,
수렵과 채취를 위해 이동할 필요가 없게 된 것이다. 그래서 사람들은
한곳에 정착해서 부족과 부락을 형성하여 농사에 전념하게 되었다.

농사의 과정은 자연과 인간의 교감으로 이루어 낸 신비로운 체험이
었을 것이다. 신석기시대 사람들은 농사의 성공에는 사람의 힘과
노력 못지않게 하늘의 도움이 중요하다는 것을 깨달았다. 해와 달,
비, 일조량 등이 결정적이라는 사실을 알게 된 것이다. 그래서 수확한
가을에 하늘에 감사제를 성대하게 지냈고, 이 감사제의 전통이 오래도
록 전승되어 부여의 영고, 고구려의 동맹, 예의 무천, 삼한의 각종
추수감사제로 연결된 것으로 보인다.

해와 달의 커다란 존재의미는 고구려의 고분벽화에서도 그대로
드러난다. 김일권 교수는 이렇게 말한다.

모든 벽화무덤에 별자리가 있는 것은 아니지만, 모든 별자리무덤에는 해와 달이
있다. 현재까지 알려진 29기의 해와 달 벽화를 살펴보면, 해는 동쪽 하늘에, 달은

서쪽 하늘에 배치된다. 왜 달을 서쪽에 두었을까? 밤에 밖에 나가서 하늘을 보면 그 의문은 쉽게 풀린다. 물론 보름달은 동쪽 하늘에서부터 보이지만, 대부분 달은 서쪽 하늘에서 보이는 경우가 많다. 해는 동쪽 하늘에 떠오르므로 동과 서라는 방위 대칭으로 해와 달을 표상화하였던 것이다.[48]

해는 보통 삼족오로 형상화되었고,[49] 달은 옥토끼나 옥두꺼비 혹은 계수나무로 형상화되어 있다. 진파리 7호분에서 출토된, 금동으로 장식된 '열두 구슬 세발까마귀'는 그 곡선의 미학이 뛰어난 데다 수레바퀴를 잡아매는 바퀴살 구슬이 12개가 있어 그 신비감을 더해 준다. 이 12개의 구슬은 1년 12달을 돌아가는 시간의 수레바퀴를 형상화한 것일 수도 있고[50] 태양의 길인 황도 12궁을 나타낸 것일 수도 있으며, 혹은 12간지를 형상화하여 4계절을 주도하는 태양과 함께 표현한 것일 수도 있다.

열두 구슬 세발까마귀
(금동, 진파리 7호분 출토)

48) 김일권, 『고구려 별자리와 신화』(사계절, 2008), 74쪽.
49) 태양 속에 까마귀가 산다는 신화는 고대 동이계의 신화집인 『산해경』에 등장한다.
50) 김일권, 『고구려 별자리와 신화』, 75쪽 참조.

또 개마총에는 달의 정령인 옥토끼와 옥두꺼비가 절구에서 불사약을 찧는 장면이 등장한다. 여기서 옥토끼는 두발짐승으로 의인화되어 있고, 옥토끼 곁의 옥두꺼비도 사람처럼 유심히 불사약 찧는 장면을 들여다보고 있다. 이에 대해 김일권 교수는 "옥玉이 무병장수를 돕는 광물이듯이 옥이 붙은 글자(여기서는 옥토끼)는 모두 불로장생의 신화와 관련된다. 오늘도 우리는 달 속에서 불사의 정령들이 만드는 불사의 신화를 본다"[51]라고 하였다.

집안의 오회분 4호묘에는 해신과 달신이 각각 해와 달을 머리에 이고 비상하는 형태가 그려져 있다. 이 해신과 달신의 형상은 고대 동이계의 신화적인 인물인 복희와 여와에게서 기원한다. 복희는 뱀이나 용의 몸에 사람의 머리를 지니고 있는데, 주역의 8괘를 처음 만들었으며 수렵과 어획을 가르쳤다고 한다. 여와 또한 복희와 유사한 모습으로, 진흙으로 사람을 빚었다거나 돌로 하늘을 막아 홍수를 멈추게 했다는 여신이다. 집안 오회분 4호묘의 해신과 달신은 이런 복희와

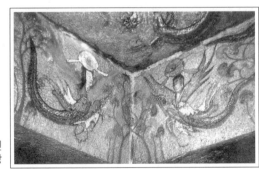

오회분 4호묘에 그려진
해신과 달신의 형상

51) 김일권, 『고구려 별자리와 신화』, 76쪽. 여기에 개마총에 그려져 있는 약방아 찧는 옥토끼와 두꺼비의 그림을 참조.

여와의 형상을 하고 있는데, 동이계의 조선족인 만큼 상의의 복장은 한복의 형태가 뚜렷하다.

오회분 4호묘에 그려진 해신과 달신은 두 손으로 태양과 달을 받쳐 들고 뱀 혹은 용의 꼬리를 달고서 날개를 펄럭이며 하늘세계로 나아간다. 이들은 그들의 앞쪽과 뒤쪽에 신비한 하늘나무를 두고 서로 마주보며 비상하고 있는데, 몸은 힘 있게 앞으로 펼쳐지고 오색의 꼬리 부분은 아래에서 위로 생동감 있게 휘어 오르고 있다.

이상에서 보듯이 해와 달은 고구려의 천문세계관에서 아주 중요한 위치를 점한다. 고분벽화의 네 방위의 천문시스템에서 해와 달은 단연 동쪽과 서쪽을 담당하고 있다. 그런데 우리는 이토록 중요한 위치를 점하는 해와 달의 이미지가 당대에 우연히 탄생한 것이 아니라, 이미 고조선과 선사시대에서부터 나타나서 전승되어 온 것임을 상기할 필요가 있다. 선사시대의 고인돌 덮개돌에는 성혈로 해와 달이 각인되어 있기 때문이다.

선사시대에는 동서양을 막론하고 자연적이고 초자연적인 존재자들이 숭배와 경외의 대상으로 여겨졌지만, 그 중에서도 가장 중요한 것은 태양이었다.

> (선사시대 사람들에게) 특히 강렬한 믿음의 대상은 태양이었다. 계절이 변하고 밤과 낮이 바뀌고 곡식이 열매 맺고, 이 모든 일을 가능하게 하는 태양의 힘을 그들은 알고 있었던 것이다. 농사를 남자가 주로 지었듯, 태양신을 모시는 일도 남자가 하게 되었다. 이 시대 사람들에게 태양신은 곡식을 맺게 해 줄 뿐만 아니라 사람들의 행복과 생명까지도 수호하는 신으로 여겨졌다.[52]

---

52) 이종호·윤석연 글, 안진균 외 그림, 『고인돌』(열린박물관, 2006), 35쪽.

따라서 많은 고인돌의 석각천문도에서 유별나게 크게 새겨진 하나의 성혈星穴을 태양으로 보는 것은 '태양거석문명'의 시대에 상응하여 자연스런 귀결로 보인다. 고인돌의 덮개돌에 하나의 성혈로 새겨져 있을 경우53) 이를 '알바위'나 '알구멍' 내지는 여성의 생식기 이름 따위로 부르는 예도 더러 있지만, 이러한 예들은 모두 후대에 생겨난 것으로 보인다.54)

두 개의 큰 성혈로 해와 달을 형상화한 것으로 보이는 고인돌도 자주 목격할 수 있다. 이를테면 경남 함안군 가야읍 도항리 도동의 '도항리 고인돌'에서처럼 유달리 크게 새겨진 두 개의 동심원 문양은 해와 달을 표현한 것임에 틀림없다. 또 강원도 양구의 유명한 용하리 선돌과 강원도 영월읍 방절리 고인돌, 경상북도 문경시 문경읍 하리 고인돌, 안동 와룡산 고인돌들 가운데 절터 옆에 있는 고인돌, 전북 임실군 지사면 계산리에 있는 소위 '담뱃잎바위 고인돌'55), 전남 여수시

---

53) 이를테면 화순의 핑매바위 위에 뚫린 하나의 큰 구멍이나, 전남 영광군 홍농읍 단덕리 두암마을의 '말바우'(최성은, 「별칭이 있는 고인돌」, 『이야기로 풀어낸 화순 고인돌유적』, 동북아지석묘연구소, 2009, 74쪽 참조. 여기에 '말바우'의 사진이 실려 있다), 전남 여수의 미평동 고인돌, 전남 장흥군 관산읍 용전리 만년마을 거북바위, 경북 안동의 와룡산 고인돌 등 수많은 고인돌에서 크게 새겨진 하나의 성혈고인돌을 목격할 수 있다.

54) 이를테면 화순의 유명한 핑매바위 상석에 있는 알구멍의 경우 마고할미가 이 돌을 운주사를 짓는데 사용하려고 옮기다 닭이 우는 바람에 지금의 장소에 두고서 바위의 상부에 오줌을 싸서 굴을 파 놓았다는 얘기는 운주사, 즉 불교와 관련된 신화 내지는 설화인데, 고인돌이 세워진 시기는 선사시대이기에, 후대에 만들어진 설화임을 알 수 있다.(정영기, 「세계유산 화순 고인돌에 숨겨진 이야기」, 『이야기로 풀어낸 화순 고인돌유적』, 104쪽 참조) 또 화순 고인돌군에서 '관청바위'라고 칭해지는 경우도 조선시대 보성원님이 나주목사를 방문하기 위해 고개를 넘다가 한 백성이 서장을 올리자 이 바위에서 일일 정사를 보았다는 데에서 유래하게 된 것인데, 선사시대에 건립된 이 고인돌과는 엄청난 시대 차이가 있는 것이다.(정영기, 「세계유산 화순 고인돌에 숨겨진 이야기」, 『이야기로 풀어낸 화순 고인돌유적』, 105쪽 참조)

55) blog.naver.com/2908y/70169556501 참조. 인터넷 네이버에서 "담뱃잎바위 고인돌"을 치면 곧 두 개의 큰 성혈이 새겨진 고인돌을 확인할 수 있다.

만흥동 상촌마을 '다' 지석묘 등에 있는 두 개의 큰 성혈은 해와 달을 형상화한 것으로 볼 수 있다. 선사시대나 지금이나 육안으로 관찰했을 때 해와 달보다 큰 별들은 보이지 않기 때문이다.

고구려 고분벽화에서의 사수도에서는 해가 동쪽, 달이 서쪽의 방위로 되어 있지만, 선사시대의 고인돌에 표현된 해와 달의 경우는 대부분 그 방위에 따라 배치하기보다는 의미와 상징으로 대체한 것으로 보인다. 그야말로 해와 달이라는 코스모스에서의 거대한 존재자를 형상화하고 표현하는 것이 더 우선적이었기 때문일 것이다. 그런데 사수도의 개념이 뚜렷이 분리된 고구려의 고분벽화에서도 해와 달이 나란하게 가까이 있는 경우가 있다. 삼실총의 벽화가 바로 그러하다.[56]

선사시대의 고인돌에 표현된, 해와 달을 포함한 사수도의 형상은 고구려의 고분벽화에 와서는 신비한 신수神獸와 생명체를 보완함으로써 그 상징성을 더욱 뚜렷하게 드러낸다. 말하자면 태양에는 삼족오(세발까마귀)를, 달에는 옥토끼나 옥두꺼비 및 계수나무를 형상화시켜서 그것들이 각각 해와 달임을 직관적으로 알 수 있게 한 것이다. 그리하여 사수도의 별들은 하늘세계를, 사신도의 신수들은 지상의 세계를 수호하는 것으로 표현된 것이 지배적이다.

조선시대에 세종대왕의 명에 의해 편찬된 이순지의 『천문유초』에도 해와 달에 관한 천문사상이 수록되어 있는데, 해는 태양太陽의 정수精髓로서 태음太陰의 정수인 달과 대비된다. 달은 태음의 정수이면서 모든 음의 어른이 되기에 해에 짝이 되고, 또 여왕의 상으로서 왕의 상인 해의 덕을 돕는 역할을 수행한다.[57] 그런데 해의 덕은 "생겨나게

---

56) 김일권, 『고구려 별자리와 신화』, 182쪽 참조.
57) 이순지, 『천문유초』(대유학당, 2013), 343쪽 참조.

하고 기르며 은덕을 베푸는 일을 한다"[58]라고 되어 있다. 해의 이러한 기능은 플라톤이 『국가』에서 '태양의 비유'를 통해 전개한 태양의 역할과 아주 유사하다고 볼 수 있다.

김일권 교수가 지적하듯이 "태양과 달이 함께 떠오르는 동양 천문"은 "태양이 홀로 떠오르는 서양 천문"과는 판이하게 다르다.[59] 신화시대에서부터 태양은 세계 곳곳에서 숭배되어 왔다. 고대 이집트의 태양신 라(Ra)와 이 태양신의 아들 파라오(Pharaoh: 위대한 라의 아들)는 각각 우주의 중심이고 세상의 중심이었다. 고대 페르시아에서 태동한 조로아스터교(자라투스트라가 창시)도 태양을 제일의 주재자로 숭배하는 종교이다. 또 인도에서 태동하여 우리에게 미래불로 알려진 미륵불(Maitreya)은 베다신화의 태양신인 미트라(Mitra)에 그 유래를 두고 있다. 고대 잉카인들은 태양신에게 제사지낸답시고 사람의 간을 꺼내어 바쳤다니, 경악스럽기까지 하다. 이 모든 경우에서 태양은 엄청 숭배되었으나 달은 여기에 미치지 못했다.

반면 동양의 천문지리에서 달은 위에서 줄곧 고찰해 왔듯이 결코 미미한 존재자가 아니었다. 먼 옛날부터 달은 태양과 더불어 하늘과 온 세상을 밝히는 자연적-초자연적 존재자로 우뚝 서 있다가 '음양설'로 발전하였으니, 그 철학적 의의가 깊고 오래되었음을 확인할 수 있다. 달의 존재의미는 태양과도 짝을 이룰 수 있을 만한 태음의 상징이었던 것이다.

고대동양의 고천문학에서 달은 하늘의 28수, 즉 동서남북의 사방칠

---

58) 이순지, 『천문유초』, 339쪽.
59) 김일권, 『우리 역사의 하늘과 별자리』(고즈윈, 2008), 19~24쪽 참조. 서양에서 달은 고대천문학에서부터 부정적인 이미지를 강하게 풍겨 왔다(김일권, 『우리 역사의 하늘과 별자리』, 23쪽 참조)

수의 별자리를 나누는 기준이 된다. 하늘의 달은 날마다 조금씩 그 크기와 위치를 달리하다가 28일쯤 지나면 다시 제자리의 크기와 위치로 되돌아온다. 그래서 옛사람들은 달의 위치를 기준으로 해서 별자리를 스물여덟 개로 나누어 28수宿를 정한 것이다. 이 28수는 넷으로 나뉘어 동서남북의 네 방위와 봄·여름·가을·겨울의 네 계절에 각각 배정되는데, 동쪽은 봄, 북쪽은 겨울, 서쪽은 가을, 남쪽은 여름에 해당한다. 네 방위에 위치한 별자리는 각각 동방칠수, 북방칠수, 서방칠수, 남방칠수로 불리면서 해당 방위를 지키고 수호하는 사신四神[60]이나 사령四靈 즉 청룡, 현무, 백호, 주작의 모습을 하고 있다. 사방칠수 각각이 취하고 있는 사신의 형태는 다음 그림과 같다.

달은 우리의 선조와 문인들에게서 수없이 시詩로 읊어졌다. 조선시대의 문인 고산 윤선도는 자연의 다섯 벗을 시작詩作한 「오우가五友歌」의 서시序詩에서 "내 벗이 몇인가 하니 수석水石과 송죽松竹이라 / 동산에

달이 밝게 떠오르니 그것이 더욱 반갑구나"[61]라고 읊었는데, 여기에 달이 다섯 벗들 가운데 하나로 등장한다. 달은 밤의 흑암을 내쫓으면서 매일 자신의 모양을 변화시키지만 일정한 시간이 지나면 다시 제 모습을 찾아 끊임없이 세상을 비추기에, 옛사람들은 이러한 달의 덕성을 본받을 만하다고 여겼던 것이다. 세종대왕이 지은 「월인천강지곡」에서의 '월인천강月印千江'도, 달빛이 1천 개나 되는 강물을 내리비추듯 부처의 은혜가 온 누리를 비춘다는 의미이다.

선사시대 사람들이 달에 각별한 의미를 부여한 것은 태양의 경우와 유사하게 어떤 절대적이고 초자연적이며 신적인 의미를 읽어 내었기 때문이다. 밤하늘의 큼직한 등불이 되어 온 천하를 밝히며 밤의 악령을 쫓아내는 것만 보고도 선사시대 사람들은 그 초자연적이고 신적인 의미를 충분히 감지할 수 있었을 것이다. 그래서 그들은 달의 일정하게 변화하는 모습과 거기에 준한 땅과 바다의 변화를 연구하여 정밀한 역법을 발전시켰던 것이다.

그런데 당시 사람들은 이러한 역법과 더불어 ―엘리아데(M. Eliade)가 '달의 형이상학'[62]을 통해 밝히듯― 인간의 존재론적인 운명도 확실히 읽어 내었을 것이다. 달의 변화하는 리듬에서 인간의 탄생과 죽음, 부활까지도 읽어 내고, 이러한 달과 인간의 변화 리듬 속에서 자연과의 통합을 이해했을 가능성이 다분한 것이다. 그리하여 이처럼 달과 인간이 일치하는 리듬을 통해 인간은 죽음과도 화해할 수 있었을 것이라고 엘리아데는 진단하고 있다.

---

61) blog.daum.net/cha9335/7139909 참조.
62) M. 엘리아데, 이동하 역, 『聖과 俗』(학민사, 1996), 140쪽.

달의 여러 위상들—탄생, 죽음, 재생—을 통하여 인간은 우주 가운데서의 자신의 존재양식을 알게 되었고, 또 자신들이 사후에도 존속하거나 혹은 재생할 수 있다는 희망을 얻었던 것이다.…… 심지어 달의 리듬에 대한 종교적 가치 부여는 원시인에게 있어서 인간과 우주와의 최초의 위대한 통합을 가능케 한 것이었는지도 모른다.…… 우리는 심지어 달의 형이상학이라는 것도 말해 볼 수가 있는데, 그것은 살아 있는 피조물들, 우주 안에서 생명을 공유하고 있는 모든 것들, 즉 생성−성장−위축−사멸−부활의 과정 속에 있는 모든 것들에 관련되는 '진리'의 일관성 있는 체계라는 뜻에서 그러하다. 달이 종교적 인간에게 계시하는 것은 단지 죽음이 삶과 불가분으로 엉켜 있다는 사실뿐 아니라, 무엇보다도 죽음이란 끝이 아니며, 거기에는 항상 새로운 탄생이 뒤따른다는 사실이라는 점을 잊어서는 안 된다. 달은 우주적 생성에 종교적인 가치를 부여하며, 인간을 죽음과 화해시킨다.[63]

3. 북두칠성과 남두육성(남두칠성)

고인돌의 덮개돌에서든 고분벽화에서든 가장 많이 등장하는 별자리 형태는 북두칠성이다. 북두칠성에 대한 천문사상은 그 기원을 알 수 없을 정도로 까마득한 선사시대부터 시작된 것으로 보인다. 조선시대의 유교를 거쳐 근현대의 과학기술문명이 지배하면서 북두칠성의 존재의미는 퇴색해 갔지만, 그래도 북두칠성은 사람들에게 여전히 의식적·무의식적으로 깊이 뿌리박혀 있다. 한편, 고인돌의 성혈에서 가장 쉽게 발견되는 북두칠성 외에, 북쪽 하늘을 장식하는 북극삼성이나 묘수라고도 하는 좀생이별, 오리온자리 등도 성혈고인

---

63) M. 엘리아데, 이동하 역, 『聖과 俗』, 139~140쪽.

돌과 고분벽화 등에서 자주 목격할 수 있다. "북반구 밤하늘에서 가장 눈에 띄는 별자리는 북두칠성과 좀생이별(Pleiades cluster), 오리온 등이며, 이러한 별자리는 오랫동안 한국의 무덤이나 바위에 그려져 왔다."[64]

북두칠성의 형상이 뚜렷한 '칠포마을 고인돌'의 경우 많은 전문가들로부터 주목을 받았다. 경북 포항시 북구 흥해읍 칠포리(舊 영일군 칠포면 칠포리)에 위치한 이 칠포마을 고인돌은 누가 보더라도 성혈고인돌로서의 북두칠성임을 감지할 수 있게 한다.[65] 국자의 담는 부분에 있는 별들의 크기가 좀 달라 의혹을 불러일으킬 수 있으나, 김일권 교수가 이 북두칠성과 카시오페이아자리 및 이들 사이에 있는 북극성 성혈을 발견함으로써 더더욱 자명하게 되었다.[66]

'M'자 모양의 카시오페이아자리는 고구려의 덕흥리 고분벽화에도 선명하게 나타나 있는데, 북극성을 사이에 두고 북두칠성과 대응하는 곳에 위치하고 있으므로 북두칠성을 쉽게 찾을 수 있게 하는 역할도 한다. 북극성을 중심으로 북두칠성과 카시오페이아자리를 연결해 보면, 하늘의 별자리들이 선사시대에 시계의 역할을 했을 것이라고 추리해 볼 수도 있다.

그런데 여기 칠포리 일대[67]뿐만 아니라 주변 지역 및 한반도 전역에서는 윷판이 그려진 선사시대의 암각화도 많이 발견되는데,[68] 왜

---

64) 양홍진·복기대, 「중국 海城 고인돌과 주변 바위그림에 대한 고고천문학적 소고」, 『東아시아 古代學』 제29집(東아시아古代學會, 2012. 12), 327~328·332~333쪽 참조.
65) 포철 고문화연구회, 『칠포마을 바위그림』(포철 고문화연구회, 1994), 70쪽 참조.
66) 김일권, 『우리 역사의 하늘과 별자리』, 30쪽 이하·43쪽 이하 참조.
67) 김일권, 『우리 역사의 하늘과 별자리』, 35쪽 이하 참조.
68) 이를테면 경북 안동시 수곡리와 경북 영일만 진골마을 농발재의 그림인데, 이에 관해서는 국민대학교 박물관, 『한국의 선사시대 암각화』(국민대학교 박물관, 1993), 113쪽 참조.

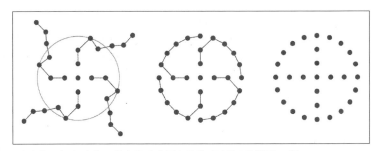

김일권 교수에 의해 구성된 윷판의 북두칠성 사방위 주천운동 모형도

바위에 윷판이 새겨졌는지 전문가들 사이에 의견이 분분한 상태였으나 김일권 교수의 탁월한 분석에 의해 그 윤곽이 밝게 드러났다.[69] 물론 또 다른 해석의 여지도 있을 수 있겠으나, 김 교수의 해석이 타당한 것으로 여겨진다.

잘 알려져 있듯 윷판은 모두 29개의 표식을 가진 윷놀이 판이다. 정중앙의 한 점을 빼면 28개가 되는데, 이 28개의 표식이 네 개의 북두칠성(7×4)을 이룬다. 중앙의 북극성을 중심으로 회전하는 북두칠성의 모습이 윷판으로 형상화된 것이다. 이를 통해 선사시대부터 북두칠성을 숭상해 왔다는 정황을 유추해 볼 수 있다. 당시 사람들은 붙박이별인 북극성에서 영원을 추리하고, 또 이 북극성을 중심으로 영원토록 윤회하는 북두칠성에서 영원과 불멸을 추리했을 것이다. 나아가 하루의 밤낮이 바뀌는 시간 동안에 북극성을 한 바퀴 도는 하늘의 북두칠성으로부터 땅위에 사는 인간의 운명을 연계시켰을지도 모른다.

박창범 교수는 포항시 북구 흥해읍 칠포리 야산 바위에 새겨진

---

69) 김일권, 『우리 역사의 하늘과 별자리』, 28~45쪽 참조.

윷판을 통해 윷판 해석의 여러 가능성을 언급하고 있다.

> 고대 선사문화의 유적이라고 생각되는 이 윷판형 바위그림에서 여러 천문학적인 요소를 찾을 수 있다. 둘레가 ○, 안쪽이 + 모양인 것은 천원지방의 우주구조를 윷판에 부여한 것으로 해석된다. 또 윷의 수가 네 개인 것은 땅의 수를, 윷을 던져 나오는 행마가 다섯 가지인 것은 하늘의 수를 나타낸다고 생각된다. 윷판은 모두 29개의 점으로 그려지는데, 이는 음력 한 달의 길이와 같다. 29점은 중앙의 1점과 주변의 28점으로 나뉘어 28수 별자리를 나타낸다. 28개 점들은 다시 네 방향의 각각 7개 점들로 나뉘는데, 이 수는 7정政 즉 해와 달과 다섯 행성을 상징한다고 생각된다. 또는 북극성을 중심으로 일주운동을 하여 동서남북 방향에 나타난 북두칠성을 그린 것일 가능성도 높다. 그렇다면 이 윷판은 북두칠성으로 사방위와 사시四時를 디자인한 그림이 된다.[70]

박 교수에 따르면 윷놀이 판의 기원에 대한 또 다른 추리는 고대 천문학에서의 28수 개념이다. 이 경우, 28수는 달이 지나가는 길이고 윷판 위에서 말을 사용하는 것은 달의 걸음이라고도 생각해 볼 수 있다. 그리고 이 28수는 사신도 개념과 연결되기에 네 방위의 수호신으로 나누어진다. 실제로 윷판에는 동서남북의 기점이 있다.

사실 윷판이 어떤 의미로 만들어졌는지 정확하게는 알 수 없지만, 어떻든 윷판의 각 표식이 별임에는 틀림없는 것으로 보인다. 도대체 이 윷놀이가 언제부터 시작되었는지 정확히 알 수 없으나, 오래 전부터 전승되어 온 민속놀이임에는 틀림없다.

이 외에도 운주사의 칠성바위[71]나 하남시 교산동의 칠성바위[72],

---

70) 박창범, 『하늘에 새긴 우리 역사』(김영사, 2004), 205~206쪽.
71) 전라남도 화순군 도암면 소재 운주사 경내에 있는 칠성바위의 자세한 배치도에 대해서는 이태호·천득염·황호균·유남해, 『운주사』(대원사, 1995), 110~111쪽 참조. 나일성, 『한국천문학사』(서울대학교출판부, 2002), 81~82쪽 참조. 박창범 교수는 운주사의 칠성

경남 함안군 예곡리 야촌마을의 칠성바위 고인돌처럼[73] 7개의 바위가 각각 하나의 별이 되어 북두칠성 형태로 배열되어 있는 경우도 가끔 있다.[74] 우리나라에는 얼마나 많은 '칠성마을'이나 '칠성바위', '칠성부 락'과 같은 이름들이 있으며, '지석리'라는 이름을 가진 마을들은 또 얼마나 많은가! 이런 이름들을 지닌 곳을 찾아가 보면 고인돌이 흔히 발견된다. 억겁의 세월 동안 거석문화는 거의 단절되어 버렸지만, 마을 이름 등을 통해 그 흔적이라도 전승되어 온 것이 그나마 다행으로 여겨진다.

북한지역에는 기원전 3000년 안팎에 건립된 고인돌들이 많고, 여기 에서는 북두칠성을 비롯해 남두육성 등 여러 별자리들이 관측되고 있다.[75] 평안남도 평원군 원화리의 고인돌이나 함경남도 함주군 지석 리의 고인돌[76] 등 성좌도가 있는 성혈고인돌이라면 대부분 북두칠성

석과 칠성석탑이 한눈에 보이는 장면을 사진을 통해 보이고 있다.(박창범, 『천문학』, 100쪽; 『하늘에 새긴 우리 역사』, 176쪽 참조)

72) 박창범, 『하늘에 새긴 우리 역사』, 100쪽 참조. 박창범 교수는 여기서 과학자답게 하남시 교산동에 있는 칠성바위의 배치도를 정확하게 측정하고 있다. 이 칠성바위가 놓인 방위, 각 별들 사이의 거리, 각 별들의 크기 등이 이 배치도에 정확하게 나타나 있다.

73) 필자가 예곡리 야촌마을의 고인돌을 찾아갔을 때, 큰 정자나무 아래 동네 어른들이 모여 있었는데, 이 분들은 여기 고인돌바위들이 북두칠성 형태로 놓여 있다고 말하면서 친절하게도 가정집 마당에 숨어 있는 고인돌까지 찾아주었다. 그런데 각 고인돌이 하나의 별임과 동시에 놀랍게도 몇몇 고인돌에는 성혈이 새겨져 있다.

74) 이토록 북두칠성 형태로 배열된 고인돌은 전국적으로 많이 발견되는 편이다(인터넷에서 "고인돌사랑회" 사이트 참조) 경상남도 양산시 일광면 칠암리, 전라남도 광양시 광양읍 칠성리, 전라북도 고창군 공음면 칠암리, 경상북도 청도군 각남면 칠성동 등지에서 칠성바위가 발견된다. 또 경상남도 창녕군 유리고인돌과 창원시 마산 합포구 반동리의 칠성바위 고인돌(창원대학교 박물관, 『창녕군 문화유적 정밀조사 보고』, 1984, 83쪽) 등 전국적으로 칠성바위는 발견된다.

75) 김동일, 「별자리가 새겨진 고인돌무덤에 대하여」, 『조선고고연구』(1996-3), 35쪽("별자리 가 새겨진 고인돌무덤 일람표") 참조. 최승택 박사도 "고조선 시기부터 매우 중시된" 북두칠성이 황해북도 상원군 전산리 6호 고인돌무덤과 남포시 룡강군 석천산 1호 고인돌무덤을 비롯하여 대동강일대의 고대천문관계유적들에 많이 있다고 증언한다.(최 승택, 「고구려무덤벽화천문도의 우수성에 대하여」, 『조선고고연구』, 2013-2)

이 새겨져 있다고 해도 과언이 아닐 정도라고 한다. 북한지역에서는 또 위에서 언급한 운주사의 칠성바위나 하남시 교산동의 칠성바위처럼 7개의 고인돌이 북두칠성처럼 배열되어 있는 경우도 많이 발견되는 것으로 보고되고 있다.[77]

제1부 4장(「고인돌 답사」)에서도 확인했듯이 선사시대의 고인돌 덮개돌에는 북두칠성과 함께 남두육성도 나타난다. 남두육성의 존재의미는 북두칠성과 유사하게 그 기원을 알 수 없을 정도로 오래된 것으로 보인다. 다음은 네이버의 지식백과에 있는, 고인돌 덮개돌에 새겨진 별들을 언급하고 있는 부분이다. 우선 지식백과는 역사학자들이 고인돌 덮개돌에서 발견된 구멍들이 주요 별자리와 일치한다는 사실을 알아내었음을 언급한 뒤, "고인돌 덮개돌의 방향이 동남쪽, 즉 해가 뜨는 방향을 따른다는 사실도 알아냈다. 확인된 별자리들은 북두칠성, 남두육성, 묘성(플레이아데스성단), 삼성(오리온자리)으로, 이런 사실을 통해 우리 조상들이 중국에서 별자리가 전해지기 전부터 이미 밤하늘을 관측한 것을 알 수 있다"[78]라고 지적하면서 남두와 북두를 비롯한

---

76) 이종호, 『한국 7대 불가사의』, 22쪽에 제시되어 있는 평안남도 평원군 원화리의 고인돌과 함주군 지석리 고인돌의 모사도를 참조.

77) 김동일 박사가 언급하듯이 칠성바위는 한반도의 여러 지역에서 발견되고 있다. "즉 평안남도 대동군 원천리, 평원군 룡이리 칠성마을, 평안북도 선천군 원봉리 칠성동, 강원도 철원군 룡학리, 세포군 내평리, 황해남도 재령군 룡교리, 삼천군 도봉리, 웅진군 국봉리, 황해북도 중화군 삼성리, 송림시 석탄리, 경상남도 창녕군 유리, 량산시 일광면 칠암리, 전라북도 고창군 공음면 칠암리, 전라남도 광양시 읍 칠성리, 경상북도 청도군 각남면 칠성동 등지에서 큰 돌이 북두칠성 모양으로 배렬되어 있는 칠성바위가 알려졌다."(김동일, 「칠성바위에 대하여」, 『조선고고연구』, 2012-3, 5쪽) 이 외에도 김동일 박사는 평양시 순안구역 구서리와 강원도 이천군 성북리, 황해남도 신천군 룡동리 등에 흩어져 있는 칠성바위들을 언급하고 있다.(「칠성바위에 대하여」, 『조선고고연구』, 2012-3, 5~6쪽 참조) 동 저자, 「북두칠성 모양으로 배렬되어 있는 구서리고인돌무덤 발굴보고」, 『조선고고연구』(2005-3), 40~46쪽 참조.

78) "네이버 지식백과"(어린이백과), '고인돌 시대부터 시작된 우리 민족의 천문학'.

몇몇 별자리들을 언급하고 있다.

남두와 북두의 큰 비중은 이능화 선생의 『조선도교사』에도 드러나 있다. 그는 성가星家에게서 남북두南北斗가 중요한 위치를 점하는 별자리에 속한다고 한 뒤, "이는 지상地上의 모든 사람의 본명本命에 대하여 빈궁과 영달, 잘되고 못되는 것을 남북두성이 통활하지 않음이 없다"[79]라고 지적하면서 이들 별자리가 도교와 긴밀한 관계가 있다고 말한다. 이와 유사하게 정재서 교수도 "북두칠성은 사자의 혼이 돌아가는 곳으로서 죽음을 주관하는 별자리이다. 이에 반해 남두육성은 삶을 주관하는 별자리이다. 이러한 관념은 모두 도교에서 유래한다"[80]라고 밝혔다. 김일권 교수 또한 고분벽화에 보이는 북두칠성과 남두육성은 북방과 남방의 표지 별자리로서 도교적 점성 관념의 흔적이 남아 있다고 말한다. "이렇게 남두와 북두가 남북으로 서로 호응하는 모습에서 인간의 생生과 사死를 주관한다는 도교적 점성 관념의 흔적으로 읽게 되었다."[81] 약수리 고분의 남두육성과 북두칠성을 해석하면서도 그는 "남두육성이 인간의 무병장수를 주관하고 북두칠성이 인간의 사후세계를 보살핀다는 도교적 점성 관념이 투영되어 있다"[82]라고 하였다.

남두육성은 원래 고대 동양의 천문사상에서 28수의 하나인 두수斗宿인 동시에 하늘의 네 방위를 담당하는 성수들(해와 달, 북두칠성과 남두육성) 중에서 남쪽을 맡은 수호성좌이다. 고구려의 고분벽화에서 남두육성은 진파리 4호분에서는 28수의 하나로만 등장하지만, 덕화리 2호분에

79) 이능화, 이종은 역주, 『조선도교사』(보성문화사, 1981), 290쪽.
80) 정재서, 『한국도교의 기원과 역사』(이화여자대학교출판부, 2006), 183쪽.
81) 김일권, 「고구려인들의 별자리 신앙」, 『종교문화연구』 제2호(2000), 23쪽.
82) 김일권, 『우리 역사의 하늘과 별자리』, 108·262쪽 참조.

서는 28수의 일원인 동시에 네 방위 수호성좌의 하나로서 남쪽을 수호하는 성수星宿로 우뚝 솟아 있다. 덕화리 2호분 벽화의 남두육성은 28수 중의 하나인 두수와는 비교도 안 될 정도로 큼직하게 그려져 있다. 그 외의 모든 사수도 체계가 등장하는 고분벽화에서 남두육성은 북쪽의 북두칠성에 대응하여 네 방위 중 남쪽을 담당하는 수호성좌로 강하게 부각되어 있다.

결국 해와 달과 함께 동서남북 사방위를 수호하는 "사방위 수호성수"[83]는 곧 온 세상 삼라만상을 수호하고 보살피는 체계로 완성된 세계관이었던 것이다. 그렇다면 남두육성과 북두칠성의 각별한 의미는, 선사시대 고인돌의 덮개돌에 각인된 것을 고려할 때 신선사상과 산악신앙 및 성수신앙이 형성된 원시도교에로 거슬러 올라가야 할 것으로 보인다.

선사시대부터 그 존재의미가 부각되고 고구려의 고분벽화에서 남쪽의 수호성좌라는 위상을 가진 남두육성은 북쪽의 북두칠성과 동쪽의 태양 및 서쪽의 달과 함께 온 세상을 보살피고 수호하는 초월적 존재자들이다. "중국 벽화에서 찾기 어렵고 유난히 고구려 벽화에서 강조되어 고구려식 천문 특징을 잘 담아내는"[84] 남두육성은 고래로 전승된 우리의 천문지리가 중국과는 다르다는 측면을 잘 드러내면서 중국을 포함한 세계의 다른 어느 나라에서도 찾아보기 어려운 사수도 체계를 완성시키는 데 큰 역할을 하고 있다.

---

83) 김일권, 『우리 역사의 하늘과 별자리』, 263쪽.
84) 김일권, 『우리 역사의 하늘과 별자리』, 95쪽. 김일권 교수와 유사하게 이종호 박사도 북두칠성에 비해 남두육성이 중국의 고분벽화에 거의 나타나지 않음을 지적하고서 이 남두육성이야말로 고구려식 남쪽 하늘 표현방식의 독특성이라고 규정하고 있다.(이종호, 『한국 7대 불가사의』, 55쪽 참조) 문중양, 『우리역사 과학기행』(동아시아, 2008), 60쪽 참조.

물론 중국의 성좌에도 남두육성이 나타나긴 하지만(이를테면 28수에서
의 두수의 형태로), 북두칠성과 짝을 이루어 온 세상을 수호하고 보살피는
네 방위의 수호성좌로는 부각되지 않았다. 중앙집권적 유교정치사상
에서는 수호성좌가 중심축이 되어 온 세상을 수호하고 보살피는 철학
사상 같은 것은 뿌리내리지 못했던 것이다. 이에 비해 고구려인들이
가졌던 성수신앙에서의 남두육성은 김일권 교수가 지적하듯이 "고구
려 고분벽화에서 매우 의미 있는 '사방위 별자리'의 하나"[85]로 부각되
어 있었다.

은하수를 따라 남쪽으로 내려가면 그 왼편으로 남쪽 하늘 지평선
가까이에 있으면서 주위의 별들에 비해 유난히 밝은 별무리가 있다.
북두칠성과 유사한 바가지 모양의 성좌인데, 이 별무리를 남두육성이
라 한다. 이 남두육성을 서양식으로 읽으면 궁수자리의 일부가 된다.
그래서 간혹 궁수자리 주변의 다른 별 하나를 남두육성과 연결시켜
남두칠성이라고도 하며(남두육성의 자루 부분 끝에 자루 별들과 비슷한 크기의
별이 하나 더 보일 때도 있다), 실제로 고구려 장천 1호분의 고분벽화에는
남두칠성으로 그려져 있다. 칠성으로 되어 있는 까닭에 혹자는 이
장천 1호분 고분벽화의 별자리를 북두칠성으로 보기도 하지만, 고구려
고분벽화의 엄격한 네 방위와 사수도 체계에서 남쪽 방위의 별자리를
북두칠성으로 대체할 리 없다.―더욱 이 벽화는 동서남북의 각 영역을 대각선
모양으로 확실하게 구분 지은 뒤에 동쪽의 태양과 서쪽의 달을 배치해 두고 있는데,
이런 상태에서 남쪽 하늘의 칠성을 북두칠성으로 보기는 어렵다.― 그래서 전문가들
은 이를 남두육성으로 보기도 한다.[86] 그러나 7개의 별들이 선으로

85) 김일권, 「고구려인들의 별자리 신앙」, 『종교문화연구』 제2호(2000), 6쪽.
86) 정재서, 『한국도교의 기원과 역사』, 184쪽; 전호태, 『고구려 이야기』(풀빛, 2001), 66쪽.

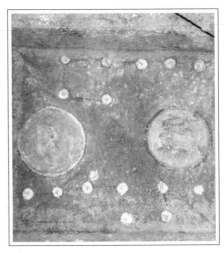

장천 1호분의 사수도는 삼족오가 들어 있는 동쪽의 태양과, 불사약을 찧는 옥토끼와 함께 두꺼비가 그려진 달, 남북을 수호하는 북두칠성과 남두칠성이 자리 잡고 있다.

연결되어 하나의 별자리 형태를 하고 있으므로 —앞의 제1부 4장의 2절(강화 고인돌)에서도 논의했듯이, 그리고 실제로 7개의 남두칠성으로 보일 때도 있듯이— 이 경우는 남두칠성으로 보는 것이 더 온당할 것으로 보인다.

궁수자리는 그 배경에 고대 그리스의 신화가 자리 잡고 있다. 하체는 말이고 상체는 사람인 켄타우로스족의 케이론이 시위를 당겨 활을 겨누고 있는 모습이 궁수자리이다. 의약의 신 아스클레피오스를 비롯한 수많은 영재들을 길러낸 케이론은 다른 켄타우로스들과는 달리 대단히 총명한 현자로서, 아르고 호를 타고 길을 떠나는 제자들에게 항로를 안내하기 위해 스스로 별자리가 되었다. 이것이 궁수자리의 기원이다.

4. 사수도

강원도 양구 용하리 선돌과 경북 문경 하리의 성혈고인돌 및 경기도 용인의 맹골마을 고인돌(맹리 고인돌) 등의 성좌도에는 모두 사수도가 나타나 있다. 조심스레 성혈의 별자리를 연결해 보면 저 사수도의 성좌도 윤곽이 분명해진다. 다만 북두칠성과 남두육성은 대체로 자연스럽게 연결되는 데 비해 해와 달의 경우는 연결선을 그을 수 없어서 찾기가 쉽지 않다. 그러나 해와 달의 성혈은 대부분 다른 별들에 비해 확연히 크게 표시되어 있기에 그것을 해와 달로 보는 것이 결코 무리가 아닐 뿐만 아니라 오히려 자연스럽기까지 하다.

또 북한지역에도 사수도의 성혈고인돌이 있는 것으로 여겨진다. 남북분단의 상황에서 직접 확인하기는 어려우나 『조선고고연구』에 실린 논문들을 통해 대략적인 상황을 파악할 수 있다. 이를테면 김동일 선생의 논문 「증산군 룡덕리 10호 고인돌 무덤의 별자리에 대하여」[87]

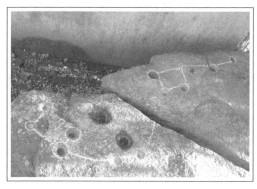

맹리 고인돌의 사수도

---

87) 김동일, 「증산군 룡덕리 10호 고인돌 무덤의 별자리에 대하여」, 『조선고고연구』(1997-3).

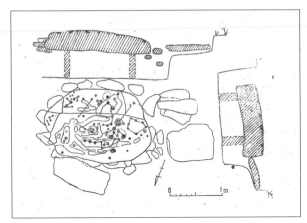

증산군 용덕리 10호 고인돌의 별자리 모사도 【김동일】

에서는 이 고인돌의 규모와 연대(출토된 팽이그릇에 대한 "핵분열흔적법에 의한 연대값 4926±700년") 및 천문학적인 의의에 관해 상세히 설명하고 있는데, 사수도에 관한 언급은 없지만 제시된 모사도를 통해 분명하게 사수도를 읽을 수 있다.

이 모사도의 맨 아래쪽에는 연결선으로 이어진 북두칠성 별자리가 있으며, 그 위로 포항 칠포리에서와 같이 카시오페이아자리가 W자형으로 연결되어 있다. 카시오페이아의 오른쪽 위에는 왕관자리가 서로 연결되어 있고, 가장 위쪽에는 남두육성으로 보이는 바가지 모양이 나타나 있다. 남두육성은 자루 부분의 성혈 2개와 바가지 부분의 한 모서리에 있어야 할 성혈이 (연결선은 분명하지만) 보이지 않는데, 이는 시간의 흐름으로 퇴색되었거나 바가지 모양의 연결선만 새긴 상태에서 마무리가 되지 않은 것으로 추리해 볼 수 있다. 이 남두육성의 바가지 부분 바로 앞쪽에는 남극노인성으로 볼 수 있는 별이 약간 큰 등급의 형태로 나타나 있다. 그리고 이 고인돌의 중앙 부분에

서로 동과 서로 떨어져, 가장 큰 홈 구멍으로 새겨진 성혈星穴이 있다. 이것은 분명 해와 달일 것이다.

지금까지 보았듯이 일월남북두日月南北斗의 사수도는 이미 선사시대의 고인돌 덮개에 각인되어 있었다. 이런 사수도의 세계는 고구려인들의 사상체계로 일반화되어, 대부분의 고구려 고분벽화에는 사수도가 아주 장엄하고 웅장하게 그려져 있다. 고구려인들은 사수도의 체계를 고분벽화의 벽면과 천장에다 치밀하게 옮겨 놓음으로써 그것을 한눈에 목격할 수 있도록 해 둔 것이다.

고분벽화의 천장에는 삼족오의 형상을 한 동쪽의 해와 옥토끼(또는 옥두꺼비)의 형상을 한 서쪽의 달이 온 천지를 비추고 있으며, 남쪽의 남두육성과 북쪽의 북두칠성이 서로 대면하여 수호성좌로서 장엄하게 자리 잡고 있다. 그리고 네 벽면으로는 동서남북을 방위하고 수호하는 사신도의 신수들이 위용을 드러내고 있다. 이리하여 인간을 비롯한 온 세상 삼라만상을 보살피고 수호하는 보살핌의 세계관이 완성된 것이다. 고대로 거슬러 올라갈수록 미개하고 덜 진화되었다는 인류역사의 편견이 얼마나 부당한 것인지를 알 수 있다.

제3장 고인돌의 성혈에 새겨진 경천사상

경천사상은 그야말로 하늘을 두려워하고 공경하며 하늘의 도리(天道)를 따라 살아가려는 사상이다. 두려움과 공경의 대상으로서의 하늘은 우주만물을 생성 화육하는 근본이면서 윤리의 표준으로 파악된다. 이런 경천사상은 —단군신화나 선사시대의 고인돌 성좌도, 홍산문명의 유적들, 『규원사화』를 비롯한 역사서들, 중국 사서 속의 각종 「동이전」, 고산제사를 지낸 천제단 등등의 증거를 통해 볼 때— 고대 한민족의 기원과 함께 시작된 것으로 여겨지며, 수많은 우여곡절과 외세에 의한 왜곡, 나아가 정치와 종교 도그마의 역사 속에서도 의식적·무의식적으로 전승되어 온 것으로 보인다.

북애 선생의 『규원사화』조판기肇判記에는 하늘의 천제(한 큰 주신: 一大主神)인 환인과 환웅천황이 온 우주를 열었으며, 대 주신인 환인은 환웅천황에게 명하여 "무리를 이끌어 인간세상에 내려가 하늘을 이어받아 가르침을 세우고, 만세토록 후손의 모범이 되게 하라"[1]라고 하였다고 기록되어 있는데, 여기서 "하늘을 이어받아 가르침을 세우

---

1) 북애, 고동영 옮김, 『규원사화』(한뿌리, 2005), 18쪽.

라"는 것은 경천사상의 근간을 각인하고 있는 것이다. 북애 선생은
또한 환웅천황이 세상에서의 과업을 완성하고서 천향에로 귀천한
것을 기록하고 있다.

> 천황의 말년에는 공들인 일들이 모두 완성되고 사람과 사물이 즐겁게 사는 것을
> 보고 태백산에 올라갔다. 천부인 3개를 연못가 박달나무 아래 돌 위에 두고 신선이
> 되어 구름을 타고 하늘로 올라갔다. 그 못을 조천지朝天池2)라 한다.3)

경천사상에 따른 하늘과의 지속적인 교류는 신화의 형식으로도
전해지고 있다. 우리에게 잘 알려진 해모수는 오룡거(다섯용이 끄는
수레)를 타고 하늘에서 내려왔다고 하는데, 해모수의 후예들은 당연히
스스로를 하늘의 후손으로 여기면서 하늘을 경외하는 사상을 갖게
되었다. 신라의 혁거세도 천마를 타고 하늘을 오갔다고 하며, 광개토대
왕의 비문에는 건국시조인 추모성왕鄒牟聖王이 해와 달의 아들(日月之子)
로서 황룡을 타고 하늘로 올라갔다고 새겨져 있다.4)

근래에 발견된 홍산문명은 세계 4대 문명권(이집트, 메소포타미아, 인더스,
황하)보다 최소한 1~2천 년 앞선, 그야말로 인류의 시원문명이라고
할 수 있는데, 발견된 유물 가운데는 고조선의 역사라고 할 수 있는
각종 옥玉 장식, 석관묘, 빗살무늬토기 등이 있으며 특히 우하량에서

---

2) 고동영 선생은 각주에서 '조천지'가 백두산 천지의 원래 이름이라고 하면서, 朝天池란
   "하느님을 배알하는 못이라는 뜻"이라고 덧붙이고 있다. 그는 또 천지연이라는 이름에도
   경천의 의미가 있다고 한다.
3) 북애, 고동영 옮김, 『규원사화』, 55쪽. 이 인용문에서 또 놀라운 것은 "…… 공들인
   일들이 모두 완성되고 사람과 사물이 즐겁게 사는 것을 보고……"에서도 드러나듯이
   환웅이든 또 그 이후의 단군에서든 백성을 보살피고 수호한 사상이 확연하게 드러나
   있는 것이다. 사수도와 사신도의 보살핌의 철학과 상통되는 것으로 여겨진다.
4) 광개토왕비의 내용은 인터넷에서 "광개토왕 비문"을 치면 쉽게 확인할 수 있다.

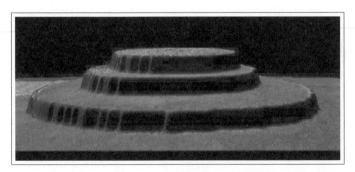

홍산문명권의 우하량에서 발견된 천제단

발견된 천제단의 유적은 인류 제천문화의 고향이라고도 할 수 있는 증거로 보인다.5)

주지하다시피 『규원사화』나 『삼국유사』가 전하듯 환인과 환웅은 원래 하늘에 거처하였다. 땅으로 내려온 환웅천황은 이상국가인 신시 神市를 이루고 "신선이 되어 구름을 타고 하늘로 올라갔다."6) 그는 신시의 백성들과 함께 "하늘의 은혜가 넘침"7)에 감사하고, 백성들은 순박한 태도로 즐거워하면서 살았다. 그의 아들인 단군은 단연 천자이다. 천자인 그는 "항상 하늘을 공경하여 제사지냈고"8), 또 종말에는 환웅천황과 유사하게 하늘로 돌아갔다.

『규원사화』에서는 하늘에 제사지내고 조상에게 보답하는 예가 단군으로부터 시작되었다고 한다.9) 단군은 백성들과 함께 "공손히 하늘에 제사지냈으며"10), 역대 임금들도 경외심을 갖고 하늘에 제사지냈다는

---

5) 북한의 사회과학원 고고학연구소에서는 「룡성구역 화성동에서 발견된 고대제단」(『조선 고고연구』, 2003-2, 49쪽)이라는 기사에서 제1호와 제2호의 천제단 사진을 싣고 있다.
6) 북애, 고동영 옮김, 『규원사화』, 55쪽.
7) 북애, 고동영 옮김, 『규원사화』, 34쪽.
8) 북애, 고동영 옮김, 『규원사화』, 57쪽. "하늘을 공경하는" 인간의 태도는 『규원사화』(57 · 62~63 · 64 · 68 · 78~79 · 95쪽 이하 · 105 · 172 · 180 · 198쪽 등등)에 자주 등장한다.
9) 북애, 고동영 옮김, 『규원사화』, 62쪽 참조.

것이다.[11] 제천은 신을 공경하는 예로 받아들여졌으며, 하늘을 경외하는 것은 그들 삶의 중요한 부분이었다. "신을 공경하는 예에 있어서 제천하는 것보다 큰 일이 없었다. 때문에 이 풍속이 오랜 세월을 거치면서 사방에 퍼져서 하늘을 두려워할 줄 모르는 사람이 없었다."[12] 더욱이 성인은 "하늘의 뜻을 체득하여 백성을 다스렸다"[13]고 하는데, 이는 하늘과 땅 및 인간세상이 서로 무관한 것이 아니라는 사상을 바탕으로 한 것이다. 하늘에 제사지내는 곳은 태백산(백두산)과 마니산을 포함하여 삼천여 곳이나 되었다고 한다.[14]

그런데 "하늘의 뜻을 체득하여 백성을 다스렸다"라는 말은 무엇보다도 백성과 만물을 사랑하는 것이 근본임을 천명하고 있다. "너희는 범을 보라. 사납고 신령스럽지 못하다. 너희는 그처럼 사납지 말며 사람을 상하게 하지 말고 언제나 하늘의 도道대로 만물을 사랑해야 한다."[15] 우리는 여기서 하늘의 도가 만물을 사랑하는 것임을 엿볼 수 있다. "홍익인간 재세이화"의 사상은 결코 단순한 이념이나 슬로건이 아니었던 것이다. 사신도와 사수도의 시스템도 이와 같은 연결고리를 갖고 있다.

"언제나 하늘의 도대로 만물을 사랑해야 하는" 행동원리는 칸트의 도덕률인 양심의 거울보다 더 자명한 척도를 제공해 준다. 하늘이 만물을 사랑하고 모든 생명에게 절대적인 은혜를 베푸는 것은 이론으로 따지지 않아도 적나라하게 드러난다. 이런 절대적인 사랑의 의미는

10) 북애, 고동영 옮김, 『규원사화』, 62쪽 이하 참조.
11) 북애, 고동영 옮김, 『규원사화』, 62쪽 이하 참조.
12) 북애, 고동영 옮김, 『규원사화』, 62~63쪽.
13) 북애, 고동영 옮김, 『규원사화』, 63쪽.
14) 북애, 고동영 옮김, 『규원사화』, 72~73 · 76쪽 참조.
15) 북애, 고동영 옮김, 『규원사화』, 78쪽.

플라톤의 『국가』에 실린 '태양의 비유'를 통해 잘 드러난다.

"언제나 하늘의 도대로 만물을 사랑해야 하는" 행동준칙에는 어떤 형태가 적합할까? 그것은 아마도 "하늘을 우러러 보고 땅을 굽어보아도 부끄러움이 없는"[16] 것일 터인데, 이런 준칙은 동양의 문화에 깊이 뿌리박힌 도덕률로 보인다. "죽는 날까지 하늘을 우러러 / 한 점 부끄럼이 없기를, / 잎새에 이는 바람에도 / 나는 괴로워했다. / 별을 노래하는 마음으로 / 모든 죽어가는 것을 사랑해야지.……"[17] 윤동주의 「서시序詩」에는 '하늘의 도'를 따르는 모습이 잘 드러나 있다.

『맹자』의 「진심장구盡心章句」에서 맹자는 군자의 세 가지 즐거움에 관해 말하면서 "하늘을 우러러 보아도 부끄러움이 없는" 즐거움을 언급하고 있다.

> 맹자가 말했다. 군자에게는 세 가지 즐거움이 있는데, (거기에) 천하의 왕 노릇을 하는 것은 없다. 부모가 모두 살아계시며 형제가 무고한 것이 첫 번째 즐거움이요, 하늘을 우러러 보아도 부끄러움이 없고 땅을 굽어보아도 사람들에게 부끄럽지 않은 것이 두 번째 즐거움이요, 천하의 영재를 얻어 그를 가르치는 것이 세 번째 즐거움이다.[18]

민본사상을 펼친 맹자는 도덕적으로 교양을 갖춘 군자의 세 가지 즐거움을 말하기에 앞서 거기에는 왕 노릇과 같은 세속적인 부귀영화는 들어 있지 않음을 가장 먼저 명시하고 있다. 이어서 세 가지 즐거움에 관해 말하고 있는데, "부모가 살아 계시며 형제가 무고한 것"이 그

---

16) 북애, 고동영 옮김, 『규원사화』, 172쪽. 198쪽에도 이와 같은 내용이 언급된다. "하늘을 우러르고 땅을 굽어보더라도 부끄러움이 없다면……."
17) 윤동주 시집, 『하늘과 바람과 별과 시』(덕우출판사, 1990).
18) 맹자, 나준식 옮김, 『맹자』(새벽이슬, 2010), 358~360쪽.

첫째요 "하늘과 타인 앞에서 부끄러움이 없는 것"이 그 둘째요 "뛰어난 영재들을 가르쳐서 세상에 도와 덕이 넘치게 하는 것"이 그 셋째이다. 이 가운데 두 번째 즐거움이 바로 '하늘의 도'대로, '하늘의 뜻'을 따라 살아가는 것이다.

『규원사화』에서 언급한 '하늘의 뜻'과 '하늘의 도'라는 거울에 비춰볼 때, 왕이나 군장 같은 어떤 지도자의 존재는 권력과 계급으로, 혹은 봉건적 시스템으로 지배하는 위계가 아니라, 하늘의 도를 좇아 '홍익인간'의 정신으로 만백성을 보살피고 사랑하고 수호해야 하는 위치에 있다. 북애 선생은 이런 근본정신을 망각한 왕이 선인으로부터 책망당하는 장면을 기록하고 있다.

> 후세에 가락국 방등왕房登王 때 암시선인嵓始仙人이란 사람이 있었다. 칠점산七點山으로부터 와서 초현대招賢臺에서 왕을 뵙고 "왕이 자연스럽게 다스려야 백성도 자연스럽게 풍속을 이룰 것입니다. 백성을 다스리는 방법이 예부터 있었는데 왕은 어찌 그것을 체득하지 않습니까?" 하니 왕이 큰 소를 잡아 대접했으나 받지 않고 돌아갔다. 이것이 옛 성인을 알아내는 비결이다.[19)]

"왕이 자연스럽게 다스려야" 한다는 주장은 노자나 장자의 무위정치 사상의 시원을 엿보게 한다. 왕은 지배하거나 군림하는 것이 아니라 "언제나 하늘의 도대로 만물을 사랑해야 하는" 존재임을 지적하며 '홍익인간'의 정신을 실현하지 않는 왕의 소행을 질책하고 있다. 성인聖人과 선인仙人의 권위가 왕의 위에 있음을 알 수 있다.

자연과 하늘의 도를 따르고 "언제나 하늘의 도대로 만물을 사랑해야 한다"는 것은 ─북애 선생의 『규원사화』에서 드러나듯─ 한민족의

---

19) 북애, 고동영 옮김, 『규원사화』, 79쪽.

역사 시원에서 발원한 사상으로 볼 수 있는데, 바로 단군에게서 비롯된 "홍익인간弘益人間 재세이화在世理化"의 사상이다. 단군신화에서 하늘은 인간세계를 따뜻하게 보살펴 주는 신격화된 존재자로 표현되고 있으며, 하늘의 뜻을 이어받은 단군은 곧 "홍익인간 재세이화"의 이념으로 세상을 다스렸다고 한다.

제천의식(부여의 영고, 고구려의 동맹, 예의 무천, 삼한의 각종 추수감사제 등은 제천의식인 동시에 전국가적인 축제행위였다)과 고산제사를 통한 신앙행위는 경천사상의 실질적이고 실천적인 내용을 이루는 것이었다. 이 경천사상은 고구려의 고분벽화에 수없이 나타나는 많은 하늘세계와 별자리들, 천향의 신비로운 세계로 나아가는 인간의 모습들 속에 표현되어 있지만, 시대를 더 거슬러 올라가서 선사시대의 고인돌에 새겨진 성좌도의 형태에서도 찾아볼 수 있다.

별자리신앙이 산악신앙과 신선사상과 함께 원시도교의 주요 내용이라는 것은 이미 주지의 사실이다. 고인돌의 덮개돌에 별자리를 새겨 놓은 것은 말할 것도 없이 경천사상이나 하늘을 동경하는 그런 사상, 본향의식 등이 농축되어 있을 것으로 여겨진다. 김일권 교수도 진단하듯 고인돌의 덮개돌에 별자리를 새겨 넣은 것은 하늘을 경외하고 동경하는 "별자리신앙의 한 갈래가 바위문화로 전개되었을 것이다."[20] 고인돌의 성혈은 그렇기에 경천사상을 구체적으로 드러낸 하나의 역사적 자료인 것이다.

오늘날 우리는 선사시대부터 각인된 고매한 사상문화를 망각해 버렸다는 사실(본래성 상실)을 뼈저리게 반성하고, "이토록 하늘을 경외하여 밤하늘의 별자리를 새긴 천문의 역사가 숨쉬고 있다는 사실을

---

20) 김일권, 『우리 역사의 하늘과 별자리』(고즈윈, 2008), 51쪽.

우리 스스로에게 되살려"[21] 보아야 한다. 물론 반성이 필요한 것은 단순히 선조로부터의 전승된 역사이기 때문이 아니라, 그 속에 고귀한 정신적 원형과 철학이 숨 쉬고 있기 때문이다.

고인돌의 성혈에 새겨진 경천사상에는 천문에 대한 지향과 하늘이 우리의 본향이라는 의식, 나아가 하늘을 끌어안으려는 회귀문화가 반영되어 있다. 김일권 교수의 다음 말이 이를 잘 드러내고 있다.

> 태곳적부터 천문에 대한 지향성이 고인돌문화로도 발현되었고, 그것이 지금에 전해져 별자리 암각화의 주제로 부각되고 있을 따름이다. 천문에 대한 지향은 예나 지금이나 크게 다르지 않다. 하늘이 우리의 본향이라 믿는 고대적 사유 속에서 고인돌의 덮개면이라든가 자연 암면에 별자리를 새기는 것은 그 하늘을 지상으로 끌어안으려는 본연의 회귀성이 반영된 문화이자, 인간이 자신들의 시간 개념을 위하여 천체 운행에 관심을 기울였던 흔적이라 이를 수 있을 것이다.[22]

선사시대의 성혈고인돌이 경천사상 및 본향사상의 구체적인 표현이라면, 이러한 내용을 주요 골자로 하고 있는 『삼일신고』와 같은 고서적은 최소한 내용적으로 신빙성이 있는 유물로 보인다. 그것은 선사시대의 세계관을 무리 없이 잘 반영하고 있기 때문이다. 나아가 글로 전승된 『삼일신고』에는 경천사상과 본향사상 외에도 교육적이고 윤리적인 의미도 잘 각인되어 있다.

짧게 엮어져 있는 『삼일신고』[23]는 '하늘'과 '하느님' 및 '하늘나라'(天宮)에 대한 내용들로 가득 차 있고, 마치 시구詩句처럼 '하늘'과 '하느님',

---

21) 김일권, 『우리 역사의 하늘과 별자리』, 51쪽.
22) 김일권, 『우리 역사의 하늘과 별자리』, 52쪽.
23) 북애 선생의 『규원사화』를 옮긴 고동영 선생은 이 책(『규원사화』)의 부록으로 『삼일신고』를 함께 싣고 있다.

'하늘나라', '누리'(世界), '참된 길'(眞理)이라는 제목이 붙어 있다. 그런데 '누리'(世界)라는 제목 아래의 문장에는 "너희는 총총히 널려 있는 저 별들을 보아라"라는 구절과 '하느님'의 이름이 두 번 나오며, 태양계와 햇빛 등이 나온다. 하늘과 직접적인 관련이 있는 것으로 채워져 있는 것이다. 또 '참된 길'(眞理)이라는 제목 아래서도 그 첫째 문장이 "사람과 사물이 함께 하늘에서 삼진三眞을 받았으니 곧 성性과 명命과 정精이니라"라고 하여 하늘이 언급되고 있다. 그런데 '하늘'(天)로 제목 붙여진 대목을 인용해 보면 다음과 같다.

> 천제께서 이르시기를,
> 너희 무리들아, 푸르고 푸른 것이 하늘이 아니며
> 까마득한 것도 하늘이 아니다.
> 하늘은 형상과 바탕이 없고 시작과 끝이 없으며
> 상하와 사방이 없고 겉도 속도 다 비었으며
> 없는 곳이 없고 싸지 않는 것이 없느니라.

이 인용문에서 천제를 제외한 나머지의 대목은 심오한 과학과 철학으로도 받아들여질 수 있는 내용들이다. 천제의 경우는 고대 그리스의 우라노스(Uranos)나 기독교의 신과도 유사한 인격적이고 절대자적인 측면을 드러내지만, 천제 이하의 대목은 과학적이고 천문학적인 진술로도 모순되지 않으며 동시에 시공을 초월한 하늘의 초-하늘적인 모습도 있다. 하늘이 어떻게 동시에 초-하늘이 되느냐고?

엘리아데(M. Eliade)는 우리에게 친근한 '하늘'에서 초월과 무한의 개념을 포착하였는데, 과학(자)도 부인할 수 없을 정도로 확실하다. 그에 따르면 하늘이 초-하늘이 될 수밖에 없는 까닭은, 우선 자연과학으로도 천문학으로도 그 높이조차 잴 수 없기 때문이다. 또한 하늘이 초-하늘이 되는 것은 결코 어떤 관념론이나 형이상학의 이론에 의해서가 아니라, 그야말로 하늘 그 자체에 내포된 신비와 위력 때문이다. 이러한 하늘을 엘리아데는 다음과 같이 규정한다.

> 하늘은 그 자체를 무한하고 초월적인 존재로서 보여 주고 있다. 그것은 인간과 그의 환경에 의해 표현되는 자질구레한 것들과는 탁월한 의미에서 '전적으로 다르다.' 무한한 높이를 단순히 지각하는 것만으로도 초월성이 계시된다. '가장 높은 것'은 저절로 신성神性의 속성이 된다. 인간이 도달할 수 없는 고지대, 별들의 영역은 초월적인 것, 절대적 실재, 영원의 무게를 획득한다. 거기에는 신들이 거주한다.24)

지구상의 어느 지역을 막론하고 선사시대와 고대의 사람들은 하늘을 숭상하였다. 그들에게는 하늘뿐만 아니라 대자연 또한 숭배와 불가사의의 대상이었다. 그러나 천문학자 나일성 박사가 지적하듯이 "그럼에도 불구하고 한반도에 살았던 고대인이 남긴 흔적들에는 좀 색다른 것이 있다."25)

여기서 "색다른 것"이란 나일성 박사에 의하면 "별을 새긴 것처럼 보이는 바위"—나일성 박사는 줄곧 "암각화 또는 바위그림"이라고 표현한다26)—인데, 그것은 다름 아닌 고인돌에 새겨진 성혈星穴로서 오늘날 과학자들 사이에서도 선사시대의 천문도로 알려져 있다.—앞의 제2부 1장의 제1절(「고인돌의 석각천문도」)에서 자세히 다루었다.— 우선 나일성 박사의 진단을 인용해 보자.

---

24) M. 엘리아데, 이동하 역, 『聖과 俗』(학민사, 1996), 104~105쪽.
25) 나일성, 『한국천문학사』(서울대학교출판부, 2002), 6쪽.
26) 나일성, 『한국천문학사』, 6쪽.

한반도 남부 지역에는 별을 새긴 것처럼 보이는 바위가 여러 곳에서 발견되고 있다. 그 대표적인 것은 두 개의 동심원이 여러 가지 그림 속에 섞여서 암각된 울산광역시 언양면 천전리 바위를 비롯하여, 크기가 각기 다른 둥근 점과 동심원으로만 가득 차 있는 도항리 도동 길목마을에 있는 큰 바위이다. 이 바위의 점들과 동심원은 고대인들이 본 별들이 아닐까 하는 추측을 하게 한다.[27]

그런데 나일성 박사가 『한국천문학사』를 쓸 당시에는 알려지지 않았는지 몰라도, 선사시대의 성혈고인돌에 새겨진 천문도는 한반도 전역과 옛 고조선의 영토의 유물들에서 자주 발견된다. 오늘날 쉽게 발견되는 성혈고인돌의 석각천문도에는 해와 달을 비롯해 북두칠성과 남두육성, 북극성, 카시오페이아, 삼태성, 좀생이별, 오행성, 은하수 등등 수없이 많은 별자리들이 있다.

고대 한국인들은 태곳적부터 하늘과 성좌들의 세계를 각별한 숭경심으로 바라보았으며,[28] 동시에 "태곳적부터 우주와 하늘을 관찰하여"[29] 왔다. 강화도 마니산의 정상은 하늘에 제사지내는 천제단으로서 참성단塹星壇으로 불리기도 했다.[30] 이 참성단을 관리하는 일은 중앙관청에서 맡아 왔는데, 『서운관지書雲觀志』 권3 「고사古事」에 다음과 같은 기록이 있다.

---

27) 나일성, 『한국천문학사』, 6쪽.
28) 김유신의 이름이 '庾信'으로 지어진 데에는 지극한 경천사상이 깔려 있는데, 『삼국사기』 「열전·김유신전」에 자세한 내력이 적혀 있다. 김유신의 부친 김서현이 庚辰일 밤에 화성과 토성이 자기에게 내려오는 꿈을 꾸었다. 또 모친 만명 부인도 辛丑일에 한 동자가 금빛 갑옷을 입고 구름을 타고 하늘에서 내려와 집안으로 들어오는 꿈을 꾸었다. "내가 경진일 밤에 좋은 꿈을 꾸고 이 아이를 얻었으니 마땅히 경진으로 이름할 것이나, 해와 달과 별의 이름으로 사람의 이름을 짓는 것은 예의에 어긋나기에, 庚은 庾자와 모양이 비슷하고 辰은 ('신'으로도 읽혀) 信자와 소리가 같으므로 이름을 庾信이라고 합시다." 이리하여 김유신 장군의 이름은 경진에서 유신으로 된 것이다.
29) 박석재, 『하늘을 잊은 하늘의 자손』(과학동아북스, 2009), 18쪽.
30) 박창범, 『하늘에 새긴 우리 역사』(김영사, 2004), 144~153쪽 참조.

강화 마니산이 진동하고 울렸다. 이로 인해 참성단의 동쪽 봉우리의 돌이 무너졌다. 주서 장후張厚와 서운관정書雲觀正 박념朴恬에게 가서 자세히 살펴보라고 명했다.[31]

이러한 기록은 마니산의 참성단이 천문관측활동도 행해진 곳이라는 사실을 밝혀 준다. 『서운관지』(권2 「測候」)의 다음 기록은 마니산 참성단이 천문관측을 전문으로 하는 곳이었음을 확신하게 한다.

만약 (혜성이) 하늘가로 옮겨서 관측하기 어려울 때는 경험이 있는 관측자 2명을 뽑아서 목멱木覓이나 마니摩尼에 오르게 하여 그 (혜성의) 흔적을 찾아보게 한다.[32]

마니산뿐만 아니라 한반도 내 대부분의 천제단이 하늘에 제사지내는 곳인 동시에 하늘을 관측하는 곳이었을 것이다. "하늘에 제사지내는 의식은 고대 사회에서는 가장 중요하게 행한 의식의 하나인 동시에 천문활동의 큰 활동 중 하나이기도 했다. 오늘날의 시각으로 보면 비과학적인 행위로 볼지 모르나 실은 제천의 의식은 분명히 그 시대의 과학인 것이다."[33]

고대 한국인들이 하늘을 관측해 왔다는 것은 국보 제225호인 「천상열차분야지도」만 보더라도 확실하다. 이것은 고구려에서 처음 만들어진 것을 탁본하여 조선시대에 새로 만들어진 것인데, 고구려에서 처음 만들어졌다고는 하지만 다시 그 이전 고조선에서부터 전승된 천문자료가 단연 바탕이 되었음을 추리해 볼 수 있다. 그것은 「천상열차분야지도」에서 중요한 위치를 점하는 사수도가 신석기와 청동기 시대

---

31) 나일성, 『한국천문학사』, 9쪽.
32) 나일성, 『한국천문학사』, 9쪽. 인용문에 나온 木覓은 서울 남산의 옛 이름이고, 摩尼는 강화도의 마니산이다.
33) 나일성, 『한국천문학사』, 8쪽.

로부터 전승되어 온 것이기 때문이다. 그것들은 고인돌의 덮개돌에 성혈의 형태로 각인되어 있으며, 저 「천상열차분야지도」의 28수라는 것도 이미 고조선 때부터 전승된 성좌들이다. 오늘날 세계 최고最古의 천문대가 첨성대라는 것도 하늘과 성좌들에 대한 관측활동이 전승되어 왔음을 입증해 주고 있다.

우리는 하늘에 대한 관측과 경천사상이 우리에게서 태초부터(선사시대와 역사의 시작부터) 엄존해 왔음을 알고 있고, 고구려에서는 고분벽화를 통해 천문사상의 꽃을 피워 왔음을 잘 알고 있다. 김일권 교수는 그것이 고구려 이후, 즉 고려시대에도 이어져 왔음을 『고구려 별자리와 신화』의 「고려에서 되살아난 고구려의 하늘」이란 장을 통해 밝혀내고 있다.[34] 아직 정밀한 발굴 자료가 확보되지는 않았지만, 지금까지 알려진 자료를 통해 고구려의 하늘이 고려에서 되살아난 사실을 그는 조심스럽게 타진하고 있다.

…… 918년 고려가 건국되면서 갑자기 고구려식 별자리가 부활하기 시작한다. 20대 왕인 신종의 양릉 벽화에서 고구려식 북극삼성 별자리가 재등장한 것은 좋은 예이다. 양릉이 1204년에 만들어졌으니 고구려 멸망 이후 무려 536년 만이다. 고려의 왕들은 태조 왕건의 능에서부터 천장에 천문도를 그리는 전통을 수립하고 있어 고려 초기부터 재현되었을 가능성이 있다 생각되나, 정밀한 발굴 자료를 아직 확보하지 못하고 있다.[35]

고려의 왕릉이 대부분 북한의 개성지역에 분포되어 있기에 발굴과 자료 확보에는 한계가 있을 수밖에 없다. 그래서 김일권 교수도 "현재까

---

34) 김일권, 『고구려 별자리와 신화』(사계절, 2008), 159~169쪽 참조.
35) 김일권, 『고구려 별자리와 신화』, 158~159쪽.

지 필자가 조사한 바로는 고려의 벽화무덤이 총 22기로 추산되며, 그중 17기의 능묘에서 천문도가 그려졌다. 왕릉으로만 본다면 벽화릉이 10기인데, 그 대부분인 9기 왕릉에서 천문도가 확인되고 있다. 대단한 비율이다"36)라고만 밝히고 있다.37)

그러나 태초부터 전승되어 고구려와 고려에까지 이어 온 우리의 천문과 경천사상은 ―김일권 교수도 지적하듯이― 조선시대에 이르러 거의 종말을 고하고 만다. "고구려식 별자리는 조선이 등장하면서 사라지고 만다. 조선시대에는 별자리 벽화무덤 자체가 발견되지 않는다."38) 그야말로 "잃어버린 하늘"39)이 되고 만 것이다.

김일권 교수는 고구려의 천문사상을 이어받은 고려와 그렇지 않은 조선의 두 하늘을 비교한다.

우리 역사에 등장하였던 하늘은 고려와 조선이 같지 않았다. 조선의 하늘이 성리학 이념에 경도된 이법理法의 하늘만을 공인하였다면, 고려의 하늘은 다양함을 공존시

---

36) 김일권, 『고구려 별자리와 신화』, 159쪽.
37) 고려 벽화무덤의 사례로서 김일권 교수는 우선 고려 신종의 양릉 천문도와 파주 서곡리 고려 벽화묘의 천장성수도, 안동 서삼동 고려 벽화묘의 천문도, 공민왕 헌릉의 천장성수도, 개풍군 수락동 벽화묘, 제19대 명종의 智陵, 고려 중기 허재 석관묘, 철원 내문리 벽화묘 등등을 통해 증거를 제시하고 있다(김일권, 『고구려 별자리와 신화』, 160~169쪽 참조)
38) 김일권, 『고구려 별자리와 신화』, 159쪽.
39) 김일권, 『고구려 별자리와 신화』, 170쪽. "잃어버린 하늘"에 대한 뼈아픈 반성과 비판은 김일권 교수의 『우리 역사의 하늘과 별자리』(고즈윈, 2008, 361쪽)에서도 마찬가지로 지적되고 있다. "고려와 조선에서 하늘을 바라보는 관점에 큰 변화가 일어난 까닭은 무엇보다 제천 의례 혁파에서 찾을 수 있다. 명나라의 제후를 자처한 조선은 천자만이 하늘을 독점할 수 있다는 전근대 성리학적 질서론에 편입되고자 하였고, 건국 직후부터 조선의 위정자와 유자들은 수천 년을 이어온 기존 제천례를 혁파할 것을 스스로 제기하였다. 태종, 세종 연간을 거치면서 이미 하늘의 상제에 대한 제천례가 분명한 존화종법적 자의식에 의거하여 국가 공식 의례에서 배제되었고, 건국 시조의 제천 배향조차 허락되지 않았다."

키는 다원성을 지향하였다. 도교의 하늘이 컸는가 하면, 불교의 하늘과 유교의 하늘이 함께 동반하여 고려의 전 시대를 풍미했다.[40]

김일권 교수는 "조선이 들어서고 불과 몇 백 년 사이에 인간이 하늘과 유리되고 하늘의 천공 속을 자유로이 노닌다는 사유 자체가 불가능하게 되었다"[41]라고 하였는데, 그에 대한 자세한 이유를 그는 다음과 같이 설명하고 있다.

> 성리학적 중화질서에 편입되면서 제천의례를 혁파하여 하늘과 교통하던 통로를 스스로 봉쇄한 후, 고구려 이래 시대를 거듭하면서 확장의 일로를 걸어오던 제천의 전통이 단절되는 곡절을 경험하였다. 매년 시월 하늘에 제사를 지내는 국중대회를 열어 주기적으로 사회통합을 도모하였고 하늘과 인간의 소통을 되풀이하였던 공적 제천의 역사가 더 이상 사회 표면에 등장하지 못하고 지금까지 음지화되어 버렸다. 마니산 천제가 거행된다 한들 이 잃어버린 정서를 되살릴 수 있을까.[42]

명나라의 제후를 자처한 조선의 존명사대주의에는 말할 것도 없이 명나라의 천자만이 하늘을 독점할 수 있다는 유교적 질서론이 있다. 그 속에 스스로 편입되어 감으로써 유사 이래부터, 까마득한 선사시대부터 이어져 온 제천의례는 종말을 고하게 된다. 우리의 긴 역사의 거울에 비추어 볼 때 이를 "혁명에 가까운 문화 변동"[43]이라고도 표현할 수 있겠지만, 다른 한편으로는 비굴한 본래성 상실이라고도 말할 수 있을 것이다. 김일권 교수는 이렇게 지적하고 있다.

---

40) 김일권, 『고구려 별자리와 신화』, 170쪽.
41) 김일권, 『고구려 별자리와 신화』, 171쪽.
42) 김일권, 『고구려 별자리와 신화』, 171~172쪽.
43) 김일권, 『우리 역사의 하늘과 별자리』, 367쪽.

달리 보면 수천 년을 이어오면서 인간의 원원한 배경이 되어 왔던 하늘의 상실이라 이를 수도 있다. 소박하였든 제도화되었든 삼국시대 전부터 고려조에 이르기까지 제천의 중요성과 제천의 통로가 확대일로를 걸어오다가 조선조에 들어서 공적인 하늘의 상실로 마무리된 것이다.[44]

중화사상에 도취된 조선시대의 "잃어버린 하늘"에 대한 김일권 교수의 지적은 온당한 것으로 보인다. 심지어 괴상망측한 법전을 만들어 자유롭게 천문을 못 배우도록 한 흔적도 보인다. "『대명률직해』라는 조선시대 법전에는 '하늘의 모습을 그린 기구나 물건, 천문에 관련된 도참을 몰래 감춰두는 자는 곤장 1백 대에 처하고, 사사로이 천문을 배우는 자도 그렇게 한다. 이를 고발하는 자에게는 은 열 냥을 상으로 준다'는 조항이 있었던 것이다."[45]

그러나 우리는 예외적으로 천문사상에 비상한 관심을 표명하며 갖가지 천문기구들을 제작하는 데 심혈을 기울였던 세종대왕과, 장영실을 비롯한 천문관리들을 기억할 필요가 있다. 물론 이런 노력은 국가적 차원의 일로, 개인적인 차원에서 자유롭게 이루어진 것은 아니었던 것으로 보인다. 영조 또한 강한 경천사상을 가졌던 것으로 보이는데, 다음 대목에서 이를 잘 확인할 수 있다.

조선 영조 때 천문을 맡은 관리가 불타 버린 경복궁 터에서 태조본 '돌 천문도'를 발견했고, 보고를 받은 영조는 호조판서에게 명하여 "하늘을 항상 가슴 깊이 공경한다"는 뜻인 흠경각欽敬閣을 짓게 하여 그곳에 태조본 돌 천문도와 숙종본 돌 천문도를 함께 보관했다.[46]

44) 김일권, 『우리 역사의 하늘과 별자리』, 367쪽.
45) 안상현, 『우리 별자리』(현암사, 2000), 287쪽.
46) 안상현, 『우리 별자리』, 15쪽.

그러나 길고 긴 조선시대를 거치면서 하늘에 대한 오랜 정서와 그 전승을 잃어버렸다는 사실을 부인할 수는 없을 것이다. 조선시대 이후에서부터 과학기술문명과 상업자본주의가 지배하는 오늘날에 이르기까지는 저러한 천문사상이 더더욱 망각되고 업신여겨져 갔음에 틀림없다. 이것 또한 본래성 상실인 것이다. "현대사회에서는 하늘과 분절된 경험이 더욱 심화되어 현재의 우리를 지배하고 있다. 우리가 하늘을 잃어버린 것인가, 아니면 하늘을 잃어버린 시대를 살고 있는 것인가."[47]

박석재 교수의 저서 『하늘을 잊은 하늘의 자손』이라는 제목이 지적하듯, 과연 오늘날의 한국인들은 하늘을 잊은 것이나 다름없게 하늘과의 내밀한 관계를 간직해 왔던 역사를 모른 채 살아가고 있다. '천손天孫'이란 말을 수없이 듣곤 하지만, 과학이 지배하는 세상에서 이를 신화적 표현이라고 터부시해 버리는 것이 현대인의 심리이다. 더욱이 현대인의 "앞만 보고 살아가는 삶"에서는 하늘을 우러러 보는 여유 또한 찾을 수 없을 것이다.

애국가에까지도 '하느님' 즉 '하늘님'이 등장하고, 또 '하늘이 열린 날에 대한 절기' 즉 '개천절開天節'을 공휴일로 할 만큼 우리는 하늘을 숭상하면서 살아 온 백성들이다. 그런가 하면 1만 원권 지폐의 뒷면에는 「천상열차분야지도」와 혼천의까지 디자인되어 있지 않은가! 그런데 도대체 누가 이런 것들을 세심히 들여다보며 그 역사에 얽힌 사연을 곱씹어 보겠는가. 하늘의 뜻과 섭리를 읽고 따르는(天文) 정신을 지닌 '하늘의 자손'임에도 우리는 우리의 신분도, 하늘의 존재의미도 망각한 채 살아가고 있다.

---

47) 김일권, 『고구려 별자리와 신화』, 171쪽.

오늘날 인류는 지나치게 지구중심적이고 현세적인, 오직 눈앞의 세계에만 매몰된 삶을 살아가고 있다. "너무도, 너무도 거대한 우주"[48]에 대해서도, 또 그 속에 분명히 존재하는 인간 자신의 모습에 대해서도 사유하지 않는 것이 현대인의 실상이다. 우리는 단순히 우주를 광대무변하다고만 말하지만, 그 크기는 도무지 상상조차 할 수 없다. 박석재 교수는 방대한 은하계에 대해 이렇게 설명한다.

> 불과 백 년 전까지만 해도 우주에는 우리 은하 하나만 있는 줄 알았다. 그래서 서양 사람들은 우리 은하를 정관사 the를 붙이고 첫 글자는 대문자로 써서 'the Galaxy'와 같이 표기하였다. 하지만 우리 은하는 유일한 은하가 아니었다. 최근까지 찾아낸 은하는 모두 1천억 개(!)가 넘는다.[49]

박 교수는 어떤 은하단의 경우 별들이 5000~6000억 개가 모여 만들어졌다고 한다.[50] 그 많은 은하단의 별들을 다 합한다면 도대체 얼마나 될까. 박 교수는 우주를 지구에 비유하면서 "만일 우주가 지구만 하다면 지구는 원자보다도 작아야 한다!"[51]라고 말한다. 그렇다면 그 원자보다 작은 것으로 비교된 지구에, 더욱이 이토록 작은 지구 가운데 지극히 작은 개체로 존재하는 우리는 도대체 무슨 존재의 미를 갖는 것인지, 그저 의아하고 허무할 따름이다.

---

48) 박석재, 『하늘을 잊은 하늘의 자손』, 99쪽. 북애 선생도 『규원사화』에서 광대무변한 우주를 언급하고 있다. "우주 공간에 늘어 서있는 별자리를 보니 아득히 멀고 찬란하고 빛이 밝은데, 도대체 그 크기가 얼마나 되는지를 어떻게 눈으로 헤아릴 수 있겠는가……구만리 먼 하늘을 우러러 보면 별빛이 촛불 같으니 그 크기가 얼마나 되며 그 빛은 얼마나 밝겠는가. 그런데 땅과 하늘의 거리가 구만리 밖에 안 되겠는가."(북애 지음, 고동영 옮김, 『규원사화』, 162쪽)
49) 박석재, 『하늘을 잊은 하늘의 자손』, 100쪽.
50) 박석재, 『하늘을 잊은 하늘의 자손』, 102쪽 참조.
51) 박석재, 『하늘을 잊은 하늘의 자손』, 103쪽.

이처럼 상상 속에서도 그 시공을 다 담을 수 없는 우주 가운데에서 점 하나 찍기도 어려운 인간의 위상이지만, 이 인간이 의식을 갖고 우주 안에서 분명히 삶의 의미를 추구하면서 살아가는 것도 미스터리이며 기적적인 사실임에 틀림없다. 그렇기에 인간은 미스터리 속에서 살아가는 기적적인 존재라고 할 수 있는 것이다.

천문학자인 박석재 교수와 유사하게 철학사에서는 파스칼(B. Pascal)이 광대무변한 우주와 지극히 미미한 인간의 존재에 관해 성찰하였다. 그에게서 인간은 무한한 세계 속에 몸담고 있는 지극히 미미한 존재이다. 이런 인간을 파악하고자 하는 시도는 오히려 인간을 극도의 당혹감 속에 가라앉게 하고 만다. 태양계나 은하계에서 지구는 하나의 작은 점에 불과하고, 나아가 전체 천체(온 우주)에 비한다면 인간의 존재는 지극히 미미하여 점 하나 찍기도 어려울 것이다. 이런 우주는 말할 것도 없이 인간의 상상력으로 파악할 수 없는데, 그것은 우주가 무한하기 때문이다. 그러기에 지극히 미미한 유한자는 무한의 면전에서 무화하여 순수한 무無가 되고 만다. 이로써 사유는 끝이 나고, 불가사의한 무한함 속에서 인간은 자신을 잃어버린다.[52]

이런 절망적인 파스칼의 메시지는 결코 단순한 회의주의적 진술이 아니라, 과학적 사실에 입각한 것임에 틀림없다. 다음과 같은 메시지도 이런 절망을 잘 밝혀 준다.

모든 사물은 무로부터 생겨나서 무한을 향해 나아간다. 누가 이 놀라운 진행과정을 제대로 이해할 수 있겠는가? 우리는 결코 사물의 참된 본질을 파악하지 못한다. 단지 언제나 사물의 한가운데 파묻혀 있는 느낌으로, 사물의 근원이나 목표를

---

52) B. Pascal, übertragen und herausgegeben von E. Wasmuth, *Über die Religion*(Insel: Frankfurt a.M. 1987), Kap. Ⅱ · Ⅵ 참조.

알 수 없다는 영원한 절망 속에 빠져 있을 뿐이다. 나는 어디서든지 그저 어둠만을 볼 뿐이다. 자연은 나에게 의심과 불안의 동기가 되지 않는 것은 아무것도 제공하지 않고 있다.[53]

이러한 파스칼의 메시지에는 인간의 비참함, 이를테면 인간을 영원한 절망으로 이끌 인식의 불가능성을 적나라하게 드러내고 있다. 파스칼에게서는 인간이 자연계에서 가장 불가사의한 존재이고, 그것이 곧 우리 인간의 본래 위치인 것이다. 그러나 이렇게 철저한 절망이 인간에 대한 파스칼의 최후의 진술은 아니다. 인간은 자신의 비참함과 무기력함을 알고 이해하며 극복하는 데서 존엄한 존재에로의 계기를 마련하게 되는 것이다.

인간의 존엄성은 전적으로 사유를 통해 확립된다. 그래서 인간은 "생각하는 갈대"인 것이다. 앞에서 언급했듯 우주에 비하면 무無와 다를 바 없는 인간이지만, 그러나 이 "생각하는 갈대"는 사유하지 못하는 우주보다 더 존엄한 존재가 되기에 이른다.

온 우주가 일어나 그를 죽인다 해도 인간은 그를 죽이는 우주보다 더 위대하다. 왜냐하면 인간은 그가 죽는다는 것을 알며, 우주가 자기보다 어떤 점에서 우월한지를 알고 있기 때문이다.[54]

---

53) W. 바이셰델, 이기상·이말숙 옮김, 『철학의 뒤안길』(서광사, 1990), 189쪽.
54) W. 바이셰델, 이기상·이말숙 옮김, 『철학의 뒤안길』, 190쪽.

제4장 고인돌의 성혈에 새겨진 천향과 불멸사상

1. 고대인들의 천문 지향

적어도 플라톤에게 있어서 하늘은 인간의 본향으로 일컬어진다. 플라톤에게서 인간의 영혼은 —윤회를 거듭하는 경우도 있지만— 결국 고향인 별의 세계로 돌아가게 된다.[1] 그는 인간의 영혼이 하늘로 오르내리는 물과 같다고 했다. "인간의 영혼은 물과 비슷하다. 하늘에서 내려와 하늘로 올라간다. 그리곤 다시 땅으로 내려와야 하는데, 영원히 이 일을 거듭한다."[2]

플라톤에게서 인간은 그의 궁극적인 고향인 하늘나라를 그리워하며 지상에서 나그네의 삶을 살아간다. 인간이 이토록 천향을 그리워하며 살아가는 것은 원래 거기에서 지상으로 왔기 때문이다. —『파이드로스』를 비롯한 플라톤의 여러 대화록에서 논의된— 영혼선재설靈魂先在說에 의하면, 인간은 육체를 입기 전에 순수영혼의 형태로 천궁에서

---

1) Platon, *Phaidros*, 249a 참조.
2) Platon, *Phaidros*, 248c~249d. J. Hirschberger, *Geschichte der Philosophie I*(Herder: Freiburg · Basel · Wien, 1991), 124쪽.

영원한 존재와 모든 실재하는 것의 원형, 즉 이데아의 세계를 목격했던 것이다. 비록 순수영혼의 형태로 목격했던 천상에서의 삶은 육체를 입으면서 거의 망각되었지만, 그것은 그에게 일생동안 꺼지지 않는 동경으로 남게 된다. 따라서 이승의 삶이 펼쳐지는 이 세상은 부단히 완전함을 갈망하는 장소이며, 영원한 실재를 갈망하는 장소인 것이다. 그래서 자신의 영혼이 선재했던 시기에 천궁에서 보았던 것과 유사한 것을 이승의 삶에서 보게 될 때, 인간은 기쁨에 벅차 자신을 잃어버리고 자신을 제어할 수 없을 정도가 된다고 한다.

플라톤의 영혼선재설이 표명하듯 인간은 그가 유래한 그 근원으로 다시 돌아가기를 열망한다. 그의 본향은 하늘인 것이다. 이 세상에서의 무상한 존재는 더 이상 무상하지 않은, 더 이상 생성소멸의 굴레에 얽매이지 않는 영원한 실재를 갈망한다. 플라톤에 의하면 인간은 이 본향에 대한 열망 때문에 앎과 지혜를 추구하고 부단히 완전함을 갈망하며 사물의 궁극적인 것을 인식하려 애쓰고, 나아가 이데아 자체의 관조에 이르려고 노력을 기울이는 것이다.

플라톤에 의하면 인간은 별들과 같은 수의 혼들로 창조되었으며,[3] 이 세상에서 올바르게 산 사람은 다시 그의 고향인 별의 거주지로 되돌아가서 더 익숙하고 행복한 삶을 누리게 된다고 한다.[4] 여기서 "더 익숙한 삶"이란 인간이 귀향한 별 세계가 원래 자신의 고향이기에, 말하자면 인간의 본향이기에 익숙하다는 것이다.

하이데거가 자주 언급하는 시인 노발리스는 "철학은 본질적 의미에서 하나의 향수병이다. 그것은 전적으로 고향에 머물고자 하는 충동이

---

3) Platon, *Timaios*, 41e 참조.
4) Platon, *Timaios*, 42b 참조.

다"라고 하여 철학의 본질을 예리하게 통찰했다.5) 철학적인 고군분투
는 —그 고향이 천상이건 어떤 미지의 나라이건 간에— 결국 고향
찾아가기이고 고향 회복이며 본래성 획득이다. 철학은 본향(귀향)으로
의 준비라고 하는 노발리스와, 철학은 죽음에의 준비라고 하는 플라톤,
형이상학의 3대 과제를 "신, 불멸, 자유"라고 하는 칸트의 천명을
고려할 때, 한국 고대의 선사시대 사람들이 고인돌의 덮개돌에 성혈로
각인한 천향은 철학의 심층적 테마를 인지하고서 온 정성으로 표현해
놓은 것으로 보인다.

고인돌 성혈의 성좌는 하늘나라에 대한 경천사상과 천향에로의
귀천에 대한 사상을 현사실적으로 드러낸 것이다. 김일권 교수도
하늘의 별자리를 새긴 고인돌 성혈이 천향 및 본향과 연루된다는
점을 잘 지적하고 있다.

> 천문에 대한 지향은 예나 지금이나 크게 다르지 않다. 하늘이 우리의 본향이라
> 믿는 고대적 사유 속에서 고인돌의 덮개면이라든가 자연 암면에 별자리를 새기는
> 것은, 그 하늘을 지상으로 끌어안으려는 본연의 회귀성이 반영된 문화이자 인간이
> 자신들의 시간 개념을 위하여 천체 운행에 관심을 기울였던 흔적이라 이를 수
> 있을 것이다.6)

고인돌 덮개돌에 하늘의 성좌를 각인하여 경천과 천향의 사상을
드러낸 것은, 문자로 드러낸 메시지와도 거의 같은 표현인문학으로서
선사시대 사람들의 정신세계를 들여다볼 수 있게 하는 기적적인 유물
이다. 돌칼로 성혈을 파는 것이 어디 쉽기라도 하단 말인가. 단순한

---

5) M. Heidegger: *Die Grundbegriffe der Metaphysik* (GA. 29/30), S. 7 (Frankfurt a.M., 1983).
6) 김일권, 『우리 역사의 하늘과 별자리』(고즈윈, 2008), 52쪽.

예술작품을 위해 그렇게 무덤의 덮개에 성혈을 남겼단 말인가? 무덤으로 쓰인 그 거대한 고인돌의 덮개돌에 ─돌을 뚫고 조각할 만한 적당한 도구도 없던 상황에서─ 성혈로 하늘의 별자리를 각인한 것은, 그런 노력과 정성을 기울여 표현할 만한 경천과 귀천歸天의 사상이 있었기 때문이다. 만약 자연석의 바위에 성혈이 새겨져 있다면 그것만으로 천향에 대한 사상을 추리하기 어렵겠지만, 고인돌의 덮개에 새겨진 성좌는 적어도 사자死者가 돌아갈 곳, 그의 본향이 하늘이라는 내용도 포함하고 있다. 귀천과 경천 및 불멸의 사상이야말로 (성혈)고인돌을 건축하게 한 가장 근원적인 원동력이었을 것이다.

　이런 경천과 귀천의 사상은 고인돌에 우연히 새겨진 것이 아니라 태초부터, 즉 건국신화에서부터 원초의 역사를 다룬 곳에는 어김없이 등장한다.─따라서 이는 한민족의 정신적 원형의 하나라고 할 수 있다.─ 말하자면 고대 한국인들은 철저한 경천과 천향의 사상을 가졌던 것이다. '천손天孫'사상은 이미 우리에게 잘 알려져 있다. 오직 한 분이신 신(一神)은 "천궁天宮을 거느려 만 가지 선을 가르치시고 만 가지 덕의 근원이 되므로 모든 신령들이 보호하고 받들어 모시니 크게 상서롭고 크게 밝고 빛난다. 그곳을 신향神鄕이라 한다."[7] 그러한 하늘의 천제가 "인간 세상에 내려와 우리 황조皇祖가 되어"[8] 세상의 일을 완수하고 하늘의 신향으로 돌아간 것이다.[9]

　그런데 신은 세상에 사는 사람에게도 "너희는 어버이로부터 났으며 어버이는 하늘에서 내려왔으므로, 오로지 너희는 어버이를 공경하는

---

7) 북애, 고동영 옮김, 『규원사화』, 78쪽.
8) 북애, 고동영 옮김, 『규원사화』, 77쪽.
9) 북애, 고동영 옮김, 『규원사화』, 77쪽. 또한 『규원사화』에서는 단군도 "아사달에 들어가 10월에 신이 되어 하늘로 올라갔다"(94~95쪽)고 한다.

것이 하늘을 받드는 것이 되어"[10] 하늘의 신향에로 귀향하는 법을 가르쳐 주었다. "너희 무리는 오로지 하늘이 내려 주신 법을 지켜 모든 선을 돕고 만 가지 악을 없애어 성性이 통하고 공功이 이루어지면 하늘에 이를 것이다. 하늘의 법도(天範)는 오직 하나뿐이며 그 문이 둘이 아니므로, 너희는 오로지 마음이 깨끗하고 정성스러워야 하늘에 이를 것이다."[11]

『규원사화』의 저자 북애 선생은 유교 및 불교의 경우와 달리 ─단군의 말을 언급하며─ 인간의 영령이 신향으로 들어가 불멸함을 피력하고 있다.

> 내가 유교와 불교와 단군의 말에 대해 증명할 만한 겨를이 없으나 인생이 스스로 없어지지 않는 영이 있으므로, 선을 돕고 악을 없애며 성을 통하고 공을 다하면(性通功完) 죽는다 하더라도 영령英靈은 없어지지 않고 능히 하늘로 올라가서 신향에 들어간다는 것은 믿을 만하다.[12]

북애 선생은 유교나 불교의 '교' 대신 '단군의 말'이나 '단군의 가르침', '거룩한 교훈' 등의 표현을 써서 전자의 종교와 구분 짓는데, 이는 철학과 더 가까이 연결시킬 수 있는 실마리를 제공해 준다. 불사의 영령과 신향에로의 귀천사상이야말로 철학적 존재론의 심층적이고 궁극적인 테마이기 때문이다.

위의 인용문에서 우리는 놀라운 사실을 목격할 수 있다. 북애 선생은 단순하게 역사적 전승만을 기록한 것이 아니라 다른 역사적 기록이

---

10) 북애, 고동영 옮김, 『규원사화』, 78쪽.
11) 북애, 고동영 옮김, 『규원사화』, 77쪽.
12) 북애, 고동영 옮김, 『규원사화』, 168쪽.

놓친 심오한 내용들을 포착하고 있는 것이다. 불교와 유교에 대비해서 불멸과 천향(신향)의 사상을 기록한 것은 천금만금보다 더 귀한 역사적 자료이다. 인간의 궁극적인 것과 종말론(Eschatologie), 불멸과 천향의 사상은 철학과 신학 및 종교의 심층적인 문제인 것이다.

불교와 유교에 대비한 저 불멸과 천향사상이 포함된, 원시의 고조선에서 발원한 우리 고유의 사상을 필자는 기꺼이 원시도교라고 칭한다. 물론 도교나 선교仙敎라는 이름으로 전승되고 있긴 하지만, 원시의 고조선에서 발원하여 가까운 제나라 및 연나라를 통해 중국으로 건너가서 꽃피운 도교와 고유의 원시도교는 구분할 필요가 있는 것으로 보인다.13) 이능화 선생도 『조선도교사朝鮮道敎史』에서 도교를 우리 본래의 고유문화로 보고 있으며,14) 정재서 교수는 최소한 한국과 중국이 공유하였던 문화라고 지적한다.15)

일찍이 북애 선생은 단호하게 선교仙敎가 우리의 고유한 도道라고 하면서16) 각주를 통해 자세한 부연설명을 겸하고 있다.

선교가 황제와 노자로부터 나온 것은 아니다. 신시시대 제14세 환웅인 치우천황蚩尤天皇(BC 2809~2599) 때 자부선생紫府先生이 지은 『삼황내문경三皇內文經』에서 비롯되었다. 치우천황과 싸우다 지친 황제헌원은 자부선생을 찾아갔을 때 『삼황내문경』을 받았다. 헌원은 이것을 바탕으로 하여 『황제내경黃帝內徑』을 펴냈고 도교道敎의 기초를 이루었다. 도교는 노자를 거치면서 더욱 체계화되어 발전했다. 이처럼 선교는 원래 우리의 고유한 도에서 나왔다.

---

13) 북애 선생도 도교(발해의 삼신산을 중심으로 한 신선교)가 연나라와 제나라를 통해 건너간 역사적 내력을 지적하고 있다.(『규원사화』, 85~87쪽 참조)
14) 이능화, 『朝鮮道敎史』(보성문화사, 1981), 30~40쪽 참조. 정재서, 『한국 도교의 기원과 역사』(이화여자대학교, 2006), 25~28·69~71쪽 참조.
15) 정재서, 『한국 도교의 기원과 역사』, 29·85쪽 참조.
16) 북애, 고동영 옮김, 『규원사화』, 37·54~55·85·122쪽 참조.

북애 선생은 원시로부터 기원한 도교가 단순한 추측이나 상상에 의해서가 아니라 전승된 역사책을 통한 기술임을 밝히고 있다. 그는 도가의 인물들이 적어서 전하고 또 『진역유기震域遺記』와 같은 역사책을 바위굴(岩穴)에서 보존해 온 것을 지적하면서 "도가는 이미 단검신인檀儉神人이 세운 원줄기를 이었고, 또 문헌에 남아 있는 맥을 이어 우리 역사를 논했는데, 그것은 승려들이 써 놓은 것보다는 훨씬 낫다. 승려들 기록은 억측과 억설이 많아 나는 차라리 이명李茗의 『진역유기』를 택하며 이를 또한 의심하지 않는다"[17]라고 역설한다.

선사시대의 천향과 불멸의 사상은 이러한 원시도교로부터 기원하여 자연스레 선사시대 고인돌의 성혈이나 고구려의 고분벽화에 심어졌던 것이다. 성혈을 새길 만한 도구도 없는 상황에서 무덤의 성격을 가진 고인돌의 덮개돌에 사수도를 비롯한 천상의 별자리를 각인하였고 또 고분벽화의 사신도와 사수도에 저러한 불멸사상을 심어 두었다는 것은, 우리 민족이 자연적으로 그리고 필연적으로 천향 및 불멸사상과 연루됨을 추리할 수 있게 한다.

2. 고인돌의 다양한 기능들

고인돌이 무덤의 성격을 띠고 있다는 것은 잘 알려진 사실이고, 또한 인간의 유골이 고인돌 유적에서 자주 출토된다는 학계의 보고가 많다. 그러나 분명 유골이 없는 그런 고인돌도 많으며, 종교적 성격을

---

17) 북애, 고동영 옮김, 『규원사화』, 54~55쪽.

띤 제단이나 기타 제의라든가 마을공동체가 특별한 행사를 위해 모인 곳으로 볼 수 있는 경우도 많다. 하문식 교수는 고인돌의 다양한 기능을 다음과 같이 네 가지로 요약하고 있는데, 대체로 많은 전문가들도 이와 유사한 견해를 갖는 것으로 보인다.

> 첫째, 고인돌을 신비한 상징의 대상으로 여기면서 의례를 행했던, 종교나 기념적인 성격을 지닌 종교 제사 기념물. 둘째, 집단적으로 공공활동을 하였던 집회장소. 셋째, 무덤의 기능. 넷째, 선조들의 제사를 지낸 장소.[18]

무덤의 성격을 갖지 않는 고인돌을 우리는 어렵지 않게 발견할 수 있다. 잘 알려진 남한 최대의 탁자식 고인돌인 강화 지석묘(일명 부근리 고인돌)는 그 크기가 어마어마한데, 덮개돌의 크기는 길이 650cm, 폭 520cm에 두께가 120cm, 전체 높이는 260cm인데, 무게는 약 50여 톤에 달한다고 한다.[19] 그런데 이 고인돌에서는 인골이나 기타 장례와 관계된 것이 출토되지 않았으며, 장례와는 다른 용도로 세워진 것으로 추정된다고 한다.

> 강화 지석묘가 위치한 곳은 고려산 북쪽 봉우리 부근으로 주변을 관망할 수 있는 지리적 조건을 띠고 있다. 또한 덮개돌의 무게가 50여 톤에 달한다는 점을 고려해 볼 때 무덤으로서의 기능보다는 축조 집단을 상징하는 기념물이나 제단으

---

18) 하문식, 「고인돌의 숭배 의식에 대한 연구」, 『비교민속학』 제35집(2008), 108쪽. 하문식 교수는 특히 고조선 지역인 요령의 탁자식 고인돌을 연구하면서 「고조선 지역의 고인돌 연구」(『백산자료원』, 1999, 275쪽)에서도 위에서 언급된 네 가지 고인돌의 기능을 강조하고 있다. 이융조·하문식, 「한국 고인돌의 다른 유형에 관한 연구」, 『東方學志』 제63호(1989), 46~50쪽 참조. 이영문, 「지석묘의 기능적 성격에 대한 검토」, 『한국 지석묘사회 연구』(학연문화사, 2002), 217~236쪽 참조.
19) 고인돌사랑회 홈페이지(www.igoindol.net)에서 <특이고인돌>을 클릭하여 "강화 지석묘" 참조.

강화 지석묘【출처: 고인돌사랑회】　　　　　창녕 유리 고인돌【출처: 고인돌사랑회】

로서의 기능을 수행했을 것으로 보인다.[20]

　또 1962년 9월 국립박물관에 의해 발굴 조사된, 남한 최대의 기반식 고인돌로 알려진 창녕 유리 고인돌의 경우에도 무덤보다는 다른 성격을 띤 고인돌로 추정된다는 학계의 주장이다. "고인돌 앞쪽에는 널찍한 마당이 마련되어 있는데, 이곳에서 특별한 의례나 제사가 진행된 것으로 추정된다."[21] 이 고인돌의 덮개돌에는 성혈 1개가 파여 있는데, 북극성이나 태양을 형상화한 것으로 보인다. 여기서 특별한 의례나 제사가 진행되었다면, 그것은 고도의 정신적인 활동이 이루어진 것으로 추리할 수 있다.

　두물머리 고인돌(양수리 고인돌)의 경우도 제단으로서의 성격이 강하다. 앞서 제1부 4장(「고인돌 답사」)의 4절에서 확인했듯이, 이 성혈고인돌은 무덤의 덮개돌보다는 규모가 작을 뿐만 아니라 제단의 기능에 알맞게 평평한 형태로 되어 있다.

---

20) 고인돌사랑회 홈페이지(www.igoindol.net)에서 "강화 지석묘" 참조.
21) 고인돌사랑회 홈페이지(www.igoindol.net)에서 <특이고인돌>을 클릭하여 "유리고인돌" 참조.

제단형으로 보이면서 많은 성혈이 새겨져 있는 편편한 고인돌은 여러 곳에서 발견된다. 포항 칠포리의 상두들 고인돌이 바로 그 중의 하나이다. 김일권 교수에 의해 조사·발굴된 이 상두들 고인돌은 제천 신앙과 관련된 제단형 고인돌이었을 것으로 추정된다. 고인돌은 제단으로 여겨지는 편편한 모양이고, 이 고인돌 바로 앞에 제단석이 놓여 있기 때문이다[22]. 많은 성혈이 새겨져 있는 이 고인돌은 바닷가 마을에서 야산으로 오르면 맨 먼저 만나는 고인돌로서, 마을사람들이 가까운 곳에 모여 제사를 올렸던 것으로 여겨진다.

그런데 이 고인돌은 보통 북쪽을 향해 설치되는 제단과는 달리 정남쪽을 향하고 있다. 김일권 교수는 이 제단 고인돌의 정남쪽에 곤륜산(해발 177m)이 위치해 있는 까닭에 곤륜산 정상부와 나란한 축에 놓이도록 정남향으로 놓았다고 해명하고 있는데, 이와 동시에 남두육성을 향하려는 의도도 있지 않았을까 생각해 본다. 오랜 세월 동안 망각되어 갔으나, 고분벽화에 그려진 남두육성의 의미만 되살려 보더라도 이 별자리는 북두칠성 못지않게 강력한 의미를 갖고 있었다. 곧 불로장생과 생명의 축복을 퍼붓는 별자리이기 때문이다.

3. 무덤으로서의 고인돌

사람들은 생각하기조차 꺼리겠지만 죽음은 삶에서 만나는 가장 큰 사건이다. 사람들은 죽음을 —엄연히 삶 가운데서 일어나는 큰

---

22) 김일권, 『우리 역사의 하늘과 별자리』, 47~50쪽 참조.

사건임에도 불구하고— 무모하게 자신의 삶에서 제외시켜 버리려고 애쓴다. 그러나 죽음만큼 인생을 뒤흔드는 것은 없다. 죽음은 그 어떤 경우에도 피하지 못할 거대한 사건이며, 불가능의 벽이다.

인간은 보통 죽음이 자신과는 무관하다고 애써 부인하거나, 혹은 그것이 자신과 관련이 있다고 인정하면서도 묵살해 버린 채 살아간다. 그래서 '비본래적'(uneigentlich)[23]이고 일상적인 삶 속에서 자신의 존재의 미를 망각한 채 살아가지만, 자신과 맞닥뜨린 죽음 앞에서 인간은 태도가 달라진다. 죽음이라는 극단적인 한계상황과의 대면을 통해 '자신의 본래적이고 고유한 존재가능성'이 무엇인지에 대해 고뇌하게 되는 것이다. 죽음은 인생에서 가장 큰 사건이며 가장 극단적인 한계상황인 것이다.

하이데거의 규정대로 인간은 '세상에 던져진 존재'(Geworfen-sein)이면서 동시에 '죽어야 하는 존재'(Sein-zum-Tode)이다. 인간은 자신의 의지와 무관하게 세상 안으로 들어오고, 또 자신의 의지나 기대와 무관하게 죽어야 한다. 그런데 인간에 주어진 시공은 작디작을 따름이다. 장자는 이토록 제한된 시공 속에서 찰나를 살아가는 인간의 모습을 적나라하게 그려 내고 있다.

> 사람이 이 천지 사이에서 삶을 누리는 시간은 마치 백마가 달려가는 것을 문틈 사이로 언뜻 본 것처럼 순간의 일에 지나지 않으니, 물이 콸콸 솟아나듯이 이 세상에 나와서 잠잠히 물이 빠지듯이 사라져 간다. 변화하여 태어나고 다시 변화하여 죽어 가는 것이니, 생물은 죽음을 슬퍼하며 사람도 그것을 애통해 한다. 죽음은

---

23) "비본래적"(uneigentlich) 삶이란 하이데거의 용어로서 본래적인 삶을 살아가지 못하는 상태, 즉 내가 내 자신의 고유한 존재가능성을 구현하지 않고 세상이 시키는 대로 사는(끌려 다니는) 것을 의미한다.

하늘로부터 받은 활전대를 풀어 놓고 하늘로부터 받은 책보자기를 끄르는 것과 같다. 빙글빙글 휘도는 변화에 따라 혼백이 이 세상을 떠나려 하면 육체도 그를 따르니, 이것은 위대한 복귀이다.[24]

과연 플라톤이 말한 대로 "철학이란 죽음에의 연습"(*Phaidros*, 67e)이라고 할 수 있다. 이 말 속에는 그러나 죽음 문제만 부각되는 것이 아니라, 인간의 존재 문제, 나아가 존재의 궁극적 자유를 추구하는 성찰이 함께 내포되어 있다. 죽음에 대한 아무런 준비나 연습이 없어도 죽는 것은 사실이지만, 죽음이야말로 예나 지금이나 인생에서 가장 큰 사건이라고 할 수 있을 것이다.

선사시대 사람들은 죽음에 대해 현대인보다 덜 심각하게 생각했을까? 아마도 더 심각한 사건이었을 것이다. 가족과 집단공동체의 존재와 생존의 문제가 오늘날보다 더 절실했을 것이기 때문이다. 먹을거리를 구해야 하고 부족공동체를 지키기 위해 빈약한 무기로 야생짐승에 맞서야 했던―아마도 선사시대에는 인간보다 야생짐승들이 오히려 세상의 주인이었을 것이다― 그 시절에는 생존을 위한 투쟁과 존재하는 것의 문제가 더욱 긴요한 과제였을 것이다[25] 스콧 펙의 지적처럼 "우리가 거석문화인에 관해 가장 확실히 알고 있는 것은, 그들이 죽음을 아주 중요한 문제로 간주했다는 점이다."[26]

---

24) 장자, 최효선 역해, 『莊子』(고려원, 1994), '지북유', 247쪽.
25) 농사를 짓기 이전에, 수렵과 채취로 연명해갔던 선사시대의 인류에겐 더더욱 생명을 지키는 일이 어려웠을 것이다. "구석기시대 사람들은 먹잇감을 찾아 이리저리 옮겨 다니며 살았기 때문에 따로 집을 지을 필요도 없었다. 그들에게는 하루하루를 굶지 않고 먹는 일이, 맹수들한테 사냥감으로 먹히지 않고 무사히 살아남는 일이 무엇보다 중요했다. 이때만 해도 자연 속에서 사람으로 살아남는 것은 무척 어려운 일이었다. 들판의 주인은 사람이 아니었다. 힘센 짐승이었고, 거친 비바람이었다."(이종호 · 윤석연 글, 안진균 외 그림, 『고인돌』, 열린박물관, 2006, 31쪽)

다음은 선사시대의 어떤 부족장이 돌아갔을 때를 가정하여 고인돌을 축조하는 과정을 어떤 과학적 추리 형식으로 쓴 글인데, 상당히 자연스러우면서도 일리가 있어 보인다.

고인돌, 그것은 현실과는 다른 세상으로 통하는 비밀의 문, 무덤이었다. 어느 날, 족장의 아들이 느닷없이 마을사람들을 모이게 했다. 아침부터 서둘러 사람들을 소집하다니, 뭔가 큰일이 있는 게 분명했다. 도대체 무슨 일일까? "족장이 숨을 거두셨습니다." 아들은 침통한 얼굴로 입을 열었다. 사람들은 술렁이기 시작했다. 모두 비통한 표정들이다. 이제 족장의 장례를 준비해야 한다. 죽은 족장을 위해, 마을사람들은 모두 힘을 모아 특별한 무언가를 만들기로 했다. 바로 고인돌이다. 새로 선출된 족장은 점을 쳤다. 그리고 죽은 족장을 위한 고인돌이 만들어질 곳을 정했다. 이제 모두가 힘을 합할 일만 남았다. 모든 일이 잘 진행되기를 바라며, 새 족장과 마을사람들은 하늘에 제를 지내었다.[27]

부족장이나 군장이 고인돌에 묻혔을 가능성은 퍽 높다. 고인돌을 발굴하면 자주 청동방울이나 청동거울, 옥장식품, 청동검 등의 유물들이 출토되기 때문이다. 그는 단순히 청동검으로 부족민을 보호한 것이 아니라 제사장과 부족민의 리더 역할을 동시에 수행했기에 부족민의 사랑을 받았을 것이며, 자연스레 그를 위해 고인돌이 건축되었을 것이다. 물론 무덤으로서의 고인돌도 부족장이나 군장만을 위한 것은 아니었을 것이다. 고창과 화순의 거대한 대단위 단지의 형태를 띤 고인돌군이 이를 증명하는 자료라고 할 수 있다.—고창이나 화순의 고인돌군 같은 경우는 400기가 넘는 고인돌이 일정한 지역에 모여 있는데, 이런 고인돌의 주인공들이 다 군장이나 부족장이라고 보기는 어렵다.—

26) 스콧 펙, 김훈 옮김, 『거석을 찾아서, 내 영혼을 찾아서』(고려원미디어, 1996), 193쪽.
27) 이종호·윤석연 글, 안진균 외 그림, 『고인돌』, 28쪽.

그런데 우리는 선사인들이 죽음에 관해 어떻게 생각했을는지 천착해 볼 필요가 있다. 그 죽음에 대한 사유는 고인돌 건립과, 나아가 성혈고인돌의 제작과도 긴밀한 관련이 있기 때문이다. 위의 인용문에서 아들이 "침통한 얼굴로 입을 열고" 사람들이 "모두 비통한 표정들이었다"면 당대의 사회에서도 죽음이 끔찍한 사건으로 받아들여졌음에 틀림없다. 물론 죽음을 맞이하는 당사자에게는 더 말할 나위가 없었을 것이다.

선사인들은 죽음에 관해 섬뜩하게 사유하지 않았을까? 그들이 그냥 인간으로 태어났다가 그냥 죽어 버린 것은 결코 아닐 것이다. 여기서 우리는 다시 H. 롬바흐의 명제를 떠올려야 한다. "사람들은 결코 '미개'했던 적이 없었다."[28] 그들도 죽음과 대면했을 때 인간의 실존성에 주어지는 불안과 공포와 공허함을 체험하지 않을 수 없었을 것이다. 아니, 오늘날의 현대인보다 더 심각하게 느꼈을지 모른다.

그들은 거처하는 공간(집)의 불안정성, 일용할 양식을 마련하는 데 있어서의 어려움, 외침으로부터의 불안, 전무全無한 의료혜택, 야생 속에서의 험난한 일상 등등 생존을 위한 싸움에서 인간존재의 불안전성, 불안과 공포를 체험하면서 삶을 영위했으며, 그 과정에서 겪게 되는 죽음이 존재의 심연을 뒤흔드는 섬뜩한 사건임을 직시했을 것이다. 무無의 심연에서, 존재의 심연을 뒤흔드는 섬뜩한 사건 앞에서 그들도 크게 울부짖었을 것이다.

인간은 예나 지금이나 본질적으로 실존적 공허와 불안 및 죽음 앞에서의 섬뜩함을 체험하면서 살아갈 수밖에 없다. 그것이 곧 인간의

---

28) H. Rombach, *Leben des Geistes* (Herder: Freiburg · Basel · Wien, 1977), 65쪽, "'Primitiv' sind die Menschen nie gewesen."

숙명이기 때문이다. 선사인들은 그러나 죽음으로 인해 어떤 절대적인 종말이나 제행무상諸行無常의 허무주의에 사로잡히지 않고, 영원성과 불멸을 들여다보았다. 존재자가 무화無化하는 끔찍한 죽음 앞에서도 그들은 절대적인 절망이나 허무주의에 사로잡히지 않고—고인돌을 건립하는 것 자체에 이미 절망과 허무주의를 극복하고 초월하는 의미(철학)가 내포되어 있다— 오히려 그에 맞섰던 것이다.

존재자가 무화하는 섬뜩한 사건과 무화의 실존성, 이 사건 앞에서 직면하게 되는 허무의 체험, 존재의 심연이 흔들리지만 어찌할 수 없는 인간의 운명 앞에서 울부짖던 사람들은, 그러나 절대적인 절망이나 자포자기에 빠지지 않고 오히려 고인돌을 건립함으로써 무화에 맞섰다. 이처럼 인간의 실존에 자리한 무의미와 맞서는 것, 말하자면 의미를 생성시키는 곳에 철학의 위대한 위상이 자리 잡고 있다. 허무를 직시하는 것, 무화의 실존성에 맞서는 것, 무의미를 극복하는 것은 전형적인 철학적 태도이다. 존재는 언제나 허무를 직시하고 사유할 수 있을 때 그 본질적인 의미가 드러나는 것이다. 자포자기나 절대적인 절망, 피세주의 및 허무주의에 대항하여 대결하는 것은—이 또한 고인돌을 건립하는 취지에 내포되어 있다— 곧 인간 지성의 활동이며 철학적 행위인 것이다.

이렇게 선사시대 사람들은 어떤 절대적인 허무에 사로잡히지 않고 죽음 너머의 다른 세계를 사유했다.[29] 그리고 성혈고인돌의 성좌는 그 근거를 명확히 제공하고 있다. 성혈고인돌의 성좌는 곧 천향인

---

29) 니체는 허무주의를 "가장 섬뜩한 손님"으로 보았다. "허무주의가 문 앞에 서 있다. 모든 손님들 중에서도 가장 섬뜩한 이 손님은 어디에서 왔는가?"(Nietzsche, *Nachgelassene Fragmente 1885-1887*, KSA Bd. 12, München 1988, S. 125)

것이다. 사수도가 말하듯 성혈고인돌은, 온 세계는 물론 망자의 영혼까지도 보살피는 상징 언어로 기능했다. 만약 죽음을 절대적인 허무와 종말로만 보았다면 왜 그토록 힘겹게 고인돌을 건립했으며 또한 (적당한 도구도 없는 상황에서) 성혈을 왜 새겼겠는가.

『구약성서』(전도서 1장 2-3)의 한 구절에서는 "헛되고 헛되며 헛되고 헛되니 모든 것이 헛되도다. 사람이 해 아래서 수고하는 모든 수고가 자기에게 무엇이 유익한고"라고 읊고 있다. 만약 이렇게 만사가 오직 공허로만 점철될 뿐이라면, 결국은 덧없고 무의미하며 절대적인 허무주의만 남게 될 것이다. 그러나 선사인들은 허무주의의 노예로 남지 않고, 이를 초월하고 극복하여 적극적인 삶을 펼쳐 나갔다. 이러한 초월이야말로 인간의 본래적이고 본연적인 특성이기에, 인간은 초월성을 체험하는 가운데에 존재자의 세계를 넘어 존재를 사유하게 되는 것이다. 그렇기에 하이데거는 "존재는 단적으로 초월이다"[30]라고 하였다.

하이데거는 "존재를 망각하는 가운데 존재자에만 매달리는 것, 그것이야말로 바로 허무주의"[31]라고 하였는데, 선사시대 사람들은 그렇게 존재자의 세계에만 갇혀 있지 않았다. 만약 그들이 초월의 의미를 체험하지 못하고 존재자에만 매몰되어 있었다면(존재자인 인간의 죽음을 모든 것의 끝으로만 여겼다면), 그들에게서 존재의 심연은 채워지지 않았을 것이다. 만약 죽음과 더불어 모든 것이 끝나고 절대적인 허무만이 남는다고 사유했다면, 그들은 저런 엄청난 수고와 시간이 따르는 고인돌을 세우지 않았을 것이다. 그들은 시간의 흐름에 결박되지

---

30) M. Heidegger, *Sein und Zeit*, 38, "Sein ist das transcendens schlechthin."
31) M. Heidegger, *GA. 40*, 212쪽.

않는 사자死者의 집을 건립함으로써 공허한 세계와 절대적인 허무주의를 극복하였고, 고인돌의 덮개에 성혈을 조각해 넣음으로써 망자의 고향이 하늘의 별 세계임을 천명했던 것이다.

고인돌의 덮개돌, 특히 천문도가 새겨진 성혈고인돌의 덮개돌이 의도적으로 거북등의 형태로 축조되어 있는 것에서도 불멸사상의 흔적이 드러난다.[32] 거북은 원시시대부터 우리의 선사인들이 숭배했던 불로장생의 동물로서, 이른바 '십장생十長生'[33]의 하나로 받아들여졌다. "거북은 장수를 상징하는 십장생 중의 하나로, 인간에게 매우 이로운 동물로 알려져 왔기 때문일 것이다."[34]

고인돌 무덤에서 간돌검이나 돌화살촉, 석검, 옥, 청동검 같은 부장품들이 출토되는 것에도 다양한 해석이 필요한 것으로 보인다. 망자의 귀한 소지품인 경우도 있고 또 망자를 존귀하게 여겨 부장한 경우도 있겠지만, 망자의 영혼을 지키는 것으로 여긴 경우도 있을 것이다.[35] 특히 전남 여수시 오림동 제5고인돌 앞면에는 돌칼이 새겨져 있는데, 이것은 아마도 망자의 영혼을 지키는 차원에서 제작되었을 것으로 보인다. 옥이 부장품으로 묻혀 있는 경우 또한 마찬가지이다. 그것은

---

32) '거북바위', '거북바우', '두꺼비바우', '자라바우' 등으로 불리는 거북바위는 북한 지역을 포함한 전국에 수없이 많이 늘려 있는데, 이는 장수를 염원하는 거북신앙과도 관련이 있는 것으로 보인다. 이영문, 「고인돌에 얽힌 지명과 신앙」, 『이야기로 풀어낸 화순 고인돌유적』(동북아지석묘연구소, 2009), 27쪽 참조.

33) '십장생'이란 오래 살고 죽지 아니한다는 열 가지, 곧 해, 산, 물, 돌, 구름, 솔, 불로초, 거북, 학, 사슴을 말한다.

34) 이영문, 「고인돌에 얽힌 지명과 신앙」, 『이야기로 풀어낸 화순 고인돌유적』(동북아지석묘연구소, 2009), 27쪽.

35) 이영문, 「고인돌에 얽힌 지명과 신앙」, 『이야기로 풀어낸 화순 고인돌유적』, 15쪽 참조. 2013년 7월 18일 방송된 KBS 제1방송(KBS 파노라마 '고인돌')에서도 석검을 고인돌의 "대표적인 부장품"으로 보면서, 이런 석검이 "고인을 지켜 줄 것"이라는 의미로 함께 묻었다고 한다.

단순한 보석으로서의 의미가 아니라, 홍산문명의 유적에서도 다량
출토되었듯 영원한 생명의 상징이었던 것이다. "옥은 고대로부터
영원한 생명의 상징으로 주목되던 물질이다."36)

사람이 죽어서 땅에 묻힐 때 널의 바닥에 칠성판을 두어 이 칠성판을
지고 가게 하는 것도, 죽음으로 모든 것이 끝장나는 것이 아니라
영원으로 이어지기를 염원하는 불멸사상의 반영이라고 볼 수 있다.
또 "고대인들이 북두칠성과 남두육성을 중요시한 것은, 북두는 인간의
사후세계를 수호하는 별자리이며 남두는 인간의 무병장수와 수명연
장을 주관한다고 믿었기 때문이다."37)

4. 물가에 서 있는 고인돌

고인돌은 ―무덤의 역할을 했든 집회나 제례를 행한 곳이었든―
대체로 강이나 바다가 내려다보이는 곳의, 혹은 냇가나 개울에 가까운
곳의, 나지막한 산을 뒤로 하는 언덕(약간의 비탈면)에 세워져 있는데,
여기에는 위치에 대해 세심한 고려가 있었던 것으로 보인다. 어쩌면
후대의 명당이라는 개념을 당시에 이미 선점하고 있었다고도 할 수
있을 것이다.38)

고인돌이 대부분 물가나 최소한 물을 바라보는 위치에 세워졌다는

---

36) 김일권, 『우리 역사의 하늘과 별자리』, 230쪽.
37) 이종호, 『한국 7대 불가사의』(역사의 아침, 2007), 27쪽.
38) 박창범 교수도 고인돌이 대체로 명당에 위치해 있는 사실에서 "서기전 20세기경부터
세워지기 시작한 고인돌에서 발견되는 풍수적 성향은 한국의 자생적 지리 사상의
기원을 보여주고 있다고 생각된다."(박창범, 『천문학』, 이화여자대학교출판부, 2009,
22쪽)라고 진단한다.

사실은 우리를 숙고에 빠지게 한다. 아주 드물게 산등성이에 세워진 고인돌도 있는데—이는 아마도 의례를 행하는 곳이나 공동체의 집회장소와 같은 곳으로 사용되었을 것으로 보인다—, 이런 경우도 역시 물을 바라보는 위치에 자리 잡고 있는 것이 대부분이다. 강화도의 오상리 고인돌에 갔을 때 놀란 것은 그림같이 아름다운 바다가 마치 숨바꼭질할 때 고개를 내밀고 있는 듯한 위치에 고인돌이 자리 잡고 있었다는 사실이다. 부근리의 유명한 '강화 고인돌'을 비롯해 수다한 강화도의 고인돌들이 대부분 그러하다. 또 파로호 주변, 경북 안동호와 낙동강 주변, 동해와 서해와 남해의 주변에 흩어져 있는 수많은 고인돌들이 물가에 있거나 물을 바라보고 있다.

필자가 살고 있는 용인에서 가까운 위치에 있는 고인돌의 특색도 물가에 자리하고 있다는 것이다. 경기 용인시 구성면 상하리 387(고인돌 마을사거리, 어정삼거리에서 가까운 곳)에 자리 잡은 고인돌도 가까이에 오산천이 흐르고 있고, 용인시 모현면의 '모현 지석묘'(한국외대 글로벌캠퍼스 입구)도 가까이에 아름다운 경안천이 흐르고 있다. 또 경기도 용인시 양지면 주북리 825에 자리 잡고 있는 '용인 주북리 지석묘'도 가까운 곳에 주북천이 흐르고 있으며, 경기 용인시 원삼면 맹리 235에 위치한 '맹리 지석묘'의 경우도 마찬가지이다. 화순의 고인돌군도 물이 흐르는 계곡 가까운 곳에 길을 따라 길게 늘어져 축조되어 있으며, 고창의 고인돌군도 마찬가지이다.

이토록 물의 가까이에 고인돌이 건립된 것, 나아가 고인돌 덮개돌의 남동쪽 부분에 은하수를 성혈로 새긴 것은, 선사시대 사람들이 물의 근원성, 물이 생명과 깊이 연루된다는 사실을 이미 체득했음을 보여 주는 것이 아닐까 생각된다. M. 엘리아데는 이런 물의 상징적·신화적 의미를 잘 풀어내고 있다. 그는 『구약성서』 「창세기」(1장 2절)에서 물이 대지보다 먼저 존재했다는 것을 언급하면서("어둠이 깊은 물 위에 뒤덮여 있었고, 그 물 위에 하느님의 기운이 휘돌고 있었다.") 이러한 물의 상징적 의미를 해석한다.

> 물은 가능성의 우주적인 총계를 상징한다. 그것은 일체의 존재가능성의 원천(fons et origio)이며, 저장고이다. 그것은 모든 형태에 선행하며, 모든 창조를 뒷받침한다.…… 물속에 잠기는 것은 무형 상태에로의 회귀, 존재 이전의 미분화未分化된 상태로의 복귀를 의미한다. 물에서 나오는 것은 우주창조의 형성 행위를 반복하는 것이요, 물에 잠기는 것은 형태의 해체에 해당한다. 물의 상징이 죽음과 재생을 모두 포함하는 것은 바로 이 때문이다.[39)]

이러한 엘리아데의 해석은 물가에 새워진 고인돌과 이런 고인돌에 새겨진 북두칠성 및 남두육성과 은하수 해석에도 시사하는 바가 많다. 북두칠성으로 돌아간 영혼은 일정 기간 체류하다가 은하의 강을 따라 남두육성으로 가서 다시 생명을 부여받고 지상으로 돌아오는데,[40)] 이것은 바로 원시도교의 불멸사상이기도 하다. 물에 잠기는 것은 엘리아데에 의하면 "궁극적인 사멸에 해당하는 것이 아니다. 그것은 미분화된 세계에 잠정적으로 통합되었다가 다시 새로운 창조, 새로운 생명, 혹은 '새로운 인간'으로 이어지는 것이다."[41)]

물은 성자에게서 각별한 의미를 갖는다. 물로 세례를 베푸는 장면이

---

39) M. 엘리아데, 이동하 역, 『聖과 俗』(학민사, 1996), 115쪽.

40) http://beautifullife.kr/220751549474 참조. http://cafe.naver.com/poongsoo119/2746(특히 여기서 "두수의 보천가"와 "은하수의 물을 길어 올려라 생명의 두수" 및 "죽음의 뒷박, 생명의 뒷박" 참조), http://blog.naver.com/afnaidel87?Redirect=Log&logNo=50146577857, http://afnaidel87.blog.me/50146577857, http://donjaemi.tistory.com/422 참조.

41) M. 엘리아데, 이동하 역, 『聖과 俗』, 116쪽.

『신약성서』에 등장한다. 세례자 요한은 요단강의 강물로 세례를 베풀었고,[42] 예수도 마찬가지였다. 예수는 영생하는 생명수, 즉 '영생의 물'을 베풀었다.

> 여자가 말하였다. "선생님, 선생님에게는 두레박도 없고 이 우물은 깊은데, 선생님은 어디에서 생수를 구하신다는 말입니까? 선생님이 우리 조상 야곱보다 더 위대하신 분이라는 말입니까? 그는 우리에게 이 우물을 주었고, 그와 그 자녀들과 그 가축까지, 다 이 우물의 물을 마셨습니다." 예수께서 말씀하셨다. "이 물을 마시는 사람은, 다시 목마를 것이다. 그러나 내가 주는 물을 마시는 사람은, 영원히 목마르지 아니할 것이다. 내가 주는 물은, 그 사람 속에서, 영생에 이르게 하는 샘물이 될 것이다."[43]

물은 철인과 현자에게서도 각별한 의미를 갖는다. 노자는 도道의 존재방식을 물로 비유했다.

> 최상最上의 선善은 물과 같은 것이다. 물은 모든 생물에 이로움을 주면서 다투지 않는다. 모든 사람들이 싫어하는 낮은 곳에 즐겨 있다. 그런 까닭에 물은 도에 거의 가까운 것이다.[44]

물은 스스로 낮은 곳에 위치하면서 온갖 생물과 만물에게 이로움을 준다. 아니, 물은 모든 생명체에게 절대적이다. 사람뿐만 아니라 온갖 짐승, 온갖 새들, 물고기와 벌레들, 온갖 미미한 생명체들까지도, 나아가 나무와 풀 같은 식물들까지도 물이 없으면 삶을 유지할 수 없다.

---

42) 『신약성서』, 요한복음 1장 26, 31절; 마태복음 3장 11절.
43) 『신약성서』, 요한복음 4장 11~14절.
44) 노자, 남만성 역, 『老子道德經』(을유문화사, 1970), 36쪽(제8장). 원문은 다음과 같다.
　 "上善若水, 水善利萬物而不爭, 處衆人之所惡, 故幾於道."

물의 근원성과 절대성이 노자에게서 잘 드러나 있다.

잘 알려져 있듯 고대 그리스의 철학자 탈레스도 물의 근원성과 절대성을 인식하고 있었는데, 물가에 고인돌을 건립하고 또 고인돌의 덮개돌에 은하수를 새겼던 선사시대의 사람들 역시 —마치 노자와 같은 성현, 탈레스와 같은 철인, 엘리아데와 같은 종교학자, 예수와 같은 성자의 메시지와도 유사하게— 그러한 물의 근원성과 절대성을 이미 사유하였던 흔적이 역력하다.

탈레스는 만물의 근원(arche)을 물이라고 보았다. 그는 만물을 생성시켜 존재하게 하고 모든 것을 포함하는 원리란 도대체 무엇인지 묻고서, 이 만물의 근원이 되는 것이 바로 물이라고 하였다. 당연히 그가 유물론적 입장에서 물질적 질료인 물이 곧 근원적 원리라고 한 것은 아니었을 것이다. 그것은 당장 그의 또 다른 근원적인 명제 "만물은 신들로 가득 차 있다"와 모순적인 내용이 되기 때문이다. 그래서 우리는 만물의 근원은 물이라는 명제와 만물이 신들로 가득 차 있다는 명제 사이에서 어떤 연관성을 찾아야 한다. 이와 관련하여 아리스토텔레스는 다음과 같은 판단을 내렸다.

아마도 탈레스는 그때 오케아노스, 즉 고대의 신화에서 대지를 둘러싸고 흐르는 만물의 생성의 아버지로 통하던 원초의 흐름을 생각했으리라고 추측한다.[45]

탈레스가 물에 대한 근원성을 이야기했을 때, 이때 그는 유물론적 물질로서의 물이 아니라 근원의 신화적 위력, 즉 근원의 신성을 생각하고 있었다는 것이다.[46] 그렇다면 이것은 그의 두 번째 명제, 즉 "만물이

---

45) W. 바이셰델 지음, 이기상·이말숙 옮김, 『철학의 뒤안길』(서광사, 1990), 22쪽.
46) W. 바이셰델, 이기상·이말숙 옮김, 『철학의 뒤안길』, 23쪽 참조.

신들로 가득 차 있다"와 모순 없이 연결될 수 있다. 존재하는 만물은 결코 우연히 존재하는 것이 아니라[47] 어떤 신적인 힘에 의해 존재하고 지배되고 있기 때문이다.

실로 물의 현상 속에서는 근원적인 신성을 목격할 수 있다. 이 세상의 모든 생물체는 물의 세례를 받음으로써 생명을 얻고, 물을 마심으로 생명을 유지한다. 모든 생명체 내부에 물이 큰 비중으로 들어 있다는 것은 이미 잘 알려져 있다. 천문학자들은 화성을 비롯한 별들에게서 무엇보다도 물이 있는지를 먼저 관찰하는데, 그것은 물이 곧 생명의 근원임을 대변하는 것이다. 이토록 모든 생명체에게 생명의 근원이 되는 물이야말로 신성이 깃들어 있는 아르케(arche)라 해도 무리가 아닐 것이다.

외부로 드러난 현상으로서의 세계는 마치 신적인 근원과는 아무런 상관도 없는 것처럼 보일 수 있으나, 우리는 생성소멸의 굴레 및 탄생과 죽음의 비극적인 대립을 초월한 신적인 영원성을 전제하지 않을 수 없다. 물은 곧 자신의 모습이 여러 형태로 변하지만(얼음, 수증기 등) 여전히 동일한 것으로 남아 있기에, 소멸되지 않는 신적인 영원성을 간직하고 있는 것으로 비추어졌다.

물을 신성시한 예는 또 다른 곳에서도 목격할 수 있다. 우리는 신석기에서 청동기에 이르는 시기에 농사가 본격적으로 시작되었음을 알고 있다. 그런데 특히 벼농사에 있어 물은 거의 절대적이어서 농사의 성패를 좌우하는 것이었다. 그렇기에 "물에 대한 숭배의식은 농업문화권인 고대 한국에서 자연스러운 현상으로 보인다"[48]라고

---

47) nihil est sine causa.(이유 없이 존재하는 것은 아무것도 없다)
48) 박창범, 『천문학』, 25쪽.

박창범 교수는 밝힌다. 하늘의 도움 없이는 농사가 거의 불가능하다고 해도 과언이 아닌 상황에서, 물을 신성시하는 것은 거의 자연스럽고 지당한 현상이었을 것이다.

물의 각별한 의미는 고인돌에 새겨진 북두칠성과 남두육성을 잇는 은하수에서도 찾아볼 수 있다. 고대 한국인들은 은하수를 작은 별들이 모인 은색의 강으로 보았다.[49] 앞에서 언급한 원시도교의 별자리신앙에서도 드러나듯이, 사후의 영혼들은 북두칠성에로 가서 일정 기간 체류하다가 은하의 강물을 따라 남두육성으로 가고, 생명의 강인 은하를 따라 남두육성에 도달한 영혼들은 다시 거기서 일정 기간 체류하다가 생명의 축복을 쏟아내는 남두육성에 의해 지상으로 돌아오게 되는 것이다.[50]

은처럼 반짝이면서 긴 강처럼 보이는 별무리를 우리는 태곳적부터 은하銀河라고 하였는데, 서양에서는 여신 헤라의 젖이 흐른다고 하여 '젖의 길'(Galaxis)[51]이라고 불렀다. 이처럼 고대 그리스와 고대 한국에서의 은하수의 개념 형성은 서로 달랐지만, 그러나 그 의미는 둘 다 심오하고 의미심장한 것으로 여겨진다. 둘 다 '생명의 강'이라는 뜻으로

---

49) 고인돌의 가장자리에 조밀하게 숭숭 파여 있는 성혈들은 은하수로 보인다고 박창범 교수는 밝힌다. "덮개돌 가장자리를 따라서 일련의 홈을 쭉 판 경우들이 있다. 대표적인 예가 시흥시 조남동에 있는 고인돌인데 덮개돌의 동남쪽 가장자리에는 20여 개의 홈이 줄을 지어 새겨져 있다. 고인돌 성혈군의 이러한 패턴은 흔히 은하수를 표현한 것으로 해석된다."(박창범, 『천문학』, 25쪽) 즉 은하수를 물결형식으로 표현하지 않고 성혈로 표현한 것은 고대한국인들이 은하수를 작은 별들이 모인 독특한 하늘의 강으로 본 것임을 추리하게 한다.
50) 남두육성에서 세상으로 내보낼 때 마고할미가 사람의 엉덩이를 세게 쳐 소위 말하는 "몽고반점"이 생겼다는 것이고, 그렇게 맞는 순간 저승의 일을 다 잊어버린다고 하는데 (원시도교), 이는 플라톤의 영혼불멸론에서 인간이 레테(Lethe)의 강물에 헤엄치다 물을 머금으면서 전생의 일을 다 잊어버리는 것과 유사하다.
51) 그리스어 Galaxias(γαλαξίας), 독일어의 die Milchstraße나 영어의 the Milky Way는 저 그리스어 Galaxias의 번역어인 것이다.

받아들여질 수 있을 것이다. 하늘에서 흐르는 강으로 여겨진 은하수는 고인돌 덮개돌의 남동쪽 부분에 촘촘하게 박힌 성혈로 표현된 것으로 보인다.

『한국민족대백과사전』에서는 은하수를 다음과 같이 규정하고 있다.

은하계銀河系가 강처럼 보인다고 하여 은하수·천하天河·천강天江·천황天潢 등으로 부른다. 우리나라에서는 은하수로 알려져 있으며, 중국에서는 한수漢水(큰 강)가 하늘로 상천해서 된 것이라고 하고, 일본에서는 주로 천하·천한天漢이라고 한다. 이 성운에 대해서는 비교적 세계적으로 널리 신화화되어 있는데, 그리스신화에서는 여신 헤라의 젖이 내뿜어져서 되었다고 하여 밀키웨이(milky way)라고 한다. 별의 무리가 구름처럼 보여서 성운이라는 은하수를 하늘에 있는 강으로 생각한 것은 다른 별들을 의인화된 인격신으로 보는 것과는 다른 것이다. 은하수는 칠월칠석날 견우와 직녀가 만나야 하는데 다리가 없어서 만날 수 없는 사연을 알고 까막까치들이 모두 하늘로 올라가 은하수에 다리를 놓아 두 연인을 만나게 했다는 견우·직녀의 신화를 통해서 우리들에게 널리 알려져 있다.……
까막까치들이 은하수에 놓은 오작교烏鵲橋는 『춘향전』 속에 사랑의 다리로 등장하기도 한다. 또한, 무속신앙에서는 죽으면 은하수를 건너 저승으로 간다고 생각하여 죽은 이의 영혼을 은하수 밖으로 보내는 제차를 행하기도 한다. 이때 무녀가 입는 무복은 '몽두리'라고도 하고 '은하수몽두리'라고도 한다.

제3부 보살핌의 체계: 사신도와 사수도

제1장 벽화와 고인돌, 청동거울에 새겨진 우리의 고대철학

1. 고구려 고분벽화에서의 사신도와 사수도

주지하다시피 2007년부터 발행된 새 만 원짜리 지폐의 뒷면은 한국 천문학의 역사로 장식되어 있다. 「천상열차분야지도」가 바탕으로 깔려 있고, 국보 제230호인 혼천시계 위에 혼천의가, 또 보현산천문대의 광학망원경(1.8m)이 디자인되어 있다. 전문가들에 따르면 「천상열차분야지도」의 원본은 고구려 때에 제작되었다고 하는데, 이 지도의 탁본에 딸린 부연설명(일종의 각주)에서 그 사실을 명시하고 있다.[1]

「천상열차분야지도」에는 수많은 성좌들이 하늘을 수놓고 있으며,

---

1) 석각천문도인 고구려의 천상열차분야지도 당나라와의 668년경의 전란으로 사라지고 그 탁본에 의해 조선시대의 「천상열차분야지도」가 탄생하게 된 경위에 관해서, 그리고 이런 사실이 권근의 『양촌집』과 이를 인용한 『대동야승』에 자세히 전하고 있는 것에 관해서는 나일성, 『한국천문학사』(서울대학교출판부, 2002), 75~77쪽 참조. 나일성 박사가 지적하듯이 이런 고구려의 천상열차분야지도는 唐代 이전의 것으로서, 별들을 그저 길게 배열한 수준에 머문 敦煌星圖甲本(중국의 가장 오랜 천문도)보다는 비교도 안 될 정도로 뛰어난 것이다.(나일성, 『한국천문학사』, 76~77쪽 참조) 중국의 유가적 천자개념과 중화사상에 의하면 천문도나 역법 같은 것은 한 왕조 아래서는 다른 것이 허용되지 않는다. 따라서 전쟁에서 패했다면, 이런 천문도나 역법 같은 것은 폐기되어야 했던 것이다.

그 수많은 성좌들 중에서 사신도가 중요한 위치를 점하고 있다. 한국천문연구원장인 박석재 교수도 이 사신도의 개념을 크게 부각시키고 있다. "「천상열차분야지도」의 별자리들은 결국 고구려 때 종교적 지위를 가졌던 4신, 즉 청룡, 백호, 주작, 현무에 다름 아니다."[2]

박석재 교수는 시구詩句 형식으로 쓴 「천상열차분야지도」에서 각별히 사신도와 사수도의 개념을 부각시키는데, 사수도 중의 남두육성과 북두칠성이 고구려의 혼을 천문에 새겼다고까지 말한다.

……
북에는 북두칠성 남에는 남두육성,
고구려 혼을 담아 천문을 새겼네.
……
청룡주작 비상하고 백호현무 포효하니,
천손이 나아갈 길 저 멀리 보이네.[3]

이토록 고구려의 고분벽화의 주요 테마였던 사신도와 사수도의 개념은 고구려·백제·신라의 삼국시대를 지나 불교가 지배적이었던 고려시대까지도 명맥을 유지하였으나, 유교가 국교와 정치이데올로기로 굳혀진 조선시대를 지나면서 거의 망각되어 버렸다. 그리고 조선시대를 거쳐 과학이 지배하는 오늘날에 이르러서는 더욱 은폐되고 망각되어 가서 그 문화적 단절현상이 절정에 달해 있다.[4]

---

2) 박석재, 『하늘을 잊은 하늘의 자손』(과학동아북스, 2009), 22쪽.
3) 박석재, 『하늘을 잊은 하늘의 자손』, 25쪽.
4) 최근에(20세기 후반에서부터) 고구려의 고분벽화가 다시 세상에 자신의 모습을 드러내기 시작했는데, 박창범 교수에 의하면 1950년대까지는 오랜 식민통치를 해왔던 일본 학자들에 의해 연구되었고, 1980년대에 북한의 학자들에 의해 집중적으로 연구되어왔으며, 1990년 후반에 이르러서야 남한에서도 연구가 시작되었다고 한다(박창범, 『천문학』, 이화여자대학교 출판부, 2009, 35쪽 참조)

고분벽화에서는 사신도(동청룡, 서백호, 북현무, 남주작)와 일월남북두日月
南北斗로서의 사수도 체계가 엄청난 크기와 주요 테마로 그려져 있다.
한마디로 "천하사방을 수호"5)하고 보살피는 체계로서 하나의 철학적
세계관인 것이다. 말할 것도 없이 이러한 사신은 방위신으로서 인간과
세계를 지키고 보살피는 수호신적 존재이다.

　　고구려 사람들은 사신을 신성불가침의 존재로, 저들의 '안전'을 보호해 주는 수호신
　　적 존재로 내세우고 무덤벽화에 그려 넣음으로써 죽어서도 '령혼'의 안전을 보장하
　　려고 하였다.6)

　이러한 고구려의 사신도 체계는 마치 음양이원론의 세계관이나
음양오행의 세계관, 도가의 도덕세계관, 고대 그리스의 헤라클레이토
스와 독일의 철학자 헤겔이 구축한 변증법적 세계관, 라이프니츠의
낙관적 세계관, 쇼펜하우어와 불교의 염세적 세계관 등과도 견주어
볼 수 있는 그러한 철학적 세계관인 것이다.
　더욱 놀라운 것은 고분벽화에 그려진 이러한 천하사방을 수호하고
보살피는 체계가 선사시대 고인돌의 석각천문도에 새겨진 성혈星穴고
인돌에도 나타난다는 사실이다.7) 다만, 청동거울에 이미 사신도상이
새겨져 있으므로 그 기원은 좀 더 위로 소급해 가겠으나, 선사시대의
석각천문도에서 사신도상을 찾기는 쉽지 않기 때문에 정확한 시기를
추정하기 어렵다.
　김일권 교수에 의하면 "청룡이나 백호, 봉황으로도 불리는 주작의

---

　5) 김일권, 『우리 역사의 하늘과 별자리』(고즈윈, 2008), 81쪽.
　6) 최승택, 「고구려 사람들의 사신에 대한 신앙과 고구려벽화 사신도의 특징」, 『조선고고연
　　구』(2012-2), 9쪽.
　7) 이 책에서 「고인돌의 석각천문도에 새겨진 천문사상」의 장을 참조.

도상은 개별적으로 이미 한대 이전의 은주시대 유물자료에서도 나타난다"8)라고 하는데, 은나라의 경우 동이계의 나라이기에 사신도의 기원을 중국이라고 해서는 안 된다.(당시에는 '중국'이라는 나라가 성립되지 않았다.) 사방위 수호자로서의 사신도, 즉 동청룡·서백호·북현무·남주작의 체계가 집대성된 것은 고구려 때로 보이지만,9) 이미 고구려 이전에 정립된 28수의 체계 속에서 이러한 사신이 체계화된 형태로 전승되고 있었다.

고구려의 고분벽화10)에는 해와 달을 비롯해서 네 방위를 나타내고 수호하는 사신도와 사수도가 여러 문양 및 그림들과 함께 그려져 있는데, 천문도와 별 그림이 발견된 고분은 현재까지 25기로 알려져 있다.11) 우리는 고구려 사람들이 직접 관찰하고 그린 이 천문도와

---

8) 김일권, 『동양 천문사상 하늘의 역사』(예문서원, 2007), 161쪽.
9) 김일권 교수의 통계자료에 의하면 고구려의 벽화고분 107기 중에서 사신도가 나타나는 벽화는 34기라고 한다.(김일권, 『우리 역사의 하늘과 별자리』, 86쪽 참조)
10) 고구려의 고분벽화는 2005년 7월 1일 세계문화유산으로 등재되어 세계인으로부터 주목을 받게 되었다. 고분벽화학은 문화적 역사적 가치와 규모면에서 봐도 돈황학이나 간다라학에 뒤떨어지지 않기에, 그 정신문화적이고 역사적인 연구를 확대할 필요가 있는 것으로 보인다. 특히 김일권 교수가 지적하듯이 "같은 시기 동아시아 전체의 천문도 역사를 비교해 보면 고대 일본에서는 아직 천문도 자체의 유물이 전하지 않으며, 중국의 위진남북조에서도 고구려 벽화보다 다양하고 선명한 성좌도 자료가 발견되지 못하고 있다. 그러므로 고구려의 벽화 천문 자료가 지니는 역사적 의의는 매우 높다."(김일권, 『우리 역사의 하늘과 별자리』, 85쪽)
11) 김일권 교수는 『고구려 별자리와 신화』(사계절, 2008, 39~41·50쪽 참조)에서, 박창범 교수는 『천문학』(35쪽)에서 각각 25기라고 밝힌다. 특히 김일권 교수는 별자리가 그려진 25기의 모사도를 자세하게 그려 고구려의 별자리 천문도를 잘 파악할 수 있게 하고 있다.(『고구려 별자리와 신화』, 176~188쪽 참조) 나일성 박사는 『한국천문학사』(71쪽)에서 '19개 이상'으로 잡고 있다. 이 외에 북한의 최승택은 「고구려 무덤벽화 천문도의 우수성에 대하여」(『조선고고연구』, 2013-2, 43쪽)에서 천문도가 그려진 벽화무덤을 27기로, 사신도가 그려진 벽화무덤을 38기로 본다.(「고구려 사람들의 사신에 대한 신앙과 고구려벽화 사신도의 특징」, 『조선고고연구』, 2012-2, 9쪽) 또 리준걸은 「고구려에서의 천문학의 발전」(『조선고고연구』, 1989-3, 16쪽)에서 별 그림이 그려진 고분을 28기로 보고, 한인호는 「고구려벽화무덤의 사신도에 대하여」(『조선고고연구』, 1988-1, 13쪽)에서

별 그림들을 통해 당대의 천문학적 지식과 천문사상, 나아가 이전 시기와의 관련성 등을 고찰할 수 있다.

우선 사신도에 대해 살펴보겠는데, 사신도가 그려진 벽화는 많지만 특히 고구려의 기상과 웅혼함이 잘 표현되고 또 우리에게 잘 알려진 강서대묘의 사신도를 참고해 보기로 하자.

강서대묘의 사신도에는 동청룡, 서백호, 북현무, 남주작 등 일종의 초지상적인 신수神獸의 형태가 그려져 있다. 고분벽화에는 이와 유사한 사신도들이 많다. 현대인들은 이미 이들의 존재의미를 망각한 것이나

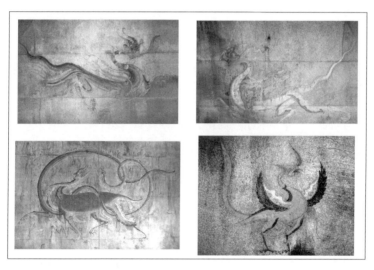

강서대묘의 벽화에 그려진 사신도
(좌측 상단에서부터 시계 방향으로
동청룡, 서백호, 남주작, 북현무)

고구려 고분벽화 중에서 사신과 관련된 벽화무덤이 30여 기가 된다고 한다. 이처럼 여러 전문가들이 천문도가 그려진 고분을 서로 다르게 제안하고 있지만 이것은 큰 문제가 되지 않는다. 왜냐하면 그 많은 고구려의 고분에 천문도나 사신도 및 사수도가 그려진 벽화고분이 새로 발견되면 당연히 늘어날 수 있기 때문이다.

다름없으나, 고대 한국인은 이들을 통해 천하를 보살피는 체계의 정신적 원형을 가졌던 것이다. 이들은 사방을 지키고 인간과 만물을 수호하는 역할을 담당하고 있었다.

고대 한국인들은 하늘세계도 사수도의 일월남북두日月南北斗로 하여 금 온 사방을 지키고 수호하며 보살피는 체계를 만들어 내었다. 별자리 그림이 있는 고분벽화에는 거의 다 사수도의 별 그림이 등장하고 있다. 아래에서는 사수도와 더불어 28수가 잘 드러나 있는 덕화리 2호분과, 고구려의 별자리 체계를 풍부하고 일목요연하게 관찰할 수 있는 덕흥리 고분의 모사도를 참고해 보기로 한다.[12]

모사도가 아닌 실제의 덕화리 2호분은 그야말로 '별 천지'를 보여 준다. 해와 달을 비롯한 일월남북두의 사수도는 말할 것도 없고, 팔각고 임의 천정을 빙 둘러가며 약 72개의 별들이 그려져 있고 아울러 28수의 별자리 이름이 글자로 새겨져 있다. 28수의 천문 개념이 고구려의 고분벽화에서 확실하게 자리 잡고 있었던 것이다.

김일권 교수가 재구성한 덕흥리 고분의 모사도에서는 각 별자리들 이 현대 천문학에서와 별 차이 없이 등급별로 크기가 다르게 그려져 있다. 가장 크게 해와 달이 동쪽과 서쪽에 자리 잡고 있고, 그 다음에 오행성이 있는데 오행성 중에는 토성이 좀 더 크게 그려졌다. 토성을

---

12) 덕흥리 고분과 덕화리 고분 및 진파리 고분의 중요성에 관해 박창범 교수와 양홍진 교수는 이렇게 설명하고 있다. "덕흥리 고분의 벽화는 고구려의 모든 성수도 고분벽화 중에서 덕화리 2호분, 진파리 4호분과 함께 가장 중요하고 흥미로운 내용을 담고 있다. 또한 축조연대가 알려져 있고, 이들 중 가장 이른 시기에 지어진 고분일 뿐만 아니라, 별 그림 상태가 양호하고 상대적으로 풍부하여 고구려 고분벽화를 통한 우리나 라 고대 천문학사 연구에 최고의 가치를 지니는 작품 중의 하나라고 할 수 있다."(박창범· 양홍진, 「고구려의 고분 벽화 별자리와 천문체계」, 『한국과학사학회지』 제31권 제1호, 2009, 11쪽) 실로 필자도 이 책에서 이들 고분들을 중점적으로 다루는데, 日月南北斗뿐만 아니라 음양오행성, 28수, 은하수, 견우직녀 등 의미심장한 내용들을 담고 있다.

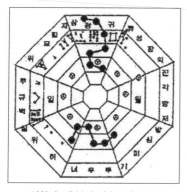

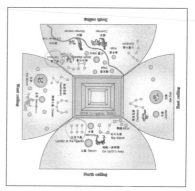

덕화리 2호분의 사수도와 28수　　　　　김일권 교수의 덕흥리 고분 모사도[13]

두른 테를 고려한 것 같다. 그 다음은 견우와 직녀, 노인성과 같은 별들이고, 그 다음은 북두칠성과 같은 별들이며, 가장 작은 별들은 남두육성이나 삼태육성, 비어오성, 심방육성과 같은 별들이다. 무엇보다도 이 모사도를 보면 남쪽 하늘에 푸른 은하수가 굽이쳐 흐르고 있으며 불멸을 지키고 생명의 축복을 쏟는 남두육성과 남극노인성이 신수인 봉황과 함께 자리하고 있다. 그리고 낮을 밝히는 태양 속에는 태양의 정령인 삼족오가 날개를 펼치고 있고, 밤을 밝히는 달 속에는 장생불사의 옥두꺼비가 자리 잡고 있다.

　달의 상징으로는 옥두꺼비 외에도 옥토끼와 계수나무가 있다. 옥토끼 또한 옥두꺼비와 마찬가지로 불사의 영물이다. 동이족의 신화에서 궁술의 명수인 이예夷羿의 아내 항아는 불사의 약을 훔쳐서 달나라로 갔고, 이후 옥토끼로 의인화되어 두 발로 서 있다. 최근에 발해만

---

13) 김일권 교수에 의해 자세하게 재구성된 모사도는 고분벽화 연구자들에게 많은 도움과 이정표를 제공해 준다. 사수도는 다른 여느 고분벽화에도 자주 그려져 있지만, 이 모사도에는 별들의 등급별 크기가 자세하게 나와 있고 은하수도 채색으로 잘 그려져 있다. 이 덕흥리 고분의 모사도는 김일권, 『고구려 별자리와 신화』, 177쪽; 『우리 역사의 하늘과 별자리』, 92쪽 참조.

북쪽에 위치한 홍산문명에서도 대량의 옥이 발굴되었듯이, "옥은 고대로부터 영원한 생명의 상징으로 주목되던 물질이다."[14]

그런데 사신도와 사수도의 천문시스템은 고구려의 고분벽화뿐만 아니라 백제와 신라의 유적에서도 발견되고 있다.—비록 고구려에 비해 그 수가 적기는 하지만— 이것은 이런 전통이 삼국 이전의 고조선에서부터 전승되어 삼국시대에 일반화되었음을 추리하게 한다. 물론 백제는 고구려에서 이주해 온 만큼 다분히 그 영향을 강력하게 받았으리라 추측할 수 있지만, 신라의 경우는 백제와는 다르다.

부여의 능산리 고분과 공주 송산리 고분에는 고구려에서와 같은 사신도가 그려져 있다. 역시 동벽에는 청룡靑龍, 서벽에는 백호白虎, 남벽에는 주작朱雀, 북면에는 현무玄武가 그려져 있는데, 남벽의 주작 좌우로 해와 달이 묘사되어 있어 사수도의 개념 또한 백제의 당대에

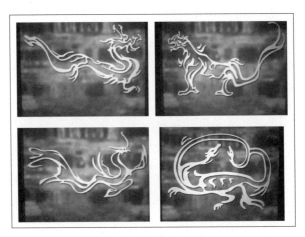

송산리 고분의 사신도(좌측 상단에서부터
시계바늘 방향으로 청룡, 백호, 현무, 주작)

---

14) 김일권, 『우리 역사의 하늘과 별자리』, 230쪽.

알려져 있었음을 추측할 수 있다. 또 무령왕릉에서 출토된 청동신수문
경에는 천문방위를 나타내는 12지의 글자가 새겨져 있다.

신라의 경우에도 사신도의 흔적은 많이 드러나며, 고분왕릉에서는
사신도의 청동거울이 출토되기도 한다.(금동투조판물) 경주 황룡사터에
서 출토된 청동거울에는 사신상이 뚜렷하게 보이는데, 당대에 갑자기
만들어졌다기보다는 그 이전부터 일반화되었을 것으로 추리할 수
있다. 이러한 청동거울의 사신상이 신라에서만 나타나는 것은 아니기
때문이다. 또한 국립경주박물관에 소장되어 있는 '납석제 남녀합장상'
에는 해와 달, 북두칠성과 남두육성이 윗부분의 좌우에 새겨져 있다.
사수도의 구도와 개념이 널리 알려져 신라에까지 일반화되어 있었다
는 증거인 셈이다.

▶ 납석제 남녀합장상 【국립경주박물관 소장】
사수도가 새겨져 있어 고조선 및 고구려의 천문전
통과 맥을 잇고 있다. 사수도가 신라에까지 보편
화되었음을 알 수 있다.

황룡사 절터에서 발굴된 청동거울
【국립경주박물관】

필자는 이러한 사신도와 사수도의 원형이 고조선의 고인돌에 새겨진 석각천문도에 있다고 본다. 적어도 유교의 조선시대 이전에는, 특히 고조선에서 고구려로 이어지는 시대에는 문화와 학문 등 여러 방면에서 독자적이고 독창적인 면모가 강하게 드러난다.

고구려 고분벽화의 북쪽 방향에는 북두칠성을 비롯한 북극성과 삼태육성 등등 북쪽에 속한 별들이, 남쪽에는 남두육성과 노인성 및 견우와 직녀, 은하수 등등 남쪽에 관련된 별들이 포진해 있다. 동쪽과 서쪽에도 각각 특정 별자리들이 자리 잡고 있는데, 대체로 동쪽에는 삼족오의 형상을 한 태양을 비롯해 오리온자리의 삼성과 황소자리의 하이아데스성단이 있고, 서쪽에는 옥토끼나 옥두꺼비 형상을 한 달과 목동자리 및 전갈자리의 일부인 심수가 그려져 있다. 그런데 전문가들에 따르면 북두칠성과 남두육성을 북·남쪽에 대비시키고 해와 달을 동·서로 대비시켜서 사방 온 세상을 보살피고 수호하는 시스템으로 승화시킨 것은 중국의 고분들에는 찾아보기 힘든 양식이라고 한다. 고구려에 비해 중국의 별 그림은 장식적인 의미를 띤 경우가 많다는 것이다.[15]

중국 고분에서 본격적인 성수도가 나오는 때는 6세기경인 위진남북조 시기인데, 300여 개의 별이 은하수와 함께 그려진 북위 원예묘元乂墓(526)가 그 대표적인 예이다. 일부 별들은 연결선으로 이어져 있으나 북두칠성 이외에는 정체를 알기 힘들고, 상당수는 장식적인 별들로 보인다.[16]

---

15) 김일권, 「고구려 고분벽화의 천문 관념 체계 연구」, 『진단학보』 제82호(1996), 1~34쪽 참조. 박창범, 『천문학』, 37쪽 참조. 최승택, 「고구려 사람들의 사신에 대한 신앙과 고구려벽화 사신도의 특징」, 『조선고고연구』(2012-2), 11쪽 참조.
16) 박창범, 『천문학』, 37쪽.

특히 김일권 교수는 실례를 들어가며 뒤떨어진 중국의 벽화천문도를 지적하고, 중국 섬서성 서안시 교통대학 구내에서 발견된 전한 말기 벽화묘와 낙양 북위 원예묘, 당나라 장회태자 이현 묘, 수당대의 벽화무덤 36기, 투르판 지역 아사탑나 고분 등을 바탕으로 사신도의 개념이 퇴색되어 간 경위를 밝히고 있다.[17]

그런데 전문가들에 의하면, 북제北齊 도귀묘道貴墓(571)에 북두칠성과 남두육성이 나타나는데, 중국 고분의 성수도에 남두육성이 나타나는 것은 당시로서는 특이한 경우로 고구려의 천문사상과 방위 체계에 영향을 받은 것이라고 진단하고 있다.[18] 또 카시오페이아자리는 고구려 고분벽화에 자주 등장하고 경북 포항 칠포리의 성혈고인돌에도 드러나는데, 이 별자리가 중국에는 없다고 한다.[19]

고구려 고분벽화에 공통적으로 나타나는 사방위 천문시스템, 즉 동청룡, 서백호, 남주작, 북현무의 구도는 "중국의 고분벽화와는 매우 다르다."[20] 특히 사수도의 구도에서 남두육성은 중국에서는 거의 나타나지 않는데―김일권 교수는 많은 저작과 논문에서 이러한 점을 밝히고 있다―, 다음의 대목에서도 이를 확인할 수 있다.

> 북두칠성은 중국의 고분벽화에도 일반적으로 등장하지만 그것에 대응하는 남두육성은 나타나지 않는다. 이 남두육성은 중국식 28수 가운데 북방 7수의 하나인 '두수'와는 완전히 다른 것으로, 북방의 북두칠성에 대응하는 남방의 지표로서 고구려의 독특한 남쪽 하늘 표현 방식이다.[21]

---

17) 김일권, 『고구려 별자리와 신화』, 30~34쪽 참조.
18) 김일권, 「고구려 위진 수당대 고분벽화의 천문성수도 고찰」, 『한국문화』 24, 199~242쪽 참조. 박창범, 『천문학』, 37쪽 참조.
19) 김일권, 『고구려 별자리와 신화』, 45~46쪽 참조.
20) 이종호, 『한국 7대 불가사의』(역사의 아침, 2007), 55쪽.

이것은 단순히 남두육성과 천문시스템의 차이에 대해서만 언급하고 있는 것이 아니다. 고구려의 경우는 다른 네 방위의 별자리와 함께 남두육성의 존재의미가 크게 부각되어, 온 코스모스를 수호하고 방위하는 그런 천문사상과 우주론으로 승화된 것이다. 온 세계를 무의미한 것으로 보는 등의 여타의 그 어떤 우주론과는 다르게, 보살핌으로 보는 철학사상을 부각시킨 것이다.

고구려 고분벽화의 천문도 시스템은 중국의 고분 성수도에 표현된 별자리들과는 다르고 오히려 고인돌 덮개돌의 별자리들과 가까운, 거석문화시대에 선호되던 그런 별자리들이다. 필자는 이를 여러 성혈 고인돌 답사를 통해 감지할 수 있었는데, 천문시스템에 관한 전문가들도 그렇게 진단하고 있다.

> 고구려 고분에 그려진 별자리들은 전체적으로 보면 중국의 고분 성수도에 표현된 별자리들과는 종류가 다르고 벽면에 투영한 천문도 제작 개념도 다르다. 별자리 종류는 계통적으로 보면 삼국시대 이전에 세워진 고인돌의 덮개돌에서 발견되는 별자리들과 가깝다. 북두칠성·남두육성·묘수(플레이아데스성단)·삼성(오리온자리 또는 심수) 등은 중국에서 28수가 성립되어 들어오기 전에 이미 거석문화시대에 선호하던 별자리들로서 고인돌 위에 즐겨 새긴 별자리들이었다.[22]

사신도와 사수도의 천문시스템은 불멸과 영원의 사상과 연루되어 있다. 사망한 자를 위해 돌로 된 집 즉 고분을 짓고 부장품을 묻으며 벽화를 통해 불멸사상을 드러낸 것은 고구려 사람들에게 사후세계와 불멸에 대한 믿음이 있었기 때문일 것이다. 특히 고분벽화에 그려진,

---

21) 이종호, 『한국 7대 불가사의』, 55쪽.
22) 박창범, 『천문학』, 37쪽.

천인天人과 신선의 형태로 하늘세계를 비상하는 것, 불사약이 제조되는 장면, 하늘세계에 펼쳐지는 유토피아 등은 사후세계와 불멸에 대한 하나의 회화적 표현이라고 할 수 있다.

한편, 대부분의 전문가들은 이러한 사신도와 사수도에 담긴 사상에는 도교적 성격이 지배적이라고 진단한다. "북벽에 그려진 북두칠성은 도교에서는 죽음을 관장하는 별자리로서, 죽음과 새로운 생명의 씨앗을 상징하는 북방을 대표하는 별자리이다. 또한 남벽의 남두육성은 도교에서 현생의 삶을 관장하는 별자리이다. 따라서 고구려 고분에 그려진 북두칠성과 남두육성은 도교적 사상과 상통하고 있음을 알 수 있다."[23] 그런데 사신도의 출처가 도교라는 이러한 견해에 대해 서길수 교수는 의혹을 제기한다.

> 벽화를 설명하는 모든 책에 "사신은 원래 도교에서 비롯되었다"고 되어 있는데, 이 점은 앞으로 검증이 필요하다. 사신이란 실제 세상에 존재하지 않는 꾸며낸 상상의 짐승으로 도교와 관련이 없는 고려나 조선에서 풍수지리설의 중요한 잣대로 등장하는 것을 보면, 한 종교의 소산이 아니라 더욱 근본적인 사상의 뿌리가 있을 것으로 보인다.[24]

여기서 우리는 사신도의 출처가 중국에서 유입된 도교가 아닌, 즉 더욱 근원적인 동이계의 원시도교일 수 있다는 것을 감안할 필요가 있다. 그리고 선사시대의 성혈고인돌에 각인된 사수도(혹은 일월남북두)와 청동거울에 각인된 사신도상이 분명 출처가 될 수 있을 것으로 여겨진다. 중국으로부터 도교가 유입되던 고구려 말기 보장왕 시기

---

23) 박창범, 『천문학』, 39쪽.
24) 서길수, 『고구려 역사 유적 답사』(사계절출판사, 2000), 269쪽.

이전에 이미 오래 전부터 사신도가 고분벽화에 그려졌기 때문이다. 이 자생적인 원시도교는 단군신화에까지 거슬러 올라간다. 신선사상이나 산악신앙 및 경천사상, 별자리에 관해 특별한 의미를 부여하는 천문지리 등이 원시도교에서도 이미 꽃피워 있기 때문이다. 그 밖에, 음양오행설과 같은 사상도 그 근원과 출처가 어디인지도 모를 정도로 오랜 기원을 갖고 있다. 아마 동이계의 은나라에까지 거슬러 올라갈 수도 있을 것이다.

사신의 개념은 서길수 교수의 의혹 즉 "고려나 조선에서 풍수지리설의 중요한 잣대로 등장하는" 것과는 무관하게, 다른 한편으로 동이계의 은나라에서 형성되었을 것으로 보이는 28수의 사상에 이미 형성되어 있었던 것으로 보이기도 한다. 그 28수가 사신도의 모형으로 형상화되기 때문이다. 청동기시대에서부터 제작되기 시작한 청동거울에도 사신도는 잘 각인되어 있다. 더욱이 남두육성과 북두칠성은 사수도를 구성하는 해와 달과 함께 이미 고구려시대보다 수백 수천 년 이전, 즉 선사시대 고조선의 성혈고인돌에 새겨진 별자리들이기에, 사수도와 사신도의 체계는 독자적이고 자생적인 사상체계라고 하지 않을 수 없다. 이러한 철학체계는 결코 어떤 무속이나 원시적인 미신에 기인한 것이 아니라, 거의 자연의 순리에 순응한, 무해한 의미구성에 의한 것이다. 이에 대해서는 제3부 4장의 10절(의미를 부여하는 현상학에서 공-의미부여의 존재론에로)과 11절(인식론의 '진리인 것으로 여김'에서 존재론의 '의미 깊은 것으로 여김'에로)에서 철저하게 정당화할 것이다.

필자는 사신도와 사수도의 우주론적 의미에 대해 어떤 근원적인 원형사상의 뿌리로부터 접근하고자 한다. 그것은 고대의 한국인이 코스모스의 체계를 수호와 보살핌으로 보았다는 것이다. 주지하다시피 사신은 —앞에서도 언급했듯— 수호신들이면서 방위신들이다. 그들은 지상의 네 방위를 수호하고 무덤의 주인을 지킨다. 그들은 수호하고 보살피는 과업을 갖고 있다. 하늘세계의 백성들을 지키고 보살피며 네 방위를 수호하는 천공의 네 성좌, 즉 해와 달과 남두육성 및 북두칠성과 함께 사신은 온 코스모스를 수호하고 보살피는 그런 역할을 수행하고 있는 것이다.

사신도와 사수도의 이러한 코스모스에서의 보살핌의 체계는 고대 그리스의 헤라클레이토스가 '만물의 아버지'를 폴레모스(Polemos) 즉 싸움과 다툼 혹은 전쟁으로 본 것과는 판이하게 다르며, 또한 헤겔의 변증법에서 테제(These)와 안티테제(Antithese)가 —위의 헤라클레이토스의 경우와 유사하게— 다툼이나 투쟁으로 합(Synthese)을 만들어 내는 것과도 전적으로 다르다.—이러한 헤겔의 변증법적 도식에서는 전쟁까지도 발전을 위한 과정으로 받아들여진다.— 더더욱 다윈의 진화론은 동물세계에 나타나는 적자생존의 원리를 보편적 체계로 굳히는데, 이 또한 사신도와 사수도에 드러난 보살핌의 체계와는 판이하게 다르다.

2. 수호신으로서의 별자리들 — 이십팔수와 사수도

고구려시대 이전, 음양오행설이 지배하던 때부터 전승되어 온 28수의 개념은 「천상열차분야지도」에서 7개씩 묶여 동서남북 네 방위의 별들로 자리 잡고 있는데, 이 또한 사신도의 의미를 더욱 밝혀 준다. 물론 고구려의 고분벽화에도 28수가 그려져 있고,[25] 이순지의 『천문유초』에서도 28수와 12분야, 28수와 24절기, 28수에 배당되는 지역 등을 세심하게 다루고 있다.[26] 특히 『천문유초』에서 언급된 사방신은 네 방위를 담당하는 수호신의 성격을 강하게 드러낸다. 동방을 다스리는 동방 창룡7수는 봄을 담당하고 목木의 기운을 맡아 다스리며, 북방을 다스리는 북방 현무7수는 겨울을 담당하고 수水의 기운을 맡아 다스린다. 서방을 다스리는 서방 백호7수는 가을을 담당하고 금金의 기운을 다스리며, 남방을 다스리는 남방 주조7수는 여름을 담당하고 불의 기운을 다스린다.[27]

그런데 놀랍게도 「천상열차분야지도」나 고분벽화에서의 28수보다 훨씬 이전에, 말하자면 선사시대의 성혈고인돌에 이미 28수가 등장하고 있다.

고인돌무덤의 석각천문도에는 한 달의 길이를 나타내는 28수 별자리들도 새겨져 있다. 28수 별자리는 적도 부분에 놓이면서 달이 매일 밤의 별자리들을 하나씩 묵으면서 지나간다는 의미에서 설정된 것이다. 평양시 상원군 귀일리 19호 고인돌 무덤을 비롯하여 80여 기의 고인돌무덤의 석각천문도에는 140여 개의 28수 별자리들이 새겨져 있다. 이 별자리들은 달과 관계되므로 당대 사람들이 하루만이 아니라 한 달의 시간도 천체의 움직임을 통해 알았다는 것을 짐작할 수 있게 한다.······ 그리고 평양지방에 분포된 200여 기나 되는 고인돌무덤의 석각천문도에는 북극 주변의 별자리와 28수 별자리뿐만 아니라 지평선에서 뜨고 지는 별자리 등 40여 개의 별자리들이 수많이 새겨져 있다.[28]

25) 김일권, 「고구려 고분벽화의 별자리 그림 효정」, 『백산학보』제47호(1996). 김일권, 「고구려 인들의 별자리 신앙」, 『종교문화연구』제2호(2000), 21쪽 이하 참조. 김일권, 「고구려 덕화리 1, 2호분의 소우주 구조와 기명 28수 성좌도 역사」, 『동아시아 문화와 예술』 통권 6호(2009), 10~52쪽 참조. 문중양, 「고분벽화에 담긴 고구려의 하늘」, 『뉴턴』 2004년 4월호. 이종호, 『한국 7대 불가사의』, 51쪽 참조.
26) 이순지, 김수길·윤상철 공역, 『천문유초』(대유학당, 2013), 32~37·478~479쪽 참조.
27) 이순지, 김수길·윤상철 공역, 『천문유초』, 제2장, 50~65쪽 참조.
28) 김동일, 「고조선의 석각천문도」, 『조선고고연구』(2003-1), 6~7쪽.

정동리(황해남도 은천군)에서 확인된 고인돌무덤의 뚜껑돌 우에 새겨져 있는 별자리들은 북두칠성을 비롯하여 북극5, 구진, 천진, 5차별자리 등 북극 주변의 별자리들과 각수, 항수, 저수, 방수, 심수, 묘수, 필수, 삼수, 루수, 허수, 성수, 장수, 익수, 진수별자리 등 적도 부근의 28수 별자리들로서 약 30개에 달한다.[29]

그런데 일부 고대천문학을 연구하는 전문가들과 역사가들은 너무나 태연하게, 그리고 마치 자동응답기처럼 적도 28수가 중국에서 들어왔다고 말한다. 하지만 이는 지나치고 경솔한 판단으로 보인다. 고대의 천문학이 중국 본토나 한족에게서 발원했기보다는 동이계의 상나라(은나라)에서 형성되기 시작했다는 것은 누구도 부인할 수 없을 것이다. 동이계의 요·순임금도 천문지리와 천문사상에 지대한 영향력을 발휘했을 것으로 보인다. 실제로 김일권 교수는 요순 때부터 28수의 개념이 정립된 것으로 진단하고 있다.

현재 남아 있는 갑골문 중에, 춘분 무렵 동쪽 지평선 상에 28수의 다섯째 별자리인 심수心宿가 출현하는 것을 보고 봄 농사를 짓는 시기로 삼았다는 기록이 있다. 상나라 왕 무정武丁 때 3일 뒤 월식月食이 있을 것이라는 예보를 통하여 왕실의 길흉을 점친 기록도 보인다.…… 문헌기록 상으로 요임금 시절의 역사로 알려진 『상서尚書』의 「요전堯典」에서 좀 더 의미 있는 기록이 발견된다. 여기서는 각 계절의 중성中星을 설명하면서 조鳥, 화火, 허虛, 묘昴의 네 별자리를 기록하였는데, 이것이 28수와 관련된 최초의 흔적이 아닌가 보고 있다. 즉 28수의 출발을 사계절의 별자리 관측과 관련이 있는 것으로 보고 있다. 조鳥는 후일 주작 별자리로, 화火는 심수 곧 전갈자리로 해석된다.[30]

---

29) 김동일, 「정동리에서 확인된 별자리가 새겨진 고인돌무덤에 대하여」, 『조선고고연구』 (2012-4), 8쪽.
30) 김일권, 『고구려 별자리와 신화』, 22쪽.

그런데 요순이 다스리던 그때는 '중국'이라고 칭하지도 않았기에, 음양사상이나 28수 개념, 역법 등이 다짜고짜로 "중국에서 들어왔다"고 하면 뭔가 어설픈 듯하다. 고대의 음양오행사상이나 천문사상은 최소한 동이계의 고대 한국과의 공유문화라고 해야지, '중국의 것'으로만 칭한다면 그것은 잘못된 것으로 보인다.[31] 중국의 상고시대는 '중국'이란 나라가 아직 성립되지 않았으며, 여러 나라와 민족들에 의한 다원적 문화와 유동적인 상황이었을 따름이다.

정재서 교수 역시 에버하르트의 논지를 받아들여 중국의 상고시대에는 '자기동일적인 중국문명'이 존재하지 않았다고 했다.

> 에버하르트(Wolfram Eberhard)는 일찍이 중국의 상고시대에는 지금의 우리가 인정하는 자기동일적인 중국문명이라는 것은 존재하지 않았으며 다만 다양한 지방문화들 간의 교류관계만이 있었다고 가정했다.[32]

오늘날 중국의 별자리로 혹은 동양의 별자리로 알려진 것도 알고 보면 그 뿌리가 고대 동이의 세계로 귀착하는 것들이 대다수이다.[33]

---

31) 이종호 박사는 우리 문화유산의 규모에 대해 불평을 하거나 자기 비하를 하는 사람들에게 반하여 우리 문화유산의 과학성과 우수성을 알리기 위해 노력해 왔지만, "아직도 물론 세계인들의 통념을 바꾸기에는 역부족이라는 것을 실감한다"고 토로한다. 그의 따끔함 질책은 온당할 뿐만 아니라 퍽 고무적인 것으로 보인다. "이런 현실은 우리 자신에게도 어느 정도 책임이 있다. 우리 선조가 남긴 유산을 대하는 태도에 자기 비하 의식과 선입견이 있기 때문이다. 우리 선조가 남긴 앞선 문명과 뛰어난 과학기술이 발견되기라도 하면 당연히 외국(주로 중국)에서 받아들였을 것이라고 추측한다."(이종호, 『한국 7대 불가사의』, 7쪽) 이런 맥락에서 조선시대의 유교사대주의는 치명적이다. 그것은 이것은 집단무의식이 되어 올바른 의식을 형성하지 못하게 하고 있다. 이종호 박사의 질책은 결코 민족적 자부심에 호소하는 것이 아니다. 그는 이런 생각을 갖는 사람들에게 오히려 반문한다. "주변국인 중국은 동북공정을, 일본은 역사 교과서 왜곡을 통해 자국의 입맛에 맞게 역사의 흐름을 바꿔놓으려 하는데, 우리는 있는 그대로의 유산과 역사마저 제대로 밝히지 못하고 있는 실정이다."(『한국 7대 불가사의』, 8쪽)

32) 정재서, 『불사의 신화와 사상』(민음사, 1995), 19쪽.

『예기』의 「월령月令」과 『여씨춘추』의 「12기紀」에는 하늘을 다스리는 임금에 대해 언급하고 있는데, 봄을 다스리는 태호복희씨太昊伏羲氏와 여름을 다스리는 염제신농씨炎帝神農氏, 중앙을 다스리는 황제헌원씨黃帝軒轅氏, 가을을 다스리는 소호금천씨少昊金天氏, 겨울을 다스리는 전욱고양씨顓頊高陽氏이다. 그런데 이들은 요순처럼 모두 동이족으로 알려져 있다.34) 놀라운 것은 고대 동이계의 은나라에서 동서남북을 지키는 신이 갑골문에 각인되어 있으며, 또한 사방을 지키는 신장에게 제사를 지냈다는 기록도 발견되었다는 것이다.35) "동쪽을 맡은 신의 이름은 석析이나 개명開明, 남쪽은 인因이나 서暑, 서쪽은 이夷나 창합閶闔, 북쪽은 복伏이나 한寒이었다."36) 이러한 28수는 사신도의 모형으로 형상화된다. 전문가에 의하면 "중국에서 28수가 처음으로 확인되는 유물은 하북성 증후을묘에서 출토된 칠기 상자인데 춘추전국시기인 서기전 5세기 후반의 것으로 추정된다"37)라고 한다.

그런데 이러한 28수의 개념 또한 네 방위의 천문시스템으로서의 사신도와 사수도가 —고인돌 덮개돌의 성좌도가 증언하듯이— 선사시대에서부터 형성된 것과 마찬가지로 일찍부터 구축되어 있었던 것으로 보인다. 고조선의 선사시대에 세워진 성혈고인돌에 이미 28수가 등장하고 있는 것이다.

---

33) 안상현, 『우리 별자리』(현암사, 2000), 300쪽 참조.
34) 안상현, 『우리 별자리』, 30쪽 참조. 저들 하늘임금들이 동이족인 것은 부사년, 정재서 역주, 『이하동서설』(우리역사연구재단, 2011), 42・83・100쪽 이하; 이기훈, 『동이 한국사』(책미래, 2015), 38・53쪽 참조.
35) 안상현, 『우리 별자리』, 34쪽 참조.
36) 안상현, 『우리 별자리』, 34쪽 참조.
37) 박창범, 『천문학』, 37쪽.

대동강 유역에 있는 200여 기의 고인돌에 새겨진 별자리는 북극 주변의 별자리와 지평선, 적도 부근의 28수宿를 비롯하여 모두 40여 개나 된다. 이 별자리들은 북위 39도인 평양의 밤하늘에서 볼 수 있는 것을 모두 새긴 것이다. 또 이 별자리에는 특이하게 은하수와 플레이아데스성단도 새겨져 있다. 육안으로 보이는 밤하늘의 별들을 이렇듯 많이 새긴 것은 세계적으로도 유례가 없다.[38]

고분벽화에도 자세하게 그려져 있는 28수는 앞에서 지적했듯이 하늘에서 달이 지나가는 길을 따라 만든 천문 개념이다.[39] 즉 달이 지나가는 길을 따라 대표적인 별자리들을 동·북·서·남 각 방향에 7개씩 설정하여 하늘의 네 방위로 나눈 것이다. 청룡이 자리해 있는 동쪽에는 동방칠수인 각角·항亢·저氐·방房·심心·미尾·기箕가 있고, 뱀과 거북이 휘감긴 형상의, 즉 생명의 씨앗을 품고 있는 북방칠수는 두斗·우牛·녀女·허虛·위危·실室·벽璧으로 구성되어 있다. 또 백호가 자리 잡고 있는 서방칠수에는 규奎·루婁·위胃·묘昴·필畢·자觜·삼參이, 주작朱雀 혹은 붉은 봉황이 수호하고 있는 남방칠수에는 정井·귀鬼·류柳·성星·장張·익翼·진軫이 터 잡고 있다. 여기서 28수를 네 방향에 따라 7개씩 나누어 묶은 별자리들이 바로 그 놓인 모양에 따라 청룡, 백호, 주작, 현무의 신수神獸가 되는 것이다. 동서남북을 지키는 이들 사신四神은 곧 28수와 직결되므로, 이로써 성혈고인돌이 선사시대로부터 전승된 것임을 체득할 수 있다.

고구려의 덕화리 2호분 벽화나, 전천천문도全天天文圖라고 일컬어지

---

38) 이종호, 『한국 7대 불가사의』, 23~24쪽.

39) "이십팔수는 달이 일주천하면서 하루씩 머무르는 집이라는 뜻에서 二十八舍라고도 불리며, 달은 약 28일 만에 한 번 순환한다. 이것들은 천구 적도상에 있는 별자리를 대략 28등분하여 마련한 하늘의 길잡이 혹은 이정표 별자리이다."(김일권, 『우리 역사의 하늘과 별자리』, 281쪽)

기도 하는 진파리 4호분 벽화 등을 통해서도 28수의 모습을 확인해 볼 수 있다.[40] 김일권 교수에 의하면 진파리 4호분의 벽화는 "천문학계를 가장 놀라게 한 벽화천문도"[41]인데, 전천천문도라는 이름에 걸맞게 천장 판석에 그려진 한 장의 천문도를 통해 하늘 전체를 한꺼번에 파악할 수 있도록 되어 있다.

> 천장 중심부에 천문의 회전축인 북극성좌와 북두칠성을 그렸고 그 둘레에 28수를 그린 것으로 조사되었다. 모두 금박의 둥근 별로 표현되었다. 동양의 별자리가 하늘의 28개 별자리를 중심으로 하는 적도 28수에 기초하고 있지만, 이를 유물로 확인할 수 있는 것은 중국의 경우 당송시대의 자료에 이르러서이다. 그런데 이보다 훨씬 이전인 고구려의 진파리 4호분에서 전천의 별자리를 하나의 돌판 속에다 그린 개천식 28수 천문도 형식이 확인된 것이다.[42]

또 진파리 고분보다 앞선 덕화리 2호분(5세기 말)에는 비록 전천천문도는 아니지만 28수 별자리가 입체적으로 명확하게 그려져 있고, 그림과 함께 28수 각각의 별자리 이름이 글자로 기록되어 있다.[43] 이러한 고분벽화의 28수 그림들은 이미 28수 천문학이 전승되어 깊이 확산되었음을 추리할 수 있게 한다. 김일권 교수는 덕화리 2호분에 그려진 기명 28수 별자리에 대해 이렇게 설명하고 있다.

---

40) 김일권, 『고구려 별자리와 신화』, 26쪽 이하 · 35~36 · 38~39쪽 참조. 리준걸, 「고구려에서의 천문학의 발전」, 『조선고고연구』(1989-3), 17쪽 참조.
41) 김일권, 『고구려 별자리와 신화』, 35쪽.
42) 김일권, 『고구려 별자리와 신화』, 35~36쪽. 김일권 교수는 『우리 역사의 하늘과 별자리』(87쪽)에서도 진파리 4호분의 규모와 위상 및 역사적 의의에 관해 자세히 설명하고 있다.
43) 김일권, 『고구려 별자리와 신화』, 38쪽.(여기에는 28수의 배치도가 그림 및 글과 함께 잘 드러나 있다.)

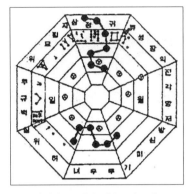
덕화리 2호분의 사수도와 28수

28수 이름을 붙인 동아시아 최초의 유물 자료라는 점에서 한중일 28수 성좌도의 역사 연구에 끼치는 의의가 크다.…… 중국 천문학사에서 28수 별자리가 완전하게 묘사된 유물은 당나라 중기의 돈황성도 갑본에서 찾아지는데, 이때는 이미 덕화리 2호분보다 근 200년을 지난 시점의 일이다. 이처럼 덕화리벽화들은 '연화장-4방위천문-8각공간-9천-28수-4신도'라는 상당히 복합적인 우주론 모식이 동시에 결합되어 있는 흥미로운 무덤이면서 고구려의 역사천문학적인 의의가 돋보이는 무덤이다.[44]

28수를 비롯해 사신도와 사수도의 천문체계가 장엄하게 밝혀져 있는 것이 바로 이 덕화리 2호분이다.

코스모스를 네 방위 수호 시스템으로 파악하고 있었던 만큼, 고대 한국인들은 동쪽의 태양과 서쪽의 달, 북쪽의 북두칠성과 남쪽의 남두육성에도 각별한 의미를 부여했을 것으로 보인다.

태양의 존재의미는 거의 절대적이었을 것이다. 태양이 낮을 지키는 별로서 온 세상을 밝혀서 사물들을 드러내고 뭇 생명체들에게 생명을 부여하는 절대적인 존재자임을 거석문화시대의 고대 한국인들도 어렵지 않게 파악할 수 있었을 것이다. 플라톤의 『국가』에 나타나는 '태양의 비유'는 바로 이런 태양의 속성을 잘 밝혀 주고 있다. 이런 태양의 속성은 쉽게 파악되기 때문에 고대인들은 태양에다 거의 절대

---

44) 김일권, 「고구려 덕화리 1, 2호분의 소우주 구조와 기명 28수 성좌도 역사」, 『동아시아 문화와 예술』 통권 6호(2009), 11~12쪽.

적인 의미를 부여했던 것이다. 그리고 다른 성좌들도 역시 그와 같은 방식으로 각별한 존재의미를 부여받게 되었을 것이다.

흑암을 내쫓고 밤을 지키는 달 또한 마찬가지이다. 만약 등불조차 없었던 선사시대에 밤을 밝혀 주는 달이 없었더라면 얼마나 큰 공포와 불편 속에서 삶을 영위해야 했을까. 따라서 당시 사람들은 주기적으로 크고 작은 모습으로 나타나는 하늘의 등불에 각별한 존재의미를 부여하지 않을 수 없었을 것이다. 더욱이 신석기시대에서 청동기시대로 이어지는 시기에 농사가 시작되었으므로, 이 농사에 큰 의미를 부여하는 달에게 각별한 애정을 쏟았을 것은 더욱 자명하다.

고대에 남방을 수호하는 수호신은 남두육성이었다. 남두육성이 남쪽의 수호자 혹은 생명의 수호자로 존재위상을 갖는 것에 대한 정확한 기록은 없다. 그러나 북두칠성처럼 국자 모양을 하고 있고 은하수의 흐름에 가까운 남쪽 하늘에서 으뜸의 별자리를 구축하고 있기에 각별한 존재의미를 부여받았을 것이다. 남쪽으로부터 생명의 온기가 오고 남쪽으로 갈수록 생명현상이 풍성해지기에, 남두육성은 생명의 축복을 쏟아 붓는 수호자로 자리매김한 것이다.

북두칠성은 이미 선사시대 때부터 각별한 존재의미를 부여받았고, 이후 오늘날까지도 이 성좌에 각별한 위상이 주어져 있다는 것은 대부분의 사람들이 알고 있는 사실이다. 고대인들은 붙박이별인 북극성 주변을 돌면서 사시사철 하늘을 지키는 국자 모양의 북두칠성에게 뭇 생명을 거두어들여 보호하는 수호신의 위상을 부여하였고, 이 별자리는 자신의 위상을 지금까지도 굳건히 지켜 오고 있다.

3. 성혈고인돌에 새겨진 일월오행성

선사시대의 유물은 그 오래된 역사 때문에 신비스럽기도 하지만, 그것이 무엇을 뜻하는지 모를 경우 더욱 신비롭다. 경상남도 함안군 도항리의 성혈고인돌은 수많은 별들과 7개의 동심원 때문에 더욱 신비롭다. 혹자는 이 동심원을 물고기의 입과 눈 등으로 해석하면서 이 고인돌이 생명현상을 표명한다고 한다. 그러나 대부분의 고천문학자들은 이 동심원을 일단 천체라고 해명하고 있다. 필자는 이 동심원들을 천체라고 보는 데서 한 걸음 더 나아가 음양오행사상을 반영하는 일월오행성(해와 달 및 오행성)으로 보고자 한다.

고인돌에 새겨진 2개의 큰 동심원은 해와 달로 여겨지며, 나머지 5개의 동심원은 오행성으로 보인다. 이렇게 보는 근거는, 첫째로 고구려의 고분벽화(특히 덕흥리 고분)가 이와 유사하게 음양오행성을 배치하기 때문인데, 고구려의 천문사상이 고조선에서 전승된 것은 주지의 사실이다. 둘째로 농사가 시작된 신석기시대부터 천문역법이 활성화되었는데 그 역법에 음양오행이 중심 역할을 하였으며, 그런 천문사상이 성혈고인돌에 표현되었을 것으로 추리할 수 있기 때문이다. 음양오행사상이 반영된 역사적 사료를 중국 고전에서가 아니라 —그보다 더 오래된 것으로 여겨지는— 도항리 고인돌에서도 엿볼 수 있다는 것은 여간 놀라운 사실이 아니다. 일월오행성[45]의 도항리 성혈고인돌은 음양오행사상을 선사시대에 역사적 유물로 남긴 최고最古의 것으로 보인다.

---

45) 일월오행성은 음양사상이 반영된 것이다. 태양은 양을, 달은 음을 대표하는 형상이기에 이 일월오행성을 음양오행성으로 불러도 무난할 것으로 보인다.

1) 신비한 동심원

고인돌사랑회의 연구팀은 잘 알려진 도항리 고인돌에 관해 다음과 같이 소개하고 있다.

경상남도 함안군 도항리 도동에 위치한 고인돌 2기의 덮개돌에는 성혈과 음각선陰 刻線, 동심원同心圓, 석촉 등이 새겨져 있다. 성혈은 바위 면을 쪼아 구멍을 내어 만들었으며 암각화의 대부분을 차지한다. 동심원은 모두 7개로, 원점을 중심으로 5겹에서 6겹의 원들이 동그랗게 그려져 있다. 동심원은 태양을 상징하며 풍요를 의미하는 도형으로, 암각화가 분포되어 있는 전 지역에 공통적으로 나타난다. 음각선은 성혈과 동심원 사이사이에 깊고 날카롭게 파여 있다.[46]

그런데 이러한 고인돌사랑회의 진단은 뭔가 불완전한 규명에 그치고 있다. 동심원 모두가 태양을 표현하는 것인지 혹은 일부만이 태양인지 알 수 없으며, 2개의 큰 동심원과 다소 작은 5개의 동심원이 무엇을 뜻하는지에 대해서는 아무런 언급이 없다. 선사시대에는 육안관측에만 의존했기에 2개의 큰 동심원은 해와 달인 것으로 보이는데(볼 수밖에 없는데), 이는 고구려의 고분벽화에서 해와 달이 나타나는 것과도 아주 유사하다. 더욱이 ―앞서 김일권 교수의 모사도(293쪽)에서도 표현되었듯이― 덕흥리의 고분벽화 또한 오행성들은 해와 달에 비해 작은 사이즈로 그려져 있다.

지금까지 발견된 우리나라의 선사시대 암각화의 수는 많은 편이지만, 대체로 해독하기 어려운 문양이나 기하학적 무늬들로 되어 있다.[47]

---

46) www.igoindol.net → 고인돌의 신비 → 새겨진 성혈. 동 사이트 → 특이고인돌 → 도항리고인돌 (함안) 참조.

47) 이를테면 "천전리 암각화"로 알려진 경남 울산시 두동면 천전리에 위치한 암각화이다. 나일성 박사에 의하면 최근까지 알려진 암각화는 16개의 지역에 분포하고 있다고

그런가 하면 각종 동물들이나 사람, 특이한 지형지물이 형상화된 울산 반구대의 암각화는 그것이 동물이나 사람임은 분명하지만, 무슨 뜻으로 이런 암각화가 새겨졌는지, 혹은 무엇을 뜻하는지 그 해석이 분분할 수밖에 없다. 그런데 세계에 흩어진 선사시대 암각화의 경우 대부분 해독하기 어렵기는 마찬가지이다. 경남 함안군 가야읍 도항리 도동에 있는 '도항리 고인돌'은 선사시대의 암각화 가운데 동심원 문양이 확실한 것인데, 이 동심원이 무엇을 뜻하는가에 대해서도 의견이 분분하다.

유자심 선생은 『배달민족의 신비: 산중 고인돌과 국선도』(해드림출판사)에서 도항리 고인돌을 물고기 형상으로 환원시키고 동심원을 물고기의 눈과 코 및 입의 형태로 재구성하고 있는데, 이는 여러모로 어색한 감이 있다. 이러한 견해는 포스트모더니즘적인 발상일 수는 있으나, 억지로 선을 그어 그림을 만든 것으로 보인다. 과연 선사시대 사람들이 물고기의 입이나 눈, 코를 나타내기 위해 그렇게 힘들게 바위에 구멍을 뚫고 동심원을 만들었을까? 더욱이 동심원 곁의 수다한 성혈星穴들은 이렇다 할 관련성을 찾기도 어렵다.

고천문학자인 나일성 박사는 도항리 고인돌의 동심원들을 "이해하기 어려운 이상한 무늬들"[48]로 일단 규정한 뒤 이 방면 전문가들의 견해, 즉 "원시인들이 하늘의 별을 묘사한 것"[49]이라는 견해를 언급하고 있다. "이 동심원 무늬의 모양은 나무의 나이테를 연상시키는데,

---

한다.(나일성, 『한국천문학사』, 61~62쪽 참조)

48) 나일성, 『한국천문학사』, 61쪽. 나일성 박사에 의하면 이러한 동심원 문양의 암각화가 발견되는 곳은 '도항리 암각화' 외에도 경남 울산시 두동면 천전리('천전리 암각화')와 경북 고령군 개진면 양전리('양전리 암각화')에 각각 암각화가 있다고 한다.

49) 나일성, 『한국천문학사』, 61쪽.

나무의 나이테보다도 더 정확한 원을 하고 있는 것이 특징이다. 그런데 이 방면의 전문가들 중에는 이 동심원 무늬를 원시인들이 하늘의 별을 묘사한 것일 것이라고 가정하는 사람들이 있다."[50]

박창범 교수는 울산 천전리와 고령 양전리, 함안 도항리 등의 선사시대 암각화에 새겨진 동심원 문양이 "태양이나 달과 같은 천체를 표현한 것처럼 보인다"라고 했는데, 학계에서는 대체로 이 견해를 받아들이고 있고 필자 또한 동의하는 바이다. 이런 동심원을 천체로 보는 편이 가장 자연스럽다고 여겨지고,[51] 또한 선사시대의 고인돌에 수많이 새겨진 홈들이 성혈星穴로 밝혀졌기 때문이다.

도항리 고인돌의 동심원들이 천체를 나타내는 것이라고 볼 수 있는 결정적인 단서는 김일권 교수의 관측을 통해서도 엿볼 수 있다. 김 교수는 포항 칠포리와 신흥리 일대의 별자리형 암각화에서 동심원 성혈에 대한 중요한 증거자료를 획득하였다.[52] 카시오페이아의 중앙에서 직선 방향으로 나간 위치, 즉 북두칠성과의 사이에 위치하는 북극성이 동심원의 테두리를 하고 또렷하게 새겨져 있는 것이다. 김일권 교수도 이 성혈을 "구도상 북극성과 카시오페이아자리의 배치와

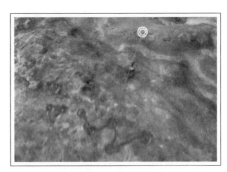

김일권 교수의 포항 신흥리 오줌바위 사진

50) 나일성, 『한국천문학사』, 61쪽.
51) 이를테면 반 고흐의 <별이 빛나는 밤>에서 별들은 동심원 문양을 하고 있다.
52) 김일권, 『우리 역사의 하늘과 별자리』, 32쪽. 특히 정확하게 동심원이 표시되어 있는 성혈을 참조.

적절히 어울리는 것이다"[53]라고 지적한다.

스콧 펙은 그의 저서 『거석을 찾아서, 내 영혼을 찾아서』에서 웨일스와 스코틀랜드의 고인돌에서 목격한 동심원들을 소개하고 있는데,[54] 도항리 고인돌의 동심원 문양이야말로 스콧 펙이 소개한 동심원들과 유사하다. 그 옛날 선사시대의 사람들이 서로 문화를 교류했던 것인지, 혹은 함께 태양거석문화를 공유했는지, 아니면 그저 우연의 일치일 뿐인지 도무지 알 길이 없다. 이들 동심원 문양들은 모두 천체를 나타내는 것으로 여겨지며, 화가 반 고흐가 「별이 빛나는 밤」에서 표현한 것과도 유사한 것으로 보인다.

◀ 스콧 펙의 거석유적 사진(잉글랜드의 펜리스 근방). 카시오페이아와 북두칠성의 중간 지점인 북극성이 동심원으로 표현되었다.

반 고흐의 <별이 빛나는 밤>

---

53) 김일권, 『우리 역사의 하늘과 별자리』, 32쪽.
54) 스콧 펙, 김훈 옮김, 『거석을 찾아서, 내 영혼을 찾아서』(고려원미디어, 1996), 153·191·194쪽 참조.

도항리 고인돌

동심원 문양이 뚜렷한
도항리 고인돌
(박창범, 『하늘에 새긴 우리 역
사』, 92쪽. 두 개의 큰 성혈과
5개의 작은 성혈이 확인된다)

우선 국민대학교 박물관 팀에서 이 도항리 고인돌에 관해 설명한
부분을 인용해 보자.

이 암각화는 함안천咸安川(남강 지류) 유역의 넓은 평야 한가운데 발달한 낮은 구릉
그 끝 부분에 조성된 지석묘支石墓의 덮개돌(蓋石)에 새겨 있다. 이 돌은 긴 쪽이
약 2.3m이고 짧은 쪽이 약 1.2m인 삼각형이다. 돌의 한가운데가 깨져 나감으로써
이 부분에 있던 무늬들이 없어지고 말았는데, 현재 보이는 부분에 7개의 동심원
무늬가 있고, 약 260여 개의 크고 작은 성혈性穴(둥근 점)이 조밀하게 새겨져 있다.
그리고 이 밖에도 왼쪽에 무슨 그림이지 알기 어려운 가는 직선이 그어져 있다.
그러나 그림 전체가 풍기는 분위기는 은하계의 천체도를 보는 듯한 느낌을 준다.[55]

55) 나일성, 『한국천문학사』, 63쪽.

여기서도 지적되었듯이 7개의 동심원은 육안으로도 확연히 찾을 수 있는데, 이들 중 2개는 유난히 크다. 이들 2개의 큰 동심원 중에서 하나는 5개의 원으로, 다른 하나는 6개의 원으로 이루어져 있다. 무수히 많은 점들은 은하수를 비롯한 우주의 별들이라고 추리해 볼 수 있을 것이다. "크게 그린 동심원 무늬들은 그 그림을 새긴 고대인들에게 깊은 인상을 준 밝은 별들일 것이라는 해석이 가능하다"[56]라고 나일성 박사는 지적하지만, 아쉽게도 그것이 무엇을 의미하는지에 대한 구체적인 해석은 없다. 그는 이 큰 동심원들이 무엇을 의미하는지에 관해서는 앞으로 풀어야 할 과제로 남기고 있다.

> 두 개 이상의 원으로 된 동심원이 공교롭게도 7개로서 사람들은 우선 우리들에게 친숙한 북두칠성을 연상하기 쉬우나, 이 7개의 배치는 지금 우리가 알고 있는 국자 모양과는 너무나 다르다. 그렇다면 이 7개의 무늬와 작은 원 10개, 그리고 나머지 크고 작은 둥근 점들은 무엇을 가리키는 것으로 보아야 하는가? 앞으로 풀어야 할 과제이다.[57]

필자는 그러나 저 큰 두 개의 동심원을 태양과 달로 본다.[58] 고구려 고분벽화의 삼실총에는 해와 달이 아주 가까이 나란하게 그려져 있다. 네 방위 시스템에 따라 북두칠성과 남두육성은 각각 북쪽과 남쪽에 자리 잡은 형태로 그려져 있지만, 해와 달은 동쪽과 서쪽으로 분리되어 있지 않고 중앙에 서로 나란하게 그려져 있어 도항리 고인돌에 새겨진

---

56) 나일성, 『한국천문학사』, 64쪽.
57) 나일성, 『한국천문학사』, 65쪽.
58) 삼실총의 고분벽화에 관해서는 김일권, 『고구려의 별자리와 신화』, 182쪽 참조. 대체로 고인돌의 성혈에 새겨진 해와 달은 약간의 간격을 두거나 조금 떨어진 형태로 배치되어 있다.

성혈과 유사한 성격을 드러내고 있다.

전문가들은 저 큰 동심원이 태양이라고만 언급하고 다른 하나의 큰 동심원에 대해서는 아무런 지적을 못하고 있는데, 오직 육안으로 관찰하던 선사시대에 크게 보였던 별들은—지금도 마찬가지이지만— 해와 달 외에는 없다. 역법 제작의 근본이 되고, 농사와 어로뿐만 아니라 우리의 실제적인 삶 전반에 걸쳐 가장 결정적인 영향력을 갖는 것은 태양과 달이었던 것이다.

2) 음양오행의 상징으로 새겨진 선사시대 일월오행성

음양사상의 기반인 해와 달은 선사시대 고인돌의 성좌에 새겨져 있고 청동거울이나 고분벽화에도 각인되어 있다. 또 우리나라 신석기시대의 대표적인 유물로 자주 언급되는 것은 빗살무늬토기인데, 이 빗살무늬는 잘 알려져 있듯 태양의 빛을 상징한다. 선사시대 때부터 한민족(동이족과 고조선인들)은 해와 달을 비롯한 하늘과 하늘의 별들을 무척 숭배했었던 것이다.(경천사상) 그런가 하면 앞서 살펴본 바 있는 선사시대의 한 동굴벽화에는 한강 남부에 살던 신석기시대 정착민들이 활기차게 수수 혹은 조를 수확하는 장면이 그려져 있는데,[59] 놀랍게도 벽화의 중앙 위쪽에 태양과 달의 형상이 있다. 기쁜 수확의 바탕에는 자신들의 노력에 덧붙여 태양과 달의 역할이 또한 있었음을 표현한 것으로 보인다.

우리가 음양설이나 음양오행설을 말하기만 하면 마치 자동응답기처럼 중국에서 기원한 것으로 서술하는 이들이 많다. 그러나 중국에서

---

59) 이 책의 제2부 2장에 있는 동굴벽화 그림(217쪽) 참조.

들어오기 이전의, 말하자면 선사시대부터 있었던 음양설이나 음양오행설의 출처를 얼마든지 찾을 수 있다. 반면 '중국'이라는 나라는 실상 선사시대에는 존재하지 않았으며, 그 이후에도 오랫동안 존재하지 않는 이름이었다.[60] 더욱이 천문이나 역법 등 상고시대의 문화는 고대 동이계의 상나라(은나라)에서 기원한 것이었다. 이러한 점들을 망각한 채 습관적으로 '중국'에서 기원했다고만 말하는 것은 우리 스스로가 선사시대와 고대의 역사 및 문화를 침탈시키고 있는 것이나 다름없다.

음양설의 흔적은 다음과 같은 제주도의 신화에서도 엿볼 수 있다.

> 태초에 우주는 혼돈 상태였다. 하늘과 땅이 금이 없이 서로 맞붙고 암흑에 휩싸여 한덩어리가 되어 있었다. 이 혼돈천지에 개벽의 기운이 감돌기 시작했다. 갑자甲子년 갑자월 갑자일 갑자시에 하늘의 머리가 자방子方으로 열리고 을축乙丑년 을축월 을축일 을축시에 땅의 머리가 축방丑方으로 열려, 하늘과 땅 사이에 금이 생겨났다. 이 금이 점점 벌어지면서 땅덩어리에 산이 솟아오르고 물이 흘러내려 하늘과 땅의 경계가 점점 분명해졌다. 이때, 하늘에서 푸른 이슬이 내리고 땅에서 검은 이슬이 솟아 나와, 서로 합치더니 음양이 상통하여 만물이 생겨나기 시작했다. 먼저 생겨난 것은 별이었다.[61]

---

60) 정재서 교수도 지적하듯이 "우리가 현재 사용하는 '중국'이라는 개념은 근대 국민 국가 성립 이후에 확립된 것인데 우리는 은연중 이 개념을 고대 중국 문화에까지 연장하여 사용하고 있다. 그 배후에 중국을 고정불변한 실체로 보는 인식이 존재하고 있음은 물론이다. 이러한 屬地主義적인 문화사관은 현재의 중국 영토 내에서 일어난 일이기만 하면 과거의 현상일지라도 모두 '중국적'인 것으로 귀속시키려는 경향이 있다.…… 근래까지도 중국은 문명의 외래설, 특히 서방기원설의 위협으로부터 자신의 정체성을 지켜내고자 腐心하였다. 그러나 동아시아 내부의 문화 문제에 있어서는 이른바 華夷論적 사고로써 주변 문화의 정체성을 忽視하고 그것을 모두 중국으로 환원하려는 이중적인 문화사관을 견지하고 있다. 중국 域外의 학자들 역시 이러한 입장을 답습할 뿐 주변 문화의 변별적 자질을 읽어낼 시각이 不在한 것이 현실이다."(정재서, 『한국도교의 기원과 역사』, 이화여자대학교 출판부, 2006, 91쪽)
61) 안상현, 『우리 별자리』, 4쪽.

이 신화는 단순히 음양의 존재만을 말하는 것을 넘어 음과 양이 서로 변증법의 운동처럼, 혹은 씨줄과 날줄의 엮임처럼 활동하고 있는 전형적인 음양론의 한 모습을 드러내고 있다. 음양론의 한 보기가 신화에서도 드러나 있음을 목격할 수 있는 것이다.

다시 저 도항리 고인돌의 동심원에게로 방향을 돌려 보자.

저 고인돌에 새겨진 작은 5개의 동심원들은 무엇을 나타내고 있을까? 그것은 아무래도 우리에게 친숙한 별들이었겠지만, 이미 나일성 박사가 지적하였듯이 북두칠성은 결코 아니다. 도항리 고인돌은 그 어떤 경우에도 북두칠성이나 남두육성의 별자리 구조를 하고 있지 않다. 이 다섯 동심원들은 하나의 별자리로 구성하기 어렵게 뚝뚝 떨어져 있기 때문이다.

어떤 특정한 별자리가 아니면서 우리에게 친숙하고도 중요한 별이라면, 이 동심원들은 오행성일 가능성이 매우 높다. 6개의 동심원 테두리를 하고 있는 큰 동심원을 태양이라고 가정하고 이 태양에서부터 둥근 궤도 모양의 그림을 그려보면, 그것은 오행성이 위치한 것과 유사한 거리를 나타내고 있다. 그렇다면 이 오행성이야말로 석각천문도의 성혈星穴로 표현한 세계 최초의 유물자료인 것이다. 음양오행성은 28수와 함께 고대 동양의 천문세계관에서 가장 기본이 되는 별자리들이라고 할 수 있다. "지구에 가장 큰 영향을 일으키는 별은 7개입니다. 그 중 두 개는 일월이고, 그 나머지는 오성입니다."[62] 이토록 중요한 일월오행성이 수많은 성혈고인돌의 천문도에 나타나지 않는다면 오히려 그것이 이상할 따름이다.

---

62) 어윤형·전창선, 『음양오행으로 가는 길』(도서출판 세기, 1999), 86쪽.

3) 고구려의 고분벽화와 『천문유초』에서의 일월오행성

고구려의 고분벽화에서도 해와 달의 크기가 압도적이라고 할 만큼 크고, 이어서 오행성이 다른 별들보다 크게 그려져 있다. 이는 덕흥리 고분의 별자리들을 참고해 보면 단번에 알 수 있다. 실제의 크기를 그대로 옮긴 이 모사도는 김일권 교수에 의해 재구성되었는데, 동쪽의 해와 서쪽의 달이 압도적으로 크고, 이어서 오행성이 여타의 별들보다 크게 그려져 있다. 고구려의 고분벽화는 고조선시대의 천문사상이 전승된 것임은 주지의 사실인 것이다.

그런데 고구려 사회의 행정체제에서도 고분벽화에 표명된 사상과 유사하게 4방위(중앙까지 포함하면 5방위) 시스템이 목격되기도 한다. 『삼국지』, 『후한서』 등의 '고구려'조에 따르면 고구려에는 초기부터 연노부, 절노부, 순노부, 관노부, 계루부 등의 5부 체제가 있었는데 이들은 다른 이름으로 황부(내부), 동부(좌부), 서부(우부), 남부(전부), 북부(후부) 등으로도 칭해졌다는 것이다.[63]

한편, 세종대왕의 명에 의해 편찬되었다는 이순지의 『천문유초』에는 제7장에서 오행성을 다루고 있는데, 여기서 오행성의 방위를 언급하고 있다. 그 내용은 다음과 같다.

세성歲星(목성)은 방위로는 동방이고, 계절로는 봄(春)이며, 오행으로는 목木이고, 오상五常으로는 인仁이며, 오사五事로는 모습(貌)에 해당한다.[64]

형혹성熒惑星(화성)은 방위로는 남방이고, 계절로는 여름이며, 오행으로는 화火이고,

---

63) 한인호, 「고구려벽화무덤의 사신도에 대하여」, 『조선고고연구』(사회과학원 고고학연구소, 1988-1), 14쪽 참조.
64) 이순지, 김수길·윤상철 공역, 『천문유초』, 354쪽.

오상五常으로는 예禮이며, 오사五事로는 시視에 해당한다.[65]

전성塡星(토성)의 방위는 중앙이고, 계절로는 계하季夏(여름과 겨울의 경계)이며, 오행으로는 토土이고, 오상으로는 신信이며, 오사五事로는 사思에 해당한다.[66]

태백성太白星(금성)은 방위로는 서방이고, 계절로는 가을(秋)이며, 오행으로는 금金이고, 오상五常으로는 의義이며, 오사五事로는 언言에 해당한다.[67]

진성辰星(수성)은 방위로는 북방이고, 계절로는 겨울(冬)이며, 오행으로는 수水이고, 오상五常으로는 지智이며, 오사五事로는 청聽에 해당한다.[68]

이러한 『천문유초』의 오행성에 대한 해석 가운데 오상五常과 오사五事 개념은 오늘날의 천문학에서는 더 이상 의미를 갖지 못하지만, 그러나 이들 오행성의 방위 설명을 저 '도항리 고인돌'에 적용하면 거의 적합하게 맞아떨어진다. 다만 오행성은 행성인지라 정확한 방위 설정을 하기가 쉽지 않으므로, 무엇보다도 이 오행성을 관찰하고 고인돌에 새겼던 당시의 천문도가 중요하게 대두된다.

도항리 고인돌의 성혈에서 큰 동심원 2개는 해와 달에 해당하고, 나머지 5개의 작은 동심원은 오행성에 해당하는 것으로서 별들 사이로 돌아다니는 다섯 행성을 상징한다. 옛사람들은 이들 행성과 마찬가지로 (동양의 천문사상에서) 별들 사이로 누비고 다니는 해와 달을 모두 합쳐서 칠정七政 또는 칠요七曜라는 명칭으로 불렀는데, 이들이 오늘날

---

65) 이순지, 김수길·윤상철 공역, 『천문유초』, 357쪽.
66) 이순지, 김수길·윤상철 공역, 『천문유초』, 359쪽.
67) 이순지, 김수길·윤상철 공역, 『천문유초』, 362쪽.
68) 이순지, 김수길·윤상철 공역, 『천문유초』, 366쪽. 이순지의 『천문유초』 외에도 오행성의 방위에 대해서는 안상현, 『우리 별자리』, 76쪽 참조.

일주일(요일) 이름의 근간을 이루고 있다.

오행사상은 만물의 온갖 현상을 다섯 가지 근본요소, 즉 오행五行으로 나눌 수 있다고 본다. 그래서 오행은 만물의 근원이 된다.

> 오행사상에 따르면, 우주만물을 이루는 기본 요소는 물(水)·쇠(金)·불(火)·나무(木)·흙(土)이다. 이들은 순환하면서 서로를 만들어 낸다. 물은 나무를 기르고, 나무가 타면서 불이 된다. 불이 꺼지고 나면 흙이 남는다. 흙에서는 쇠나 돌이 난다. 돌에서는 물이 솟아 나온다. 물은 다시 나무를 기르고……. 이렇듯 오행사상은 오행이 순환하면서 우주만물을 낳는다는 생각이다.[69]

전승된 동양 우주론이 음양오행을 기반으로 하고 있다는 것은 주지의 사실인데, 이는 음양오행이 우주적 근본동력이자 생명현상의 토대가 된다는 것이다. 음양오행이 동양의학과도 직결된다는 것도 잘 알려진 사실이다. 이를테면 인간의 신체와 생명은 우주 모형과 대칭적으로 연계된다는 것이 『동의보감』에 해명되어 있다.

> 둥근 머리는 하늘을 닮았고 네모난 발은 땅을 닮았다. 하늘에 사시四時가 있듯이 사람에게는 사지가 있고, 하늘에 오행이 있듯이 사람에게는 오장이 있다. 하늘에 해와 달이 있듯이 사람에게는 두 눈이 있고, 하늘에 밤과 낮이 있듯이 사람은 잠이 들고 깨어난다.[70]

나아가 인간의 오장육부 또한 음양오행과 연계되어 있으니, 간肝·담膽은 목木, 심心·소장小腸은 화火, 비脾·위胃는 토土, 폐肺·대장大腸은

---

69) 안상현, 『우리 별자리』, 76쪽.
70) 고미숙, 「생명의 원천은 우주…… 오장육부도 음양오행의 산물」(『동아일보』, 2012월 3월 13일자) 참조.

금金, 신腎·방광膀胱은 수水와 연결된다.

더더욱 오행사상에 입각해서 동양의 방위사상을 보면 각기 동서남북과 중앙이 되는데, 이것은 저들 오행성의 방위와 일치한다. 성리학 또한 이 오행사상을 인간의 심성에 적용시켜서 동-목성(세성)-인仁, 서-금성(태백성)-의義, 남-화성(형혹성)-예禮, 북-수성(辰星)-지智, 중앙-토성(塡星 혹은 鎭星)-신信으로 규정하고 있다. 이리하여 오행설은 인간을 비롯한 세상만물을 이해하는 근본적인 틀이 된다.

그런데 앞의 국민대학교 박물관 팀에서 설명한 내용 중에 있는 "실제로 왼쪽에 무슨 그림인지 알기 어려운 가는 직선"들은 아마도 유성이 떨어지는 모습을 형상화한 것이 아닐까 하고 추측해 본다. '천원지방'의 둥근 하늘에서 직선은 유성이 떨어지는 모습 외에는 관측하기 어려운 것이다.

연결선으로 묶어진 별자리가 아닌 경우에는 ―북두칠성이나 남두육성 및 삼성이나 묘수, 카시오페이아 등과 같이 연결선이 없어도 별자리임을 알 수 있는 경우도 있지만― 대부분의 경우 무슨 별자리인지 읽어 내기가 퍽 어렵다. 고구려 고분벽화의 천문도에는 대체로 별자리를 표현하기 위해 서로 관련된 별과 별 사이에 연결선을 그어 놓았고, 해와 달 혹은 견우와 직녀처럼 별자리가 하나일 경우는 각각 삼족오와 옥토끼(혹은 옥두꺼비), 황소를 몰고 있는 견우, 은하수 너머 견우를 보고 있는 직녀 등의 그림을 통해 확실히 구분하게 했다. 이를 통해서도 고구려의 천문사상과 별자리 개념을 확인해 볼 수 있다.

또한 덕화리 2호분이나 진파리 4호분의 고분벽화에서 뚜렷이 드러나듯이 별의 크기로써 밝기를 구분케 하는 것은 오늘날의 천문학에서도 통용될 수 있다. 이러한 전통은 그런데 고구려 이전의, 즉 고조선의

고인돌 성혈에서도 그대로 드러나고 있다.[71]

평안남도 남포시에 있는 덕흥리 고분의 앞방 벽에는 수성, 목성, 토성 등 오행성이 그려져 있고, 아울러 은하수, 북두칠성, 카시오페이아 자리, 오리온자리 등 우리에게 친숙한 별자리들이 수놓아져 있다.[72] 덕화리 2호 고분의 팔각고임 천장 3단에서도 '칠요七曜'라고 칭해하는 일월오행성(음양오행성)이 발견되고, 이는 '전천천문도全天天文圖'라 칭해 지는 진파리 고분, 덕흥리 고분에서도 발견된다.[73]

고구려에서는 고분벽화가 증언하듯이 일찍부터 오행성을 관측한 자료가 목격되는데, 이를 김일권 교수도 적합하게 밝히고 있다.

> 고구려에는 일찍이 오행성을 관측하였다는 기록이 이미 2세기의 문헌자료로 전한다. 이로 보아 고구려에서는 실제로 오행성을 관측했고, 벽화의 행성 그림은 그러한 관측을 토대로 이루어진 것이라고 할 수 있다. 그런데 덕흥리의 오행성 그림은 동아시아의 유물자료 가운데 최초의 행성 표현에 해당된다. 고구려보다 약 300년 뒤인 요나라의 장문조張文藻 무덤(1093)에서 오행성으로 여겨지는 별 그림이 나타나는 형편이므로 덕흥리의 오행성이 갖는 역사적 가치가 얼마나 높은지 알 수 있다.[74]

도항리 고인돌에 새겨진 오행성의 동심원 문양은 선사시대의 유물 이기에, 동양에서 발원한 음양오행의 사상을 바위에 새긴 세계 최초의 유물로 여겨진다.

---

71) 박창범, 『천문학』, 46쪽 참조.
72) 이종호, 『한국 7대 불가사의』, 51쪽 참조.
73) 고구려 고분벽화에서의 오행성에 관해서는 김일권, 『고구려 별자리와 신화』, 35·55· 58~91쪽 참조.
74) 김일권, 『고구려 별자리와 신화』, 63쪽.

4) 오성취루현상

이처럼 고분벽화와 성혈고인돌에서 오(행)성의 의미가 이미 부각되었기에, 이런 오성이 한 줄로 늘어서는 오성취루현상 또한 대단한 우주현상으로 받아들여졌을 것으로 보인다. 또 역으로 오성취루현상이 대단한 우주현상으로 여겨진 근원에는 오(행)성이 중요한 천체로 받아들여졌다는 사실이 작용하였음을 추리할 수 있다.

김부식의 『삼국사기』에도 오행성 관측에 관한 기사가 나온다. 「고구려본기」 제1권 '유리왕'편에는 유리왕 13년 봄 정월에 "형혹성熒惑星이 심성心星을 지켰다"75)라는 천문관측기사가 있고, 「고구려본기」의 제4권 '고국천왕'편에도 이와 유사한 관측기사가 나타난다. 고국천왕 8년 여름 4월, "을묘일乙卯日에 형혹성熒惑星이 심성心星의 자리를 지켰다"76)는 것이다. 또 「고구려본기」 제3권 차대왕 4년 5월에 "오성五星이 동방에 모이니 천문을 맡아 보는 자가 왕이 성낼까 두려워서 아뢰기를 '이는 임금의 덕이요 나라의 복이라'라고 하자 왕이 기뻐하였다.…… 그믐날, 객성客星이 달에 부딪쳤다"77)라는 기록이 있다.

이 외에도 『삼국사기』에서는 오행성에 대한 관측기록이 다수 발견되는데, 오행성이 한 줄로 서는 이른바 오성취루五星聚累현상이나 한꺼번에 관찰되는 오성취합五星聚合현상은 예나 지금이나 "대단한 우주의 빅쇼"78)이다. 전문가들에 의하면 이른바 오성결집현상은 200~300년에 한 번 정도 일어나는 현상이라고 한다.79)

---

75) 김부식, 신호열 역해, 『삼국사기』 I(동서문화사, 1978), 286쪽. 여기서 心星은 28수의 다섯째 별(전갈자리 α별)로 동쪽에 위치한다.
76) 김부식, 신호열 역해, 『삼국사기』 I, 311쪽. 형혹성은 오늘날의 화성이다.
77) 김부식, 신호열 역해, 『삼국사기』 I, 307쪽.
78) 김일권, 『고구려 별자리와 신화』, 63쪽.

놀라운 사실은 『환단고기』의 「단군세기」에 고조선 13세 흘달단군 조에 오성취루에 대한 기록이 있는데, 그야말로 한 줄로 선 오행성이 서쪽 하늘에 보였다는 관측기록이다.[80] 물론 오늘날 『환단고기』의 신빙성에 대해 의혹을 제기하는 사람도 많지만, 한국천문연구원장인 박석재 교수는 위의 오성취루현상이 가능할 뿐 아니라 오히려 임의로 지어내기가 불가능하다는 사실을 EBS강의를 통해 증언하고 있다.[81] 그는 이런 현상을 현대천문학의 소프트웨어 시뮬레이션으로 목격할 수 있다는 것을 밝혔다.[82] 박석재 교수에 의하면 "나는 이미 세계일보 3월 11일 칼럼에서 『환단고기』의 오성취루五星聚婁 기록을 근거로 고조 선은 신화의 나라가 아니라고 주장했다. 또한 5월 13일, 5월 27일, 6월 10일 칼럼에서 배달국에 대해서도 자세히 소개했다"[83]라고 한다. 박창범 교수 또한 오행성이 서쪽 하늘에 위치한 누성婁星에 모였다고 하는 흘달단군 50년 무진년(기원전 1733)의 기록이 역사적 사실로 인정된 다고 하였다.[84]

---

79) 『동아일보』 2015년 5월 8일자 기사(<행성 5개 모인 '오성결집' 삼국사기서 발견>)는 「고구려본기」에 기록된 '차대왕 4년에 오행성이 동방에 함께 모인(결집한) 천문현상'을 기사화하고 한국아마추어천문학회가 제공한 오성결집의 상상도도 제시하고 있다.

80) 안경전 역주, 『환단고기』(상생출판, 2012), 132쪽 참조. 또 http://blog.daum.net/bohurja/4428 참조. http://blog.naver.com/gnbone/220452671062 참조.

81) http://youtu.be/VwchasgDTN4 참조.

82) http://www.stellarium.org

83) http://blog.daum.net/bohurja/4428 참조.

84) 박창범·라대일, 「단군조선시대 천문현상기록의 과학적 검증」, 『한국 상고사 학보』 제14호, 95~109쪽 참조. 박창범 교수의 오성취루현상(『환단고기』 단군세기에서)에 관한 연구논문에 대해서는 『서울신문』(2005. 01. 27, 20판, 31면) 칼럼에서도 소개되었다. 박창범 교수는 『하늘에 새긴 우리 역사』(27~32쪽)에서 단군조선시대의 천문현상기록을 일람표를 통해 명확히 하고 있으며, 과학적으로 확인할 수 있는 천문현상들을 추적하고 또 시뮬레이션을 통해 밝히고 있다. 박 교수는 여기 『단기고사』의 천문현상기록 중에 태양계와 명왕성을 지칭하는 말과 "성운이 중력적으로 붕괴하여 별이 생성된다"는 기록은 불가사의에 가까운 기록임을 언급한다.

『환단고기』의 「단군세기」에 오성취루현상이 관측되었고 고구려의 고분벽화에 오행성이 그려져 있으며 『삼국사기』에 오행성에 대한 관측기록이 있다는 것은, 음양오행설이 탄생하기 이전의 오랜 옛날에, 이미 선사시대에 오행성의 의미가 강하게 부각되어 있었음을 추리하게 한다. 도항리 고인돌에 새겨진 동심원의 일월오행성(음양오행성)은 이런 맥락에서 큰 의의를 갖는다고 생각된다.

이순지의 『천문유초』에서는 오성취합현상을 중국의 고사古事를 참조하여 대체로 길한 징조로 언급하고 있다. 이를테면 오성취합의 기운이 모여 성인聖人이 탄생된다는 것과, 일월과 오성이 주옥처럼 모인 상서로움에 응해서 전욱고양씨가 책력을 세우는 기원으로 삼은 것, 오성의 취합을 한漢나라의 고제高帝가 천명을 받는 조짐으로 삼고 또 송나라에서 천하가 문명해지는 상으로 읽은 것 등이다.[85] 그런데 예외적으로 아주 흉한 일도 벌어졌기에 『천문유초』는 오성취합을 일목요연하게 해석할 수는 없다는 점을 지적하고 있다.

오성이 모이는 것에는 길함도 있고 흉함도 있어서 한 가지로 해석할 것이 아닌 것이다. 진晉나라 영녕永寧 원년(惠帝 11년, 서기 301년)에 정월부터 3월에 이르기까지 오성이 일정한 법칙 없이 종횡으로 오가더니, 이때부터 왕실이 서로 도륙을 하고 천하에 큰 난리가 일어나서 효회황제·효민황제가 쫓기어 유랑했고 중국이 문명국가라 할 수 없을 정도로 미미해졌으니, 이것이 오성의 모임에 대응하는 조짐인 것이다.[86]

그러나 오성이 취합하는 현상은 예나 지금이나 어쨌든 하나의 상서

---

85) 이순지, 김수길·윤상철 공역, 『천문유초』, 369~370쪽 참조.
86) 이순지, 김수길·윤상철 공역, 『천문유초』, 379쪽.

로운 우주의 빅쇼임에는 틀림없다.

오늘날 우리가 지칭하고 있는 수성, 금성, 화성, 목성, 토성 즉 오행성은 —앞에서도 언급했듯이— 옛날에는 각각 진성辰星, 태백太白, 형혹熒惑, 세성歲星, 전성塡星이라는 이름으로 불렸다. 이 다섯 개의 행성은 지구에 가까이 있는 편인 데다 다른 별들에 비해 상대적으로 밝은 별들이어서 관찰의 대상이 되었던 것으로 보인다. 그 밖의 다른 행성들인 천왕성과 해왕성 및 명왕성—후일 다시 행성의 지위를 박탈당했지만—은 18세기 이후에야 발견되었다.

선사시대의 사람들도 일찍부터 계절의 변화가 해와 달의 운행과 관련이 있다는 것을 인식하였고, 농사 및 어업과도 밀접한 관련이 있다는 것을 감지하였다. 체계적인 농경은 태양의 위치나 계절의 변화, 일조량 등등에 직결된다는 사실을—신석기시대부터 본격적인 농업이 시작되었다고 할 때— 모르고서는 농사를 짓기 어렵기 때문이다. 코스모스에서의 해와 달의 절대적인 위상을 선사시대 사람들도 감지했던 만큼 그 정상적인 운행이야말로 천하의 화평과 천도天道와 직결되었고, 자연히 일식이나 월식은 매우 불길한 징조로 받아들여지게 되었던 것이다. 특히 일식은 음陰이 양陽을 침범하는 것으로 받아들여져서 신하가 군주의 상象을 가리는, 그리하여 큰 반란이 일어나거나 나라가 망하는 것으로 해석되었다.[87]

그렇기에 해와 달의 정상적인 운행은 곧 통치자를 중심으로 하는 정치 전반이 옳게 행해지고 있다는 것을 시사하고, 또 이와 반대로 정치에 잘못이 있거나 군주의 통치행위가 옳지 못할 때에는 해와

---

[87] 이순지, 『천문유초』의 341~342쪽에 그러한 예들이 잘 기록되어 있다. 또한 안상현, 『우리 별자리』, 267쪽 참조.

달이 정상상태를 벗어나서 일식이나 월식을 일으킨다는 것이었다. 그런데 자연과학과 천문학의 발전으로 오늘날 이런 해석은 말할 것도 없이 올바르지 않는 것으로, 혹은 미신으로 밝혀졌다.

우리는 이 절에서 도항리 고인돌의 천문도, 특히 음양오행사상을 반영하는 일월오행성에 관해서, 그리고 오성취루현상에 관해서 천착해 보았다. 우리는 습관적으로 선사시대 사람들이 덜 진화되고 문맹이었다고 하지만, 그러나 이런 잘못된 태도를 비웃기라도 하듯이 그들은 정신과학으로든 자연과학으로든 천문지리와 천문사상에 밝았던 것으로 보인다. 통념과는 달리 선사시대 사람들은 뛰어난 천문사상을 갖고 있었으며, 하늘이 우리 인간 및 땅의 일과 긴밀한 관련이 있음을 통찰했던 것이다.

인류문화사에서 신석기시대부터 농사가 시작되었다고 하는데, 도항리 고인돌이 있는 함안지역도 그때부터 농사가 이미 시작되었음을 역사적 사료들이 증언하고 있다.(함안박물관 참조) 그런데 당대의 농사에서도 역법은 중요한 위치를 점하고 있었고, 나라를 이끄는 왕들은 역법에 적잖은 관심을 쏟았다. 그래서 역법이 농사의 성패를 가르는 중요한 이정표가 되었는데, 음양오행은 이 역법의 중심축을 이루는 중요한 요인이었다.

음양오행성이 선사시대의 고인돌에 성혈로 새겨진 것은 놀라운 사실이다. 도항리 고인돌에 각인된 오행성은 모두 태양과 달로부터 적당한 거리에 자리 잡고 있는데, 이를 통해서 당대의 사람들이 태양중심적 세계관을 갖고 있지 않았을까 하는 사실을 추리해 볼 수도 있다. 태양을 중심으로 적당한 거리의 궤도를 그려 보면 오행성이 태양으로부터 일정한 거리에 놓이게 되는 것이다.

음양오행설이 태곳적부터 전승된 것임을 많은 사람들이 듣기는 하지만, 정작 그 증거를 고대나 선사시대에서 찾기는 퍽 요원하다. 그러나 도항리 고인돌은 실물의 형태로 증거를 펼쳐 보이고 있다. 고대와 선사시대의 역사적 사료가 빈약한 현시점에서 음양오행사상을 반영하는 일월오행성의 도항리 고인돌은 우리로 하여금 고대와 선사시대를 뒤돌아보게 하는 획기적인 이정표로 여겨진다.

4. 청동거울에서의 사신도

『별자리에 숨겨진 우리 역사』(한문화, 2007)의 저자 정태민 선생은 기원전 5세기에 중국[88]과 고조선의 교류가 활발했다고 하면서, "출토되는 청동거울에서 최초로 사방신과 28수가 등장하는 것이 바로 이 시기이다. 단군조선 초기에 정리된 3원 28수의 별자리 체계는 이즈음에 중토에 전해졌을 것이다"[89]라고 추정하였다. 청동거울에 사방신(사신도)과 이 사방신의 천계에서의 형상인 28수가 등장한다는 것은 놀라움을 금치 못하게 한다. 우선 이러한 사방신이 고인돌의 사수도와 연계된다는 점에서, 그리고 이 사방신의 천문사상 시스템이 끈질기게 전승되어 왔다는 점에서 우리로 하여금 이 사방신의 의미에 대해 경각심을 갖게 만드는 것이다.

---

88) 물론 당시는 '중국'이라는 국가가 형성되지 않았기에 차라리 '중원'이라고 칭하는 것이 더 온당할 것이다.
89) 정태민, 『별자리에 숨겨진 우리 역사』(한문화, 2007), 204쪽.

실로 청동거울에는—이종호 박사가 '한국 7대 불가사의'라고 불렀을 만큼 경이로운 비밀이 들어 있다— 세계사에서 청동기시대를 리드했던 고조선의 문명세계가 잘 드러나 있다. "1960년대 충청남도 지역에서 발견된 다뉴세문경多紐細紋鏡(잔무늬거울, 국보 141호)은 기원전 4세기 무렵 청동기시대에 만든 거울로 '청동기시대의 불가사의'로 꼽힌다."90) 다뉴세문경, 혹은 잔무늬거울이라 불리는 이 청동거울은 종교나 주술적인 의식에 사용되었을 가능성도 있다.

선사시대의 청동거울은 거친무늬거울(粗紋鏡)과 잔무늬거울(細紋鏡)로 나누어진다.…… 잔무늬거울은 거친무늬거울이 발전된 형태인데, 한국식 동검과 출토지역

청동기시대 다뉴세문경 【숭실대학교박물관 소장】

---

90) 이종호, 『한국 7대 불가사의』, 122쪽. 이 인용문에서 기원전 4세기의 청동거울이라고 한다면, 삼국시대 이전의 삼한시대인 것으로 보인다. 이토록 초과학적인 세문경이라면 당대에 갑자기 나타난 것이 아니라 그 이전부터 이미 활성화되어 전승되어 왔을 것이다. 고인돌의 부장품에서 청동거울이 종종 출토된다는 점이 곧 그 역사적 연계성을 잘 설명해 준다.

분포가 거의 비슷하다. 무늬는 가는 선으로 이루어진 삼각형을 기본으로, 거울 뒷면의 가운데에서 한쪽으로 조금 치우쳐 2개의 꼭지가 달려 있어 1개만 있는 중국 거울과 다르다. 함흥 이화동 유적에서는 꼭지가 3개 있는 것이 나와 랴오닝 지역과의 관련성을 보여 준다. 꼭지 외에도 번개무늬 등 독특한 줄무늬가 있는 점, 거울의 가장자리 단면 생김새가 반원형이라는 점에서 중국의 거울과는 차이가 있다. 거울면은 오목하게 이루어져 있어 햇빛을 한곳에 모아 반사시킬 수 있게 되어 있으며, 물체를 거꾸로 비치게 하는 것으로 보아 종교나 주술적인 의식에 쓰였을 가능성도 있다. 거울에 새겨져 있는 복잡하면서 정교한 가는 줄무늬로 보아 당시의 놀라운 주조기술을 엿볼 수 있다.[91]

이 다뉴세문경에는 물론 사신도가 직접 나타나지 않지만, 네 방위를 나타내는 동심원이 뚜렷하다. 그런데 이 청동거울에 새겨진 문양과 세문細紋을 들여다보면 오늘날의 첨단과학기술에도 뒤떨어지지 않는 정교함을 목격할 수 있다. "동심원과 선, 삼각형, 사각형을 활용한 섬세한 디자인은 기원전 4세기경에 만들었다고는 믿기지 않는 뛰어난 미적 감각이 돋보인다. 기하학적 무늬의 정교한 배치는 전혀 새로운 디자인으로, 기발하면서도 최고의 섬세함을 보여 준다."[92] 좀 더 구체적으로 과학자들은 이 다뉴세문경의 규모에 대해 한층 더 정밀한 조사를 진행하였다.

다뉴세문경의 크기는 지름이 21.2센티미터에 불과한데, 이 좁은 공간에 무려 1만 3000개가 넘는 정교한 선이 새겨져 있다. 선과 선 사이의 간격은 0.3밀리미터에 불과하다. 이 정도의 정밀성과 섬세함이라면 현대의 숙련된 제도사가 확대경과 정밀한 제도기구를 이용해 종이에 그린다고 해도 쉽지 않은 작업이다. 그런데

91) "청동거울", 한국 브리태니커온라인 (http://premium.britannica.co.kr/bol/topic.asp?article_id
    =b20c2480a).
92) 이종호, 『한국 7대 불가사의』, 122쪽.

다뉴세문경은 그토록 정교한 디자인 무늬를 청동을 녹여 틀에 부어서 만들어 낸 주물 작품이다.[93]

이러한 기념비적인 다뉴세문경에 대해 이종호 교수는 "청동기 제조 기술의 극치를 보여주는 작품으로, 당대에 다뉴세문경과 같이 뛰어난 수준의 청동 주조물은 세계 어디에서도 찾아볼 수 없다"[94]라고 한다. 다만 옛 고조선의 영역에서는 쉽게 발견할 수 있다는 것이다.

> 다뉴세문경은 중국 동북지방과 러시아 연해주를 비롯하여 한반도 전역에서 발견되고 있다. 뿐만 아니라 일본에서도 같은 종류가 발견되는데, 이는 고대 우리 민족이 살았던 지역에서는 어디서든 다뉴세문경이 출토된다는 것을 의미하며 지금까지 약 100여 점이 출토되었다. 그러나 이렇듯 광대한 지역에서 발견되지만 극도로 세치한 문양의 다뉴세문경은 중국과 일본 지역에서는 전무하며 한반도 남한 지역에서만 출토된다.[95]

청동기의 제작연대는 이종호 박사에 의하면 기원전 3000년경까지 올라간다고 한다.[96] 특히 고인돌에서 출토되는 유물에는 청동제 제품들이 퍽 많이 발견된다. 전남 화순 대곡리의 고인돌에서 출토된 유물들은 청동거울을 비롯해서 청동검, 돌화살촉, 곱은 옥, 청동종방울 등으로 알려져 있다.[97] 대전의 괴정동 유물, 함평 초포리, 아산 남성리, 예산 동서리, 전북 완주 갈동 유적 5호 등에서도 다뉴세문경을 비롯한

---

93) 이종호, 『한국 7대 불가사의』, 122쪽.
94) 이종호, 『한국 7대 불가사의』, 123쪽.
95) 이종호, 『한국 7대 불가사의』, 124~125쪽.
96) 이종호, 『한국 7대 불가사의』, 144쪽 이하 참조.
97) 이러한 유물에 관해서는 필자가 2013년 10월 화순 고인돌군을 답사했을 때 확인할 수 있었다.

다양한 청동제품들이 출토된 바 있다.

다음은 경남 김해 양동리에서 출토되었다는 방격규구사신경方格規矩四神鏡이라는 것인데, 한국 고대의 삼한시대에 제작된 사신경이라고 한다. 사신경이란 물론 동청룡, 서백호, 북현무, 남주작이 새겨진 청동거울이다. 고조선과 고구려 고분벽화에서의 사수도와 사신도의 천문사상이 그대로 연계되기에, 이러한 천문사상과 우주론의 깊은 의미를 주지시키고 있다. 전문가들은 이 사신경 청동거울에 대하여 다음과 같은 설명을 덧붙이고 있다.

직경 20㎝의 대형으로, 사엽문四葉文 뉴좌鈕坐 바깥의 방격方格에 십이지十二支의 이름을 새겨 넣고, 글자 사이에 원형의 유乳를 배치하고 있다. 문양은 'T', 'L', 'V' 형과 연호문 8유를 배치하고, 사이 공간에는 십이지의 방향에 따라 청룡(寅),

방격규구사신경【부산광역시립박물관 소장】

주작(巳), 백호(申), 현무(亥)의 사신四神과 상서로운 동물 여덟 마리를 새겨 넣었다. 작은 새도 네 마리가 배치되어 있다.[98]

　이토록 작은 규모의 청동거울에 온갖 문양이 들어가고, 특히 사신도를 비롯한 상서로운 동물 8마리와 4마리의 새까지 디자인되어 있다는 사실에 경탄을 금할 수 없다. 무엇보다도 이러한 사신도상이 당대에만 국한된 것이 아니라 고인돌시대부터 고조선과 삼한에 이어 삼국시대까지 이어진다는 것인데, 이것이 바로 고대 한국인들의 사상세계를 지배하는 근본원리였음을 추리하지 않을 수 없다.

　다음은 우리에게 잘 알려진 무령왕릉에서 출토된 청동신수경인데,[99] 특히 (아래의 사진들 중) 가운데에 위치한 '청동신수문경'에는 사신도상과 관련된 내용이 디자인되어 있다.

무령왕릉 청동거울 일괄[100]

---

98) 네이버 지식백과, "釜山廣域市立博物館 所藏 方格 規矩 四神鏡."(한국향토문화전자대전, 한국학중앙연구원)

99) 주지하다시피 무령왕릉이 발견된 것은 오래되지 않았다. 1971년 7월 5일, 옛 도읍 공주 송산리 제5, 6호 고분의 침수를 막기 위해 배관 공사를 하던 중에 발견된 것이다. 백제 25대 무령왕의 능은 그야말로 1500년 동안 긴 잠에 빠져 있었는데, 이 왕릉은 저 백제문화의 융성함을 집대성한 박물관과 다름없었다.

우선 「청동신수경青銅神獸鏡」이라는 박무웅 시인의 시를 음미해 보자.

청동신수경 속에
해와 달이 들어 있다

청동신수경 속에
열두 마리 짐승이 들어 있다

신새벽 순금의 햇빛이 빛날 적마다
한밤중 순은의 달빛이 빛날 적마다
눈부시게 눈부시게 창이 날아갈 적마다
내 마음 속 짐승들은
신의 짐승으로 거듭 태어난다

나도
거듭 태어난다

이 시에서처럼 청동신수경에는 해와 달이 들어 있고 열두 마리
짐승도 들어 있으며, 나아가 사신과 신선과 12지支의 글자도 들어
있다. 청동거울은 무덤의 주인과 함께 무구한 세월 동안 깜깜한 대지
아래에서 잠들어 있다가, 지금 깨어나 과거와 현재 및 미래를 비추는
거울로 다시 태어난 것이다.

그런데 우리는 이 청동거울에서 무언가 기존의 청동거울과는 다른
색다른 모습을 목격하게 된다. 다른 청동거울에서 볼 수 없는 형상을

---

100) 국립중앙박물관이 창작한 무령왕릉 신수문경 저작물은 "공공누리" 출처표시 조건에
따라 "이용할 수 있습니다"고 기재되어 있다.(인터넷 국립중앙박물관에서.) 1974년
7월 9일 국보 제161호로 지정된 이 청동거울 3점의 명칭은 "무령왕릉 청동거울 일괄"(武寧
王陵銅鏡一括)인데, 보통은 "청동신수경"이라고 칭한다. 소재지는 국립공주박물관이다.

디자인해 놓은 것인데, 대단히 창의적인 발상으로 보인다. 그것은 무엇보다도 기존의 네 방위에 배치된 사신도가 아니라, 이런 사신들과 함께 어울려 제법 긴 막대(혹은 창)를 들고 있는 사람(신선)의 모습이 등장하고 있는 것이다. 도대체 이것이 무엇을 의미하는지 우선 국립중앙박물관의 해설을 참고해 보자.

무령왕릉의 청동거울은 널방 안에서 발견되었는데, 왕 쪽에서는 방격규구신수문경과 의자손수대경이, 왕비 쪽에서는 수문경이 나왔다. 같은 틀에서 만들어져 똑같은 모양을 하고 있는 거울들이 우리나라와 일본 고분에서 발굴되는 것으로 보아, 청동거울이 국가 간의 교류를 통해 전파되었음을 알 수 있다. 방격규구신수문경은 뒷면의 거울걸이를 중심으로 4각의 구획이 있고 그 주위에 신수를 표현하였다. 거울에 묘사된 사람은 신선을 표현하듯, 머리에는 상투를 틀고 반나체에 삼각하의만 입은 모습이며, 손에는 창을 들고 4마리의 큼직한 짐승들을 사냥하는 모습이다. 손잡이 주위에는 4각형의 윤곽을 만들고 작은 돌기들을 배열한 다음 그 사이에 12간지의 글씨를 새겨 놓았다.(국립중앙박물관)

이와 유사하게 브리태니커 백과사전에서도 청동신수경의 규모와 이 청동거울에 새겨진 신선의 사냥하는 모습을 설명하고 있다.

왕의 족좌 북쪽에서 발견된 거울. 지름 17.8㎝. 원래는 나무상자 안에 들어 있었던 것으로 추정된다. 거울 뒷면에는 신선사상이 표현된 문양이 나타나 있다. 가운데 원형의 고리를 중심으로 방형의 구획을 만들고 그 안에는 12개의 돌기가 돌아가며, 돌기와 돌기 사이에는 12지의 글자가 씌어 있다. 방형 구획 밖에는 1명의 신선과 4마리의 짐승이 표현되어 있다. 신선은 상의를 벗고 하의만 입은 채 긴 창을 들고 짐승들을 사냥하고 있는 듯하다. 신선과 짐승의 주위로는 신선사상이 내포된 명문이 돌아가고 있다.[101]

---

101) "무령왕릉의 청동거울", 한국 브리태니커 온라인.

국립중앙박물관과 브리태니커의 해설은 우리의 이해에 많은 도움을 준다. 그러나 중앙박물관의 해석에서(브리태니커를 비롯한 각종 백과사전들의 해석도 마찬가지이지만) 신선(혹은 사람)이 "손에는 창을 들고 4마리의 큼직한 짐승들을 사냥하는 모습이다"라고 한 대목은 무언가 이해하기 어렵다. 도대체 신선이 왜 신수들을 사냥한단 말인가! 신수들은 결코 사냥감이 아니다! 그리고 인간(혹은 신선)도 ―고구려 고분벽화의 수렵도에 등장하는― 사냥에 나서는 무사의 모습이 아니다.

청동신수경에는 다른 청동거울의 사신도상에서와 마찬가지로 이미 네 방위와 12지의 디자인 속에 사방을 수호하는 사신도의 개념이 들어 있다.[102] 그러한 신수들이 네 방위를 수호하고 보살피는 시스템으로서 빙 둘러 함께 어우러져 자세를 취하고 있는 것이다. 그리고 여기서는 인간 또한 신선의 모습으로 신수들과 함께 세계를 수호하고 보살피고자 나섰다. 신선이 결코 우연히 신수들과 함께 있는 것이 아니고, 신수들을 사냥하러 나선 것은 더더욱 아니다. 이제는 직접적으로 사방을 수호하고자 나선 것으로, 상당히 심오하고 창의적인 우주론의 새로운 발상을 내포하고 있는 것이다.

더욱 경탄스러운 것은 이 청동신수경 속에는 단군신화의 원시도교에서도 드러나고 고구려의 고분벽화에서도 수없이 표현된 신선사상이 명문화되어 있다는 점이다. 여기에는 "상방의 아름다운 거울 참으로 크게 좋구나. 하늘의 신선은 늙지 않고 목마르면 맑은 샘물 마시고

---

102) 여기에 디자인된 神獸는 다름 아닌 사신도에서의 신수들이다. 두산백과사전의 '청동신수경'에서도 四神으로 밝히고 있으며, 아울러 신선사상도 표현되어 있음을 지적하고 있다. "중앙의 둥근 꼭지를 둘러서 사각의 윤곽을 만들었고, 작은 꼭지를 배열하여 그 사이에 十二支의 글자를 하나씩 새겼다. 새겨진 모양은 四神, 기타 새와 짐승을 가는 선으로 나타내고 있으며, 神仙思想을 나타낸 글자를 새긴 띠가 있다."

배고프면 대추를 먹어 쇠와 돌처럼 오래 살리라"(尙方佳竟眞大好 上有仙人不知老 渴飮玉泉 飢食棗 壽如金石兮)라는, 부귀안락과 장생불사를 꿈꾸는 신선사상이 명문銘文으로 들어가 있다.103)

　앞의 사진자료들 가운데 오른쪽에 위치한 가장 큰 청동거울은 원래 이름이 '의자손수대경宜子孫獸帶鏡'인데, 여기에도 사신四神을 비롯해서 여러 종류의 신수들이 디자인되어 있다.

> 왕의 머리 쪽에서 발견된 거울. 지름 23.2㎝. 둥근 고리의 주위에 9개의 돌기를 돌리고 그 사이에는 작은 짐승을 표현하고 '의자손宜子孫' 3자를 넣었다. 그 외곽에는 7개의 돌기를 꽃잎무늬 위에 배치하고 그 사이에 7마리의 신수를 조각했다. 무령왕릉에서 출토된 거울 중에 가장 크며, 가운데 고리구멍에는 직물의 조각을 접어서 만든 끈이 부식된 채 붙어 있다.104)

　또한 나머지 하나의 청동거울은 수대경獸帶鏡이라고 칭해지는데, 여기에도 역시 사신四神이 새겨져 있다.

> 지름 18.1cm이다. 왕비의 머리 부분에 놓여 있었다. 둥근 꼭지 주위에 9개의 작은 꼭지를 배열하였으며, 그 사이에 간단한 줄 또는 꽃 모양의 문양을 배치하였다. 중요 문양은 사신四神과 짐승을 가는 선으로 나타냈으며, 의자손경과는 수법이 다르다.105)

　이처럼 무령왕릉에서 출토된 3점의 청동신수경에는 전승되어 오는 사신도의 개념이 그대로 디자인되어 있을 뿐만 아니라, 인간도 신선의

---

103) 이근배, "이근배의 神品名詩"(『동아일보』, 2016. 03. 09).
104) "무령왕릉의 청동거울", 한국 브리태니커 온라인
105) 두산백과사전, "청동신수경".

형태로서 신수들과 함께 사방을 보살피고 수호하는 자세를 취하고 있다. 창의적인 발상이다. 그런데 이것은 그저 단순한 발상의 전환만을 의미하는 것이 아니라 코스모스에서의 변화된 인간의 위상, 말하자면 새로운 철학적 세계관이 반영되어 있다. 수동적으로 보살핌을 받기만 하던 인간이, 이제는 동시에 직접 온 세상을 수호하며 밝혀 주기도 하고 있는 것이다.

다음은 신라 황룡사 절터의 지하에서 출토된 사신도 청동거울이다. 이것은 황룡사가 창건되는 시점에 다른 귀중품들과 함께 묻혔다고 하는데, 이런 청동거울이 당대에 만들어진 것인지 혹은 전승되어 오던 것인지는 분명하지 않다. 어쨌든 사신도상과 그 사상이 전승되어 당대에까지 이어져 왔음을 단적으로 보여 주는 유물이다.

황룡사 절터에서 출토된 청동거울
【국립경주박물관 소장】

사신도상의 청동거울은 삼국시대에도 끝나지 않고 고려시대에까지 이어져서, '고려경'이라고 칭해질 만큼 당대에 성행했던 것으로 보인

청동사신무늬거울【국립중앙박물관 소장】　　　사신도 청동거울【경기도박물관 소장】

다. 국립중앙박물관에 소장되어 있는 '청동사신무늬거울'은 고려시대
에 제작되었을 것으로 추정되는 사신도 청동거울이며,106) 경기도박물
관에 소장되어 있는 사신도가 새겨진 청동거울107) 또한 전문가들은
고려시대의 것으로 추정하고 있다.

　　KBS의 HD역사스페셜 28화(「청동거울의 비밀, 일본 '천황'은 백제인인가?」)에
서는 무령왕릉에서 출토된 청동거울에 새겨진 사신도상에 대해 이렇
게 언급하고 있다.

　　한·일 양국의 학계를 흥분시킨 무령왕릉의 발굴, 그 중 청동거울인 동경이 이목을
끈다. 동경은 왕의 머리 부분에 위치해 있었고 동경 밑에서는 금제 뒷꽂이가
발견되었다. 동경 윗부분엔 가죽끈도 남아 있었다. 동경은 왕의 얼굴을 덮고
있었다. 청동은 구리에 주석이나 아연을 첨가하여 만든다. 고분에서 출토된 3점의
동경들은 하나같이 거울 중간에 반원 모양의 튀어나온 부분이 있다. 또 가죽끈으로
봐서 목이나 가슴 부분에 찬 것으로 보인다. 이것은 태양을 상징하는 것으로,
왕의 권위를 높여 주는 기능을 한다. 고대 사람들에게 태양은 절대권력을 의미했다.

---

106) 국립중앙박물관 전시유적 참조.
107) e뮤지엄, http://terms.naver.com/entry.nhn?docId=2220290 참조.

동경은 청동기시대에는 마귀를 쫓는 주술적인 역할을 했고 왕조시대에는 왕의 권위를 상징했다. 거울 뒷면에는 여러 가지 글자와 그림들이 새겨져 있는데, 자손이 널리 번성하라는 뜻의 '의자손'이란 글자와 백호 등의 문양들이 새겨져 있다.

일본천황의 묘에서도 동경이 발견되었다. 세계 최대 규모의 인덕릉에서 발견된 것이다. 인덕릉 동경과 무령왕 동경은 똑같은 양식과 모양이다. 사신신앙 역시 두 거울이 동일하다는 것을 증명해 준다. 백제와 일본은 긴밀한 관계였다.[108]

주지하다시피 청동거울은 청동기시대부터 있었지만, 그 용도는 오늘날과는 판이하게 달랐고 또 아무나 가질 수 없었다. 당시에는 부족장이나 제사장, 군장 등 왕이나 그에 준하는 자만 가질 수 있었고, 용도 또한 오늘날의 거울 개념과는 전혀 달라서 몸치장이나 화장을 위하여 얼굴을 비추어 보는 도구가 아니었다.[109]

우리나라에서 처음으로 거울이 사용된 시기는 선사시대의 청동기시대부터였다. 태양거석문화를 반영해 보면, 신석기와 청동기의 사람들은 온 대지를 환하게 비추는 태양을 숭배했을 것으로 보인다.[110] 그래서 청동거울을 제작하였는데, 빛이 반사되어 눈부시게 빛나는

---

108) 출처: HD역사스페셜 28화—청동거울의 비밀, 일본 '천황'은 백제인인가?

109) 이영훈·신광섭, 『한국미의 재발견』 제14권(고분미술 II, 솔출판사, 2004), 131쪽 참조. 따라서 브리태니커의 다음과 같은 기사는 수정이 필요한 것으로 보인다. "銅鏡이라고도 한다. 靑銅板의 겉면을 잘 다듬고 문질러서 얼굴을 비치게 하는 살림살이 연모인데 뒷면에는 봉황을 비롯한 꽃·새·짐승 등 여러 가지 무늬와 상서로운 글을 새겨 넣은 것으로 선사시대부터 만들어지기 시작했다."('청동거울', 한국 브리태니커 온라인) 물론 유럽의 고대에서는 오늘날과 같은 거울 개념으로 사용했고, 우리의 경우도 고려시대 이후로는 이런 용도로 사용해 왔다. 그러나 최소한 선사시대부터 삼국시대까지는 "얼굴을 비치게 하는 살림살이 연모"로 사용된 것이 아니다.

110) 이영훈·신광섭 박사도 "청동기인들은 온 대지를 밝게 비추는 태양을 숭배하고 있었다. 거울에 반사되어 눈부시게 빛나는 태양빛을 신비롭게 여겼고, 그 빛에는 하늘의 메시지가 담겨 있으며, 지상에 사는 이들의 소망도 실을 수 있다고 생각했던 것이다."(이영훈·신광섭, 『한국미의 재발견』 제14권, 131쪽)

태양빛을 신비롭게 여겼고, 그 빛이야말로 하늘의 메시지가 담겨 있는 것이라고 생각했던 것이다.

청동거울에 새겨진 가는 줄무늬는 태양을 상징한다. 청동거울로 태양빛을 반사시 킴으로써, 제사장은 자신이 곧 태양과 같은 존재라는 신령스러움을 과시할 수 있었다. 청동 무기를 들고 청동거울과 방울을 목에 건 채 하늘에 제사지내는 족장의 모습과 청동거울에 반사된 태양빛은 하늘의 뜻을 전하는 신령스러움 그 자체였다.[111]

물론 이런 빛나는 청동거울은 군장(족장, 왕)의 권위를 상징하는 도구로서의 성격보다는, 군장이란 곧 부족을 보살피고 밝히는 책임을 떠맡은 존재라는 성격을 더 강하게 드러내고 있는 듯하다. 환히 밝히는 이런 측면과 사신도상이 어우러져, 자신들의 부족과 사방세계를 밝히고 보살펴 주십사 하는 염원이 들어 있는 것으로 보인다.

신비로운 태양빛에 하늘의 메시지가 담겨 있다고 여긴 선사시대의 사람들은 청동거울을 천상과 지상을 연결해 주는 일종의 매개체로 여겼다. 그리고 이러한 청동거울의 성격은 삼국시대와 그 이후까지 그대로 이어졌다. 실제로 신라의 왕릉인 황남대총 남쪽 무덤과 왕자의 고분인 금령총에서 각각 청동거울이 출토된 바 있다. 황남대총의 거울은 신수경神獸鏡의 도안이 새겨져 있으며, 금령총 거울의 경우 거울의 뒷면에 수십 개의 돌기가 표현되어 있는 백유경百乳鏡이다.[112]

신라에서 출토된 청동거울 가운데 또 하나 대표적인 것은 앞서

111) 이종호·윤석연 글, 안진균 외 그림, 『한반도 고대국가 형성의 비밀이 담긴 고인돌』(열린박 물관, 2006), 35쪽. 이 책의 33~34쪽에는 비록 상상도이지만 —역사적 자료와 고증을 퍽 많이 반영한— 빛이 반사하는 청동거울을 목에 건 족장의 모습을 재현하고 있다.
112) 이영훈·신광섭, 『한국미의 재발견』 제14권, 131~132쪽 참조.

살펴보았던, 경주의 황룡사지에서 발굴된 청동신수경이다. 바로 여기에 사신도상이 뚜렷하게 드러나 있는 것이다. 황룡사 9층목탑터 기초 부분을 발굴할 때 땅속 깊숙한 곳에서 청동거울 두 점이 출토되었는데, 그 중 백동으로 만든 거울의 뒷면에 청룡, 백호, 주작, 현무의 사신이 표현되어 있었다.[113]

청동거울에 사방을 수호하는 보살핌의 체계가 도안되었다는 것은 놀라운 일이 아닐 수 없다. 고인돌의 성혈천문도에서부터 삼국시대까지, 그리고 그 이후의 시기까지 이어진 이러한 보살핌의 체계(사신도, 사수도)는 분명 온 세상을 보살핌의 체계로 보는 철학적 메시지를 담고 있기 때문이다. 그것은 결코 어떤 미학적 장식이 아니라, 고대 한국인들의 철학적 세계관을 담고 있는 메시지인 것이다.

---

113) 이영훈·신광섭, 『한국미의 재발견』 제14권, 132~133쪽 참조. 저자들은 황룡사 절터에서 출토된 이 청동신수경의 지름이 16.5㎝에 달한다고 한다.

제2장 사신도와 사수도의 철학적 해석—보살핌의 철학

1. 불멸의 사자들—남두육성과 북두칠성

『천문유초』에는 북두칠성과 남두육성(남두칠성)의 역할이 언급되어 있는데, 이에 따르면 "북방7수의 하나인 두(남두)는 주로 생명의 태어남과 건강을 관장하고, 자미원에 있는 북두는 생명의 마침을 주관한다"[1]라고 한다. 그런데 이런 남·북두의 상징과 역할은 그 기원을 알 수 없을 정도로 오래된 것으로 보인다. 선사시대 고인돌의 덮개돌에도 북두칠성은 —다른 그 어떤 별자리보다도 중요하게— 성혈星穴의 형태로 새겨져 있다. 이는 말할 것도 없이 영혼불멸사상과 성수신앙 내지는 천문숭배사상과 연루되어 있는 것이다.[2]

북두칠성과 남두육성은 한국의 신석기시대에서 청동기시대로 이어

---

1) 이순지 원저, 김수길·윤상철 공역, 『천문유초』(대유학당, 2013), 110쪽.
2) 북두칠성과 관련된 영혼불멸사상은 그 기원도 알 수 없을 정도로 오래된 민간신앙으로 전승되어 왔다. 이는 연구자들이 대체로 다 시인하고 있으며, 유물론이 지배하는 북한 사회에서도 인정하는 바이다. "당대 사람들 속에서는 사람이 죽으면 육체는 땅속으로 들어가지만 영혼은 하늘로 올라간다는 관념이 지배하였다."(김동일, 「칠성바위에 대하여」, 『조선고고연구』 2012-3, 7쪽)

져 온 고인돌의 덮개돌에도 각인되어 있는, 태곳적부터 각별하게 의미부여된 성좌들이다.[3] 선사시대로부터 내려오는 북두칠성에 대한 숭배는 민간신앙에서 칠성교의 형태로 전승되고 있으며,[4] 이런 뿌리 깊은 민간신앙을 불교의 사찰에서도 칠성각이라는 형태로 받아들이고 있다.

우리의 전래동화에서도 북두칠성은 '북두칠성이 된 효자들'이 시사하듯이 자율적으로, 그리고 지극정성으로 홀어머니에게 효를 다한 일곱 아들들이 죽어서 북두칠성이 되었다는 감동적인 유래를 갖고 있다.[5] 이는 '해와 달이 된 오누이'[6]의 경우처럼 지상에서의 아름다운 인간사가 천상에로 연결된 것을 목격할 수 있게 한다.

오늘날처럼 과학과 '고등종교'가 지배하기 전에는 북두칠성은 인간의 요람에서 무덤까지, 나아가 사후의 세계에까지 동반하는 성좌이다. 인간은 북두칠성 신선의 점지를 받아(혹은 북두칠성에 있는 삼신할머니에게서 명줄을 받아) 태어나고, 길흉화복의 운세를 쥔 북두칠성에게 빌며, 칠성판에 누워 세상을 떠나고[7] 북쪽 하늘을 바라보는 형태로 무덤을 만든다. 그리고 사자死者의 영혼은 칠성님의 품안으로 들어가게 된다. 그렇기

---

3) 이 북두칠성만 놓고 보아도 고대동양문화권을 많이 공유한 중국과 한국이 서로 다른 양상을 보인다. 우리에게서는 선사시대 고인돌에서부터 강조되어 온 북두칠성이 북극성보다 더 사랑을 받았지만, 중국의 경우는 북극성을 우주의 중심으로 보고 또 천자(황제)의 별로 여겨 더 강조하였다.

4) 북두칠성으로 은하수를 떠 마시겠다는—국자모양으로 생겼기에— 송강 정철의 가사에는 태곳적부터 전승된 원시도교의 흔적이 배어 있다. '민간에 뿌리 깊게 남아 있는 민간신앙'으로서의 북두칠성에 관해서는 이영문, 「고인돌에 얽힌 지명과 신앙」, 『이야기로 풀어낸 화순 고인돌유적』(동북아지석묘연구소, 2009), 27~28쪽 참조.

5) 윤병렬, 『감동철학 우리 이야기 속에 숨다』(이담북스, 2009), 247~253쪽 참조.

6) 윤병렬, 『감동철학 우리 이야기 속에 숨다』, 241~247쪽 참조.

7) "칠성판은 관의 바닥에 까는데, 이는 도교의 영향이다."(이경덕 지음, 『우리 곁에서 만나는 동서양 신화』, 사계절, 2006, 109쪽)

때문에 "별에 의해 태어나 별을 안고 무덤으로 가는 우리 민족의 별에 대한 애정은 각별했다"8)고 하지 않을 수 없다.

북두칠성에 대한 성수신앙과 개념은 언제부터 기원했는지는 정확히 알 수 없으나(아마 원시도교에서부터 기원한 것으로 보인다)9), 선사시대 고인돌의 덮개돌에도 흔히 나타나는 것을 통해 그 기원을 추측해볼 수 있다. 이후 고구려 사람들에게서 북두칠성은 '시간의 신'10)으로 여겨졌다고 한다.

> 고구려인들은 북두칠성이 우주시宇宙時를 가리킨다고 믿었다. 우주시가 몇 시냐에 따라 인간시人間時가 정해지는 법이다. 북두칠성을 우주와 인간의 스케줄을 관장하는 시간의 신으로 생각하였다. 죽음이라는 것은 인간의 시간이 끝났다는 의미이고, 다시 새로운 시간을 부여받기 위해서는 우주의 시계인 칠성으로 되돌아가야 한다고 믿었다.11)

이 북두칠성으로 되돌아간다는 사상에서 우리에게 친숙한 망자에 대한 표현, 즉 "돌아가셨다"를—아마도 선사시대에서부터 사용된 자연언어로 보인다— 쓴 것으로 보인다. 간혹 이와 유사하게 망자가 "세상을 버리셨다"라고도 하는데, 세상을 떠나 북두칠성으로 갔다는 표현일 것이다. 불멸사상이 농축되어 있는 이런 자연언어의 표현에서도 고대 한민족의 정신적 원형을 들여다볼 수 있다.

이처럼 "돌아가셨다"는 표현에는 '시간의 신'인 북두칠성으로 되돌

---

8) 정태민, 『별자리에 숨겨진 우리 역사』(한문화, 2007), 29쪽.
9) 강화도의 마니산에서 펼쳐지는 개천절 행사에서 칠선녀는 곧 북두칠성의 상징이라는 것을 고려하면 이 성좌의 존재의미는 대단한 위상을 갖는 것임을 알 수 있다.
10) 조용헌, 「북두칠성」, 조선일보 2004년 9월 8일.
11) 조용헌, 「북두칠성」, 조선일보 2004년 9월 8일.

아가 새로운 시간을 부여받는다는 뜻이 함축되어 있다. 거기서 일정 기간을 지내며 새로운 시간을 부여받은 영혼은 은하의 강을 따라 남두육성으로 가게 된다. 생명의 축복이 이글거리는 남두육성에서 지상에로의 귀환에 대한 준비를 마치고, 삼신할머니를 통해 다시 세상에 태어난다는 것이다.[12]

주극성週極星인 북두칠성은 북극성을 중심으로 커다란 원을 그리며 북극의 하늘을 하루에 한 바퀴 돈다. 그야말로 "하늘에 걸린 대자연의 시계"[13]이다. 우리가 살고 있는 지구는 자전과 공전을 하며 태양의 주위를 돌고 있는데,[14] 여기서의 자전은 북두칠성이 하루에 한 바퀴 도는 것과 유사한 성격을 갖는다. 그런데 인간은 땅위에서 하루하루를 거듭하다가 100년도 못 되어 수명을 다하게 된다. "고대 사람들은 이처럼 인간의 삶이 지극히 짧기 때문에 영원히 변하지 않는 듯한 별과 별자리에 우리의 삶과 죽음을 의탁했는지 모른다."[15]

서구에서도 오래 전부터 점성술이 구축되었다. 동서양이 모두 별이 인간의 운명을 좌우한다는 그런 일종의 점성학(믿음)을 가졌던 것이다. 서양의 경우는 우리의 북두칠성에 해당하는 역할을 큰곰자리가 아니

---

12) http://afnaidel87.blog.me/50146577857 및 http://donjaemi.tistory.com/422 참조.
13) 김일권, 『고구려 별자리와 신화』(사계절, 2008), 65쪽.
14) 덕흥리 고분벽화의 북쪽 하늘에는 지구의 자전을 밝히는 지축상이 그려져 있다. 이 상은 몸체는 하나이면서 머리가 둘인 유기체로 되어 있는데, 이것은 북극과 남극이 하나의 축으로 이어져 있는 천문학적 사실을 신화적으로 표현한 것이라고 볼 수 있다. 이 반인반수의 유기체상에는 '地軸一身兩頭'라는 글자가 새겨져 있어, 남극과 북극의 지축을 중심으로 지구가 자전한다는 사실을 더욱 선명하게 밝히고 있다. 一身이 지축이고 兩頭가 남극과 북극이라는 것을 초자연적 유기체의 형태로 표현한 것이다. 아직 지구의 자전이 밝혀지지 않은 시대에, 말하자면 코페르니쿠스의 지동설이 나오기 훨씬 이전에 지축이라는 용어를 썼으니, 지축을 중심으로 지구가 회전한다는 것을 세계 최초로 밝힌 셈이다.(김일권, 『고구려 별자리와 신화』, 59쪽 및 65쪽 참조)
15) 이경덕 지음, 『우리 곁에서 만나는 동서양 신화』, 109쪽.

라 프레세페성단[16]이 맡고 있다. 플라톤 이후 서양에서는 인간은 그 영혼이 하늘나라로부터 내려와 태어나게 된다고 하면서 그 하늘나라로부터의 출구를 프레세페성단으로 보았던 것이다. 이 성단을 벌집성단이라고도 한다. 우리에게는 그리 심오한 의미를 갖지 않는, 게자리에 있는 수천 개의 별로 된 산개성단이다. 맨눈으로는 작은 얼룩이나 구름처럼 보이는데, 이것이 별들의 집단이라는 것은 갈릴레오가 처음으로 확인했다. 이 성단은 알려진 항성목록 중에서 최초인 히파르코스의 항성목록(BC 129)에도 실려 있다. 프레세페('요람' 또는 '구유'라는 뜻)라는 이름은 히파르코스 시대 이전부터 사용되었다.

우리의 남두육성에 해당하는 별자리를 서구에서는 주위의 다른 별들과 묶어서 궁수자리라고 하였다. 궁수의 활과 켄타우로스의 가슴을 연결하는 국자 모양의 여섯 개 별이 남두육성이다. 남두육성은 워낙 남쪽으로 치우친 별자리여서 여름 한철에만 관찰할 수 있는데, 김일권 교수는 다음과 같이 설명하고 있다.

> 일 년 중 한여름철(6~8월) 남쪽 하늘 지평선 가까이(18도~28도 가량)에 관측되는 별자리이다.…… 그러나 옛 고구려 지역의 평원에서 보면 국자형 남두육성이 은하수의 물을 푸는 듯 남쪽 하늘 지평선 가까이의 은하수에 절반 걸친 모습으로 뚜렷하게 빛나는 것을 볼 수 있다. 별자리 크기가 카시오페이아보다 클 정도여서 상당히 장대한 인상을 받는다. 고구려인들도 아마 이런 관측 경험을 바탕으로 남두육성을 남쪽의 방위별자리로 삼았을 것이다. 고구려인들은 별자리 중에서 각 방위를 대표하는 가장 뚜렷한 별자리로 기준을 삼았는데, 이를 방위별자리라 한다.[17]

---

16) 프레세페성단에 관해서는 인터넷을 통해 간단하게 확인할 수 있다. 또한 이경덕, 『우리 곁에서 만나는 동서양 신화』, 103쪽 참조.

17) 김일권, 『고구려 별자리와 신화』, 68쪽.

남두육성[18]

남두육성은 고구려의 고분 벽화가 조성되기 시작하는 초기 단계에 이미 나타나서 ─김일권 교수의 지적처럼─ "고구려 벽화의 마지막 시기까지 남방의 방위별자리로 채택되었다."[19] 그런데 이 남두육성이야말로 "중국 벽화에서는 찾기 어렵고 유난히 고구려 벽화에서 강조되어 고구려식 천문 특징을 잘 담아내는 별자리라 일컫는다."[20] 남두육성과 더불어 천지사방을 수호하고 보살피는 '보살핌의 철학'이 견고하게 뿌리내리고 있었음을 목격할 수 있다.

남두육성은 북두칠성과 유사하게 국자의 모양을 하고 있는데, 은하수의 남단에 가까이 있어 각별한 의미를 갖고 있다. 그것은 "젖이 흐르는 강인 은하수의 젖을 뜨는 국자라는 별칭"[21]이다. 원시도교에서는 북두칠성이 국자에 담고 있던 영혼들을 은하수를 따라 남쪽으로 흘러 보내면, 생명의 지킴이인 남두육성이 그 영혼들을 한동안 품고 있다가 다시 세상으로 내려 보낸다고 보았다. 이는 영혼불멸의 사상이 남두와 북두 및 은하수를 통해 표현된 것이다.

---

18) 맨 위의 큰 별은 행성이 접근한 현상이다. 필자는 2004년 겨울(2월)에 태국의 푸켓으로 여행을 갔다가 남쪽 하늘을 장악하고 있는 웅장한 남두육성을 똑똑히 볼 수 있었는데, 남쪽 방위를 담당하면서 생명의 지킴이 역할을 하는 별자리임을 직관적으로 알 수 있었다. 고대 그리스인들이 궁수자리라고 한 여러 별들은 거의 보이지 않았고, 오직 남두육성만이 남쪽 하늘을 지키고 있었다.
19) 김일권, 『우리 역사의 하늘과 별자리』(고즈윈, 2008), 95쪽.
20) 김일권, 『우리 역사의 하늘과 별자리』, 95쪽.
21) 이경덕 지음, 『우리 곁에서 만나는 동서양 신화』, 104쪽.

남쪽은 생명현상이 이글거리는 곳이다. 덕흥리 고분의 남쪽 벽에는 이런 이글거리는 생명현상이 온 하늘을 수놓고 있다. 생명의 강인 은하수가 하늘 가운데로 흘러가고, 은하의 강을 사이에 두고 직녀는 소를 끌고 길 떠나는 낭군(견우)을 애틋하게 바라보고 있다. 등불처럼 붉게 빛나는 형혹성熒惑星(화성)은 천장의 중앙 상부에 자리 잡고 남방을 다스리고 있으며, 젊은이들은 천상에서도 활시위를 당겨 호랑이 두 마리를 수렵하고 있다.

남두육성은 불로장생과 "인간의 수명장수를 주관한다고 믿어진 별자리"22)인데, 남극노인성 또한 비슷한 속성을 갖고 있다. "가장 크게 그려진 이 별은 전 하늘에서 두 번째로 밝은데, 이 별을 보게 되면 무병장수한다고 믿어져 수성壽星이라고도 불렸다."23) 그런데 아쉽게도 이 남극노인성은 남쪽 하늘 너무 먼 곳에 치우쳐 있어서 "매년 춘분경 저녁 무렵, 추분경 새벽 무렵이면 남쪽 하늘 지평선 가까이에서 볼 수 있는데, 우리나라에서는 위도 35도 이하인 남해안과 제주도에서 나 볼 수 있다."24)

이순지의 『천문유초』에도 남극노인성에 관한 기록이 전하는데, 장수와 안녕에 관련되어 있는 이 별은 도교에서의 도인들이 숭배를 해왔고, 고려와 조선의 임금들이 제사를 지냈다고 한다.

---

22) 김일권, 『고구려 별자리와 신화』, 67쪽 및 『우리 역사의 하늘과 별자리』, 96쪽 참조. 또한 안상현, 『우리 별자리』(현암사, 2000), 298쪽 참조.
23) 김일권, 『고구려 별자리와 신화』, 67쪽.
24) 김일권, 『고구려 별자리와 신화』, 71쪽. 이토록 보기가 힘든 별자리임에도 고구려인들이 각별한 의미를 부여했다는 사실은 당시 사람들이 천문사상과 관측에 밝았음을 짐작하게 한다. '장수별', '목숨별', '壽星' 등으로 칭해진 이 남극노인성에 관해서는 안상현, 『우리 별자리』, 255~298쪽 참조.

노인성은 '남극성南極星' 또는 '남극노인南極老人, 수성壽星, 수노인壽老人'이라고도 하는데, 한 개의 밝은 별로 이루어졌다. 도교에서 도인들이 숭배하는 것은 물론이고, 우리나라에서는 고려와 조선 시대에 걸쳐 임금이 직접 노인성에 제를 지낼 정도로 수명과 나라의 안녕에 깊은 관계가 있다고 알려졌다.[25]

남두육성이 인간의 무병장수를 주관할 뿐만 아니라 "천상의 연생연명의 주관 부서"인 것, 북두칠성이 인간의 사후세계를 보살핀다는 것은 —김일권 교수도 지적하듯이— "도교적 점성 관점"이다.[26] 사수도의 체계는 선사시대의 고인돌에게로 거슬러 올라가기에, 수호성좌인 사수도로 하여금 온 누리를 보살피는 체계로 승화시킨 것은 이미 까마득한 선사시대의 원시도교에서부터 발원했던 것이다.

그런데 덕흥리 고분의 남쪽 하늘에는 남극노인성 바로 곁에 상서로운 동물 형상이 그려져 있다. 타조 같기도 하고 주작이나 봉황 같기도 하며 익룡 같기도 한 수두조신형獸頭鳥身形인데, 이 상서로운 생명체에는 '길리지상吉利之像'이라는 글자가 새겨져 있다. 길하고(吉) 이로움(利)을 표명하는 형상이라는 뜻이다. 그리고 이 상서로운 생명체 바로 위에는 남두육성이 그려져 있고 오른쪽에는 남극노인성이 그려져 있어, 이들 모두가 "무병장수와 이로움을 주는 상서로운 상징연합"[27]을 형성하고 있다. 생명의 축복을 쏟아 붓는 남쪽의 상징연합체계가 상징하듯 남쪽은 그야말로 생명현상이 이글거리는 곳이다.

고인돌의 덮개돌에는 죽음과 직접적인 관련이 있는 북두칠성이 많이 새겨져 있고, 남두육성도 자주 등장한다. 경북 문경의 하리 고인돌

---

25) 이순지 원저, 김수길·윤상철 공역, 『천문유초』, 227쪽.
26) 김일권, 『우리 역사의 하늘과 별자리』, 108쪽 및 262쪽 참조.
27) 김일권, 『고구려 별자리와 신화』, 72쪽 및 『우리 역사의 하늘과 별자리』, 96쪽 참조.

및 안동 와룡산 고인돌에는 모두 윗면에는 북두칠성, 앞면에는 남두육성의 성혈이 새겨져 있다. 또 경남 함안군 예곡리 야촌마을의 고인돌에도 남두육성이 그 위용을 드러내고 있다.[28] 강원도 삼척의 죽서루 용문바위와 양구의 용하리 선돌, 경기도 이천의 신둔면 수하리 고인돌, 용인의 맹리 고인돌 등등 남두육성이 새겨진 고인돌도 많이 알려져 있다. 북두칠성과 남두육성의 특별한 의미는 고구려의 고분벽화에서 사수도로 자리매김하기 이전에, 즉 선사시대부터 그 의미가 부각되어 있었던 것이다.

2. 사수도의 수호체계

사신도와 사수도의 구도는 오랜 기간에 걸쳐 전승된 것으로 보인다. 즉 어느 날 어느 시점에 갑자기 고구려의 고분벽화에 등장한 것이 아니라, 그 이전부터 전승되어 오던 사상이 벽화에 그림으로 구현된 것이다. 네 방위의 별자리(사수도)의 경우 선사시대 고인돌의 덮개돌에 성혈로 남겨져 그 강력한 의미가 잘 전승되어 왔다.

네 방위의 체계에 대한 구축은 ―비록 차후에 굳혀진 일월남북두日月南北斗와는 좀 다르지만― 신화에도 등장한다. 현용준의 『제주도 신화』에서 이를 분명하게 읽을 수 있다.

태초에 우주는 혼돈 상태였다. 하늘과 땅이 금이 없이 서로 맞붙고 암흑에 휩싸여 한덩어리가 되어 있었다.…… 먼저 생겨난 것은 별이었다. 동쪽에는 견우성牽牛星,

---

28) 박창범, 『하늘에 새긴 우리 역사』(김영사, 2004), 107쪽 참조.

서쪽에는 직녀성織女星, 남쪽에는 노인성老人星, 북쪽에는 북두칠성北斗七星, 그리고 중앙에는 삼태성三台星 등 많은 별들이 자리를 잡았다.[29]

카오스에서 코스모스의 탄생을 이야기하는 그리스의 신화와도 유사한 이 제주도 신화는 오늘날도 제주도의 무속에서 「천지왕 본풀이」의 한 대목으로 읊어지고 있는데, 천지개벽의 순간을 웅장하고 생생하게 펼쳐 보이는 우주탄생신화이다. 세계의 그 어떤 우주탄생신화와 비교해도 손색이 없는 이 웅장한 창조신화에는 네 방위를 수호하는 별자리들이 전승되어 오고 있다. 우리가 이런 전승을 너무 모르고 있다는 것이 안타까울 따름이다.

미륵사상에도 해와 달, 북두칠성과 남두육성의 사수도적인 구도가 나타난다. "미륵이 태어날 당시 하늘에는 해와 달이 각각 두 개씩 있었다. 맨 먼저 미륵은 하늘에서 해와 달을 하나씩 떼어 내어 북두칠성과 남두육성을 비롯한 별을 만들었다."[30] 여기서 남두육성의 의미가 결코 퇴색되지 않았음을 목격할 수 있다. 더욱이 미륵사상에 의하면 미륵에 의해 형성된 이런 사수도적 구도는 인간이 생기기도 전에 구축되어 있던 것이었다.

함경도에서 오래 전부터 전승되어 온 「창세가」에는 미륵신앙이 담겨 있다.[31] 미륵은 해와 달, 북두칠성과 남두육성을 만든 후에 칡으로 옷을 지어 입었고, 금정산에 가서 차돌과 쇠를 서로 부딪게 하여 불을 얻었으며, 소하산의 샘물에서 물을 얻었다. 이어서 미륵은 한 손에 금쟁반을, 다른 한 손에 은쟁반을 들고 하늘을 향해 노래를

29) 안상현, 『우리 별자리』, 4쪽.
30) 이경덕, 『우리 곁에서 만나는 동서양 신화』, 130쪽.
31) 이경덕, 『우리 곁에서 만나는 동서양 신화』, 129쪽 이하 참조.

불렀는데, 금벌레 다섯과 은벌레 다섯이 쟁반 위에 떨어졌다. 쟁반 위에서 자란 금벌레는 남자가 되고 은벌레는 여자가 되어, 서로 결혼해서 세상에 많은 사람들이 생겨났다는 것이다.[32]

미륵신앙은 원래 불교와 무관하게, 불교 이전에 이미 태동되어 있었던 것으로 보인다. 미륵의 범어 어원은 '마이트레야'(Maitreya)인데, 이는 다시 '미트라'(Mitra)로부터 유래한 것이다. 미트라는 인도·페르시아 등지에서 섬기던 고대 태양신이다. 그래서 미륵신앙에는 구제의 성격이 강하게 지배하고 있다.

한국천문연구원장 박석재 박사가 밝히듯이, 그리고 누구나 자연스럽게 공감할 수 있듯이 "해와 달을 우리 인류의 역사나 문화와 떼어놓고 생각할 수 없다."[33] 해와 달뿐만이 아니다. 까마득한 태곳적부터 동양 특히 고조선에서는 하늘을 성역聖域으로 여겨 왔고, 그 하늘을 수놓은 별들까지도 성역으로 여겨 왔다. 그리하여 별자리(성좌)의 형태로 특별하게 의미를 갖게 된 별들도 많다. 남두육성과 북두칠성이 바로 그렇게 특별하게 공-의미부여된 성좌들로, 이들은 태양 및 달과 함께 사수도의 구도를 형성하고 있다.

오늘날 우리에게 낯선 문화로 다가오는 사신도와 사수도의 체계는 도대체 우리에게 무엇을 알려 주는가? 고구려 고분벽화에서의 사신도와 사수도, 청동거울에서의 사신도, 나아가 선사시대의 고인돌 성혈에 각인된 사수도의 체계는 도대체 우리에게 무엇을 천명하고 있는가? 사신도는 사수도와 함께 무엇보다도 "천지사방을 수호한다."[34] 선사

---

32) 이경덕, 『우리 곁에서 만나는 동서양 신화』, 132쪽 참조.
33) 박석재, 『하늘을 잊은 하늘의 자손』(과학동아북스, 2009), 57쪽.
34) 김일권, 『고구려 별자리와 신화』, 153쪽.

시대의 고인돌에서부터 전승되어 온 사신도와 사수도의 체계는 온 코스모스를 보살핌의 체계로, 수호하는 시스템으로 구축한 의미심장한 철학인 것이다.

만물을 수호하고 보살피는 철학체계는 이처럼 선사시대와 고대에서부터 전승된 한민족의 정신적 원형이다. 이제 철학의 발상지와 발상 시기로 거의 굳어져 있는 기원전 6세기 고대 그리스 기점설은 수정되어야 한다. 더욱이 진화론에 입각하여 선사시대가 미개했다거나 덜 진화되었다는 주장을 늘어놓아서도 안 된다. 인류는 그 어떤 악조건 속에서도 정신적 의미를 추구해 온 존재임을 망각해서는 안 될 것이다.

3. 『규원사화』에서의 보살핌의 체계

온 세상을 수호하고 보살피는 철학체계는 고분벽화에서의 사신도와 사수도, 청동거울에서의 사신도, 선사시대의 고인돌에 새겨진 사수도 등에서뿐만 아니라, 인간세의 현실세계에서도 구현되어 있었다. 그 증거를 우리는 『규원사화』에서 찾아볼 수 있다.

사람들은 너무도 쉽게 '홍익인간'과 '재세이화'의 구호를 말하지만, 아마도 그 구체적인 내용을 모르는 경우가 대부분일 것이다. '홍익인간'과 '재세이화'의 이념은 결코 다스리고 통치하고 권력으로 억누르는 것이 아니다! 이 이념들은 그야말로 보살피고 수호하는 것을 근간으로 하며, 바로 이 점에서 유교의 봉건주의, 권력으로 질서를 유지하는 시스템과 천차만별로 다르다. 만약 권력과 힘으로 봉건질서를 강제해

간 역사가 있다면—특히 사대주의의 길을 걸은 조선시대에 뚜렷한 현상이다—, 이것은 저 '홍익인간'을 상실한, 원초적 본래성에 대한 타락인 것이다. 그러면 『규원사화』에서 보살핌의 체계와 수호하는 시스템으로 점철된 증거를 타진해 보기로 하자.

> (환인이 환웅천황에게 명하기를) "무리를 이끌어 인간세상에 내려가 하늘을 이어받아 가르침을 세우고, 만세토록 후손의 모범이 되게 하라"고 했다. 이에 천부인天符印 세 개를 주며 "이것을 가지고 가서 천하에 펴라"고 명했다. 환웅천황은 기쁘게 명을 받들어 천부인 세 개를 가지고 풍백風伯과 우사雨師와 운사雲師 등 삼천 명의 무리를 이끌고 태백산의 박달나무(檀木) 아래로 내려왔다.…… 모든 무리들이 천황을 임금으로 추대하니 이분이 곧 신시씨神市氏이다.[35]

이 인용문에서는 환웅천황으로 하여금 결코 권력으로 군림해서는 안 되고 "하늘을 이어받아 가르침을 세우고" "만세토록 후손의 모범"이 될 것을 천명하고 있으며, 그가 비록 하늘 환인의 아들이지만 오직 백성들의 추대에 의해 임금이 된 것임을 밝히고 있다. 그리하여 그는 결코 권력을 휘두르는 일이 없이, 보살피고 섬기며 수호하는 데에 전력을 쏟는다.

『규원사화』의 「태시기」는 신시씨인 환웅천황의 보살피고 수호하는 일로 시작한다. "신시씨神市氏가 임금이 되자 신으로서 가르침(神敎)을 세우고 타고난 떳떳한 성품이 있어 백성을 두루 보살펴 배불리 먹였다. 이 번성하는 소리를 듣고 천하만물은 더 왕성해졌다." 신시씨가 가르침을 베풀고 떳떳한 성품으로 "백성을 두루 보살펴 배불리 먹였다"고 하니, 백성을 수호하고 베풀며 보살피는 것이 주요 과업이었음을

---

35) 북애, 고동영 옮김, 『규원사화』(한뿌리, 2005), 18~19쪽.

알 수 있다.36) 신시씨는 치우씨蚩尤氏에게 명하여 다스림을 맡겼는데, 만고에 뛰어난 이 조상은 백성들로 하여금 서로 해치는 일이 없고 나라를 지키는 일에 게을리하지 않도록 하였으며 사람이 살 수 있는 집을 짓게 하였다.37) 또 고시씨高矢氏로 하여금 오직 백성을 먹여 살리는 일을 맡아 보게 하니, 고시씨는 농사짓고 수확하는 방법을 가르치고 소·말·개·돼지·수리·범 등의 짐승을 기르는 방법을 가르쳤으며, 불을 발견하여 백성들이 익혀먹을 수 있도록 해 주고 또 쇠를 달구어 연장을 만드는 기술을 전해 주었다.38) 또한 신지씨神誌氏에게 명하여 글자를 만들어서 백성을 문맹에서 깨어나게 하였다.

이러한 신시씨의 행적은 다분히 "홍익인간 재세이화"의 일환으로서 자연상태로부터 문명과 문화에로의 전향을 기초하고 있는데, 그 과정이 덕치와 보살핌 및 수호함으로 점철되어 있다. 그리하여 신시씨는 덕치와 보살핌의 체계의 바탕 위에서 신시神市를 건설한다.

신시씨가 세상에 내려와 나라를 열 때에 산에는 길과 굴이 없고 못에는 배와 다리가 없었다. 금수는 무리를 이루고 초목은 자라서 백성들이 금수와 함께 살았다. 사람들은 만물과 더불어 화합하고, 금수는 서로 어울려 놀고, 새들의 보금자리에 올라가 들여다볼 수 있고, 배고프면 먹고, 목이 마르면 마셨다. 때로는 짐승의 피와 살을 이용하며, 옷감을 짜서 입고 밭을 갈아먹으며 편하게 살았으니, 덕 있는 세상이라 하겠다. 백성이 살아가는 데 있어서 할 바를 알지 못하더라도 행실이 순박하고 보는 것이 한결같아 배불리 먹고 즐거워하며 살았다. 해가 뜨면 일어나고 해가 지면 쉬고, 하늘의 은혜가 넘치니 궁핍을 몰랐다.39)

---

36) 북애, 고동영 옮김, 『규원사화』, 24쪽 참조.
37) 북애, 고동영 옮김, 『규원사화』, 26~27쪽 참조.
38) 북애, 고동영 옮김, 『규원사화』, 26~27쪽 참조.
39) 북애, 고동영 옮김, 『규원사화』, 34쪽.

신시씨가 구현한 유토피아는 낙원이나 무릉도원 같은 것이 아니라, 현대의 인류에게서도 추구될 수 있는 고차원적인 이상도시였다. 우선 신시에는 인류가 끊임없이 자연을 정복하고 착취하는 그런 모습이 없다. 탈인간중심주의적이고 생태적인 의미가 바탕이 되어, 인간과 초목과 금수가 코스모스의 한 가족으로 어울리고 있는 것이다. 또한 후세에 요순의 '대동사회'에서 구현된 것처럼, 사람들이 자연에 순응하면서도 성실하게 밭을 경작하는 등 노동도 즐거운 일상에 들어 있다. 무엇보다도 사람들이 하늘의 은혜를 알고 선한 행실을 갖고 있었던 것이다. 도덕이 결핍된, 물질적 풍요와 안락만 추구되는 그런 유토피아는 있을 수 없음을 우리는 잘 알고 있다. 신시씨의 유토피아 구현은 사신도와 사수도에 나타나 있는 보살핌의 체계와 수호시스템이 인간세에 구체화된 것이었음을 확인할 수 있다.

신시씨는 보살피고 수호하는 것을 가장 큰 과업으로 여겼기에, 신선이 되어 하늘로 오르기 전 "공들인 일들이 모두 완성되고 사람과 사물이 즐겁게 사는 것을 보고서"[40] 태백산에 올라갔다고 한다. '홍익인간'이라는 것이 결코 단순한 이념에만 그친 것이 아님을 여실히 알 수 있다. 노자와 장자가 꿈꾸었던, 성인에 의한, 무위자연에 의한 정치가 신시씨에게서 구현되었던 것이다.

이러한 무위자연에 의한 덕치는 단군에게도 이어진다.

단군이 이미 하늘에 제사지내고 교를 세워 백성을 거느리며 도를 이뤄 행하게 한 지 몇 해 만에 백성들이 모두 감화되었다. 이에 악이 없어지고 천하는 저절로 다스려졌다. 이는 단군의 신령스러운 덕 때문이며 나라를 세운 근본이기도 하다.[41]

---

40) 북애, 고동영 옮김, 『규원사화』, 55쪽.
41) 북애, 고동영 옮김, 『규원사화』, 64쪽.

덕으로써 교화하는 이러한 단군의 가르침은 사방에 두루 퍼져 나갔다.[42] 그리하여 사회적 리더의 위치에 있는 이들도 백성을 보살피고 수호하는 일에 전념하게 되었다. 이를테면 "치우씨 후손은 이미 남국藍國에 봉함을 받아 선조의 뜻을 이어 백성들이 안심하고 생업에 종사할 수 있도록 돌보았다. 그리고 군사를 훈련시켜 전쟁을 대비하니 언제나 서남의 방패가 되었다"[43]라는 언급이 그러하다.

나라를 다스린 지 삼십여 년 만에 요동과 만주가 물에 잠기는 홍수를 만나자, 단군은 네 아들을 보내어 땅을 두루 살피게 한 뒤 "아사달 밑에 움막을 짓고 부루에게 평양 백성을 모두 데려다 살게 했다. 다시 물과 흙을 잘 다스려 몇 해 후에는 더 좋은 땅이 되었다. 당장 백성들은 거기에서 즐겁고 편안히 살 수 있었다."[44] '다스림'의 존재 이유가 결코 백성 위에 군림하고 지배하는 것이 아니라(높은 위치에 있는 것도 아니다), 오직 백성을 돌보고 보살피며 수호하는 것임을 여기서도 목격할 수 있다.

단군은 "백성들을 보살피며 쓰다듬어 주고 제후들을 모아 농사짓고 누에치는 일을 다시 천하에"[45] 펼치게 했는데, 아들 부루에게 임금 자리를 이어받게 할 때에도 "하늘의 도가 밝히 네 마음에 내려와 있으니 오직 네 마음을 잡고 모든 백성을 사랑하는 일에 지성을 다하라"[46]라고 하였다. 역시 백성을 보살피고 수호하며 사랑하는 것이

---

42) 북애, 고동영 옮김, 『규원사화』, 69쪽 참조.
43) 북애, 고동영 옮김, 『규원사화』, 70쪽.
44) 북애, 고동영 옮김, 『규원사화』, 73쪽. 여기서 평양의 위치는 오늘날의 평양이 아니다. 단군의 평양은 압록강 이북에 있었다고 한다.(『규원사화』, 67쪽 참조) 그래서 대홍수 때에 백성들을 구월산 아래 莊坪으로 대피시킨 것이다.
45) 북애, 고동영 옮김, 『규원사화』, 76쪽.
46) 북애, 고동영 옮김, 『규원사화』, 94쪽.

가장 근본적인 과업임을 명백하게 드러내고 있다.

『규원사화』의 저자 북애 선생은 『단기고사』와 『단군세기』를 요약하여 부루의 덕치도 대단했던 것으로 기록하고 있다.

임금은 천성이 어질었다고 한다. 태자로 있을 때 아버지의 명을 받들어 도산塗山에 가서 순임금이 보낸 하우夏禹에게 오행치수법五行治水法을 가르쳤다.…… 농사짓고 누에치는 등 산업을 크게 일으켜 굶주리는 백성이 없었다. 후에 이를 고마워하는 백성들이 집안의 정한 곳을 택하여 질그릇에 첫 곡식을 담아 단에 놓고 제사하면서 부루 임금의 고마움을 기렸다. 이를 부루단지夫婁壇地라고 하는데, 이 유습은 지금도 이어지고 있다.

이 외에도 부루의 덕치 행적에 대한 기록은 자주 목격된다.

도랑을 파고 길을 닦아 농업을 일으키고 목축을 장려했으며, 학문을 열어 널리 가르쳤다. 이에 백성들은 더욱 살기 좋아졌고 이를 반기는 소리가 자자하여 세상은 크게 밝아졌다.[47]

부루 이후의 단군 제3세인 가륵, 제6세인 달문, 제7세인 한율, 제9세인 아술, 제15세인 벌음, 제18세인 동엄, 제25세 솔나, 제28세 해모, 제34세 오루문 등에서도 백성을 보살피고 수호하는 그런 덕치가 기술되어 있다. 마지막 단군인 제47세 고열가는 덕이 없는 자신의 책임을 통감하여 덕 있는 사람에게 자리를 양보하는 미덕을 보이기도 한다.

---

47) 북애, 고동영 옮김, 『규원사화』, 96쪽.

4. 고구려 고분벽화에서의 사신도와 사수도 및 보살핌의 사유

청동기의 청동거울에서와 고대 천문도의 적도 28수에서의 사방7수, 또 고구려의 고분벽화에서의 사신도의 의미는 보살핌의 사유와 연루되어 있다. 사신도란 주지하다시피 동쪽의 청룡, 서쪽의 백호, 북쪽의 현무, 남쪽의 주작을 일컫는데,[48] 이들 사신은 초지상적인 존재자들로서 무덤의 주인과 그 안식처를 지키는 수호신들이면서 우주의 방위신들이다.[49] 고분벽화가 그려진 무덤은 또 하나의 각별한 세계로서, 인간이 지상에서 삶을 다하여 무덤에 누워 안식하는 곳이고 사신들이 이를 수호하고 지키는 세계이다. 고대 고구려인들에게서 무덤은 그러나 인간의 삶의 종말을 의미하지 않고, 안식처의 의미로 받아들여졌다. 그들은 인간의 영혼이 하늘나라에서 계속 삶을 잇는다고(영혼불멸사상) 믿었다.─그들은 철저하게 계세繼世사상을 갖고 있었다.[50]─

사신도의 신수들은 무덤의 주인과 그 안식처만 수호하는 것이 아니라, 네 방위를 수호하고 "사악한 기운을 물리치는 수호신의 상징"[51]으로도 그려졌다. 사신들은 말하자면 방위신이면서 수호신인바, 남두육성과 주작은 '남쪽의 수호신'이고 북두칠성과 현무는 북쪽을 담당하면서 '사후세계를 수호'하는 별자리와 신수이며, 태양과 청룡은 동쪽을,

---

48) 고분벽화에서 사신도의 모습을 세밀하게 관찰하고 설명한 것은 서길수 교수의 『고구려 역사유적 답사』(사계절출판사, 2000), 269~272쪽 참조.

49) 전호태, 『고분벽화로 본 고구려 이야기』(풀빛, 2001), 117~118쪽 참조.

50) 변태섭, 「한국 고대의 계세사상과 조상숭배신앙」, 『역사교육』 3·4(1958·1959); 이은창, 「한국 고대벽화의 사상사적 연구─삼국시대 고분벽화의 사상사적인 고찰을 중심으로」, 『성곡논총』(1985), 16; 진홍섭, 「삼국시대 미술의 정신세계」, 『전통과 사상』 II(한국정신문화연구원, 1986); 전호태, 『고구려 고분벽화 연구』(사계절, 2001), 11·14·27 이하 참조.

51) 임기환, 「하늘의 과학, 하늘의 정치」, 『삼국시대 사람들은 어떻게 살았을까』(한국역사연구회, 청년사, 2005), 356쪽.

달과 백호는 서쪽을 담당하는 수호자들이다.[52] 청룡은 황도黃道 상의
동방 일곱 별자리를 대표하는 영물이고, 백호는 황도 상의 서방 일곱
별자리를 대표하는 신수神獸이며, 주작은 황도 상의 남방 일곱 별자리를
대표하고, 현무는 황도 상의 북방 일곱 별자리를 나타내는 것이다.
특히 현무는 거북을 칭칭 감은 뱀의 형상으로 표현되고, 신조神鳥인
주작은 봉황에 그 형상과 의미의 기원을 두고 있다.[53]

고구려시대 전기에는 사신도가 각각 쌍雙으로 그려졌으나, 후기에
이르면 청룡과 백호는 단수로, 또 주작은 암수의 쌍으로 표현되었으며
현무의 뱀과 거북은 서로 엉기어 자웅합체雌雄合體로 표현되었다. 현무
의 뱀은 음양의 양을 나타내는 수컷이고, 거북은 음을 상징하는 암컷이
다. 특히 통구사신총과 강서대묘의 현무를 보면, 거북과 뱀이 뿜어내는
기운이 천공의 구름을 좌우로 가르고 있거나(통구사신총) 거북과 뱀이
마주보면서 각각 입에서 화염과도 같은 기운이 내뿜고 있는데(강서대묘),
이것은 음과 양의 기운이 우주 가운데에 필수적인 전제라는 것과,
나아가 음양의 조화로 말미암아 우주에 질서가 부여된다는 것을 시사
한다. 음양의 조화를 통한 질서의 부여는 온 세상이 조화롭게 유지되고
보살펴진다는 것을 표명하는 것이다.

보살핌의 철학은 고구려의 건축양식에서 잘 드러나 있는데, 이는
방대한 고분벽화들을 통해 확인할 수 있다. 고분벽화를 통해서 볼
때, 그들의 건축양식은 보살핌이 잘 이루어지는 곳을 주요한 관건으로

---

52) 노윤생, 『광개토태황』(큰방, 2007), 머리말.
53) 특이한 것은 초기의 고분벽화에서 주작은 수탉의 형상으로 그려졌다는 점인데(무용총의
    주작이나 장천 1호분의 주작), 이는 "고구려인의 전통적인 닭 신앙에 근거한 표현"이다.
    (전호태, 『고구려 고분벽화 연구』, 127쪽) 그러나 점차 주작은 신비로운 형상을 가진
    초지상적인 신수(특히 강서대묘의 주작 참조)로 그려졌다.

삼고, 수막새로 집안에 평화와 안녕을 더하였으며, 온돌문화를 통해 안온함을 증폭시키고 있다. 고분벽화에서의 사신도와 사수도를 고려할 때 인간을 비롯해 온 누리가 보살핌의 체계로 이루어져 있음을 목격하게 한다.

적어도 「건축함, 거주함, 사유함」(Bauen Wohnen Denken)에서 하이데거가 표명한 건축함에서는 사방 즉 하늘과 땅 및 신적인 것과 인간들이 서로 교류하고 서로에게 공속해 있는 소박한 단일성이 전제된다. 하이데거에게서 "건축함의 본질은 거주하게 함"[54]이기에, 건축함이란 공간들을 접합하고 장소들을 건립하며 거주할 수 있도록 하는 활동이다. 더욱이 건축함은 주변 세계와 어울리고 외부의 재해로부터 보호해 주며 거주할 만한 안온함이 보장되어야 한다. 사방의 부름에 응답하고 사방의 '거울–놀이'(Spiegel-Spiel)가 이루어지며 외부의 재해로부터 보호해 주고 거주할 만한 안온함을 보장해 주는 건축, 바로 고분벽화에 나타나 있는 고구려 건축양식의 특징이다.

고구려인들은 건축함의 본질을 꿰뚫어 보고 있었다. 기능성이나 경제성 등을 따지는 오늘날의 건축과는 달리, 그들은 거주함을 건축의 전제로 삼았던 것이다. 그들의 거주형태가 하늘과 땅 및 초월자와 신적인 것에로 귀속하는 방식으로, 말하자면 사방의 부름에 응답하는 방식으로 이루어졌음이 도처에서 확인된다.

고구려 고분벽화(특히 안악 1, 3호분과 무용총, 덕흥리 고분 등)에는 고구려인들의 구체적이고 세밀한 거주 모습이 잘 담겨 있다. 거주함에 맞추어진 건축양식, 즉 가옥의 안채와 사랑채, 일꾼들이 사용하는 행랑채, 연꽃이 피어 있는 연못과 잘 가꾸어진 정원, 부엌과 부엌살림의 모습, 식생활[55],

---

54) M. Heidegger, *Vorträge und Aufsätze* (Günther Neske: Pfullingen, 1990), 154쪽.

안악 3호분의 벽화: 부엌과 푸줏간

고구려인들의 귀면판와
(지붕마루나 처마 끝에 달았던, 귀신을 형
상화한 기와. 나쁜 악귀를 물리치고 거주하
는 사람을 보호하는 수막새)

푸줏간, 창고, 디딜방아와 방앗간, 수레를 넣는 차고, 외양간, 샘과
샘물 퍼 올리기, 손님접대(무용총의 접객도) 등등의 생활양상이 천연색의
파노라마로 펼쳐진다.

고구려의 독특한 붉은 기와는 웅장함이나 열정적인 모습이 돋보이
는데, 이러한 기와에 각종 꽃무늬를 새겨 장식미를 높이고 있다. 특히
고구려의 건축양식에서 온돌은 후세에까지 이어온바, 거주의 안온함
을 증폭시켜 준다는 측면과 건축함이 거주함에 속한다는 하이데거의
논지를 엿볼 수 있게 한다. 안온한 거주를 위해서가 아니라면 결코
온돌은 건축되지 않았을 것이다.

고구려의 건축양식에서 얼굴수막새는 인간의 안온한 거주를 위해
독특한 역할을 수행한다. 이것은 기왓장에 귀신 얼굴이 디자인되어
있는 판와(板瓦)의 형태로 나타난다.[56] 험상궂은 모습을 한 얼굴수막새가

---

55) 안악 3호분의 고분벽화는 고구려인들의 부엌살림과 식생활도 보여 주는데, 마치 실제의
부엌을 옮겨 놓은 듯 그 묘사가 정밀하다. 한 여인이 아궁이에 불을 지피고 있고,
다른 여인은 큰 시루 앞에 서 있다.

지키고 있는 이곳은 악귀가 침범하지 못하는, 즉 모든 악귀를 물리치고 거주자들을 보호하는 특별한 장소임을 고지하는 것이다. 이러한 얼굴 수막새는 하이데거가 언급한 바 있는 옛 거주지—200여 년 전 슈바르츠발트의 한 농가[57]—에서의 십자가와도 비슷하게 초자연적 보살핌을 수행하는 역할을 한다.

이제 고분벽화의 사신도와 사수도를 통해 드러난 고구려인들의 우주관, 특히 보살핌의 사유를 파악해 보자.

앞에서 종종 언급해 왔듯이, 사신도와 사수도는 땅에서와 마찬가지로 하늘에서도 역시 인간을 비롯한 온 누리를 수호하고 보살피는 체계이다. 이러한 체계에서 인간은 땅위에서의 거주자이고 또 하늘에서의 거주자이기 때문에, 시공의 한계와 사멸성에 봉착하지 않고 열려진 코스모스 속에서 불멸하는 존재로 거듭난다. 그렇기에 인간은 존엄한 존재인 것이다.

고분벽화의 사신도(사신도가 그려진 고분벽화는 퍽 많은데, 특히 강서대묘와 오회분 5호 무덤의 것이 웅장하다)는 무덤 주인을 신수들(청룡, 백호, 주작, 현무)로이 지키고 있다. 이들 신수들은 무덤 주인을 지키는 수호신인 동시에 우주의 사방을 보살피고 수호하는 사자使者들이다. 인간은 '죽음'으로 그 운명이 끝장나는 것이 아니라 여전히 신수들의 보살핌을 받는 존엄한 존재인 것이다. 플라톤 같은 대철학자들은 불멸사상을 철리哲理로 풀었지만, 고구려인들은 고분벽화를 통해 밝히고 있다.

그런데 김일권 교수가 지적하듯이 사신도는 고분벽화에서 대체로 천장부에 그려졌다가 점차 무덤칸 벽면에 자리 잡게 되는데, 강서대묘

---

56) 『특별기획전 고구려!』, 173쪽 참조.
57) M. Heidegger, *Vorträge und Aufsätze*, 155쪽 참조.

의 사신도는 무덤칸 사면벽화의 유일한 중심주제로 자리 잡고 있다.[58]

처음에 사신도는 일월성신과 함께 하늘세계의 일원이었다가 "점차 지상세계의 수호영물로" 자리 잡게 되었다.[59]

네 방위를 담당하는 수호신들은 "나쁜 기운을 물리치고, 죽은 자의 영혼을 하늘세계로 인도한다."[60] 사신이 죽은 자의 영혼을 안내하는 하늘세계에서 인간은 신선이 되어 천상의 세계로 나아가는데, 바로 별들의 세계를 비롯해 꽃과 구름 사이를 비상하고 있다. 이 천상의 세계는 바로 고구려인들이 사유한 죽음 저편의 세계이다. 그들은 인간이 죽으면 신선이 되어 기묘한 날개옷을 입고서 용이나 천마, 봉황이나 세발 공작을 타고 하늘고향에서 노닐게 된다고 믿었던 것이다. 고구려의 고분벽화는 고구려인들이 지녔던, 천상에 펼쳐진 유토피아 사상과 불멸사상을 잘 보여 주고 있다.

고구려인들이 생각한 천상의 세계는 지상의 그 어떤 유토피아와도 비교할 수 없는 영원한 인간의 고향이다. 여기에서는 온갖 신선과 천인들이 모여 향연을 벌인다. 그 향연은 귀향하는 자들을 환영하는 천상의 콘서트로, 온갖 악기들(대금, 완함, 요고, 거문고, 뿔나팔, 簫 등등)이 다 동원되고 천인들의 춤도 펼쳐진다.

고구려의 고분벽화에서 사방의 수호신은 땅에서뿐만 아니라 하늘의 별 세계에서도 사수도의 체계를 통해 온 누리를 보살피고 수호하는 역할을 담당하고 있다. 사수도는 다름 아닌 네 방위를 수호하는 성수들인 것이다. 한때는 네 방위를 수호하는 별자리들로서 북쪽의 북두칠성

---

58) 김일권, 『우리 역사의 하늘과 별자리』, 104쪽 참조.
59) 김일권, 『우리 역사의 하늘과 별자리』, 104쪽 참조.
60) <월드컵 특별기획 역사스페셜> 제2편 고분벽화(KBS, 2002년 6월 8일 방송) 참조.

과 남쪽의 남두육성에다 동쪽의 심방육성(전갈자리)과 서쪽의 삼별육성(오리온자리)이 가담하였으나(약수리 고분, 씨름 무덤, 춤 무덤, 쌍기둥 무덤 등 참조), 점차로 일월남북두日月南北斗의 사수도가 네 방위를 담당하는 수호성수로 일반화되어 갔다.

이러한 사신도와 사수도를 통한 네 방위의 체계는 중국에 비해 "매우 독특한 고구려식 천문 시스템이다."61) 사신도가 동서남북의 네 방위를 지키는 수호신의 역할을 맡고 사수도가 하늘세계의 동서남북을 주재하는 그런 천문체계에는 온 코스모스를 수호하고 보살피는 천문사상이 자리 잡고 있다. 그런데 심사숙고해 보면 보살핌의 사유는 고구려만의 것이 아니었다. 그것은 뿌리 깊숙이 고대 한국에서부터 전승되어 온 것으로 생각되는데, 도처에서 그 흔적을 엿볼 수 있다. 우리는 망자의 집으로서 단단하게 보호되고 시간의 압박에서 해방되어 있는 고인돌이 험한 외지가 아니라 산기슭이나 평지의, 태양빛이 잘 들고 주위에 물이 흐르는 곳에 자리 잡고 있다는 사실을 고려할 필요가 있다. 또 옛날에 마을이나 고을이 들어설 때에는 소위 풍수사상에 따라 동청룡, 서백호, 남주작, 북현무에 입각해서 택지하였다는 사실도 이미 잘 아는 바이다. 제법 후대에 발생하여 오늘날까지 유지되고 있는 '켈트식 무덤'을 보더라도 역시 보살핌이 고려되고 있음을 감지할 수 있다. 수호자로 여겨지는 수다한 사자상이나 신수상, 자연의 임신을 상징하는 켈트식 무덤의 볼록한 모양, 자궁 모양의 무덤 태두리 등에는 역력하게 보살핌의 사상이 자리하고 있는 것이다.

---

61) 김일권, 『우리 역사의 하늘과 별자리』, 106쪽.

제3장 성혈고인돌에 각인된 하늘별자리와 영원을 향한 철학

1. 영원을 향한 철학적 행보

하나님이 모든 것을 지으시되 때를 따라 아름답게 하셨고 또 사람에게 영원을
사모하는 마음을 주셨느니라. 그러나 하나님의 하시는 일의 시종을 사람으로
측량할 수 없게 하셨도다.[1]

위 인용문의, 사람들에게 있는 "영원을 사모하는 마음"은 동서고금
을 막론하고 모든 인류의 사상과 문명에 담겨 있겠지만, 특히 인간이
하늘에서 기원했다고 보는 사상과 종교에서는, 또 하늘이 인간의
고향이라고 여기는 사상과 문화에서는 그 마음이 더욱 절실할 것이다.
거대한 피라미드와 수다한 신전들[2], 미라, 고인돌, 도교의 연단술
등은 모두가 영원을 사모하는 인간의 마음이 밖으로 드러난 사실이고
사건이다.

왜 '망자의 집'인 고인돌은 시간의 흐름에도 꿋꿋한 바위로 건립되었

---

1) 『구약성서』, 전도서, 3장 11절.
2) 람세스 2세는 영원히 살고 싶은 욕망으로 거대한 신전을 만들었다.

을까. 반항구적인 바위로 고인돌을 구축한 것, 그리고 하늘을 상징하는 고인돌의 덮개돌에 하늘의 별들을 수놓은 것, 나아가 사수도를 통해 온 세계를 수호하고 보살핌으로써 사멸로의 떨어짐을 허용하지 않은 것은 모두 "영원을 사모하는 마음"을 강력하게 드러내고 있다. 고인돌의 덮개돌에 사수도를 구축한 것은 인간의 영혼뿐만 아니라 온 코스모스를 보살핌으로 드러내겠다는 철학적 사유의 증표인 것이다. 성혈고인돌에 각인된 별의 세계는 다름 아닌, 그들이 돌아가고자 했던 영원한 고향이었다.

생성소멸의 카테고리를 뚫지 못하는 곳에는 제행무상諸行無常만이 도사리고 있을 뿐이다. 그래서 철학자들은—종교적인 신학자와 철학자는 말할 것도 없고 플라톤과 칸트, 스피노자와 파스칼 같은 대철학자들까지도— 그들 나름의 사유로 소멸의 카테고리와 싸웠다. 철학자들의 노력에는 철저하게 영원을 향한 사유의 투쟁이 있었다. 인간의 운명은 결코 '무상함'으로 낙인찍힐 수 없음을 몇몇 대철학자들로부터 들어보자.

2. 플라톤

르네상스기의 화가 라파엘로의 「아테네 학당」에서 플라톤의 손가락이 하늘을 가리키고 있듯이, 플라톤에게 있어 철학적 사유의 중점 과제는 '하늘과 영원'의 문제였다고 해도 결코 과언이 아니다. 그래서 그는 단호하게 철학을 "죽음의 준비"라고 했던 것이다. 플라톤은 철학사에서 처음으로 인간의 영혼불멸을 위해 고군분투했다.

잘 알려져 있듯 플라톤에게서 철학의 3대 과제는 '소크라테스의 삼위일체'(Sokratische trias)라고 일컬어지는 진·선·미의 실현, 이데아의 실현, 영혼불멸인데, 이들 모두는 영원의 문제와 관련을 맺고 있다. 특히 '이데아의 실현'과 '영혼불멸'은 더더욱 깊이 연루되어 있다. 그의 대화록『파이돈』과『국가』,『파이드로스』는 집중적으로 영혼불멸과 영원한 지평을 위한 처절한 싸움이다.

플라톤의 이데아론에 의하면 모든 실재들은 모두 자신의 '실재의 원형'에 참여하여 그 원형과 비슷해지려고 노력한다. 나무는 가능한 한 최대한으로 나무가 되려고 하고, 말은 최대한으로 말이 되려고 하며, 인간 또한 가능한 한 인간의 원형이 되려고 한다. 말하자면 모든 것은 현실적으로 처해진 시공에서 자신의 고유한 이데아를 실현하려고 한다는 것이다. 그렇기에 세계는 부단히 완전함을 갈망하는 장소이며—여기에 아리스토텔레스의 '목적론적 세계관'(Teleologische Weltanschauung)의 모델이 구축되어 있다— 원형으로서의 이데아를 사모하는 에로스(Eroos: Ἔρως)의 장소인 것이다. 그런데 세계 내의 존재자라고 하는 사물은 저 원형으로서의 이데아에 참여함으로써만 사물자체가 될 수 있고 또 존재의미를 갖게 된다. 따라서 고유한 존재자로서의 원형, 즉 이데아는 원초적인 실재인 것이다. 이 원형 혹은 원초적 실재로서의 이데아는 모든 무상함에서 벗어난 항존적인 존재자이다.

플라톤에게서 모든 존재자는 원형과 완전함을 향해 나아가고, 모든 무상한 것은 영원을 추구한다. 이것이야말로 모든 실재성이 안고 있는 신비인 것이다. 모든 무상한 것이 영원을 추구하는 것은 우리가 이 장章의 모토로 세운『구약성서』전도서의 "영원을 사모하는 마음"과 거의 같은 의미임을 알 수 있다.

3. 파스칼

인간에 대한 철학적 사색에서 파스칼은 인간을 무한한 세계 속에 몸담고 있는 존재, 유한한 운명을 지닌 소유자로 보았고, 천체와 우주에 비해 지극히 미세한 하나의 점에 불과한 존재로 보았다. 인간은 자연 가운데서 가장 불가사의한 존재이지만, 그의 상상력으로도 자연 전체를 파악할 수 없다. 그것은 이 자연이 무한하기 때문이다. "유한함은 무한함의 면전에서 무화되어서 순수한 무가 되어 버린다."3)

그래서 인간의 사유는 불가사의 속에서 끝나 버리고, 자신마저 무無 속으로 던져지고 만다. 결국 인간은 무한과 무無라는 두 심연 사이에 거처하는 존재로서, 절대고독과 근원적인 불확실성 속에 자기 자신의 비참함만을 응시하고 있다. 그는 자신의 운명에 아연질색하게 되고, 자신이 어디서 왔는지 또 어디로 가는지도 알지 못한 채 그저 이 세상을 떠나게 되면 무無나 노한 신의 손 안에 떨어질 것만을 어렴풋이 짐작할 따름이다.4)

이러한 상황에서 인간의 처지란 전적으로 나약함과 불확실성뿐이고, 그의 인식과 이성도 전적인 한계에 봉착하고 만다. "이성의 최후의 단계는 이성을 초월하는 무한성이 있다는 것을 인정하는 일이다."5) 그래서 파스칼은 모든 지적인 통찰의 가능성을 내몰아 버리고, 대신 '믿음'과 믿음의 장소인 '마음'으로 방향을 돌린다. '마음'은 이성이

---

3) W. 바이셰델, 이기상·이말숙 옮김, 『철학의 뒤안길』(서광사, 1990), 189쪽.
4) Pascal, übersetzt von Ewald Wasmuth, *Über die Religion*(Insel: Frankfurt a.M., 1987), 38쪽 이하 참조. Albert Béguin, übersetzt von Franz Otting, *Pascal*(rororo: Hamburg, 1985), 117쪽 이하 참조.
5) W. 바이셰델, 이기상·이말숙 옮김, 『철학의 뒤안길』, 196쪽.

할 수 없는 일을 할 수 있는, 더 근원적인 카테고리인 것이다.

파스칼에 의하면 마음은 이성이 인식하지 못하는 영역, 나아가 그 이성의 근거까지도 포괄하고 있다. "신을 느끼는 것은 마음이지 이성이 아니다."6) 그런데 영원하고 무한한 신에로의 믿음은 하나의 모험인 것이다. 파스칼의 이성에서 마음에로의 방향전환은 훗날 칸트가 수행한 시도, 즉 형이상학의 과제에 직면하여 이론이성에서 실천이성에로 방향을 전환한 것의 전형을 보여 준다.

4. 스피노자

스피노자의 철학적 노력은 ―바이셰델의 증언에 의하면― 한마디로 무상함 속에서도 "무상함을 초월하여 영원에 이르려는 열망"7)으로 가득 차 있었다. 그는 지상에서 초라하게 살았지만 주변의 따가운 시선에도 굴하지 않고 절대고독 속에서 자신의 열망을 꽃피워 갔다. 시인 노발리스에 의하면 스피노자는 "신성으로 가득 찬" 철학자이자 "신에 취한 철학자"였으며, 그의 철학을 꿰뚫어 본 바이셰델은 그가 "유한을 무한으로 고양시키는 과감한 시도"8)를 감행하였다고 한다. 물론 그도 파스칼처럼 인간의 비참하고 허망한 실존과 유한한 운명을 목격하였다. 그러나 그는 유한함과 허망함을 초월했을 뿐만 아니라 그로 인한 비애가 모두 사라져 버리는 상태에 대한 열망으로 가득

---

6) W. 바이셰델, 이기상·이말숙 옮김, 『철학의 뒤안길』, 196쪽. Albert Béguin, übersetzt von Franz Otting, *Pascal*, 144쪽 이하 참조.
7) W. 바이셰델, 이기상·이말숙 옮김, 『철학의 뒤안길』, 206쪽.
8) W. 바이셰델, 이기상·이말숙 옮김, 『철학의 뒤안길』, 210쪽.

찼던 것이다. 스피노자에 의하면 인간은 영원과 무한한 것에서부터 진정한 행복에 안식할 수 있다.

"영원하고 무한한 것에 대한 사랑은 영혼을 유일하게 진정한 즐거움으로 가까이 다가가게 하며, 그 사랑은 슬픔에서 벗어나게 해 준다."[9] 그렇기에 스피노자의 철학은 무상함에 대한 비애의 경험에서 출발하여 절대자와 영원 및 무한한 것으로 뻗어 나가서 그런 절대적인 것에 대한 사랑 속에 거처하는 것이다.

스피노자의 철학을 슐라이어마허는 다음과 같이 평하고 있다.

> 그의 머릿속에 꽉 찬 것은 고귀한 세계정신이며, 무한자는 그의 시작과 끝이었고, 우주는 그의 유일하고 영원한 사랑이다. 그는 성스러운 순결과 깊은 겸허로 자신을 영원한 세계 속에 비추어 보며, 그 자신이 세계의 사랑스러운 거울임을 깨닫고 바라보게 된다.[10]

그러나 당시 사람들은 이런 심오한 스피노자의 철학을 이해하지 못하여—세계사에는 천재가 가끔 곡해되고 외면당하는 경우가 더러 있다— 단순한 범신론자나 이교도로 곡해하였다. 그는 자신이 속한 유태계의 공동사회로부터 일찌감치 추방당했지만 고독과 격리 속에서도 자신의 철학을 투철하게 전개해 나갔다.

물론 오늘날의 현대인이라면 당연히 이 세계를 주체에 마주해 있는 객체, 그저 현상의 세계에 드러난 대상 정도로 보지 않고 신 안에 있는 존재로 혹은 신의 자기표현(explicatio Dei)으로 여기는 데 동조하기 힘들 것이다. 그래서 혹자는 재빨리 이런 질문을 던지기도 할 것이다.

---

9) W. 바이셰델, 이기상 · 이말숙 옮김, 『철학의 뒤안길』, 207쪽.
10) W. 바이셰델, 이기상 · 이말숙 옮김, 『철학의 뒤안길』, 207쪽.

세계 내에는 온갖 불미스러운 것들, 슬픔과 고통, 분노와 증오, 불행 등이 득실거리는데, 이런 형편없는 세계를 어찌 신 안에 존재하는 것으로 볼 것인가. 이를 어찌 영원한 것, 무한한 것이 만들었을 것이며, 절대자가 조장했을 것인가!

말할 것도 없이 스피노자도 그런 세계의 현상을 망각하진 않았다. 위와 같이 세계 내의 존재(자)들을 늘어놓는 사람은 스피노자의 심오한 깊이를 올바르게 파악하지 못한 것일 뿐이다. 그는 세계가 이미 영원한 것, 무한한 것, 절대자에게로 향한 무한한 열망으로 인해 세계 내의 번잡스러운 것으로부터 떠나 버렸다는 사실을 읽지 못한 것이다. 이 열망 가운데에 있는 것이 무엇인지를 읽어 내어야 한다.

이후에 스피노자의 사상은 괴테와 노발리스, 레싱, 슐라이어마허, 셸링 등에게 큰 영감을 주었다. 셸링이 절대자에게로 방향을 전환한 뒤의 사유는 스피노자에게서와 같은 영원한 것과 무한한 것을 향한 열망으로 가득 찬 것이었다. "어디에서나 무한한 것을 향한 동경이 불을 뿜는다. 어디에서나 그 전에 스피노자가 마지막으로 생각하였던 그 옛 사상이 새롭게 대두된다."[11]

5. 칸트

칸트는 "내가 숙명적으로 사랑에 빠질 수밖에 없는 상대는 형이상학이다"라고 하면서, 신·자유·불멸을 형이상학의 피할 수 없는 과제로

---

11) W. 바이셰델, 이기상·이말숙 옮김, 『철학의 뒤안길』, 301쪽.

선정함으로써 불멸과 영원이 그에게 중요한 과제임을 드러낸다. 칸트
는 형이상학의 문제를 세 가지 관점에서 접근한다. 그것은 인간에게
있어서의 무제약적인 것, 세계에 있어서의 무제약적인 것, 그리고
단적으로 무제약적인 것이다.

　이 세 가지를 좀 더 자세히 풀이해 보면, 그 첫째는 불멸에 대한
물음이다. 인간은 자신의 제약된 유한한 존재를 훨씬 능가하고 있는,
말하자면 죽음까지도 견뎌내어 그 후에도 뭔가 존재하고 지속될 수
있는가의 문제인 것이다. 곧 영혼의 불멸에 관한 물음이다. 둘째는
세계 안에는 단지 제약의 사슬만이 존재하는 것인지, 아니면 무제약적
인 행위를 위한 여지가 있는지의 문제인데, 이는 곧 자유에 관한
물음이다. 셋째는 앞의 두 질문에서 언급된 세계와 인간이 똑같이
궁극적으로 근거를 두고 있는 어떤 요인이 있는가 하는 문제인데,
이것은 신에 대한 물음이다. 그래서 신, 자유, 불멸은 칸트에게서
형이상학의 '피할 수 없는 과제'인 것이다.

　칸트는 인간 이성의 한계를 직시한다. 눈에 보이는 실재의 배후로
되돌아가서 그 근거를 들여다볼 수 없음을 인식한 것이다. 이러한
이론이성의 한계는 곧 인식의 한계로 귀결되고 마는데, 그렇다고
경험의 영역에만 제한된 인식이 결코 칸트의 마지막 증언인 것은
아니다! "내가 숙명적으로 사랑에 빠질 수밖에 없는" 칸트의 형이상학
은, 도대체 무엇 때문에 인간은 그토록 끊임없이 자신에게 주어진
한계를 넘어서려고 발버둥 치는지를 묻는다.

　세계 안에서만 궁극적인 문제를 해결해야 된다고 하는 것은, 혹은
현상의 세계(경험계) 내에 갇힌 존재로서는 인간은 결코 자신의 본질을
충족시킬 수 없다. 칸트의 확신에 의하면, 인간은 그 자신의 존재

근거에서부터 이미 자신을 넘어, 유한한 세계를 넘어 무제약적인 물음을 던지도록 되어 있다. 만약 인간이 이것을 포기한다면 그는 더 이상 인간이 아니며, 야만으로 전락하거나 혼돈 속에 처하고 만다. 그래서 칸트는 인간이 단순히 이론이성으로 사고만 하는 존재가 아니라 실천이성으로 행위하는 존재임을 밝힌다. 이렇게 인간이 실천이성으로 행위하는 존재임을 천명하는 곳에 칸트가 제시하는 형이상학의 결정적인 방향전환이 놓여 있다.

칸트의 형이상학은 인간이 비록 한편으로 유한성에 붙들려 있지만 다른 한편으로 그의 존재가 초자연적인 질서에, 무제약적인 것에 속해 있음을 확고하게 해 주었다. 칸트에 의하면 이처럼 두 세계에 속해 있는 시민이야말로 인간의 고유한 품위를 드러내어 준다. 초자연적인 질서에 속한 인간과 불멸 및 신의 존재야말로 칸트에게서는 도덕적 실재의 필연적 요청이었던 것이다.

이성중심주의와 주체중심주의 및 과학적 세계관이 구축되어 가는 근대에, 형이상학에 대한 불신과 절망의 시대에 칸트는 결코 절망하지 않고 새로운 돌파구를 마련하였다. 유한성의 사슬을 부수고 절대적인 것에 도달하려는 것, 바로 이것이 칸트의 시도였다.

지금까지 플라톤에서 칸트에 이르는 대철학자들의 영원과 불멸을 위한 싸움을 살펴보았는데, 그 외에도 수많은 철학자들이 그러한 싸움에 힘을 보태었음을 확인할 수 있다. 엘리아데가 증언하듯 인간의 존재의미는 영원과 잇댄 삶에서, 절대자와 연루된 삶에서 찾을 수 있다. 썩어 없어지거나 소멸하는 데에서는 그야말로 존재의미를 찾을 수도, 퍼 올릴 수도 없기 때문이다. 그러나 인간이 숭배하는 과학으로는 인간의 존재의미도, 궁극적인 의미도 찾을 수 없다. 과학으로는 영원의 문턱을 기웃거릴 수 없기 때문이다.

제4장 사신도와 사수도의 수호체계에 대한 철학적 정당화

1. 근대적 인식론과 자연관 극복

근대의 철학사에서는 인식론을 철학의 핵심적인 근간으로 삼고 있지만(대륙의 합리론과 영국의 경험론, 칸트의 비판철학, 현대의 경험과학과 논리실증주의 등), 이 인식론과 인식형이상학만을 철학의 근간으로 삼을 수는 없다. 그래서 현대철학의 여러 분야들이 대부분 저 근대철학에 극심한 반론을 펼침으로써 태동되었다. 의지의 철학(쇼펜하우어와 니체), 생의 철학(베르그송과 딜타이), 실존철학, 현상학, 하이데거의 존재론, 포스트모더니즘 등은 그 분명한 사례들이다.

근대 인식론과 이 인식론의 영향을 받은 철학에서는 존재자에 대한 객관적인 지각이나 경험 및 이론적인 인식을 통해서 비로소 존재자가 '대상'이라는 이름으로 우리에게 드러나며, 그런 인식의 바탕 위에서 존재자의 의미가 밝혀지면서 존재자와의 실천적인 관계가 가능해진다고 규정한다. 그러나 존재자를 눈앞의 대상으로 지각하고 경험하거나 이론적으로 인식하는—하이데거는 이런 전통철학을 '현전의 형이상학'이라고 칭한다— 것이 우리가 사물과 관계하는 가장 근본적인 방식인 것은 아니다. 더욱이 근대가 추구한 인식론은 "아는 것이 힘"(F. 베이컨)이라는 말이 시사하듯 힘의 우위를 점하기 위한 앎이었다. 그래서 근대에는 앎(인식)이 계몽사상과 과학기술 극대화, 나아가 자연정복 및 자연착취 등에 동원되었던 것이다.[1] 말하자면 자연을 정복하고 착취하며 수단으로 이용하여 물질적 풍요를 가져오는 것이 근대 인식론의 목적이었다고 해도 과언이 아닐 것이다.

저런 조야한 인식론에서는 자연이든 위대한 존재자[2]든 유기체든 그저 인식의 대상, 주관에 마주하는 대상으로 앞세워질(vor-stellen)[3] 따름이다. 주관 앞에 불려나와 앞세워진 자연과 존재자와 유기체들의 존재의미와 존재위상은 고려되지 않았다. 거기에는 겸허한 마음으로 저들과 만나고 교감하며 교유하는 차원이 누락되고 망각되어 있다. 우리가 고찰하는 사수도를 비롯한 성좌의 세계는 그렇기에 인식론만

---

1) 데카르트에게서 우리는 철학적 인식이 자연을 지배하고 또 자연의 소유자가 될 수 있다는 대목을 읽을 수 있다. "왜냐하면 그것(자신의 철학)은 삶에 매우 유용한 인식에 도달할 수 있다는 전망, 즉 미리 주어진 진리를 단지 추후적으로 개념적으로 분석할 뿐인 저 강단철학 대신에 직접 존재자에게로 향하면서 불과 물·공기·별들과 천체 그리고 우리를 둘러싸고 있는 모든 물체의 힘과 작용에 대한 인식에 도달하는 철학을 발견하는 것이 가능하다는 전망을 나에게 열었다······ 따라서 우리는 이러한 인식을 적합한 모든 목적을 위하여 사용할 수 있을 것이며, 이러한 인식(표상하는 새로운 방식)을 통하여 우리는 자연의 지배자이자 소유자가 될 것이다."(『데카르트 전집』 6권, Etienne Gilson판, 1925, 61쪽 이하; 여기서는 박찬국, 『들길의 사상가, 하이데거』, 동녘, 2004, 29쪽에서 인용) 과연 이러한 데카르트의 사유에 따르면 인간은 자연을 편의대로 이용하고 파괴해도 아무 상관이 없는 것으로 여겨진다. 자연은 그에게서 단순하고 굵직한 연장적 실체에 불과하고, 그 자체 아무런 목적이나 자유 및 의지를 갖지 못하는 물질에 불과하다. 이런 자연을 인간이 마음대로 지배하고 처분하겠다는 뜻이다.
2) 고대 그리스인들은 태양과 달 및 별들을 단순한 존재자 이상으로, 즉 경이로운 유기체로 바라보았다.
3) 독일어 '표상'(Vorstellen)이란 말의 어원은 "앞세우다"(vor-stellen)로서 어떤 사물이나 대상 등을 주관 앞에 세워 놓는 것이다.

으로 접근하는 경솔함에서 벗어나야 한다.

고대 한국의 선사시대 사람들은 해와 달을 비롯한 하늘의 성좌들을 고대 그리스인들 못지않게 경이롭고 기적적인 존재자로 여겼을 것이다. 따라서 그들이 기본적으로 근대인과 현대인이 자연을 대하는 태도, 즉 자연을 정복하고 착취하는 방식에서 벗어나 있었으리라고 보는 것도 결코 무리는 아닐 것이다. 과연 그들은 자연과 존재자들에게 심층적으로 존재자의 존재의미를 물으면서 접근하고 교감하며 체득해 갔다. 이것은 자연을 대상화·도구화하지 않고 저 인식론적 태도보다 훨씬 더 근원적인 방식일 수밖에 없다.

잘 알려져 있듯 근대의 인식론(합리론이든 경험론이든 혹은 비판론이든)에 따르면 인식 성립의 기초단계에서는 감각이 거의 절대적인데, 사물에 대한 인식일 경우 더욱 그렇다. 그러나 감각이 이토록 절대적인 위치에 있다 하더라도 그 역량이 미칠 수 없는 영역은 분명히 있다. 우리가 우주나 코스모스라고 하거나 별들의 세계라고 할 때, 우리의 감각이 미칠 수 있는 영역은 지극히 미미할 따름이다. 더욱이 우리가 보통 '자연'이나 '하늘'을 말할 때도, 감각적으로 경험하는 것만으로는 결코 이들 세계를 다 이해하거나 인식할 수 없다. 무엇보다도 '하늘'이나 '자연'은 시공의 소원함뿐만 아니라 그 자체 내에 초하늘과 초자연을 배태하고 있기 때문에, 인간의 미미한 인식론으로 우주에 대해 왈가왈부하는 것 자체가 오히려 독단에 휘말리기 쉽다. 그보다는 차라리 "우리가 제정신을 갖고 볼 때 우주는 우리에게 결코 확실한 것이 되지 못하리라는 사실이 자명해지고 있다. 우리는 필연적으로 어느 정도의 불확실성을 안고서 살아가지 않으면 안 될 운명이다"[4]라는

---

4) 스콧 펙, 김훈 옮김, 『거석을 찾아서, 내 영혼을 찾아서』(고려원미디어, 1996), 324쪽.

스콧 펙의 진단이 더 적합한 것으로 보인다.

우리는 우주나 코스모스, 자연과 하늘에 대해 말할 때, 감각적 경험의 한계를 (무한히) 초월하여 있는 것의 존재를 전제하지 않을 수 없다. 결국 우주나 코스모스, 자연과 하늘에 관한 이해나 해석에는 본질적으로 형이상학적인 성격이 내포되어 있을 수밖에 없고, 그러한 종류의 해석을 시도할 때에는 인식에 대한 논리적 명증성이나 보편타당성을 절대적인 척도로 삼지 말아야 한다.

근대적 인식론과 자연관으로는 선사시대 한국인들이 우러러 보았던 하늘세계의 네 성좌(사수도)에 접근할 수 없다. 무엇보다도 근대가 예리한 인식론을 위해 구축했던 방책들이 별로 역량을 발휘하지 못하기 때문이다. 근대는 아예 겸허한 태도로 자연에 접근하지 못했으며, 저들 존재자들을 혼이 깃든 유기체로 보지도 못했다.

데카르트의 사유에서도 명확하게 드러나듯이, 근대 이성중심주의의 기계론적 세계관에 의하면 우주라는 것은 수학적 질서를 따르는 거대한 기계이고 끊임없이 돌아가는 시계에 불과하다. 그러나 시계는 스스로 돌아가지 못한다. 반드시 이 기계의 설계자가 외부에 존재하면서 시계의 태엽을 감아 주어야 한다. 그 설계자가 바로 이른바 근대의 수학적인 이신(理神)[5]이다. 이런 기계론적 세계관에서 자연은 그저 수학법칙의 구현체일 따름이고, 정해진 질서에 따라 법칙적으로 움직여지는 창백한 대상물에 불과하다. 근대적 사고체계에서는 이런 세계관이 무언가 근사해 보일지도 모르겠지만, 안타깝게도 그러한 체계에서는 자연의 고유성과 능동성 및 생명성은 강탈되고 오직 무장해제된 수동

---

5) Ritter Joachim (Hrg.), *Historisches Wörterbuch der Philosophie* (Schwabe: Basel / Stuttgart, 1984), 'Deismus'(이신론) 참조.

성과 대상성만이 지평 위로 떠오를 뿐이다.

근대의 '세계'는 적나라하게 "연장적인 것"(res extensa)으로만 채워졌다. 굵직한 물질만이 의미를 갖고, 혼을 가진 유기체의 의미는 없다. 슈미트 (Gerhart Schmidt)의 적절한 지적처럼 근대의 세계 개념은 "영혼이 없고 냉정하며 계산되어지는 것이다. 데카르트의 세계(le monde)는 '모든 연장 적인 것'(alles Ausgedehnte)일 따름이다."[6) 그리고 칸트 또한 하이데거의 지적처럼 그러한 데카르트의 세계관을 받아들였던 것이다.[7)

주지하다시피 근대의 이데올로기는 현재진행형이어서, 아직도 과 학기술문명과 과학기술주의 및 물질숭배주의에서 꽃을 피우고 있다. 근대적 사유의 유산에는 합리론이든 경험론이든, 혹은 비판론이든, 혹은 실증주의이든 인간의 주체적 사유가 자연을 지배하기 위한 이데 올로기로 등장하게 된다. 주체중심주의와 이성중심주의의 근대 이데 올로기는 지금도 여전히 세상을 지배하는 원리로 군림하면서, 더더욱 과학기술만능주의와 과학기술최고주의 및 절대적인 과학기술지배 (Technokratia)의 시대를 구가하고 있다.

인간의 주체성을 절대자의 위치로 격상시킨 근대의 주체중심주의 는 대륙의 합리론이든 영국의 경험론이든 자연에 폭력을 가하는 구조 를 갖고 있다. 자연은 늘 효용가치를 지닌 자원의 보고로 규정되면서 오직 소유욕의 대상이 될 뿐이기 때문이다. 인간은 인식의 주체이고, 그 인식 성립의 과정에 자연은 아무런 존재론적 위상을 갖지 못한 수동적 위치에서 인간의 처분에 내맡겨진 것이다. 자연은 단지 인간 주체의 의식에 의해 표상되고 정립되며 조작되어지는 대상일 따름이

---

6) G. Schmidt, *Platon* (unveröffentlichtes Manuskript), 131쪽.
7) M. Heidegger, *Sein und Zeit* (Max Niemeyer: Tübingen, 1984), 24쪽 참조.

고, '연장적 실체'(res extensa)에 불과하다.

주체의 사유(Cogito)에 의해서만 그 무엇이든 존재(sum)가 보장되는 데카르트의 경우나 칸트에 의해 감행된 '사고방식의 혁명'(Revolution der Denkart) 및 '코페르니쿠스적 전회'(Kopernikanische Wende)는 엄밀한 의미에서 자연에 대한 인간 주체의 주도권 장악에 지나지 않는다. '연장적 실체'와 대상에 지나지 않는 자연은 인간 이성의 대상구성력이라는 주도권에 의해 임의로 처분되는 위치에 놓여 있다. 과연 인간은 자연을 임의로 처분하는 권리를 갖는가? 근대의 치명적인 잘못은 자연을 이토록 생명이 없는 대상으로 삼아서 인간으로 하여금 주인 행세를 하며 마음대로 처분하도록 내버려 둔 것이다. 이는 실로 인간이 자연의 일부임을 망각한 것으로, 인간은 다만 자연의 일부로서 자연 안에 살다가 그 안에서 죽을 따름이다.

자연에 대한 이러한 일방적인 관점은 후기 후설의 현상학, 특히 '생활세계의 현상학'에서 다소 수정된다.[8] 여기서 "다소 수정된다"고 말한 것은, 후설에게서도 자연은 비록 생명과 혼을 가진 유기체이기는 하지만 여전히 질료의 세계에 머물러 있는, 그 자체의 존재중량을 갖지 못하는 상태에 놓여 있기 때문이다. 자연에 대한 태도는 그러나 하이데거에게 와서는 퍽 다른 양상을 보인다. 그에게서 자연은 고대 그리스의 피지스와 같이 성스러운 존재로서, 인간의 유일한 고향으로 받아들여진다.

그래도 후설의 저 질료개념은 근대적 사유와는 큰 차이를 보인다. 근대의 주체에 감금되고 포획되어 있던 질료는 후설에게서 해방되었

---

8) E. Husserl, *Die Krisis der europäischen Wissenschaften und die transzendentale Phänomenologie* (Meiner Verlag: Hamburg, 1992) 참조.(이 책은 앞으로 *Krisis*로 표기)

다. 근대의 사유에서 질료(사물, 대상, 세계)의 의미는 지극히 미미하고 오해되고 또 왜곡되어 있었다. 슈미트가 짧게 규정했듯 근대의 세계 개념은 "영혼이 없고 냉정하며 계산되어지는 것"('seelenlos', kalt, berechenbar)이었다.[9] 이런 "영혼이 없고 냉정하며 계산되어지는 것"으로서의 근대 세계 개념은 이미 데카르트의 세계(le monde) 개념에 잘 나타나 있다. 데카르트에게 있어 세계는 그저 연장적인 모든 것(alles Ausgedehnte)에 불과할 따름이다.[10]

근대의 '세계'는 아무런 능동성을 갖지 못한, 죽어 있는 사물덩어리에 불과하다. '연장적 실체'(res extensa)와 '정신적 실체'(res cogitans)로 분리된 데카르트의 이원론이 대변하듯 세계는 정신이나 영혼을 갖지 못한 연장적인 사물에 불과하며, 질료와 객관 및 세계는 사유하고 인식하는 주관과 그의 의식에 의해 구성(Konstruktion)되어야만 존재의미가 부여될 수 있다. 근대 주체성 이론의 정립에 결정적인 기여를 한 데카르트에 따르면 인간의 주체성이야말로 —그의 코기토(Cogito)이론에 잘 드러나듯— 모든 가능한 확실성의 참되고 타당한 원천이었으며, 내적·외적인 경험의 유일하고 확실한 토대였던 것이다.[11]

절대적인 권력을 탈취한 근대의 주체는 대상에게 의미부여만 하는 것이 아니라, 대상의 가능 근거를 부여하고 대상을 형성하며 존재하게 하는 그런 권능을 갖는다. 칸트에게서조차 질료는 주체의 오성 앞에 아무런 능동성을 갖지 못하는 완전히 무력한 존재자로서, 오성 형식에 의해 주체가 원하는 대로 구성(Konstruktion)될 수 있는 사물일 따름이다.

---

9) G. Schmidt, *Platon*, 131쪽.
10) G. Schmidt, *Platon*, 131쪽 참조.
11) Reiner Wiehl, *Geschichte der Philosophie in Text und Darstellung* (20. Jahrhundert; Reclam: Stuttgart, 1984), 50 참조.

근대에서 모든 존재자의 존재의미는 오로지 권능을 가진 주체에 의해 구성됨으로써(의미구성체, 의미형성체) 비로소 그 존재 타당성을 갖게 되는 것이다. 그렇다면 근대의 주체는 모든 존재자의 궁극적인 가능 근거가 된다는 절대적인 위치,[12] 즉 절대자의 위상을 갖는다. 이것이 바로 근대의 절대적 관념론이다.[13]

절대자의 권좌에 오른 근대의 주체는 일종의 절대주체로서, 신神과 이데아 혹은 타자와 자연에 대하여 무소불위의 초월적 지위를 행사하게 된다.

> 대륙과 영국에서 공히 '나'가 종전의 이데아나 신을 대체하게 된 것이다. 그런데, 이 과정에서 인식의 유일한 주체인 '나'는 종전의 이데아나 신에게 부여되었던 초월적 지위와 자기동일적 지위를 부여받게 된다. 그럼으로써, 인식주체는 인식의 모든 대상—여기서는 사물로 이루어진 비인간의 세계뿐만 아니라 인간 대상도 포함된다—을 객체로 규정하고, 그 객체의 의미를 인식자의 주관성에 의해서 정의한다. 따라서, 주체가 객체를 타자로 규정하고 그 타자를 자신의 동일성 속으로 전유專有 및 착취하는 과정이 성립된 것이다.[14]

근대의 오만하고 절대적인 주체, 즉 주체중심적인 "군주적이고 전제적인 자아, 자족적인 동시에 자기만족적이며 불변적이고 분할불

---

12) Odo Marquard, *Apologie des Zufälligen* (Reclam: Stuttgart, 2008), 118 이하 참조. 여기서 Marquard는 근대 이념인 인간의 절대화(Absolutmachung des Menschen)를 첨예하게 비판하고 있다.

13) 칸트의 선험적 주관은 여전히 유한한 인간의 주관이기에 '물자체'(Ding an sich)의 세계가 허용되지 않을 수 없었지만, 그의 뒤를 잇는 독일관념론은 이 물자체의 영역을 제거해 버린다. 그리하여 주체는 피히테나 헤겔 및 신칸트학파 등에서 드러나듯 절대자, 절대정신 등 절대적 존재가 된다.

14) 윤효녕 외, 『주체 개념의 비판—데리다, 라캉, 알튀세, 푸코』(서울대학교 출판부, 2003), 2~3쪽.

가한, 자아동일성이라는 이론 속에서 형이상학적 위안을 찾는 자아"15)
는 확실히 코스모스에서 정당화되지 않는 극단적으로 이기적인 주체
이다. 이 때문에 근대의 주체중심주의와 이성중심주의는 근대의 종말
을 불러왔고, 이런 근대의 주체중심주의와 이성중심주의에 대한 비판
은 포스트모더니즘에서뿐만 아니라 대부분의 현대 철학사조들에도
대동소이하다. 데카르트에게서 시작된 근대의 이원론은 후설의 현상
학, 특히 그의 '생활세계의 현상학'과 하이데거의 '기초존재론'에서
좀 더 근원적으로 극복되고 있다.

이토록 주체의 과도한 위상에 비해 무척이나 왜소하던 질료의 지위
는 후설에게서 제법 회복된다. 그는 자신의 현상학을 선험적 관념론의
체계로 규정한『이념들 I』(1913)에서 관념론적 측면을 다루는 노에시스
학(Noetik)에 치중하였는데, 이미 여기서 이 노에시스학(Noetik)에 대립되
는 질료학(Hyletik)의 중요성을 대등하게 강조하고 있다. 여기서 그는
노에시스학(Noetik)과 질료학(Hyletik)의 두 측면이 똑같이 중요한 비중을
갖는다고 지적하였으며,16) 실제로『이념들 II』와『이념들 III』에서는
직접 질료 쪽을 다루고 있다.

후설의 '선험적 현상학'은 대체로 독일 관념론의 합리주의를 따랐지
만, 그래도 많은 부분에서 현저한 차이를 드러낸다. 특히 질료는 그의
현상학에서 칸트에게서처럼 주체의 오성에 의해 임의로 구성되는
그런 무력한 존재자가 아니다. 후설에게서 질료는 나름대로 당당한

---

15) Calvin O. Schrag, *The Self after Postmodernity* (Yale University Press: New Haven and London, 1997), p.27.
16) E. Husserl, *Ideen I*(1913), 178쪽 참조. 전집(*Hua*) *III*에는 Walter Biemel이 편집한 1950년판
과 Karl Schuhmann이 편집한 1976년판의 *Ideen I*이 둘 다 실려 있는데, 이 두 판 모두
난외에 초판(1913)의 쪽수가 적혀 있어 초판의 쪽수를 확인할 수 있다.

자신의 근원적 권리를 갖는 존재자인 것이다. 즉 질료는 의미를 부여하는 주체에게 일방적으로 내맡겨져 있는 것이 아니라, 의미를 부여하고 형상을 부여하는 주체 쪽과 대등한 관계에 놓여 있는 것이다. 후설이 강조하듯 주체와 질료는 서로 '상관관계'(Korelation)에 놓여 있는데, '상관관계'에 놓인 양자는 서로의 존재를 필요로 한다. 질료의 도움 없이는 결코 주체의 의미부여나 인식이 성립될 수 없는 것이다.

후설의 후기 철학 즉 '생활세계의 현상학'에서는 질료학의 측면이 더욱 강조된다. 질료 측면에 대한 후설의 악센트는 모든 술어적 명증의 근거를 선술어적, 말하자면 대상적 명증에서 찾는다. 그리하여 후설은 생활세계가 갖는 근원적 명증이 객관적이고 논리적인 명증에 우선함을 천명한다. 물론 그렇다고 선험적 현상학이 포기되거나 약화되는 것은 아니다.[17] 그의 '생활세계의 현상학'에서는 근대의 유산인 주체중심주의가 더욱 극복되고 있다. '생활세계'(Lebenswelt)는 선험적 주관의 인식작용인 노에시스(Noesis)에 의해서 구성된 그런 인식론적인 의미현상으로서의 세계가 아닌 것이다.

'생활세계'는 주체에 의해 '구성된'(konstituiert) 세계가 아니라 구체적으로 '체험된'(lived) 세계이다. 더욱이 이 체험의 주체는 이론적 주관이 아니라, 신체를 지닌 주관이다.[18] 이 신체적 주관이 구체적으로 그리고

---

17) 한편으로 질료의 세계에 중량이 쏠리는 생활세계의 현상학 및 질료학(Hyletik)의 측면과, 다른 한편으로 의식의 지향성 및 노에시스에 중량이 쏠리는 선험적 관념론 및 노에시스학(Noetik)의 측면은 후설의 현상학에서 끝까지 각자 깊이를 더해 가지만, 종합이나 양자택일을 이루지 않은 채 양면성을 유지한다. 한전숙 교수도 이런 양면성을 잘 지적하고 있다. "후설에게는 원래 이성적이고자 하는 강렬한 요구와, 그리고 이에 반해서 보다 더 직접적이고 원초적이고자 하는 역시 강렬한 또 하나의 요구가 동시에 있음을 알 수 있다. 그리하여 그의 현상학에도 이 두 요구에 대응하여 이성주의적인 선험적 관념론과 원초적인 것을 추구하는 질료학의 양면이 있는 것이다."(한전숙, 『현상학』, 민음사, 1996, 43쪽)

직접적으로 체험하는 세계가 바로 '생활세계'이며, 이러한 '생활세계'에서 최후의 명증을 찾으려는 것이 바로 후설의 '생활세계의 현상학'인 것이다.

그런데 독일 관념론의 합리주의 계보를 잇는 후설의 전기 사유, 즉 선험적 관념론 및 선험적 현상학에서는 『이념들 Ⅰ』이나 『제1철학』 및 『논리연구 Ⅱ』와 『데카르트적 성찰』(Cartesianische Meditationen) 등에 잘 드러나듯 주체의 위상이 거의 절대적 위치를 점하고 있다. 그의 후기 현상학에서의 질료의 위상 또한, 비록 전기의 사유와는 달리 크게 부각되기는 했지만, 어쨌든 주체만이 의식의 화살을 질료의 세계에 꽂고, 그렇게 해서 의미구성과 대상형성 및 의미부여를 하기에 여전히 수동적 위치에 처하지 않을 수 없다.

결국 근대의 사유에서는 질료(사물, 대상)와 세계 및 자연에 대해 겸허한 태도와 우러러 보는 시각으로 접근하지 못하고(최소한 존재자의 존재가 전제되어야 지향성이 가능함에도!), 과다한 권력을 거머쥔 주체가 인식의 차원에서 일방적으로 다가갔다. 후설에 이르러서도 비록 질료에 적절한 위상이 주어지긴 했지만 역시 주체가 일방적으로 의식을 질료에게 쏘아 대는 처지였기에, 여전히 주체 중심의 관념론에서 벗어날 수 없었다. 그 또한 여전히 겸허한 태도와 우러러 보는 시각으로 자연과 세계에 접근하지 못했던 것이다. 그런데 그러한 태도는 후설에게서만이 아니라 유럽적 사유의 운명이 되어, 자연정복의 시발점으로 작용하게 된다. 동시에 그러한 태도는 동서양의 사상을 구분 짓는 하나의 계기가 되는 것이기도 하다.

---

18) 신체에 의해 체험되는 '생활세계의 현상학'은 메를로-퐁티(M. Merleau-Ponty)에게서 잘 계승·발전되고 있다.

인류의 정신사는 너무 깊게 전락한 나머지 근대의 유산에서 아직 헤어나지 못하고 있지만, 자연으로부터 영혼을 빼앗고 그 유기체성을 박탈해 버렸던 근대의 스캔들은 그나마 탈근대를 감행하여 본래의 피지스(physis) 세계로 귀향하는 하이데거의 사유에서 어느 정도 회복현상을 보인다.[19] 하이데거에게서 인간은 결코 자연 위에 군림하지 않고, 사물들 곁에 친밀하게 거주하면서 사방세계를 소중히 아끼고 돌보며 보살피는 자로 자리매김한다.[20] 여기서 인간은 동식물, 자연물, 예술품 등등 사물들을 보살피고 아끼는 사명을 떠맡고 있다.

2. 인식형이상학과 인식론적 현상학

인식론이 철학에서 차지하는 비중은 크다. 특히 근대철학은 인식의 가능성을 묻는 인식론에 매달렸다. 인식의 목적은 말할 것도 없이 진리의 발견일 것이다. 그러나 인식론으로 확고부동한 진리가 언제나 발견되는 것은 아니며, 그러한 인식론으로 철학의 문제가 다 해결되는 것은 더더욱 아니다. 근대의 인식론은 현상의 세계에 드러난 사물존재자에 대한 명석판명한 인식이 중요한 목표였다.

근대의 철학이 인식론에 치우쳐 있었던 것은 마치 중세가 존재신론 (Onto-theologie)에로 경직된 것과도 유사하게 포괄적인 고대 그리스 철학에서 오히려 협소화되어 버린 것이라 할 수 있다. 인식론이라는 미명 아래 내려진 철학에 대한 좁은(제한된) 규정은 근대의 발견이자 숙명인

---

19) 제3부 4장의 제7절(하이데거에게서 피지스 개념의 복권과 사물의 존재) 참조.
20) M. Heidegger, *Vorträge und Aufsätze*, 146쪽 참조.

것이다. 철학의 물음이 현상계에 드러난 존재자의 본질이나 존재자성에 국한된다면, 거의 필연적으로 존재의미를 망각하게 되고 만다. 이런 '존재망각'(Seinsvergessenheit)에 대한 비판과 '해체'야말로 하이데거 철학의 핵심적 노력이다. 하이데거는 존재망각에 대한 해체를 통해 새롭게 존재의미를 밝히는 사유의 길을 걸어갔던 것이다.

존재자만이 추구되는 근대의 사유에서는 계산하는 이성과 그에 따른 학문만이 활개 칠 뿐 존재의미는 망각되고 만다. 하이데거에 의하면 과학기술은 이미 형이상학의 완성 단계로서 우리 곁에 이르러 있으며, 실용성의 이름으로 우리의 생활세계와 문화세계 전부를 지배하고 있다. 근대성이 과잉으로 치달으면서 존재망각이 극에 달하는 현상이 우리 시대의 실상인 것이다.

근대 형이상학의 완성단계인 과학기술은 진리 주장의 최종심급을 획득하여 마치 신화 속의 제우스와 같이 진리를 독점하고 있다. 진리 주장의 전매특허를 외치는 과학기술은 비과학적인 진리나 철학적 진리를 아예 지식의 범주에서 제외시키는 짓까지도 서슴없이 저지르고 있는 것이다.

근대 인식론에는 인식하는 주체의 날카로운 의식이 전제된다. 그러나 의식에 비친 존재자, 그리고 그런 존재자에 대한 인식을 바탕으로 주장한 명제가 반드시 진리라고 선언할 수는 없다. 그것은 우리의 인식이 오류가능성에 노출되어 있으며, 사람에 따라 사물을 다르게 직관하는 경우도 허다하기 때문이다. 이른바 핸슨의 '산양-물새'[21] 그림은 이러한 현상을 잘 대변하면서 일목요연한 절대적 인식이 불가

---

21) 보는 각도에 따라, 혹은 관찰하는 사람의 직관에 따라 산양으로도 보이고 물새로도 보이는 것으로, 일목요연하고 보편적인 인식의 어려움을 잘 설명하고 있다.

능하다는 사실을 일깨워 주고 있다.

핸슨의 그림은 어떻게 보면 산양처럼 보이기도 하고 또 어떻게 보면 물새 같기도 한 그림이다. 이런 그림은 핸슨 이후에 많은 베리에이션이 만들어졌는데, '토끼-오리' 그림 같은 경우이다. 어떻게 직관하느냐에 따라 서로 다른 인식을 하게 되는 것이다. 그런데 이런 상식적인 사례 외에도, 배경적인 이론이나 자신의 생활습관에 따라 관찰 진술의 참과 거짓이 뒤바뀌는 예는 과학 내부에서도 얼마든지 일어날 수 있는 일이다.

진리를 포착하는 완벽한 인식방법이나 체계는 있을 수 없거니와, 더더욱 인간의 인식능력 자체에 한계가 있기 때문에 인식은 미완으로 남을 수밖에 없다. 또한 인간의 인식능력을 통해 주장된 진리에는 뒷받침과 설득이 필요하다. 그것은 우리가 믿고 있던 사실이나 주장했던 진리가 기실 사실도 아니고 진리도 아님을 역사적으로 자주 목격하기 때문이다. 쿤(T. Kuhn)의 '패러다임'(Paradigm)이론은 이를 잘 대변해 주고 있다.

그렇기에 존재에 대한 어떤 믿음에는 언제나 오류가능성이 내재해 있다는 사실을 전제할 필요가 있다. 우리에게 잘 알려진 철학적인 진리론에도 결점과 오류가능성이 배태되어 있음을 우리는 목격한다. 우선 무엇보다도 이들 진리론들이 필연적으로 전제하는 존재자의 존재를—이것이 결핍되면 그 어떤 진리론도 불가능하다— 당연시의 단계를 넘어 망각하고 있다는 것이 공통적인 과오이다. 소위 잘 알려진 '상응론'과 '일관론' 및 '실용론'의 경우를 살펴보자.

첫째로, 상응론(Correspondence theory)에 의하면 진리란 어떤 인식대상과 그것에 대한 판단(믿음)이 일치함을 의미한다.(veritas est adaequatio intelectus α m.) 이를테면 책상 위에 놓여 있는 사물을 보고 '만년필'이라고 판단(진술)했다고 하자. 그래서 실제로 다가가서 확인해 보니 그것은 정말 (어떤 막대기도 아니고 볼펜도 아닌) 만년필이었다. 이 경우는 '저것은 만년필이다'라는 판단(믿음)과 실제 대상인 만년필이 일치하므로 진리로 받아들인다는 것이다.

그러나 이런 상응론에도 문제점이 도사리고 있다. 즉 한 대상과 그에 대한 나의 판단(믿음)이 일치한다는 것을 어떻게 확인하는가. 우리에게 비록 지적인 기능을 하는 직관이 존재하지만, 이 직관 역시 엄격한 의미에서 믿음의 차원에 머물러 있는 것이다. 그것은 한 대상(사물)을 두고 서로 상반되는 직관이 가능하기 때문이다. 이를테면 100미터의 전방에 놓인 어떤 대상(사물)을 A라는 사람은 밧줄 조각이라 하고 B라는 사람은 뱀이라고 하는 경우이다. 또 유신론자는 신의 존재가 직관에 의해 확인된다고 하고, 무신론자는 확실한 직관을 통해 신의 부재不在를 알 수 있다고 한다.

일반적으로 우리가 사물을 관찰한다면 그 관찰 자체가 절대적이지도 또 확실하지도 않다는 것은 주지의 사실이다. 관찰환경이 좋지 않을 때(어두컴컴한 곳, 시끄러운 장소 등), 관찰자가 산만하여 정서적으로 안정되지 못하거나 피로할 때, 우리의 감각이 손상되었거나 어떤 편견에 사로잡혀 있을 때, 측정장치가 부정확하고 정밀하지 못할 때, 이런 때는 서로 엇갈리는 결과가 나올 것이 뻔하다. 그런데 관찰환경에 장애가 없다 하더라도 ―T. 쿤의 '패러다임'이론이 증언하듯― 뉴턴 역학체계의 3차원 공간과 아인슈타인의 4차원 공간, 혹은 유클리드의 기하학공간과 리만의 위상공간에서의 차이처럼 그 이질적 차원 때문에 보편적인 진리가 구축될 수 없는 것이다.

둘째로, 일관론(Coherence theory)에 의하면 진리란 한 사회공동체가 진리라고 믿는 사실에 대해 일관성 있게 견지하는 믿음을 의미한다. 삼강오륜을 진리로 믿던 조선시대에는 삼강오륜이 진리가 되고 지구가 평면의 사각형이라고 믿던 시대에는 그것이 진리가 되지만, 그러한 것들을 진리라고 믿지 않으면 그 믿음은 틀린 것이다. 사람들이 만일 어떤 사물을 뱀이라고 믿고 있을 때 나만이 그것을 밧줄조각이라고 믿는다면 나의 믿음은 진리가 아닌 것이다.

그렇기에 이 일관론에서는 어떤 믿음이 진리냐 아니냐 하는 것이 그 믿음의 타당성이나 객관성 및 보편성과는 관계없이 권위 있게 받아들여진 믿음과 그 믿음에 대한 관계로만 파악된다. 이 이론의 문제점은, 기존의 믿음이 진리라는 것이 전제되어야 하는데 그 과정과 전제를 믿을 수 없다는 것이다. 따라서 이 진리론은 역행적 논리의 오류에 노출되어 있는 것이다. 더욱이 믿음의 타당성이나 객관성 및 보편성을 묻지 않고 공동체 속에 처한 사람들의 주관과 주관의 합의에 의해 결정되는 것만을 고려하기에 섬뜩한 결과를 초래하는 경우도 피할 수 없다. 이를테면 카니발리즘이 인정되는 공동체에서 어떤 이가 그것을 비진리로, 혹은 윤리적으로 그릇된 것이라고 믿는다면 그 믿음은 진리가 아니게 되는 셈이다.

셋째로, 실용론(Pragmatic theory)에 의하면 진리란 단순히 가장 효율적인 것 즉 실용적인 믿음에 불과하다는 것이다. 이를테면 어떤 사태(Sache)에 관해 사실적인 검증을 거쳐 그 효용성을 보여 준다면, 이를 진리로 받아들인다는 것이다. 그런데 이런 진리론은 어찌 보면 오히려 진리에 역행하는 것으로 보일 수도 있다. 효용성이나 실용성은 진리의 정의가 될 수 없고, 또 진리를 결정하는 척도나 규준이 될 수도 없기 때문이다.

효용성이나 실용성은 관점에 따라 다를 수 있을 뿐만 아니라 시간의 흐름에 따라서도 그 가치가 바뀔 수 있기에, 어떤 사태를 진리라고 확정하기조차 어려운 것이다.

나아가 이 진리론은 정신적이거나 추상적인 문제에 대해서는 이렇다 할 지침이 될 수 없다. 만약 죽음에 대한 불안에서부터 해방되는 것이 실용적이라고 하더라도(그리고 그런 실용성을 진리라고 하더라도) 그 실용적인 것만으로 죽음의 불안에서 해방될 수 없으며, 또 신을 믿는 믿음이 유용한 효율성을 가져온다고 해서 신이 존재하는 것이 진리라고(혹은 신이 존재한다고) 할 수는 없는 것이다. 신의 존재 여부는 인간의 효용성과는 상관이 없다. 만약 "사과는 붉은 색이다"거나 "삼각형의 내각의 합은 180도"라는 말이 진리라면, 이들은 인간에 미치는 실용성이나 효용성과 상관없이 진리인 것이다.

이상에서 보듯이 이런저런 진리론들은 다 미흡한 부분을 내포하고 있기에 결코 확실한 진리를 보증하는 절대적 기준이 될 수가 없다. 물론 그렇다고 해서 회의주의의 골짜기로 들어가자는 것은 전혀 아니다! 중요한 것은 다만 진리인식에 대한 지나친 낙관론을 펼쳐서는 안 된다는 점이다.

그런데 이러한 진리론과는 달리 후설의 '현상학적 환원'은 진리의 불확실성을 최소화하는 방법론으로 등장하였다. 이러한 현상학적 방법을 통해 우리는 심지어 윤리적 가치와 그 실재성마저도 인식할 수 있다.

현상학적 방법론에 따르면, 인식을 통해 발견할 수 있는 진리란 우리의 삶 속에서 구체적인 경험을 통해 확인되는 것이다. 모든 경험은 구체적인 의식을 통해 이루어지는데, 어떤 사물에 대해 경험한 구체적인 의식, 즉 사태 자체(die Sachen selbst)22)를 있는 그대로 서술하고 분석함으로써 변화하는 의식 속에서 변화하지 않는 객관적이고 보편적인 진리를 발견할 수 있다. 이것은 사실의 세계에 대한 엄밀한 분석을 위해 '자연적 태도'에 의해 쌓은 기존의 지식을 괄호치고(판단중지: epoche), 의미를 형성하는 의식인 선험적 주관성에 의해 사물에 의미를 부여하는 것이다. 물론 이때 사물의 의미를 의식만이 다 형성하는 것은 아니다. 사물이 존재하기 때문에 존재론과 인식론이 말해질 수 있는 만큼 이 존재자의 존재가 바로 존재론과 인식론의 가장 근원적인 사건이며, 사물은 자신의 존재의미를 읽도록 촉발하여 사람들이 알아보는 만큼만 자신을 열어 보이는 것이다. 따라서 만일 사물이 고유한 의미를 그 자체로 갖고 있다고 하더라도, 이 사물에 접근하는 선험적 주체에 의해 새롭게 의미가 형성된다는 것도 틀림없는 사실이고, 또한 이 주체가 사물을 통찰할 수 있는 차원에 따라 사물의 존재의미가 달리 드러나는 것도 사실이다.

그러나 현상학적 방법이 우수함에도 불구하고 이 현상학이 진리의 문제를 다 해결하는 마법사가 되는 것은 결코 아니다. 만약 같은 사물이나 사건에 대해서도 지적 수준이 낮은 내가 관찰하고 체득한

---

22) 후설 현상학에서의 '사태 자체'(die Sachen selbst)에는 이미 반형이상학적인 태도가 전제되어 있다. 후설은 그의 저서 도처에서 바로 이 '사태 자체'로 향할 것을 주문한다. "언어의 공허한 분석을 중단하고 사태 자체를 우리는 심문해야 한다. 경험으로, 직관으로 돌아가라. 이것만이 우리의 언어에 의미와 온당한 권리를 부여할 수 있는 것이다."(E. Husserl, *Philosophie als strenge Wissenschaft*, herg. von W. Szilasi; Frankfurt a.M: Klostermann, 1971; 번역은 이영호·이종훈, 『현상학의 이념. 엄밀한 학으로서의 철학』, 서광사, 1988, 305쪽 이하 참조) '사태 자체'로 돌아가야 할 것을 후설은 『논리연구 II / 1』(전집 XIX / 1, 2. Band, 1984, 6쪽)과 『이념들 I』(전집 III, 1950, 35쪽) 등등 곳곳에서 강조하고 있다. 후설이 "사태 자체에로!"를 천명할 때의 사태가 경험과 직관 즉 "원본으로 부여하는 직관"임은 말할 필요도 없다. 원본적으로 부여하는 직관적인 경험이야말로 궁극적인 권리의 기반이 되는 현상학적인 진리인 것이다.

진리와 지적 수준이 높은 타인이 체득한 것이 다를 수 있고, 더욱이 내가 찾은 진리가 피상적인 것에 머물러서 타인이 경험하고 찾은 진리와 공감 내지는 공유되지 못하는 까닭에 객관성이나 보편성을 구축하기 어려운 처지에 놓일 수도 있다. 또 만약 어떤 사물이나 사건이 지극히 미미하게 우리의 의식세계에 들어온다면, 그런 만큼 우리의 직관 또한 미미한 차원에 머물 수밖에 없다.

만약 어떤 사물이나 사건이 아예 우리의 의식세계에 들어오지 않는다면……? 그런 것에 대해서 후설의 현상학은 절대침묵의 차원에 머물든지, 아예 세계 밖으로 쫓아내어 버리고 만다. 그러나 이런 태도는 아직도 지구중심적인 사유에 머물고 있는 것과 유사하다. 우리가 거처하는 지구는 고정되어 있고 태양이 동쪽에서 서쪽으로 지구를 돌고 있는 것처럼 보이나, 기실은 거꾸로 태양은 항성으로 멈추어 있고 지구만 돌고 있는 것이다. 내 의식만으로 세계를 파악한다는 것 자체가 다람쥐 쳇바퀴 돌리는 것과 전혀 다를 바 없다. 의식만으로는 완벽하게 진리의 성을 쌓을 수 없다. 의식이 미치지 못하는 세계, 의식과 무관한 세계, 무의식의 세계, 의식초월적인 세계도 찬연히 존재하기 때문이다. 현상학은 세계의 존재 여부를 의식에다 묶어 두기 때문에 에고(ego) - 철학의 차원에 머물고 만다.

후설은 의식의 세계에 들어오는 것, 즉 의식내재적인 것을 지반으로 삼아서 '엄밀한 학으로서의 철학'(Philosophie als strenge Wissenschaft)을 건축하였는데, 이 '엄밀한 학'이야말로 현상학의 이념인 것이다. 그는 그의 스승인 브렌타노를 회고하면서 "철학도 가장 엄밀한 학이라는 정신에서 다루어질 수 있으며 또 다루어져야 한다는 확신을 얻었다"[23]라고

---

23) E. Husserl, "Erinnerung an Franz Brentano", in O. Kraus, *Franz Brentano* (München, 1919),

역설한다. 현상학의 이러한 '엄밀한 학'으로의 길은 1911년 『로고스』지 창간호에 실은 논문에도 잘 나타나 있다.

그런데 이때의 '엄밀한 학'은 데카르트의 철학을 따르는 그런 수학적 엄밀성으로서, 추리의 엄밀성, 명증적 직관, 필연적인 연역 등 확실한 인식을 위한 방편들이다. 그러나 후설이 내세운 그 엄밀함은 논리적이고 수학적인 추리의 정밀함만을 의미하는 것이 아니다. 후설에게 있어 이러한 엄격함에 대한, 나아가 의식의 첨예화에 대한 요구는 철저하게 인식론과 결부되어 있다. 이를테면 그는 '제1철학'으로서의 현상학을 정립하는 곳, 즉 (『산술의 철학』에서) 수적 대상을 철저하게 주관에서의 그 성립과정으로—비록 그 수적 대상이 엄격하게 객관적이라고 하더라도— 되돌아가서 문제 삼고 있는 곳에서도 분명하게 목격할 수 있다. 이때도 그는 이런 엄밀함을 토대로 삼았던 것이다. 결국 현상학의 '엄밀한 학으로서의 철학'에는 당연히 수학적·논리학적 추리의 엄밀한 정확성도 불가결한 요소이긴 하지만 그보다 앞서 이 추리의 출발점, 즉 모든 이론적·실천적 인식이 세워질 궁극의 근원과 절대적 기반이 먼저 확보되어야 한다. 그렇다면 '제1철학'이자 '엄밀한 학으로서의 철학'인 현상학은 "최후적 정초로부터의, 또는 최후적 자기책임으로부터의 철학"[24)]인바, '극단적인 무편견성'(radikale Vorurteilslosigkeit)[25)]과 '무전제의 원리'(Prinzip der Voraussetzungslosigkeit)[26)]가 전제된, 그렇기에 다른 아무것에도 그 정당성의 근거를 되물어 갈 필요가 없는, 궁극적으로 정초된

Anhang Ⅱ, 154쪽.

24) E. Husserl, *Nachwort zu meinen "Ideen"*, Hua Ⅴ(1930), 139쪽.

25) 후설, 이영호·이종훈 옮김, 『현상학의 이념. 엄밀한 학으로서의 철학』, 341쪽.

26) E. Husserl, *Logische Untersuchungen II / I*, Hua ⅩⅨ / 1 (Untersuchungen zur Phänomenologie und Theorie der Erkenntnis; hrg. von U. Panzer, 1984), 19쪽.

근원으로부터의 철학이다. 이토록 '절대적으로 정초된 학'은 곧 절대적 시초 위에 세워진 학이며 "모든 철학 중의 제1철학"(erste aller Philosophien)[27]인 것이다.[28]

후설이 말하는 소위 '제1철학'이란, 엄격한 인식론적 지평에서 "장차 학으로서 나타날 수 있게 될 철학의 근본적인 시초를 실현하려는 시도"[29]이고 "모든 형이상학에 선행하는 바 그 가능성의 제약"[30]을 문제 삼는 일종의 선험적 인식론이다. 절대로 의심할 수 없는 확실한 것으로서의 절대적 시초를 후설은 "아르키메데스의 점"[31]이라고 불렀는데, 이는 곧 참으로 존재하는 사태(Sachverhalt)[32]로서의 '명증'(Evidenz)인 것이다. 말하자면 절대적 시초는 명증적이어야 하며, 어떤 이론적 구성물이 아니라 우리의 직관에 직접적으로 제시될 수 있는 것이어야 한다. 이런 절대적인 시초로서의 절대적인 명증은 후설에게 있어 '현상학의 원리'이자 '현상학의 규범'이었다.

모든 원리 중의 원리, 원본적으로 부여하는 모든 직관(Anschauung)이야말로 인식의 권리원천이다. 우리의 직관(Intuition)에 원본적으로(말하자면 그 생생한 실제성에서) 제시되어 있는 모든 것을 주어져 있는 바로 그대로—오로지 그것이 거기에 주어져 있는 한계 내에서만— 받아들여야 한다.[33]

---

27) E. Husserl, *Ideen I*, Hua III (1976), 8쪽. 이 외에도 Hua VII과 Hua VIII의 제목은 『제1철학』이다.
28) '제1철학'이란 용어를 처음 사용한 이는 아리스토텔레스인데, 그는 형이상학을 '제1철학'(prote philosophia)이라고 일컬었다. 아리스토텔레스와 유사하게 데카르트에게서도 제1철학은 그의 『성찰』의 정확한 제목인 『제1철학에 관한 성찰』이 시사하듯 형이상학이다. 20세기 레비나스(E. Levinas)도 '제1철학'이란 용어를 즐겨 사용했는데, 아리스토텔레스 등과는 달리 그의 의도는 윤리학을 제1철학으로 기획하려는 것이었다.
29) E. Husserl, *Nachwort zu meinen "Ideen"*, Hua V (1930), 159쪽.
30) E. Husserl, *Erste Philosophie I*, Hua VII (hrg. von R. Boehm; 1959), 369쪽.
31) E. Husserl, *Erste Philosophie I*, Hua VII (1959), 62쪽.
32) E. Husserl, *Erste Philosophie I*, Hua VII (1959), 140쪽 참조.
33) E. Husserl, *Ideen I*, Hua III (1976), 43쪽. 중요한 대목이므로 원문을 인용한다. "Prinzip

여기서 "생생한 실제성으로 제시되어 있는 것을 그대로 받아들여야 한다"는 것은, 사물을 거울에 비추는 것과 같이 그대로 반영한다는 뜻이 아니라 '현상학적 규범'이 천명하듯 '본질적으로 통찰할 것'을 의미한다. 말하자면 단순한 경험적 수용이 아니라 '본질직관'인 것이다. '본질직관'은 말할 것도 없이 감각적 직관과 대비되는 것으로, 현상학을 심리주의나 실증주의에 빠지지 않게 하는 장치이다.

후설은 '현상학적 규범'에 대해 다음과 같이 천명한다.

> 우리가 의식 자체에서, 즉 순수내재성 안에서 본질적으로 통찰할 수 있는 것 말고는 아무것도 요구하지 말아야 한다.[34]

주지하다시피 후설은 절대적 시초로서의 명증을 의식에서 찾고 있다. '인식의 권리원천'이란 '모든 원리 중의 원리'로서 우리의 의식이 '원본적으로 부여하는 직관'(orginär gebende Anschauung)이라는 것이다. 이때의 의식은—엄밀한 표현으로는 '순수의식'이다— 가장 직접적인 직관적 경험으로, 모든 진리인식의 궁극적 기반이다.

그러나 '인식의 권리원천'으로서의 '원본적으로 부여하는 직관'에는 인간의 일방적 직관에 의한 능동적인 파악이라는 주도성이 잘 드러나 있다. 이러한 진리 주장의 기반에는 존재자가 존재하기 때문에, 나아가 이 존재자가 이렇게 혹은 저렇게 존재하고 있는 기적적인 사실 때문에

---

aller Prinzipien: daß jede orginär gebende Anschauung eine Rechtsquelle der Erkenntnis sei, daß alles, was sich uns in der 'Intuition' orginär, (sozusagen in seiner leibhaften Wirklichkeit) darbietet, einfach hinzunehmen sei, als was sich gibt, aber auch nur in den Schranken, in denen es sich da gibt." 그런데 위의 인용문에서는 Anschauung과 Intuition을 둘 다 '직관'으로 번역하고 있지만, 전자는 독일어로서 '직관' 외에 관조, 관찰, 응시, 견해, 觀 등으로도 번역되는 데 비해 후자는 라틴어에서 독일어화 된 것으로 대체로 '직관'으로만 번역된다.

34) E. Husserl, *Ideen I*, Hua III (1976), 113쪽.

직관되고 인식될 수 있다는 냉엄한 진실이 파악되지 않고 있다. 그러한 진실이 그저 당연시되거나 무시되고, 경우에 따라서는 망각상태에 놓이게 되기도 하는 것이다.

더욱이 거기서는 존재자가 자신을 알아보는 만큼 자신을 열어 보여 준다는 속성도 통찰되지 않고 있다. 진리인식의 과정에 존재자의 존재에 대해서는 말해지지 않고 있는 것이다. 존재자의 존재의미에 대한 이해에 의식하는 자아만 있으면 된단 말인가? 전혀 그렇지 않다! 우리의 눈앞에 현전하는 존재자에 대한 지극히 일상적인 인식이나 의미형성이라면—근대의 합리론이나 경험론, 나아가 칸트의 비판론이나 실증주의까지도— 몰라도, 우리의 의식에 가까이 다가오지 않는 존재자나(이를테면 우리가 탐구하는 성좌의 세계나 천문에 관련된 것) 깊은 심층에 존재하는 존재자의 경우는 단순한 인식론의 도식이나 직관 및 경험만으로는 접근이 불가능하다. 그러한 존재자에로의 접근에는 인식론 자체가 큰 역할을 하지 못하는 경우도 있다. 그럼에도 존재자의 존재와 그 위상을 묻지 않고 당연시해 버린 데에서 근대(후설조차도)는 주체중심주의라는 오명에서 벗어날 수 없었던 것이다.

3. 후설의 '생활세계의 현상학'과 일월성신의 세계

후설의 전기 사유 즉 '관념론적 현상학'에서와는 달리 그의 '생활세계의 현상학'에서 자연은 질료의 세계로 받아들여진다. 이때의 자연은 주관의 구성(Konstruktion)에 수동적으로 내맡겨진 근대의 자연이 아니라, 인간의 인식활동을 가능하게 하는 근원적 지평으로 받아들여진다.

이러한 근원적 지평으로서의 질료의 세계는 인간에게 미리 주어진 것(Vorgegebenheit)으로서, 인간의 의식활동을 자극하고 촉발한다.

후설의 '생활세계의 현상학'에서 근원적 지평인 자연과 직접적으로 만나는 지각의 확실성은, 근대의 오만한 주체의 코기토(Cogito)에 의한 이론적이고 추상적인 확실성과는 차원을 달리한다. 이제 자연과의 만남에 의한 지각의 확실성은 곧 자연에 대한 인간의 '가장 원초적인 믿음'(Urglaube)이며, 이런 원초적 믿음이야말로 다른 모든 확실성의 토대가 되는 것이다. 이제 의식은 근원적 지평인 세계와 자연을 자의적이고 임의적으로 표상(Vorstellen)하고 구성(Konstruktion)하는 그런 근대의 자아가 아니라, 근원적 지평인 세계 및 자연과 관계 맺고 있는 신체적 자아인 것이다.

이리하여 후설은 근대 이후 상실된 '생활세계'를 원초적 믿음인 지각의 확실성과 신체적 자아에로 돌려줌으로써 인간과 자연과의 공생적 관계를 회복하려 하였다. 자연은 인간에 의해 임의적으로 구성되거나 조작되는 대상이 아니라, 있는 그대로 기술되고 해석되어야 하는 지평인 것이다. 이러한 자연에 대한 친숙하고 직접적이며 원본적인 경험인 지각은 인간과 자연의 상관적인 관계맺음에 가장 우선적인 관문인데, 후설에 의하면 이런 일차적인 관계는 의식의 지향성(Intentionalität)에 의해 맺어진다.

물론 '신체적 자아'를 기반으로 '가장 원초적인 믿음'을 구축한다고 해도 한없이 떨어진 일월성신의 세계는 필경 우리 의식의 화살이 대상을 꿰뚫기 어렵기에 이 의식에 의한 지각장 또한 지극히 미미할 따름이다. 그렇기에 이런 빈약한 지각장으로 인식론을 구축한다는 태도는 극히 제한적인 성과에 머문다는 것을 전제해야 한다. 더욱이 이런 의식과 지각장으로는 저 일월성신과 같은 존재자들의 존재 중량을 드러내기는 어렵다.

후설은 그러나 그의 『위기』(Krisis)에서 질료학을 바탕으로 '생활세계의 현상학'을 구현하면서, 인간과 자연과의 공생관계가 손상된 위기의 원인을 진단하고 그 대책을 논의하고 있다. 그는 서구의 계몽주의와 실증주의의 낙관론에 의해 상실되어 버린 '생활세계'(Lebenswelt)를 회복함으로써 근대에 의해 초래된 과학기술주의를 극복하려 하였다. '생활세계'에로의 환원을 통해 모든 과학적·수학적 이상의 근원적 토대를 밝힘으로써 근대에 의해 초래된 유럽 문명의 위기를 극복하려 한 것이다. 근대에서부터 세계를 지배하기 시작한 과학적 지식도 결국 일상의 신념(Doxa)에 근거를 두고 있는 것이기에, 결국 우리에게 가장 친숙한 '생활세계'야말로 모든 지식의 토대인 것이다.

후설의 기획이 비록 퍽 참신해 보이기는 하지만, 과연 생활세계로의 환원을 통해 위기가 극복될 수 있는 것인지(인류의 문명은 더더욱 과학기술문명을 첨예화시키고 또 촉진시키고 있다), 과연 그의 주체 개념에 의해 근대의 주체성이나 주체중심주의가 완전히 청산될 수 있는지, 그리하여 자연과의 공생관계가 가능한지의 여부는 여전히 의문으로 남아 있다. 비록 후설은 주체 개념을 근대의 임의대로 조작하는 구성(Konstruktion)과는 다른 구성(Konstitution) 개념을 사용하고 또 주체를 '관여하지 않는 관망자'(unbeteiligter Zuschauer)로 규정하면서 이 주체는 자연과 세계를 '원초적인 믿음'(Urglaube) 속에서 만난다고 하지만, 그러나 이 '관여하지 않는 관망자'도 결국은 코기토와 코기타툼 및 노에시스와 노에마의 구도로 대상을 파악(분석, 판단)하는 의식의 지향성이기 때문에 인식을 목적으로 의식의 화살을 대상에 꽂는 방식을 부인할 수 없다. 이 주체 역시 주관-객관, 구성-구성된 것, 표상-표상된 것의 근대적 주객이원론적 도식을 벗어날 수 없는 것이다.

후설의 첨예한 인식론적 현상학에서는 원본적으로 의미를 부여하는 주체의 직관이 바로 인식의 '권리원천'으로, 이것이야말로 현상학에서의 '원리 중의 원리'(Prinzip aller Prinzipien)[35]이다. 그의 '제1철학'이나 '선험적 현상학', '선험적 관념론', '현상학적 환원', 지향성이론, 통각이론 등등에는 철저하게 주체의 전권이 부여되어 있다. 후설에게서 선험적 주관성은 곧 절대적 주관성인 것이다.

한전숙 교수는 후설에게서는 주체의 의식이 3겹으로 "모든 존재와 질적으로 다른 절대적 존재"임을 밝히고 있다. 선험적 주관성으로서의 순수의식은 첫째로 절대명증적이라는 점에서 절대적 존재이고, 둘째로 모든 존재의 궁극적인 구성 근거라는 점에서 절대적 존재이며, 셋째로 자기 이외의 어떠한 것에도 의존하지 않는다는 점에서 절대적 존재인 것이다.[36] 그렇기에 후설에게서 자연이나 존재자는 3겹의 '절대적 존재'인 주체 앞에 여전히 그 자체의 존재중량을 갖지 못하고 질료의 세계에 갇혀 있는, 주체에 의해 구성된 대상적 의미일 따름이며, 주체의 의식-지향적 성취작용의 결과라고 할 수 있다. 따라서 엄격한 의미에서는 후설 또한 근대의 주체중심적이고 코기토중심적이며 표상적인 사유의 전통에 체류하고 있는 것이다.

이토록 절대화된 주체의 의식 앞에서, 자연과 존재자들에게 일말의 주권도 부여되지 않은 상황에서 과연 인간과 자연의 공생관계가 가능할지 의혹스럽기만 하다. 필경 일월성신의 세계도 저 절대적 주관성이

---

35) E. Husserl, *Ideen I*, Hua Ⅲ (1950), 43쪽.
36) 한전숙, 『현상학』, 186쪽 참조.

다 장악할 것임에 틀림없다. 그러나, 자연과 세계의 존재가 과연 주체의 의미구성에만 의존하는가? 내가 지향적 의식을 갖지 않는다고 해서—이를테면 잠을 자고 있는 경우나 의식을 하고 있지 않는 상태며 망상을 하고 있는 경우—세계가 존재하지 않는다고 선언할 수 있는가? 엄격하게 말하면 이때의 주체는 다만 세계가 존재하는지 모르고 있을 따름이다. 근대 인식론과 인식론적 현상학의 치명적 과오는 그처럼 세계가 존재하는지를 모르고 있는 상태를 세계가 존재하지 않는다고 선언한 데 있다. 인간이 의식하든 의식하지 않든, 혹은 의식하지 못하든 세계는 존재하며, 인간은 자연과 세계의 미미한 일부일 따름이다.

비록 후설의 현상학에서 인식대상으로서의 질료는 —칸트에게서도 여전히 아무런 존재론적 중량을 갖지 못한 채 인식주관의 처분에 수동적으로 내맡겨진 근대와는 달리— 인식주관과 독립하여 나름대로 독자성을 갖고 있지만, 여전히 주체가 대상구성의 절대적인 상위영역으로 자리매김하고 있는 한, 자연과 인간의 근원적인 공생관계나 상보관계는 요원할 것이다. 대상으로 전락된 자연과 사물에 대한 분석과 판단 및 인식의 과정에서 그들의 존재의미는 퇴색하고 주체만이 무대를 장악하게 될 것이기 때문이다.

후설의 인식론적 현상학을 밝혀 주는 노에시스-노에마(Noesis-Noema)의 구도에서 중요한 위치를 점하는 것은 말할 것도 없이 인간 주체이다. 노에시스의 상관자인 노에마의 의미도 결국 주체가 절대적인 위치를 점하고 있다. 이처럼 주체의 의식과 구성(Konstitution)이 절대적인 위치를 점하는 한—후설의 현상학에서 '나'와 '내 극단'(ich pol)이 얼마나 중점을 구축하고 있는가!— 자연(세계, 사물) 그 자체의 존재위상은 지극히 미미할 따름이다. 그야말로 "현상학적 세계에서는 의미적 세계를 명료하게 파악하는

'나'밖에 존재하지 않는다. 현상학은 독아론이다."[37]

그런데 근대의 치밀한 인식론에서—영국의 경험론이든 대륙의 합리론이든 혹은 칸트의 비판론이든— 인식의 구체적 사례로 든 것들은 대부분 우리의 일상에서 만나는 현전하는 것들이다.[38] 후설의 인식론적 현상학에서도 그 사례들은 대동소이하다. 그에게도 많은 현전의 사물들을 중심으로—꽃이건 과일이건 상자건 수학공식이건— 인식론적 현상학이 펼쳐지고, 그때마다 주체의 역량만이 지평 위에 떠올라 있다. "나는 아직도 내가 절대로 확실하게 신뢰하는 아르키메데스의 점(archimedischen Punkt)을, 즉 내가 거기에서 최초의 이른바 절대적 작업을 개시할 수 있는 인식기반을 찾고 있다"[39]라는 후설의 견해는 그가 얼마나 인식론에 치중하는가를 잘 보여 준다.

후설의 현상학에서 중요하게 다루어지고 있는 개념들, 이를테면 '명증'이나 '필증적 입증', 순수의식 등은 첨예한 인식론을 구심점으로 하고 있다. 그런데 이러한 카테고리로는 우리가 치중하는 하늘의 성좌와 사수도에 대해 접근하기가 매우 어렵다. 하늘의 성좌나 사수도 같은 것들은 우리의 직접적인 지각장(Wahrnehmungsfeld)에 극히 미미하게 들어오는 것이기 때문이다. 일월성신의 세계에 대해 아무리 정교한 현상학적 '구성'(Konstitution)을 시도한다 하더라도, 아무리 날카로운 의식의 화살을 쏘아올린다고 하더라도 이들 세계의 어떠함(Wieheit)과 무엇임(Washeit)을 드러내기에는 역부족이다. '현상학적 환원'이나 '범주적 직관' 내지는 '본질직관'을 시도한다고 해도 우리의 지각장에 들어오는

---

37) 발리스 듀스, 남도현 옮김, 『현대사상』(개마고원, 2002), 52쪽.
38) 그래서 하이데거와 데리다는 이런 유럽의 철학전통을 '현전의 형이상학'(Metaphysik der Vorhandenheit)이라 비판한다.
39) E. Husserl, *Erste Philosophie II*, Hua VIII (1959), 69쪽.

원천적인 경험자료가 극히 빈약하기 때문에 충분한 인식론을 구축할 수 없는 것이다.

사수도를 비롯한 성좌의 세계는 분명히 관념의 세계나 형이상학의 세계가 아니라 우리 앞에 존재하는 존재자들의 세계이다. 그러나 아무리 인식론적인 방법들, 이를테면 현상학적 환원이나 형상적 환원을 거듭해도, 또는 '기초 주는 직관'(fundierende Anschauung)인 개체직관과 '기초 지어진 직관'(fundierte Anschauung)인 본질직관을 감행한다고 해도,[40] 또한 아무리 날카로운 의식의 화살을 쏘고 노에시스와 노에마의 과정을 구축한다고 해도 우리의 지각장에 들어오는 자료와 정보의 빈약함으로 인해 명증한 인식에 이르지 못하는 것이다.

B. 러셀은 인식론적으로는 일월성신의 세계에 대해 극히 제한적인(극히 무모한) 단계에 머물 수밖에 없음을 잘 설명해 주고 있다. 그가 『철학의 문제들』에서 지적했듯이, 달(月)에 있는 사물에 관해 진술한다고 할 때, 이를테면 거기에서의 대기나 돌멩이, 흙, 낮과 밤의 기온 차이 등등의 사실이 있다고 해도 거기에는 '참'이나 '거짓' 같은 것은 없다.[41] 그것은 그런 사물과 사실에 대해 판단하고 표현할 인간의 사고가 없기 때문이다. '참'이나 '거짓'이 될 수 있는 것은 사물이나 사실이 아니라 이런 사물과 사실과의 대응관계를 할 수 있는 우리의 사고에 있기 때문이다.

---

40) 본질직관이란 결국 불변적인 일반성, 즉 본질을 직관하는 것이다. 후설은 『경험과 판단』(Erfahrung und Urteil, hrg. von L. Landgrebe, Classen Verlag: Hamburg, 1964, 419쪽)에서 본질직관의 3단계를 설명하고 있다. 그 첫째는 어떤 인식하려는 대상에서 출발하여 임의의 방향으로 무한히 많은 모상을 만들어 가는 자유변경의 단계이고, 둘째는 이들 다양한 모상들 전체에 걸쳐 서로 겹치고 합하는 종합통일의 단계이며, 셋째는 이들 과정을 통해 아무런 영향을 받지 않는 불변적인 일반성 즉 본질을 직관하는 것이다.
41) 김용규, 『설득의 논리학』(웅진 지식하우스, 2013), 313쪽 참조.

우리는 우리 경험의 장(Erfahrungsfeld)에 지극히 빈약하게 들어오는 자료를 바탕으로 진위의 잣대를 들이대거나 인식론을 펼칠 필요가 없다. 여기서 우리는 인식론의 울타리에 갇히지 않고, 오히려 존재자에 대한 존재의미론에로 나아가는 단서와 동기를 마련할 수 있다. 위에서 언급한 달과 마찬가지로 태양과 북두칠성 및 남두육성 같은 성좌의 세계에 대해 자연스럽게 공-의미부여를 할 수 있기 때문이고, 또 그렇게 선사시대 사람들이 의미부여를 했기 때문이다. 그런데 이런 성좌들에 대한 공-의미부여는 결코 자의성이나 임의성에 의해서 행해지는 것이 아니라, 애초에 이런저런 공-의미부여를 할 수 있는 가능성이 원초적으로 마련되어 있고(무엇보다도 그들이 존재하기 때문이다) 또 이런저런 의미를 구축할 수 있도록 저들 성좌들이 의미원천을 촉발해 주고 있다.

현상학의 자료는 —근대의 합리론이나 경험론 및 비판론에서와 유사하게— 주로 일상적인 우리의 경험세계와 주변세계에 국한되어 있다. 후설이 '본질직관'을 예로 들 때 사용했던 "이것은 사과다", "이것은 상자다", "이것은 책상이다"와 같은 방식으로는 단지 "저것은 태양이다", "저것은 북두칠성이다" 정도로밖에 진술할 수 없다. 말하자면 저 태양이나 별들에 대한 인식론적 지각장으로는 성좌의 세계에 대해 심층적·존재론적 의미를 구축하기 어렵다는 것이다. 이처럼 의식초월적인 시간·공간과 그 시공에 속한 사물(존재자)에 대해서는 지극히 미미한 관점만 지각된다. 그러므로 거기에는 예측적 사념과 추측, 상상, 부수적 사념들이 혼재해 있다. 마치 다른 자아에 대한 체험처럼 초월적 본질은 나의 지각작용과 동일한 체험류 속에 있지 않기 때문에 있는 그대로 주어질 수 없고, 따라서 직접적인 직관적 파악이 불가능할 수밖에 없다. 그렇기에 초월적 존재에 대한 파악은 결코 충전적이 될 수 없는 것이다. 그것은 지각장에 들어오는 자료가 극히 빈약할 뿐만 아니라 음영진(abschatten) 파악이 지배적일 수밖에 없기 때문이다.

그러나 우리를 둘러싸고 있는 것은 우리의 직접적인 지각장에 들어오는 것만이 결코 아님을 후설 또한 천명하고 있다. "희미하게 의식되고 있는 불확실한 실제성의 지평"42)이 분명 더 넓게 존재하고 있다는 것이다. 후설에 의하면 "불확실한 주위세계는 아마도 끝이 없다. 흐릿하고 결코 완전히 규명할 수 없는 지평은 필연적으로 존재한다"43)라고 한다. 더구나 우리의 지각장에 들어오는 것은 그렇지 않은 것에 비해 지극히 미미할 따름이다.

물론 그러한 세계에 대한 지각이 인식론적으로 크게 의미가 있는 것은 아니지만, 그런 지각을 모두 '자의적인 허구'(willkürliche Fiktion)44)라고 하거나 자유롭게 생산해 낸 추측 내지는 '심리학적 산물'(psychologische Produkte)45)이라고 말할 수는 없다. 원리적으로 인식론적인 불확실성의 영역에 냉엄한 인식론적 이론의 척도를 들이대는 것은 온당하지 않다. 따라서 사수도와 성좌의 세계에 대한 이해를 위해서는 근대적 인식론이나 인식론적 현상학보다는 심층 의미의 존재론적 현상학이 더욱 적합한 것으로 보인다.

우리는 이때껏 인식론적 현상학으로는 극히 제한적인 인식에 이를 수 있다는 것을 살펴보았다. 분명 그러한 현상학적인 방법들이 의혹스

---

42) E. Husserl, *Ideen I*, Hua Ⅲ (1976), 49쪽.
43) E. Husserl, *Ideen I*, Hua Ⅲ (1976), 49쪽.
44) E. Husserl, *Ideen I*, Hua Ⅲ (1976), 42쪽.
45) E. Husserl, *Ideen I*, Hua Ⅲ (1976), 42쪽.

럽기만 하였지만, 그러나 이와는 달리 이해 가능한 영역도 있다. 지향성을 통해 빈약하게 주어진 자료로도(빈약하게나마 주어진 만큼!) '내재적 존재'(das immanente Sein)의 지평 위에서 현상학을 구축할 수 있는 것이다. 현상학에서는 지향적 대상이 되지 않는 것이 없는 만큼 우리의 직접적인 지각장에서 멀어진 존재자의 세계도 지향적 대상이 될 수 있거니와, 그런 지향적 대상을 내재적 체험의 영역에서 기술하고 탐구할 수도 있다. 후설에 의하면 '내재적 존재'는 그것이 현실적으로 존재하기 위해서 원리상 다른 아무런 여타의 실재(res)도 필요로 하지 않는다는 의미에서 의심의 여지가 없이 절대적 존재이다.

다른 한편 '초월적 실재의 세계'(die Welt der transzendenten 'res')는 후설에 의하면 의식에, 더구나 논리적으로 고안해 낸 의식이 아닌 실제적인 (aktuell) 의식에 전적으로 의존하고 있다.46) 즉 의식은 다른 어떠한 실재(res)에도 의존하지 않고 그 자체로 존재하는 '절대적 존재'인 데 비해, 초월적 실재나 존재(자)는 의식에 의존하고 있는(angewiesen) 상대적 존재인 것이다. 의식은 선험적(transzendental) 기능을 갖기에 초월적 존재 (자)나 실재의 가능근거가 되는 것이다. 이를테면 하늘의 별똥별 자체나 북두칠성 자체는 각각 불에 타면서 떨어지거나 북극성을 중심으로 빙빙 돌지만, 별똥별로 지각된 것 자체나 북두칠성으로 지각된 것 자체는 그와는 전적으로 다른 존재방식을 취하고 있다. 후자의 경우(별똥별이나 북두칠성으로 지각된 것 자체)는 바로 노에시스에 의해 구성된 지향적 대상, 즉 노에마(적 의미)인 것이다. 이 후자는 체험된 '절대적 존재'로서 지금 현실적으로 빛나고 있는 별들과 무관하게 논의되고 심사숙고될 수 있다. 일월남북두日月南北斗의 사수도가 온 누리를 지키고 수호하

---

46) E. Husserl, *Ideen I*, Hua Ⅲ (1976), 92쪽 참조.

는 별자리임은 이런 심사숙고의 과정을 거쳐, 또 '공통감'(sensus communis: 칸트)과 공감 및 공명의 과정을 거쳐 이해를 획득한 것이다.

'현상학적 잔여'(Phänomenologisches Residuum)라는 소극적 의미뿐만 아니라 노에시스의 작용을 통해 대상을 형성(구성)하는 동적이고 생산적인 기능도 갖고 있는 주관의 선험적 태도에는 우리가 앞에서 관념적 대상 혹은 그 자체로 존립하는 존재 내지는 의식초월적인 것이라고 하여 배제되었던 모든 것이 지향적 대상과 의미구성체로 될 수 있는 가능성이 있기에 다시 현상학적 영역 속으로 들어오게 된다. 따라서 그것들은 모두 충전적인 현상학적 기술의 대상이 될 수 있고 '경험의 장'(Erfahrungsfeld)이 될 수 있는 것이다.

물론 우리의 '경험의 장'에 들어오는 자료나 내용이 극히 빈약하다면 적절한 인식론을 펼 수 없다는 것은 자명한 사실이다. 무한한 시간과 공간으로 확장된 그러한 세계(성좌의 세계)에 대해서는 인식론의 척도로 접근하는 것 자체가 이미 무리인 것이다. 저러한 무한한(무한에 가까운) 세계는 결코 물질의 세계나 질료의 세계, 실체와 대상의 세계에 한정지울 수 없다. 그러므로 차라리 가치의 세계, 미적(경이롭고 감격스런) 세계, 윤리적 세계[47], 특히 저들 존재자들이 경이롭게도 존재한다는 존재의 미의 세계로 접근하는 것이 훨씬 더 적절하고 또 온당할 것이다. 일월성신의 경이로운 존재의미를 아무도 허구라고 할 수는 없을 것이기 때문이다. 우리의 인식범위를 뛰어넘는, 여러 특성을 지닌 성좌의 세계와 총체로서의 코스모스는 비록 멀지만 언제나 우리 위에, 우리 앞에, 우리와 함께 있으며, 또한 우리가 그 속에 함께 있는 것이다. 그렇기 때문에 성좌의 세계에 대해서는 인식론으로부터 존재의미론

---

47) 이를테면 동양에서의 '하늘'은 윤리적 개념을 내포하고 있다.

으로 방향을 돌리는 것이 필요하다.

현상학은 그래도 성좌의 세계를 다룰 수 있는 가능성을 갖고 있다. 그것은 현상학이 의식초월적인, 즉 우리의 의식과 무관한 대상을 문제 삼는 것이 아니라 대상을 형성하는 의식작용으로 되물어 가는 시도를 하고, 순수하게 기술적인(rein deskriptive), "체험류 속에서 파악 가능한" 내재적인 여러 의식 형태의 본질 즉 내재적 본질(immanentes Wesen)48)의 영역을 문제 삼기 때문이다.

"우리가 의식 자체에서, 즉 순수내재성에서 본질적으로(wesensmäßig) 통찰할 수 있는 것 말고는 아무것도 요구하지 말아야 하는 것"49)이야말로 현상학의 규범이다. 물자체의 영역과도 유사한, 의식초월적인 대상의 세계를 왈가왈부하는 것은 그 자체로 이미 동굴 벽면에서 허상의 그림자를 보는 것(플라톤의 '동굴의 비유'에서)과 유사한 결과를 빚게 된다. 그렇기에 우리는 "체험류 속에서 파악 가능한", 의식내재적인 것들에서 무언가 의미를 구축할 수 있고, 그런 의미에서 성좌의 세계에 관해서도 의식내재적으로 의미를 구축할 수 있는 것이다. 물론 그러한 의식내재성에서 파악한 의미는 인식론적 현상학인 만큼 빈약하리라는 것은 당연하다.

성좌의 세계—고인돌의 성혈에 새겨진 성좌를 포함하여—에 대한 성찰은 '생활세계의 현상학'에서 좀 더 친근하게 접근할 수 있다. 후설은 특히 『위기』와 『경험과 판단』에서 '생활세계의 현상학'을 전개하고 있는데, 여기서 '생활세계'(Lebenswelt)란 글자 그대로 우리가 일상적으로 생활하고 있는 친숙하고 자연적인 세계인 것이다. 관념론적 경향이

---

48) E. Husserl, *Ideen I*, Hua Ⅲ (1976), 113쪽 및 116~117쪽 참조.
49) E. Husserl, *Ideen I*, Hua Ⅲ (1976), 113쪽 참조.

강한 후설의 고전현상학에 비해 이 새로운 현상학의 길은 실재론적 경향이 강하다.[50]

실재론적 경향이 강한 생활세계는 객관적 세계의 근원이 되고 바탕이 되는 직접적인 경험의 세계이다. 따라서 수학적·과학적·논리적·객관적 세계는 우리의 직관적 경험세계를 이념화하고 추상화한, '이념의 옷'에 불과하다.[51] 후설이 『위기』에서 타진한 유럽 학문의 위기란, 모든 학이 생활세계의 지반 위에 세워진 '논리적 구축물'임에도 불구하고 이런 근원적 사실을 망각하고서 오로지 객관적 진리, 객관적 세계의 확보와 '자연과학주의'에만 치중하기 때문이다.

이처럼 생활세계는 이념화에 앞서거나 이념화와 무관한, 오히려 이념화의 필연적인 지반이 되는 세계를 일컫는다. 후설에게서 세계가 미리부터 우리에게 주어져 있다는 것은 바로 친숙함에서 주어져 있다는 것인데, 이렇게 미리 주어진 것이 '생활세계의 미리 주어져 있음'(Vorgegebensein der Lebenswelt)[52]인 것이다. 이 생활세계에서 찾는 '명증'은 (고전현상학에서 그랬던) 술어적-이론적 명증에 앞서는, 그 근원이 되는 '선先술어적 명증'이다. 선술어적 명증이란 모든 술어적 명증에 앞서서 대상이 의식에 스스로 '생생하게 현존'(selbst da, leibhaft da)하는 그런 '자기소여성'(Selbstgegebenheit)을 일컫는다.

이러한 명증은 술어적 형식적 명증과는 구별되는, '대상적 명증' 혹은 대상의 자기소여성의 명증이라고 할 수 있다. 그런데 우리가

---

50) 후설의 제자 L. Landgrebe는 스승이 택한 현상학의 새로운 길(생활세계의 현상학)을 '객관에로의 전향'이라고 규정했다. L. Landgrebe, "Gedächtnisrede auf Edmund Husserl 1938", in *Phänomenologie und Metaphysik* (Hamburg, 1949), 18쪽.

51) E. Husserl, *Erfahrung und Urteil*, 42쪽 참조.

52) E. Husserl, *Krisis*, Hua VI (1976), 151쪽.

이러한 생활세계의 현상학을 바탕으로 하늘에 있는—직접적으로 주어져 있지만— 성좌의 세계를 생생한 현존으로 혹은 '자기소여성'으로 목격할 수 있을까? 우리의 지각장에 들어오는 것은 극히 제한적이기에 '대상적 명증' 또한 제한적일 수밖에 없을 것이다. 그러나 제한적이지만 아무런 이념화도 입지 않은, 이론적·술어적으로 구축되지 않은, 아무런 학문적 판단도 내려지기 전의, 그야말로 선술어적 경험의 세계가 구축될 수 있을 것이다.

선사시대 사람들이 성좌의 세계를 직접 바라보고 파악한 것은 그야말로 아무런 이념화도 되지 않은, 선술어적 경험의 세계에서 구축한 의미의 세계였을 것이다. 그처럼 친숙하고 일상적인 세계에서 의미부여되고 구축된 사수도의 의미와 각 방위의 별들이 의미하고 시사하는 바는 '생활세계의 현상학'과 더 밀착되어 있다고 볼 수 있다. 선사시대 사람들이 사수도에 그토록 큰 의미를 부여했던 것은 그들의 생활세계에서 구축한 의미의 세계였던 것이다.

단순한 경험이 이루어지는 생활세계를 후설은 『위기』에서 '근원적 신념'(Urdoxa)의 세계라고 했다. 이러한 세계는 —앞서 언급했지만— 아무런 이론화나 이념화도 이루어지지 않은, 친숙하고 선술어적인, 오직 나 자신의 신념(doxa, Glauben)에만 주어진 영역이다.[53] 그리고 이런 세계에서 구축된 '신념확실성'(Glaubensgewißheit)으로부터 '자아의 객관화작용' 혹은 '대상화작용'(objektivierende, vergegenständlichende Ichakte)[54]이 이루어진다. 그렇다면 '상호주관성'에 입각하여 사람들의 '근원적 신념들'이 공감하고 공명해서 '공통감'(sensus communis: 칸트)을 이룩하고, 이러한

---

53) E. Husserl, *Ideen I*, Hua VI (1976), 214~216쪽 참조.
54) E. Husserl, *Erfahrung und Urteil*, 63쪽.

공통감이나 공감에 의해 하나의 거대한 '에피스테메'(Episteme: 앎, 확신)[55] 에 대한 신념이 구축될 수 있다. 이를테면 인간과 코스모스를 수호하는 사수도와 네 방위의 별자리에 대한 에피스테메(앎, 확신)는 어떤 이론가의 자의적인 독단에 의해서가 아니라 사람들의 '근원적 신념들'이 공감하고 공명함으로써 구축되었다고 볼 수 있는 것이다.

'신념'은 곧 감성이 제시하는 것에 대한 신념인데, 이는 이성작용에 대응하는 에피스테메와 대립된다. 이성주의의 철학적 전통에서 낮은 인식가치 혹은 '억견' 내지는 '추측'에 불과했던 독사(doxa)가 후설에게 서는 가장 근원적인 명증으로, 이성에 대한 감성의 우위로 거듭난 것이다. 이토록 후설에게서는 에피스테메가 에피스테메 아닌 것으로 부터, 논리적인 것이 논리적이지 않은 것으로부터, 술어적인 것이 선술어적인 것으로부터 기초 지어져(fundiert; 밑받침되어) 있다. '생활세계' 라는 것도 결국은 감성적 친숙함을 토대로 한 신념의 세계로서, 다름 아닌 우리의 친숙한 일상적 경험계를 말하는 것이다. 이 친숙함이야말 로 모든 존재자의 이해를 가능하게 하는 포괄적 기반인데, 우리는 이러한 기반 위에서—친숙한 생활세계에서 가졌던 성좌에 대한 '근원적 신념들'로 부터 쌓아 올린 에피스테메에서— 고대 한국인들에 의해 구축된 성좌의 세계와 사수도를 바탕으로 하는 수호체계와 보살핌의 철학을 엿볼 수 있다.

후설의 '생활세계의 현상학'에서는 질료(Hyle) 개념의 위상도 훨씬 개선되었다.[56]

---

55) E. Husserl, *Krisis*, Hua VI (1976), 10쪽 이하 및 31·66·70·158쪽 참조. 원래 고대 그리스어의 Episteme는 통념이나 견해(doxa)와는 구분되는 높은 차원의 인식인데, 여기서는 '인지', '앎', '확신'으로 이해할 수 있다.
56) 물론 후설의 현상학에서 질료학은 노에시스학에 비해 그 규모면에서 비교도 안 될

칸트에게서 질료는 무기력하고 수동적인 대상일 뿐이다. 잡다하고 (manigfaltig) 무질서하다고 규정된 질료는 그저 주관이 아프리오리하게 구비하고 있는 형식에 따라 그의 뜻에 내맡겨질 따름이었다. 그것은 어떻게 주어져 있는지 물어지지 않고 오직 소재로서 제공될 뿐이어서, 대상형성에서 아무런 역할도 담당하지 못한다. 이 질료뿐만 아니라 세계와 세계 내의 존재자, 자연 등이 모두 저 질료와 유사한 운명으로 내몰렸는데, 이 모든 것이 유럽 근대사유의 유산인 것이다.

그러나 후설에게서의 질료는 다르다. 이제 주관의 대상구성작용은 그의 뜻대로만 되는 것이 아니다. 질료는 그 자신의 선구조와 질서를 갖고서, 즉 형성될 대상의 모습에 영향을 미칠 만한 중량과 위상을 갖고서[57] 나타나기 때문에 이제 주관의 자의적인 지배권에 내맡겨지지 않는다. 그리하여 후설에게 있어서 '구성'(Kostitution)이란 칸트의 '구성'(Konstruktion)과는 달리 주관이 자의적으로 꾸며내는 것이 아니라, 이미 주어져 있는 것을 밝혀내는 것을 의미한다. 미리 주어진 것을 밝혀낸다는 것은 곧 질료의 선소여先所與 과정과 그 주어진 내용의 바탕 위에서만 인식이 성립됨을 천명하는 것이다.

물론 그래도 필자가 보기에는 존재자의 존재와 자연을 숭경심으로 바라보는 태도가 질료학에서는 여전히 미흡해 보인다. 존재자가 존재하는 것만으로도 기적적일 뿐만 아니라 숭경심을 불러일으킬 만한 사건일 수도 있는데—이를테면 태양과 달을 비롯한 대지와 성좌의 세계—, 그런 존재자를 단순하고 획일화된 질료의 차원으로만 볼 수는 없는 것이다.

정도로 미미한 위상을 갖는다.
57) 한전숙, 「E. Husserl에 있어서의 객관성」, 『현상학의 이해』(민음사, 1984), 13쪽 이하 참조.

그런 존재자는 물론 자기동일성을 유지하고 있지만, 그럼에도 불구하고 획일적이지 않고 사람에 따라 달리 보이게 된다.(아는 만큼 본다.) 어떤 사람은 사물을 일상적인 시각으로 보기도 하고 다른 어떤 사람은 자연법칙의 차원에서, 혹은 심층의미로 보는 등, 사람들의 시선에 따라 같은 사물도 달리 보이게 되는 것이다.

이를테면 바다 가운데 서 있는 등대에 관해서도 위에서 언급했듯 사람들의 시선에 따라 등대의 존재의미는 서로 다르게 된다. 탈레스와 플라톤 같은 철인들의 시선으로 별을 볼 때와 시인들이 볼 때, 과학의 대상으로만 볼 때, 나아가 현대의 범인들이, 즉 도시문화와 향락문화에 젖어 별을 그저 사물의 차원으로 볼 때, 그 각각의 경우 별의 존재의미는 다를 수밖에 없다. 너새니얼 호손(Nathaniel Hawthorne)의『큰 바위 얼굴』에서 특별한 의미를 읽어 내는 사람과 그렇지 않은 사람 사이에서는 저 바위의 존재의미가 서로 다르다. O. 헨리의『마지막 잎새』에서의 잎새의 존재의미도 심층적으로 읽는 사람과 그렇지 않은 사람 사이에 서로 같지 않다. 사수도와 성좌의 세계 또한 마찬가지이다. 그것을 심층적인 존재의미로 읽어 내는 사람과 그런 태도를 못 가진 사람은 천차만별일 수밖에 없다. 이처럼 세계와 자연 및 존재자는 그 존재의미를 읽어 내는 능력과 확신을 가진 사람들에게 자신의 모습을 열어 보여 주고, 또 이런저런 존재의미를 읽을 수 있도록 동기를 부여해 주는 것이다!

플라톤은 '태양의 비유'를 통해 태양의 존재의미는 인간의 삶과 인식과 운명에 절대적임을 읽어 내었는데, 사수도를 고인돌의 성혈로 각인한 고대 한국의 선사인들, 사수도뿐만 아니라 사신도를 고분벽화에 그린 고구려인들도 저들 성좌들의 심층적인 의미를 읽어 내었던 것이다. 온 우주를 환하게 밝히는 태양과 달은 그야말로 흑암과 카오스를 물리치는 주역인바, 이 역할만으로도 숭경의 대상이 되는 존재자임을 각인시키기에 충분하다. 신석기-청동기시대에 농사가 시작되면서 사람들은 태양과 달이 농사에 결정적임을 깨닫게 되고, 시간의 흐름에 따라 밤하늘을 장악한, 북극성을 중심으로 항구적으로 돌고 있는 북두칠성과 여타 별자리들에서 태양과 같은 심층적 존재의미를 읽어 내고서 사수도의 개념을 형성하게 된 것이다.

그렇게 사수도는 인간과 만물을 보살피는 수호자로 의미부여된 것인데, 이러한 의미부여는 어떤 특정한 인간에 의한 자의적인 정립행위에 의해서가 아니라 이들 별들의 존재와 사람들의 '공통감' 및 공감과 공명에 의해 이루어진 것이었다. 성좌들이 의미형성을 할 수 있도록 절대적인 존재기반이 마련되어 있었고, 자신들만의 독특하게 두드러진 현상을 통해 우리 인간들에게 영향을 주고 자극을 일으켜서 결국 이러저러한 의미구성을 할 수 있도록 촉발(Affektion)하였던 것이다. 존재자가 존재하지 않거나 이런저런 의미를 불러일으키는 촉발을 하지 않는다면, 이런저런 존재의미는 부여되지 않을 것이다. 이처럼 존재자가 불러일으킨 촉발은 우리의 감각장에서 이런저런 의미를 갖고 다가오게(Aufdringen) 하며, 인간은 여기에(존재자가 불러일으키는 촉발에) 자연적으로 동의하고 수긍하는 경향 혹은 "내맡기는 경향"(Tendenz zur Hingabe)[58]을 갖게 된다.

이러한 존재자로부터의 촉발이라는 자극과 주관의 수긍하는 경향 혹은 내맡기는 경향 사이의 상호작용에서 '자아-전향'(Ich-Wendung)[59]

58) E. Husserl, *Erfahrung und Urteil*, 82쪽.
59) E. Husserl, *Erfahrung und Urteil*, 79쪽.

현상이 일어나고, 이런 '자아-전향'에서 새로운 지각과 의미구성이 성립된다. 그렇기에 어떤 존재자(이를테면 사수도의 성좌들)가 이런저런 존재의미를 갖게 된 것은 결코 주관의 일방적이고 일반적인 정립에 의해서가 아니라 동근원적인 의미부여에 의한 것이다.

의미구성은 인식론적 현상학에서뿐만 아니라 문화세계에서도 구축될 수 있다. '생활세계의 현상학'은 문화세계와 관련이 깊다. 후설은 생활세계를 문화세계라고도 부르는데,[60] 문화란 주지하다시피 자연과 대비되는 개념으로서 의식적인 인간 활동의 결과이고 총체이다. 자연(특히 고대 그리스의 physis)을 인간의 관여가 조금도 없는 본래적 상태라고 한다면, 문화는 인간의 능동적인 의식작용에 의해 형성되는 형성체인 것이다.

그렇다면 고인돌은 자연(석)에 인간의 능동적이고 의식적인 활동이 가미된, 인간의 관여가 분명한 문화적 형성체임이 확실하다. 더더욱 고인돌 성혈에 새겨진 성좌는 인간의 의도와 사유 및 목적을 읽어내는 작업과 그 의미해석인바, 이는 철학의 영역에 속한다. 문화세계란 인간에 의해 구축된 의미의 총체라고 할 수 있다. 그러므로 문화세계로서의 생활세계는 인격체들에 의해 구성되고 구축된 것이다. 인격체들은 능동적인 문화활동을 통하여 주위세계를 구축하고 변경하며 개조해가는 주체들이다.[61]

---

60) E. Husserl, *Phänomenologische Psychologie*, Hua IX (1962), §16~§17 참조; E. Husserl, *Krisis*, Hua VI (1976), 378쪽 이하 참조.
61) 후설의 생활세계와 문화세계에 관한 자세한 논의는 손봉호, 「생활세계」, 『후설』(이영호 편, 고려대 출판부, 1990), 163 · 180 · 182쪽 참조.

4. 사신도와 사수도 사상에 대한 인식론적 · 존재론적 접근

고대 그리스의 세계에서 천체는 곧 신으로 여겨졌다.62) 하늘 우라노스(Uranos), 태양 헬리오스(Heliōs), 지구 가이아(Gaia), 태양계의 행성들, 기타 많은 별들도 마찬가지이다. 생명 있는 유기체로 받아들여진 코스모스는 플라톤에 의하면 신의 예지(Pronoia)에 의해 탄생된, 영혼63)과 이성을 지닌 신의 창조물로서,64) 즉 그 안에 혼을 갖고 영(Nous)을 지닌 살아 있는 생명체(zōon empsychon ennoun te)로서, 창조된 것들 중에서 가장 아름다운 것으로 받아들여졌다.65) 그런데 이토록 아름답게 생성된(창조된) 코스모스는 몸통(sōma)을 갖고 있다. 플라톤에 의하면 이 만들어진 코스모스가 가장 아름답고 이를 만든 신(Demiugos) 또한 훌륭하다면, 신은 영원한 이데아로서의 원형(paradeigma) 즉 '영원한 것'(to aidion)을 바탕으로 세계를 건립한 것임에 틀림없다.66) 그렇다면 이 코스모스가 영원한 이데아로서의 원형(paradeigma)에 대한 하나의 모상(eikon)이 됨은 플라톤 철학에서 필연적인 귀결이다.

플라톤의 철학에서, 한결같고 불변하는 진리에 의한 설명 즉 "영(예지, nous)에 의해 확실해지는 것에 대한 설명"(akribes logos, alēthēs logos)은 확고하

---

62) Platon, *Timaios*, 29c 참조.
63) 고대 그리스인들에게서 영혼(psychē)은 ─육체와 물질 및 실증적인 것을 숭배하는 근대 이래의 인간들은 이 개념을 퍽 추상적이고 관념적인 것으로, 나아가 유명무실하고 현실적이지 못한 것으로 이해하지만─ 생명을 보장하는 핵심적인 개념이다. 영혼은 곧 목숨과 숨결, 살아서 생동함을 의미한다. 그러기에 '살아 있는 것', 즉 '생물' 또는 '동물'을 zōon이라고 하는데, 이러한 생명체를 ta empsycha(to empsychon), 즉 영혼(psychē)을 지닌 것(들)이라고도 한다. 영혼을 가졌다는 것은 "살아서 움직이는 것"이라는 말이다.
64) Platon, *Timaios*, 30b 참조.
65) Platon, *Timaios*, 29a 참조.
66) Platon, *Timaios*, 29a 이하 참조.

고 변하지 않는 것이다. 이에 비해 저 아름다운 코스모스는 영원한 이데아로서의 원형(paradeigma)에 대한 하나의 모상(eikon)이기에, 이런 모상에 설명은 '개연적 설명들'(eikotes logoi, 즉 '그럼직한 설명들')만 가능할 따름이다.

이데아들만이 '참으로 존재하는 것들'이고, 이것들은 '영에 의해서만이 알 수 있는 것들'(ta noeta)이다. '감각의 대상들'(ta aisthēta)은 이데아들처럼 '참으로 존재하는 것들'이 아니라, 이데아들의 모상들일 따름이다. 코스모스 또한 존재론적으로 '영원한 이데아로서의 원형'이자 데미우르고스에 의한 '설계본'(paradeigma)의 모상이기에, 그에 걸맞은 우주론은 '정확한 로고스'(akribes logos)나 참된 설명(alēthēs logos)이 아니라, 그러한 모상에 어울리는 '개연적 로고스'(eikos logos, '그럼직한 설명')일 수밖에 없다.

'정확한 로고스'와 '개연적 로고스'의 구분은 설명 대상의 존재론적 구분에 따라 나누어진 것이다. 영원한 원형(본)의 역할을 하는 이데아는 '언제나 같은 상태로 있는 것'이기에 그런 것에 대해서는 '한결같고 불변하는' 설명이 가능한 데 반하여, 이 코스모스는 여타의 현상계와 마찬가지로 불멸의 원형(본)의 모상이기에 이 모상에 어울리는 '개연적 로고스'만이 가능한 것이다.

플라톤의 『티마이오스』에서 소크라테스의 대화 상대자인 티마이오스는 이 코스모스와 코스모스의 생성에 관하여 전적으로 일관되고 '정확한 설명'(akribes logos, alēthēs logos)을 할 수 없다는 것을 시인하면서, '그럼직한 설명'(eikos mythos) 즉 '개연적 로고스'(eikos logos)에 만족할 수밖에 없음을 천명하고 있다. 더더욱 그럴 수밖에 없음은, 말하는 티마이오스 자신이나 소크라테스를 포함한 모든 인간들은 현상계에 속해 있으면서 인간적 본성과 한계를 갖고 있기 때문에 '개연적 로고스'(그럼직한 이야기)를 받아들일 수밖에 없다는 것이다. 따라서 이것을 넘어서는 더 이상의 인식론적인 욕구는 하지 않는 것이 바람직하다고 플라톤은 해명한다.[67]

플라톤에 따르면 우리 인간은 ─근대적 인간이 이성과 지식을 앞세워 자연의 비밀을 다 밝히고 또 자연을 정복하겠다는 것과는 다르게─ 절대적으로 타당하고 정확한 로고스를 획득할 수 없고, 단지 가설적이고 '참인 것으로 받아들이는'(für-wahr-halten) 그런 '상대적으로 최상의'(relativ besten) 혹은 '만족스런'(befriedigend) 로고스만 취할 따름이다.[68] 이러한 플라톤의 입장에는 인간과 인식론의 한계가 진솔하게 드러나 있고, 그 한계 안에서의 철학적 노력을 유의미한 것으로 보려는 겸허한 태도가 담겨 있다. 근대의 인식론은 그러나 저런 노력을 진리가 아닌 것으로, 허위라는 것으로 일축해 버리는 우를 범했다. 근대는 인간의 이성을 과도하게 신뢰하여 과학과 경험으로 다 잴 수 있다는 오만을 발휘했던 것이다. 인간의 인식론적─존재론적 가능성과 불가능성을 동시에 표명한 플라톤의 접근은 세상을 과학적 정확성으로 드러내야 한다는 근대의 인식론적 욕구와는 얼마나 대조적인가!

플라톤의 '개연적 로고스'와 '그럼직한 이야기'는 근대에 칸트가 『순수이성비판』의 서문에서 밝힌 인간의 인식 한계를 잘 증언해 주고 있고, 더 나아가 근대 인식론의 한계 자체도 잘 대변해 주고 있다. 칸트는 지나치게 인식론적 정확성을 요구하여 '경험가능성'이라는 인식의 최고법정을 세우고는 이 법정에 들어오지 않는 것들을 가차

---

67) Platon, *Timaios*, 29c~d 참조.
68) Platon, *Timaios*, 29d 참조.

없이 내쫓았지만, 플라톤은 칸트처럼 과민반응을 드러내지 않았다. 지금 당장 보편타당성의 법정에 나와 진위의 선고를 받으라는 것이 아니라, 여전히 인식론적·존재론적 가능성의 문을 열어 놓은 것이다. 그것은 '개연적 로고스'와 '그럼직한 이야기'를 위한 노력이 원형(본)을 닮을 가능성이 있기 때문이었다.

인식론에 지나치게 의존하지 않는 플라톤의 태도는 천체의 세계에, 일월성신의 세계에 접근하는 또 다른 이정표를, 이를테면 우주론이나 동양의 천문지리 및 존재론과 존재론적 현상학의 길을 열어 준다. 그래서 우리도 공-의미부여의 존재론으로써 일월성신의 세계로, 성혈고인돌의 성좌도에로, 사신도와 사수도의 세계에로 나아갈 수 있는 것이다. 그런데 여기서 공-의미부여의 존재론은 인식론이 전개되기 이전의 필연적이고 자연적인 인간의 행위이기에, 결코 인식론에 부담을 안기는 것이 아니다.

5. 동양의 천문지리로 가는 길목에서 만나는 플라톤의 『티마이오스』

플라톤의 우주론은 서양의 천문학이 아니라 동양의 천문지리에 가깝다. 그는 결코 유럽적인 합리주의철학으로 천체에 다가가지 않는다. 그것은 인식의 한계가 있기 때문이다. 더더욱 놀라운 것은, 플라톤에게서 코스모스는 유럽의 우주처럼 과학적이고 천문학적인 것으로 포장되어 있지 않고, 죽어 있는 사물이나 물질덩어리가 아니라 영혼과 예지(Nous)를 가진 생명체였다는 사실이다. 이런 살아 있는 유기체에 대한 겸허한 시각이야말로 우리가 사수도에 대해 갖는 기본적인 태도로 전제되어야 할 사항이다.

고대 그리스와 플라톤에게서 천체는 신들로 이루어져 있다. 헬리오스와 가이아를 비롯한 행성들의 이름은 고대 그리스의 신화에서 명명된 그런 이름들이다. 이에 비해 동양의 일월성신日月星辰과 천지신명天地神明은 고래로 전승된 신적인 위상을 갖는 이름이다. 일월성신은 해의 신(日神)과 달의 신(月神) 한 쌍과 별의 신들(星辰, 뜻은 "많은 별")이며, 천지신명은 하늘의 신(天神)과 땅의 신(地神)의 한 쌍이다.[69]

플라톤에게 있어서 코스모스는 적어도 생성된 것들 중에서, 그리고 예지(nous)에 의해 알게 되는 것들(ta nooumena) 중에서 "가장 아름다운 것"[70]이며 '완전한'(vollständig) 것[71]이다. 코스모스가 "생성물들 가운데 가장 아름답고 가장 훌륭한 것"[72]이란 표현은 『티마이오스』의 도처에 나타나는데, 이 대화록의 마지막 대화에서는 이 표현이 더욱 강조되어 "지각될 수 있는 신이고 가장 위대하며 최선의 것이고, 가장 아름답고 가장 완벽한 것"[73]이라고까지 언급되고 있다.

플라톤의 『티마이오스』에서 만물은 "자족하고 가장 완전한"[74] 코스모스 내에서 생성되고 소멸되는 사건으로 점철되어 있지만, 그러나 코스모스 자체는 이런 생성소멸의 굴레에 얽매어 있지 않다. 코스모스는 신(데미우르고스)에 의해 창조되었지만, 소멸되지 않고 영원한 것이다. 그런데 놀라운 것은 이 코스모스가 눈에 보이는 것이기는 하지만 영원의 광채 위에 놓여 있다는 것이다.[75]

---

69) 위키백과사전 참조.
70) Platon, *Timaios*, 28b · 29a · 30d · 92c 참조.
71) Platon, *Timaios*, 19a~b 참조.
72) Platon, *Timaios*, 68e.
73) Platon, *Timaios*, 92c.
74) Platon, *Timaios*, 68e.

이 코스모스가 "가장 아름다운 것"인 만큼 이것을 만든 창조자(poietes)이자 아버지(pater)인, 구성한 이(ho tektainomenos), 건축가(demiugos), 구축한 자(ho synistas)로서의 신 데미우르고스는 필연적으로 선한 자(agathos)이고 가장 훌륭한 자(ho aristos)이기에 만물이 최대한 자기 자신과 비슷한 상태에 놓이기를 바랐을 것이다.76) 그리고 이런 플라톤의 코스모스에서 인간의 위상 또한 바뀐다. 인간은 이제 지상의 이런저런 국가의 정체政體와 제도 및 지배에 얽매여 있는 자가 아니라, 코스모스의 시민(Weltbürger)인 것이다. 인간은 이제 "천상적인 피조물"인바, 그의 머리는 하늘에 뿌리를 박고 있다.77)

플라톤의 『티마이오스』에서 "가장 아름답고 가장 완전한 생명체"78)이며 영혼을 갖고 있는 코스모스는 근대의 물리학적이고 사물적인, "영혼이 없고 냉정하며 계산될 수 있는"(seelenlos, kalt, berechenbar)79) 세계와는 그 차원이 전혀 다르다. 코스모스는 자신의 밖으로부터 어떠한 영양공급을 받을 필요가 없고 아무것도 버리거나 배제하지도 않는다. 그렇기에 코스모스 내에서의 모든 생성은 '존재에로 향한 생성'(Werden zum Sein)80)인 것이다.

---

75) 이미 소크라테스 이전의 헤라클레이토스는 이 코스모스에 대해 "영원히 살아 있는 불"(pyr aeizōon)로서 언제나 "존재해 왔고 존재하고 있으며 존재할 것이다"라고 설명하였다.(*Frag.*, 30, nach H. Diels)

76) Platon, *Timaios*, 29e 참조. 이토록 선한 신으로서의 데미우르고스는 그리스 신화에서의 신들과는 전적으로 다르다. 신화에서의 신들이 약탈과 도둑질, 강간, 저주, 횡포를 일삼는 것에 대해 소크라테스는 플라톤의 『국가』에서 신랄하게 비판하는데, 이런 헬라의 신들에 대한 비판에 소크라테스의 죽음이 따랐다는 것은 주지의 사실이다. 플라톤에 의하면 신이 존재한다면 선할 수밖에 없다는 것이다.

77) Platon, *Timaios*, 44d 참조.

78) Platon, *Timaios*, 28b~30d 참조. 코스모스가 생명체(to ho estin zōon)라는 것은, 그야말로 영혼을 가진 살아 있는 생명체라는 뜻이다.(*Timaios*, 39e 참조)

79) Gerhart Schmidt, *Platon*, 131쪽.

80) Platon, *Philebos*, 26d, 54c 참조.

플라톤의 코스모스는 근대가 파악한 '자연'(Natur)만이 아니라 '자연과 정신'(Natur und Geist)[81]이고 사유하는 생명체이다.[82] 신의 배려와 예지에 의해 탄생한 코스모스는 "자신 안에 영혼을 지니고 예지를 지닌 살아 있는 생명체"(zōon empsychon ennoun te)[83]로 받아들여진다. 그런데 플라톤에게 있어서 코스모스의 영혼(세계영혼: Weltseele)은 그것의 육체적인 것보다 훨씬 더 중요하다. 세계영혼은 인간의 경우와는 달리 육체를 꽉 에워싸고서 예지를 통해 세계를 지배한다.

그렇지만 코스모스의 생성과 그 비밀을 알기는 퍽 어렵고, 조회할 만한 증명 또한 없다. 전승된 정보도 없을 뿐만 아니라 그것에 관한 어떤 구체적인 경험도 허락되지 않는다. 그래서 플라톤은 소크라테스의 대화 상대자인 티마이오스의 진술을 통해 우주생성(발생)학의 인식에 대한 어려움을 신화적인 도움으로 극복하려 한다.

> ······ 즉 우주가 어떻게 생겨났는지 아니면 애당초 생겨나지 않은 것인지를 논의하려는 우리로서는 조금이라도 빗나가지 않으려면, 남녀 신들을 불러내어서 무엇보다도 그들의 마음에 들도록 하고, 덩달아 우리의 마음에도 들도록 모든 걸 이야기할 수 있게 되기를 기원해야만 됩니다. 신들을 불러 도움을 청하는 일은 이로써 한 걸로 해 두죠.[84]

이런 우주생성(발생)학의 인식론적 어려움 앞에서 인간은 겸허하고 겸손해질 수밖에 없다. 그것은 코스모스에 속한 하나의 생명체인 인간에게 미미하게나마 그러한 인식(이를테면 코스모스가 영혼을 갖고 사유한

---

81) Gerhart Schmidt, *Platon*, 131쪽.
82) Platon, *Timaios*, 37a~c 참조.
83) Platon, *Timaios*, 30b.
84) 플라톤, 박종현·김영균 역주, 『티마이오스』(서광사, 2000), 74쪽.

다는 것에 대한 인식)이 주어지지만, 동시에 이 코스모스에서 유한한 존재에 불과한 인간에게 코스모스의 총체에 관한 직관은 허락되지 않는다는 사실 때문이다.

그렇다면 그런 인식론적 한계를 자각하고 이 코스모스에 대해 알려는 수고를 하지 말고 차라리 무관심으로 일관하는 편이 낫지 않을까? 그러나 바로 여기에 '지혜에 대한 사랑'(philo-sophie)으로 무장한 철인의 과제가 남아 있다. 여기서 '철인'이란 어떤 특별한 계층을 말하는 것이 아니라, 그야말로 '지혜에 대한 사랑'을 갖고서 사물과 자연 및 세계에 다가가는 사람들이다. 그렇기에 선사시대에 이미 지혜에 대한 사랑으로 흩어져 있는 별들을 성좌(별자리)로 묶고, 이들 별들에게 각별한 의미를 부여하여 사수도를 탄생시키며, 이러한 네 방위의 성좌로 하여금 인간과 자연 및 코스모스를 수호하고 보살피는 체계를 만들어 낸 것은 엄청난 철학적인 행위였던 것이다.

그런데 플라톤의 대화록 『티마이오스』에서 목격할 수 있듯 코스모스의 근원에 관한 앎은 신화적인 도움에도 불구하고 수학적인 영역의 것들처럼 그렇게 정확한 것으로 주어지지 않는다. 따라서 코스모스의 생성에 관한 해명은 ─플라톤의 대화록에서 흔히 등장하듯─ 필연적으로 비유적인 것에로 향한다. 앞의 절(사신도와 사수도 사상에 대한 인식론적·존재론적 접근)에서 살펴보았듯이 '정확한 로고스'(akribes logos)나 참된 로고스(alēthēs logos)가 아니라, '개연적 로고스'(eikos logos)와 '그럼직한 이야기'(eikos mythos)만이 주어지는 것이다. 우리는 이런 에이코스 뮈토스를 통해 진리와 유사한(verisimile), '진리의 모사'(Abbild des Wahren)로서의 '있을 법한 진리'(verisimile)를 획득할 수 있다. 플라톤에게 있어서 진리는 이미 신적인 것인데, 이런 신적인 진리를 정확하지 않은, 말하자면 색칠된 반사광

(farbigen Abglanz)에 감금된 상태로 접근하는 것은 다름 아닌 인간의 한계이고 운명인 것이다.

6. 칸트의 '반성적 판단력'과 '공통감'에 의한 자연에의 새로운 접근

1) 칸트의 인식론과 일월성신의 세계

근대철학의 이데올로기가 그랬듯 자연을 단순한 경험의 대상으로만 보거나 법칙성이라는 선천적 원리에 따라 인식의 대상으로만 삼는 칸트의 경우에도 도무지 자연은 그 위상에 걸맞게 이해되지 못하고 있다. 물론 자연을 굵직한 인식대상이나 물질, '연장적 실체' 및 밖으로 드러난 현상만으로 보는 태도는 퍽 조야하기도 하거니와, 우리가 아무리 자연을 냉철하게 살펴본다고 해도 자연의 그 무엇임(Washeit)이 결코 다 파악되지 않을 것임은 자명하다.

우리가 인간의 지식이나 인식능력으로 접근할 수 없다는 이유로 일월성신과 대지, 하늘과 자연을 결코 형이상학이나 신화의 세계로 밀어 넣을 수는 없다. 이들은 관념이나 추상의 세계가 아닌 곳에서, 우리 위에서, 우리 주변에서 목격할 수 있기 때문에 '배후의 세계' 즉 형이상학의 세계로 밀어 넣을 수 없는 것이다. 또 그렇다고 자연을 단순한 외양적 현상이나 물질로만 볼 수도 결코 없다. 인간이 가진 이성과 감성 및 오성도 —너무나 광대하고 깊고 멀리 떨어져 있어서— 저들을 다 포착하거나 파악할 수 없기 때문이다.

이런 조건에서 근대 인식론의 이데올로기인(특히 데카르트에게서) '명석과 '판명'은 기대할 수 없다. 더욱이 자연에 대한 미적 감정은 감관적인 진리의 영역에 속하기 때문에 명석하지도 판명하지도 않고 혼돈과 융합의 상태에 놓여 있는 것이다. 칸트가 '사고방식의 혁명'(Revolution der Denkart)을 통해 '독단적 형이상학'을 분쇄한다고 해도 여전히 역부족은 남아 있다. 칸트가 정확한 인식론을 위해 사용한 사고능력들(감성, 오성, 이성)도 저들 자연의 세계를 포착하고 파악하는 데는 지극히 미미한 도구들에 불과하기 때문이다. 후설의 경우도 마찬가지이다. 아무리 날카로운 의식의 화살을 저들 자연의 세계에다 쏘아 댄다고 한들 그 의식의 화살에 의해 되돌아오는 것은 지극히 미미할 따름이다. 자연의 세계에는 그의 인식론적 현상학에서의 '코기토 – 코기타툼', '노에시스 – 노에마'의 도식도 별다른 작동을 하지 못한다.

인식론은 자연의 초자연적인 영역, 코스모스의 생명체와 존재자들을 위해 존재하는 위상, 그 경이로운 차원을 부각시키지 못했다. 이에 비해 후기 하이데거의 사유는 인간과 독립하여 스스로를 펼치는 자연의 모습, 즉 고대 그리스의 피지스 개념을 회복했는데, 그의 「사물」(Das Ding)에서 거울에 비추어진 일월성신과 하늘 및 대지는 —마치 하늘과 땅, 신들과 인간이 서로 유기적인 반영을 하는 그의 사역(das Geviert)이 잘 밝혀 주듯— 인간에 의해 표상되거나 대상화됨으로써 드디어 존재감을 획득하는 것이 아니라, 제 스스로 자신을 펼치는 피지스의 차원으로 승화되어 있다.

하이데거의 사유에서 다소 아쉬운 것은 이런 사물들에 각별한 존칭이 없다는 점이다. 그는 인간에게는 존재자이지만 자신의 존재를 이해할 수 있다는 의미에서 '현존재'(Dasein)라는 각별한 의미를 부여했다. 그러나 저들 각별한 존재자들, 경이의 대상이고 초인간적이며 초자연적인 존재자들, 다른 존재자들을 존재하게 하고 다른 존재자들의 삶을 영위하게 하는 존재자들, 곧 일월성신과 하늘 및 대지에게 그 위상에 걸맞은 이름을 부여하지 못했고, 만물을 창조하고 모든 존재자들을 존재하게 한 신에게도 '존재자' 이상의 칭호를 부여하지 못했다. 그럼에도 불구하고 하이데거는 자연을 '인간의 고향'이라고 칭할 만큼, 저들 존재자들이 살아 있는 유기체로서 서로가 서로를 반영하고 서로 독립적이면서도 이웃으로 존재하는 사물로 받아들임으로써 전통철학과는 확연한 차이를 드러낸다.[85]

앞에서 언급했듯 근대 이래의 철학적 노력은 너무나 인식론에 치우쳐 있어서 자연의 다른 모습을 보지 못한 채 그것을 한갓 인식하는 주체에 마주 서 있는 대상으로, 물질로, 또 표상됨으로써만 의미를 갖는 '연장적 실체'로 여기는 등, 오직 인식하는 주체에만 중량을 쏟았다. 그러나 우리가 세계 및 자연과 맺는 가장 원초적인 방식은 이론적 인식이나 실천적 행위에 앞서 정감과 정서 및 감성과 지성을 통한 느낌일 것이며, 존재자가 (존재하지 않지 않고) 존재하는 것에 대한 경이감이라든가 미적이고 숭고한 느낌일 것이다. 선사시대 사람들과 고대인들은 —고대 그리스인들이 그랬던 것처럼— 과학기술문명과 상업자본주의 및 현세적 향락에 몰두하는 현대인들보다는 훨씬 더 존재자들(일월성신 등)이 존재하는 것에 대해 더 큰 숭고와 경이에 사로잡혔을 것이다.

칸트에게서도 『판단력비판』에서의 감성은 오성이나 이성에 비해 존재감이 떨어져 있던 『순수이성비판』에서와는 달리 새롭게 재평가되고 있다. 감성은 인식의 대상들이 주어지도록 하고 또 그 대상을

---

85) M. Heidegger, "Das Ding", *Vorträge und Aufsätze*, 157~175.

대면하는 방식으로서 이성이나 오성보다 더 선천적인 조건인데, 무엇보다도 그것은 대상들을 개념화하고 이론화하는 오성보다도, 즉 오성의 횡포가 적용되기 이전에 활동하는 것이다.

2) '반성적 판단력'과 '공통감'

칸트의 엄격한 이성철학(이론이성이든 실천이성이든)에서는 일월성신日月星辰과 대지와 자연을 읽어 내기가 여의치 않다. 그러나 그의 『판단력비판』의 '판단력'(Urteilskraft)으로써는 미세하나마 저들 존재자들에 대한 미적이고 숭고한 측면을 읽을 수 있는 가능성이 있다.

『순수이성비판』을 중심으로 한 칸트의 이론이성 비판은 오성을 앞세워 경험적 인식의 아프리오리(a priori)한 원리를 밝혔고, 이런 원리가 적용되는 세계를 감성계 혹은 현상계에 국한시켰다. 칸트에 의하면 이런 감성계(현상계)에 자연법칙이 타당하다면 초감성계에는 도덕법이 타당한 것이다. 그런데 자연법칙이 타당한 감성계와 도덕법이 타당한 초감성계는 서로 독립적이기에 간섭하거나 침해하는 일이 없다. 진위를 따지는 자연 개념의 영역 즉 감성적인 것과 선악을 따지는 자유 개념의 영역은 서로 구별되는 것이기에 서로 관계 맺기가 요원한 것이다.

그러나 노년의 칸트는 『판단력비판』에서 이 두 세계 사이에는 어떤 관계가 있어야 한다고 보았다. 왜냐하면 칸트의 사유에서 자유 개념이란 자연 가운데서 자신의 목적을 실현해야 할 것이기 때문이다. 따라서 칸트는 자연 개념이 자유 개념에 영향을 줄 수 없다고 하더라도 자유 개념은 자연 개념에 영향을 줄 수 있을 것으로 여겼고, 이런 점에 입각하여 감성계와 초감성계 사이의 간격을 메꾸고 양자를 연결시키는 작업의 일환으로 『판단력비판』을 저술하게 되었던 것이다. 주지하다시피 칸트는 『순수이성비판』에서 자연율과 그 개념의 타당성에 관해, 『실천이성비판』에서는 도덕률과 그 궁극 목적에 관해, 그리고 『판단력비판』에서는 자연율과 도덕률 양자의 관계 및 합일점에 관해 각각 다루고 있다.

칸트는 『판단력비판』의 서문에서부터 감성계와 초감성계의 화해 내지는 융합을 위한 필연성을 강조하고 있다. 판단력(Urteilskraft)이란, 말뜻 그대로 개개의 사건이나 사실 혹은 사물과 대상을 정확히 판단하고 판정하는 사고능력을 말한다. 그렇다면 판단과 판단력은 한편으로는 외적인 사물이나 사실 혹은 대상과의 관계들로 인해, 다른 한편으로는 판단하는 인간이 맺고 있는 각종의 관계들로 인해 필연적으로 상호관계망 속에 놓이게 되기에 스스로 매개적인 기능을 갖고 있다. 말하자면 판단력은 오성과 이성의 중간에 위치한 사고능력으로서 특수한 것과 보편적인 것을 성찰하고 중재하는 능력이다. 보편을 인식하는 능력이 오성인 데 비해 판단력은 무엇보다도 특수를 보편에 포섭하는 사고능력인 것이다. 오성이 자연의 법칙을 부여하고 이성이 자유의 법칙을 부여한다면, 판단력은 양쪽 능력의 연관을 매개하는 능력이라 할 수 있다.

이런 판단력은 독특한 성격을 갖는데, 그것은 오성이 규칙들에 의해 가르침을 받을 수 있고 또 보강될 수 있는 데 반해 오직 지적·인격적 성숙에 의해 연마될 뿐이라는 점이다. 오성은 개념에 의한 인식능력이고 구상력은 선천적인 직관능력인데, 판단력은 직관을 개념에 관련시키는 능력인 것이다. 이토록 판단력을 통해 직관을 개념에 관련시키는 일이 가능하다면, 즉 자연적·미적 대상이 오성과 구상력으로 하여금 자유롭게 상호작용하여 서로 조화하도록 한다면, 이런 대상은 판단력으로 하여금 합목적적이라는 판단과 미적 쾌감을 느끼게 할 것이다. 이런 과정을 미적 판단(ästhetisches Urteil)이라고 한다. 미적 판단은 객체의 원인에 관한 이론적 지식이나 객체에 관한 개념에 의존하지 않고 직접 대상의 표상에 관계해서, 대상의 표상이 마음에 드는가(미적 쾌감 유발) 안 드는가를 문제로 삼는다.86)

칸트는 판단력을 '규정적 판단력'(die bestimmende Urteilskraft)과 '반성적 판단력'(die reflextierende Urteilskraft)으로 구분하였는데, 전자는 『순수이성비판』에서, 후자는 『판단력비판』에서 부각시킨 사고능력이다. 이 중 '반성적 판단력'은 특수만이 주어져 있을 때, 그 특수에서 공통감87)이나 공명을 통해 ―비록 확실한 인식을 획득하지는 못하더라도― 보편을 발견해 내는 능력이다. 그렇다면 공통감은 단순한 감정의 차원을 초월하여 하나의 객관적 원리요 규칙이며 규범이자 이념의 역할을 수행하는 것이다.

각별한 존재자들―이를테면 일월성신과 하늘 및 대지―이 경외감을 불러일으키는 존재자들로, 온 코스모스를 수호하는 존재자들로 받아들여지게 된 것은 결코 사적 감정이나 자의적인 방식에 의해서가 아니라 공통감과 공감 및 공명에 의해 구축된(보편적인 것으로 받아들여진) 것이었다. 사수도에서 일월남북두가 각각의 방위를 담당하는 수호신이라고 누구나 공통감을 가졌다면, 그 문화권 안에서는 그러한 인식이 보편성을 획득하게 된다. 미적 판단력은 지적 판단력과는 달리 주어진 표상에

---

86) I. Kant, *Kritik der Urteilskraft*, §40 참조.
87) I. Kant, *Kritik der Urteilskraft*, §20 참조.

관하여 우리가 느끼는 감정을 개념이나 논리의 매개 없이 선천적으로 판단하고 또 보편적으로 전달할 수 있는 능력이다.[88]

그런데 미적인 판단은 주관적이기는 하지만 사적 차원에 머무르는 데서 더 나아가 보편적이고 필연적인 귀결을 획득할 수 있다.[89] 이렇게 획득되는 보편성과 필연성은 물론 이론적·논리적인 과정에서 나온 것이 아니라 '공통감'(Gemeinsinn, sensus communis)에 그 근거를 두고 있다. 말하자면 보편적인 동의나 공감 및 필연적인 찬동이 뒷받침된 공동체적인 판단에서 보편성과 필연성이 성취되는 것이다. 공동체적인 판단에 의한 공통감인 만큼 그것은 보편적으로 전달 가능하다는 속성을 갖는다.[90] 공동체적인 판단은 공동체가 공유하고 지향하는 규약이나 규범 및 이념으로서, 적어도 이 공동체의 구성원들에게는 보편적인 만족을 주는 것이기 때문이다.[91]

공통감을 이끌어 내는 '반성적 판단력'의 선천적인 원리는 엄격한 규칙이나 법칙으로서의 보편이 아니라 합목적성(Zweckmäßigkeit)이다. 어떤 대상(자연, 사물)에 대한 판단에서 특수에서 보편으로 승화해야 할 과제를 안고 있는 반성적 판단력은 하나의 원리를 필요로 하는데, 그것이 바로 합목적성인 것이다. 칸트는 그러나 이 합목적성의 소재지를 인간 주체에 두었다. 그는 —그의 '사고방식의 혁명'(Revolution der Denkart)이 시사하듯이— 인간에서 독립하여 "그 자체적으로 존립하는 것"이라거나 신神으로부터 설명하는 방식을 '독단적 형이상학'이라 하여 거부하였다. 칸트에 의하면 합목적성은 그 자체로 존립하는

---

88) I. Kant, *Kritik der Urteilskraft*, §40 참조.
89) I. Kant, *Kritik der Urteilskraft*, §21 참조.
90) I. Kant, *Kritik der Urteilskraft*, §21 참조.
91) I. Kant, *Kritik der Urteilskraft*, §38~§39 참조.

것이 아니라, 인간의 주관이 갖는 정신적 태도라는 것이다. 이런 칸트의 사유는 인간중심주의가 역력히 드러나는 대목으로, 이 또한 독단적 형이상학의 다른 형태라고 할 수 있을 것이다.

비록 '합목적성'이라는 개념형성을 해 내는 것은 인간이지만, 인간이 그러한 개념형성을 해 낼 수 있는 것은 이미 자연에 합목적적인 것이 있기 때문이다. 이를테면 태양의 합목적성을 우리는 전체적으로는 알 수 없고 일부분만 분명하게 알 수 있는데, 태양이 빛과 온기를 쏟아 부어 모든 생명체들이 볼 수 있게 하고 영양을 공급하여 삶을 영위토록 하는 이런 목적적인 것이 애초부터 존재하지 않았다면 태양의 합목적성에 대한 이해도 개념형성도 불가능할 것이다. 칸트는 과학적으로 증명할 수 없고 인식할 수 없다고 해서 신의 개입을, 신에 의한 합목적성을 부인할 수 있을지 모르나, 형이상학이나 신학 및 신화에 의존하지 않더라도 우리는 태양이 합목적적인 행위를 하고 있다는 것을 분명하게 알 수 있는 것이다. 일월성신과 하늘 및 대지가 합목적적인 행위를 하고 있다는 것은 과학이나 형이상학에 의존하지 않아도 누구나 알 수 있는 대목이다.

우리는 반성적 판단력을 통하여 자연과 자연법칙의 합목적성을 이해하고 경탄하며, 그것에 대해 미감과 쾌감 및 숭고함을 느끼게 된다. 칸트에 의하면 '예술의 나라'에는 합목적성이 존재하고 있다. 현상계(phaenomenon)로 파악된 '자연의 나라'와 의지계인 '도덕의 나라'와는 달리 '예술의 나라'에서는 대상을 관조하는 데서 쾌감을 일으키게 된다. 이는 아름다움이 반성적 판단력에 적합한 것으로 있기 때문이다. 일월성신과 대지, 하늘과 자연 또한 관조의 대상이기에 미적 쾌감을 불러일으키는 것이다. 시인과 예술가들은 얼마나 이들 자연을 아름다운 대상으로 그려내고 있는가! 우리가 일월성신과 하늘 및 대지를 두고 아름답다고 할 때, 우리는 그들의 본질과 개념이 무엇이고 범주와 목적이 무엇이냐를 문제 삼지 않고 단지 그들을 관조하고 관상하는 데서 미美를 발견하는 것이다.

앞에서 언급했던 미적 판단(ästhetisches Urteil)은 아름다운 것에 관계할 뿐만 아니라 일종의 정신적 감정에서 발생하는 숭고(das Erhabene)에도 관계한다. 칸트의 미적 판단력에 대한 비판은 미감美感과 숭고에 대한 검토로 나누어진다. 미적 판단에 있어서 그는 ―『순수이성비판』에서 어떤 대상적인 것을 일정한 범주로서 인식하는 경우에 획득하는 보편 타당한 판단과 그 판단의 진리성을 증명할 수 있는 것과는 달리― '주관적인 보편성'을 부각시킨다. 말하자면 반성적 판단력에 의해서 공통감(Gemeinsinn, sensus communis)과 공감(Mitgefühl, sympathie) 및 공명(Mittönen, Nachklang)을 불러일으켜 보편성을 구축할 수 있다는 것이다. 그리고 합목적성이 그런 보편성 구축의 가능성을 열어 준다. 합목적성의 원리는 ―비록 거기에 특정한 개념은 없으나― 자의적인 태도나 임의성에 의해서가 아니라, 공통감과 공감을 바탕으로 해서 주관적 보편성을 갖는 미적 판단을 낳는 것이다.

선사시대의 사람들은 일월성신과 하늘 및 대지가 예사로운 존재자가 아니라 아주 큰 존재중량을 갖는 위대한 존재자임을 누구나 공감하고 공명하였다. 사수도의 일월남북두日月南北斗가 네 방위의 수호신으로 구축된 과정을 보아도 ―적어도 한 문화권 안에서는― 사적인 판단이나 자의성에 의해서가 아니라, 공통감과 공감 및 공명의 과정을 거쳐 보편적인 것으로 받아들여졌던 것이다. 아직 무의미하거나 적나라한 사물의 상태에 있는 것을 자타(많은 사람들)가 어떤 특별한 것으로 구축하는 데는 공통감과 공감이 전제되었으며, 이런 미적 판단은 이론적 증명 가능성을 통해서가 아니라 보편적으로 받아들여지고 전달되는 데서 이룩되었던 것이다.

어떤 존재자가 '주관적 보편성'에 의해 각별한 존재자로 거듭나게 된 데에는 필연적 만족의 양상도 개입되어 있다. 이 필연성은 물론 이론적 필연성이 아니다. 이론적 필연성이라면 내가 미적 대상으로부터 느끼는 만족을 다른 사람들도 반드시 그렇게 느끼게 될 것임이 인식되어야 하는데, 그런 만족은 선천적으로 인식될 수도 증명될 수도 없기 때문이다. 미적 판단에서의 필연성은 또한 실천적 필연성도 아니다. 내가 미적 대상으로부터 느끼는 만족은 객관적인 도덕법의 필연적 귀결이 아니기 때문이다. 미적 판단에서의 필연성은 '주관적 필연성'이고 '범례적'(exemplarisch) 필연성92)이며, 만인이 동의하는(공통감, 공감, 공명!) 의미에서의 필연성인 것이다.

3) 자연과 숭고한 것

칸트는 『판단력비판』에서 쾌나 불쾌의 감정(Gefühl)을 일종의 목적연관(Zweckbeziehung)으로 보고 있다. 그런데 이 경우 목적의 설정은, 칸트의 '목적에 관한 사상'(Zweckgedanke)에 따르면, 그것이 인간 및 인간의 취미에 관한 것이라면 주관적이고 자연 및 자연의 질서에 관한 것이라면 객관적이다. 이로 볼 때 『판단력비판』에서의 판단력은 확인이나 증명을 하는 그런 이론적인 인식의 판단작용이 아니라, 자유를 전제로 하고 목적을 고려하는 주관적인 판단작용인 것이다. 물론 주관적인

---

92) I. Kant, *Kritik der Urteilskraft*, §18 참조.

판단력이라고 해서 결코 자의적인 것은 아니다.

칸트의 미학적 판단력은 주로 아름다움과 숭고함을 다루는데, 그에 의하면 인간은 예술에서 순수한 형상(Form)을 목격한다고 한다. 그런데 우리의 지각이 순수하게 형상 자체에 일치할 때―이 일치하는 데에 이미 목적연관이 존재하고 있다―, 말하자면 어떤 미적 대상이 관찰자 안에서 쾌감을 불러일으키고 아름다운 것으로 여겨질 때(혹은 마음에 든다면), 이 미적으로 '마음에 드는 것'(Gefallen)이라고 동의하는 것이 바로 다름 아닌 미적 판단이다. 미적으로 마음에 든다는 것은 이해관계를 따지지 않고(interesselos), 혹은 필연적으로 마음에 드는 대상으로서의 개념도 없이, 어떤 미적 대상이 마음에 들게 되는 형식들의 내적인 내용에 동의한다는 것이다. 이처럼 미와 숭고는 둘 다 주객합일의 상태를 전제로 하지만, 둘 다 논리적이고 규정적인 판단력을 전제하지 않고 반성적 판단력의 작용을 기반으로 한다.

또한 미와 숭고는 선에 대한 만족처럼 일정한 규칙적 개념에 연결되어 있지도 않다. 미와 숭고로 인한 만족은 구상력과 오성의 협동적 조화에 관련되어 있으며, 또 ―앞에서도 언급했듯― 우리의 '마음에 드는 것'을 전제로 한다. 미와 숭고는 모두 반성적 판단이 지닌 동일한 계기를 공유하기 때문에 미로부터 숭고로의 이행에는 큰 무리가 따르지 않는다. 이들 양자는 각각 고유한 원리를 갖기에 서로 환원되는 관계는 아니지만, 미로부터 숭고로의 이행을 통해 미와 선은 서로 관련을 맺을 수 있는 것이다.

그러나 칸트에 의하면 숭고한 것(das Erhabene)은 아름다운 것과 구별되는데, 아름다운 것은 대상의 한계성(Begrenztheit) 때문에 자연의 형식이 합목적적인 데 비해 숭고함에는 무한자라는 표상이 덧붙여진다. 숭고한 것은 마음에 드는 것의 대상에 한정되지 않고 경외심을 불러일으키며, 초인간적이고 압도적인 것으로 여겨진다. 너무나 탁월한 숭고한 것 앞에서 우리는 엄숙해지지 않을 수 없다. 이 숭고한 것은 그 자체에 어떤 명령적인 것을 내포하고 있기 때문에 우리에게 도덕적인 것—우리를 겸허하게 한다거나 고양시키는 것 등—을 환기시킨다. 그래서 숭고한 것(das Erhabene)에는 글자 그대로 들어 올리고 높이며 고양시킨다(das Erhebene)는 의미가 내포되어 있다.

칸트의 미학에서 아름다운 것과 숭고한 것은 도덕과 내밀한 관계가 있으며 선한 것의 상징이 된다.93) 칸트에 의하면, 자연의 미가 직접적인 관심사가 되는 사람에게는 적어도 선한 도덕적 심성의 소질이 있다고 한다.94) 특히 숭고는 도덕적 이념과 동일한 기반을 가지면서 그 자체로 보편타당함을 전제하고 있다. 미美는 고요한 관조의 상태이지만, 숭고는 그야말로 숭고한 것 앞에서 동요하는 마음의 상태이고 큰 진동이다. 자연의 숭고에 대한 판단은 미에 대한 판단의 경우보다 더 많은 도야와 교양 및 지적 능력이 고양되어 있어야 한다.95)

칸트에 의하면 숭고한 것에는 수학적으로 숭고한 것(수학적 숭고)과 역학적으로 숭고한 것(역학적 숭고)이 있다.

수학적 숭고는 어떤 것과도 비교할 수 없을 만큼 '절대적으로 큰 것'(das absolute, non comparative magnum)96)을 일컫는다. 이런 절대적으로 큰 숭고와 비교하면 여타의 모든 숭고는 작은 것에 불과하다. 물론 자연 중에는 비교를 초월할 만큼 큰 것으로 보이지 않는 경우도 있을 것이다.

---

93) I. Kant, *Kritik der Urteilskraft*, §59 참조.
94) I. Kant, *Kritik der Urteilskraft*, §42 참조.
95) I. Kant, *Kritik der Urteilskraft*, §39 참조.
96) I. Kant, *Kritik der Urteilskraft*, §25 참조.

자연 중의 어떤 존재자는 비록 외적 척도에 준할 경우에는 '절대적으로 큰 것'이 아닐 수도 있겠지만, 그러나 내적 주관에 의해 절대적으로 큰 것으로 받아들여질 수 있다. 그렇기 때문에 진정으로 숭고한 것은 외적인 "자연물 중에서 구해지는 것이 아니라, 우리의 이념 중에서만 구해지는 것이다."[97]

역학적 숭고는 자연의 대상이 우리에게 공포를 불러일으킬 정도로 압도적이고 무한한 힘을 갖는다는 데에서 온다.[98] 무서운 번개와 천둥, 이들을 수반하는 새까만 구름, 대담하게 높이 솟아 있는 위협적인 절벽, 불덩이와 화산재를 쏘아 올리는 화산, 천지를 진동시키는 태풍, 산더미 같은 파도를 일으키는 바다, 뜨거운 열기와 빛을 쏟아내는 태양, 굉음을 내며 떨어지는 폭포수 등은 우리를 압도하는 무서운 힘을 동반하고 있다. 그러나 우리가 안전한 곳에 있기만 하면 이런 광경들은 두렵기도 하지만 매혹적이기도 하다.[99]

그런데 수학적 숭고에서건 역학적 숭고에서건 이들을 느끼고 이해할 만한 교양과 인격적 성숙이 준비되어 있어야 한다. 그것은 자연(특히 일월성신과 하늘 및 대지)에서 숭고함을 못 느끼는 사람도 분명 존재할 것이기 때문이다. 아, 철학자들마저도 자연을 단순한 인식의 대상으로, 물질로, '연장적 실체'로만 여긴다면, 거기에서 경이와 숭고의 정신이 탄생하기는 어려울 것이다. 공통감과 공감 및 공명의 감정은 교양과 감수성, 인격적 성숙을 갖춘 사람들로부터 기대할 수 있다.

칸트에게서 미美는 자연이 예술인 한에서 자연 중에서 발견되지만,

---

97) I. Kant, *Kritik der Urteilskraft* (Hrg. von K. Vorländer, 1954), 93~94쪽; 번역은 최재희, 『칸트의 생애와 철학』(명문당, 1990),153쪽.

98) I. Kant, *Kritik der Urteilskraft*, §28 참조.

99) I. Kant, *Kritik der Urteilskraft*, §28 참조.

숭고는 본래 인간의 정신 중에 있다. 그러기에 자연에서 숭고한 것을 체득하려면 인간의 정신이 고양되어 있어야 하며, 말하자면 보다 높은 차원의 합목적성을 내포하고 있는 이념에 관계하도록 고양되어 있어야 하며, 그런 고양된 정신을 자연에다 투입함으로 자연을 대하는 인간의 정신이 숭고하게 되는 것이다.[100] 물론 숭고한 것의 존립을 위해서는 인간의 상상과 사고능력(감성, 오성, 이성)을 초월한 무한자로서의 존재자가 존재해야 하기에, 즉 저들 숭고를 불러일으키는 존재자들을 존재하게 한 절대자 혹은 무한자로서의 존재자가 필경 전제되어야 하기에, 결코 인간 주관의 과도한 개입이나 능력을 주장해서는 안 될 것으로 보인다.

『실천이성비판』의 '맺는 말'(Beschluß)에서 칸트는 별들이 반짝이는 하늘과 인간의 마음 속에 있는 도덕률을 다 같이 숭고한 것으로 찬탄하였다. 그의 숭고감은 외적인 대우주와 내적인 인간 도덕률에 걸쳐 있는 것이다.

> 내가 자주 그리고 오래 숙고하면 할수록 더욱 새롭고 더욱 높은 감탄과 외경으로 내 마음을 채우는 것이 두 가지가 있으니, 하나는 내 머리 위에 별이 반짝이는 하늘이요, 다른 하나는 내 마음 안에 있는 도덕률이다.[101]

그러나 칸트는 인간이 자연에 비해 이성적 존재라는 측면에서, 인간은 자연을 인식의 대상으로 파악하여 자연의 무한성 자체를 자기 밑에 두고 있기 때문에 자연 전체보다 더 위대한 척도를 자신 안에 지니고 있으며, 또 자연이 위력적이라고 해도 그 위력에 굴복하지

---

100) I. Kant, *Kritik der Urteilskraft*, §28 참조.
101) I. Kant, *Kritik der Urteilskraft*, "Beschluß".

않고 자신을 독립된 존재로 파악한다는 점에서 자연을 능가하는 우월성을 지닌다고 한다.[102]

그러나 인간을 이처럼 이성을 가진 존재자 혹은 인식하는 존재자라는 측면에서 파악하여 자연과의 우열을 비교하는 칸트의 주장은 별로 온당해 보이지는 않는다. 인간은 인식 이전에, 혹은 인식과 무관하게 전적으로 자연에 의존하여 생을 영위하고 있다. 인식은 인간이 필요로 해서 하는 것이지 결코 자연이 부탁해서 하는 것은 아니다. 모든 인간은 자연 안에서 태어나고 자연 안에서 삶을 영위하다가 죽을 따름이다. 이런 자연의 존재론적인 측면이 전혀 고려되지 않은 것이다. 칸트의 주장은 인간의 하나뿐인 고향이고 어머니 같은 자연의 존재중량을 망각한 것에 불과하다.

4) 칸트의 '자연의 최종목적'에 대한 반론과 일월성신의 목적론적인 성격

근대는 끈질기게 추구해 온 인식론(합리론이든 경험론이든 비판론이든)에 의거하여 자연에 대해 대상성과 밖으로 드러난 현상, 인과성과 법칙성만 부각시켰으며, 특히 경험론에서 두드러지듯 피상적 경험만을 강조하고 자연의 유기체성, 초자연성, 그 절대적 존재성―우리 인간은 자연 가운데서, 대지 위에서, 태양과 달이 베푸는 은혜 속에서 삶을 영위하고 있다―에 대해서는 망각해 버렸다. 자연의 위상을 제대로 읽지 못한 채 경험론의 꽁무니만 뒤쫓았던 것이다. 경험론은 칸트에게서조차 자연의 형이상학적이고 비범한 위상을 읽지 못하게 한 족쇄였다.

『순수이성비판』에서 두드러지듯 칸트는 자연을 법칙성이라는 선천

---

102) I. Kant, *Kritik der Urteilskraft*, §28 참조.

적 원리에 따라 인식대상으로만 삼았기에, 근대의 이데올로기에 철저하게 갇혀 있었다. 비록 노년의 칸트는 『판단력비판』이 증언하듯 '합목적성'이라는 선천적 원리에 따라 '오성'이 아닌 '판단력'으로 자연과 예술에 접근하는 새로운 시도를 하였지만, 그럼에도 불구하고 그에게서 자연의 존재위상은 그리 크게 부각되지 못했다. 자연의 초자연성과 절대성도 부각되지 않았으며 만물을 존재하게 하는 각별한 존재자성이 드러나 있지 않다.—인식론적으로 우리 인간은 자연의 비밀을 다 알 수 없으며, 존재론적으로 자연은 인간의 유일한 고향이며 인간을 거처하게 하는 장본인임에도 불구하고.—

칸트의 '목적론적 판단력'은 자연에 있어서의 목적을 문제 삼는다. 이는 유기체의 왕국이라고 할 수 있는 자연 안에서 목적을 발견해 내는 것이다. 주지하다시피 유기체는 결코 단순한 기계가 아니기에 자연을 기계론적으로 설명해서는 안 된다.[103] 유기체는 다른 유기적 존재자나 사물에게 작용하고 영향력을 미칠 수 있고, 사물을 조직화하는 형성력을 지니고 있다. 칸트에 의하면 "인간적 이성은 단 하나의 풀잎의 산출일지라도 단순한 기계적인 원인(mechanischen Ursachen)에 바탕해서 이해하려고 기대할 수는 절대로 없다."[104] 만약 우리가 유기체의 왕국이라고 할 수 있는 자연 안에서 목적론적인 성격을 통찰했다면, 우리는 전체적인 자연을, 그 안에 모든 것이 의미 있는 연결망으로 연결되어 있는 통일체로 읽어 낼 것이다. 이러한 목적의 이념은 필연적으로 그 목적을 설정하고 디자인한(혹은 창조한) 존재자, 즉 예지와 능력을 갖춘 존재자의 이념을 전제하게 된다.

---

103) I. Kant, *Kritik der Urteilskraft*, §77 참조.
104) I. Kant, *Kritik der Urteilskraft*, §77 참조.

그런데 칸트에게서 물리적인 목적론은 자연을 넘어설 수 없고, 항상 자연의 한 부분에 제한을 받게 된다. 자연을 넘어서는 결과를 칸트는 '귀신학'(Dämonologie)의 차원으로 밀어 버린다.[105] 칸트에게서 '목적'은 이념이기에, 우리에게 직관의 대상도 아니고 구성적인 것도 아니며 단지 규제적일 따름이다. 다시 말하면 자연 안에 있는 목적은 어떤 분명한 대상이 아니어서 직관의 대상이 될 수 없고, 오직 이념으로만 받아들여질 수밖에 없다는 것이다. 그래서 우리는 자연에 어떤 분명한 목적이 있기나 하는 것처럼 바라보기만 할 뿐, 실제로 목적의 작용을 증명해 낼 수 없다. 결국 자연 속에서 관찰되는 것은 인과적인 결정(Kausaldetermination)뿐이므로, 우리는 자연을 기계론적 원리에 따라 연구할 수밖에 없다.[106] 이리하여 칸트는 결국 전형적인 근대철학의 자연관으로 되돌아가고 만다.

그러나 우리는 칸트의 견해에 반하여 자연에게서 현상적인 대상성과 인과성, 그리고 이들로부터 획득하는 경험론을 넘어서서 목적론적인 성격도 발견할 수 있다. 자연은, 각별한 존재자들인 일월성신과 태양과 대지는, 그냥 존재만 하고 있는 것이 아니라—이들이 왜 존재하는지는 정확히 몰라도[107], 결코 단순한 존재자가 아님은 알 수 있다— 만물을 위해 존재한다는 것을, 즉 목적론적인 성격을 갖고 있음을 우리는 알 수 있다. 이를테면 태양의 물자체성을 우리가 모른다고 해도, 태양이 만물을 비추고 밝히며 모든 생명체에게 삶을 부여하는 존재자임을

---

105) I. Kant, *Kritik der Urteilskraft*, §86 참조.
106) I. Kant, *Kritik der Urteilskraft*, §74 · §86 참조.
107) 만약 라틴어 속담에서처럼 "이유 없이 존재하는 것은 없다"(nihil est sine causa)고 하더라도 우리는 그 이유를 정확하게 알 수 없다. 칸트가 말한 사물의 물자체성을 인정하지 않을 수 없다.

알 수 있는 것이다. 이런 존재자들이 어떤 목적론적인 의도를 갖고 있는지의 여부에 관계없이, 우리는 그 목적론적인 행위와 성격을 읽어 낼 수 있다.

자연의 이러한 목적론적인 성격을 읽기 위해서는 형이상학이나 인과론 및 기계론이나 우연론에 기웃거릴 필요가 전혀 없다. 그것은 우리가 직접적으로 확인할 수 있기 때문이다. 플라톤의 '태양의 비유'에서도 잘 드러나듯, 태양이 하는 이타적인 일들, 비를 내리는 하늘, 인류와 온갖 생명체를 먹여 살리는 대지 등등, 이 모든 존재자들의 목적론적 성격은 우리가 그 의도를 모른다고 해도 분명하게 읽을 수 있는 사항이다.

안타깝게도 칸트는 그러한 일월성신과 대지의 자연에 깃든 목적론적인 성격을 부각시키지 못한 채 단지 근대철학의 세계관에 따른 자연관에 머물러 있기만 했다. 그래서 그가 피력한 '자연의 최후 목적'에서는 자연 중의 한 사물이 다른 사물에 대해 목적에 대한 수단으로 쓰이는 데 그칠 뿐이다. 이를테면 물·공기·대지와 같은 '무기물'은 생명체(자연목적: Naturzweck)에 대해서 수단이 되는 견지에서 합목적적일 수 있다는 것이다. 여기에는 물·공기·대지와 같은 존재자가 자연과학적인 '무기물'의 차원에만 머물러 있으면서 하나의 수단이 된다는 삭막한 논지밖에 없다. 저들 존재자들이 인간을 비롯한 모든 생명체들에게 은혜를 베푸는, 이타적인, 필수불가결하고 절대적인 존재자의 위상을 갖는 측면이 전혀 없다.

칸트에 의하면, 우리가 자연을 하나의 목적론적 체계로 볼 때, 이러한 체계가 가능하기 위해 필요한 자연의 최종 목적은 바로 인간이라고 한다. "이성의 원칙에 따르자면 이 지상에서는 인간이 자연의 최종 목적이고, 이 최종 목적과의 관계에서 그 밖의 모든 자연사물은 하나의 목적의 체계를 이루고 있다."108) 그러나 과연 "자연의 최종 목적은 바로 인간"인가? 이런 주장에는 칸트가 흔히 말하는 '독단적 형이상학'이 스며들어 있지 않은가. 칸트의 주장에는 자연의 독자성이나 이타적인 각별한 존재의 모습은 망각되어 있다. 인간은 오로지 자연 안에서, 자연에 의지하여 삶을 영위하다가 죽을 따름이다. 그래도 인간이 '자연의 최종 목적'인가?

  자연의 전체 식물들과 광물들, 나아가 동물들의 존재 목적이 무엇인가 하는 의문에 대해 칸트는 "'그것들은 인간의 오성이 그 모든 피조물에 관해서 가르치는 다양한 용도에 이바지하기 위한 것이다.'라고 답했다. 인간은 지상에서의 조화造化의 최후 목적인 것이다. 왜냐하면 인간은 스스로 목적의 개념들을 만들고, 또 그의 이성에 의해서 합목적적으로 형성된 사물들의 모임에 있어서 목적의 체계를 만들 수 있는 지구상의 유일한 존재이기 때문이다."109)

  과연 "인간은 지상에서의 조화의 최후 목적"인가? 그것은 희망사항이 될 수 있을지는 몰라도 단언할 수는 없는 사항이다. 또 칸트는 인간더러 "목적의 체계를 만들 수 있는 지구상의 유일한 존재"라고 했는데, 그러나 자연은 인간이 만든 '목적의 체계'에 따라 목적론적 행위를 하는 것이 아니다. 오히려 반대로⑴ 자연의 자율적인 목적론적 행위를 목격한 인간이 그에 따라 체계를 만들어 내었을 뿐이다. 더욱이 자연은 이런 인간이 만든 체계에 결코 의존하지 않는다!

---

108) I. Kant, *Kritik der Urteilskraft*, §83("자연목적체계로서의 자연의 최종 목적에 관하여") 참조.
109) 최재희, 『칸트의 생애와 철학』, 164쪽.

이리하여 우리는 아리스토텔레스에게서 발원하고 칸트에게서 꽃을 피운 '목적론적 세계관'이 수단과 목적의 종속관계, 인간중심주의로 점철된, 실로 조야하고 세속적인 것임을 확인하게 된다. 여기에는 일월성신과 대지 및 물과 공기 등 자연의 절대적이고 필수불가결한, 이타적이고 절대적인 존재위상이 전혀 없다. 또한 제 스스로 자신을 펼치고 오므리며 인간을 비롯한 모든 생명체에게 삶을 부여하는 고대 그리스의 자연(physis) 개념도 망각되어 있을 따름이다.

7. 하이데거에게서 피지스 개념의 복권과 사물의 존재[110]

1) 근대의 '자연'에서 원초적 피지스에로

'계몽'이란 미명 아래 전개된 근대이념은 자연의 유기체성과 초자연성[111] 마저 빼앗아 가 버렸다. 그러나 자연의 '무엇임'(Washeit)을 이성으로 다 규명할 수는 없는 노릇이다.[112] 근대의 '세계'는 그래서 적나라한

---

110) 이 제7절은 『철학탐구』 제46집(중앙철학연구소, 2017)에 발표한 논문 「하이데거에게서 피지스 개념의 복권과 사물의 존재에 대한 탈근대적 접근」을 수정 보완한 것이다.
111) '초자연'의 개념은 엘리아데(M. Eliade)의 '초하늘' 개념으로부터도 자연스레 이해할 수 있다. 그는 우리에게 친근한 '하늘'로부터 무한의 개념을 이끌어 내는데, 과학자도 부인할 수 없을 정도로 명백하다. 하늘은 초하늘이 될 수밖에 없는데, 그것은 우선 자연과학도 천문학도 그 높이조차 잴 수 없기 때문이다. 하늘이 동시에 초하늘이 되는, 그래서 하늘이 절대성을 갖는 것은 결코 어떤 관념론적 이론에 의해서가 아니라, 그야말로 하늘 그 자체에 내포된 신비와 위력 때문인 것이다. 이러한 하늘을 엘리아데는 다음과 같이 밝힌다. "하늘은 그 자체를 무한하고 초월적인 존재로서 보여 주고 있다. 그것은 인간과 그의 환경에 의해 표현되는 자질구레한 것들과는 탁월한 의미에서 '전적으로 다르다.' 무한한 높이를 단순히 지각하는 것만으로도 초월성이 계시된다. '가장 높은 것'은 저절로 神性의 속성이 된다."(M. 엘리아데, 이동하 역, 『聖과 俗』, 학민사, 1996, 104~105쪽)
112) 윤평중 교수는 근대성의 기본이념을 드러내는 계몽사상의 특징을 "이성의 능력에

'연장적 실체'(res extensa)일 따름이다. 슈미트(Gerhart Schmidt)가 적절하게 지적하였듯이, 근대의 세계 개념은 "영혼이 없고 냉정하며 계산되어지는 것이다. 데카르트의 세계(le monde)에서는 '모든 것이 연장적인 것'(alles Ausgedehnte)일 따름이다."113)

철학사는 어떤 혁명적 전환을 '코페르니쿠스적 전회'(Kopernikanische Wende: 칸트)라는, 무척 긍정적인 의미로 사용하고 있지만, 여기에는 자연의 살아 생동하는 유기체성이나 본래적인 생리 개념이 함몰되어 있다는 점을 결코 간과해서는 안 된다. 코페르니쿠스의 지동설에서 지구는 결코 우주의 중심이 아니며, 태양을 중심으로 회전하는 여러 행성들 중의 하나일 따름이다. 그 뿐인가. 여기서는 자연계를 유기체로 여기는 모든 기존의 이론들이 붕괴되어 버리고 만다.114) 고대 그리스특히 플라톤의 『티마이오스』의 코스모스와는 전적으로 다르게, 근대의 세계와 자연은 그저 물질로 구성되어 있고 동일한 자연법칙의 지배를 받을 따름이다. 코스모스 내에서의 질적 변화를 가져오는 생성소멸의 운동이나 생기론生氣論적 에너지는 그래서 그저 양적 변화를 가져오는 기계론적 역학과 그 에너지로 대체되고 만다.

후설은 이러한 자연관의 변화를 '자연의 수학화'라는 개념으로 규정하여, 자연현상 자체가 (그 본래성을 박탈당하고) 계산과 계측으로 대체되는 수학적 방법론의 범주에서 이념화되고 추상화되고 만다고 경고하면서 그 위기와 폐단을 그의 『위기』(Krisis)에서 비중 있게 다루고

대한 믿음", "자연관의 변화", "진보의 敎義"의 셋으로 보았는데, 근대계몽사상의 특징을 잘 드러낸 분석으로 보인다.(윤평중, 『푸코와 하버마스를 넘어서』, 교보문고, 2005, 26~29쪽 참조)
113) G. Schmidt, *Platon*, 131쪽. 데카르트에게서는 '세계' 자체도 '연장적인 것'일 따름이다.
114) R. G. Collingwood, *The Idea of Nature* (Oxford Univ. Press: London, 1960), 67쪽 참조.

있다.[115] 과연 근대사유에서는 자연현상과 자연법칙이 수학적 언어로 규정되어 있으며, 자연 가운데서도 양적으로 계산될 수 있는 것만이 실재하는 것으로 받아들여진다. 이런 자연관에 따르면 자연은 그저 물체에 불과하고, 또 물체의 단순한 운동으로 이루어진 거대한 기계에 불과할 따름이다.

하이데거는 저 근대의 스캔들을 거슬러 올라가서 망각되고 파괴되기 이전의 본래적인 피지스의 세계로 귀향한다. 물론 하이데거의 사유에서 본래의 피지스 개념이 전적으로 회복되었는지는 섣불리 단정할 수 없지만, 그는 주저하지 않고 귀향을 감행하였다.

2) 피지스 개념의 복권

주지하다시피 고대 그리스에서 서구의 철학이 탄생하게 된 데에는 그럴 만한 이유가 있었다. 그들은 무엇보다도 피지스의 세계와 존재자가 존재한다는 사실, 나아가 이런 존재자들이 이렇게 혹은 저렇게(다르게가 아니라) 존재한다는 사실에 대하여 경이감에 사로잡혔던 것이다. 플라톤과 아리스토텔레스를 비롯한 수다한 철학자들도 철학의 탄생이 경이로부터라고 비롯되었다고 말한다.[116] 하이데거도 저 고대 그리스인들과 유사하게 "모든 경이 중의 경이는 존재자가 존재한다는 것이다"[117]라고 하였다.

---

115) 에드문트 후설, 이종훈 옮김, 『유럽학문의 위기와 섬험적 현상학』(이론과 실천, 1993), §8~§10 참조.

116) Ritter Joachim (Hrg.), *Historisches Wörterbuch der Philosophie* (Schwabe: Basel / Stuttgart, 1984), "Staunen"(경이) 참조.

117) M. Heidegger, *Wegmarken* (1967; Klostermann: Frankfurt a.M., 1978), 305쪽. 원문은 다음과 같다. "……das Wunder aller Wunder: daß seiendes ist."

아름다운 질서로 구성되어 있는—혼돈(Chaos)이 아닌— 코스모스(κόσμος)는 그 자체로 경이감을 불러일으킨다. 우리가 이 코스모스의 내부에 거주하며 살고 있는 것에서, 우리 위의 하늘과 호흡하는 공기며 태양과 별들에게서, 수많은 초록의 숲들에게서, 또 우리를 떠받쳐 주는 땅과 우리 아래에 있는 대양에서도 우리는 늘 경이를 경험할 수 있다. 물론 코스모스로부터 그 존재의미를 읽어 내지 못하는 이에게는 이런 말들이 거의 무의미하게 여겨질 것이다.

초기 고대 그리스의 철인들은 이런 경이로운 세계를 아우르고 지배하는 총체적인 것, 만물을 아우르는 궁극적 하나(Hen), 다변성 속에서 통일성과 질서를 가져오는 '원초적 근원'(arche)을 찾아 나섰고, 그것을 피지스(φύσις)라고 이름 지었다. 이런 이름을 부여한 고대 그리스의 철인들 즉 피지올로고이(physiologoi)는 곧 '피지스를 언표하는 자들'이기에, 결코 이들을 현실을 등진 형이상학자나, 이와 극단적으로 반대인 자연과학적 의미의 '자연철학자'로 곡해해서는 안 된다.[118] 특히 헤라클레이토스는 만물을 주재하는 존재를 피지스라고 함으로써[119] 철인들 가운데서 처음으로 피지스를 철학의 중심 테마로 삼았다. 그러나 피지스는 — 헤라클레이토스가 『단편』 123에서 "스스로 은폐하기를 좋아한다"[120]라고 천명하듯— 밖으로 자신의 본질을 드러내지 않는다. 헤라클레이토스에 의하면 이 피지스야말로 철학함의 근본과제로서,

---

118) K.-H. Volkmann-Schluck, *Die Philosophie der Vorsokratiker* (Königshausen & Neumann: Würzburg, 1992), 15쪽 참조.

119) 『단편』(nach Hermann Diels), 8 · 10 · 16 · 30~31 · 53~54 · 60 · 64 · 66~67 · 84 · 90 · 94 · 103 · 112 · 123 참조. 특히 하이데거는 헤라클레이토스의 피지스 철학을 받아들여 왜곡되고 곡해된 근대의 자연 개념을 수정하는데 많은 노력을 기울였다.

120) Diels, Hermann, *Die Fragmente der Vorsokratiker* (Rowohlts Klassiker: Hamburg, 1957), "Herakleitos aus Ephesos" 참조.

지혜란 곧 피지스에 따라(kata physin: 피지스를 경청하면서) 진리를 말하고 실행하는 데에 있다.[121]

고대 그리스에서 '피지스를 언표하는 자들'의 피지스는 그러나 오늘날 우리가 이해하고 있는 자연 개념 즉 가시적 존재자의 영역을 지칭하는 '자연'(natura, Natur, nature)이 아니라, 오히려 이들의 생성과 유지, 변화와 소멸을 지배하는 원리이면서 스스로 자율적인 존재위상을 갖는 것이다. 피지스는 인간에 의존하지 않고 제 스스로 자신을 펼치고 오므리는 존재방식을 취하고 있다. 하이데거는 그의 『존재와 시간』에서 원초적 의미의 자연 즉 피지스를 현전하는 사물들이나 '자연의 힘'(Naturmacht), 환경세계(주변세계: Umwelt) 등과 혼동하지 말 것을 당부하고 있다.

> 자연은 단지 눈앞에 현전하는 것으로 이해되어서는 안 되며 자연의 힘으로 이해되어서도 안 된다. 숲은 삼림이며, 산은 채석장이고, 강은 수력이며, 바람은 돛단배를 항해케 하는 바람인 것이다. 발견된 '환경세계'와 더불어 그렇게 발견된 '자연'도 만난다.…… 그러나 이러한 자연 발견에는 '살아 생동하고'(webt und strebt) 우리를 엄습하는, 우리를 풍경으로서 사로잡는, 그러한 것으로서의 자연은 은폐된 채 남아 있다.[122]

여기서 은폐되어 있지만 '살아 생동하는' 자연이 바로 피지스인 것이다.

폴크만-슐룩(K. H. Volkmann-Schluck)이 잘 지적하듯 "피지스는 피어오름

---

121) 『단편』(nach Hermann Diels), 112 참조. K. Held에 의하면 헤겔과 니체 및 하이데거는 헤라클레이토스의 사유에서 각자 고유한 것을 발견했다고 한다. 헤겔은 로고스와 변증법을, 니체는 '영원한 생성'과 영원회귀의 사상을, 하이데거는 피지스의 사유를 물려받았다는 것인데, 이런 지적은 온당한 것으로 보인다.(K. Held, *Treffpunkt Platon*, Reclam: Stuttgart, 1990, 30~43쪽 참조)

122) M. Heidegger, *Sein und Zeit*, 70쪽.

이고, 떠오름·성장함·터져 나옴이며, 마치 꽃의 봉오리가 터지듯 또한 꽃이 피어남으로 인해 발현하듯 '스스로의 엶'(Sich-Öffnen)이다. 피지스는 발현하는 드러냄이며, 그런 의미에서 성장이다."123) 피지스는 스스로 피어오르고, 스스로 자신을 펼치며 성장·쇠퇴하고, 떠오르고 스스로 열면서 드러내 보이고 또 은폐한다. 이런 스스로 펼치고 발현하면서 드러내 보임을, '스스로 그러함'124)을 그리스인들은 피지스의 본질로 본 것이다.125)

고대 그리스 철학은 피지스를 존재 전체에 대한 근본경험으로 체득했던 것이다. 물론 피지스의 본질은 —헤라클레이토스의 "자연은 스스로 은폐하기를 좋아한다"라는 말이 시사하듯— 비가시적 부분도 갖고 있기에 자신을 은폐하면서 드러내는 것이다. 그렇기에 피지스의 개현은 그저 자명한 것이 아니라, 그것에 귀를 기울이려는 겸허한 태도를 가진 이들에게만 자신의 찬란한 모습을 드러낸다.

고대 그리스인들의 세계에 이러한 피지스는 '경이'(Thaumazein)라는 근본 기분 속에서 생생한 모습으로 다가왔다. 그들은 온 코스모스를 '경이'라는 근본 기분 속에서 자신의 찬란한 자태를 스스로 드러내는 피지스로서 경험했던 것이다. 이런 피지스적 세계관에서 존재자들은 결코 인간의 지배대상이나 정복대상이 되는 것이 아니라, 독자적인 존재위상을 갖고 있으면서 스스로 자신의 본질적인 가능성을 실현해 나갈 뿐만 아니라 자신의 진리 즉 '비은폐성'(A-letheia: 하이데거의 진리 개념)을 드러내게 된다.

---

123) K.-H. Volkmann-Schluck, *Die Philosophie der Vorsokratiker*, 15쪽.
124) 이 '스스로 그러함'은 노자와 장자의 自然 개념과도 유사한 측면을 갖고 있다.
125) K.H. Volkmann-Schluck, *Die Philosophie der Vorsokratiker*, 27쪽 참조.

코스모스는 영혼을 가진 유기체이고, 일월성신은 다름 아닌 신들이다. 고대 그리스인들은 이런 존재자들이 존재하는 것에 경이의 체험을 했던 것이다. 그런데 성혈고인돌을 건립한 선사시대의 사람들은 여기서 한 걸음 더 나아가, 이런 일월성신은 바로 땅위의 우리 인간들과 유관한 존재자라고, 우리와 유대관계를 갖고 우리를 보살피며 수호하는 자연적-초자연적 초월자라고까지 생각하게 되었다. 일월남북두日月南北斗는 경이의 차원을 넘어, 단순하게 하늘에서 존재하고 있는 것의 차원을 넘어, 세계와 인간에 대한 보살핌과 수호를 맡은 초인간적 존재자로 받아들여지게 된 것이다.

고대 그리스에서 꽃피었던, 그러나 중세 이후로 망각되어 버린 피지스의 개념은 하이데거의 사유에서 되살아난다. 고대 그리스의 피지스 개념은 결코 오늘날 우리가 흔히 사용하는 자연, 즉 산이나 강, 바다 등과 같이 우리의 눈에 들어오는 굵직한 물질이나 '연장적 실체'가 아니었다. 그러나 근대는 자연을 '연장적 실체'나 물질로만 바라보았고, 이러한 자연관은 오늘날 더욱 저속화되어 결국 자연을 인간의 부富와 향유문화를 위한 도구로까지 전락시키고 말았다. 현대의 과학기술문명은 자연에 '도발적 요청'(Herausfordern)[126]을 하여, 에너지를 비롯해 각종 부의 재료가 되는 것을 내놓으라고 강요하는 등 도발적으로 몰아세우고 있다. 현대의 과학기술문명이 자연을 그처럼 닦달하고 몰아세워서 탈은폐(Entbergung)시키는 바로 그곳에 '최고의 위험'이 도사리고 있다고 하이데거는 지적한다.[127]

고대 그리스에서 생생하게 살아 있던 피지스의 경험은 근대를 거쳐

---

126) M. Heidegger, *Vorträge und Aufsätze*, 18쪽.
127) M. Heidegger, *Vorträge und Aufsätze*, 20・24・27・30쪽 참조.

현대로 오면서 어느덧 망각되고 말았다. 피지스의 경험이 망각된, 오직 존재자와 대상으로서의 사물만으로 의미를 갖는 과학기술문명에서의 본질적인 문제는, 사람들이 세계와 자연의 근원적인 모습을 볼 수 있는 능력을 상실해 버리게 되었다는 데 있다. 존재자는 오직 피지스로서의 세계에서만 인간에 의해 왜곡되지 않고 자신의 고유한 모습과 자태를 드러낼 수 있다. 그렇기에 피지스에 대한 망각은 결과적으로 존재자들의 고유한 모습에 대한 상실과도 궤를 함께할 수밖에 없다.

과학기술문명에서 인간의 위치는 이제 재료나 부품을 주문하는 주문자로, 급기야는 인간 자신마저도 한낱 부품으로 전락하고 만다.[128] 그런데 이런 극단적인 위험에 처해 있는데도 불구하고, 또 주객이 전도된 처지에 있음에도 불구하고 인간은 자신이 "지구의 주인이라는 모양새"(die Gestalt des Herrn der Erde)[129]를 갖고 있다고 뽐내고 있을 뿐이다. 근대에서부터 발원되고 신격화된 인간주체중심주의가 얼마나 초라한지 역력하게 드러난 것이다. 하이데거는 이러한 인간의 오만과 어리석음을 꾸짖고 있다.

근대의 인간은 자연의 고유성과 능동성 및 생동성을 묵살하고 그 수동성과 불활성을 내세워 이용하고 불구화하며 정복하는 태도를 취하였다. 근대는 살아 있는 자연의 자기전개—이를 우리는 피지스의 행위라고 규정하고자 한다—와 스스로 배태하고 있는 초자연성을 읽지 못했던 것이다. 실로 인간은 자연 외에 거처할 시공이 없으며, 여기서 거하다가

---

128) M. Heidegger, *Vorträge und Aufsätze*, 30쪽 참조.
129) M. Heidegger, *Vorträge und Aufsätze*, 30쪽. 하이데거의 주체중심주의 비판은 니체 및 후설과 거리를 두게 하고 동시에 탈근대 즉 포스트모더니즘에도 많은 영향을 미쳤다.

죽을 따름이다. 그는 자신에게 요람과 무덤이 되는 피지스를 쥐락펴락할 권한이 없다.(권한이 있다고 떠들어 댄다면 자신에게 화만 미친다.) 하이데거는 근대에서 이토록 불구화되고 무장해제되어 버린 자연의 본래적 모습인 피지스를 구출해 낸다.

피지스가 인간에서 독립하여 제 스스로 펼치고 오므리는 역할을 하기에, 하이데거는 우선 그것을 포이에지스(poiesis)와 관련짓는다. 포이에지스는 무언가를 산출해 내는 행위를 말한다. 하이데거는 플라톤이 『향연』(205b)에서 규정한 포이에지스 개념을 그대로 받아들이는데, 그 개념정의는 다음과 같다. "현존하지 않는 것에서부터 현존에로 나아가게 하고 넘어가게 하는 모든 동기유발(Veranlassung)은 포이에지스, 즉 밖으로 끌어내어 – 앞에 – 내어 놓음(Her-vor-bringen)이다."130) 이와 같이 스스로 산출해 내는 능력을 가진 포이에지스를 근간으로 하여 하이데거는 피지스 개념을 다음과 같이 규정한다.

> 피지스 또한 자기 스스로에 의해서(von-sich-her) 솟아오름(피어오름)으로서 포이에지스, 즉 밖으로 끌어내어 – 앞에 – 내어 놓음(Her-vor-bringen)이다. 피지스는 한 걸음 더 나아가 가장 높은 의미의 포이에지스이다. 왜냐하면 피제이(φύσει: 자연적 양상으로)로 현존하는 것은 밖으로 끌어내어 – 앞에 – 내어 놓는 돌출의 힘을 자기 안에 갖기 때문이다. 이를테면 꽃은 자기 스스로의 힘으로 만발한다.131)

하이데거는 그의 주저로 알려진 『존재와 시간』을 출간하고 난 뒤에 본격적으로 피지스의 사유를 철학적 중심테마로 삼는데,132) 피지스에

---

130) M. Heidegger, *Vorträge und Aufsätze*, 15쪽.
131) M. Heidegger, *Vorträge und Aufsätze*, 15쪽.
132) R. Maurer는 하이데거가 찾은 이 새로운 길을 '피지스의 형이상학'이라 명명한다. (*Heideggers Metaphysik der Physis*, 142 이하 참조)

관한 테마는 그의 후기 사유에서 큰 비중을 차지하고 있다. 『형이상학 입문』(Einführung in die Metaphysik)에서 피지스의 개념을 집중적으로 조명하였으며, 또 1939년의 논문인 「피지스의 본질과 개념에 관하여」에서도 철학사가 곡해하고 망각해 버린 피지스의 개념을 부각시키고 이를 존재 개념과 관련짓는다.

피지스의 본질은 통속적 의미의 '자연'과는 전혀 다른, 철저하게 존재자와 차이를 드러내는, 즉 "존재론적 차이"(ontologische Differenz)를 스스로 밝히는 것임을 하이데거는 강조한다. 그의 사유에서 '존재'가 '존재자'의 존재방식과 철저하게 차이를 드러내듯, 그렇게 시원적 피지스는 왜곡된 '자연'과 차원을 달리하는 것이다. 피지스는 고대 그리스 이후의 철학사에서 오늘에 이르기까지 '자연'(라틴어 natura, 독일어 Natur, 영어 nature)으로 오해되기 이전의 용어이다. 하이데거는 아리스토텔레스의 피지스 개념을 분석하면서 이 개념이 후세의 '자연'과 다름을 지적했다.[133]

하이데거에게서 피지스는 단순한 '존재자'나 물질, '연장적 실체' 등과는 '존재론적 차이'를 드러내어 '존재'에 상응한다. 어원적으로도 피지스의 개념이 단순한 존재자가 아니라 존재 개념과 가족유사성을 갖는다고 그는 밝히고 있다. 말하자면 'Sein'이란 단어 속에는, 그 어근이 'bhu'인 physis와, 또한 'fui'로서 존재를 의미하는 'bin'이 동시에 파악된다는 것이다.[134] 그리하여 "존재는 피지스로서 현성한다(west)"[135]는 것이다. 이처럼 하이데거의 존재 개념은 피지스와 마찬가지로 '근원적

133) M. Heidegger, "Vom Wesen und Begriff der Physis……", in *Wegmarken*, 237~299 참조. 또한 *Einführung in die Metaphysik*, 47 참조.
134) M. Heidegger, *Einführung in die Metaphysik*, 40 이하 및 54 참조.
135) M. Heidegger, *Einführung in die Metaphysik*, 77.

생기'(Grundgeschehnis)의 의미를 갖고 있다.136)

그래서 하이데거는 존재의 본질을 피지스와 같이 "스스로 펼치고 발현하며, 비은폐에로 드러냄 — 피지스"137)로 규정한다. "존재는 그리스인들에게 피지스로서 드러난다."138) 말하자면 고대 그리스인들은 피지스로써 존재경험을 했던 것이다. 존재는 그렇기에 시원적 의미의 피지스로서 스스로 은폐하면서 탈은폐한다(entbergen).139)

하이데거는 그의 후기 사유에서 물질주의와 실증주의 및 '연장적 실체'와 존재자 중심의 형이상학과 기술공학을 날카롭게 비판한다.140) 본래적 피지스 개념이 망각되고 그 대신 존재자 중심의 자연과학과 과학기술문명이 만개하게 된 것은 오늘날의 전 세계적 현상(고향상실)이다. 그럴수록 본래적 피지스는 자신의 모습을 감춘다. "아마도 자연(피지스)은 인간에 의한 기술적인 점령 가운데서는 자신의 본질을 은폐할 것이다."141) 하이데거에 의하면, 인간의 존재자 숭배와 과학기술에 의한 자연점령은 근원을 상실한 반자연적 행위로, 결국 이것은 부메랑 현상을 일으켜 인간의 자기소외와 '고향상실'(Heimatlosigkeit)을 가속화시키게 된다.

피지스는 인간에 독립하여 '자기 스스로 자신을 펼쳐 보이고 접음', 자기 스스로의 발생 · 발산 · 나타냄 · 야기함, 자기 스스로 생산해 냄(das Sich-selbst-Herstellen), 비은폐성에로 드러남, 자기 스스로 일어남, '자기 스스로

---

136) M. Heidegger, *Einführung in die Metaphysik*, 153 참조.

137) M. Heidegger, *Einführung in die Metaphysik*, 153.

138) M. Heidegger, *Einführung in die Metaphysik*, 76.

139) M. Heidegger, *Wegmarken*, 299 참조.

140) Kah Kyung Cho, *Bewusstsein und Natursein* (Alber: Freiburg / München, 1987), 53 참조. R. Maurer, *Heideggers Metaphysik der Physis*, 143 참조.

141) M. Heidegger, *Wegmarken*, 334.

발현함'(das von sich aus Aufgehende)142)이다. 이런 용어들을 압축하여 하이데거는 "자기 스스로 발현하는 것(das Von-sich-her-Aufgehende)과 자기 스스로 현존하는 것(das Von-sich-her-Anwesende)의 존재를 피지스"143)라고 규정한다.

피지스가 자기 스스로 발현하면서 주재한다는 것과 이러한 피지스가 곧 존재 자체라는 하이데거의 규정은, 그러나 결코 까다로운 이론적 개념정의가 아니라 우리 주변에서 쉽고 명료하게 포착할 수 있는 사항이다.

> 발현함으로서의 피지스를 우리는 예를 들면 하늘의 운행과정들에서 (태양의 떠오름), 바다의 파도에서, 식물들의 성장에서, 인간과 동물의 태내胎內에서의 출현함에서 등등 도처에서 경험할 수 있다. 그러나 발현하면서 주재하는 피지스는 오늘날 우리가 아직 '자연'(Natur)이라고 여기는 범례들과는 다른 뜻이다. 이 발현함이며 '자기 내부에서와-자기 자신에서-밖으로 드러냄'(In-sich-aus-sich-Hinausstehen)은(즉 피지스는) 무엇보다 우리가 존재자에게서 관찰하는 그러한 한 범례로 받아들여져서는 안 된다. 피지스는 존재 자체이다. 그의 힘에 의해 존재자는 드디어 관찰되고 또 거처한다.144)

이런 피지스의 개념은 우리가 탐구하고 있는 일월성신의 세계와 하늘과 땅에서 전혀 왜곡되거나 훼손되지 않은 채 그대로 밝혀진다. 그것은 일월성신의 세계가 형이상학이나 기술공학에 의해 궁극적으로 점령될 수 없는 신비의 영역을 갖고 있을 뿐만 아니라 원초적 피지스의 생생하게 개현된 모습을 갖고 있기 때문이다.

---

142) M. Heidegger, *Einführung in die Metaphysik*, 16.
143) M. Heidegger, *Der Satz vom Grund*, 111.
144) M. Heidegger, *Einführung in die Metaphysik*, 11.

3) 사물과 사방세계 및 이타적 존재자들

고대 그리스에서 존재와 진리를 맨 처음 철학적 사유의 중심 문제로 삼은 철인은 파르메니데스(Parmenides)이다. 그의 단편에는 존재사유가 무엇인지에 대한 이정표가 잘 나와 있다. 하이데거는 '소크라테스 이전의 철인들', 즉 시원적 사유를 감행한 시적인 철인들에서 존재사유가 살아 있음을 목격하였다. 그리고 하이데거는 그의 사유의 시작에서 끝까지 존재 문제를 중심 테마로 삼았다. 하이데거에 의하면 안타깝게도 저들 '소크라테스 이전의 철인들'에게 생생하게 살아 있던 존재사유는 철학사가 흘러가면서 망각되어 갔고(존재망각: Seinsvergessenheit), 그 자리에 형이상학이 자리를 잡았다고 한다.

하이데거가 인용한 파르메니데스의 단편 제8장의 일부분은 다음과 같다.

사유하는 것과 그것(존재자의 존재) 때문에 사유가 있는 바의 그것(존재자의 존재)은 같은 것이다. 왜냐하면 그것 안에서 말해진 존재자의 존재 없이는 결코 사유를 접할 수 없기 때문이다.[145]

하이데거는 이 파르메니데스의 단편을 『강연과 논문』(Vorträge und Aufsätze)에서 자세하게 다루었는데, 특히 「사유란 무엇을 말하는가」라는 강연과 「모이라」라는 논문에서 중점적으로 파르메니데스의 존재론을 해명하고 있다. 파르메니데스의 이 단편은 존재자의 존재 없이는 사유조차 발견할 수 없다는 메시지가 담겨 있다. 사유는 자신의 본질을 존재자의

---

145) Parmenides, *Fragmente* Ⅷ (H. Diels의 분류); M. Heidegger, *Vorträge und Aufsätze*, 135쪽.
   인용문에 있는 중요한 마지막 문장의 원문은 다음과 같다.
   "οὐ γὰρ ἄνευ τοῦ ἐόντος, ἐν ᾧ πεφατισμένον ἐστίν, εὑρήσεις τὸ νοεῖν."

존재로부터 받고 있다는 것을 명확하게 알 수 있다.[146)

실로 우리는 파르메니데스의 단편을 통하여 하이데거가 서구철학사의 '존재망각' 내지 '존재상실'을 그토록 개탄했던 까닭을 이해할 수 있다. 그런데 "사유가 자신의 본질을 존재자의 존재로부터 받고 있다는 것"은 무슨 뜻일까? 이 물음에 대한 답변이야말로 우리의 철학사가 존재망각에 빠진 것, 근대에서 후설에 이르기까지 주체중심주의로 빠진 것, 자연과 사물에 대한 존재위상을 망각한 것 등에 대한 비판에 정당성을 부여할 수 있게 될 것이다. 그런데 그 답변은 결코 어렵지 않다.

사유란 항상 '무엇무엇에 관한 사유'(ti kata tinos)라는 구조를 갖고 있으며, 후설 현상학에서의 의식 또한 항상 '무엇무엇에 관한 의식'(Bewußtsein über etwas)이라는 구조를 갖는다. 이때 '무엇'의 존재가 없다면 사유도 의식도 불가능하게 된다. 우리가 만약 태양에 관한 사유를 하려고 한다고 해도, 태양이라는 존재자가 없다면(존재하지 않는다면) 태양에 관한 사유가 무의미할 뿐만 아니라 태양에 관한 사유 자체가 불가능한 것이다. 더 나아가 친구나 연인에 대한 사유, 대지와 초목에 대한 사유, 등대에 대한 사유, '큰 바위 얼굴'에 대한 사유, '마지막 잎새'에 대한 사유 등도 마찬가지이고, 일월성신과 하늘 및 대지에 대한 사유, 사수도나 사신도에 관한 사유도 마찬가지이다. 그럼에도 우리의 철학사는 존재자의 존재에 대해서는 깡그리 무시하고, 그 대신 사유하는 주체에다 모든 중량을 실었다. 이처럼 주체가 마음대로(경우에 따라서는

---

146) 파르메니데스의 존재사유에 대한 하이데거의 이러한 파악은 소위 '시원적 사유'(das anfängliche Denken)에서 본래의 존재 개념이 살아 생동하고 있었으며, 또 그 이후의 철학사에서 '존재망각' 현상이 일어났다는 그의 주장을 정당화시켜 준다.

자의적으로) 구성하는 것(칸트에게서는 Konstruktion, 후설에게서는 Konstitution)에
만 중량을 쏟은 결과, 사물도 자연도 존재자의 존재도 모두 대상화되어
마냥 주체의 횡포에 끌려와 있을 따름이다. 존재자의 존재는 그러나
최소한의 사유를 위해서도 절대적으로, 필수불가결하게, 기본 중의
기본으로 전제되어야 한다.

하이데거는 「사물」(Das Ding)이라는 논문에서 우선 전통철학(특히 근대
인식론)으로부터 '대상'(Gegen-stand)으로 오해된 사물을 구해 낸다. '대상'
이라는 용어는 인식하고 판단하는 주체에 '마주-서-있는 것'이라는
의미를 갖고 있다. 만약 사물이 그처럼 '마주-서-있는 것'이 아니거나
표상되지(Vor-stellen: 생각하는 인간 주체가 앞에 세우다) 않는다면, 말하자면
인간의 의식이나 인식에 의해 수동적인 자세의 대상이 되지 못한다면,
그 자체로는 아무런 존재의미도 못 갖는다는 것이다. 이런 '대상'의
의미로써는 결코 사물로서의 사물에 이르지 못한다고 하이데거는
역설한다.

> 사물의 사물적임은 그것이 표상된 대상이라는 사실에 기인하는 것도 아니고,
> 도무지 대상의 대상성으로부터 규정될 수도 없는 것이다.…… 결코 대상과 자립하
> 는 것의 대상성으로부터는 사물의 사물적인 것에로 나아가는 길은 없다.[147]

하이데거에게서는 주체가 사물을 대상으로 자기 앞에 세우는 그런
방식은 허용되지 않는다. 앞에서도 밝혔듯이 피지스에 관한 것이건
대상에 관한 것이건 주체의 일방적이고 절대적인 전권은 하이데거에
게서 설 자리가 없다. 근대적 사유와 후설의 현상학에서처럼 주체가

---

147) M. Heidegger, *Vorträge und Aufsätze*, 159쪽.

일방적이고 절대적인 권력을 앞세워 대상이나 자연을 임의대로 구성하는 오만과 만용은 허용되지 않는 것이다.

노자와 장자에게서와 마찬가지로 하이데거에게서도 주체의 작위는 결코 환영받지 못한다. 하이데거는 자주 실레지우스의 '장미'를 예로 들며 제 스스로 자신을 펼치는 존재자를 우리에게 알려 준다. "존재자가 자신을 열어 보이면서(aufgehen) 우리에게 다가오기에(angehen)" 근원적인 존재 이해의 장이 열리는 것이다.

하이데거의 전기 사유에서는 주체의 의식이 강조되는 후설 현상학의 영향이 다분히 존재하지만, 그럼에도 불구하고 그는 인간을 세계(자연, 대상, 사물)를 구성하는 순수의식으로 보지 않았다. '현존재'에는 현상학의 잔재가 남아 있고, 이 현존재의 '개시성'은 지향적 성격을 갖고 있다고 볼 수 있다. 그러나 이토록 후설 현상학의 영향력이 강력했던 때에도 하이데거는 인간을 인간 자신이 구성하거나 선택하지도 않은 세계에, 자신의 의지와 의식과도 아무런 상관이 없이, 그저 세계에 '던져진 존재'(Geworfen-sein)[148]라고 규정했다. 세계(자연, 존재자, 사물)의 존재를 오직 주체의 의식에서만 풀어내는 후설의 경우와는 전적으로 달랐던 것이다.

하이데거의 후기 사유에서는 이제 더 이상 주체의 의식은 철학적 고려의 대상이 아니다. 자연과 사물에 접근하는 하이데거의 사유노정은 후설과 근대적 인식론과는 근본적으로 다르다. 그의 후기 사유에서는 ―『휴머니즘 서간』을 비롯한 그의 많은 후기 저술들이 도도하게 전하듯― 자연과 세계에 대한 인간 주체의 특권이 아무것도 주어지지 않는다. 이 주체에 대한 문제로 하이데거는 후설로부터 점점 더 멀어져

---

148) M. Heidegger, *Sein und Zeit*, §29, §38 참조.

갔으니,[149] 그의 사유는 어쩌면 서구의 오랜 인간주체중심주의와의 결별선언이라고 하는 것이 더 적합한 표현일 것이다.

「사물」(Das Ding), 「건축함, 거주함, 사유함」(Bauen Wohnen Denken) 같은 소논문들을 비롯한 하이데거의 수다한 저술들에는 인간의 사물 사이의 교감과 교호작용 및 상보의 원리(사귐, 나눔, 보살핌)가 드러나 있다. 의식의 화살을 사물에 꽂아 대거나 냉철한 인식론으로 사물을 평가·분석·판단하는 것과는 전혀 다른 차원이다. 서로 말을 건네고, 서로 윙크하며 서로 보살피고 서로 삶을 나누는 것이다.

하이데거는 사물(Ding)이라는 개념을 설명하기 위해서 고대 독일어 '딩크'(dinc)에로 방향을 돌린다. 딩크라는 말은 '어떻게든 존재하고 있는 모든 것'을 의미하는데, 하이데거는 마이스터 에크하르트(Meister Eckhart)가 신을 '최고최상의 딩크'라 칭하고 또 영혼을 '위대한 딩크'라고 칭한 것을 환기시키면서, '사물'이라는 개념을 '어떻게든 존재하고

---

149) K. Fischer, *Abschied* (Königshausen & Neumann: Würzburg, 1990), 제3장(Abschied von Husserl: 후설로부터의 결별) 참조.

하이데거는 그의 전기 사유에서부터 근대와 후설의 유산인 주체 중심의 사유에서 작별하였다고 볼 수 있다. 그는 전기 사유에서 '주체' 대신에 '현존재'라는 용어를 사용했는데, 여기에도 물론 주체적 성격이 들어 있다. 그러나 그럼에도 '현존재'는 결코 근대와 후설의 인식론적 현상학의 '주체'가 아니다. 후설은 1931년 그의 「현상학과 인간학」과 같은 논문을 통해 하이데거가 현상학적인 것을 인간학으로, 또 현상학의 자아를 현존재로 옮겨 썼다고 비판하지만(E. Husserl, Ed. and Trans. T. Sheehan and R. Palmer, *Psychological and Transcendental Phenomenology and the Confrontation with Heidegger(1927~1931)*, Dordrecht: Kluwer, 1997, 284쪽 참조), 하이데거는 결코 그의 존재사유를 인간학으로 규정하지 않았으며, 더더욱 '현존재'는 인식론적 자아가 아니라 자신의 존재를 이해하고 실존을 체득하는 존재자로 보았던 것이다. 후설은 하이데거의 인간 이해, 즉 인간은 단순한 존재자처럼 눈앞에 있는 것이 아니라 실존(해야)한다는 하이데거의 존재사유를 심각하게 받아들이지 않았다. 그런 존재론적 현상학이 오히려 경험적이고 현사실적인 인간의 삶을 잘 해명하는 것인데도 그것을 전적으로 무시했던 것이다.(이승종, 「크로스오버 하이데거」, 생각의 나무, 2010, 76~77쪽 참조. 이 이승종의 책 가운데 제1부 "후설에서 하이데거로"에는 후설과 하이데거의 광범위한 관계에 대해 잘 설명되어 있다.)

있는 어떤 것'이라고 규정한다.

서구의 인식론은 사물로서의 사물 자체가 아닌, 객관적 지각이나 이론적 인식을 통해 대상화된 사물이 비로소 우리에게 드러나며, 이렇게 대상화된 사물이 드러나고 나서야 이 사물과의 실천적인 관계가 가능하다고 여긴다. 그러나 주체가 사물을 대상화시켜 눈앞의 대상으로 지각하는 것이나, 이것을 이론적으로 인식하는 것은 우리가 사물과 관계하는 가장 근본적인 방식이 아니다. 그것은 주체의 지나치게 일방적인 방식으로, 우리와 독립해 있는 사물과 존재자에 대한 물음이 전혀 고려되지 않고 있으며 자신을 열어 보이면서(aufgehen) 우리에게 다가오는 존재자를 못 보고 있는 것이다.

하이데거는 「사물」(Das Ding)이라는 논문에서 사방의 존재자들뿐만 아니라 모든 사물들이 인간에 '마주-서-있는 것'으로서의 '대상'도 아니고 인간 주체 앞에 세워진 '표상'도 아니며 '연장적 실체'나 혼이 없는 물질도 아닌, 자신들의 자연성을 스스로 펼치는 그런 사방세계에서의 사물들을 언급한다.

이제 하이데거는 하늘과 땅, 신적인 것과 인간이 서로 비추고 "일체가 되는 현상이 일어나는 거울-놀이를 세계라고 칭한다."150) 이러한 세계는 만물이 거주하는 공간으로, 각각 하늘과 땅, 신적인 것과 인간 사이에 친교가 이루어지는 사방(das Geviert)으로 파악된다. 여기서 인간은 결코 주도자가 아니기에, 서구의 오랜 인간주체중심주의가 청산되어 있다. 하이데거는 이 사방세계에서 만물이 하나로 어우러져 서로 공속하는 존재진리의 장을 다음과 같이 밝힌다.

---

150) M. Heidegger, *Vorträge und Aufsätze*, 172쪽.

하지만 '이 땅 위에서'란 이미 '하늘 아래'를 의미한다. 이 양자는 '신적인 것들 앞에 머물러 있음'을 더불어 의미하며, '인간이 서로 상호 간에 귀속해 있음'을 포함한다. 근원적인 통일성으로부터 넷이, 즉 땅(Erde: 대지)과 하늘, 신적인 것들과 죽을 자들[151]이 하나로 귀속한다.[152]

이토록 사방이 서로 공속하고 유기적 관계를 가지며 하나로 어우러진 모습은 사물에서도 나타나는데, 하이데거는 샘물과 포도주 등의 예를 통해 '하늘과 땅의 결혼'이 머물러 있다고 한다.

샘은 선사된 물속에 머무르고 있다. 샘 속에는 돌멩이가 머무르고 또 대지의 어두운 잠이 함께하면서 하늘의 이슬과 비를 맞이하고 있다. (그러기에) 샘물 속에는 하늘과 땅의 결혼이 현존하고 있다. 그런데 이러한 하늘과 땅의 결혼은 포도주 속에도 체류하고 있다. 그것은 포도나무의 열매가 (만들어) 준 것이며, 이는 다시 대지의 토양분과 하늘의 태양이 서로 신뢰한 데서 이루어진 것이다. 그러기에 물의 선물에도 또 포도주의 선물에도 하늘과 땅이 체류하고 있다.[153]

신(들)과 초월자에게 드리는 이러한 헌주에는 땅과 하늘, 신적인 것들과 인간이 동시에 머문다고 한다.[154]

조화로운 코스모스를 사방 개념으로 읽는 것은 고대 그리스에서 이미 꽃피었던 것으로, 하늘 우라노스와 땅 가이아의 결혼(헤지오도스의 『신통기』)에 잘 드러나 있으며, 플라톤은 이를 존재론적으로 잘 풀이하고

---

151) 하이데거에게서 "죽을 자들"(die Sterblichen)이란, 죽음을 죽음으로 받아들이는 인간을 말한다. 인간은 다른 셋(하늘, 땅, 신적인 것들)에 비해 죽어야 하는 운명을 갖고 있다. 그러나 죽음이 하이데거의 사유에서 결코 부정적인 뜻만을 가진 것은 아니다.
152) 하이데거, 이기상·신상희·박찬국 옮김, 『강연과 논문』(Vorträge und Aufsätze; 이학사, 2008), 190쪽.
153) M. Heidegger, Vorträge und Aufsätze, 165쪽.
154) M. Heidegger, Vorträge und Aufsätze, 165~166쪽 참조.

있다. 플라톤에게서 코스모스는 "가장 완전하고 또 가장 아름다운 생명체"이며, 영혼을 갖고 있으면서 만물을 포괄하는 존재와 생성의 통일체이다.

이토록 놀라운 코스모스에는 이른바 '사방'이라는 하늘과 땅, 신들과 인간들의 공동체에 의한 유기적 활동이 전개되고 있다. 플라톤은 그의 대화록에서 옛 현자들의 코스모스에 대한 사유가 '사방'의 공동체에 의한 유기적 활동이었음을 강조한다.

> 오, 칼리클레스여, 옛 현자들은 그러나 주장하기로 하늘과 땅이며 신들과 인간들이 야말로 공동체에 의해 존립하는데, 말하자면 '사방'간 서로의 친밀과 어울림(상응)이 며 사려 깊음과 올바름을 통해서일세. 그러기에 친구여, 코스모스를 하나의 총체와 조화로운 것으로 고찰하고, 이것이 혼돈과 제멋대로의 망나니가 아님을 알게.[155]

플라톤과 하이데거의 사방세계는 동양철학에서 전승된 천·지·인의 삼재사상과도 유사한 측면을 갖고 있다. 천·지·인 삼재는 우주와 인간세계의 기본적인 구성 요소이면서 그 변화의 동인動因으로 작용하여 자연의 질서와 조화를 이루어 낸다.[156] 놀라운 것은 『훈민정음』의 중성 11자 또한 천(·), 지(ㅡ), 인(ㅣ)의 삼재사상에 따라서 상형되었다는 점이다. 이로써 우리의 언어에도 철학적 의미가 깊게 스며들어 있음을 알 수 있는 것이다.

그런데 저쪽 서구에서는 사방세계인데 우리에게는 삼방세계인 까닭은 무엇인가? 우리의 하늘 개념에는 서구와는 달리 물리적 하늘과

---

155) Platon, *Gorgias*, 508a; *Timaios*, 29a 이하 및 92c 참조.
156) 『한국민족문화대백과사전』에서는 삼재에 대해 "우주와 인간세계의 기본적인 구성 요소이면서 그 변화의 동인으로 작용하는 천·지·인을 일컫는 말"이라고 설명하고 있다.

인격적 · 신적인 하늘의 개념이 동시에 갖추어져 있기 때문이다. 우리에게서 하늘은 궁극적이고 초월적이며 신적이고 선한 인격적인 존재자로도 받아들여진다. 『규원사화』의 "하늘의 뜻을 체득하여 백성을 다스렸다"[157]거나 "언제나 하늘의 도대로 만물을 사랑해야 하는"[158] 행동원리는 칸트에게서 '규제적 원리'(Regulatives Prinzip)로 작동하는 양심보다도 더 자명한 척도를 제공해 준다. 또 『맹자』「진심장구盡心章句」의 "하늘을 우러러 보아 부끄러움이 없는" 군자의 태도나 "죽는 날까지 하늘을 우러러 한 점 부끄럼이 없기를" 바랐던 윤동주의 「서시序詩」도 하늘의 인격적 존재자의 성격을 잘 말해 주고 있다.

하이데거는 서로 독립하여 독자적 자연성을 펼치면서도 일체로서 사방세계에 속한 저들 존재자(하늘과 땅, 신적인 것과 인간)의 역할을 다음과 같이 설명한다.

대지는 건립하면서 토대를 이루는 것이고, 영양공급을 제공하면서 과실을 맺게 하는 것이며, 바다와 강이며 암석뿐만 아니라 온갖 식물과 동물들을 품고 있다. 만약 우리가 대지를 말한다면, 우리는 벌써 다른 세 영역을 '사방'의 일체(Einfalt)에서 함께 생각하는 것이다.

하늘은 태양이 지나는 길이며 달의 행로이고, 성좌의 광채가 빛나는 곳이며, 일 년의 계절들과, 낮의 빛과 어스름이며, 밤의 어둠과 밝음, 날씨의 호의와 황량함, 구름의 흐름, 파란 에테르의 심층인 것이다. 만약 우리가 하늘을 말한다면, 우리는 벌써 다른 세 영역을 '사방'의 일체(Einfalt)에서 함께 생각하는 것이다.

신적인 것은 신성의 윙크하는 사자使者인 것이다. 이 신성의 은폐된 섭리에서 신은 자기의 본질 가운데 현현하는데, 그는 그러나 현전하는 것(Anwesenden)과의 그 어떤 비교에서도 벗어나 있다. 만약 우리가 신적인 것을 칭한다면, 우리는

157) 북애, 고동영 옮김, 『규원사화』, 63쪽.
158) 북애, 고동영 옮김, 『규원사화』, 78쪽.

벌써 다른 세 영역을 '사방'의 일체(Einfalt)에서 함께 생각하는 것이다.

죽을 자는 인간이다. 인간은 죽을 수 있는 자이기 때문에 '죽을 자'로 칭해진다. 죽는다는 것은 죽음을 죽음으로 받아들일 줄 아는 것이다. 그러기에 오직 인간만이 죽는 것이다. 동물은 (죽지 않고) 그냥 삶을 마감한다. 동물은 결코 자기 앞에서도, 또 자기 뒤에서도 죽음을 죽음으로서 가질 수 없다. 죽음은 무無의 상자인바, 이 무는 그러나 어떠한 측면에서도 결코 적나라한 존재자[159]일 수는 없다. 더욱이 이 무는 동시에 존재 자체의 비밀로 현성하는(west) 것이다. 죽음은 무의 상자로서 자체 내에 존재의 현성하는 것(das Wesende)을 품고 있다. 죽음은 무의 상자로서 존재의 비호지대(Gebirg)인 것이다.…… 죽을 자는 그러나 죽을 자로서 존재의 비호지대 속에 현성하고 있는 것이다. 그는 존재로서의 존재에로(zum Sein als Sein) 현성하는 관계를 갖고 있다.[160]

이러한 하이데거의 사방 개념에서 사방은 각각 독자적 자유를 펼치지만, 그러나 결코 자기 자신만을 위한 혼자가 아니라 자율적으로 서로 상응하는 '사방'에서의 일체(Einfalt) 속에서 체류한다.[161] 이들은 일체(Einfalt)로서 서로 신뢰하고 반영하는 '거울-놀이'(Spiegel-Spiel)로 존재한다. 이러한 사방세계가 펼쳐지는 코스모스에서 거주하고 존재하는 유형은 어떤 것일까. 그것은 무엇보다도 보살핌이 이루어지는 세계로서, 그런 보살핌이 이루어져야만 거주한다고 말할 수 있다고 하이데거는 밝힌다.

이토록 거주함의 근본 특성이 소중히 보살피는 것인바, 그런 보살핌은 4중적이라고 하이데거는 말한다.

---

159) 하이데거는 '존재자'를 '존재'와 엄격하게 구분하고 있다. 이것이 소위 그의 "존재론적 차이"이다. 존재자는 사물적이거나 구체적이고 은폐되어 있지 않다. 이에 비해 '존재'는 철저하게 은폐되어 있고(verborgen) 비가시적이다.

160) M. Heidegger, *Vorträge und Aufsätze*, 170~171쪽.

161) M. Heidegger, *Vorträge und Aufsätze*, 170쪽 참조.

땅을 구원하는 가운데, 하늘을 받아들이는 가운데, 신적인 것들을 기다리는 가운데, 죽을 자들을 인도하는 가운데, 거주함은 사방의 사중적인 보살핌으로서 스스로 생기한다(sich ereignen). 소중히 보살핌이란, 사방을 그것의 본질 안에서 수호함(hüten: 파수함)을 의미한다. 수호되는 것은 간직되어야 한다.162)

특히 여기서 "땅을 구원한다"는 말에는 자연에 대한 근대 및 현대의 사유—이를테면 '연장적 실체' 혹은 대상 및 이용할 물질 등등—와 하이데거의 사유 사이의 판이한 차이를 읽을 수 있도록 한다. "땅을 구원한다"는 말은 땅을 착취하거나 혹사하는 것이 결코 아니며, 땅을 지배하거나 복종케 하지도 않아야 한다. 구원이라는 것은 어떤 것을 위험으로부터 낚아채야 하고, 어떤 것을 그것의 고유한 본질에로 자유롭게 놓아두어야 하는 것이다. 나아가 그것은 어떤 존재자가 자기 자신으로 존재하도록 지극히 배려하는 태도이다. 말하자면 어떤 존재자가 자신의 고유한 본질영역 속에 참답게 존속하도록 보호하고 지키며 소중히 아껴야 하는 것을 가리킨다.163)

이리하여 하이데거는 사방을 소중히 보살피는 것이 "거주함의 단순하고도 소박한 본질이다"164)라고 역설한다. 그는 「건축함, 거주함, 사유함」(Bauen Wohnen Denken)이라는 논문에서 거주함을 인간들이 이 땅 위에 존재하는 방식이라고 규정하고서165) 철저하게 존재와 보살핌의 문제와 관계 짓는다.

'나는 있다'(ich bin) 혹은 '너는 있다'(du bist)라는 것은 '나는 거주한다' 혹은 '너는

---

162) 하이데거, 이기상·신상희·박찬국 옮김, 『강연과 논문』, 192~193쪽.
163) 하이데거, 이기상·신상희·박찬국 옮김, 『강연과 논문』, 193쪽 참조.
164) 하이데거, 이기상·신상희·박찬국 옮김, 『강연과 논문』, 205쪽.
165) 하이데거, 이기상·신상희·박찬국 옮김, 『강연과 논문』, 189쪽 참조.

거주한다'를 의미한다. 네가 있고 내가 있는 그 양식, 즉 우리 인간이 지상에, 즉 이 땅 위에 있는 그 방식은 Buan 즉 거주함이다. 인간으로 있음이 의미하는 바는 죽을 자로서 이 땅 위에 있음, 즉 거주함이다. 고대어 bauen은 '인간은 그가 거주하는 한에서 있다'라는 것을 의미하는데, 그러나 동시에 돌본다(hegen), 보호한다(pflegen), 즉 '밭을 갈다' 혹은 '포도를 재배한다' 등을 의미한다.166)

하이데거는 '언어가 건네는 말에 귀 기울여 거주함의 본질이 어디에 존립하는지를 추적하는데, 고대 작센어 'wuon'과 고트어 'wunian'은 고대어 bauen과 마찬가지로 "머물러 있음, 즉 체류하고 있음"167)을 의미한다고 지적한다. 여기서 하이데거는 고트어 wunian이 "평화로이 존재하고 있음"과 "평화 속에 머물러 있음"을 뜻한다고 하면서, 거주함의 근본 특성이 소중히 보살핌이라는 것을 역설한다.

부니안(wunian)이란 평화로이 있음, 평화롭게 됨, 평화 속에 머물러 있음을 의미한다. 평화라는 낱말은 자유로움, 즉 das Frye를 의미하는데, fry는 해악과 위협으로부터 보호함, 즉 ⋯⋯으로부터 보호함을, 즉 보살핌을 의미한다. 자유롭게 함(freien: 풀어놓음)은 본래 소중히 보살핌(schonen)을 의미한다. 보살핌 자체는 우리가 보살핌을 받는 것에 대해 아무런 해악도 가하지 않는다는 사실에서만 존립하는 것이 아니다. 본래적인 보살핌(schonen: 아끼고 사랑하며 소중히 보살핌)이란 긍정적인 어떤 것이며, 우리가 어떤 것을 처음부터 그것의 본질 안에 그대로 놓아둘(belassen) 때, 즉 우리가 어떤 것을 오로지 그것의 본질 안으로 되돌려놓아 간직할(zurückbergen) 때, 즉 우리가 자유롭게 함이라는 낱말에 상응해서 그것을 울타리로 둘러쌀(einfrieden: 보호막으로 감쌀) 때 일어난다. 거주함, 즉 평화롭게 됨이란 각각의 것을 그것의 본질 안으로 소중히 보살피는 Frye 안에, 즉 자유로운 영역 안에 울타리 쳐진 채 머물러 있음을 의미한다. 거주함의 근본 특성은 이러한 보살핌이다.168)

---

166) 하이데거, 이기상·신상희·박찬국 옮김, 『강연과 논문』, 187쪽.
167) 하이데거, 이기상·신상희·박찬국 옮김, 『강연과 논문』, 189쪽.
168) 하이데거, 이기상·신상희·박찬국 옮김, 『강연과 논문』, 189~190쪽.

하이데거의 사유에 비추어 볼 때 '거주함'으로 살아가는 인간의 모습에서는 평화로움과 자유로움, 보호함과 보살핌이 확연하게 드러난다. 이러한 보호함과 보살핌의 실현이야말로 인간의 본질적인 존재 방식인 것이다. 거주함에 응하는 건축양식에는 하이데거가 말하는 "부니안(wunian), 즉 평화로이 있음, 평화롭게 됨, 평화 속에 머물러 있음"169)이 전제되어 있다. 또한 거기에는 자유로움(das Freie, das Frye)과 (이 말과 동근원어인) 프리(fry) 즉 "해악과 위협으로부터 보호함, 말하자면 무엇 무엇으로부터 보호함"이, 다시 말하자면 보살핌이 또한 잘 갖추어져 있다.

하이데거의 이러한 보살핌의 철학은 우리에게도 시사하는 바가 크다. 사방세계는 보살핌이 이루어지는 세계이며, 거주함의 근본적인 특성 또한 평화롭게 존재하는 것과 소중한 보살핌이 성취되는 것이다. 그런데 이때껏 우리는 사신도와 사수도를 중심으로 저 옛날부터, 선사시대의 성혈고인돌에서부터 전개한 철학적 사유가 보살핌의 철학이라는 것을 누누이 강조해 왔다. 일월남북두日月南北斗는 사수도가 되어 동서남북의 네 방위에 위치해 있으면서 서로 빛을 발하고 반영하며 빛의 윤무를 한다. 이들은 서로 개별적으로 존재하지만, 서로를 필요로 하면서 상대방의 존재로 말미암아 자신들의 존재를 드러낸다. 이들 존재자들은 보살피고 수호하는 데에서 하나로 어우러지며 서로 합일된다. 이들은 결코 자신들만을 위하는 것이 아니라 타자와 온 누리를 위해 사역을 맡은 숭경스러운 존재자들이다.

자연적이면서 초자연적인, 초월적이고 초인간적인, 절대적이고 신적인 존재자들과 일월남북두日月南北斗의 사수도는 인간을 비롯해 사방

---

169) M. Heidegger, *Vorträge und Aufsätze*, 143쪽 참조.

을, 그리고 온 세상을 보살피고 수호하는 그런 체계로 이루어져 있는 것이다! 이들 존재자들은 각별히 사방을 수호하고 보살피는, 온 코스모스를 평화로이 거주하게 하고 존재하게 하는 사명을 가진 사자使者들이다. 이들은 하이데거의 사방세계처럼 독자적으로 자유로이 사방을 수호하고, 보살피고 수호하는 일을 구심점으로 하는 일체를 이루며 사역하고 있다.

세계를 보살피고 수호하는 각별한 존재자들—일월남북두 같은—은 결코 단순한 존재자들이 아니다. 따라서 이들을 다른 존재자들과 구분도 없이 뭉뚱그려 그냥 존재자의 차원으로만 여기는 것은 참으로 경망스럽다 하겠는데, 하이데거도 이런 각별한 존재자들을 구분하지 못했다. 저들은 단순한 존재자 이상의 존재자들이다. 저들은 이타적 속성을 갖고서 다른 존재자들을 존재하게 하고 보살피는 역할을 수행한다. 저들은 숭경스러운 존재자들이고 경이의 대상이다.

4) 하이데거의 현상학 개념과 비은폐성으로서의 진리

우리는 선사시대의 성혈고인돌과 그 덮개돌 위의 성좌도를 해석하는 것과 청동거울의 사신도, 나아가 고분벽화의 사신도와 사수도를 해석하는 데 있어서 하이데거의 '존재론적 현상학'의 길안내를 받았다. 하이데거는 자신의 현상학 개념을 고대 그리스의 원초적 어원과 관련짓는데, 그에게서 현상학(Phänomenologie)이라는 개념은 '파이노메논'(φαινόμενον: das Sichzeigende, das Offenbare)이나 '파이네스타이'(φαίνεσθαι: sich zeigen)와 로고스(λόγος)라는 단어의 합성어이다. 여기서 '파이네스타이'란 "스스로 드러내 보임"이고, '파이노메논'은 "드러난 그대로 자신을 보여 주는 것"을 의미한다.170) 그러므로 "있는 그대로 드러남"이라는 뜻의 '현상'(Phänomen)이란, 어떤 것을 있는 그대로, 즉 의식에 내재화시키거나 이론화하지 않고 현상하는 그대로 보여 주는 것을 말한다. 또 '현상학' 에서의 '–학'은 여타의 '–학'들과 마찬가지로 Logos(λόγος)가 그 어원이 며 동사형은 레게인(λέγειν)인데, 이는 '말함'과 '밝힘'(δηλοῦν), "밝게 드러 냄"(offenbar machen), "말함에서 언급되고 있는 것을 드러냄"이라는 의미를 갖고 있다.171)

따라서 하이데거에게서 '현상학'이란 "스스로 드러내 보임" 혹은 "스스로를 드러내는 것"으로서의 현상을 말하고, 밝히는 것, 그것을 "있는 그대로 드러내는 것"으로 이해된다. 말하자면 현상학은 어원상 어떤 주어진 것을 있는 그대로 드러내고 밝히는 학문이다. 그러기에 하이데거의 존재론적 현상학의 특징은 은폐되고 감추어진 것을 드러 내고 밝혀 주는 '탈은폐적 개시'의 의미를 갖고 있다.

하이데거의 진리 개념도 현상학 개념과 유사하게 고대 그리스의 원초적 어원과 관련지어진다. 그는 철학사가 전개되어 가면서 망각되 어 버린 이 원초적 진리 개념을 찾아내어 우리에게 되돌려 주는데, 그의 '존재의 진리'는 우리가 선사시대의 유적을 해석하고 밝히는 데 있어 적잖게 길안내를 해 주었으며, 또한 선사유적 해석에서 길을 잘못 들지 않도록(이를테면 신화나 상상 및 문학으로 빠져들지 않도록) 이정표 역할을 해 주었다.

우리는 하이데거의 '존재의 진리'를 논의하기에 앞서 —전승되어 온 기존의 진리이론들과 대결할 필요가 없어— 우리가 실제로 어떻게

---

170) M. Heidegger, *Sein und Zeit*, 28쪽 이하 및 34쪽 이하 참조.
171) M. Heidegger, *Sein und Zeit*, 32쪽 참조.

사물의 세계에 다가가서 그들과 만나게 되고 또 어떻게 그들을 이해하는지에 대해 살펴볼 필요가 있다. 존재자를 인식할 때 우리는 근대의 인식론에서처럼 존재자를 대상화시켜 이를 감각자료로 받아들여서는 질료가 무엇이며 그 양, 질, 관계는 어떠한지를 묻는 등 범주론과 이론적인 방식으로 접근하지 않고, 존재자의 사태 자체에 입각하여 그 존재자를 항상 어떤 것으로서 이해한다. 이를테면 망치를 망치로, 음악을 음악으로, 어떤 나무를 어떤 나무로 보는 등, 하이데거가 밝힌 대로 세계를 '…로서의 구조'(als- Struktur)로, 나아가 의미연관의 전체로서 이해하는 것이다.

고대 그리스인들에게서 존재자는 자신의 진리 즉 비은폐성을 스스로 드러내 보이고 인간은 그 발현된 존재진리를 받아들였지만, 근대의 사유는 존재자 전체를 ─데카르트의 '연장적 실체'가 시사하듯이─ 물질적 실체로, 수동적이고 무규정적인(unbestimmt) 것으로 파악하면서 주체인 인간이 자신의 지적 능력을 통해 저 존재자 전체를 규정해야 한다고 보았다. 따라서 근대에는 존재자들을 판단하고 규정하는 능력인 이성의 도야가 주된 과제였고, 진리의 장소 또한 존재자의 비은폐성이나 존재의 진리가 관건이 아니라 ─상응론이나 일관론, 실용론 등이 시사하듯─ 인간의 지적 능력에 의한 판단이 그 중심에 있게 되었던 것이다. 그런데 우리는 이들 전승된 진리이론에는 ─'인식형이상학과 인식론적 현상학'이라는 절에서 자세히 논의했지만─ 간과할 수 없는 불완전성이 있음을 목격한다.

하이데거는 고대 그리스의 어원에 입각한 진리 개념, 즉 비은폐성으로서의 진리(Aletheia: A-letheia) 개념을 재발견하고 이를 부각시켜서 사물의 세계로 다가갔다. 비은폐성으로서의 진리는 흔히 우리에게 알려진 상응론, 즉 우리 눈앞에 존재하는 존재자와 그 존재자에 대한 판단이 일치하는 것을 의미하는 것이 아니고, 일관론이나 실용론과 같은 조야한 방식도 결코 아니다. 우리가 마주하는 존재자의 탈은폐사건은 인식론적 현상학에 드러나는, 즉 의식에 의해 해석된 지향적 대상도 또한 아니다. 그것은 존재사건(Ereignis) 그 자체인 것이다. 비은폐성으로서의 진리는 저 어원이 밝히듯(A-letheia) 존재자가 "은폐로부터 나와 자신을 내보이는 사건"이라는 사실을 의미한다. 말하자면 진리는 단순한 지시와 대응에서, 혹은 발언된 진술과 그와 관련되는 세계와의 대조에 의해서 명제의 속성으로 주어지는 것이 아니라, 존재자의 탈은폐(Entworgenheit)에 의해서 밝혀지고 드러나는 것이다. 이러한 존재자의 탈은폐사건에는 생동하는 존재의 역사성과 시간성도 함께 고려되어야 한다.

실로 선사시대에서 전승되어 온 존재자들은—특히 자신이 무엇이라는 것을 밝히지 않는 수많은 유적들은— 한편으로 우리에게 친숙하기도 하지만 다른 한편으로는 하이데거가 자주 사용하는 용어로 표현하자면 낯설고 '섬뜩한'(ungeheuer) 것들이다. 그것은 존재진리의 본질인 비은폐성이 이중의 은폐, 즉 거부와 위장에 의해 철저하게 규정되어 있기 때문이다. 존재자는 우리가 "그것이 존재한다"라고 말할 수 있는 것 외에는 침묵해야 할 정도로 자신을 은폐하는 특성을 갖는다. 더욱이 존재자는 자신을 파헤치려는 우리의 이론적이고 기술적인 공격을 거부하는데, 따라서 기존의 진리이론은 지극히 피상적일 따름이다. 존재자의 이러한 거부(Verweigerung)로서의 자기은폐는 단순한 우리의 인식한계에서 기인한 것이 아니라 오히려 존재자 자체의 특성인 것이다. 그렇기에 비은폐는 밝힘과 드러냄, 즉 존재진리의 원천이 된다.

그런데 위와 같은 존재자들의 침묵과 거부와는 달리 어떤 존재자가 자신이 무엇임을 스스로 밝힌다면, 우리는 그 밝혀진 것을 왜곡하거나 이론적 틀에 넣지 말고 그대로 받아들이면 된다. 사신도와 사수도, 청동거울의 사신도, 성혈고인돌의 성좌도 등은 모두 우리에게 자신들이 무엇을 밝히고 있는지를 말해 주고 있다. 자신들의 진리를 스스로 열어 보이면서(비은폐성으로서의 진리: A-letheia, Un-verborgenheit) 존재하고 있는 것이다. 자신이 무엇임을 스스로 밝히며 다가오는 이런 비은폐성으로서의 진리에는 어떤 이론적이고 개념적인 규정이 오히려 부자연스러운 것으로 보인다. 진리의 개념을 비은폐성으로 보았던 고대 그리스인들과 하이데거에게서 존재자는 자신의 진리를 스스로 환하게 드러내 보이는 것(das Aufgehende, das Entbergende)이기에, 우리의 이성적 노력과 판단에 의해서 비로소 드러나는 대상이 아닌 것이다. 그런 노력과 판단으로 진리를 찾으려는 행위는 결국 경이로운 존재의 진리를 체험하지 못한 이들의 소치에 불과할 것이다.

존재자가 존재한다는 것은 그것이 단순하게 우리 눈앞에 현전하는 것이 결코 아니어서 통속적인 태도로는 접근할 수 없을 뿐만 아니라 근대사유에서처럼 그것을 우리 앞에 세워 표상할(vor-stellen) 수도 없는, 이론적인(범주적·계산적) 태도로 접근할 수 없는 경이로운 사건인 것이다. 말하자면 존재자가 존재한다는 것은 존재의 진리가 비은폐되는 사건으로서 우리의 모든 이론적 장악 시도를 거부하는 경이로운 사건인 것이다. 존재의 진리가 개현되는 경이로운 사건에서는 —근대가 대상을 우리 앞에 세워 표상하는 것과는 정반대로— 오히려 우리가 존재자의 찬연한 광휘에 의해서 그 앞에 세워지게 된다. 그러한 때에 우리는 이 존재사건의 경이를 체험할 수 있다. 이때 우리에게 요구되는 태도는 지적인 노력을 통해 저 존재자를 이런저런 이론과 실천으로 파헤치려는 자세가 아니라, 그야말로 존재의 진리가 그대로 개현될 수 있도록(비-은폐되도록) 모든 공격적이고 인위조작적인 태도를 버리는 것이다. 이런 태도를 가리켜 하이데거는 '초연한 내맡김'(Gelassenheit)이라고 하였다.

존재자들이 자신의 개방성을 내보이면서 우리에게 다가온다면 우리는 그 어떤 인위조작적인 태도나 지배의지를 갖지 말고, 우리를 엄습하는 '존재의 근원적인 힘'(Grundmacht des Seins)을 받아들이면서 열린 태도로 이들 존재자를 그 자체로서 존재하게(sein-lassen) 해야 한다.172) 여기서 인간은 결코 존재자들의 지배자가 아니라, 하이데거가 『휴머니즘 서간』에서 자주 언급했듯 '존재의 목자'(Hirt des Seins)로, "존재의 파수꾼"으로 머물러 있어야 한다.

8. 인식론에서 의미의 존재론에로

철학의 단초나 철학함이 인식론만으로 채워지는 것은 결코 아니다. 인식은 물론 철학의 중요한 단초이지만, 이것만이 철학의 가부를 묻는 핵심적인 관건은 아닌 것이다. 근대는 합리론이든 경험론이든 지나치게 인식론에만 얽매여 오히려 철학을 왜곡하고 혼란스럽게 만들었는데, 이는 현대철학의 대부분이 비판하는 바이다. 역으로 말하

---

172) 하이데거에게서처럼 존재자들을 그 자체로서 존재하게 하고(sein-lassen) '초연한 태도로 내맡기는 것'(Gelassenheit)은 노자와 장자의 '무위자연'과도 유사한 마음가짐이다. 자연에 대한 그 어떤 인위조작이나 지배하려는 의지를 갖지 않는 것, 심지어 개념적으로 파악하려 하지 않는 것은 하이데거와 도가철학 사이의 유사한 입장이다.

면 현대철학의 탄생은 근대철학에 대한 철저한 비판과 반성에 있다고 해도 과언이 아닌 것이다. 개인의 인식과 경험, 그리고 이 인식하는 주체의 절대화는 근대의 치명적인 결함이다.

그러기에 우리는 근대 인식형이상학의 늪지대에서 서서히 빠져나 갈 것이고, 플라톤의 겸손한 인식론과 인식론적 카테고리들(정확한 로고스, 참된 로고스, 개연적 로고스, 에이코스 뮈토스, 진리의 모사, 있을 법한 진리 등등)을 고려하면서 엄청나게 비범한 존재자가 존재한다는 경이로운 사실을 탐닉할 것이다. 그것은 한편으로 인식론만으론 일월성신의 세계에 대한 믿을 만한 존재의미를 구현하기 어렵기 때문이고, 또 다른 한편으로는 철학의 집을 건축하는 데에 인식론이 아닌, 다른 요소들이 넉넉하게 버티고 있기 때문이다.

물론 그렇다고 인식론이 중요하지 않다는 것은 결코 아니다. 다만 합리론이든 경험론이든 논리실증주의든, 혹은 후설의 인식론적 현상 학이든, 인식작용의 주관성은 잘 부각되어 있으나 인식내용의 객관성 과 보편성은 확보하기 어려운 실정이기 때문에 근대적 의미의 인식론 적 노력을 전적으로 신뢰해서는 안 된다는 것이다. 인간은 지상에 거주하는 유한한 존재로서 성좌의 비밀을 인식론적으로는 모두 알아 낼 수가 없다. 성좌의 세계는 인식론적 '참'과 '거짓'으로는 접근하기 어려운 것이다.

인식론만이 철학의 집을 건축하는 재료인 것은 아니다. 존재의 영역, 의지의 영역, 언어의 영역, 실존의 영역, 삶의 영역도 인식의 영역 못지않게 철학의 집을 건축하는 데 있어 핵심적인 요소와 관건이 된다. 이들 또한 인식론 못지않게 중요한 철학의 단초인 것이다. 아니, 어쩌면 이들의 단초가 인식론보다도 더 중요하고 더 필수적으로 전제되는 것이라고 볼 수도 있다. 이를테면 데카르트의 "나는 생각한다, 고로 존재한다"를 뒤집은 명제, 즉 "나는 존재한다, 고로 생각한다"라는 명제는 아주 지당한 명제가 되는데, 존재야말로 생각할 수 있기 위한 전제조건마저 되는 것이기 때문이다. 존재하기 때문에 생각할 수도 있는 것이다. 마찬가지로 '의지'와 '삶' 또한 철학의 단초가 될 수 있다. 우리에게 잘 알려져 있듯이, '의지'는 쇼펜하우어와 니체가, '삶'은 딜타이와 베르그송이 각기 자신들의 철학을 건축하는 데에 핵심적인 관건으로 삼은 것이었다.

우리가 의미를 부여하는 행위는 일종의 의지에 관련된 것으로, 자연스레 우리의 삶을 영위하는 가운데서 이런저런 의미를 부여하게 되는 것이다. 물론 이런 의미부여가 아무런 근거 없이 자의적으로 이루어지는 것은 아니다. 일월성신, 하늘과 대지, 나아가 항성과 행성 및 수다한 별자리들에게 인류는 이런저런 의미를 부여하며 삶을 영위해 오고 있는 것이다. 역사가 아무리 흘러도 그런 의미부여에는 예외가 없다고 해도 과언이 아니다.

또한 이 문학작품이, 혹은 저 예술작품이 훌륭하다고 판단하는 것은 결코 자의적이지만은 않은, 특별한 의미가 부여되고 축적된, 사람들의 '공통감'(sensus communis: 칸트)과 공감 및 공명이 구축되어 있기 때문인데, 우리는 이런 의미부여행위를 거의 당연하거나 자연스러운 것으로 받아들인다. 어떤 강요가 아닌, 자율적 행위에 의해 의미가 부여되었기 때문이다. 이를테면 우리는 C. D. 프리드리히나 고흐의 작품, 호메로스와 괴테, 셰익스피어의 작품 등등을 훌륭한 것으로 평가하는데, 이렇게 의미부여된 것은 자의적이거나 임의적인 태도에 의한 것이 아니라 그처럼 각별한 의미를 부여할 수 있도록 촉발하는 무엇인가가 저들 작품에 있기 때문이다. 우리는 현실적 삶에서도 무수히 의미를 부여하며 삶을 영위한다. 고향, 친구, 애인, 돈, 등대, 산, 강, 바다, 학문, 예술 등등 그 예는 수없이 많다.

예술가들이(혹은 예술가가 아니라도) 어떤 특정한 예술활동을 하거나 자신의 인생을 쏟아 부어 예술작품을 탄생시키는 곳에, 또한 시인들이 시작품을 탄생시키거나 음악가들이 음악활동을 하거나 작곡하며 연주하는 곳에도 위와 같은 의미부여의 현상이 이미 주어져 있다. 의미창조나 의미개현을 위해 예술활동을 하기 때문이다. 예술이 탄생되는 곳에도 의미가 개현되고 펼쳐지는 사건이, 또 예술행위를 하는 곳에도 이러한 의미가 펼쳐지는 사건이 동반되는 것이다.

혹자는 우리가 태양과 달에게, 북두칠성과 남두육성에 이런저런 의미를 부여한 것에 대해 왜, 어떤 근거로 그런 의미를 부여했느냐고 따질 수도 있을 것이다. 이에 대해서는 그 천계가 아주 특별한 존재자로서 우리에게 그럴 만한 의미를 부여를 할 수 있도록 이런저런 암시를 촉발했다고도 할 수 있겠지만, 동시에 우리가 어떤 '공통감'이나 공감 및 공명에 의해 우리의 의지로 자유롭게 의미를 부여한 것이—물론 천계라는 존재자의 존재도 의미형성의 기반을 이루고 있기에 공-의미부여라는 것을 잊어서는 안 된다— 더욱 확실한 근거라고 말할 수 있다. 물론 이렇게 의미부여한 것은 아무런 근거 없이 이루어진 것도 아니고 자의적인 것도 아니다. 이를테면 태양이나 달이 엄청난 영향력을 직접적으로 갖고 있다는 것을, 그래서 그런 바탕에서 의미형성이 이루어진다는 것을 인류 역사의 시작에서부터 사람들은 알았을 것이고, 태양거석문화의 시대에는 더 강력했던 것이다.

우리가 이처럼 의미를 부여하는 행위는 자유로운 의지(Wille)의 사용에 기인한 것으로 퍽 자연스러운 행위이다. 우리가 이런저런 의지를 갖는 것은 더 이상 그 이유를 환원해서 생각할 수 없는 절대적인 단초이고 시작인 것이다. 내가 이런저런 의지를 갖는 것(das Ich-will)은 내가 존재하고(das Ich-bin) 내가 사유하며(das Ich-denke) 내가 살고 있는(das Ich-lebe) 것과 마찬가지로 더 이상 환원해서 그 근거를 물을 수 없는 근거 중의 근거인데, 슈미트(G. Schmidt)는 이를 '네 가지의 기본적인 확실성'으로 규정하고 있다.173)

인간은 사물에 의미를 부여하고 또 정신적이고 추상적인 것에도 의미를 부여한다. 의미를 부여하는 행위는 사유하는 행위와 마찬가지로 인간의 부인할 수 없는 철학적 행위인 것이다. 만약 어떤 사물이 각별하게 의미부여되었다면, 그야말로 의미 있는 존재자나 가치 있는 존재자로 거듭나는 것이다. 특히 객관세계에 그저 있는 세계는 단지 '거기에 있는'(thereness) 세계이지만, 이 세계에 의미나 가치가 부여되면 그 순간 어떤 특별한 의미를 가진 세계로 거듭나게 되는 것이다. 물론 이렇게 혹은 저렇게 존재하고 있는 것만도 신비한 기적의 영역이라고 할 수 있지만, 흔히 사람들은 존재자가 존재하고 있다는 사실과 그 존재의 신비에 대해 인식하지 못하고 있다.

그런데 우리가 이 장章에서 논의한 모든 의미부여는 엄밀하게 따지면 이중의 공 – 의미부여이다. 그것은 일월성신 등 어떤 특별한 사물에 대해 의미를 부여하는 경우이든, 개별적 사물에 의미를 부여하는 경우에든 모두 마찬가지이다. 그 이유는 간단하다. 어떤 사물(존재자)에

---

173) G. Schmidt, *Subjektivitaet und Sein* (Bouvier Verlag: Bonn, 1979), 69 · 89 · 127 · 155쪽, 특히 60쪽 이하 참조. G. Schmidt는 이와 같이 부인할 수 없는 확실성을 '네 가지의 기본적인 확실성'(vier fundamentale Gewissheiten)이라고 규정한다.

대한 의미는, 즉 그 사물이 각별한 의미를 갖는 것은 근원적으로 그 사물이 존재하고, 또 사람들의 공감과 공명 내지는 '공통감'(칸트)에 의해 각별한 의미가 구축되기 때문이다.

9. 존재의미로 읽는 세계

우리가 사신도와 사수도 및 성좌들의 세계에 관한 (존재)의미를 말할 때, 이들에 대한 의미론은 당연히도 언어학이나 의미논리학, 기호논리학과 논리실증주의, 나아가 논리경험주의에서 다루는 의미론의 범주와는 다르다. 저자와 독자 혹은 화자와 청자의 구도 사이에 나타나는 의미론과 화용론, 언어와 지시체(대상) 사이의 관계를 다루는 언어학적 의미론, 표현적 의미나 개념적 의미, 참과 거짓으로 귀결되는 진술과 명제적 표현에 의한 인식론적 의미 등은 성좌들의 존재위상이 갖는 의미에 관한 성찰과는 많은 차이를 드러낸다.

인간(의 운명)과 세계에 대해 저들 존재자들은 좀 더 심층적인 존재의미의 위상을 갖는다. 이런 심층적인 존재의미는 적어도 '공통감'(칸트)과 공감 및 공명에 의해 그런 경이적인 영향력을 갖는 존재자로 받아들여지고 인지되었던 것이다. 태곳적부터 전승된 경천사상이 시사하듯 하늘은 선사와 고대의 천문학에서 성역이고, 이 성역 안에 존재하는 성좌들(사수도, 사신도, 동양천문도의 28수 등)은 예사로운 존재자들과는 다른 우주적 중량을 갖는다. 이러한 존재자들이 갖는 존재론적 중량과 위상은 어떤 이론에 의해 성립된 것이 아니라, 태곳적부터 고대인들이 몸소 그러한 중량과 위상을—이를테면 성역으로 받아들여진 하늘에서의 태양과 달 및 별들의 광채와 운행은 인간의 삶과 운명에 직결되며 농사에서도 절대적이라는 것을― 체득했기 때문이다. 저들 존재자들의 존재의미와 위상은 어떤 단순한 이론에 의해서도, 또 자의적이거나 임의적인 방식에 의해서도 아닌, 저들 존재자들 자체가 갖는 위상과 이를 체득하고 통찰한 인간들에 의한 공―의미부여 혹은 공―의미창조에 의한 것이다.

전기의 비트겐슈타인과 후설은 의미론을 많이 다룬 편인데, 전자는 논리학적인 측면에서, 그리고 후자는 현상학의 영역에서이다. 대부분의 논리실증주의자들은 형이상학적인 명제, 이를테면 "신은 존재한다"거나 "신은 죽었다"와 같이 우리가 경험으로 판단할 수 없는 명제들을 철학에서 추방시켜 버렸다. 물론 비트겐슈타인에 의하면 이런 명제들은 '거짓'이 아니라 '비―의미적인'(unsinnig, nonsense)인 것이다.174) 그의 "말할 수 없는 것에 대해서는 침묵해야 한다"175)라는 명제는 "비―의미적인" 것을 극단적으로 잘 드러내고 있다. 그런데 구조적으로 '말할 수 없는 것'은 결코 비―논리적인 것만이 있는 것이 아니라 논리에 앞서는 것도 있다는 것을 잊어서는 안 된다. 비트겐슈타인도 이를 면밀하게 환기시키고 있다. 말하자면 논리학에 앞서는 무엇(존재)이 있다는 것이다.

논리학의 이해를 위해 필요한 '경험'은 뭔가가 이러저러하다는 것이 아니라, 뭔가가 있다는 것이다(daß etwas ist). 그러나 그것은 아무런 경험도 아니다. 논리학은 모든

---

174) L. Wittgenstein, *Tractatus logico-philosophicus* (Suhrkamp: Frankfurt a.M., 1971), 32쪽(4.003). 비트겐슈타인은 여기서 대부분의 철학적 명제들이 틀렸다고 할 수 없지만 '비―의미적'(unsinnig)이라고 규정하는데, 이 『논고』의 원문(4.003)은 다음과 같다. "Die meisten Sätze und Fragen, welche über philosophische Dinge geschrieben worden sind, sind nicht falsch, sondern unsinnig."

175) L. Wittgenstein, *Tractatus logico-philosophicus*, 115쪽(『논고』의 마지막 문장).

경험—뭔가(etwas)가 어떠하다는—에 앞선다. 논리학은 어떻게(Wie)에 앞서지, 무엇(Was)에 앞서지는 않는다.[176]

논리학은 어떠함에 관한 일상적인 경험에 앞서지만, 이 논리학을 이해하기 위해 필요로 하는 '경험'은 무엇 그 자체(무엇임)에 관한 '경험'인 것이다. 그런데 여기서 무엇 자체에 관한 '경험'은 비트겐슈타인에 의하면 '말할 수 없는 것' 혹은 말로 표현할 수 없는 것이다. "명제는 사물들이 어떠한가만을 말할 수 있을 뿐, 그것이 무엇인가는 말할 수 없다."[177]

앞에서 '말할 수 없는 것'은 '비-의미적인' 것이라고 했는데, 이들이 결코 무가치하거나 아무것도 아닌 것만은 아니라는 사실은 그야말로 일상적 경험과는 다른, '말할 수 없는' 존재경험이 있다는 것이다. 무엇의 있음은 존재의 다른 표현으로서, 말할 수 없는 것의 영역이면서 신비의 영역이다. 그래서 비트겐슈타인도 "신비로운 것(das Mystische)은 세계가 어떠한가가 아니라 세계가 존재한다는 것이다"[178]라고 했는데, 이 신비로운 것은 말해질 수 없는 것이지만 스스로 자신을 보여 준다. "실로 말해질 수 없는 것이 있다. 그것은 자신을 스스로 보여 준다. 그것은 신비로운 것이다."[179]

그렇다. 존재는 노장老莊의 도道처럼 없는 곳이 없고, 온 누리에 흘러넘친다. 더욱이 존재는 존재하는 것들에 대한 우리의 일상적 경험에 전제되어 있기에, 우리가 이를 볼 수 있는 눈만 있으면 얼마든지

---

176) L. Wittgenstein, *Tractatus logico-philosophicus*, 5.552.
177) L. Wittgenstein, *Tractatus logico-philosophicus*, 3.221. 이 문장에 대한 번역은 이승종, 『크로스 오버 하이데거』, 125쪽.
178) L. Wittgenstein, *Tractatus logico-philosophicus*, 6.44.
179) L. Wittgenstein, *Tractatus logico-philosophicus*, 6.522.

경험할 수 있다. 더욱 곤혹스럽게도 하이데거는 존재가 무엇인지에 대한 물음에, 개념적으로 이해할 수 없지만 존재는 거기에 내재해 있다고 한다.

우리는 '존재가 무엇을 말하는지 알지 못한다. 그러나 우리가 '존재가 무엇이냐?'고 물을 때, 우리는 이 '이다'(있다)가 무엇을 뜻하는지 개념적으로 파악하지 못해도 이미 '이다'(있다)에 대한 이해 속에 머물고 있는 것이다.[180]

이토록 존재가 무엇인지 묻는 물음에도 끼여 있으며 도처에 흘러넘 치는 존재는, 그러나 하이데거와 비트겐슈타인이 규정하듯 '말할 수 없고' 개념적으로 붙잡을 수 없으며 '신비로운 것'이기에 그것을 볼 수 있는 눈이 없으면 보지 못한다. 더욱이 이런 '말할 수 없고' 개념적으 로 파악되지 않으며 '신비로운 것'으로서의 존재는 —마치 노자의 『도덕경』 제1장에서 말 되어진 '도'는 상도常道가 아닌 것처럼— 말 되어지는 순간에 자신의 본질에서 벗어나 존재자(대상)의 세계로 떨어 지고 만다.

논리학에 치중한 비트겐슈타인의 전기 사유에서도 이처럼 존재사 유와 존재경험이 생동하고 있기에, 바이셰델(W. Weischedel)처럼 비트겐슈 타인에게서 '철학의 몰락'(Untergang der Philosophie)을 운운하는 것은 바람직 하지 못한 것으로 보인다.[181] 바이셰델과는 대조적으로 이승종 교수는 그의 『크로스오버 하이데거』에서, 비트겐슈타인을 단순한 논리학자 라거나 논리실증주의로 몰고 가는 조류에 반하여 그의 존재경험과 존재사유를 면밀히 고찰하고 있다.[182]

---

180) M. Heidegger, *Sein und Zeit*, 5쪽.
181) W. Weischedel, *Die philosophische Hintertreppe* (dtv, München, 1980), 291쪽 이하 참조.

"말할 수 없는 것에 대해서는 침묵해야 한다"[183]는 주장에는 참과 거짓의 대상이 아닌 것, 즉 그에게서 의미의 대상이 아닌 것에 대해서는 침묵하라는 것이다. 논리학의 영역에서 이러한 규정은 당연할 것이다. 이를 논리학적 기호로 표현해 본다면 철학⊄논리학으로 수식화할 수 있는데, 후기 비트겐슈타인은 오히려 그것을 철학⊃논리학의 형식으로 실현한 것으로 보인다. 철학이 논리학의 영역 안에서만 거할 수는 없다.

근대 이후, 자연과학에 도취된 철학이 형이상학을 제거하려는 움직임이 활발하게 전개되었다. 논리실증주의자들의 형이상학 추방하기는 이미 칸트에게서부터 그 조짐이 보이기 시작했다. 칸트는 『순수이성비판』에서 "형이상학이 학으로서 가능한가?"라고 물으면서, 중세에서부터 내려온 사변적 형이상학을 대폭 수정한다. 실제와 괴리가 있는, 사변적이기만 하고 지각할 수 없는 허황된 형이상학을 거부하고, 그 대신 경험가능하고 인식가능하며 학문적 토대를 갖춘 형이상학을 요구한 것이다. 그러나 이러한 칸트의 태도는 다른 한편으로는 확실성에 대한 과민반응으로, 과학적이고 수학적인 바탕에 근거한 확실성의 진술(Gewissheitsaussage)만을 타당한 것으로 봄으로써 형이상학이 오히려 자연학의 등에 업혀야 하는 기현상을 불러일으켰다.

"형이상학이 학으로서 가능한가?"라는 질문의 배후에는 많은 '불가능한' 형이상학을 단두대에 올리고 또한 형이상학을 자연과학의 법정에 세우려는 의도가 깔려 있다. 칸트에게서 초월적인 것(Transzendenz)은

---

182) 이승종, 『크로스오버 하이데거』, 제2~3부 참조. 특히 전기의 비트겐슈타인에서 "논리학에 앞서는 존재"(123~132쪽)의 장 참조.
183) L. Wittgenstein, *Tractatus logico-philosophicus*, 115쪽(『논고』의 마지막 문장).

과학성에 근거한 증명 문제 때문에 선험적인 것(Transzendental)에 밀려 인식의 장과 진리의 땅에서 추방당하였다. 그가 새로 짠 인식론적 형이상학의 개념들은 결코 우리를 경험 영역의 외부로 이끌지 못하고, 오히려 경험적 문제들이 정리될 수 있는 틀을 제공할 뿐이다. 뉴턴-물리학의 모델을 도입한 칸트 철학에는 자연과학과 수학이 결과적으로 철학과 형이상학의 지배자로 등장한다.

칸트와 흄은 전래의 형이상학에 대대적인 비판을 가했다. 칸트는 한편으로 과학적인 근거 위에 세워진, 합리적이고 경험가능한 형이상학을 건립하려고 많은 시도를 했지만, 다른 한편으로는 이러한 노력이 무색해질 정도로 전래의 형이상학이 비과학적이고 '독단적'이라는 불신을 얻게 만드는 계기를 제공했다. 결국 칸트와 흄의 비판 이래로 형이상학은 마치 비과학적이고 비경험적인 학문인 것처럼 치부되기 시작했다. 아니, 그때부터 형이상학은 볼테르(Voltaire), 헤르더(Herder), 버크(Burke) 등 18세기의 수많은 사상가들이 퍼부은 공격에도 잘 드러나듯이 경멸적인 의미로 사용되기 시작했다.

볼테르는 형이상학을 신학과 연관지어 "미몽에서 깨어나라"라는 구호로 공격했고, 버크와 헤르더는 형이상학을 현실이나 경험세계와는 동떨어진 추상적 사변의 극치로 몰아붙였다. 흄 또한 이러한 맥락에서 "강단 형이상학의 책들은 궤변과 환상만을 담고 있으므로 불살라버려야 한다"고까지 주장했다. 19세기의 실증주의자 콩트(August Comte)도 인류정신사를 세 시기로 나누고서는—그 첫째는 신화적·신학적 시기이고, 둘째는 형이상학적 시기이며, 셋째는 '실증적인 시기'이다— 첫째와 둘째의 시기를 허구적인 것으로 규정하였다.[184]

---

184) 요하네스 힐쉬베르거, 강성위 옮김, 『서양철학사』 하(이문출판사, 1994), 746쪽 참조.

다행스럽게도 우리가 심취하여 파고들었던 하늘과 일월성신 및 성좌들의 세계와 고인돌에 새겨진 성혈들은 —위에서 예로 든 신의 존재 유무나 영혼의 문제 등을 고려할 때— 결코 순수한 형이상학의 영역에 속하는 것이 아니다. 물론 하늘과 성좌들의 세계는 초자연학(형 이상학)의 영역에까지 확장되어 있다. 아무리 과학이 발전한다고 하더라 도 하늘의 높이는 알 수 없고 또 잴 수도 없으며(초하늘), 우주나 자연의 경우도 마찬가지이다. 하늘은 초하늘을, 자연은 초자연을 자체 내에 포함하고 있기에, 이들은 형이상학 즉 초자연학의 영역을 기웃거린다. 그러나 그렇다고 이들을 결코 순수형이상학의 영역으로 밀어 낼 수는 없다. 이 하늘과 성좌들의 세계는 또한 분명히 코스모스 내에 존재하는 세계로서 자연학의 범위에 들어가는 것이기 때문이다. 이들은 우리가 경험할 수 있는 세계에 존재하고 있고, 우리의 존재 자체나 운명과도 직결되어 있다.

과학으로도 부인할 수 없는 이러한 두 가지의 속성, 즉 자연학적인 동시에 초자연학적인 속성을 지닌 저들 존재자들에 대해서는 근대 이래로 첨예화된 인식론적인 도구들은 적절한 작동을 하지 못하게 된다. 인식의 한계와 저들 존재자들의 초자연성 앞에서 인식과정에 등장하는 '구성'(칸트에게서의 Konstruktion과 후설에게서의 Kostitution)이 제대로 역량을 발휘할 수 없는 것이다.

이런 근원적인 인식론의 부족 상태에도 불구하고 일방적으로 구성 하고 규정하는 것은 저들 존재자의 존재를 무시한 채 인식주체가 근거 없는 원맨쇼를 하는 것이라고밖에 볼 수 없다. 그렇기 때문에 우리는 저들 존재자들—저들은 대체로 우리가 저들을 이렇게 혹은 저렇게 읽도록 의미부여를 하고 있으며 얼마나 원대하고 절대적인 존재자인지 알도록 우리의 지성을 자극하고 또 일깨우고 있다—에 대해 일방적으로 인식론적인 판단이나 규정을 내릴 것이 아니라 서로 교감하고 공명하며(공-의미부여) 다른 사람들과 서로 공감함으로써 저들 존재자들의 존재의미를 터득해야 하는 것이다.(공-의미창조)

이런 존재자들에게 인식론적인 도구로만 규정해 보겠다는 태도 자체가 바람직하지 않고, 이들 존재자들의 세계 앞에서는 오히려 인식론의 도구들이 극히 미흡하다는 것을 고백하는 편이 훨씬 더 정직한 태도이다. 성좌들은 참과 거짓의 대상이 아니지만, 얼마든지 존재의미의 대상이 될 수는 있다. 그렇기에 해와 달이 그런 이름을 갖게 되고 북쪽 하늘의 별 일곱 개가 북두칠성이라는 이름을 갖게 되며 남쪽 하늘에 있는 궁수자리의 별 여섯 개가 남두육성으로 거듭나게 된 것이다. 이런 성좌들이 존재하는 것만으로도 존재의 위상과 중량을 갖는 것은 어떤 이론이나 강요에 의한 것이 아니다. 우리와의 교감에 의해 체득되었고, 그렇게 온 인류에 의해 공감되고 공명되었기 때문이다.

그런데 신비에 쌓여 있고 초자연적 세계를 갖는 저들 성좌의 세계가 아니더라도, 이를테면 우리 주위에 어떤 존재자가 존재하는 것만으로도 크나큰 존재의미를 갖는 경우가 많이 있다. 이 책에서 자주 언급된 O. 헨리의 '마지막 잎새'의 존재의미나 N. 호돈의 '큰 바위 얼굴'의 존재의미, 동화의 마을, 등대 등이 그러하다. 사랑하는 사람이 가까이에 있는 것만으로도 내가 존립하고 살아갈 수 있는 힘이 된다면, 이들 존재자들은 말할 것도 없이 그 자체만으로도 큰 존재의미를 갖게 되는 것이다.

그러나 우리가 위에서 목격했듯이, 칸트를 비롯한 근대의 수다한 철학자들과 현대의 논리실증주의자들이 추구한 과학과 수학 및 논리학의 철학이 우리에게 남긴 것은 무엇인가? 눈앞의 경험세계와 '현전의 형이상학'에 몰입한 이런 학문들이 우리에게 고귀한 삶과 궁극적인 의미를 제공하고 희망 있는 메시지를 전했다고 할 수 있는가? 생각하기에 따라 다르겠지만, 그 답변은 퍽 냉소적일 수도 있다.

전기 비트겐슈타인의 노력, 즉 자연언어를 인공언어의 틀에 집어넣어 '논리적 언어의 구조'를 정립한 것이나 "실재는 명제와 대응한다"(『논고』, 4.05)라고 주장한 것은, 물론 논리학의 영역에서는 중요하겠지만,[185] 과연 그것이 태양이나 달, 성좌들이 갖는 존재의미에 비교될 수 있을 것이며, 나아가 우리의 존재의미와 궁극적인 존재의미의 문제, 우리의 운명과는 도대체 무슨 관련이 있단 말인가! 인간은 의미를 추구하는 존재이다. 우리가 삶의 여로를 내디딜 수 있는 것은, 즉 우리 삶을 추진하게 하는 것은 그야말로 삶의 의미일 것이다.

현상학자 후설도 일련의 언어학자들이나 논리학자 및 논리실증주의 못지않게 의미의 문제를 심도 있게 테마화했다. 물론 현상학에서의 의미 개념은 저들의 것과 차이가 있을 수밖에 없겠지만, 그것이 인식론과 깊이 연루되어 있는 것만큼은 분명하다.

우선 후설에게서는 '의미'(Sinn)개념이 '뜻'이라는 낱말로 풀이되는 'Bedeutung'과 유사하게 사용되고 있다. 원래 'Bedeutung'은 어떤 낱말과 표현의 의미와 어의語義를 말하고 'Sinn'은 거기에 덧붙여 대상과의

---

185) 후기의 비트겐슈타인은 전기에 했던 논리실증주의적인 주장들을 취소하고 겸허한 자세로 철학에 접근한다. 그의 『철학적 성찰들』(Philosophische Untersuchungen)을 중심으로 펼쳐진 후기 사유는 더 이상 자연언어를 인공언어의 틀에 집어넣어 '논리적 언어의 구조'를 정립하려 하지 않고, 오히려 자연언어 자체의 일상적인 용도를 이해하려고 접근한다. 따라서 '사실의 물리적 구조'가 '논리적 언어의 구조'와 일치한다는 '그림이론'은 그의 최종적인 주장이 아니라고 볼 수 있다.

관계까지 고찰하는 넓은 의미를 말하지만, 후설은 이를 가려서 쓰지 않고 혼용하고 있다.186) 대상이 어떤 것으로 파악되는가를 결정하는 것이 바로 후설에게서의 의미로, 이(의미)는 대상파악의 본질적 요소에 해당한다. 인식론과 깊이 연루되어 있는 그의 의미론은 물론 지향론과 통각론에서도 심화되어 있다.

의미는 후설에게서 자립적이고 자체적인 존재로도, 말하자면 플라톤의 이데아나 '본질'과도 유사하게, 그것(의미)이 가리키는 대상의 유무나 주관의 유무와 상관없이 존립하지만, 또한 주관과의 관계에서 고찰된다. 말하자면 의미는 주관의 노에시스(대상구성작용, 대상형성작용)에 의해 형성된 의미형성체, 즉 노에마라는 것이다. 따라서 후설에게서 의미 개념은 철저하게 인식론의 지평에 속해 있다.

인간은 선천적·자연적으로 앎을 추구한다. 아리스토텔레스 『형이상학』의 첫 번째 문장은 "모든 인간들은 본성적으로 앎을 추구한다"187)인데, 이는 앎을 추구하는 인간의 본질적인 모습을 잘 대변해 주고 있다. 물론 이때의 앎이 바로 근대적인 의미의 인식 개념으로 귀착하는 것은 아니다. 플라톤의 '동굴의 비유'가 잘 드러내듯 각 단계에서의 앎의 차원은 존재의 차원과도 직결되기에, '앎'을 단순히 근대적 인식론의 차원으로 귀결시키는 것은 온당하지 못하다. 특히 동양의 '앎' 가운데 통찰, 깨달음의 차원은 '지혜의 인식' 및 존재의 차원과 깊이 연루되어 있다.

이처럼 인간은 본래적으로 앎의 문제를 추구하지만, 의미 또한 추구한다. 의미의 문제(의미를 찾고 추구하는 것)는 인식의 문제와 서로

---

186) 한전숙, 『현상학』, 166쪽 참조.
187) Aristoteles, *Aristoteles' Metaphysik* (Hrsg. von Horst Seidel, Meiner: Hamburg, 1989), 980a.

연루되어 있는 경우가 많지만, 만일 인간이 눈앞의 당면한 문제에 얽매여 있다면 단연 인식의 문제가 가장 큰 관심사로 대두될 것이다. 그러나 인간의 삶에서 인식의 문제에 못지않게, 아니 오히려 더 긴요하고 필수적인 것은 의미의 문제라고 여겨진다. 거시적인 안목에서 고찰하면 인간은 의미를 추구하고 찾아 가는 존재이다. 인간은 어딘가를 향해 나아가는, 삶의 의미를 추구하고 찾아 나서는 그런 존재인 것이다. 어쩌면 앞에서 언급한 테제, 즉 인간의 인식론적 추구 또한 단지 의미를 추구하고 찾아 가는 과정의 일환일 따름이다.

인간은 존재의미를 찾고 또 부여하며 살아가는 존재이다. 삶의 존재의미를 묻는 물음 속에서 인간은 동식물이나 그 밖의 다른 생명체와 비교되는, 영적인 존재의 모습을 더욱 선명하게 드러낸다. 또한 삶의 존재의미는 인간이 삶의 여로를 살아갈 수 있도록 하는 힘의 원천이기도 하다. 삶의 존재의미에 대한 물음이야말로 철학과 인생에 관한 절박한 물음인 것이다. 그래서 롬바흐(Heinrich Rombach)는 다음과 같이 천명하고 있다.

의미(Sinn)에 관한 물음은 인간에게 불가피하다.…… 인간이 무엇을 하건, 무엇을 체험하건 의미에 관한 물음이 제기된다. 물론 어떤 것은 의미가 없거나 의미 없는 것으로 느껴질 수도 있다. 하지만 그럴 수 있는 것은 단지, 인간과 관계된 모든 것에 대해 원칙적으로 그 주도적 의미가 물어질 수 있기 때문이다. 그런 주도적 의미가 존재한다는 것, 또는 존재해야 한다는 것은, 늦어도 의미가 의심스러워지거나 상실되어 갈 때는 분명해진다. 의미의 위기, 의미의 상실, 의미의 붕괴, 의미의 그늘짐은 인간 현존재와 그 삶의 질을 결정적으로 위태롭게 만드는 것들이다.[188]

---

188) H. 롬바흐, 전동진 옮김, 『살아있는 구조』, 43~44쪽.

롬바흐의 고백처럼 인간은 삶의 의미 없이, 의미의 창조 없이 살아갈 수 없다. "그 어떤 것도 의미창조성이 전혀 없으면 살아 있을 수 없다. 의미창조의 정도가 삶의 강도와 충족 정도를 결정한다."[189]

다음은 월터 로리(Walter Lowrie)가 인용한 키르케고르의 편지 중의 일부인데[190], 여기서는 '의미 있는 것' 혹은 주관적 진리가 인식론적 객관의 진리보다 훨씬 더 큰 비중으로 다루어지고 있다.

> 나에게 진정으로 필요한 것은 내가 무엇을 알아야 하느냐가 아니라 ―아는 일이 모든 행동에 선행한다는 사실을 제외한다면― 무엇을 해야 하는가를 분명하게 마음속으로 파악하는 일이다. 중요한 일은 내가 무엇을 하도록 예정되어 있는가, 또 신이 나에게 요구하는 것이 무엇인가를 아는 것이다. 요점은 나를 위한 진리를 찾는 것, 내가 그것을 위해 기꺼이 목숨을 바쳐 살아야 할 이상을 찾는 것이다. 비록 내가 철학자들의 체계를 애써 파고들려 하고, 필요하다면 그 체계를 검토할 수 있게 된다 할지라도, 소위 말하는 객관적 진리를 발견하는 것이 내게 무슨 유익이란 말인가?[191]

여기서 "내가 그것을 위해 기꺼이 목숨을 바쳐 살아야 할 이상"이라고 했으니, 그것이 얼마나 큰 비중을 갖는지를 충분히 파악할 수 있을 것이다. 그런데 이 인용문에서 주의해야 할 사항은, 객관적 사실이나 객관적 진리가 전혀 가치 없음을 말하고 있는 것이 아니라는 점이다. 그 '이상'은 어떤 의미 있는 것이나 주관적인 진리에 비해 배타적이거나 이원론적인 위치에 서는 성질의 것이 결코 아니다. 단지 그것은 어떠한 사실이든 누군가를 위한 중요한 의미를 띤 사실이어야 하고 나와

---

189) H. 롬바흐, 전동진 옮김, 『살아있는 구조』, 58쪽.
190) Walter Lowrie, *A short Life of Kierkegaard* (Princeton: Princeton University Press, 1942), p.82.
191) 제임스 사이어, 김헌수 옮김, 『기독교 세계관과 현대사상』(IVP, 2008), 186쪽.

유의미한 사실이어야 한다는 것을 말하고 있다. 진리든 지식이든 그것은 우리와 불가분적으로 결합되어 있어야 한다. 그런 진리는 인격적 차원의 진리, 혹은 의미와 융합된 진리, 우리 인생과 연결된 진리, 인생을 살아가는 진리일 것이다.

인간의 삶에서 중요한 관건이 되는 것은 결코 인식론의 문제만이 아니다. 경우에 따라서는 더 긴요하고 더 절실하며 더 지배적인 것이 바로 존재의미의 문제이다. 이를테면 이 세계와 인간을 근거 짓는 원인, 즉 고대 그리스의 철인들에게서 나타나는 만물의 '아르케'(arche)란 무엇일까 라는 물음, 이것이 바로 존재에 대한 물음인 것이다. 혹은 "이 세상만물이 존재하게 된 원인은 무엇인가?"라고 묻거나 "내가 왜 존재하게 되었는가?"라고 묻는다면, 혹은 "이 세계의 궁극적 실제란 무엇인가?"라고 묻는다면, 이것은 곧 존재 물음으로서 분명히 인식론의 문제보다 앞설 수밖에 없다. 만약 아무것도 존재하지 않는다면 그야말로 아무것도 인식할 수 없기 때문이다.

우리는 이처럼 우주의 본질에 관해, 인간의 본질과 운명에 관해서 묻고, 그 다음으로 인식에 관해 물을 수 있기에, 근대적 인식론을 가장 중요하고 절실하게 여길 아무런 이유가 없다. 근대적 의미의 과학적 인식론을 절대화하는 과정에서 파생된 문제가 오늘날 인류를 괴롭히는 환경문제, 물질주의 문제, 존재의 불안과 위기를 야기했다는 것은 이제 공공연하게 다 알려진 사실이다.

사수도의 성좌들과 고인돌 성혈의 성좌들이 심오하고 크나큰 존재의미를 갖는 것은 인식론에 의해서라기보다는—어차피 인식론은 그 자체의 한계로 말미암아 저런 존재의미를 밝혀낼 수 없다— 존재자 그 자체가 갖는 존재위상과 중량에 의한 것이다. 그렇게 의미부여된 것은 —앞서 세심

하게 논의했듯이— 우연에 의해서도, 이론이나 인식론에 의해서도
아니고, 이들 존재자와 인간(인류) 사이에 일어난 교감과 공감 및 공명에
의해서이다.

10. '의미를 부여하는 현상학'에서 공 – 의미부여의 존재론에로

태양이든 달이든, 또한 남두육성이든 북두칠성이든 이러한 존재자
들은 작은 규모일지라도 의식체험과의 상관관계 속에서 직접적으로
주어지게 된다.—이러한 존재자들은 멀리 떨어져 있어 근대적인 인식론을 충족시킬
수 없고 근대의 인식론으로도 어찌할 수 없다.— 따라서 이들도 —현상학에서
규정하듯— 의식에 절대적으로 주어지는 현상(Phänomen)이 될 수 있는
것이다. 바로 여기에서 근대철학과 현상학의 차이가 명백하게 드러나
게 된다.

근대철학의 인식론은 의식 속에 주어진 것이 정확하게 무엇이냐는
것을 묻고 동시에 진위 문제를 핵심적 관건으로 삼지만, 현상학에서는
이런 '무엇임'(Washeit)과 그 진위 여부보다도 어떻게든(혹은 무엇이든) 대상
들이 의식체험과의 상관관계 속에서 직접적으로 주어진다는 사실이
다. 말하자면 현상학은 "이것이 무엇이냐" 혹은 "저것이 무엇이냐"에
서의 '무엇임'(Washeit)이라는 연약하고 불확실한 지적 조작에 의해 왜곡
되거나 은폐되기 이전의, 즉 이론적인 구성 이전에 이미 주어져 있는
근원적 사태를 직관하고 체험하는 것이다.

그렇기에 현상학은 이론적으로 짜 맞추어진 구성틀을 허물어 버리
고서 모든 대상을 항상 의식의 상관자로 받아들이게 되는데, 이것이야

말로 '현상학의 근본상황'인 것이다. '현상학의 근본상황'에서는 근대
와는 달리─근대의 인식론에서는 주객을 분리시킨 상태에서 객관은 전적으로 인식하
는 주관에 의해 구성되어야 한다고 보는 소박한 태도가 지배적이다─ 노에시스(Noesis)
와 이 노에시스의 대상인 노에마(Noema)가 이미 상관적 연관성을 갖고
서로 얽혀 있다. 의식과 그 의식의 대상이 이미 이처럼 구조적으로
관계를 맺고 서로 얽혀 있다는 사실을 통찰하지 못한 것, 말하자면
의식과 대상을 서로 독립된 요소로 분리하고 각각 실체화한 것이야말
로 근대의 주객분리의 유산인 것이다.[192]

　　의식과 대상 사이의 구조적 상관성을 통찰하는 후설의 현상학은
그의 지향성 이론에서 집약되고 있다. 후설에 따르면, 의식은 항상
무엇무엇에 관한(über etwas) 의식이며, 그렇기에 의식과 이 의식의 대상은
분리될 수 없이 상관적으로 얽혀 있다. 그런데 이런 현상학적 근본상황
을 인식하지 못했던 근대철학(합리론이든 경험론이든, 칸트의 비판철학이든)은
어떻게 주관이 수동적이라고만 여겨진 객관의 실재성에로 도달할
수 있는지를 인식론적으로 해명하는 데에만 온 정열을 쏟았다. 근대철
학은 세계(대상이든 객관이든 사물이든)가 나에 대해 당연하게 존재하는
것으로 믿고서, 즉 세계의 존재에 대해서는 문제시하지 않아서(존재망각)
이 세계의 존재에 대한 자신의 믿음과 태도에 관해 아무런 반성도
하지 못했던 것이다. 더욱이 그들은 세계가 주관에 대해 당연히 존재한
다는 믿음을 넘어, 이 세계의 존재가 주관에 의해 정립되어야 한다는
오만하고 소박한 신념을 갖고 있기까지 했다. 이것을 후설은 '자연적

---

192) 데카르트의 이원론에서 이미 드러나듯 의식은 '사유하는 실체'이고 대상은 사유할
　　수 없는 '연장적 사물'에 불과하다. 의식을 사물과는 다른 실체로, 그리고 사물 역시
　　의식과는 전적으로 다른 실체로 분리하는 데카르트의 이원론에서 의식과 대상 사이의
　　근원적 유대성이나 '관계의 범주'는 철저하게 차단되어 있다.

태도의 일방정립'(natürliche Einstellung)이라고 규정하였다.

근대철학과는 달리 후설은 의식과 대상 사이의 본질적 상관관계를 지향성 개념으로 밝힌다. 통속적인 태도를 버리고 '현상학적 환원'을 수행한 후의 의식의 본질구조, 즉 의식과 대상 사이의 관계를 마치 두 개의 독립된 실체 사이의 실재적 관계로 소박하게 파악하는 편견을 없애고 들여다 본 의식의 본질구조는 다름 아닌 지향성(Intentionalität)인 것이다. 의식은 항상 대상에로 향해져 있기에 이미 근원적 유대성을 형성하고 있다. 의식과 이 의식의 대상은 서로를 배제하는 것이 아니라, 서로를 존재론적 상관자로 요구한다. 주체의 지향적 의식에는 이미 대상이 있고, 대상은 주체들로 말미암아 드러나는 것이다. 이처럼 의식은 이미 그것의 대상과 관계를 맺고 있고 대상 또한 그처럼 의식과 관계를 맺고 있기에, 의식과 대상 사이에는 보편적인 상관관계가 형성될 수 있다.193)

의식과 대상 사이의 보편적인 상관관계에 잘 밝혀져 있듯, 후설의 '지향성'은 독립적으로 실재하는 두 실체 사이의 실재적 관계를 의미하는 것이 아니라 의식이 이미 대상과 관계를 맺고 대상에로 향해져 있음을 말하고 있다. 말하자면 의식과 대상은 두 개의 독립된 실체가 아니라 이미 관계의 범주로 묶여 있다는 것이다. 이런 관계의 범주에서

193) 의식과 대상 사이의 보편적인 상관관계를 발견한 것은 후설의 탁월한 통찰력이라고 할 수 있다. 주객분리의 이원론에 빠진 근대철학은 물론 후설의 스승인 브렌타노마저도 의식과 그것의 대상이 마치 두 개의 서로 다른 실체로 존재하면서 두 실재 사이에 실재적 관계가 존재하는 것처럼 파악한 것이다. 브렌타노는 '지향성'이란 개념으로써 물리적 현상과 심적 현상을 구분하였다. 그에 의하면 심적 현상은 물리적 현상과는 달리 항상 자신의 대상을, 즉 자신의 지향적 대상을 자신 속에 가진다. 그런데 의식이 대상을 자신 속에 가진다는 브렌타노식의 표현은 마치 의식과 대상이 서로 독립된 개체로 존재하면서 어느 한쪽이 다른 한쪽으로 들어오거나 포섭되는 식으로 읽혀지기에, 후설에게서 밝혀진 주객의 본래적 상관관계가 통찰될 수 없는 것이다.

대상이란 주관과의 관계를 통해서만 비로소 대상적 성격을 가지게 되는 대상성이며, 역으로 주관 역시 대상과의 관계 속에서만 비로소 주관적 성격을 획득한다는 점에서 주관성이다.

주관의 의식은 자기초월적이어서 이미 대상과 유대관계를 맺고 있기에, 질료적인 소여와 지향작용 사이에는 이원론적 구별이 존재하지 않는다. 대상 즉 "질료적 계기들은 그것이 지향성의 기능을 지니거나, 의미부여를 입게 되거나, 또는 구체적인 노에마적 의미의 구성을 돕거나 하는 한 노에시스에 속한다."[194]

우리는 물리학적·천문학적으로 너무 멀리 떨어져서 마치 전적으로 다른 별개의 세계인 것으로 여겨질 수밖에 없는, 그래서 근대의 인식론적 차원에서 지극히 미미하게 파악할 수밖에 없는 성좌들의 세계(북두칠성과 남두육성, 태양과 달 등등)를 이제 후설의 현상학을 통해 가까운 이웃처럼 의식의 상관자로 맞이할 수 있게 되었다. 관계의 범주로 읽혀진 성좌의 세계는 공간적인 거리와 격리를 초월하여 우리 의식의 상관자로서 서로 친숙한 관계망에 들어가 있는 것이다.

후설은 그의 스승 브렌타노의 지향성 개념이 심리학의 '심적 현상'에 머물러 있는 데에서 탈피하여 엄격한 인식론적 현상학의 길을 지향하였다. 브렌타노에게 있어서 의식의 지향성은 대상을 내재적으로 간직하는(bewußt-haben) '심적 현상'에 불과해서, 의식과 대상의 정적인 일대일 대응 관계에 얽매어 있다. 후설은 그러나 이 '심적 현상' 대신에 '지향적 체험'이나 '작용'(Akt)이라는 개념을 사용하면서, —브렌타노에게 있는 의식과 대상 사이의 일대일 대응의 정적 관계가 아니라— 지향적 의식의 동적인 성격, 즉 대상에 의미를 부여하고 대상을 형성하는

---

194) E. Husserl, *Ideen I*, Hua III (1976), 478쪽.

'작용'을 부각시킨다. 그렇기에 후설에게서 지향적 체험이란 능동적으로 대상을 형성하는 목표를 지닌, 목적론적인(teleologisch) 성격을 갖는 것이다.195)

후설은 '주객의 상관관계'(Subjekt-Objekt-Korrelation)196) 또는 '존재와 의식의 상관관계'(die Korrelation von Sein und Bewußtsein)197)라는 용어를 써서 의식의 그와 같은 독특한 성격을 규정하고 있다. 여기서 '상관관계'(Korrelation)라는 표현은 근대의 스캔들인 주객분리를 극복할 수 있는 요인이 되는 것으로, 주관의 의식과 대상의 두 항은 서로 분리되어 각기 독립적으로 존재하는 것이 아니라 하나는 반드시 다른 하나를 전제로 하는 '관계의 범주'임을 천명하고 있다.198) 즉 의식과 대상을 분리해서 생각할 수 없다는 것이다. 이 지향적 체험 가운데 존재하는 것은 의식과 대상 혹은 주관과 객관의 두 실재가 아니라, 대상(객관)이 지향적으로 현전하고 있다는 자명한 사태뿐이다.

그런데 지향성 속에서 현전하게 된 상관관계에는 ―의식과 대상 사이의 정적인 일대일 대응 관계가 아니라― 의식이 대상을 성립시키고 가능하게 하는 조건이 들어 있다. 이를테면 그 자체로 존립하는 이념적 영역이나 자체적으로 존재하는 수학과 논리학의 대상도 지향성 속에서 생동하는 현전으로 거듭나게 되는 것이다. 후설에 의하면

---

195) E. Husserl, *Ideen I*, Hua Ⅲ (1976), 176쪽 참조.
196) E. Husserl, *Krisis*, Hua Ⅵ (1976), 184쪽 및 265쪽 참조.
197) E. Husserl, *Ideen I*, Hua Ⅲ (1976), 319쪽.
198) 후설은 이 '상관관계'의 발견에서 적잖은 감동을 받은 것으로 보인다. "경험대상과 그 소여방식에 대한 보편적인 상관관계-아프리오리(Korrelationsapriori)가 처음으로 통찰된 것은(그것은 아마 1898년경 나의 『논리연구』의 원고가 다듬어지고 있었을 때일 것이다) 나를 아주 깊이 감동시켰는데, 그 이후로 내 생애의 전 작업은 이 상관관계-아프리오리의 체계적 마무리작업이라는 과제에 완전히 지배되었다."(E. Husserl, *Krisis*, Hua Ⅵ, 169쪽)

이때 의식의 지향작용이란 곧 지향적 대상을 형성하는 대상형성작용
이다. 물론 의식의 지향작용이 대상을 형성하고 대상과의 관계를
처음으로 부여한다고 할 때의 '대상'이란, 의식 밖에 있는, 의식과
무관한 실재적 대상이 아니라 의식의 지향작용에 의해 형성되는 대상
이다. 지향작용에 의해 형성된 상관관계는 주관적 의식과 그 지향대상
과의 불가분적 관계가 정립된 것으로, 주관과 객관 및 심리주의와
논리주의가 종합된 현상학의 성격을 드러내고 있다.

후설은 『논리연구 I 』에서 엄격한 순수논리학의 입장에서 심리학주
의를 철저하게 비판하며 논리적 대상의 자체적 존재를 확립하였는데,
이는 '상관관계' 중에서 대상을 부각시키는 논리학자의 입장이다.
그러나 『논리연구 II 』에서는 저 상관관계의 또 다른 변항인 주관의
심적 작용을 분석하면서 이를 논리주의와 구분하여 '기술적 심리학'
혹은 '현상학'이라고 규정했다.199) 관념적 대상의 측면만 강조하는
수학자나 논리학자와 비교할 때 '기술적 심리학' 혹은 현상학은 주관의
대상형성작용을 부각시킨다. 대상을 의식하는 주관의 주관적 체험과
활동적 대상형성작용으로 되물어 가려는 시도인 것이다.200) 그런데
여기서 주의할 것은, 주관의 대상형성작용을 중시하고 주관적 체험을
강조한다고 해서 저 대상적이고 관념적인 측면을 무시하거나 경시하
는 것이 결코 아니라는 점이다. 관념적 대상의 측면만을 강조하는
논리학자나 수학자는 주관을 완전히 무시해 버리고 대상만을 문제
삼지만, 현상학자는 대상도 중시하면서 동시에 대상형성작용을 하는
주관을 문제 삼는 것이다.

---

199) E. Husserl, *Phänomenologische Psychologie*, Hua IX (hrg. von W. Biemel, 1962), 26쪽 참조.
200) E. Husserl, *Phänomenologische Psychologie*, Hua IX (1962), 28쪽 참조.

수학적·논리학적 대상이 그 자체로 존립하는 존재라는 것은 엄격히 말해 주관의존적이 아니라는 뜻이지만, 그런 대상이 현사실적인 차원에서 자연적으로 그리고 필연적으로 지향적 대상으로 되기 때문에 주관과의 관계에서 고찰하지 않을 수 없다. 수학적·논리학적 대상뿐만 아니라 세계(존재자, 자연, 사물, 대상 등)도 마찬가지로 자기 스스로 존재하는 존재자이기에 엄격히 말해 주관의존적이지 않겠지만, 원래 인간이란 자연적으로(본래적으로) 세계(존재자, 자연, 사물, 대상 등)에 의미를 부여하고 형성하는 그런 존재자인 것이다.(의미를 부여하고 형성하는 과정에 이미 공-의미부여, 공-의미형성의 단계가 관여한다.) 물론 그 의미부여나 의미형성의 행위가 지나치게 자의적이거나 작위적이지 않아야 한다는 문제도—코스모스에서 인간만이 오만한 위치에 놓여서는 안 되기 때문이다— 동시에 물어져야 할 것으로 보인다.

후설의 소위 '통각론'은 어떻게 하나의 대상이 형성되는지 그 과정을 잘 보여 준다. 우리가 어떤 대상, 이를테면 사각의 상자를 상하좌우로 돌리면 우리에게는 여러 다양한 감각내용이 주어진다. 이렇게 우리의 감각체험은 다양하고 서로 다르지만, 그러나 우리는 동일한 하나의 상자라는 대상을 지각한다. 후설의 통각론은 우리가 그처럼 다양한 체험내용에도 불구하고 동일한 대상을 지각하게 되는 과정을 보여 주고 있다. 물론 세부적으로 저 상자를, 지향하는 모든 주체에게 동일하게 의식되는 대상이라고는 할 수 없을 것이다.

아무런 주관적 작용이 가해지지 않은 '자연 그대로의 현존재'(das rohe Dasein)는 아직 대상이 아닌 상태, 말하자면 '지향적'이라는 성격을 갖지 않은 상태이다. 그런데 이 '감각의 자연 그대로의 현존재'(das rohe Dasein der Empfindung)에 대해 '감각을 활성화하는'(beseelen: 혼을 불어넣는)

작용 성격으로서의 파악(Auffassung) 내지 통각(Apperzeption)이 주어지면201)
'자연 그대로의 현존재'는 이 통각에 의해 감각의 다양성이 종합되고
통일되어 대상으로 발현(Erscheinen)하게 된다. 말하자면 통각 혹은 파악
작용에 의해 의식은 지향적 대상관계를 획득함으로써 '무엇무엇에
관한 의식'이 될 수 있는 것이다. 따라서 '통각' 혹은 '파악'이란 대상의
현존재가 나에 대해 존재함을 처음으로 형성하는 일종의 체험 성격이
라 할 수 있다.202)

어떤 것(대상)이 '나에 대한 대상'(Gegenstand für mich)으로 존재할 수 있게
되는 것은 '통각'이나 '파악'에 의해서이다. "대상으로서 존재한다"는
것은 곧 나에 대해서 대상으로 발현된다는 말인데, 이러한 발현작용이
바로 '통각'이라는 것이다. 이를테면 집이 (집으로) 나에게 발현하는(나
타나는) 것은 내가 실제로 체험된 감각내용을 일정한 방식으로 통각하기
때문이다. 내가 손풍금(Leierkasten)을 듣는 것 또한 감각된 음향들을 바로
손풍금의 음향들로 해석하기 때문이다. 이와 같이 나는 내 마음 속에서
나를 들여다보는 기쁨이나 근심 등 나의 심리적 현상(발현: Erscheinen)을
통각하면서(apperzipierend) 지각한다.

대상파악이란, 인식으로써 체험된 감각내용을 '무엇으로' (als etwas)
즉 어떤 특정한 의미로 이해하고 해석하는 것을 뜻한다. 말하자면
자연 그대로의 존재자들이나 비지향적인 감각을 활성화하여 그것을
어떤 일정한 의미를 가진 대상(존재자)으로 파악하는 것을 가리키는데,
이를 "의미를 주는 작용 즉 의미부여작용(sinngebender oder bedeutungsverleihender
Akt)이나 의미형성작용(sinnbildender Akt)"203)이라 한다.

---

201) E. Husserl, *Logische Untersuchungen* II / 1, Hua XIX / 1 (1984), 385쪽.
202) E. Husserl, *Logische Untersuchungen* II / 1, Hua XIX / 1 (1984), 383쪽.

이처럼 주관은 후설에게서 대상을 대상으로 성립되게 하고 대상을 적극적으로(동적으로) 형성하는 생산적인 주관이며, 모든 존재의 궁극적인 구성근거로서의 '절대적 존재'이고 가능근거로서의 선험적 주관이다. 이를 요약하면 주관의 '절대적인 의식'(absolutes Bewusstsein)이 바로 의미부여(Sinngebung)의 장(Feld)이 되는 것이다.204) 선험적 환원에 의해 획득된 순수의식(reines Bewusstsein)205)은 곧 모든 존재를 형성하는 선험적 주관이다.

후설은 의미를 부여하고 형성하는 주관의 기능을 그의 노에시스-노에마(noesis-noema)론에서 심화한다.

후설에 의하면 저 선험적 주관이 갖는 체험류에는 두 개의 서로 다른 층이 존재하는데, 하나는 감각(Empfindung)의 체험층으로서 감성적 체험 또는 감각내용이며, 다른 하나는 이들 감성적 계기에 '혼을 불어넣는'(beseelend) 혹은 '의미를 부여하는'(sinngebend, sinnverleihend) 층이다. 후설은 이 두 가지의 층을 각각 질료(Hyle)와 노에시스(noesis)라고 명명한다.206) 그런데 후설은 이 질료와 노에시스를 '소재와 형식'(Stoff und Form)207), '감성적 질료와 지향적 현상'(sensuelle Hyle und intentionale Morphe)208), '소재층과 노에시스층'(eine stoffliche und eine noetische Schicht)209), '형식 없는 소재와 소재 없는 형식'(formlose Stoffe und stofflose Formen)210) 등으로 부르기도 한다.

---

203) '의미를 주는 작용'이나 '의미부여작용'(sinngebender oder bedeutungsverleihender Akt) 또는 '의미형성작용'(sinnbildender Akt)은 결국 주관에 의해 이루어지는 것으로서, 거의 같은 내용의 반복이라고 봐도 무난한 것으로 여겨진다.
204) E. Husserl, *Ideen I*, Hua III (hrg. von K. Schuhmann, 1976), 107쪽.
205) E. Husserl, *Ideen I*, Hua III (1976), 141쪽.
206) E. Husserl, *Ideen I*, Hua III (1976), §85 참조.
207) E. Husserl, *Ideen I*, Hua III (1976), 172쪽.
208) E. Husserl, *Ideen I*, Hua III (1976), 172쪽.
209) E. Husserl, *Ideen I*, Hua III (1976), 175쪽.

여기서 질료란 ―고대 그리스의 아리스토텔레스에게서도 잘 규정되어 있듯― 그 자체로는 아무런 의미와 지향성도 갖지 않는 단순한 단편들, 잡다한 소재들을 말하고, 노에시스란 질료라고 칭해진 잡다한 자료들에 작용해서 대상적 통일을 일구어 내는 대상구성의 기능을 말한다. 이 노에시스에 의해 구성된(konstituiert) 대상이 노에마(noema)인 것이다. 『이념들 I』을 중심으로 전개되는 후설의 노에시스-노에마론은 『논리연구 II』를 중심으로 전개되었던 통각론의 재현이라고 보아도 무난할 것이다. 『논리연구 II』(1, 385)에서 '감각의 자연적인 현존재'(das rohe Dasein der Empfindung)라고 칭했던 것을 『이념들 I』에서는 질료(Hyle)로 나타내고, 또 이를 활성화하는 '파악작용'을 노에시스로, 그 파악된 '대상'을 노에마로 나타내고 있는 것이다.

의식의 노에시스작용이 질료에 혼을 불어넣어서 노에마를 형성하는 과정을 후설은 '구성'(Konstitution)이라고 부른다. 여기서 '구성'은 다름 아닌 '의미부여작용'이고, 주관에 의해 의미부여된 대상 즉 노에마는 '의미구성체' 또는 '의미'이다. 그런데 이 '의미'는 후설에게서 독특한 두 가지의 주관적이고 객관적인 의미를 동시에 갖는데, 한전숙 교수는 이를 다음과 같이 설명하고 있다.

> 의미는 한편에서는 이데아적 자기동일성을 가지고 있으면서 다른 한편에서는 의식작용과 관련되어 있다. 이런 점에서 의미 개념은 후설의 현상학이 논리적 객관주의와 심리학주의의 종합을 꾀한다는 관점에서 아주 적격이라고 할 수 있다. 2+3=5는 실지로 누가 언제 어디서 생각하든, 또 아예 아무도 생각하지 않든 동일한 의미를 가지고 있다.[211]

---

210) E. Husserl, *Ideen I*, Hua III (1976), 173쪽.
211) 한전숙, 『현상학』, 166쪽.

즉 '의미'는 한편으로 그것이 가리키는 대상의 유무나 그것을 생각하는 주관의 유무와도 전적으로 무관하지만, 다른 한편으로 그런 주관과 무관한 자체적 존재라고 할지라도 의식하는 주관과 관련을 맺어야만, 즉 주관에 의해 의미구성체(=의미)로 되어야만 생동하는 대상으로 발현(Erscheinen)되면서 논의되고 연구되는 것이다.

후설 현상학에서 '에고 코기토'(ego cogito)로서의 주체는 자신을 모든 의미작용의 기원으로 파악한다. 따라서 세계가 현상으로 나타날 때, 그 세계는 어떤 격리된 현존이나 현존의 실재성이 아니라 의미부여된 세계이며, 이는 코기토에 의해 지향되는 사유대상(cogitatum)일 뿐이다. 이미 주체에 의한 현상학적 환원은 코기토만이 아니라 에고-코기토-코기타툼(ego-cogito-cogitatum: 자아-사유-사유대상)212), 즉 세계에 대한 의식, 세계의 의미를 구성하는 의식을 나타내는 것이다. 이러한 현상학적 관점에서 세계는 하나의 격리된 현존이 아니라 의식에 존재하는 현상이고 의미이다. 따라서 후설의 현상학에서 주체는 직접적인 의미부여자로, 세계에 대한 의미의 원천으로 받아들여지는 것이다. 이때 세계는 의식과의 존재론적 상관자로서, 보편적인 상관관계에 의해 혹은 근원적인 유대성으로 인해 이미 주어져 있다.

사실 의미구성이든 의미부여든, 그것이 가능하기 위해서는 근원적으로, 선천적·선험적으로 존재자가 존재하고 있어야만 한다. 말하자면 의미를 부여(형성)할 수 있기 위해서는 존재자의 존재라는 원초적 기반이 마련되어 있어야 하는 것이다. 존재자가 존재하고 있어야만 비로소 지향성이 작동될 수 있기 때문이다. 따라서 참된 의미부여는

---

212) E. Husserl, *Cartesianische Meditationen* (hrg. E. Ströker, Meiner: Hamburg, 1992), §15~§16 및 §18~§20 참조.

주체에 의한 일방적인 의미부여가 아니라 공-의미부여가 되어야 한다. 그러나 엄밀한 의미에서 후설의 현상학에는 주관에 의한 의미부여의 현상학만 있을 뿐 공-의미부여의 현상학은 없다. 공-의미부여가 아닌 주체의 의미부여는, 존재자의 존재가 전제되어야 한다는 사실을 문제시하지 못하고 당연시했을 뿐만 아니라 아예 무시하고 망각해 버린 것이다.

존재자가 존재한다는 기적적인 사실, 그래서 그렇게 존재자가 지향적 대상이 되기 이전부터 존재하기 때문에 지향적 대상도 될 수 있다는 사실은 실로 경이로운 사건이다. 이런 사실을 후설의 현상학은 망각하고 있다. 존재자는 대상으로 되기 이전부터, '대상'이라는 굴레를 쓰기 이전부터 이미 독자적으로 존재하고 있었던 것이다. '대상'이 됨으로써만 존재자의 존재가 의미를 갖는다고 하는 것은 이 존재자의 엄연한 독자성과 선천성을 무시하고 망각한 소행이다. 존재자의 존재에 대한 독자성은 하나도 묻지 않고, 존재자가 나의 의식에 들어오지 않는 경우도 있다는 것에 대해서는 묻지 않고, "아는 것만큼 본다"에 준해 하나의 존재자가 나와 너에게 서로 달리 보여 서로 다른 대상이 될 수 있다는 사실도 묻지 않고, 그저 내 의식이 의도하는 대로 저 대상화된 존재자를 이리저리 끌고 다니며 이렇다는 둥 저렇다는 둥 판단을 내리는 것은 주체의 횡포가 될 수도 있는 것이다.

후설의 지향성 이론에서는 근대의 사유 못지않게 과다한 인간 주체의 지배적인 역량(의미부여작용, 의미형성작용)으로 인해 존재자(세계, 사물, 자연 등)의 존재의미가 헤아려지지 않는 현상이 뚜렷하게 드러난다. 사물이든 존재자든 주체에 의해 대상이 되는 것으로만 존재가치를 갖기에, 거기에서는 대상이든 사물이든(존재자든 세계든) 독자적인 존재의미가 전혀 물어지지 않고 있다. 세계(존재자, 사물, 자연 등)는 인간에 의해 의미부여(의미형성)되기 위해 존재하는 것인가? 그렇지는 않을 것이다. 이들은 주관에 의존하지 않고서도 존재하는 것이다. 반면 인간이 의미를 부여하거나 형성하는 것은 인간 자신이 필요로 하기 때문이기에, 지나친 주체중심주의를 경계하지 않을 수 없다는 결론이 나온다.

저들 존재자가 존재하는 것은 인간에 의해서도 아니고, 인간 때문에도 아니다. 저들은 인간 주체의 개입 없이 독자적으로, 또 원천적으로 존재하며, 그렇기에 대상으로 될 수 있는 것이다. 만약 어떤 존재자가 대상으로 되었다고 해도, 그런 대상은 확고부동하거나 천편일률적인 대상이 아니다. 또 대상이 되었다고 해서 존재자의 전모가 다 드러난 것도 아니다. 내가 본 대상과 네가 본 대상이 서로 다를 수 있다는 것도 사실이다. "보는 것만큼 안다"에 따라 대상은 서로 다른 형상으로 드러날 수도 있는 것이다.

이렇게 독자적인 존재위상을 갖는 세계와 세계 내의 존재자는 인간에게 자신의 존재를 알아 달라고 요청하지 않는다.[213] 오히려 인간이 자신의 필요와 희망에 의해 저들을 요청하는 것이다. 존재자(대상)는 실레지우스의 '장미'에서처럼 결코 주체의존적이 아니다. 오히려 인간이 대상의존적이라고 할 수 있을 것이다.

후설은 인간 주체의 의식을 '절대적 존재'로 규정하고 이런 '절대적 존재'를 바탕으로 "세계 및 그 속에 있는 모든 것은 전적으로 의식의존

---

213) 하이데거는 A. 실레지우스의 「장미」라는 시를 통해 인간 주체에 의존적이지 않는 존재자의 모습을 적나라하게 드러내고 있다. "장미는 '왜'라는 근거 없이 핀다. / 장미는 그저 피어나기 때문에 핀다. / 장미는 자신을 돌보지 않고, 남들이 자신을 봐주는지 묻지 않는다."

적이지만, 거꾸로 의식은 결코 세계의존적이 아니다"[214]라고 하였는데, 이런 주장과 태도는 주체중심주의를 극단으로 끌어올린 것으로 보인다. 앞에서 언급했지만, 실레지우스의 '장미'라는 존재자는 결코 자신을 보아 달라거나 자신을 세상에 알려 달라고 부탁하는 경우가 없다! 일월성신도 마찬가지이다. 물론 후설의 현상학도 대상을 무시하지는 않지만, 그것은 대상형성작용을 주체에게만 부여함으로써 대상의 존재의미를 주체의존적인 것으로 만들어 버렸다. 그러나 실상은 오히려 인간이 존재자의 존재(세계, 자연, 사물 등)에 의존적이라고 할 수밖에 없다. 인간은 대상뿐만 아니라 의식 외의 모든 것에 의존하여 살아가고 있으며, 의식의 지향성 또한 '무엇무엇에 대한'(ti kata tinos) 지향성인바 이 무엇의 존재(자)가 없다면 지향 자체가 불가능하기 때문이다. 그럼에도 후설의 대상형성작용에서는 인간의 주관만 무대 위에 등장해 있고 대상은 주관의 아류와 꼭두각시로 전락해 버린 상태이다.

인간 주체는 유한할 따름이지만, 세계(존재자, 사물, 자연 등)는 인간 주체에 비해 항구적이거나 준-항구적인 위치에 존재한다. 이를 망각한 채 대상형성작용의 열쇠를 인간 주체에게만 부여하는 것은 세계나 자연 사물 등과 같은 존재자의 존재위상과 의미에 대해 충분히 사유하지 못한 것이다. 지향되어야 할 존재자가 존재하지 않는다면, 또는 인식할 수 있는 인간이 존재하지 않는다면, 어느 경우든 마찬가지로 지향성 자체가 불가능할 것이다.

더욱 심각한 문제는, 이승종 교수가 면밀하게 분석해 내었듯, 의식의 존적이지 않은 즉 의식초월적인 대상이 또한 있기 때문에 지향성

---

214) 한전숙, 『현상학』, 186쪽.

508 제3부 보살핌의 체계: 사신도와 사수도

자체가 불완전하게 되는 경우나 지향성에 의해 결정하기 어려운 경우
도 있다는 점이다.

> 지향되는 대상은 한편으로는 의식의존적이면서도 다른 한편으로는 의식초월적이
> 다. 유한한 우리의 의식이 주어진 대상의 모든 측면을 총체적으로 지향할 수
> 없기 때문이다. 이처럼 우리의 지향성은 언제나 불완전한 것이며, 그로 말미암아
> 지향된 대상은 종종 미흡한 수준에서 결정된다는 점에서 미결정적이다.[215]

대상과 지향성의 이러한 한계와 특이성을 이승종 교수는 다음과
같이 네 가지 형태로 정식화하고 있다.[216] 첫째는 '지향성의 관점의존
성'으로, 의식의 지향성은 관점의존적이기에 이런 관점의존성이 지향
하는 대상에도 적용이 된다는 것이다. 왜냐하면 "관점은 의식주체가
대상을 지향하는 준거틀이기 때문이다."[217] 실로 주체의 의식이 판단
을 멈추고(판단중지) 순수의식을 획득한다고 해도 관점의존적인 것은
부인할 수 없을 것으로 보인다. 그것은 각자가 서로 다른 주관으로
각자 다른 지향성을 갖고 각자적인 노에시스와 노에마를 형성하기
때문이다. 둘째는 '대상의 초월성'으로, 대상은 지향성을 초월하는
측면이 있다는 것이다. 셋째는 '지향성의 불완전성'으로, 의식의 지향
성은 종종 지향된 대상의 모든 측면을 다 드러내지 못한다는 것이다.
넷째는 '대상의 미결정성'으로, 지향된 대상이 지향성에 의해 종종
미흡한 수준에서 결정된다는 것이다. 이러한 네 가지 정식은 지향성과
지향된 대상이 마치 인식론의 완전한 도구인 것처럼 확신해서는 안

---

215) 이승종, 『크로스오버 하이데거』, 29쪽.
216) 이승종, 『크로스오버 하이데거』, 26 · 29쪽 참조.
217) 이승종, 『크로스오버 하이데거』, 26쪽.

된다는 결론을 이끌어 내고 있다.

그렇기에 지향되는 존재자의 존재위상을 도외시하고서 마음대로 대상을 구성할 수는 없다. 그것은 어떠한 경우에도 이성의 횡포에 의해 짓밟힐 수 없는 영역이 남아 있기 때문이다. 더더욱 일월성신과 같이 제 스스로 빛나며 온 천지를 비추고 뭇 생명체들을 살게 하거나 독자적인 운동을 하는 등 독특한 역량을 발휘하는 존재자일 경우라면, 대상을 구성하겠다는 그런 경박한 인식행위보다는 사물을 우러러 보는 겸허한 태도를 가져야 한다. 아무리 인간이 저들 존재자에게 의식의 화살을 쏘아 대고 대상을 구성하는 행위를 거듭한다고 하더라 도 결국 한계에 봉착할 수밖에 없기 때문이다.

지향적 체험의 획득 과정에 대해 후설은, 표상작용의 현전을 통해 대상적인 것과의 관계가 이루어진다고 하면서 이 표상작용이야말로 대상을 대상이게끔 하는 것이라고 말한다.

> 지향적 체험은 전적으로 이 체험에서 대상을 표상케 하는 표상함의 작용체험 (Akterlebnis)이 그 속에 현전하고 있음으로써만 대상적인 것과의 관계를 획득한다. 표상이란 대상을 바로 대상이게끔 하고 또 그럼으로써 그것을 감정과 욕구 등의 대상으로 될 수 있게 하는 것인데, 만일 의식이 이런 표상작용을 수행하지 않는다면 의식에 대해 대상은 없는 것이나 같은 것이다.[218]

그런데 인용문 후반부의 "만일 의식이 이런 표상작용을 수행하지 않는다면 의식에 대해 대상은 없는 것이나 같은 것이다"라는 주장을 대상이 주관에 의존해야만 존재가능성을 부여받는 것으로 받아들인 다면 적잖은 존재론적 문제를 불러일으키게 된다. 주관이 대상을

---

218) E. Husserl, *Logische Untersuchungen* II / I, Hua XIX / 1 (1984), 428쪽.

표상하지 못하거나 의식하지 못한다면 저런 대상은 없는(존재하지 않는) 것이나 마찬가지라는 말이 되기 때문이다. "의식에 대해 없는 것이나 같다"고 했으니, 이는 내(주관)가 대상의 존재를 모른다는 말이다. 이를 아예 없는(존재하지 않는) 것으로 받아들인다면 이미 주관중심주의로 들어선 것이다.

후설의 현상학에서 '인식형성의 궁극적 원천'이 되는 것은 바로 대상을 인식하는 주관이고, 이 주관으로 되물어 가려는 동기는 곧 '선험적'인 것이다. 선험적 관념론에서 주관은 "그 자신 완결된 존재연관"(ein für sich geschlossener Seinszusammenhang)[219]으로, 생각할 수 있는 모든 존재를 구성하고 의미부여하는 원리이기도 하다. 후설의 『논리연구 II』와 『이념들』 및 『제1철학』과 『성찰』 등에서 전개된 선험적 현상학(선험적 관념론)에서는 주관에 지나친 중량이 실려 있다. 선험적 환원에 의해 획득된 순수의식은 다름 아닌 모든 초월적 존재의 궁극적 근원으로서의 선험적 주관성인 것이다. 모든 존재는 이 선험적 주관성에 의해서 형성되고 구성된(konstituiert) 현상으로만 존재할 수 있을 뿐이다.[220]

이처럼 모든 대상을 의식에 의한 구성(형성)작용의 결과로 보는 현상학의 '선험주의'(Transzendentalismus)에는 구성(형성)작용하는 주관이 객관과 모든 존재에 앞선다는 주장이 전제되어 있다.

> 말하자면 자신의 의심할 바 없는 당연함(Selbstverstaendlichkeit) 속에 있는 세계의 존재가 스스로 첫째(das an sich Erste)로 되는 것이 아니라……, 주관성이, 말하자면 세계의 존재를 소박하게 앞서 부여하고(vorgeben) 뒤이어 합리화하거나 객관화하는 주관성이 그 자신 첫째인 것이다.[221]

---

219) E. Husserl, *Ideen I*, Hua III (1976), 93쪽.
220) E. Husserl, *Erste Philosophie I*, Hua VII (1959), 230쪽 참조.

대상과 주관의 상관관계에서 대상이 아닌—여전히 후설에게도 대상은 무력하다— 주관 쪽에서 시작해서('첫째'의 위상) 대상에 이르고 대상을 형성하는 태도가 관념론인데, 후설에게도 이런 관념론이 짙게 깔려 있는 것이다.[222]

후설의 현상학에서 의식은 절대자의 위치를 점하고 있다.

> 의식은 한편에서는 여기에서 모든 초월자가, 따라서 결국엔 모든 정신적이고 물리적인 세계(die ganze psychophysische Welt)까지도 구성되는 절대자이며, 다른 한편에서는 이 세계에 내속하는 하나의 실제적 사건이기도 하다.[223]

이러한 의식의 절대적 위치에 비추어 본다면 의식 밖의 그 어떤 것도 의미를 갖지 못하게 된다. 이를테면 칸트에게서는 '물자체'(Ding an sich)나 본체(Noumenon)의 영역이 최소한 인간 이성의 한계 개념으로라도 남아 있지만, 후설에서는 순수의식을 벗어난 그 어떤 존재도 인정되지 않는다.[224] 그렇다면 광대무변한 코스모스의 세계도 같은 운명에 처해질 수밖에 없는 노릇이다.

> 생각할 수 있는 모든 의미, 생각할 수 있는 모든 존재는 그 내재적이고 초월적이고를 막론하고 의미와 존재를 구성하는 선험적 주관성의 영역 내에 들어온다.[225]

---

221) E. Husserl, *Krisis*, Hua Ⅵ (1976), 70쪽.
222) 후설은 *Ideen I*에서 '선험적 관념론'을 전개했지만, 거기서는 자신의 철학을 '선험적 관념론'이라 칭하지 않았다. 그는 『성찰』(§40~§41)에서 비로소 자신의 철학을 저렇게 명명하기 시작했다.
223) E. Husserl, *Ideen I*, Hua Ⅲ (1976), 103쪽.
224) E. Husserl, *Cartesianische Meditationen*, §41 참조.
225) E. Husserl, *Cartesianische Meditationen*, §41; 한전숙, 『현상학』, 181쪽.

인간의 주관성은 궁극적으로 모든 의미와 존재의 가능근거로서, 이 주관성에 의해 모든 의미와 존재가 구성되었다는 것이다. 물론 이때의 존재란 의미적 존재(의미구성체)로서의 노에마를 말한다. 이 주관성의 영역 바깥은 그야말로 '무의미한'(unsinnig) 것으로 선언되었다. 후설의 이러한 주장에는 선험적 주관(절대적 주관)에 의해 설명될 수 없는 것이란 존재하지 않는다는 뜻이 들어 있다. 생산적(erzeugend)이고 구성적인 의미를 부여하는 특수한 자아작용(Ich-Akte)은 대상의 의미뿐만 아니라 그 존재까지도 구성하는(Sinn und Sein konstituierend) 절대적 자아인 것이다.

그러나 이처럼 모든 것이 주관에 의해서만 의미를 갖게 되고 모든 존재가 저 절대적인 선험적 주관에 의존적이라면, 즉 이 주관 없이는 그 어떤 존재도 있을 수 없다면, 역으로 이 주관만 있으면 이 세상과 이 세상만물의 존재와 그 의미가 다 형성될 수 있다는 것인지, 우리는 후설에게 반론을 제기하지 않을 수 없다.226) 저러한 절대적 주관은 세계와 세계 내 존재자의 존재의미를 결과적으로 주관에 포획시켜 쥐락펴락하는 하는 소행을 펼치게 될 것이다.

후설의 현상학은 나의 대상지각이나 대상구성을 제1단계로 하는 자아론(Egologie)과 유아론(Solipsismus)의 입장에서 벗어나지 못하고 있다고 말해도 과언이 아니다. 자기 주관의 때가 묻은 것(의식이든 다른 무엇이든)은 선험적 주관성에서 대상 성립의 필요조건은 될 수 있겠지만, 그것이 충분조건까지 될 수 있는 것은 결코 아니다. 자연과 세계, 세계 내의 존재자, 질료 등과 같은 주관에 독립적인 존재자들은 주관의 절대적

---

226) 후설의 선험적 주관의 절대성은 독일 관념론자 피히테에게서 절대아가 마치 창조주라도 된 듯 非我를 산출해 내는 것을 연상케 한다.

지배권에 놓여 있지 않기 때문이다. 오히려 주관이 저들 존재자에게 의존하고 의뢰해야 하는 것이다.

여기서 우리는 앞서 실레지우스의 '장미'는 자신을 보아 달라고 요청하지 않는다고 한 사실을 상기할 필요가 있다. 아무리 주관의 작용이 절대화되고 강조된다고 하더라도 세계와 세계 내의 존재자 혹은 후설이 말하는 '질료'까지 만들어 내지는 못하는 것이다. 아니, 오히려 그들 없이는 주관 자체가 존재할 수 없고 어떤 일도 수행할 수 없다. 세계와 세계 내의 존재자, 질료들은 주관에 의해 구성되기 전에, 의식되기 전에 이미 존재하고 있었던 것이다. 더욱이 존재자(사물, 질료, 대상)는 자신을 이해하고 파악할 만한 성숙한 시각을 가지지 못한 자에게는 자신의 모습을 보여 주지 않으며, 또 같은 존재자(사물, 질료, 대상)에 대해서도 사람에 따라 이해와 파악이 다르게 나타날 수도 있다. 존재자(사물, 질료, 대상)는 시각의 성숙도에 따라, 촉발의 정도에 따라 주관의 노에시스 작용에 영향을 미치는 것이다.227) 따라서 주관의 구성작용은 엄밀히 말하면 문제되고 있는 대상의 본질에 대해서 의존적일 따름이다.

무엇보다도 세계와 세계 내의 모든 존재자는 의식하는 선험적 주관 및 그의 절대적인 주도권과는 무관하게 존재하게 된 것이다. 또 이 세계와 세계 내 존재자의 존재의미는 인간에 의해서만 부여되는 것은 아니다. 세계는 독자적인 존재의미를 가지면서, 저 주관이 잠자거나 망각하거나 혹은 죽어도—그래서 저 주관이 의식하지 못하는 경우에도— 관계없

---

227) 후설의 제자 L. Landgrebe는 질료와 노에시스 중에서 질료 쪽에 역점을 두는 후기 후설의 변화된 시각을 "코페르니쿠스적 전회의 전도"라고 칭한다.(L. Landgrebe, "Welt als phaenomenologisches Problem", in *Phaenomenologie und Metaphysik*, Hamburg, 1949, 113)

이 여전히 존재한다. 설령 저 주관이 살아서 의식한다 하더라도 —지향성 개념이 '무엇무엇에 대한 의식'이기에— 주관에 독립해서 존재하는 이 무엇의 존재가 없다면 지향성 자체는 성립되지 못한다.

과연 선험적 주관의 의식작용과 이성작용, 그의 판단과 논리작용이 이 세계의 모든 것을 밝혀 줄 수 있을까? 과연 이 주관의 작용과 능력은 세계와 세계 속의 모든 대상을 꿰뚫을 수 있을까? 이 '절대적'이라고 하는 주관의 작용능력은, 그러나 주관 밖의 외부로부터 '그 무엇'이 주어지지 않으면, 나아가 이 '그 무엇'이 정확하게 주어지지 않으면 저 '절대적'인 주관은 그저 무기력하고 무능력한 고장난 컴퓨터와 같다. 무엇보다도 세계와 세계 내의 존재자들은 저 주관에게 자신들이 의식되고 판단되며 인식되어 주기를 기다리지도 바라지도 요청하지도 않는다. 오직 주관이 자의적으로—경우에 따라서는 무모하게— 그렇게 할 따름이다.

세계 속의 모든 존재자들이 주관에 의해 구성되어야만 존재의미를 갖는 것은 아니다. '구성한다'는 태도에는 주관의 일방성이 위압적으로 강하게 짓누르고 있다. 그래서 이 책에서는 존재자(세계, 자연, 질료, 사물 등)와의 만남을 통해 성취한 깨달음을 공-의미부여, 나아가 공-의미창조라는 명칭으로—'공동-구성'이라는 용어도 가능하겠지만— 일컬어 왔다. 그것은 누차 강조하는 바이지만 존재자의 존재가 지향적 대상이 되기 이전부터 존재하고 있어야 하기 때문이다. 의식은 항상 무엇무엇에 관한 의식(ti kata tinos)인바, 이 무엇이 존재하지 않는 상태에서는 지향성 자체가 불가능하기 때문이다.

어떤 존재자의 존재의미 구성은 일방적으로 주체의 의미부여행위에 의존하고 있는 것이 아니다. 존재자가 존재하지 않는다면 인간

주체는 그 어떤 존재의미도 파악하거나 이해하지도 못한다. 존재자가 이렇게 혹은 저렇게 존재해 줌으로써 의식이나 직관이 작동하게 되는 것이다. 더욱이 존재자는 보는 이의 수준에 따라 자신을 다르게 드러낼 수도 있다. 그렇기에 사물에 대한 의미형성은 주체만의 의미부여 작업으로 이루어지는 것이 아니다. 의미형성은 존재자와 인간들의, 존재자를 중심으로 한 인간들 사이의 공-의미부여 혹은 공-의미창조인 것이다.

일반적으로 세계는 자신에게 의미를 부여하는 의식에게 자기 자신을 선사하게(드러내 보이게) 된다.[228] 이때 세계는 미리 존재하고 있으면서 자신에게 다가오는 의식에게 자신을 드러내 보인다. 이 존재하고 있는 세계에 아무런 의미를 부여하지 못한다면 의미 있는 세계를 못 만나게 되는 것이다. 우리는 이 테브나즈의 명제를 ─비록 의미를 부여하는 의식에게 주도권을 쥐어 주고 있지만, 즉 의식이 의미를 부여할 수 있도록 미리 존재하고 있는 세계에 대해서는 묻지 않지만, 의미를 부여하는 주체의 역량에 따라 세계는 자신의 모습을 다르게 보이므로─ 조금 변형시켜 그 특수성을 정식화하고자 한다. "세계(존재자, 사물, 대상, 자연 등)는 우리가 (세계의) 의미를 찾는 만큼만 볼 수 있도록, 딱 그만큼만 자신을 드러내 보인다."

결코 인간 주체는 세계(존재자, 사물, 대상, 자연 등)의 존재의미를 근대의 사유(경험론이든 합리론이든 비판론이든)와 후설에게서처럼 획일화된 주체나 획일화된 세계로 정형화시킬 수 없다. 인간 주체의 경우도 ─이를테면 "아는 만큼 본다"가 시사하듯─ 그 깨달음의 차원에 따라 다르며, 세계의 존재의미도 무한한 깊이의 의미층을 형성하고 있다. 때문에

---

228) 피에르 테브나즈, 김동규 옮김, 『현상학이란 무엇인가』(그린비, 2011), 45쪽 참조.

세계와 자연은 인간이 깨닫는 인터벌에 항상 존재하며, 아무리 깨달음의 깊이를 더해도 그 깊이를 포괄하고 또 초월해 있는 것이다. 사람들이 등대를 바라보면서 등대의 존재의미를 이해할 때에도 그 이해의 층은 퍽 다를 수 있다. "저것은 등대이다"라는 차원에만 머물러 있는 경우도 있겠지만(현전의 형이상학에 입각한 근대와 후설의 현상학, 실증주의와 논리실증주의 등의 의미파악은 여기서 충족된다), 등대라는 존재자가 존재하는 의미를 심층적으로 통찰하는 이는 그 등대가 항해하는 선박의 충돌을 막고 사람에게 길안내를 제공하는 고마운 존재자임을, 타자에게 길안내를 하되 자신에게 충돌하지 말 것을 당부하는 존재자임을 파악하는 것이다. 또 O. 헨리의 『마지막 잎새』에서 존시가 담벼락에 붙어 있는 잎새를 생명의 상징으로 보는 것과 일반사람들이 예사로 바라보는 것은 그 존재의미가 엄청나게 다르게 드러난다. N. 호손의 『큰 바위 얼굴』에서도 이와 유사한 현상을 목격할 수 있다. 마찬가지로, 실향한 사람이 바라본 달과 시인 이태백이 바라본 달, 도둑놈이 바라보는 달, 실연한 사람이 애인의 모습으로 바라보는 달은 각각 그 존재의미가 무척 다르게 드러날 것이다.

11. 인식론의 "진리인 것으로 여김"에서 존재론의 "의미 깊은 것으로 여김"에로

인식론과 형이상학에서 '진리인 것으로 여김'(das Für-wahr-halten) 혹은 '참이라고 여김(간주함)'은 진리 자체(참인 것 자체)와는 천차만별이라고 할 수 있다. 어떤 무엇을 '진리인 것으로 여긴다'고 해서 진리가 되는 것은 아니기 때문이다. 전자는 주관적이고 심리학적인 요소를 포함하고 있으며, 후자는 냉철한 논리학이 추구하는 목적이다. 물론 '진리인 것으로 여김'(das Für-wahr-halten)에 비해 진리 자체(참인 것 자체)는 논리학뿐만 아니라 모든 학문, 모든 인간의 삶과 태도가 추구하는 목적이라고 해도 과언이 아니다. 칸트는 『순수이성비판』에서 이 '진리인 것으로 여김'의 다의성을 명쾌하게 지적하고 있다.

> 진리인 것으로 여김(das Fürwahrhalten)은 우리의 오성에 주어진 사건(Begebebheit)인데, 이런 사건이 객관적 근거에 기인한다고 해도 그것은 판단자의 심성에서의(im Gemüte) 주관적인 원인을 요구한다. '진리인 것으로 여김'이 이성을 가진 모든 사람에게서 타당하다면, 그런 '진리인 것으로 여김'의 근거는 객관적으로 충분하다. 그렇다면 이때 진리인 것으로 여김은 확신(Überzeugung)이라고 할 수 있다. 진리인 것으로 여김이 단지 주관의 특수한 성질에서 그 근거를 가진다면, 그것은 개인적 아견(Überredung)에 불과하다.(『순수이성비판』, B848)

곧이어 칸트는 이 '개인적 아견'(Überredung)을 한갓 가상(Schein)이라고 하는데, 그 이유는 "오직 주관에 놓여 있는 판단의 근거를 객관적이라고 간주한 것이기 때문"이다. 주관적인 '진리인 것으로 여김'(das Fürwahrhalten)은 단순한 '신념'(Glauben)이나 '견해'(Meinung) 내지 '추측'(Vermutung)에 불과할 수 있으며, 논리적으로 여전히 '있을 법한 개연성'(Wahrscheinlichkeit)의 차원에 머물고 있는 것이다.[229]

후설은 한때 자신의 현상학을 '기술적 심리학'(deskriptive Psychologie)으로 규정할 만큼 심리학에 심취한 적이 있었는데,[230] 그런 심리학을 바탕으

---

229) I. Kant, *Kritik der reinen Vernunft* (herg. von R. Schmidt, Felix Meiner: Hamburg, 1976), B848 이하 참조. Clauberg und Dubislav, *Systematisches Wörtbuch der Philosophie* (Felix Meiner: Leipzig, 1923), 537쪽 참조.

로 『산술의 철학』(1891)을 출간하였을 때 논리학자 프레게(G. Frege)는 심리학에 경도되어 있는 이 후설의 현상학에 대해 날카로운 비판을 가하였다.[231] 프레게는 특히 후설이 수 개념의 성립을 '집합적 결합'이라는 심리작용에 의해 설명하는 방식을 심하게 비판하였다. 프레게는 무엇보다도 논리적인 것과 심리적인 것, 객관적인 것과 주관적인 것, 진리(참인 것) 그 자체와 '진리인 것으로 여김'(das Für-wahr-halten)은 엄연히 구별되어야 한다고 지적하였다. '진리인 것으로 여김'은 심리학의 일이지만, 그에 비해 '진리 그 자체'(das Wahrsein an sich)는 순수한 논리의 대상이라는 것이다.[232]

그런데 I. 케른(Kern)[233]은 후설의 심리학주의로부터의 전향에는 프레게 못지않게 신칸트학파인 나토르프(Paul Natorp)의 영향이 또 있었음을 밝히고 있다. 후설은 나토르프와 서신교환을 할 정도로 가까운 사이였는데, 케른에 의하면 나토르프의 논문 「인식의 객관적 정초와 주관적 정초」(Über objektive und subjektive Begründung der Erkenntnis)는 후설로 하여금 심리학주의적 입장에서 전향하여 새로운 사유를 모색하게 하는 데 중대한 영향을 미쳤다고 한다.[234] 논리학적 심리학주의를 엄격히 반대하는 입장의 나토르프는 논리적 심리학주의에 대해, 객관적·논리적 권역으로부터 주관적·심리적 권역으로 '부당하게 이행하는'(μετάβασις εἰς ἄλλο γένος) 오류를 범하고 있다고 지적하였다.[235] 여기서 '부당하게

---

230) E. Husserl, *Logische Untersuchungen*, 2. Band, I. Teil; *gesammelte Schriften 3* (herg. von E. Ströker, Felix Meiner: Hamburg, 1992), 23쪽 참조.

231) *Zeitschrift für Philosophie und philosophische Kritik*, 103(1894), S.313~332.

232) *Zeitschrift für Philosophie und philosophische Kritik* 참조.

233) I. 케른, 배의용 옮김, 『후설과 칸트』(철학과현실사, 2001), 35쪽 참조.

234) I. 케른, 배의용 옮김, 『후설과 칸트』 참조.

235) I. 케른, 배의용 옮김, 『후설과 칸트』, 35·50쪽 참조.

이행하는' 오류라고 한 것은, 다른 종류(이질적인 종류)에로의 부당한 이행(변경)이라는 것이다.

프레게와 나토르프 외에도 당대에 엄격한 논리적 객관주의를 고수한 이는 볼차노(B. Bolzano)인데, 그는 '명제 자체'(Satz an sich)와 '진리 자체'를 주장한다. 여기서 '명제 자체'라는 것은, 이런저런 진술이나 사유와 같은 주관적 작용으로부터 독립해 있는 객관적인 명제와, 이 명제가 갖는 의미 자체를 말한다. 이를테면, 수학에서의 원이나 사각형 자체는 우리가 이들을 그림으로써 비로소 존재하게 되는 것이 아니라 본래부터 존재하고 있는 것이다. 마찬가지로 명제도 우리에 의해 진술됨으로써 비로소 존재하게 되는 것이 아니라 본래부터 명제 자체로 존재하고 있으며, 이 명제가 객관적으로 존재하기 때문에 이 명제에 대해 진술할 수도 있게 되는 것이다. 그리고 이러한 '명제 자체'는 '진리 자체'와 유사한 성질을 갖는다. "진리 자체란 어떤 것을 있는 그대로 진술하는 명제를 말하는데, 이때 이 명제가 어떤 사람에 의해 실제로 사고되고 언표(aussprechen)되는가 하는 것은 별개의 문제이다."236)

이로써 보면 후설은 심리학주의에 젖어 있다가 볼차노와 프레게 및 나토르프의 논리적 객관주의로부터 좋은 방향정위를 제공받았다고 할 수도 있겠지만, 그러나 후설은 이미 『논리연구 I』에서부터 순수논리학의 영역이 순수수학의 영역과 마찬가지로 그 자체로 존재하는 이념적 영역(ein ideales Gebiet)임을 통찰하고 있었다.237) 비록 의식작용이나 인식작용은 시간적·공간적으로 생성 소멸하는 인과율의 규제

---

236) B. Bolzano, *Grundlegung der Logik* (Wissenschaftslehre I; Meiner: Hamburg, 2014), 112쪽 이하 참조.

237) E. Husserl, *Logische Untersuchungen I*, §46 참조.

아래에 있지만, 이 의식작용의 대상은 이런 시공적인 규제를 초월한 이념적이고 의미적 존재여서 특정한 주관으로부터 독립하여 자기동일성을 갖기 때문이다. 어쩌면 후설은 심리학주의와는 애초부터 구분되는 현상학의 토대를 구축해 놓았을 것이다. 심리학주의와 경험심리학자들이 말하는 의식내용은 심적 표상에 불과하지만, 후설의 현상학이 천명하는 의식내용은 —그의 노에마(noema) 개념에 잘 밝혀져 있듯— 의미적 존재인 것이다. 전자가 실제적 세계에 국한된다면, 후자는 이념적인 세계에 속하는 것이다.

그러면 왜 후설은 논리적 객관주의에로 완전히 귀의하지 않고 기술적 심리학에 기웃거리고 있었을까? 여기에는 그럴 만한 —프레게와 나토르프, 볼차노는 달갑게 생각하지 않았을지라도— 크나큰 이유가 있다. 그것은 객관적 실재나 이념적 영역도, '명제 자체'나 '진리 자체'도, 나아가 객관적인 것 자체도 결국은 인간의 주관과 관계를 맺은 후에야 의식되고 파악될 수 있으며, 그런 뒤에야 비로소 의미가 유발되고 논의의 대상이 될 수 있기 때문이다. 물론 여기서 객관적 실재나 이념적 대상이 인간의 주관에 의존한다고 말하게 되면, 이것은 근대의 무모한 주관주의에로의 추락일 것이다.

대상이 의식의 대상으로 됨으로써 드디어 대상으로서의 의미를 갖는다는 것이 현상학의 대상 개념이다. 대상은 자체적으로(an sich) 존재하면서 주체의 인식에 주어지는 것이지 주체가 창조해 내는 것이 아니다. 마찬가지로 "개념이나 법칙으로서의 '보편적 이념성'(Idealität des Allgemeinen)도 실재적인 심리적 체험의 흐름 속으로 들어가서 사고하는 자의 인식소유로(zum Erkenntnisbesitz des Denkenden) 됨으로" 말미암아 살아 생동하게 되는 것이다.238) 이런 후설의 현상학적 모색은 마치 칸트가 합리론과 경험론을 비판하고 종합하는 과정에서 자신의 선험철학을 탄생시키게 된 것과 유사한 과정이라고 할 수 있다. 말하자면 객관적이기도 하고 주관적이기도 한, 주관의 의식작용과 객관의 의미(의식내용), 논리적 엄정성과 의식작용의 심리적 측면을 모두 확보하는 것이 현상학의 길이라고 할 수 있을 것이다. 그리고 이런 현상학의 길을 잘 밝혀 주는 것이 지금까지 살펴 온 후설의 지향성 개념에 농축되어 있는 것이다.

앞에서 보았듯이 '진리인 것으로 여김'(das Für-wahr-halten)은 냉철한 인식론과 형이상학의 세계에서 '진리 그 자체'(das Wahrsein an sich)에 비해 훨씬 위상이 떨어지는데, 그것은 무엇보다도 보편타당성이나 엄격한 객관성이 문제되기 때문이다. 이에 비해 우리가 앞으로 심취하게 될 '의미 있는 것으로 여김'(Für-sinnhaft-halten)이나 '의미 깊은 것으로 여김'(Für-sinnvoll-halten)의 경우는 인식론이 아니라 존재의미론의 차원이기에 전자와는 다른 지평을 형성한다. 물론 여기서 '의미'라는 개념은 이때까지의 의미론자나 언어학자, 나아가 후설의 현상학에서 말하는 단순한 개념이나 문장의 뜻(Bedeutung)이 결코 아니다. 그래서 이런 통상적인 의미론과 구분하기 위해 필자는 '의미'를 존재의미론적인 것의 차원으로 본다.

'의미 있는 것으로 여김'(Für-sinnhaft-halten)이나 '의미 깊은 것으로 여김'(Für-sinnvoll-halten)의 차원은 보편타당성과 객관성을 문제 삼는 인식론의 저 '진리인 것으로 여김'(das Für-wahr-halten)과는 결코 같지 않다. 존재의미론의 세계에서는 보편타당성이나 객관성을 구축하는 것이 주요

---

238) E. Husserl, *Logische Untersuchungen II / 1*, Ga. XIX / 1 (1984), 8쪽 참조; *Gesammelte Schriften 3* (herg. von E. Ströker), 12~13쪽 참조.

과제가 될 수 없다. 그렇다면 '의미 있는 것으로 여김'이나 '의미 깊은 것으로 여김'의 세계는 당장 주관성이나 주관들의 임의성에 내맡겨지는 것인가? 결코 그렇지도 않다. 이처럼 존재의미론의 세계에는 보편적인 것이라고 하기도 어렵고 또 보편적인 것이 아니라고 하기도 어려운, 그런 독특한 영역이 존재하고 있는 것이다. 따라서 보편성이나 객관성 같은 개념 대신에 '공감'이나 '공명'이란 개념이 훨씬 더 적합할 것으로 보인다.

문학이나 예술, 철학과 윤리, 나아가 논리적이고 수학적인 것 외의 영역에서는 직접적으로 '공감'이나 '공명'에 의해 구축되는 '의미 있는 것으로 여김'이나 '의미 깊은 것으로 여김'의 차원이 개시된다. 이를테면 고귀함을 추구하는 예술(작품)이나 인간의 정신을 일깨우고 승화시키는 문학과 철학 및 윤리에서는 존재의미의 차원이 지배적이다.[239] 우리는 서로 공감하고 공명하면서 위대한 예술작품이나 문학 및 철학, 윤리적 실천 등을 들여다보는 것이다.

그런데 보편타당성, 엄격한 객관성 등이 주요 관건이 되는 논리적이고 수학적인 영역 혹은 냉철한 과학의 영역에도 엄격하게 말하면 존재의미론은 적용될 수 있다. 냉철한 진리를 추구하는 행위의 목적 자체가 바로 존재의미론적인 것과 관련되어 있기 때문이다. 진리를

---

239) 예술활동을 규정하는 데 있어서 흔히 우리는 감성이나 감각이 핵심적인 관건인 것으로 읽어 왔고 근대예술의 경우는 더더욱 그리했으며, 또한 그런 미적 감각이나 감성이 오성이나 이성에 비해 뒤떨어지는 인식능력인 것으로 여겨지는 것을 목격해 왔다. 그러나 예술을 그런 식으로만 파악하게 되면 극히 미흡할 뿐만 아니라 예술의 고귀한 속성을 놓치고 만다. 예술의 탄생에는 때로는 감성이나 감각보다도 어떤 독특한 영감이나 깨달음이 동반되는 존재사건이 전제되어 있다. 예술행위는 존재의미를 찾아나서는 여행이며, 그래서 '의미 있는 것으로 여김'(Für-sinnhaft-halten)이나 이보다 한 차원 더 높은 '의미 깊은 것으로 여김'(Für-sinnvoll-halten)의 의미부여(Sinnverleihen) 현상이 동반되어 존재의미가 펼쳐지는(Sinnentfalten) 사건이다.

추구하고 찾아가는 행위는 그 자체로 이미 어떤 존재의미를 전제로 하고 있는 것이다.

우리가 탐구하는 성좌의 영역들, 즉 남두육성과 북두칠성, 해와 달, 사수도와 사신도 등은 논리학이나 수학을 바탕으로 하는 인식론의 차원에서는 접근하기가 거의 불가능하다. 선사시대 사람들도 그런 차원에서 인식론을 구축하려고는 하지 않았을 것이다. 삼족오나 옥토끼 같은 것들은 각각 태양이나 달을 나타내기 위한 상징들이지 인식론적으로 밝혀 낸 어떤 결과물이 아니다. 그렇기에 남두육성이나 북두칠성, 해와 달을 비롯한 수다한 성좌의 영역들에 대해서는 존재의미론의 차원에서 접근할 수 있는 것이다. 우리는 이들 성좌들이 얼마나 커다란 의미로 선사시대 사람들에게(지금도!) 와 닿았을지를 어렵지 않게 추리할 수 있다. 물론 이때의 의미부여는 절대적으로 존재자의 존재가 기반이 되고, 사람들과 더불어 서로 공감하고 공명한 것에서 구축되었기에 공–의미부여인 것이다.

인간은 사물이나 정신적인 것에 의미를 부여하고 또 어떤 특정한 존재의미를 찾아가며 살아가는 존재이다. 우리는 일월성신의 세계뿐만 아니라 우리 주변의 세계에도 특정한 의미를 부여하고 찾으면서 삶을 영위한다. 많은 사물들에서부터 기호나 상징에 이르기까지, 우리 주변에는 온통 인간들에 의해, 나아가 인류에 의해 의미부여되어, 즉 '의미 있는 것으로 여김'(Für-sinnhaft-halten)의 현상을 거쳐서 의미 있는 것으로 재탄생한 것들이 얼마나 많은가. 그것들은 인식론적 보편타당성에 의해서가 아니라, 인류에 의해 의미부여되어 그렇게 의미 있는 존재자로 자리매김된 것이다.

이제 아래에서는 시간과 뱀이라는 두 가지 사례를 통해서 '의미 있는 것으로 여기는'(Für-sinnhaft-halten) 현상이 우리의 삶에 지배적인 영향을 미치고 있음을 간단히 확인해 보기로 하자.

첫째, 시간의 흐름에 대한 계산에 있어서는 전 인류가 거의 같은 시스템을 갖고 있다. 하루를 24시간으로, 1년을 365일로 하는 것, 지금은 21세기라는 것 등등 수없이 많다. 그런데 이것은 원래 자연 가운데에 그런 특정한 시간 개념이 존재하는 것이 아니라, 사람들(인류)이 그런 시스템을 구축해 낸 것이다. 이러한 구축이 가능했던 것은 바로 그것을 '의미 있는 것으로 여겨'(Für-sinnhaft-halten) 협정을 채결했기 때문이다. 1년을 12개월로, 1주일을 7일로 정하는 등등의 방대한 역법의 체계도 마찬가지이다.

연말연시라는 것 또한 그러하다. 원래 자연 가운데에는 그런 연말연시라는 것이 없었는데, 사람들이 시간을 구획하여 특별히 "의미 있는 것으로 여겨"(Für-sinnhaft-halten) 연말연시를 탄생시키게 된 것이다. 그리하여 연말연시로 정해진 시간에 어떤 사람들은 망년회를 갖고, 어떤 사람들은 복을 빌며, 또 어떤 사람들은 폭죽을 터뜨려 각별한 희망을 기원한다. 특히 사람들은 새해 아침에 뜨는 태양을 보기 위해 바닷가를 찾거나 높은 산에 오르는 경우가 허다하다(동양이든 서양이든). 이 모든 행위들은 연말연시라는 개념구축에 의해, 말하자면 '의미 있는 것으로 여기는' 현상에 의해 형성된 것이다.

둘째, 동양의 달력에는 계사년癸巳年이 있고 계사일癸巳日이 있다. 뱀띠의 해, 뱀띠의 날이라는 뜻인데, 이 또한 앞의 시간 개념과 마찬가지로 '의미 있는 것으로 여기는'(Für-sinnhaft-halten) 현상에 의해 탄생된 개념이다. 자연 가운데 그런 개념이 있는 것이 아니라, 인간이 '의미 있는 것으로 여겨' 그런 개념을 만들어 낸 것이다.

뱀에게 의미부여된 것은 다양하다. 동서고금을 막론하고 신화와 민담 및 전설에는 뱀에 관한 이야기가 많이 나온다. 인류의 원죄와 관련된 성서의 이야기에는 뱀이 그 어떤 동물보다도 사악한 존재자로 등장한다. 기독교와 유대교 및 이슬람교에서조차 뱀은 아담과 이브를 꾀어 선악과를 따먹게 함으로써 인류의 가혹한 운명인 원죄를 짓게 만든 '사탄'의 왕으로 등장한다.[240] 과연 이보다 더 가혹할 수 없는 극악한 존재자로서의 뱀인 것이다.[241]

성서의 기록보다 훨씬 오래되고 『일리아스』와 『오디세이아』를 쓴 호메로스보다 2000여 년 전인, 그러니까 지금으로부터 약 4700년 전에 탄생된 『길가메시 서사시』에도 뱀이 등장한다. 길가메시는 영생을 찾아 수차례 죽을 고비를 넘긴 끝에 신들이 살고 있는 파라디스에 이르고, 그곳에서 우트나피쉬팀을 만나지만 뜻을 이루지 못한다. 그래도 늙음을 피할 수 있는 불로초 하나를 얻어 귀향길에 오르는데, 도중에 샘을 하나 발견하여 목욕을 하게 되었다. 그런데 그가 샘물에 몸을 담그고 있는 사이, 뱀이 와서 불로초를 물고 가서 그를 좌절시켜 버린 것이다. 이 이야기에서의 뱀도 사악한 모습이며, 인간의 불행을 초래한 도둑놈의 모습이다.[242]

우리 민족은 뱀을 한편으로 흉측하고 징그러우며 무서운 동물로

---

240) 『구약성서』, 창세기, 제3장 참조.
241) 성서에서는 드물기는 하지만 긍정적인 의미를 지닌 뱀의 개념도 등장한다. "여호와께서 모세에게 이르시되, 불뱀을 만들어 장대 위에 달라. 물린 자마다 그것을 보면 살리라. 모세가 놋뱀을 만들어 장대 위에 다니, 뱀에게 물린 자마다 놋뱀을 쳐다본즉 살더라."(『구약성서』, 민수기, 21장, 8~9절) 또 『신약성서』 마태복음 10장 16절에서도 "그러므로 너희는 뱀같이 지혜롭고 비둘기같이 순결하라"라고 하여, 어느 정도 긍정적인 의미를 뱀에게 부여하고 있음을 목격할 수 있다.
242) 김산해, 『길가메시 서사시』(휴머니스트, 2005), 310쪽 이하 참조.

보면서도, 다른 한편으로는 집과 마을을 지켜 주는 가신家神으로, 풍요를 가져오는 땅의 신으로, 재물과 다산, 불사와 재생을 상징하는 길조의 동물로도 여겨졌다. 그런가 하면 뱀은 용으로 변화하는 첫 단계의 생명체로도 여겨졌다. 천진기 국립민속박물관장은 "뱀이 커서 구렁이가 되고, 구렁이가 더 크면 이무기가 되며, 이무기가 여의주를 얻거나 어떤 계기를 가지면 용으로 승격한다는 민속체계가 있다"[243]라고 하였는데, 이런 이야기는 우리의 전래동화 속에 실제로 등장하고 있다. 국토지리정보원의 다음 언급은 뱀에 대한 우리 민족의 이중적인 인식을 잘 대변해 주고 있다.

> 지혜, 풍요, 불사를 상징하는 뱀은 우리 문화에서 숭배와 질시를 동시에 받아 왔다. 집과 재물을 지켜 주는 업구렁이로, 영생불사永生不死의 수호신으로 여겨지기도 했지만, 인간을 위협하는 두려운 동물로 표현되기도 했다.[244]

뱀에 대한 이러한 이중성은 고대 그리스인들의 사유에서도 잘 나타나 있다.

머리카락이 뱀으로 되어 있는 메두사, 오르페우스의 연인 오이리디케(Euridike)를 물어 죽인 독뱀, 요람으로 기어들어 가려는 두 마리 뱀을 죽이는 어린 헤라클레스, 자신의 신하들을 물어 죽인 큰 뱀(龍)을 죽이는 테베 건립의 영웅 카드모스(Kadmos) 등, 고대 그리스의 신화와 전설에 나타나는 뱀의 이미지는 대부분 상당히 부정적이었다. 그런데 반면에 긍정적인 의미를 엿볼 수 있는 측면도 있다. 이제는 마치 세계 공통어가 되다시피 한 병원 구급차에 그려진 그림, 즉 뱀이 지팡이에 몸을

---

243) 동아일보 2013년 1월 1일자, A20면 참조.
244) 동아일보 2013년 1월 1일자, A20면 참조.

티에폴로의 「헤르메스」

감고 올라가는 그림의 원천에서 우리는 그 긍정적인 의미를 확인할 수 있다.

먼저, 그 지팡이는 제우스의 사신 헤르메스가 가지고 다니던 케리케이온을 닮았다. 이 지팡이를 지니고서 신과 인간 사이를 후딱 날아다니는 헤르메스의 이미지는 시간이 절박한 구급차에 잘 어울린다.

또 고대 그리스에서 뱀은 의술의 신 아스클레피오스를 상징한다. 아스클레피오스는 죽은 자도 살려낸다는 명의였는데, 이것이 뱀의 이미지와 맞아떨어지는 것이다. 고대 그리스에서 뱀은 죽은 자가 들어가는 땅속(죽은 자가 가는 지하세계 하데스)을 드나드는, 삶과 죽음의 경계를 넘나드는 생물로 여겨졌다. 또 뱀이 허물을 벗는 것은 죽었다가 다시 살아나는 '재생'으로 상징화되기도 했다.[245]

이를 통해 우리는 구급차에 그려진 뱀의 이미지를 충분히 읽을 수 있는데, 이때의 뱀의 상징은 퍽 긍정적이다. 구급차의 뱀 지팡이에는 헤르메스처럼 빠르게 환자를 병원으로 옮긴다는 뜻과, 병원에 도착한 환자의 생명이 아스클레피오스처럼 뛰어난 의술에 의해 재생되기를 바라는 소원이 담겨 있는 것이다.

이리하여 우리는 고대 그리스에서의 뱀의 이중적인 의미, 즉 긍정적

---

245) 이경덕, 『우리 곁에서 만나는 동서양 신화』, 197쪽 이하 참조.

이고 부정적인 이미지를 파악했는데, 그것 또한 인간의 '의미 있는 것으로 여기는'(Für-sinnhaft-halten) 현상에 의해 그러한 의미를 부여받게 된 것이다.

인간은 의미를 부여하며 삶을 영위하는 존재이다. 의미를 부여하며 삶을 영위하는 인간의 본래적 속성은 결코 철학에서의 인식론 못지않게 본질적인 위치를 차지하고 있다. 우리는 인식론에만 치우친 근대철학사에서 벗어나 의미의 세계를 들여다보아야 한다. 물론 '의미'라는 말과 의미론은 이미 철학사에 나타나 있지만, 지금껏 철학사에서 다룬 '의미'는 낱말의 뜻이라거나 인식론에 연루된 '의미', 나아가 이해를 밝혀 주는 그런 '의미'에 불과했다. 그러나 이런 의미의 카테고리는 지극히 미미할 따름이다. 우리가 말하는 의미는 인간의 삶을 영위하는 데 있어서 근원적인 동력이 되는 '의미'이다. 인간은 자신의 삶을 추진시키는 에너지인 의미를 추구하면서 삶을 영위하는 그런 존재인 것이다. 인간은 이 의미와 더불어 살아간다.

인간이 어떤 사물이나 존재자에 각별한 의미를 부여하는 것은—어떤 사물이나 존재자가 존재하고 있다는 절대적 기반과, 그 사물과 존재자가 그렇게 각별한 의미를 부여하도록 촉발하는 것을 망각해서는 안 된다— 거의 자연적이고 필연적인 행위이다. 더욱이 그런 의미부여행위는 인간의 의지와 관련된 것이기에, 더 이상 그 의미를 부여한 이유를 환원해서 물을 수도 없는 경우가 다반사이다. 물론 단순하게 그 이유에 대해 응답할 수야 있겠지만, 궁극적인 답변을 기대하기는 어렵다. 그것은 내가 이런저런 의지를 갖는다는 것(das Ich-will)은 그 의지를 갖는 이유를 환원해서 궁극적인 답변을 구할 수 없는 것과 마찬가지이다.

근대의 합리론과 영국의 경험론은 인식론적 과민반응을 드러내어 마치 세계에 대해서 정확하게 해석해 내는 듯이 행세했지만, 그들은 공히 눈앞의 세계에 전개된 것, 현상의 세계에 드러난 것에 대해서만 옳으니 그러니 논쟁을 펼쳤을 따름이다. 논쟁의 과정에서 그들은 사물의 존재의미에 대해서는 천착하지 못했다.

그러나 분명 대륙의 합리론이나 영국의 경험론도, 칸트의 비판론도 적절한 인식론적 모델이 될 수 없는 영역이 있다. 이럴 경우 우리는 전혀 차원이 다른 세계로 접근해야 한다. 그것은 그 어떤 인식론적 '진리인 것으로 여김'(Für-wahr-halten)도 아닌, 바로 '의미 깊은 것으로 여김'(Für-sinnvoll-halten)이다. 이런 '의미 깊은 것으로 여김'이라는 테제 설정의 정당성은, 결코 필자의 강권적 주장에서가 아니라 실제로 사람들이 그리고 인류가 그렇게 해 왔고 또 하고 있기 때문이라는 데서 온다. 말하자면 '의미 깊은 것으로 여김'은 어떤 사물이나 현상에 대해 인간들이 스스로 어떤 필연성을 느낀 나머지 거의 자연적으로나 무조건적으로 '크게 의미 있다'(sinnvoll sein)고 받아들인 데서 기인한다는 것이다. 그것은 마치 "나는 ~할 의향이다"(Ich will), "나는 존재한다"(Ich bin), "나는 사유한다"(Ich denke), "나는 살고 있다"(Ich lebe) 등과도 같이 인간이 자연적·필연적으로 받아들이는 전제와도 같다.246) 다시 말해 이들은 더 이상 환원해서 그 이유를 물을 수 없는 절대적 단초인 것이다. 이를테면 '큰 바위 얼굴'을 사람들이 '크게 의미 있다'(sinnvoll)고 받아들이는 경우나, 고향이나 건강, 행복 등을 그렇게 받아들이는 경우와 같은 이치이다.

왜 히말라야나 올림포스, 왜 시나이 산이나 킬리만자로 같은 산들은

---

246) G. Schmidt, *Subjektivitaet und Sein*, 69·89·127·155쪽. 특히 60쪽 이하 참조.

각별한 의미를 지니고 있을까. 또 히말라야에서 흘러내린 인더스 강이나 메콩 강, 양쯔 강 같은 것들은 각별한 의미를 갖는 것일까. 왜 초원 위에 우뚝 서 있는 알타이 산은 백성들의 고향으로 여겨지며, 왜 백두산은 민족의 영산으로 여겨지는 것일까. 이들 산들과 강들은 그냥 거기에 있을 뿐인데, 왜 그렇게 각별한 의미를 갖게 된 것일까. 그것은 오랜 세월에 걸쳐 형성되었건 혹은 짧은 시간에 걸쳐 형성되었건 사람들에 의해 그렇게 의미가 부여되고 의미형성된 것이다. 엄격하게는 다차원적으로 공-의미부여된 것이다. 그것은 존재자의 존재 없이는 근원적으로 불가능하고, 또 사람들과의 공감과 공명에 의해, '공통감'(칸트)에 의해 의미가 형성되었기 때문이다. 말하자면 그것은 '의미 있는 것으로 여김'(Für-sinnhaft-halten)이나 이보다 한 차원 더 높은 '의미 깊은 것으로 여김'(Für-sinnvoll-halten)의 현상에 의해, 일정한 기간(대체로 오랜 기간)에 걸쳐 의미부여(Sinnverleihen)된 것이다.

그런데 이런 산들과 강들이 그렇게 의미부여된 이유는 무엇일까라고 묻는다면, 분명한 과학적 답변이야 들이댈 수 없더라도 우연만은 아니리라는 것쯤은 짐작할 수 있다. 그것은 바로 저 산들과 강들이 그렇게 존재하면서 의미부여가 될 만큼 무엇인가를 촉발했기 때문인 것이다. 어쩌면 예술의 탄생에도, 또 우리가 학문을 하는 데에도 '의미 깊은 것으로 여김'(Für-sinnvoll-halten)의 현상이 전제되었을 것이다. 우리는 이에 대한 좋은 사례로서 '마지막 잎새', '큰 바위 얼굴', 단테의 '신곡', 역법의 탄생 등을 좀 더 상세한 과정을 통해 설명할 것이다.

'마지막 잎새'나 '큰 바위 얼굴' 등에 부여된 각별한 의미는 근대적 인식론에 의해 구축된 철학이 아니라 '의미 깊은 것으로 여김'의 현상에 의해, 말하자면 존재의미의 현상학에 의해 건립된 철학이다. 선사시대의 성좌도 마찬가지이다. 물화된 세계를 거슬러 생명을 불어넣고 혼을 투입시키는 것, 그래서 이런 물화된 세계를 아름다운 유기체로, 의미를 함축한 생명체로 탄생시키는 것은 인간의 온당하고 위대한 의미부여행위 혹은 의미창조행위라고 감히 말할 수 있을 것이다. 하늘의 일월성신의 세계에서 사신도와 사수도에 각별한 의미를 부여하여(공-의미부여) 온 코스모스를 수호체계의 보살핌의 철학으로 승화시킨 것은 온당하고 위대한 창조행위인 것이다.

제5장 공 – 의미부여의 존재론에 관한 사례

1.『마지막 잎새』에 부여된 존재의미

오 헨리(O. Henry)의 『마지막 잎새』에서는 어떤 사물(존재자)에 절대적인 의미가 부여되어 사람을 살리거나 죽일 수 있는 위치에 서게 되는 경우를 잘 목격할 수 있다. 담쟁이넝쿨의 잎은 단풍들면 떨어지는 하나의 잎새에 불과하지만, 각별한 의미가 부여되면 전혀 다른 존재위상을 갖게 되는 것이다. 이 작품을 들여다보면서 '마지막 잎새'의 존재의미를 되살려 보자.

워싱턴 스퀘어 서쪽의 허름한 그리니치빌리지에 가난한 화가들이 모여 작은 예술가공동체를 만들었다. 수(Sue)와 존시(Johnsy)가 3층 건물의 꼭대기 층에 아틀리에를 마련했는데, 아래층에는 베어만(Behrman) 노인이 자리를 잡았다. 그런데 어느 11월, 싸늘한 날씨가 계속되어 폐렴이 마을사람들을 덮쳤는데, 존시도 그만 이 병에 걸리고 말았다. 그녀는 하루 종일 철제침대에 누운 채 작은 유리창을 통해 옆집의 벽에 말라붙은 담쟁이 이파리만 바라보며 지내고 있었다.

어느 날 그녀의 친구 수가 잡지의 연재소설에 들어갈 삽화를 그리려고 방안으로 들어왔을 때, 존시는 창밖을 내다보면서 뭔가 숫자를 세고 있었다. "열 둘", "열하나", 그리고 잠시 후 또 다시 숫자를 이었다. "열", "아홉". 그러더니 "여덟", "일곱"을 거의 동시에 헤아렸다. 수가 "뭘 세고 있는 거니?"라고 물어도 존시는 아무 대답도 없이 속삭이듯 "여섯"이라고만 읊조릴 뿐이었다. 그런 뒤에 존시는 말했다. "이젠 더 빨리 떨어지고 있어. 3일 전에는 거의 백 개는 있었거든. 세느라 머리가 아플 정도였는데, 지금은 어렵지 않아. 저기 또 하나 떨어지네. 이제 5개 남았어."

수가 "무엇이 다섯이니, 존시?"라고 묻자 존시는 "나뭇잎 말이야. 담쟁이 줄기에 붙은 나뭇잎. 마지막 잎사귀가 떨어지면 나도 가겠지. 난 사흘 전부터 알고 있었어. 의사가 너에게 말하지 않던?"이라고 대꾸했다. 수가 수프를 좀 먹어 보라고 해도 존시는 여전히 창밖에 시선을 고정시킨 채 떨어지는 잎새에 대해 중얼거렸다. "또 하나가 떨어지네. 아니, 난 수프도 필요 없어. 이제 네 잎밖에 안 남았네. 어두워지기 전에 마지막 잎이 떨어지는 걸 보고 싶어. 그럼 나도 가는 거야."

그러자 수는 존시를 다그치면서 자신이 삽화 그리는 일을 마칠 때까지 창밖을 보지 말고 잠을 좀 잘 것을 종용했다. 하지만 존시는 '쓰러진 조각상처럼' 창백한 얼굴로 절망스런 말을 던졌다. "마지막 잎사귀가 떨어지는 걸 보고 싶어서 그래. 이젠 기다리는 것도 지쳤어. 생각하는 것도 지쳤고. 전부 다 내려놓고 아래로 아래로 떠내려 가고 싶어. 저 가엾고 지친 나뭇잎처럼."

수가 담쟁이 잎에 대한 그런 '바보 같은' 망상을 하지 말 것을 권고하지만 존시는 아랑곳하지 않았다. 존시는 삶에 대한 기력과 의지를 잃어버리고 종일토록 침대에 누워 이파리 수만 세고 있다가, 다섯 잎밖에 남지 않은 담쟁이 잎이 찬바람에 마저 떨어지고 나면 자신의 생명도 종말을 고할 것이라는 망상에 사로잡혀 버린 것이다.

이윽고 존시가 잠이 들자, 크게 낙담한 수는 젊은 화가들의 경비견이라 자처하는 아래층의 베어만 노인에게 가서 존시의 망상에 대해 이야기하였다. 베어만 노인은 젊었을 때부터 대단한 걸작을 그려보겠다는 야망을 품은 채 살아왔으나, 아직도 이루지 못하고서 마치 예술의 패배자 같은 행세를 하며 나날을 보내고 있었다. 그렇지만, 젊은 화가들의 모델을 서서 벌어들인 푼돈으로 근근이 살아가면서도 언젠가는 걸작을 거리겠노라고 장담하곤 했다. 수의 이야기를 들은 노인은 눈시울을 붉히고 찔끔 눈물을 흘리다가 "그런 바보 같은 상상이 어디 있느냐"며 버럭 소리를 질렀다. "아니, 망할 놈의 덩굴에서 나뭇잎이 떨어진다고 죽겠다는 바보 같은 사람이 세상에 어디 있어? 그런 말은 세상에 처음 들어보네.…… 아, 불쌍한 존시."

수는 베어만 노인과 함께 위층으로 올라가서 존시가 자고 있는 방의 창문 가리개를 끝까지 끌어내려 놓고, 다른 방에서 창밖의 이웃집 담벼락에 붙어 있는 담쟁이덩굴을 근심스레 쳐다보았다. 차가운 비가 눈과 섞여 계속 내리고 있었다. 필경 마지막 잎새까지 떨어질 것이 분명해 보였다. 그들은 각자 자신들의 방으로 돌아갔다.

그러나 베어만 노인은 문득 엄청나고 섬뜩한 각오를 하고서 그림 그리는 도구들을 챙겨 살금살금 담쟁이가 붙어 있는 담벼락으로 갔다. 진눈깨비 날리는 싸늘한 날씨를 아랑곳하지 않고 그는 밤새 담벼락에 붙어서 평생 동안 꿈꾸어 왔던 걸작을 탄생시키기 위해 혼신의 힘을 다했다. 날이 밝기 전, 병상의 존시가 담벼락을 내다보기 전에 베어만 노인은 그림 도구들을 챙겨 방으로 들어갔다.

다음날 아침, 수가 잠에서 깨어났을 때 존시는 벌써 깨어나 멍한 눈으로 창끝까지 내려진 커튼을 바라보고 있었다. 수가 깬 것을 알아챈 존시는 속삭이듯 "커튼 좀 열어 줘. 창밖을 보고 싶어"라고 말했다. 지칠 대로 지친 수는 어쩔 수 없이 존시의 요구를 들어 주었다. 그런데 이게 어찌된 셈인가! 사나운 바람이 밤새 몰아쳤는데도 담쟁이 잎 하나가 아직도 벽돌의 담벼락에 그대로 붙어 있는 것이었다. 잎자루 부분에는 여전히 진한 초록이 남아 있고 잎새의 가장자리는 누렇게 변한 담쟁이 잎이 꿋꿋하게 버티고 있는 것이 아닌가!

존시는 "마지막 잎이야"라고 소리 지르며 처참하리만큼 이 마지막 잎새를 자신의 운명과 연결시켰다. "지난밤에 분명 떨어질 줄 알았어. 바람 소리를 들었거든. 아마 오늘은 떨어질 테고, 그러면 나도 따라 죽게 되겠지." 이런 얼토당토 않는 존시의 망상에 화가 났는지 수는 "애, 제발!"이라고 외치며 얼굴을 베개 쪽으로 숙였다. 그리고는 우정 깊은 목소리로 애걸했다. "날 좀 생각해 줘.…… 나는 어떡하라고?" 존시는 그러나 아무런 대답도 하지 않았다. 잎새의 운명을 자신의 운명으로 받아들인 뒤부터는 수와 자신을 묶어 주었던 우정의 끈을, 나아가 세상과의 모든 끈을 하나둘 풀어내고 오직 야릇한 망상에만 사로잡혀 있는 듯했다.

날이 저물어 땅거미가 졌는데도 담쟁이 잎은 그러나 의젓하게 담벼락에 붙은 줄기에 매달려 있었다. 이윽고 밤이 찾아오자 다시 북풍이 몰아치고 세찬 빗방울이 창문을 두들겼다. 긴 밤이 지나고 날이 밝아오자 존시는 마지막 잎새마저 떨어졌으리라 확신이라도 한듯 수에게 커튼을 올려 달라고 보챘다. 그러나 존시의 예상과는 달리 마지막 잎새는 여전히 억세게 담벼락에 붙어 있었다.

존시는 누운 채로 억세게 붙어 있는 마지막 잎새를 오랫동안 바라보았다. 얼마 후, 그녀는 마치 저 세상으로 가다가 다시 이 세상으로 돌아온 사람처럼, 혹은 제정신이 다시 돌아온 사람처럼 몸에는 다시 핏기가 감돌고 삶의 의욕이 충만해졌다. 이윽고 그녀는 가스스토브 위의 치킨 수프를 젓고 있던 친구를 불러 말했다. "그동안 내가 너무 못되게 굴었지, 수." 그리고 다시 말을 이었다. "내가 얼마나 못됐는지 보여 주려고 마지막 잎사귀가 저기에 남아 있는 것 같아. 죽고 싶어하는 건 죄지. 이제 수프 조금만 갖다 줘, 포트와인 조금 넣어서. 우유도 같이. 그리고…… 아니다. 손거울 먼저 갖다 주고, 뒤에 베개를 받쳐 줘. 앉아서 네가 요리하는 모습을 보게." 잠시 뒤 존시는 삶에 대한 애착과 의욕을 물씬 풍기는 말을 수에게 건넸다. "수, 언젠가 나폴리 만을 그리고 싶어."

다음날, 의사가 방문하여 진찰을 마친 뒤에 수에게 존시가 병마를 이겨 내었다고 알려 주었다. 이날 오후 수는 침대에 흐뭇하게 앉아서 새파란 양모 어깨덮개를 뜨고 있는 존시에게 다가가 그녀를 감싸 안으면서 "할 말이 있어, 귀여운 아가씨"라고 다정하게 말을 건넸다. 이어지는 수의 말은 곧 『마지막 잎새』의 마지막을 장식하는 클라이맥스로, 살아 있는 '마지막 잎새'를 탄생시킨[1] 위대한 예술가 베어만

---

[1] 아름다운 예술혼이 불꽃처럼 타오른 베어만의 걸작을 목격할 수 있다. 벽돌 담벼락을 캔버스 삼아 그린, 그의 생애에서 늘 꿈꾸어만 왔던 첫 번째이자 마지막인 걸작이다. 존시의 생명이 걸린 절체절명의 순간에 세찬 바람과 차가운 비를 맞으며 그림을 그렸던 베어만은, 자신의 생명을 존시의 생명과 맞바꾸기라도 하듯이 급성폐렴에 걸려 이틀

노인의 최후에 대한 내막을 다 드러내고 있다.

"오늘 베어만 할아버지가 폐렴으로 돌아가셨어. 병을 얻은 지 고작 이틀 만이야. 병이 난 첫날 아침, 아래층 방에서 아파 어쩔 줄 몰라하는 할아버지를 관리인이 발견했대. 신발과 옷은 흠뻑 젖어 얼음처럼 차갑더래. 그렇게 날씨가 사납던 밤에 어딜 다녀오셨는지 알 수 없었지. 그런데 불 켜진 랜턴, 늘 있던 곳에서 끌고 온 사다리, 그리고 붓이 여기저기 흩어져 있었고, 초록색과 노란색 물감이 뒤섞인 팔레트를 발견했대. 그런데 얘, 창밖의 마지막 담쟁이 잎을 봐. 바람이 불어도 팔랑거리거나 움직이지 않는 게 이상하지 않니? 아, 존시, 저건 베어만 할아버지의 걸작이야. 할아버지는 마지막 잎이 떨어지던 밤에 저걸 그려 놓으신 거야."2)

『마지막 잎새』에는 한 잎새의 존재의미가 잘 드러나 있다. 존시에게 서 '마지막 잎새'는 자신의 운명을 결정짓는 그런 존재자의 존재로 부각되어 있다. '마지막 잎새'는 그렇게 존시에게 의미부여된 것이다. 아무리 베어만 노인과 수가 '망상'이라고 일깨워 주어도, 존시에게는 거의 절대적이고 무조건적으로 의미부여되었던 것이다. 이러한 '마지 막 잎새'의 의미는 여타의 잎새들과는 차원을 달리한다.

뒤에 세상을 떠나고 만다. 걸작을 남기겠다는, 40년 이상이나 품어 왔던 꿈을 드디어 이루었으나, 걸작의 탄생과 함께 베어만의 생명은 스러지고 만다. 예술가의 혼, 예술의 신 뮤즈에게 바쳐진 제물, 예술의 수호신로서의 베어만은 그야말로 붉은 벽돌에 달라붙 어 높은 곳을 향해 기어오르는 꿋꿋한 담쟁이덩굴처럼 보인다. 자신의 생명을 불태우면 서 생명을 살리는 예술가의 사명과 정체가 베어만에게서 드러난다. 과연 플라톤은 『국가』와 『파이돈』, 『파이드로스』에서 영혼불멸을 얘기하면서 철학자나, 아름다움과 詩神과 에로스에 봉사하는 자는 영원한 진리를 가장 많이 보았던 영혼이라고 규정했는데, 예술혼을 불태운 베어만에게 딱 어울리는 말인 것처럼 생각된다.
2) 오 헨리, 김명철 옮김, 『마지막 잎새』(더클래식, 2013), 11~17쪽 요약.

이토록 담쟁이 나뭇잎이 각별하게 의미부여된 것은 존시의 의지와 결부되어 있기 때문이다. 그녀의 친구와 베어만 노인이 이 이상야릇한 의지를 꺾으려고 애를 써 보았지만 소용이 없었다. 같은 나뭇잎이지만, 그것은 처음에는 죽음을 재촉하는 '가엾고 지친 나뭇잎'이었다가 나중에는 삶을 불러일으키는 불사신으로 거듭나게 된다. 만약 존시에게 왜 그렇게 '마지막 잎새'가 의미부여되느냐고 따져 물어 보아도 어쩔 수 없는—그런 의미에서 더 이상 환원해서 답할 수 없는— 노릇이어서, 무조건적인 것이라고 답할 수밖에 없다.

인간은 인식활동만 하는 것이 아니라 의미를 부여하면서 삶을 영위하는 존재이다. '마지막 잎새'도 엄밀한 의미에서는 여느 잎새와 같이 하나의 예사로운 잎사귀에 불과할 뿐이다. 그러나 특별한 존재의미가 부여되었을 때 이 '마지막 잎새'는 결코 예사로운 잎사귀가 아니게 된다. 이 책의 전체를 관통하는 테마인 사신도와 사수도 또한 신화나 천문사상이 나타나기도 전에(!) 이미 사람들에게서 각별한 의미를 부여받은 존재자들이었던 것이다.

우리 주변에는 각별하게 의미를 부여받은 존재자들이 가득 있다. 우리 인간은 이런 존재자들에게 각별한 의미를 부여하면서, 동시에 각별하게 의미부여된 존재자들 속에서 그들의 지배를 받으며 살아간다. 스승이나 친구, 사랑하는 사람, 특별한 날짜들, 돈을 비롯해 각별한 의미를 부여받은 수다한 사물들, 꽃이나 식물, 동물, 산, 바다나 바닷가에 있는 등대, 보석 등등 수많은 사례들이 있다. 또 어떤 사람들은 정신적인 것에다 각별한 의미를 부여하기도 한다.

2.『큰 바위 얼굴』에 부여된 존재의미

『큰 바위 얼굴』(*The Great Stone Face*)[3]은 너새니얼 호손(Nathaniel Hawthorne)의 유명한 단편소설이다. '큰 바위 얼굴'은 어떤 험준한 계곡의 저편 위쪽에 자연적으로 형성된 암석덩어리로, 사람의 얼굴 형상을 하고서 계곡 아래에 사는 사람들을 내려다보고 있다. 그런데 오래 전부터 이 지방 사람들 사이에 전해 내려온 예언에 의하면, 이 계곡 아래에 사는 사람들 가운데 저 '큰 바위 얼굴'을 닮은 위인이 탄생한다는 것이다. "요지는 미래의 어느 때에 이 근방에서 태어나는 아이가 당대의 가장 위대하고 훌륭한 인사가 될 것인데, 그가 크면 그 용모가 큰 바위 얼굴과 똑같을 것이라는 것이었다."

그런데 이 지방 사람들은 늙은이나 젊은이나 할 것 없이 열렬한 희망 속에서 이 오래된 예언에 대해 지속적인 믿음을 갖고 있었다. 이 예언은 이곳 사람들에게 큰 관심거리였다. 만일 이 지방 출신의 어떤 유명한 인사가 국가적으로 명망을 얻게 되면 사람들은 곧장 그가 바로 '큰 바위 얼굴'을 닮은 사람이라고 웅성대며 야단법석이었다. 객지에서 자수성가한 이 지방 출신의 사람들은 어김없이 '큰 바위 얼굴'이 바라보는 계곡 아래의 마을로 초대되었고, 사람들은 환호성을 울리며 성대한 축하행사를 벌이곤 했다. 그때마다 사람들은 "큰 바위 얼굴과 머리털 하나까지 똑같이 닮은 얼굴"[4]이라고 호들갑을 떨면서, '큰 바위 얼굴'의 쌍둥이가 나타났느니 '큰 바위 얼굴'이 제짝을 찾았느

---

3) Irwin Shaw / Willa Cather / Nathaniel Hawthone, *Great American Short Stories*, 시사영어사편집 국 역, 『미국 단편 걸작선』(영한대역문고; 시사영어사, 1996).
4) 『미국 단편 걸작선』, 125쪽.

니 하며 사방팔방 외쳐 대었다.5)

그래서 자칭 혹은 타칭 '큰 바위 얼굴'을 닮았다고 하는 4명의 인물이 등장한다. 먼저 객지에 나가 대부호가 된 상인(개더골드: Gathergold), 다음은 전장에서의 무공으로 명성을 드날린 군인(올드 블러드 앤 선더: Old Blood-and-Thunder), 다음은 대통령직에 도전하는 유력한 정치가(올드 스토니 피즈: Old Stony Phiz), 마지막으로 경이로운 재능으로 아름다운 자연과 '큰 바위 얼굴'을 천상의 멜로디로 노래한 시인이다.

그러나 이들은 한결같이 마치 '반짝 스타'처럼 한때만 저 '큰 바위 얼굴'과 닮은 사람이라고 떠들썩했을 뿐이었다. 세상의 명망과는 달리 그들은 "점잖은 지혜와 깊고 넓고 부드러운 동정"6), "장엄하고 위엄 있는 모습"7), 인자한 미소에 신비한 영혼을 간직한 듯한 '큰 바위 얼굴'의 숭고함8)과는 거리가 멀었다. 소설은 저 시인이 마지막에, 어릴 적부터 그 누구보다도 간절히 '큰 바위 얼굴'을 닮은 사람을 만나기를 갈구해 왔던 어니스트(Ernest)가 바로 '큰 바위 얼굴'을 닮은 사람이라고 사람들에게 외치는 것으로써 끝을 맺는다.

그러나 호손은 이 소설에서 어니스트가 바로 '큰 바위 얼굴'과 닮은 사람이라고 확정적으로 말하지는 않았다. 그것은 아마도 앞으로도 얼마든지 보다 더 선량하고 덕망 있으며 현명한 사람이, 즉 보다 더 '큰 바위 얼굴'을 닮은 사람이 나올 수 있다는 가능성 때문이었을 것이다. 그래서 산 위의 '큰 바위 얼굴'은 어떤 사람과 닮음으로써 끝나 버리는 일회적인 것이 아니라 미래를 향해 늘 열려 있고, 그러면서

---

5) 『미국 단편 걸작선』, 135쪽 참조.
6) 『미국 단편 걸작선』, 127쪽.
7) 『미국 단편 걸작선』, 127쪽.
8) 『미국 단편 걸작선』, 137쪽 참조.

사람들에게 항상 '선생'의 역할을 하고 있는 것이다.9)

'큰 바위 얼굴'은 마치 붙박이별과도 같이 자신을 닮은 위인을 기다리고 있다. 이러한 붙박이별은 현실과 결코 괴리되지 않는 플라톤의 이데아와 같이 끊임없이 의미를 제공하고 있다. 날로 날로 노력하면 더욱더 '큰 바위 얼굴'을 닮을 수 있다는—마치 날로 날로 노력하면 누구나 성인군자가 될 수 있다는 저 동양사상의 일면과도 상통하는— 메시지를 호손의 『큰 바위 얼굴』은 우리에게 던지고 있다.

우리가 논의해 온 사수도의 별들도 '큰 바위 얼굴'과 같이 어떤 특별한 존재의미론적인 붙박이별의 속성을 갖고 있다. 호손의 『큰 바위 얼굴』이 특히 우리에게 시사하는 바는, 바로 사람들이 오랜 세월에 걸쳐 저 자연적으로 혹은 우연적으로 만들어진 '큰 바위 얼굴'에 특별한 존재의미를 부여했다는 것, 그리고 그런 존재의미를 누구나 받아들이고 있었다는 것, 나아가 그 부여된 존재의미가 이제는 사람들에게 존재의미를 부여하면서 '선생'과 이정표의 역할을 하고 있었다는 것이다.

'큰 바위 얼굴'은 원래 자연적으로 발생한—호손은 "자연이 장난기어린 기분으로 만들어 낸 자연의 조화"10)라고 했다— 차가운 돌덩이이다. 그러나 오랜 세월에 걸쳐, 오래 전부터 특별한 존재의미를 부여받았으며, 그 특별한 존재의미를 역으로 사람들에게 부여하고 있는 것이다. 멀리 떨어진 산 위에 우뚝 선 돌덩이가 사람 형상의 존재의미를 부여받

---

9) 『큰 바위 얼굴』의 마지막 장면은, 시인이 어니스트를 '큰 바위 얼굴'을 닮았다고 외치고 주민들은 이 통찰력 깊은 시인의 말이 사실임을 알아차리지만 어니스트는 여전히 자기보다 "더 현명하고 더 선량한 사람이 나타나 큰 바위 얼굴을 닮으리라는 것을 희망하고 있었다"고 술회하는 것으로써 끝을 맺는다.

10) 『미국 단편 걸작선』, 105쪽.

아 특별한 인격체로 되고, 급기야 오히려 사람들에게 큰 존재의미를 부여하게 된 것은, 어니스트의 시대 훨씬 그 이전부터, 말하자면 "너무나 오래되어서 전에 이 계곡에 살았던 인디언조차도 그 이야기를 그들의 조상에게서 전해 들었을"[11] 정도로 오랜 세월 동안 사람들이 거기에 특별한 존재의미를 부여했기 때문이다. 이로 말미암아 저 큰 돌덩이는 사람들에게 특별한 존재의미를 부여하는 —붙박이별과도 같고 어떤 인격자의 이데아와도 같은— '큰 바위 얼굴'로 거듭나게 된 것이다. 사수도의 별들이 오랜 세월에 걸쳐 각별한 존재의미를 부여받아서 이제 각별한 존재의미를 사람들에게 제공하는 것도 이 '큰 바위 얼굴'의 경우와 유사한 원리이다.

산 위의 큰 돌덩이가 오랜 세월에 걸쳐 특별한 존재의미를 부여받고 다시 사람들에게 특별한 존재의미를 제공하게 되는 과정을 호손의 소설을 통해 추적해 보자.

우선, "자연이 장난기어린 기분으로 만들어 낸"[12], 또한 거대한 암석에 의해 산악의 수직면에 형성된 '큰 바위 얼굴'에 대해 "어른이나 아이나 할 것 없이 모든 주민들은 일종의 친밀감"[13]을 느꼈다고 한다. 다음은 이 '큰 바위 얼굴'에 대한 호손의 묘사이다.

> 거대한 암석들이 함께 모여 있는 적당한 거리에 떨어져서 보면 사람의 얼굴의 모습을 정확히 닮고 있었다. 굉장한 거인이나 또는 타이탄이 그 절벽에다 자기의 닮은 형상을 조각해 놓은 것 같았다. 높이가 100피트나 되는 넓은 이마, 콧날이 긴 코, 입을 열어 말을 한다면 큰 천둥과도 같은 소리가 계곡의 끝에서 끝을

11) 『미국 단편 걸작선』, 109쪽.
12) 『미국 단편 걸작선』, 105쪽.
13) 『미국 단편 걸작선』, 105쪽.

뒤흔들 거대한 입. 구경꾼들이 너무 가까이 가면 그 거대한 형상은 윤곽이 없어지지만,…… 그러나 발걸음을 되짚어 나가면 그 경이로운 모습이 다시 보인다. 그리고 더 멀리 물러나면 날수록, 그 원래의 신비를 간직한 채 더 똑똑히 인간의 모습으로 보인다. 마침내 너무 멀리 떨어져 가물가물하게 보이면, 그 주위가 구름과 장엄한 안개로 둘러싸여 그 큰 바위 얼굴은 정말로 살아 있는 것처럼 보이는 것이다.[14]

사람들은 '큰 바위 얼굴'을 숭경심에 가득 찬 태도로 바라보았다. 특히 어린아이들에게는 '큰 바위 얼굴'을 바라보며 자라 간다는 것이 커다란 영광이고 축복이었다. 이러한 대목에는 확실히 인간들로부터 오래 전부터 존재의미를 부여받은 저 '큰 바위 얼굴'이 이제 인간들에게 큰 존재의미를 돌려주는 역할을 수행하고 있다는 것이 잘 나타나 있다. 인간들에게 축복과 영광이 되고 선생의 위치에 서며 고상함과 장엄함, 사랑과 친절, 따뜻한 마음과 인자함을—바로 이러한 것이 인간들로부터 존재의미를 부여받으면서 동시에 인간들에게 부여하는 특별한 존재의미이다— 부여하는 '큰 바위 얼굴'(큰 바위 얼굴의 의미부여행위)을 우리는 다음과 같은 대목에서 분명하게 읽을 수 있다.

왜냐하면 큰 바위 얼굴의 모습은 고상하였고 그 표정은 장엄하고 부드러워서, 인류를 그 모든 사랑으로 감싸고도 더 여유가 있는 듯한 넓고 따뜻한 마음 같았기 때문이었다. 그것을 바라보는 것만도 하나의 가르침이었다. 많은 사람들의 믿음에 따르면, 그 계곡을 항시 내려다보고 구름을 비추며 그 부드러움을 햇빛 속에 불어넣는 이 인자한 얼굴 때문에 그 계곡이 비옥해졌다는 것이다.[15]

이 대목에서 존재자인 '큰 바위 얼굴'은 단순히 사람들에게 어떤

---

14) 『미국 단편 걸작선』, 107쪽.
15) 『미국 단편 걸작선』, 107쪽.

의미를 촉발만 하는 것이 아니라 '큰 바위 얼굴'의 존재의미(즉 도래하는 위대한 인물의 형상)에 거의 절대적으로 기여한다. 큰 바위 얼굴이 존재한 다는 것과 이 존재자가 각별한 의미를 촉발한다는 것, 이에 대해 사람들이 서로 공감하고 공명함으로써 도래하는 위대한 인물로서의 '큰 바위 얼굴'을 구축하게 된 것이다. 이처럼 어떤 존재자의 존재의미 는 결코 인간 쪽에 의해서만 부여되는 것이 아니라 이중으로 공-의미 부여되는 것이다.

『큰 바위 얼굴』의 주인공 어니스트에게는 이런 '큰 바위 얼굴'의 인격적인 모습이 더욱 가까이 다가왔다. 소년 어니스트가 그의 어머니 와 '큰 바위 얼굴'에 대해 이야기하고 있을 때, "그 거대한 얼굴은 그에게 미소 짓고 있었다."[16] 주민들로부터 '큰 바위 얼굴'을 닮았다고 추켜세워지던 사람들이 결국 불발로 끝나 큰 실망을 안길 때에도(그것도 네 차례나) '큰 바위 얼굴'은 어니스트에게 "그 사람은 올 것이다! 걱정 말아라, 어니스트. 그 사람은 올 것이다"[17]라고 위안을 던져 주었다. 그에게는 이 '큰 바위 얼굴'만한 선생이 다시없었으니, 책을 통해 배운 것보다 더 큰 지혜가 저 '큰 바위 얼굴'에서 나왔다.

호손의 『큰 바위 얼굴』에서 우리는 차가운 돌덩이인 '큰 바위 얼굴'이 사람들로부터 오랜 기간에 걸쳐 특별한 존재의미를 부여받고, 또 이 부여받은 특별한 존재의미를 훨씬 더 크게 되돌려 주고 있음을 목격한다. 그는 특별한 존재의미를 부여하는 붙박이별 같은 인격자의 위치에 서 있다. 사신도와 사수도 또한 이와 같다. 사신도의 신수(神獸)와 사수도의 별들은 오랜 세월에 걸쳐 특별한 존재의미를 부여받았다가

---

16) 『미국 단편 걸작선』, 107쪽.
17) 『미국 단편 걸작선』, 119쪽.

다시 특별한 존재의미를 사람들에게 제공함으로써 인간과 온 누리를 수호하고 보살피는 존재자로 거듭나게 되었던 것이다.

3. 알퐁스 도데의 『별』과 단테의 『신곡』에서의 별

우선 알퐁스 도데의 『별』에서 스테파네트 아가씨와 목동이 나누는 이야기를 들어 보자.

> 바로 그 순간 한 아름다운 유성이 우리 머리 위를 지나 연못 있는 방향으로 미끄러져 내려갔다. 마치 우리가 방금 전에 들은 소리가 별과 함께 별빛을 옮겨다 주기라도 하는 것처럼. "저게 뭐예요?" 스테파네트 아가씨가 낮은 목소리로 물었다. "천국에 들어가는 영혼이에요, 주인 아가씨." 그리고 나는 성호를 그었다. 그녀도 성호를 그었고, 한동안 머리를 하늘로 들고는 깊은 생각에 잠겨 있었다.……
> "어머나, 별이 많기도 해라! 너무 아름다워요. 이렇게 많은 별을 본 적이 없어요. 당신은 이 별들의 이름을 알고 있나요?" "물론이지요, 아가씨.…… 자 보세요. 우리 머리 바로 위의 것이 '성 야곱의 길'(은하수)이죠. 프랑스에서 스페인으로 똑바로 지나갑니다. 용감한 샤를마뉴 대제가 사라센 사람들과 전쟁을 할 때, 샤를마뉴에게 이 길을 제시하여 그가 가야 할 길을 알려 준 분이 성 야곱입니다. 그보다 좀 더 멀리 '영혼들의 수레'(큰곰자리)가 네 개의 빛나는 축과 함께 있습니다. 그 앞에 가는 세 개의 별은 '세 마리 동물'이고, 그 세 번째 별에 붙어 있는 아주 작은 별은 '마부'입니다. 그 주위로 별들이 비처럼 떨어지는 것이 보이나요? 그것은 하나님이 당신의 집에 데려오고 싶어하지 않는 영혼들입니다."[18]

여기서 우리는 놀랍게도 인간의 의미부여현상을 목격할 수 있다.

---

18) 알퐁스 도데 지음, 김명숙 옮김, 『별』(좋은생각 출판사, 2009), 82~83쪽.

한 아름다운 유성이 어디론가 미끄러져 내려가는 것을 "천국에 들어가는 영혼"이라고 한 것은 목동 혼자만의 느낌도 아닐 것이고 또 작가인 알퐁스 도데의 개인적인 상상력도 아닐 것이다. 별들이 그러한 의미를 갖게 된 것은 이미 많은 사람들에게서 그렇게 받아들여졌기 때문이며, 그런 공감과 공명 및 '공감각'(칸트)의 과정을 거쳐 공유된 이해를 지금 목동이 스테파네트 아가씨에게 말해 주고 있는 것이다. 더욱이 그 미끄러져 간 별이 "천국에 들어가는 영혼"이라고 하고서 서로 성호를 그은 것은, 그들이 별들에 부여된 존재의미를 진실인 것으로 받아들인다는 뜻이다.

물론 별과 별자리에 서로 다르게 존재의미를 부여할 수도 있다. 그래서 동양과 서양 사이에는 서로 다르게 존재의미가 부여된 별과 별자리가 많다. 이를테면 위에서 언급한 '성 야곱의 길'은, 고대 그리스 신화에서는 제우스의 궁전으로 가는 길이고 우리에게서는 길이 아니라 은하수로 불리는 강이다. 또 샤를마뉴의 이야기는 우리에게서는 견우와 직녀의 이야기이고, '영혼들의 수레'로 규정된 큰곰자리는 북두칠성이요 하늘임금의 수레이며, 북두칠성 곁에 희미하게 붙은 꼬마별은 마부가 아니라 하늘임금을 보좌하는 보성이다. 이토록 서로 다른 이름을 부여받고 서로 다른 존재의미를 부여받게 된 것은 문화권역의 차이에 따라 각자가 서로 다르게 연상력과 관찰력을 발휘하여 존재의미를 부여했기 때문이다.

그러나 그럼에도 불구하고, 즉 문화권역별로 존재의미가 서로 다르게 부여되었음에도 불구하고 동서양 모두가 별과 별자리에 각별한 존재의미를 부여하고 있다는 것은 분명한 사실이다. 동서고금을 막론하고 별들을 동경하고 거기에 각별한 존재의미를 부여함으로써 별자리를 만들어 내게 된 것이다. 별들에 대한 이러한 의미부여행위는 인류의 역사와 함께 시작되었을 것이고, 또 인류가 끝날 때까지 사라지지 않을 것이다.

이러한 인류의 의미부여행위는 어쩌면 형이상학이라기보다는 자연적인 것이다. 분명 그것은 인류가 자발적으로(그리고 필연적으로) 존재의 미를 부여한 것이기에, 자유로운 의지에 기반하여 구축된 존재의미를 진위판단의 논리학적 시비꺼리로 몰고 가서는 안 된다. 삼라만상에 논리학의 척도를 다 들이댈 수는 없는 노릇이다. 논리학의 권역은 저 하늘의 별과 별자리까지는 미치지 못한다. 논리학의 좁은 시야는 그것을 포착할 수 없기 때문이다.

다음은 단테의 『신곡』에서 샛별이 사랑을 인도하는 아름다운 별로 의미부여된 것을 확인할 수 있는 대목이다.

사랑을 인도하는 샛별이 동녘 하늘에서 반짝반짝 만면에 웃음을 띠고, 뒤따르는 쌍어궁[19]의 별빛을 가리고 있다.[20]

그리고 샛별에 이어서 4개의 별들이 등장하는데, 바로 단테에 의해 독특하게 이름 붙여진 '정의', '기개', '사려', '절제'의 별들이다. 이 별들은 인류의 조상을 제외하고는 그 누구도 본 적 없는 아주 특별한 별로 규정된다. 이들은 —단테가 플라톤을 언급하지는 않았지만— 4주덕(Kardinal Tugend)이라고 할 수 있을 것이다.

시선을 옮겨서 나는 눈을 오른편 남극 하늘로 돌려 네 개의 별을 쳐다보았다.

---

19) 쌍어궁은 물고기좌로서 성좌 12궁 중에서 최후의 궁이다.
20) A. 단테, 구자운 옮김, 『신곡』(일신서적출판사, 1990), 「연옥편」, 제1곡, 170쪽.

인류의 조상 외엔 그 누구도 본 적이 없는 별이었다. 하늘은 별의 반짝임을 기뻐하고 있는 것 같았다.[21]

다시 단테는 이 4개의 별들을 대체하여 교대로 뜨는 3개의 별들에 대해 '믿음', '소망', '사랑'이라는 이름을 부여하고 있다. 이 대목은 연옥을 이끌고 있는 단테의 스승 베르길리우스와의 대화에 나온다.

길잡이[22]가 물었다. "아들아, 멀리 무엇을 보고 있는가?" 내가 대답했다. "이쪽 남극 하늘을 온통 불태우고 있는 저 세 개의 빛을 봅니다." 그러자 스승이 말했다. "네가 오늘 아침에 본 네 개의 밝은 별은 수평선 저편에 졌다. 그리고 그 대신 이 별들이 돋은 것이다."[23]

그런데 위의 인용문에 나타난 4개의 별은 플라톤의 4주덕을 상징하고, 여기에 등장하는 3개의 별은 기독교의 3가지 덕을 상징하고 있다. 이들을 합친 7가지의 덕이야말로 —역시 단테가 토마스 아퀴나스를 직접 지칭하지는 않았지만— 토마스 아퀴나스의 7주덕인 것이다.[24] 연옥의 제28곡에서는 이 '믿음', '소망', '사랑'이 세 천사로 형상화되어, 이 세 천사가 "원을 지어 춤을 추며 걸어오고" 있는 모습으로 표현되고 있다.[25]

우리는 알퐁스 도데의 『별』에서의 별들과 단테의 『신곡』에서의 별들이 각별한 존재의미를 부여받았을 뿐만 아니라 그런 존재의미를

---

21) A. 단테, 구자운 옮김, 『신곡』, 「연옥편」, 제1곡, 170쪽.
22) 길잡이는 단테의 스승 베르길리우스이다.
23) A. 단테, 구자운 옮김, 『신곡』, 「연옥편」, 제8곡, 206쪽.
24) 단테는 비록 토마스 아퀴나스의 7가지 덕을 직접 언급하지 않으나, 「연옥편」의 제20곡에서 토마스가 억울하게 희생당한 것을 짧게 언급한다.
25) A. 단테, 구자운 옮김, 『신곡』, 「연옥편」, 제28곡, 312쪽 참조.

우리 인간들에게 되돌려 주고 있는 것을 목격할 수 있다. 이렇게 각별한 존재의미를 부여받은 별들과 별자리들은 동서양을 막론하고 흔히 발견되며, 이제는 역으로 이런 별들과 별자리들이 우리에게 더 큰 존재의미를 부여할 수 있는 것도 사실이다.

경우에 따라서는 아주 의미심장한 존재의미를 부여받은 별과 별자리도 있다. 그리고 그렇게 존재의미를 부여받은 별들과 별자리들은 이제 인류에게 심각하고 섬뜩한 존재의미를 부여할 뿐만 아니라 숭경의 대상이 되기도 한다. 이처럼 자유로운 의지의 터전 위에서 숭경의 대상이 된 별들과 별자리들을, 또 이런 별들을 숭경의 대상으로 삼은 우리들을 형이상학이나 논리학은 결코 탓할 수 없다.

북두칠성과 남두육성, 북극성과 남극노인성, 견우직녀와 샛별, 영혼의 수레, 하늘임금의 수레, 성 야곱의 길, 제우스의 궁전으로 가는 길, 은하수 등등은 오랜 세월에 걸쳐, 또 많은 사람들의 공감과 공명에 의해 존재의미를 부여받음으로써 각각의 존재의미를 갖게 되었고, 그렇게 각별하게 존재의미를 부여받은 별과 별자리는 이제 역으로 인류에게 각별한 존재의미를 부여하고 있는 것이다. 왜 스테파네트 아가씨와 목동은 하늘을 가로질러 가는 유성을 보고 '천국에 들어가는 영혼'이라며 성호를 그었는가. 왜 '영혼의 수레'이며, 왜 '하늘임금의 수레'인가. 왜 목동은 북두칠성 주위로 별들이 비처럼 떨어지는 것을 일컬어 '하나님이 당신의 집에 데려오고 싶어하지 않는 영혼들'이라고 했는가. 이 모든 진술들은 자신의 존재를 기반으로 사람들로부터 각별한 존재의미를 부여받은 별들이 이제 역으로 우리에게 엄청난 존재의미를 부여하고 있음을 확인시켜 준다.

4. 역법의 탄생

한 해가 저물고 새해가 밝아 오면 사람들은 그냥 덤덤히 넘기지 않고 대대적으로(개인과 단체뿐만 아니라 국가적으로, 세계적으로도) 큰 행사를 펼친다. 특히 한 세기가 바뀌는 지점이나 새 밀레니엄을 맞이할 때, 온 세계 사람들은 이토록 큰 사건을 맞는 행사를 성대하게―온 세상에 쏘아올린 폭죽은 또 얼마나 많은가―펼치게 된다. 그런가 하면 엄청난 역사적 대변혁을 예고하는 불길한 예언들(이를테면 지구의 종말이나 혜성의 충돌 등)이 종종 인터넷을 장식하곤 하기도 한다.

그런데 이런 새해와 새로운 세기와 새 밀레니엄 같은 절기뿐만 아니라 우리가 사용하는 일상의 캘린더(calendar)가 모두 역법曆法에 의한 것이라는 사실이야말로 놀랍기만 하다! 인간들이 천문과 자연현상에 특별한 존재의미를 부여하고―물론 천문과 자연현상은 우리가 이런저런 존재의 미를 부여하는 것과 상관없이 늘 그렇게 존재하고 운동하고 있을 따름이다― 그것을 특별한 관점에서 관측하여 수학적으로 시스템화한 것이 다름 아닌 역법이다. 이처럼 역법이라는 분야에는 도무지 어울리지 못하고 서로 어색하게 거리를 두고 있을 것만 같은 존재론과 천문학(수학, 논리학 등)이 서로 융화하여 한 몸을 이루고 있는 것이다. "역법은 하늘의 해와 달과 행성들의 움직임을 정밀하게 관찰하여 얻어진 것으로, 자연세계의 주기적인 변화를 생활에 이용하는 동시에 '수數'의 상징성을 통해 자신들의 세계관을 표출하는 방편으로 삼기도 하였다."[26] 그런데 이러한 역법은 고대 동양의 경우 이미 동이계의 요순시대에서

---

26) 이문규, 『고대 중국인이 바라본 하늘의 세계』(문학과지성사, 2000), 7쪽.

부터 시작되었다고 알려져 있다.[27)]

오늘날 우리가 사용하고 있는 양력이나 음력이라는 것도 천체현상에 각별한 존재의미를 부여하여 탄생한 것이다. 인간으로부터 각별한 존재의미를 부여받기 전까지는 그저 해는 해이고 달은 달이며 무수한 별들과 행성들은 천체의 가족으로 존재하고 있었을 따름이다.—물론 여기서 '가족'이라고 칭하는 것도 이미 각별한 존재의미가 부여된 것이다.— 자기 자신으로 존재하고 있던 이들 별들이 시간이 흐르면서 —자기 자신들이 원인이 되어서— 어떤 각별한 존재의미를 부여받은(공 - 의미부여) 존재자로 거듭나게 되고, 그처럼 각별하게 존재의미가 부여된 천체현상이 인간의 지식 및 과학과 융합되어 역법으로 사용되고 있는 것이다. 그러므로 역법의 탄생에는 주어진 자연현상과 천문현상에 근거한 인류의 의미부여가 전제되어 있다. 하지만 대부분의 사람들은 역법을 쓰고 캘린더를 사용하면서도 이러한 역법이 인간들에 의해 각별히 의미부여된 사건임을 망각하고 있다.

역법의 배경에는 자연과 천문이 인간으로부터 존재의미를 부여받기 전에도 이미 그 자체로 존재하고 있었으며 또 이 존재자들이 스스로 운동하고 변화하고 있었다는 사실이 전제되어 있다. 이런 전제 위에서 인간의 각별한 존재의미부여 및 자세한 관찰과 분석이 뒷받침되어 역법이 태어나게 된 것이다.

천체 중에 단연 두드러지게 주기성에 관심을 끌게 하는 것은 해와 달이다. 해는 매일 뜨고 지며 하루를 바꾸고, 길어졌다 짧아졌다 하며 계절을 순환시켜 한 해를 바꾼다. 달은 찼다 이지러졌다 하며 한 달을 바꾼다. 하루와 한 달이라는

---

27) 역법(태음력, 태음태양력, 태양력 등등)의 내력과 원리 및 변천과 각종 역서에 관해서는 나일성, 『한국천문학사』(서울대학교 출판부, 2002), 제6장(195~231쪽) 참조.

주기를 한 해 안에 큰 무리 없이 짜 넣으려는 노력이 바로 달력 제작이고 역법曆法의 본질이다.[28]

만약 천문과 자연현상이 주기적이거나 규칙적인 변화를 수반하지 않는다면 그것을 수적·수학적인 시스템으로 체계화하기가 거의 불가능할 것이다. 천문현상의 주기적이고 규칙적인 운동과 존재론적인 의미부여행위에 의해 정립된 역법은 미래예측과 미래설계까지도 가능하게 해 준다. 천문학자 나일성 박사는 다음과 같이 말한다.

> 가장 알기 쉬운 자연현상은 해가 뜨고 지고 다시 뜨는 현상, 달이 차고 기울다가 다시 차는 현상, 그리고 4계절이 차례로 반복하는 변화 등등이다. 말하자면, 한 번 일어난 다음에는 일정한 수순을 밟아 정확한 간격을 두고 다시 반복을 재연한다는 것이다. 그러니까 예측이 가능한 현상이다.[29]

고인돌에 성혈을 새긴 선사시대 사람들은 눈에 직접 보이는 하늘의 세계를 관측하여 각별한 존재의미를 부여하고 공감대를 형성하여 일반화시켰는데, 이 과정에서 비록 명문화되지는 않았더라도 역법이 사용되었을 것이다. 그들은 또 그런 하늘의 현상을 지상에서의 삶과 관련지어 해석하였는데, 이것이 바로 천문지리이다.

언제부터 사용되었는지조차 가늠하기 어려울 정도로 오래된 역법은 여러 용도로 사용되었다. 전문가나 관측요원에게서는 역법의 주된 역할이 천체운행에 관한 정확한 지식과 정보를 얻기 위한 것이었음은 말할 필요가 없고, 농업과 어업 등도 역시 역법과 각별한 관련을

---

28) 박창범, 『천문학』(이화여자대학교 출판부, 2009), 69쪽.
29) 나일성, 『한국천문학사』, 3쪽.

맺고 있었다. 그래서 오늘날도 여전히 어촌과 농촌에서는 역법이 그대로 쓰이고 있다. 또한 역법은 하늘의 현상이 지상의 인간세계에 강력하게 영향을 미친다고 여긴 선사시대의 천문지리사상에 근원을 두고 있기에 자연스레 제왕帝王의 학으로 자리 잡게 되었다. 군주는 백성들에게 정확한 시時와 시기를 알려 주어야만 했고, 나아가 천문현상은 여러 가지 정치적인 기능 및 국운과도 관련되어 있었으므로 국가기관 가운데는 천문을 관측하고 해석하는 부서가 많았다.

5. 별자리와 보물들

알퐁스 도데의 『별』이나 단테의 『신곡』에 나타난 별 세계, 플라톤의 『티마이오스』에 보이는 인간의 고향으로서의 별 세계, "내 머리 위에 별빛 총총한 하늘과 내 마음속에 있는 도덕률"(『실천이성비판』)로 새겨진 칸트의 묘비, 십자가 대신 그가 일생동안 흠모하고 청종했던 존재를 상징하는 별 하나를 새긴 하이데거의 묘비, 수많은 시인들과 예술가들의 별들……. 이처럼 온 인류가 염원하는 별들의 세계는 다름 아닌 우리의 선사시대 사람들이 경이와 숭경심에 가득 차서 바라보던 일월성신의 세계였다.

그런데 '별자리'란 이미 인간에 의해 각별하게 의미부여된 성좌이다. 말하자면 실제의 하늘에는 별들만 가득 있고 별자리는 없다. 천문도에는 서로 선으로 연결된 별자리들이 하늘을 수놓고 있지만, 실제의 하늘에는 그런 선은 없고 다만 그 별자리를 형상하게 될 별들만 존재할 뿐이다. 각각의 별들이 인간에 의해 각별한 존재의미를 부여받고 서로 연결되어 별자리로 칭해지게 된 것이다.

흩어져 있는 별들을 서로 연결시켜 어떤 각별한 별자리로 엮어낸 것은 그렇게 엮은 문화권의 독특한 해석에 기인한 것이다. 그렇기에 별과 별자리는 엄연히 그 범주가 다를 수밖에 없다. 김일권 교수는 이렇게 말하고 있다.

> (별과 별자리는) 별개의 범주에 속한다. 인류 역사에서 별이 별자리로 전환되는 계기는 결코 가벼운 사건이 아니며, 문명사적으로 또 다른 도약을 이루는 과정이다.…… 일정한 형태의 별자리가 마련된다는 것은 이를 공유하는 동일 문화권이 서로 소통할 수 있는 천문학의 정보시스템을 갖춘다는 것을 의미한다.[30]

별자리는 그 존재의미가 어떻게 부여되었는가에 따라 달리 표현된다. 그래서 문화권에 따라 각기 그 별자리 형태와 별들에 대한 존재의미가 다르게 부여된 경우가 다반사이다. 이때껏 전승된 별자리 그림들을 비교해 보면, 동양과 서양의 별자리들이 대부분 서로 다른 것은 물론이고 같은 동양문화권 속에서도 서로 다른 양상을 드러내 보일 때가 있다.[31]

김일권 교수가 지적하듯이 동서양에서 서로 모양이 비슷한 별자리는 겨우 북두칠성과 오리온자리 정도에 불과하다.[32] 그런데 이 북두칠

---

30) 김일권, 『우리 역사의 하늘과 별자리』, 14쪽.
31) 선사시대에서 고대에 이르는 기간, 특히 동이족의 문화권이 활동하던 기간에는 고대 한국과 고대 중국 사이에 공유된 문화가 존재해 왔었다. 그러나 하나라와 주나라, 진나라, 한나라 계통의 한족문화도 중국문화의 근간을 이루므로 고대 한국과 고대 중국 사이에는 서로 다른 별자리 관념과 천문사상이 전승되었다. 이러한 차이에 관해서는 김일권, 「고구려인들의 별자리 신앙」, 『종교문화연구』, 제2호(2000), 5~6쪽 참조.
32) 김일권, 『우리 역사의 하늘과 별자리』, 15쪽 참조. 김일권 교수가 지적하듯이 고대천문학을 공유했던 고대 중국과 고대 한국의 별자리 유물도 서로 다른 형태가 발견된다.

성마저도 고대 그리스의 별자리는 일반적인 서양의 별자리와 똑같지 않다. 고대 그리스의 경우 북두칠성은 큰곰자리의 일부일 따름이었다. 이처럼 동양과 서양, 서로 다른 나라들과 문화권들이 제 나름의 존재의 미를 부여하여 별자리를 만들었는데, 그렇게 하나의 별자리가 만들어 지게 되는 데에는 적어도 한 문화권(나라) 내에서의 공감과 공명이 전제되어 있다.

각 문화권에서 형성된 별자리 형태가 서로 다를 경우, 이때는 형태뿐만 아니라 그 의미부여된 내용까지 다를 수밖에 없다. 이를테면 우리에게서 칠성신으로까지 불렸던(의미부여되었던) 북두칠성은 고대 그리스인들에게서는 큰곰자리[33]의 일부였고, 우리가 남쪽의 방위신이자생명의 수호신이라고 여겨 왔던 남두육성은 고대 그리스인들에게서는 활줄을 탱탱하게 겨누고 있는 궁수자리의 일부였다. 그런데 우리 선조들이 북두칠성과 남두육성으로 의미부여한 것은 고대 그리스인들이 북극곰자리와 궁수자리로 의미부여한 것보다 훨씬 더 깊고 고매한 것이었다.[34] 인간들의 영혼들을 보호하는 북두칠성과 생명의 축복을 쏟아 붓는 남두육성은 저 그리스인들의 별자리와는 비교조차 할 수 없을 정도로 숭고하고 경이에 가득 차 있다. 이 두 별자리를 포함한 사수도(해와 달, 남두육성과 북두칠성)는 ─다른 별들과 별자리들도 그렇거

---

33) 이 큰곰자리 별자리도 퍽 불명예스러운 기원을 갖고 있다. 고대 한국이나 중국과는 천차만별이다. 바람둥이 제우스는 잠자고 있는 숲의 요정 칼리스토를 보고 욕정이 불같이 타올라 자신을 저 요정의 주인인 아르테미스처럼 변신시켜다. 칼리스토는 임신하게 되었고, 이 사실이 아르테미스에게 발각되어 그녀는 추방되었다. 그뿐인가. 질투의 화신 헤라는 그녀의 머리카락을 휘어잡아 땅바닥에 내동댕이치고는 한 마리의 곰으로 바꾸어 버렸다. 이에 제우스가 곰으로 변해 버린 칼리스토를 큰곰자리로 만들어 준 것이다.

34) 윤병렬, 『고구려의 고분벽화에 그려진 한국의 고대철학』(철학과현실사, 2008), 161~181 쪽 참조.

니와— 스스로 영겁에 걸쳐 빛나면서 불멸을 밝히는 별무리들로서 무한한 경이와 영감의 원천이 될 것이다.

북극성이 '붙박이별'로서 인류에게서 각별한 존재의미를 갖고 있다는 점을 부인하는 사람은 별로 없을 것이다. 특히 북극성은 망망대해를 항해하는 선원들에게 절대적인 기준점을 제공해 준다. 다음은 단테가 『신곡』의 연옥편에서 북극성에 관해 읊은 구절이다.

> 지는 일도 돋는 일도 없이 죄악 말고는 어떤 안개에도 가리우는 적이 없는 첫째 하늘의 일곱 별은, 이 항구로 돌아가는 뱃사람의 노 젓는 손을 인도하는 북극의 별처럼 인간 각자에게 스스로의 임무를 자각케 했다.[35]

작은곰자리에서 으뜸이 되는 별은 단연 북극성인데, 이 작은곰자리의 별이 뱃사람을 인도할 뿐만 아니라 또한 정신적인 면까지도 이끌어 준다는 것이다.

오늘날 현대인은 얼마나 스포츠나 액션을 숭배하고 있고, 반면에 정체되어 있거나 제자리에 머물러 있는 것을 배척하고 있는가. 철학에서조차 생동적이고 시간적인 것, 발생적이고 생성하는 것에만 큰 존재의미를 부여하고, 정적이고 정태적인 것에는 미움의 시선을 보내고 있다. 그러나 이것은 아주 잘못된 이분법적·이원론적 외눈깔의 시선이다. 부디 한 번이라도 저 '붙박이별'로서의 북극성이나 외로운 곳에서 자신을 밝히는 등대의 생리를 생각이나 해 보라!

항상 그곳에 머물러 있으면서 자신이 거기에 있음을 밝히는 등대의 역할이 무엇인지, 우리는 굳이 밝히지 않아도 그 존재의 중량을 잘

---

35) A. 단테, 구자운 옮김, 『신곡』, 「연옥편」, 제30곡, 314쪽.

알고 있다. 북극성은 붙박이별이고 길잡이이다. 등대와도 같이 북극성 또한 다음과 같은 몇 가지 놀라운 특징을 갖는다.

첫째, 자신은 거기에 붙박이로 있음으로써 타자들에게 방향의 기준점을 제공한다.

둘째, 자신은 거기에 붙박이로 있으면서 기준점이 됨으로써 방향설정의 대상이 된다.

셋째, 자신은 거기에 붙박이로 있으면서 방향설정의 대상이 됨으로써 타자를 움직이게 한다.

넷째, 자신은 거기에 붙박이로 있으면서 빛을 발함으로써 이타적으로 타자에게 길을 안내한다.

다섯째, 자신은 아주 먼 곳에 홀로 있지만 타자의 목표물이 된다.

여섯째, 이 붙박이별의 모든 것이 아무런 강요가 끼어들지 않은, 자발적인 자유에 의해 이루어진다.

신화학자 이경덕 교수는 별자리란 각 문화권에 따라 그 존재의미가 다르게 부여된 것임을 지적하고 있다. 그는 이렇게 말한다.

> 북두칠성의 모양에 대한 생각은 민족마다 다르다. 아메리카 원주민과 그리스인들은 곰이라고 생각했고, 이집트에서는 북두칠성과 별들을 소와 누워 있는 인간, 악어를 등에 진 하마의 행렬로 보았다. 영국에서는 농부의 마차나 쟁기로 보았고, 아라비아에서는 관이라고 보았다.[36]

---

36) 이경덕, 『우리 곁에서 만나는 동서양 신화』, 109쪽.
　　이렇게 별자리의 존재의미가 각기 다르게 부여된 한 예로, 우리 별자리와 서양 별자리와의 차이를 들 수 있다. "서양 별자리가 단순히 재미있는 이야기(신화)를 담고 있는데 반해, 우리 별자리는 그 자체로 하나의 거대한 역사서라는 결론에 도달한다."(정태민, 『별자리에 숨겨진 우리 역사』, 6쪽) 뿐만 아니라 우리의 천문도(성수도)에는 우리 정신문화의 원형 가운데 하나를 차지하는 천문사상도 내포되어 있다.

결국 별자리는 문화권과 사람들에 의해 각별하게 존재의미가 부여되어 탄생한 것으로, 사람들의 별자리에 대한 관념이 밖으로 표현된 것이라고 할 수 있다. 그렇기에 자연상태에 있는 별들에게 각별한 존재의미를 부여하여 별자리로 만들거나 천문도를 만드는 행위 자체가 이미 문화적이고 철학적인(현상학적인) 의미를 갖는 것이다. 이런저런 별자리들로 각기 존재의미를 부여한 행위에는 그에 상응하는 문화적 이유가 있기 때문이다.

한편, 우리는 우리의 일상세계와 주변세계에 대해서도 철저하게 존재의미를 부여하며 살아가고 있다. 이를테면, 금과 은은 인류가 보석으로 인정하기 전까지는 그저 하나의 광석에 불과했다. 그러다가 많은 사람들이, 급기야 전 인류가 이 광석에 존재의미를 부여함으로써 특별한 보석으로 거듭나게 된 것이다. 그것이 이미 아주 오래 전의 일이다. 먼 옛날부터 문명국의 도처에서 금과 은에 귀한 보석이라는 의미를 부여하고 있었고, 오늘날에 와서는 금과 은을 귀한 보석으로 인정하지 않는 곳이 세계 어디에도 없을 것이다. 그만큼 강력하게 의미부여된 것이다.

오래전부터 금과 은을 비롯하여 이런저런 광석들이 인류로부터 의미를 부여받아 각별한 보석으로 다루어져 왔지만, 만일 어떤 광석을 보석으로 여기지 않는 곳이 있다면 그것은 말할 것도 없이 평범한 돌멩이에 불과할 것이다. 유럽인들이 처음 아메리카대륙을 침입해 들어갔을 때 인디언들은 금과 은에 대해 특별한 의미를 부여하지 않은 상태였다. 따라서 당시 인디언들의 눈에는 금과 은도 다른 이런저런 돌멩이들과 다를 바 없었던 것이다.

금과 은의 경우와 마찬가지로 어떤 사물이나 정신적 가치도 각별한 의미를 부여받게 되면 각별한 존재로 거듭나게 된다. 여러 음악들 가운데 특정한 음악(이를테면 베토벤의 9번 교향곡), 미술작품들 중의 특정한 작품(이를테면 고흐의 그림들), 자연 가운데서도 영험한 산과 강(인더스 강 같은), 니체의 자라투스트라, 나의 위대한 스승, 나의 친구나 사랑하는 사람 등등, 각별한 의미를 부여받아 각별한 존재로 거듭나게 된 예는 수없이 많다. 클래식 음악이 그토록 고귀한 것으로 받아들여진다면, 옛날 오스트리아처럼 음악 담당 장관도 탄생하게 되는 것이다. 그만큼 사람들에게서 의미부여되었기 때문이다. 미술이나 관광, 문화, 역사 등의 경우도 마찬가지이다. 사물이든 혹은 정신적인 것이든 어떤 것이 각별한 의미부여를 받게 되면 그런 사물과 정신적인 것은 각별한 존재자로 거듭나게 되는 것이다. 아이들의 놀이기구인 구슬이나 딱지도 우리의 어린 시절에는 얼마나 고귀한 보물이었던가! 그래서 장남감은 예사로운 사물이 아니라 아주 큰 역할을 수행한다. 심지어 장난감의 종류에 따라 인격이나 취미가 결정되는 경우도 분명 있을 것이다. 음악이나 악기와 관련된 장남감에 심취했다면 장래에 음악을 취미로, 혹은 전문으로 하는 사람으로 거듭나기 쉬운 것이다.

제6장 서구의 변증법과 보살핌의 체계

동서양의 우주론 개념을 김일권 교수는 다음과 같이 비교하고 있는데, 광의적 관점에서 온당한 것으로 보인다.

서양에서 우주론이 혼돈과 질서에 대한 변증론이라면, 동양에서 우주론은 하늘과 인간 사이의 합일과 분리에 대한 관계론이라고 할 수 있다. 관계론이기에 하늘과 인간은 서로 이상적인 관계설정을 끝없이 모색하며, 변증론이기에 혼돈과 질서는 서로를 넘어서야 하는 경쟁관계에 놓인다. 그래서 서양의 우주론은 경쟁을 넘어서 종국에는 질서의 주재자에 편입되어야 하는 신론神論(theism)으로 전환되며, 동양의 우주론은 천인의 상관관계를 논하는 천론天論으로 표출되고 다시 우주와 인간의 질서관계를 논하는 역론易論으로 펼쳐진다.…… 서양의 신론에 대해서는 천론이 대비되고, 코스몰로지에 대해서는 역론이 대응된다고 할 만하다.[1]

동양에서는 물론 다양한 사상들이 뿌리내렸지만, '하늘'이야말로 사상의 근간을 이루는 것이라고 해도 결코 무리가 아닐 것이다. "동양의 세계를 헤매다 보면 어김없이 다다르는 곳"은 다름 아닌 하늘이다.[2] 이 거대한 하늘과 하늘의 별들을 중심으로 한 천문현상은 동양사상의

---

1) 김일권, 『우리 역사의 하늘과 별자리』, 362쪽.
2) 어윤형·전창선, 『음양오행으로 가는 길』, 6~7쪽.

기원과 원형이 되며, 이런 하늘과 별들의 세계는 우리 인간 및 땅과 무관하게 격리되어 있는 것이 아니라 ─위에서 김일권 교수도 지적하 듯이─ 끊임없이 유기적 관계를 맺고 있다. 하늘과 인간, 하늘과 땅, 하늘과 세상, 하늘과 사회, 하늘과 자연 등의 유기적 관계야말로 동양의 천론과 역법의 바탕이라고 할 수 있을 것이다.

동양의 '하늘'은 서양의 '하늘'에 비해 퍽 다르게 존재의미가 부여되 었다. 서양의 '하늘'은 인격적이거나 궁극적인 것, 윤리적이기보다는 대체로 자연과학적인데, 특히 근대에서의 하늘 개념은 그저 기계론적 이어서 영혼이 빠진 그런 하늘이다. 이에 비해 동양의 하늘은 궁극적이 고 선한 인격적인 존재자로 받아들여졌는데, 그러나 과학기술이 지배 하는 오늘날에 이러한 하늘의 개념과 경천사상은 이제 잠재의식 속에 서나 살아 있을 정도로 퇴색해 가고 있다.

민심천심民心天心 곧 "백성의 마음은 하늘의 마음"이라는 경구에서는 하늘이 서구의 신神과 유사하게 이해되고 있다. 이는 공교롭게도 "백성 의 말은 신의 말씀이다"(vox populi. vox Dei)라는 라틴 속담을 연상시킨다. 성서의 주기도문이 "하늘에 계신 우리 아버지"로 시작하는 것이나 맹자와 시인 윤동주에게서(그리고 많은 사람들에게서) "하늘을 우러러 부끄 러움이 없어야" 하는 것 등등은 동양의 하늘에 부여된 존재의미의 성격을 잘 대변해 주고 있다.

서구의 정신에서는 고대 그리스 시대부터 변증법의 원리가 ─서로 유기적 관계를 맺고 있는 철학적 체계로서─ 뿌리 깊게 자리하고 있는데, 헤겔의 역사변증법이나 다윈의 진화론은 저 변증법을 꽃피운 사상이라고 볼 수 있다. 말하자면 다윈의 진화론과 헤겔의 역사변증법 은 서구 사유의 모델을 잘 반영하고 있다는 것이다. 헤겔의 역사철학과 다윈의 진화론에 각인된 서구 변증법의 원리는 고대 그리스의 헤라클레이토스가 마련한 기초를 충실히 따르고 있는 편인데, 대체로 대립과 갈등이 점층되어 종합되고 해소되는 과정을 거쳐 역사의 발전(헤겔)이나 적자생존(다윈)을 추구하고 있다.

그러나 현실을 보면 역사의 발전이나 유토피아의 도래보다는 오히려 '역사의 종말'이나 '전 지구의 종말', 생태계와 인간성의 위기와 같은 섬뜩한 현상들이 난무하고 있다. 다윈의 경우에서도 적자생존이라는 구호 아래 우량종이 계속 나타나는 것이 아니라, 그 우량종은 한계가 있고 오히려 적자생존의 미명 아래 잔인한 살생이나 '승자독식'만이 난무하는 경우도 허다한 것이다. 18~19세기에 서구의 제국들에 의한, 극도로 잔인했던 전 세계의 식민지개척 열풍은 승자독식의 향연이었다. 서구의 변증법을 이루는 요소들에는 온갖 대립과 갈등, 전쟁과 분열 등이 고스란히 수용되고 있어, 결과적으로 조화로운 융합이 되기보다는 오히려 파괴와 멸망으로 이어지는 경우가 다반사라는 것을 다윈과 헤겔은 읽지 못했던 것이다.

고대 그리스의 철인 헤라클레이토스에게서 투쟁(Polemos)은 '만물의 아버지'이고 '세계를 지배하는 왕'이기에, 이 투쟁이야말로 변증법의 원리를 가능하게 하는 근본적인 축으로 받아들여진다. 따라서 변증법의 원리가 활성화되기 위해서는 정립(These)과 반정립(Anti-these) 사이에 원리적으로 투쟁과 갈등이 고조되어야 한다. 그러나 헤겔은 이런 투쟁과 갈등 이후에 일어나는 발전된 양상의 종합(Synthese)만 보았지, 그 이면에 숨어 있는 파멸과 쇠락을 보지 못했다. 다윈의 진화론의 경우도 대동소이하다. 동물의 세계에 있는 약육강식이나 적자생존을 마치 보편적이고 필연적인 법칙인 것처럼 확대하여 역사변증법에 적용시킨 것 자체가 무리수였던 것이다.

헤라클레이토스와 헤겔 및 다윈 등에게서 드러나는 변증법의 특징은 —마치 서구 사유의 근간을 이루는 것이기도 하듯이— 대립과 충돌, 갈등과 분열이다. 이들의 변증법적 사유는 오늘날의 자본주의와 신자본주의 체제 아래 등장한 '무한경쟁의 시대'에 수단방법을 막론하고 강자의 독식을 부추기면서 약자의 도태를 정당화하고 있는 것에도 잘 반영되어 있다. 서구의 변증법에서 발원하고 활성화된 이러한 사조는 국제화되어 온 세계를 지배하는 이데올로기로 군림하고 있다. 정치와 경제, 문화와 사회, 과학기술문명과 상업자본주의 등의 모든 분야에서 서구가 패러다임을 쥐락펴락하기에, 저런 변증법의 원리가 세계를 지배하는 이데올로기로 굳어 가고 있는 것이다.

헤겔의 절대적 관념론은 역사와 철학 전체를 체계 속에서 전체화하고 종합화한 작업이다. 그의 '변증법적 통일'이라는 전체주의적 도식과 "전체는 진리이다"라는 방법적 도그마는[3] 섬뜩한 정치적 전체주의나 획일주의와도 연결될 수 있다. '유럽중심주의' 혹은 '백인중심주의'라는 개념 속에는 역사적으로 축적된 전체주의와 획일주의 및 이기주의가 잘 농축되어 있다. 이러한 유럽중심주의는 세계를 지배하고 식민지화하던 18~19세기에 극단적으로 드러난다. 아프리카 대륙 전체가, 남북아메리카 대륙 전체가, 인도와 같은 큰 나라를 비롯한 수많은 아시아의 나라들도 예외 없이 유럽인에 의한 식민통치에 신음하였던 것이 인류의 잔인한 역사이다.

---

3) 헤겔의 '절대적 관념론'은 그 형식적 체계성은 화려하게 보일지 모르지만 내용적인 면에서는 구체적 경험이 결여된, 그야말로 "공중의 누각"이고 "구름 잡는 얘기"여서 현대철학의 주요 비판대상이 되었다.

식민지개척을 위한 약탈전쟁, 노예획득전쟁, 유럽인들에 의해 자행된 양차 세계대전, 이데올로기 전쟁 등등 대규모의 살육전이 먼 과거가 아닌 18세기 이후부터 줄곧 있어 왔다. 18세기 이후 서구의 강대국들에 의해 온 세계가 약탈과 식민지의 처지로 내몰리게 되었다고 해도 과언이 아니다. 서구는 자신들의 국력을 자랑하듯 정복전쟁에 가담하여 이민족을 억압하고 부를 강탈하였다.

안타깝게도 헤겔이 구축한 전체성과 전체주의 철학 안에서 개별성과 구체성, 다양성 등은 전체화의 부품에 지나지 않게 되었고, 이런 맥락에서 철학은 폐쇄된 체계라는 감옥 속에 갇힌 포로의 처지를 벗어나지 못하게 되었다. 그러나 다양성이 존중되는 현대의 사유는 저토록 장대하게 구축된 체계를 거부하고 끊임없이 정형화된 틀을 허물어 가는 활동이기를 원하며, 또 그러한 폐쇄적인 체계 대신 열려 있는 태도를 지향하고 생생한 문제들을 그때그때마다 다양한 방식으로 해결해 나가기를 원한다.

헤겔은 그의 역사발전사관이 반영하듯이 동양과 아프리카에 대해 심한 편견을 갖고 있었다. 그는 다른 종족과 문화에 대해 가혹한 혹평을 일삼았기에 유럽중심주의와 반–상호문화성을 대변한다고도 볼 수 있다. 특히 흑인에 대한 천대는 과연 그가 양심이 있는 자인지 의심스럽게 한다. "흑인들은 유럽인들에 의해 노예화되었고 미국으로 팔려 갔다. 그러나 그들의 운명은 그들 고유의 땅에서 더 나쁘게 절대적인 노예의 처지이다.…… 흑인들에게서 도덕적 감수성이란 전적으로 허약한데, 더 좋게 말한다면 전무한 상태이다."4) 흑인종에 대해

---

4) Hegel, G.W.F, *Vorlesungen über die Philosophie der Geschichte* (hg. v. Th. Litt, Stuttgart, 1961), 155~162쪽.

헤겔은 기독교적인 유럽에 문화적 우월권을 부여했다. 그는 18세기와 19세기의 유럽인에 의한 식민지 정복과 통치에 감격해했던 것으로 여겨진다.[5]

상호문화성의 적대자로 보이는 헤겔의 태도는 동양에 대해서도 마찬가지였다. 그의 『역사철학강의』의 제1부 「동양세계」에서 중국의 상형문자에 대해 경멸감을 표시하면서, 이런 상형문자야말로 정신형성의 정체상태에 적합할 따름이라고 하였다. 더욱 경악스러운 것은, 중국의 경우는 황제 1인만이 자유롭고 나머지의 모든 국민은 노예상태에 처해 있는, 자유의식의 발달정도로 따지면 가장 최하위에 해당한다는 것이다. 이런 몰상식한 태도에서는 동서양 사이의 상호문화성을 기대하기 어렵다. 자유와 계몽을 척도로 내세우고 감성에 대한 이성의 철저한 승리를 부르짖으며 변증법적 역사전개의 당위성을 주장한 헤겔의 서구중심주의적 문명사관은 직접적이든 혹은 간접적이든 근대 서구제국주의의 비–유럽적 세계에 대한 식민지배를 정당화시키는 이념적 기반으로 작용하였다.

극단적 헤겔좌파인 K. 마르크스도 헤겔에 못지않게 동양사회에 대해 편파적인 시각을 가지고 있었다. 그는 소위 '아시아적 생산양식론'이라는 쟁점을 통해 아시아가 가부장적 전제주의가 지배하는 낙후된 사회라고 비판하였고,[6] 중국문화에 대해서는 '반半야만', '미개' 등의 편견에 가득 찬 용어들을 사용하였으며, "밀폐된 관 속에 조심스럽게 보존된 미라"나 "살아 있는 화석"과 같은 경박한 어조로 중국을 조롱하

---

5) Hegel, G.W.F., *Vorlesungen über die Philosophie der Weltgeschichte* (Hamburg, 1955), 763쪽 참조.
6) 신용하 엮음, 『아시아적 생산양식론』(까치, 1989) 참조.

였다.[7] 더욱이 그는 유구한 역사의 인도에 대해 "도대체 역사라고는 없는, 적어도 남에게 알려진 역사조차도 없는 사회"라고 폄하하면서 인도에 대한 영국의 식민지지배를 "낡은 아시아 사회를 파괴하고 서양의 물질적 기초를 수립하는 이중의 사명을 수행하는 것"이라고 합리화하였다.[8]

당대의 지식인이라고 하는 헤겔과 마르크스조차 이처럼 망상에 가까운 편파성과 배타성 및 종족중심적 탐욕에 사로잡혀 있었던 것을 보면, 당시 유럽의 일반대중과 지배세력 및 정치가들의 수준이 어떠했을지도 대충 짐작이 된다. 이 모든 잔인한 역사가 서구의 변증법과도 어느 정도 연루된다고 생각하면 그야말로 치가 떨리지 않을 수 없다. 그러나 성숙과 상승 및 종합은 변증법적 투쟁(헤라클레이토스, 헤겔)이나 동물적인 적자생존과 승자독식의 원리(다윈), 기존의 가치에 대한 무자비한 망치질(니체)[9], "너 죽고 나 살자"는 냉전이데올로기, 유럽중심주의 및 백인중심주의와 식민주의 등에서 주어지는 것이 아니다. 오히려 융합과 조화 및 퓨전의 원리에서, 서로가 서로의 존재를 인정하고 서로를 위하는 가운데서 세계는 한 걸음 더 진화와 발전 및 완전을 향해 나아가게 되는 것이다.

> 높은 수준에서는 세계들이 더 이상 투쟁하면서 서로 관계를 맺는 것이 아니라 서로 도우면서 관계를 맺는다. 그리고 그렇게 될 때만 역사는 인간적이 된다.[10]

---

7) 이런 몰상식과 야만의 수준에 있는 K. 마르크스의 사상을 중국과 북한의 공산주의는 얼마나 신봉해 왔는가. 재고와 반성이 필요한 것으로 여겨진다.
8) 에드워드 사이드, 박홍규 옮김, 『오리엔탈리즘』(교보문고, 1991), 256쪽 이하 참조. 정재서, 『동양적인 것의 슬픔』(살림, 2006), 37쪽 참조.
9) 이를테면 니체의 "모든 가치를 뒤집는 것"(Umwertung aller Werte).
10) H. 롬바흐, 전동진 옮김, 『아폴론적 세계와 헤르메스적 세계』, 270쪽.

H. 롬바흐의 천명이다. "너 죽고 나 살자"는 다윈의 적자생존의 원리보다는,[11] 투쟁에서 승리한 자를 적자로 세우는 헤겔의 변증법적 원리보다는, 또 이러한 원리들로부터 서구에서 일반화된 승자독식의 문화보다는, 서로 조화롭게 공존하고 상부상조하면서 상승해야 하는 것이다. 서양과 동양, 아폴론적 세계와 헤르메스적 세계, 밝음과 어둠, 질서와 창조, 존재와 생성의 세계들의 융합과 퓨전으로 조화롭게 어울려 심포니(Sym-phonie: συμ-φωνία)를 연주하는 그런 협연철학이 바로 우리의 미래를 위한 과제이다.

동양의 음양론은 다분히 변증법적으로 설명될 수 있다. 음과 양이 끊임없이 서로 운동하여 새로운 양상을 만들어 내기 때문이다. 그러나 결론적으로 말해서 음양론에는 운동과 변화발전 등이 있을 따름이지, 서구식의 발전신앙이나 투쟁, 갈등, 정복, 분열, "너 죽고 나 살자"는 식의 적자생존과 승자독식 등은 없다. 특히나 우리가 이때껏 목격했듯이 사신도와 사수도의 체계는 놀랍게도 저 서구적 변증법과는 확연히 다른 철학적 사유, 즉 인간과 온 누리를 보살피고 수호하는 시스템으로 점철되어 있다. 물질문명과 상업자본주의, 현세주의와 과학기술문명에 도취되어 자신의 본래성과 정신적 원형을 망각해 버린 현대인들의 대오각성이 요구된다.

---

11) 동물의 세계에서, 혹은 동물의 진화과정에서 일어나는 현상을 인간과 우주의 보편적 법칙으로 얽어매어서는 안 된다. "정의는 강자의 이익이다"라고 외친 트라지마코스(플라톤, 『국가』 제1권 참조)를 비롯한 소피스트들의 주장을 보편적 법칙으로 세울 수는 없는 것이다.

맺는 말

선사시대에 일어난 일이 단지 문자로 기록되지 않았다고, 혹은 '미개'한 선사시대에 관련된 것이라고 인문학과 철학의 지평에서 끌어 내리는 태도는 지성의 빈약함과 오만함을 동시에 보여 준다. "사람들은 결코 '미개'했던 적이 없었다"는 롬바흐의 증언은, 우리가 선사시대 사람들의 철학과 정신세계를 읽지 못하고 오히려 저들을 '미개'했다고 속단해 버리는 과오를 잘 지적하고 있다.

물론 대부분의 선사유적은 문자로 전승되지 못한 편이어서 거의 침묵하고 있는 것이나 다름없다. 그래서 선사의 고인돌로부터 한국의 고대철학을 읽어 내는 기획은 퍽 어려운 것임에 틀림없다. 논증도 되지 못하는 억지를 들이대면서, 혹은 문학적 상상력이나 신화를 대동시켜서 우리의 고대철학을 말해서는 안 되기 때문이다. 그러나 이 책 속에서 수차례 밝혔듯 우리는 한국의 고대철학으로 다가갈 수 있는 획기적인 단서를 갖고 있다. 그것은 바로 고인돌에 새겨진 성혈과 성좌도, 청동거울에 새겨진 사신도 등이다. 그것들은 자신이 무엇인지를 밝혀 주는 '말하는 돌'이고 자신의 정체를 '비춰 주는 거울'인 것이다. 이런 '말하는 돌'과 '비춰 주는 거울'은 곧 자신의 정체를 비–은폐의 세계로 드러내는 '존재의 진리'(A-letheia: 하이데거)이자 '정신의 소인이 찍혀 있는 것'(롬바흐)이다.

선사시대 사람들은 성혈의 성좌도, 특히 사수도(해, 달, 북두칠성, 남두육성)를 통해서 경천사상과 귀천사상 및 불멸사상을 드러내었고, 이들을 통해 온 세계를 보살피고 수호하는 철학의 체계를 이끌어 내었다. 그렇다면 그들은 어떻게 사수도와 사신도를 통해 온 세계를 보살피고 수호하는 체계를 건립할 수 있었을까? 그들은 결코 자의적으로 저러한 체계를 세운 것이 아니었다. 그것은 선사시대 사람들 상호간의 공감각(칸트)에 의해 공감하고 공명하여 이룩한 것으로, 사수도와 사순도의 존재자들이 촉발하는 힘을 바탕으로 의미를 부여함으로써 이루어진 것이었다.

여기서 의미부여행위는 마치 '우리가 사유한다'(wir denken)거나 '우리가 존재한다'(wir sind), '우리가 살고 있다'(wir leben), '우리가 이런저런 의지를 갖는다'(wir wollen) 등과 같은 유형으로서, 더 이상 환원해서 그 근거를 말할 수 없고 더 이상 그 정당성이나 진위를 물을 수 없는 원초적 상황이다. 좀 더 명확하게 말한다면 비트겐슈타인의 "말할 수 없는 것에 대해서는 침묵해야 한다"와는 무관한, 혹은 말할 수 있다거나 말할 수 없다는 상황 이전에 일어나는 선–논리적, 선–명제적 사건인 것이다.

인간은 (사물에) 의미를 부여하고 체득하면서 삶을 영위하는 존재이다. 자연과 사물의 세계에 다가갈 때 인간은 진위판단에 앞서서 존재자가 존재하고 있다는 사실을 확인한 뒤 거기에 존재의미를 부여하는데, 이런 의미부여는 항상 공–의미부여이다. 논리학적인 맥락에서 "말할 수 없는 것에 대해서는 침묵해야 한다"라는 명제는 타당할 것이다. 그러나 논리학의 사슬에서 벗어나면, 선-논리학과 초-논리학의 영역에서는, 말할 수 있는 것과 말해야 하는 것이 수없이 많으며 침묵해서는 안 되는 것들도 수없이 많다.

과연 우리는 선사시대 사람들이 미개했다고 단언할 수 있을까? 그들에게 철학이라는 것을 떠올릴 만한 근거가 없었다고 말할 수 있을까? 우리는 이 도발적인 통념에 답하기 위해 많은 지면을 사용하였다. 우리의 선사시대 사람들은 결코 미개하지 않았다. 그들은 고도의 정신문화를 갖고 삶을 영위해 갔다. 그들은 코스모스를 아름답고 살아 있으며 영혼을 가진 유기체로 보았던 플라톤처럼 그렇게 우주를 보았다. 그리하여 하늘과 땅, 하늘의 별들과 인간이 유기적 관계를 갖는다는 사유를 석각천문도에 새긴 별들과 별자리들을 통해 드러내었다.

그런데 석각천문도에 새겨진 별자리들은 단순한 예술작품의 차원이 아니라 위대한 정신을 새긴 성좌도였다. 거기에는 자연에 대한 숭경심과 경천사상뿐만 아니라 천향사상, 불멸사상이 내포되어 있고, 사수도와 사신도를 통해 만물을 사랑하고 보살피는 보살핌의 철학이 농축되어 있다. 그래서 필자는 철학사를 뒤흔들 만한 이런 엄청난 사건에 응답하고 또 정당화하기 위해 이 책에서 가장 많은 지면을 할애하여 11개의 절로 구성된 장(제3부 4장: 「사신도와 사수도의 수호체계에 대한 철학적 정당화」)을 두고 설전을 펼쳤다.

인간은 요람에서 무덤까지 하늘과 뭇 별들과, 해와 달과 함께 살아가는데, 이는 자연인 동시에 운명이다. 박창범 교수의 다음과 같은 지적은 이런 사실을 적나라하게 밝혀 주고 있다.

인간은 출생 때부터 별의 정기를 받아 세상에 태어나고, 평생 해와 달 그리고 별과 함께 호흡하며 살다가, 죽음에 이르러서도 북두칠성을 그린 칠성판에 누워서 칠성칠포에 덮여 북망산으로 돌아가는 존재로 자리했다. 자연은 인간에게 영원한 출발점이면서 종착점으로 설정되었던 것이다.[1]

자연 외에 인간의 고향은 없을 것이다. 이런 인간의 삶과 죽음에 운명적으로 관여하는 천체들에 대해 선사시대 때부터 각별한 의미를 부여하여 고인돌과 선돌 및 거석에 그 정신적 흔적을 남겼다는 것은 의미심장한 일이 아닐 수 없다.

"사람들은 결코 '미개'했던 적이 없었다"는 롬바흐의 증언을 다시 떠올리면서, 우리는 선사시대 사람들이 고도의 정신문화를 갖고 있었음을 시인하지 않을 수 없다. 하늘과 하늘의 별들에 대해 겸허한 숭경심으로 가득 차 있던 그들은 별자리에 각별한 의미를 부여하여 성혈고인돌을 통해 온 코스모스를 수호하고 보살피는 상징체계를 수립시켰다. 그들은 하늘과 별들의 세계를 의미 가득한 세계로 보았고, 그런 세계를 자신들의 삶과 연결시켰던 것이다. 이러한 세계관은 인간과 자연의 공존과 상생으로 승화되었다.

그러나 안타깝게도 현대인들은 이런 선사시대 사람들의 정신적인 세계관을 망각하고, 자연을 공존과 상생의 대상이 아니라 오히려 정복의 대상으로, 이용과 착취의 대상으로, 나아가 소유와 향락의 대상으로 바라보고만 있을 뿐이다. 물질문명은 가속화되어 가고 있고, 이 가속화 과정에서 과거와의 단절과 망각만 깊어져 가는 양상이다. 우리는 과연 언제 선사시대 사람들이 지녔던 고도의 정신문화와 본연

---

1) 박창범, 『하늘에 새긴 우리 역사』, 209~210쪽.

의 자연주의를 회복할 수 있을까?

왜 현대인들은 저들 일월성신의 세계에서 숭경심이나 경이로움을 발견하지 못하고 살아가는 것일까? 현전의 세계에 매몰되어 이승에서의 향유에만 집착하며 살아가는 이상, 숭경심도 경이로움도 다 망각하게 되는 것은 너무도 당연한 사실이다. 우리가 무의미한 일상을 반복하면서 현전의 세계에 매몰된 채 저들 일월성신의 세계를 그저 존재하는 물건덩어리로 보는 태도에서 벗어나서, 저들이 자신들의 존재진리를 명료하게 드러내는 경이로운 존재자들임을 인지할 때라야만 사신도와 사수도, 성혈고인돌의 성좌도의 의미가 우리 앞에 모습을 드러내게 될 것이다.

참고문헌

강윤동(KBS 고구려 특별대전 기획본부 편), 『고구려 이야기』, 범조사, 1994.

국민대학교 박물관, 『한국의 선사시대 암각화』, 국민대학교 박물관, 1993.

김부식(신호열 역해), 『삼국사기』 Ⅰ・Ⅱ, 동서문화사, 1978.

김산해, 『길가메쉬 서사시』, 휴머니스트, 2005.

김원룡, 『벽화』(『한국미술전집』 4), 동화출판공사, 1974.

_____, 『한국벽화고분』, 일지사, 1980.

김일권, 『고구려 별자리와 신화』, 사계절, 2008.

_____, 『동양 천문사상, 인간의 역사』, 예문서원, 2007.

_____, 『동양 천문사상, 하늘의 역사』, 예문서원, 2007.

_____, 『우리 역사의 하늘과 별자리』, 고즈윈, 2008.

김재선・엄애경・이경, 『한글 동이전』, 서문문화사, 1999.

김종서, 『잃어버린 한국의 고유문화』, 한국학연구원, 2007.

나일성, 『한국천문학사』, 서울대학교출판부, 2002.

노윤생, 『광개토태황』, 큰방, 2007.

노자(남만성 역), 『老子道德經』, 을유문화사, 1970.

노중평, 『유적에 나타난 북두칠성』, 백영사, 1997.

노태준 역해, 『주역』, 홍신문화사, 1996.

니체, F.W.(사순욱 옮김), 『짜라투스트라는 이렇게 말했다』, 홍신문화사, 2007.

단테, A.(구자운 옮김), 『신곡』, 일신서적출판사, 1969.

대동역사기행 저(이선민 그림 / 우장문 감수), 『고창 화순 강화의 고인돌 유적 : 청동기
　　　시대로 떠나는 여행』, 주니어김영사, 2012.

도즈, E.R.(주은영・양호영 옮김), 『그리스인들과 비이성적인 것』, 까치, 2002.

동북아지석묘연구소, 『세계 거석문화와 고인돌』, 동북아지석묘연구소, 2004.

레비스트로스, C.(이동호 옮김), 『신화를 찾아서』, 동인, 1994.

롬바흐, H.(전동진 옮김), 『살아있는 구조』, 서광사, 2004.

_____, 『아폴론적 세계와 헤르메스적 세계』, 서광사, 2001.

_____, 『철학의 현재』, 서광사, 2001.

리차드 팔머(이한우 옮김): 『해석학이란 무엇인가』, 문예출판사, 2001.

맹자(나준식 옮김), 『맹자』, 새벽이슬, 2010.

문중양, 『우리역사 과학기행』, 동아시아, 2008.

민족화해협력범국민협의회·중앙일보·SBS 주최, 『특별기획전 고구려!』, "특별기획전 고구려! 행사추진위원회" 편집 및 발행, 2002.

바이셰델, W.(이기상·이말숙 옮김), 『철학의 뒤안길』, 서광사, 1990.

박석재, 『하늘을 잊은 하늘의 자손』, 과학동아북스, 2009.

박제상(김은수 편역), 『부도지』, 한문화, 2012.

박종홍, 『한국의 사상』, 문공사, 1982.

박찬국, 『들길의 사상가 하이데거』, 동녘, 2004.

박창범, 『천문학』, 이화여자대학교출판부, 2009.

____, 『하늘에 새긴 우리 역사』, 김영사, 2004.

박현, 『한국고대지성사산책』, 백산서당, 1995.

변광현, 『고인돌과 거석문화 : 동아시아』, 미리내, 2000.

____, 『고인돌과 거석문화 : 세계』, 미리내, 2001.

부사년(정재서 역), 『이하동서설』(감춰진 동이(東夷)의 실체와 고대 한국), 우리역사연구재단, 2011.

북애(고동영 옮김), 『규원사화』, 한뿌리, 2005.

서길수, 『고구려 역사유적 답사』, 사계절, 2000.

서울대학교 박물관 편저(최몽룡 외), 『한국 지석묘(고인돌)유적 종합조사·연구』, 문화재청, 1999.

스넬, B.(김재홍 옮김), 『정신의 발견』, 까치, 2002.

스콧 펙(김훈 옮김), 『거석을 찾아서, 내 영혼을 찾아서』, 고려원미디어, 1996.

신영훈, 『고구려』(기마민족의 삶과 문화), 조선일보사, 2004.

신용하 엮음, 『아시아적 생산양식론』, 까치, 1989.

신형식, 『집안 고구려유적의 조사연구』, 국사편찬위원회, 1996.

신형식 외, 『아! 고구려』, 조선일보사, 1993.

심재룡 외, 『한국에서 철학하는 자세들』, 집문당, 1989.

안경전 역주, 『환단고기』, 상생출판, 2012.

안상현, 『우리 별자리』, 현암사, 2000.

알퐁스 도데 지음(김명숙 옮김), 『별』, 좋은생각 출판사, 2009.

어윤형·전창선, 『음양오행으로 가는 길』, 도서출판 세기, 1999.

에드워드 사이드(박홍규 옮김), 『오리엔탈리즘』, 교보문고, 1991.

엘리아데, M., 『聖과 俗』, 학민사, 1983.

역사신문편찬위원회, 『역사신문』(원시시대∽통일신라), 사계절출판사, 2001.

오 헨리(김명철 옮김), 『마지막 잎새』(한글판＋영문판), 더클래식, 2013.

오가와 히데오(고선윤 옮김), 『고대문명』, 서울문화사, 2004.

오병탁, 『지성인의 해학』, 청해문화사, 1992.

요하네스 힐쉬베르거(강성위 옮김), 『서양철학사』(상권), 이문출판사, 1994.

요하네스 힐쉬베르거(강성위 옮김), 『서양철학사』(하권), 이문출판사, 1994.

우실하, 『동북공정 너머 요하문명론』, 소나무, 2007.

윌시, W.H.(이한우 역), 『형이상학』, 문예출판사, 1996.

유자심, 『배달민족의 신비 : 산중 고인돌과 국선도』, 해드림출판사, 2012.

윤내현, 『한국고대사』, 삼광출판사, 1991.

윤동주, 『하늘과 바람과 별과 시』, 덕우출판사, 1990.

윤병렬, 『고구려의 고분벽화에 그려진 한국의 고대철학』, 철학과현실사, 2008.

_____, 『감동철학 우리 이야기 속에 숨다』, 이담북스, 2009.

윤사순·고익진, 『한국의 사상』, 열음사, 1992.

융, 칼 구스타프 편저(정영목 옮김), 『사람과 상징』, 도서출판 까치, 1995.

이가원 외, 『한국학 연구입문』, 지식산업사, 1981.

이강수, 『노자와 장자』, 도서출판 길, 2009.

이경덕, 『우리 곁에서 만나는 동서양 신화』, 사계절, 2006.

이광세, 『동서문화와 철학』, 철학과 현실사, 1996.

이광표, 『사진으로 보는 북한의 문화유산』, 동아일보사, 1997.

이규보·이승휴(박두포 역), 『동명왕편·제왕운기』, 을유문화사, 1987.

이기백, 『한국사 신론』, 일조각, 1993.

이기훈, 『동이 한국사』, 책미래, 2015.

이능화(이종은 역주), 『조선도교사』, 보성문화사, 1981.

이문규, 『고대 중국인이 바라본 하늘의 세계』, 문학과 지성사, 2000.

이순자(김수길,윤상철 공역), 『천문류초』, 대유학당, 2006.

이승종, 『크로스오버 하이데거』, 생각의 나무, 2010.

이어령, 『한국인의 신화』, 서문당, 1996.

이영석, 『고인돌 : 고대국가 형성의 초석이 된 고인돌 축조와 고인돌에 남겨진 비밀』,
       한솜미디어, 2008.

이영훈·신광섭, 『한국미의 재발견』, 제14권(고분미술 II), 솔출판사, 2004.

이은봉, 『한국인의 죽음관』, 서울대학교출판부, 2000.

이종호, 『한국 7대 불가사의』, 역사의 아침, 2007.

이종호,윤석연 글(안진균 등 그림), 『고인돌』, 열린박물관, 2006.

이태호·유홍준 편, 『고구려 고분벽화』, 풀빛, 1995.

이태호·천득염·황호균·유남해, 『운주사』, 대원사, 1995.

이형구 외, 『고구려의 고고·문물』, 한국정신문화연구원, 1996.

이홍우·이계학·박재문·유한구·황인창·김안중·장성모, 『한국적 사고의 원형』, 한
       국정신문화연구원, 1990.

일연(권상로 역해), 『삼국유사』, 동서문화사, 1978.

임세권, 『한국의 암각화』, 대원사, 2003.

장자(최효선 역해), 『莊子』, 고려원, 1994.

張鍾元(엄석인 옮김), 『道』, 민족사, 1992.

전동진, 『생성의 철학』, 서광사, 2008.

전호태, 『고구려 고분벽화 연구』, 사계절, 2001.

_____, 『고구려 이야기』, 풀빛, 2001.

_____, 『고분벽화로 본 고구려 이야기』, 풀빛, 1999.

정대현 외 지음, 『표현인문학』, 생각의 나무, 2000.

정재서, 『동양적인 것의 슬픔』, 살림, 2006.

_____, 『불사의 신화와 사상』, 민음사, 1995.

_____, 『한국도교의 기원과 역사』, 이화여자대학교출판부, 2006.

정태민, 『별자리에 숨겨진 우리 역사』, 한문화, 2007.

제3회 세계유산 홍보를 위한 고인돌 워크숍, 『이야기로 풀어낸 화순 고인돌유적』, 동북아
       지석묘연구소, 2009.

제임스 사이어(김헌수 옮김), 『기독교세계관과 현대사상』, IVP, 2008.

조명기 외, 『한국사상의 심층』, 도서출판 우석, 1994.

조선일보사, 『집안 고구려 고분벽화』, 1993.

최광식, 『우리 고대사의 성문을 열다』, 한길사, 2004.

최남선(정재승,이주현 역주), 『불함문화론』, 우리역사연구재단, 2008.

최무장·임연철 편저, 『고구려 벽화고분』, 신서원, 1990.

최창규, 『한국의 사상』, 서문당, 1996.

케레니(장영란·강훈 옮김), 『그리스 신화』, 궁리, 2002.

케른(배의용 옮김), 『후설과 칸트』, 철학과 현실사, 2001.

타히르 후세인 엮음(박영구, 최병연 옮김), 『유네스코 세계문화유산』, 베텔스만 출판사.

토머스 불핀치(한백우 옮김), 『그리스 로마 신화』, 홍신문화사, 1993.

포철고문화연구회, 『칠포마을 바위그림』, 포철고문화연구회, 1994.

플라톤(박종현 역), 『국가』, 서광사, 2011.

_____(박종현·김영균 역주), 『티마이오스』, 서광사, 2000.

피에르 테브나즈(김동규 옮김), 『현상학이란 무엇인가』, 그린비, 2011.

하문식, 『고조선 지역의 고인돌 연구』, 백산자료원, 1999.

하야시 미나오(김민수·윤창숙 역), 『돌에 새겨진 동양의 생활과 사상』, 두남, 1996.

하이데거(이기상·신상희·박찬국 옮김), 『강연과 논문』, 이학사, 2008.

한국방송공사, 『고구려 고분벽화』, 1994.

한국역사연구회 고대사 분과 지음, 『고대로부터의 통신』, 푸른역사, 2004.

한국현상학회, 『보살핌의 현상학』(철학과 현상학연구 제18집), 철학과 현실사, 2002.

한상우, 『우리것으로 철학하기』, 현암사, 2003.

한전숙, 『현상학』, 민음사, 1996.

헨드릭 빌렘 반 룬(박성규 옮김), 『인류 이야기』, 아이필드, 2002.

후즈펑(송철규 옮김), 『발칙한 고고학』, 예문, 2009.

고인돌사랑회 사이트(www.igoindol.net).

『한국민족문화대백과』(인터넷).

"월드컵 특별기획 역사스페셜", 제2편 고분벽화, KBS 2002년 6월 8일 방송자료.

강학순, 「하이데거의 보살핌에 관한 현상학적 존재사유」, 『보살핌의 현상학』(『철학과 현상 학연구』 제18집), 철학과 현실사, 2002.

고미숙, 「생명의 원천은 우주… 오장육부도 음양오행의 산물」, 동아일보 2012월 3월 13일.

김동일, 「별자리가 새겨진 고인돌무덤에 대하여」, 『조선고고연구』(1996-3).

_____, 「중산군 룡덕리 10호 고인돌무덤의 별자리에 대하여」, 『조선고고연구』(1997-3).

_____, 「고조선의 석각천문도」, 『조선고고연구』(2003-1).

_____, 「북두칠성 모양으로 배렬되어 있는 구서리고인돌무덤 발굴보고」, 『조선고고연구』, 2005-3.

_____, 「남산리 긴등재1호고인돌무덤에 새겨진 별자리에 대하여」, 『조선고고연구』 (2012-2).

_____, 「칠성바위에 대하여」, 『조선고고연구』, 2012-3.

_____, 「정동리에서 확인된 별자리가 새겨진 고인돌무덤에 대하여」, 『조선고고연구』 2012-4.

김동일·전문건, 「고인돌무덤에 새겨져 있는 별자리의 천문학적 년대추정에 대하여」, 『조 선고고연구』(1994-4).

김문자, 「한국 고인돌 사회 복식 고증」, 『한복문화』 제12권 3호, 2009.

김성인, 「화순지역의 바위신앙과 전설」, 『이야기로 풀어낸 화순 고인돌유적』, 동북아지석 묘연구소, 2009.

김성철, 「고구려 무덤벽화에 그려진 사신도의 출현 시기에 대하여」, 『조선고고연구』, 1997-2.

_____, 「고구려사신도무덤벽화의 류형과 그 변천」, 『조선고고연구』, 2000-1.

김원룡, 「고구려의 미술」, 『한국사상』 7, 1964.

_____, 「고구려의 벽화고분」, 『한국사의 재조명』, 1975.

김일권, 「고구려 고분벽화의 별자리그림 考定」, 『백산학보』 46, 1996.

_____, 「고구려 고분벽화의 천문 관념체계 연구」, 『진단학보』 82, 1996.

_____, 「고구려 고분벽화의 북극성 별자리에 관한 연구」, 『고구려 연구』 5, 1998.

_____, 「고구려인들의 별자리 신앙」, 『종교문화연구』 제2호, 2000.

_____, 「벽화천문도를 통해서 본 고구려의 정체성」, 『고구려 정체성』, 고구려연구회 편, 학연문화사, 2004.

_____, 「고구려 덕화리 1, 2호분의 소우주 구조와 기명 28수 성좌도 역사」, 『동아시아 문화와 예술』 통권 6호, 2009.

_____, 「고구려 위진 수당대 고분벽화의 천문성수도 고찰」, 『한국문화』 24.

김종태, 「고대한국미술의 특색과 그 형성」, 『한국미의 연구』, 열화당, 1978.

문중양, 「고분벽화에 담긴 고구려의 하늘」, 『뉴턴』(2004년 4월호).

박창범·라대일, 「단군조선시대 천문현상기록의 과학적 검증」, 『한국상고사학보』, 제14호.

박창범·양홍진, 「고구려의 고분 벽화 별자리와 천문체계」, 『한국과학사학회지』, 제31권 제1호, 2009.

변태섭, 「한국 고대의 계세사상과 조상숭배신앙」, 『역사교육』 3·4(1958·1959).

송항룡, 「한국 道敎·道家사상의 特質」, 『한국사상의 심층』(조명기 외, 우석출판사, 1994).

양홍진·복기대, 「중국 海城 고인돌과 주변 바위그림에 대한 고고천문학적 소고」, 『東아시아 古代學』(東아시아古代學會), 제 29집(2012. 12).

유경채, 「고구려벽화에 관한 소감」, 『생활문화』(1-2), 1946.

윤병렬, 「"나무꾼과 선녀"에서의 종교현상학」, 『철학과 현상학 연구』(제18집: 『보살핌의 현상학』), 철학과현실사, 2002.

_____, 「플라톤과 하이데거 및 고구려의 고분벽화가 표명한 '사방'으로서의 코스모스」, 『하이데거 연구』(제10집), 세림출판사, 2004.

_____, 「'거주함'의 철학적 지평― 하이데거의 사유와 고구려의 고분벽화를 중심으로―」, 『하이데거 연구』 제11집, 세림출판사, 2005.

윤원현, 「유가사상의 세계관―우리에게 天의 의미는」, 『철학 오디세이 2000』, 담론사, 2000.

이광표, "우리 조상들은 왜 돌을 벗으로 생각했을까?"(동아일보 2016년 1월 20일).

이남석, 「북한의 고구려 고분 연구 현황」, 김정배 편: 『북한의 고대사 연구와 성과』, 대륙연구소, 1994.

이영문, 「지석묘의 기능적 성격에 대한 검토」, 『한국 지석묘사회 연구』, 학연문화사, 2002.

_____, 「세계문화유산속의 한국고인돌」, 『세계 거석문화와 고인돌』, 동북아지석묘연구소, 2004.

_____, 「고인돌에 얽힌 지명과 신앙」, 『이야기로 풀어낸 화순 고인돌유적』, 동북아지석묘연구소, 2009.

이융조·하문식, 「한국 고인돌의 다른 유형에 관한 연구」, 『東方學志』, 제63호, 1989.

이은창, 「한국고대벽화의 사상사적 연구― 삼국시대 고분벽화의 사상사적인 고찰을 중심으로」, 『성곡논총』 16, 1985.

이형구, 「고구려의 삼족오 신앙에 대하여― 고고학적 측면에서 본 조류숭배 사상의 기원문제」, 『동방학지』 86, 1994.

임기환, 「하늘의 과학, 하늘의 정치」, 『삼국시대 사람들은 어떻게 살았을까』(한국역사연구회), 청년사, 2005.

전동진, 「롬바흐의 그림철학」, 『하이데거의 예술철학』, 철학과 현실사, 2002.

전호태, 「고구려 고분벽화의 이해를 위하여」, 『역사비평』 26, 1994년 가을호.

정영기, 「세계유산 화순 고인돌에 숨겨진 이야기」, 『이야기로 풀어낸 화순 고인돌유적』, 동북아지석묘연구소, 2009.

조기호·이병렬, 「고인돌시대 한반도 자생 풍수입지 —고창지역을 중심으로—」, 『한국정신과학회 학술대회논문집』, 제18호, 한국정신과학회, 2003.

조선미, 「고구려 고분벽화에 나타난 회화사상」, 『초우 황영수 박사 고희기념 미술사논총』, 1988.

진홍섭, 「삼국시대 미술의 정신세계」, 『전통과 사상』IV, 한국정신문화연구원, 1986.

차주환, 「한국 도교의 공동체관」, 『도교사상과 한국도교』(도교문화연구 제 11집), 국학자료원, 1997.

최성은, 「별칭이 있는 고인돌」, 『이야기로 풀어낸 화순 고인돌유적』, 동북아지석묘연구소, 2009.

최순우, 「통구의 고구려벽화」, 『신예술』(1), 1956.

_____, 「고분벽화」, 『한국회화』(권1), 도산문화사, 1981.

최승택, 「고구려 사람들의 사신에 대한 신앙과 고구려벽화 사신도의 특징」, 『조선고고연구』, 2012-2.

_____, 「고구려 무덤벽화 천문도의 우수성에 대하여」, 『조선고고연구』, 2013-2.

하문식, 「고인돌의 숭배 의식에 대한 연구」, 『비교민속학』, 제35집, 2008.

한인호, 「고구려벽화무덤의 사신도에 대하여」, 『조선고고연구』, 88-1, 사회과학원 고고학연구소, 1988.

Aristoteles, *Aristoteles' Metaphysik*, hrg. von Horst Seidel, Felix Meiner Verlag: Hamburg, 1989.

Bolzano, B., *Grundlegung der Logik* (Wissenschaftslehre I), Meiner: Hamburg, 2014.

Cho Kah Kyung, *Bewusstsein und Natursein*, Alber: Freiburg / München, 1987.

Clauberg und Dubislav, *Systematisches Wörtbuch der Philosophie*, Felix Meiner: Leipzig, 1923.

Diels, H., *Die Fragmente der Vorsokratiker*, Rowohlt: Hamburg, 1957.

Fink, G., *Who's Who in der antiken Mythologie*, dtv, München, 1993.

Fischer, K., *Abschied*, Königshausen & Neumann: Würzburg, 1990.

Hegel, G.W.F., *Vorlesungen über die Philosophie der Weltgeschichte*, Hamburg, 1955.

_____, *Vorlesungen über die Philosophie der Geschichte*, hg. v. Th. Litt, Stuttgart, 1961.

Heidegger, M., *Über den Humanismus*, Klostermann: Frankfurt a.M., 1949.

_____, *Was ist Metaphysik?*, Klostermann: Frankfurt a.M., 1949.

_____, *Der Feldweg*, Vittorio Klostermann: Frankfurt a.M., 1953.

_____, *Was heisst Denken?*, Max Niemeyer: Tuebingen, 1961.

_____, *Nietzsche I, II*, Neske: Pfullingen, 1961.

_____, *Die Technik und die Kehre* (1949 / 50), Günther Neske: Pfullingen, 1962.

_____, *Wegmarken* (1967), Klostermann: Frankfurt a.M., 1978.

_____, *Holzwege*, Klostermann: Frankfurt a.M., 1980.

_____, *Gelassenheit*, Neske: Pfullingen, 1982.

_____, *Die Grundbegriffe der Metaphysik* (GA. 29 / 30), Frankfurt a.M., 1983.

_____, *Sein und Zeit* (1927), Max Niemeyer: Tübingen, 1984.

_____, *Der Satz vom Grund* (1957), Günther Neske: Pfullingen, 1986.

_____, *Einführung in die Metaphysik*, Max Niemeyer: Tübingen, 1987.

_____, *Der Ursprung des Kunstwerkes*, Reclam: Stuttgart, 1988.

_____, *Beiträge zur Philosophie(GA.65)*, Vittorio Klostermann:
Frankfurt a.M., 1989.

_____, *Martin Heidegger: Innen-und Außenansichten*, Suhrkamp:
Frankfurta.M., 1989.

_____, *Vorträge und Aufsätze*, Günther Neske: Pfullingen, 1990.

_____, *Unterwegs zur Sprache*, Neske: Stuttgart, 1993(10. Aufl.).

Held, K., *Treffpunkt Platon*, Reclam: Stuttgart, 1990.

Hirschberger, J., *Geschichte der Philosophie* I+II, Herder: Freiburg · Basel · Wien, 1991.

Hoffmann, K.(Hrg.), *Die Wirklichkeit des Mythos*, Knauer: München / Zürich, 1965.

Holz, Harald, *Vom Mythos zur Reflexion*, Alber: Freiburg / München, 1975.

Husserl, Edmund, *Phänomenologische Psychologie*, Hua. IX, hrg. von W. Biemel, 1962.

_____, *Cartesianische Meditationen*, hrg. E. Ströker, Meiner: Hamburg, 1992.

_____, *Die Krisis der europäischen Wissenschaften und die transzendentale
Phänomenologie*, Den Haag, 1976.

_____, *Erfahrung und Urteil*, hrg. von L. Landgrebe, Classen Verlag:
Hamburg, 1964.

_____, *Ideen I* (Hua. III), hrg. von K. Schuhmann, Martinus Nijhof:
Den Haag, 1976.

_____, *Ideen zu einer reinen Phaenomenologie und phaenomenologische Philosophie*, Erstes Buch, Den Haag, 1976.

_____, *Logische Untersuchungen II / 1*, Hua. XIX / 1, hrg. von U. Panzer, 1984.

_____, *Gesammelte Schriften*, Meiner: Hamburg, 1992.

_____, *Logische Untersuchungen*, 2. Band, I. Teil, gesammelte Schriften 3 (herg. von E. Ströker), Felix Meiner: Hamburg, 1992.

_____, Ed. & Trans. T. Sheehan and R. Palmer, *Psychological and Transcendental Phenomenology and the Confrontation with Heidegger (1927-1931)*, Dordrecht: Kluwer, 1997.

Jaspers, K., *Die Sprache / Über das Tragische*, Piper: München, 1990.

Kant, I., *Kritik der reinen Vernunft*, hrg. von Raymund Schmidt, Felix Meiner Verlag: Hamburg , 1976.

Kemper, Peter, *Macht des Mythos—Ohnmacht der Vernunft?*, Fischer: Frankfurt a.M., 1989.

Kerenyi, K., *Die Eröffnung des Zugangs zum Mythos*, Wiss. Buchgesellschaft: Darmstadt, 1982.

Kitto, H.D.F., *Die Griechen*, Deutsche Buch-Gemeinschaft: Berlin / Darmstadt / Wien, 1967.

Landgrebe, L. *Phänomenologie und Metaphysik*, Hamburg, 1949.

Lowrie, Walter, *A short Life of Kierkegaard*, Princeton: Princeton University Press, 1942.

Marquard, O., *Apologie des Zufälligen*, Reclam: Stuttgart, 2008.

Nietzsche, F., *Nachgelassene Fragmente 1885-1887*, KSA Bd. 12, München, 1988.

Pascal, B., übertragen und herausgegeben von E. Wasmuth, *Über die Religion*, Insel: Frankfurt a.M., 1987.

Paturi, Felix R., *Die großen Rätsel der Vorzeit*, Eichborn, 2007.

Pieper, J., *Über die platonischen Mythen*, Kösel Verlag: München, 1965.

Platon, *Sämtliche Werke*, Insel verlag: Frankfurt a.M. und Leipzig, 1991.

Ritter, J.(Hrg.), *Historisches Woerterbuch der Philosophie*, Schwabe Verlag: Base l /Stuttgart, 1972.

Rombach, Heinrich, *Leben des Geistes*, Herder: Freiburg · Basel · Wien, 1977.

_____, *Strukturontologie*, Freiburg-München: Alber, 1988.

Rueegg, Walter, *Antike Geisteswelt*, Suhrkamp Taschenbuch, 1980.

Schelling, F.W.J., *Sämmtliche Werke* I / 3, Stuttgart, 1856-1861.

_____ , *Texte zur Philosophie der Kunst*, 1982.

Schmidt, Gerhart, *Subjektität und Sein*, Bouvier: Bonn, 1979.

Schott, Albert, *Das Gilgamesch Epos*, Reclam, Stuttgart, 1958.

Schrag, C.O., *The Self after Postmodernity*, Yale University Press: New Haven and London, 1997.

Shaw, Irwin / Cather, Willa / Hawthone, Nathaniel, *Great American Short Stories* (『미국단편 걸작선』, 영한대역문고), 시사영어사 편집국 역, 시사영어사, 1996.

Stenger, G. / Röhrig, M.(Hrg.), *Philosophie der Struktur- "Fahrzeug" der Zukunft?*, Freiburg-München: Alber, 1995.

Störig, H.J., *Kleine Weltgeschichte der Philosophie 2*, Fischer: Frankfurt a.M., 1981.

Weischedel, W., *Die philosophische Hintertreppe*, dtv, München, 1980.

Wiehl, R., *Geschichte der Philosophie in Text und Darstellung* (20.Jahrhundert), Reclam: Stuttgart, 1984.

Wittgenstein, L. *Tractatus logico-philosophicus*, Suhrkamp: Frankfurt a.M., 1971.

Nicole Jamet, Marie-Anne Le Pezennec(S. Schmitz: Übersetzer), *Dolmen: vergessen sollst du nie*, Knaur TB, 2007.

찾아보기

인명

책명 및 편명

개념어구 및 기타

592

지은이 윤병렬

독일의 본(Bonn)대학교 철학과에서 박사학위를 취득하였다. 한국하이데거 학회 회장을 지냈으며, 현재 홍익대학교 교양과 교수로 재직하고 있다. 주요 저서로는 『철학의 센세이션』(2002년 문화관광부 우수도서), 『정보해석 학의 전망』, 『고구려의 고분벽화에 그려진 한국의 고대철학』, 『노자에서 데리다까지』(공저), 『감동철학 우리 이야기 속에 숨다』, 『산책로에서 만난 철학』, 『한국 해학의 예술과 철학』(2014년 대한민국학술원 우수도서) 등이 있고, 주요 논문으로 "Der Wandel des Wahrheitsverständnisses im Denken Heideggers" (박사학위논문), "Interkulturalität und Anti-Interkulturalität: eine phänomenologische Betrachtung über die Möglichkeit der Interkulturalität", 「퓌지스 · 존재 · 도道: 헤라 클레이토스 · 하이데거 · 노자의 시원적 사유」, 「후설 현상학에서의 세계이 해: 보편지평으로서의 세계」, 「플라톤 철학과 형이상학 논쟁」, 「존재에서 존재자로?: E. 레비나스의 존재이해와 존재오해」, 「하이데거의 존재사유에 서 고향상실과 귀향의 의미」, 「하이데거와 도가철학의 근친적 사유세계」, 「'말하는 돌'과 '돌의 세계' 및 고인돌에 새겨진 성좌」, 「장자와 플라톤의 위상학적 인식론을 통한 근대 인식론의 딜레마 극복」, 「하이데거와 도가의 해체적 사유」 등이 있다.

예문서원의 책들

원전총서

박세당의 노자 (新註道德經) 박세당 지음, 김학목 옮김, 312쪽, 13,000원
율곡 이이의 노자 (醇言) 이이 지음, 김학목 옮김, 152쪽, 8,000원
홍석주의 노자 (訂老) 홍석주 지음, 김학목 옮김, 320쪽, 14,000원
북계자의 (北溪字義) 陳淳 지음, 김충열 감수, 김영민 옮김, 295쪽, 12,000원
주자가례 (朱子家禮) 朱熹 지음, 임민혁 옮김, 496쪽, 20,000원
서경잡기 (西京雜記) 劉歆 지음, 葛洪 엮음, 김장환 옮김, 416쪽, 18,000원
열선전 (列仙傳) 劉向 지음, 김장환 옮김, 392쪽, 15,000원
열녀전 (列女傳) 劉向 지음, 이숙인 옮김, 447쪽, 16,000원
선가귀감 (禪家龜鑑) 청허휴정 지음, 박재양 · 배규범 옮김, 584쪽, 23,000원
공자성적도 (孔子聖蹟圖) 김기주 · 황지원 · 이기훈 역주, 254쪽, 10,000원
천지서상지 (天地瑞祥志) 김용천 · 최현화 역주, 384쪽, 20,000원
참동고 (參同攷) 徐命庸 지음, 이봉호 역주, 384쪽, 23,000원
박세당의 장자, 남화경주해산보 내편 (南華經註解刪補 內篇) 박세당 지음, 전현미 역주, 560쪽, 39,000원
초원담노 (椒園談老) 이충익 지음, 김윤경 옮김, 248쪽, 20,000원
여암 신경준의 장자 (文章準則 莊子選) 申景濬 지음, 김남형 역주, 232쪽, 20,000원

퇴계원전총서

고경중마방古鏡重磨方 — 퇴계 선생의 마음공부 이황 편저, 박상주 역해, 204쪽, 12,000원
활인심방活人心方 — 퇴계 선생의 마음으로 하는 몸공부 이황 편저, 이윤희 역해, 308쪽, 16,000원
이자수어李子粹語 퇴계 이황 지음, 성호 이익 · 순암 안정복 엮음, 이광호 옮김, 512쪽, 30,000원

연구총서

논쟁으로 보는 중국철학 중국철학연구회 지음, 352쪽, 8,000원
논쟁으로 보는 한국철학 한국철학사상연구회 지음, 326쪽, 10,000원
중국철학과 인식의 문제 (中國古代哲學問題發展史) 方立天 지음, 이기훈 옮김, 208쪽, 6,000원
중국철학과 인성의 문제 (中國古代哲學問題發展史) 方立天 지음, 박경환 옮김, 191쪽, 6,800원
역사 속의 중국철학 중국철학회 지음, 448쪽, 15,000원
공자의 철학 (孔孟荀哲學) 蔡仁厚 지음, 천병돈 옮김, 240쪽, 8,500원
맹자의 철학 (孔孟荀哲學) 蔡仁厚 지음, 천병돈 옮김, 224쪽, 8,000원
순자의 철학 (孔孟荀哲學) 蔡仁厚 지음, 천병돈 옮김, 272쪽, 10,000원
유학은 어떻게 현실과 만났는가 — 선진 유학과 한대 경학 박원재 지음, 218쪽, 7,500원
역사 속에 살아있는 중국 사상 (中國歷史に生きる思想) 시게자와 도시로 지음, 이혜경 옮김, 272쪽, 10,000원
덕치, 인치, 법치 — 노자, 공자, 한비자의 정치 사상 신동준 지음, 488쪽, 20,000원
리의 철학 (中國哲學範疇精髓叢書 — 理) 張立文 주편, 안유경 옮김, 524쪽, 25,000원
기의 철학 (中國哲學範疇精髓叢書 — 氣) 張立文 주편, 김교빈 외 옮김, 572쪽, 27,000원
동양 천문사상, 하늘의 역사 김일권 지음, 480쪽, 24,000원
동양 천문사상, 인간의 역사 김일권 지음, 544쪽, 27,000원
공부론 임수무 외 지음, 544쪽, 27,000원
유학사상과 생태학 (Confucianism and Ecology) Mary Evelyn Tucker · John Berthrong 엮음, 오정선 옮김, 448쪽, 27,000원
공자曰, 공자는 이렇게 말했다 안재호 지음, 232쪽, 12,000원
중국중세철학사 (Geschichte der Mittelalterischen Chinesischen Philosophie) Alfred Forke 지음, 최해숙 옮김, 568쪽, 40,000원
북송 초기의 삼교회통론 김경수 지음, 352쪽, 26,000원
죽간 · 목간 · 백서, 중국 고대 간백자료의 세계 1 이승률 지음, 576쪽, 40,000원
중국근대철학사 (Geschichte der Neueren Chinesischen Philosophie) Alfred Forke 지음, 최해숙 옮김, 936쪽, 65,000원
리학 심학 논쟁, 연원과 전개 그리고 득실을 논하다 황갑연 지음, 416쪽, 32,000원
진래 교수의 유학과 현대사회 陳來 지음, 강진석 옮김, 440쪽, 35,000원
상서학사 — 『상서』에 관한 2천여 년의 해석사 劉起釪 지음, 이은호 옮김, 912쪽, 70,000원
장립문 교수의 화합철학론 장립문 지음 / 홍원식 · 임해순 옮김, 704쪽, 60,000원

강의총서

김충열 교수의 노자강의 김충열 지음, 434쪽, 20,000원
김충열 교수의 중용대학강의 김충열 지음, 448쪽, 23,000원
모종삼 교수의 중국철학강의 牟宗三 지음, 김병채 외 옮김, 320쪽, 19,000원
송석구 교수의 율곡철학 강의 송석구 지음, 312쪽, 29,000원
송석구 교수의 불교와 유교 강의 송석구 지음, 440쪽, 39,000원

역학총서

주역철학사 (周易硏究史) 廖名春・康學偉・粱韋弦 지음, 심경호 옮김, 944쪽, 45,000원
주역과 성인, 문화상징으로 읽다 정병석 지음, 440쪽, 40,000원
송재국 교수의 주역 풀이 송재국 지음, 380쪽, 10,000원
송재국 교수의 역학담론 ― 하늘의 빛 正易, 땅의 소리 周易 송재국 지음, 536쪽, 32,000원
소강절의 선천역학 高懷民 지음, 곽신환 옮김, 368쪽, 23,000원
다산 정약용의『주역사전』, 기호학으로 읽다 방인 지음, 704쪽, 50,000원

한국철학총서

조선 유학의 학파들 한국사상사연구회 편저, 688쪽, 24,000원
퇴계의 생애와 학문 이상은 지음, 248쪽, 7,800원
조선유학의 개념들 한국사상사연구회 지음, 648쪽, 26,000원
유교개혁사상과 이병헌 금장태 지음, 336쪽, 17,000원
남명학파와 영남우도의 사림 박병련 외 지음, 464쪽, 23,000원
쉽게 읽는 퇴계의 성학십도 최재목 지음, 152쪽, 7,000원
홍대용의 실학과 18세기 북학사상 김문용 지음, 288쪽, 12,000원
남명 조식의 학문과 선비정신 김충열 지음, 512쪽, 26,000원
명재 윤증의 학문연원과 가학 충남대학교 유학연구소 편, 320쪽, 17,000원
조선유학의 주역사상 금장태 지음, 320쪽, 16,000원
한국유학의 악론 금장태 지음, 240쪽, 13,000원
심경부주와 조선유학 홍원식 외 지음, 328쪽, 20,000원
퇴계가 우리에게 이윤희 지음, 368쪽, 18,000원
조선의 유학자들, 켄타우로스를 상상하며 理와 氣를 논하다 이향준 지음, 400쪽, 25,000원
퇴계 이황의 철학 윤사순 지음, 320쪽, 24,000원
조선유학과 소강절 철학 곽신환 지음, 416쪽, 32,000원
되짚어 본 한국사상사 최영성 지음, 632쪽, 47,000원
한국 성리학 속의 심학 김세정 지음, 400쪽, 32,000원
동도관의 변화로 본 한국 근대철학 홍원식 지음, 320쪽, 27,000원
선비, 인을 품고 의를 걷다 한국국학진흥원 연구부 엮음, 352쪽, 27,000원
실학은 實學인가 서영이 지음, 264쪽, 25,000원

성리총서

송명성리학 (宋明理學) 陳來 지음, 안재호 옮김, 590쪽, 17,000원
주희의 철학 (朱熹哲學硏究) 陳來 지음, 이종란 외 옮김, 544쪽, 22,000원
양명 철학 (有無之境―王陽明哲學的精神) 陳來 지음, 전병욱 옮김, 752쪽, 30,000원
정명도의 철학 (程明道思想硏究) 張德麟 지음, 박상리・이경남・정성희 옮김, 272쪽, 15,000원
송명유학사상사 (宋明時代儒學思想の硏究) 구스모토 마사쓰구(楠本正繼) 지음, 김병화・이혜경 옮김, 602쪽, 30,000원
북송도학사 (道學の形成) 쓰치다 겐지로(土田健次郎) 지음, 성현창 옮김, 640쪽, 32,000원
성리학의 개념들 (理學範疇系統) 蒙培元 지음, 홍원식・황지원・이기훈・이상호 옮김, 880쪽, 45,000원
역사 속의 성리학 (Neo-Confucianism in History) Peter K. Bol 지음, 김영민 옮김, 488쪽, 28,000원
주자어류선집 (朱子語類抄) 미우라 구니오(三浦國雄) 지음, 이승연 옮김, 504쪽, 30,000원

불교(카르마)총서

유식무경, 유식 불교에서의 인식과 존재 한자경 지음, 208쪽, 7,000원
박성배 교수의 불교철학강의 : 깨침과 깨달음 박성배 지음, 윤원철 옮김, 313쪽, 9,800원
불교 철학의 전개, 인도에서 한국까지 한자경 지음, 252쪽, 9,000원
인물로 보는 한국의 불교사상 한국불교원전연구회 지음, 388쪽, 20,000원
은정희 교수의 대승기신론 강의 은정희 지음, 184쪽, 10,000원
비구니와 한국 문학 이향순 지음, 320쪽, 16,000원
불교철학과 현대윤리의 만남 한자경 지음, 304쪽, 18,000원
유식삼십송과 유식불교 김명우 지음, 280쪽, 17,000원
유식불교,『유식이십론』을 읽다 효도 가즈오 지음, 김명우・이상우 옮김, 288쪽, 18,000원
불교인식론 S. R. Bhatt & Anu Mehrotra 지음, 권서용・원철・유리 옮김, 288쪽, 22,000원
불교에서의 죽음 이후, 중음세계와 육도윤회 허암 지음, 232쪽, 17,000원
선사상사 강의 오가와 다카시(小川隆) 지음, 이승연 옮김, 232쪽, 20,000원

동양문화산책

주역산책 (易學漫步) 朱伯崑 외 지음, 김학권 옮김, 260쪽, 7,800원
동양을 위하여, 동양을 넘어서 홍원식 외 지음, 264쪽, 8,000원
서원, 한국사상의 숨결을 찾아서 안동대학교 안동문화연구소 지음, 344쪽, 10,000원
안동 풍수 기행, 와혈의 땅과 인물 이완규 지음, 256쪽, 7,500원
안동 풍수 기행, 돌혈의 땅과 인물 이완규 지음, 328쪽, 9,500원
영양 주실마을 안동대학교 안동문화연구소 지음, 332쪽, 9,800원
예천 금당실·맛질 마을 — 정감록이 꼽은 길지 안동대학교 안동문화연구소 지음, 284쪽, 10,000원
터를 안고 仁을 펴다 — 퇴계가 굽어보는 하계마을 안동대학교 안동문화연구소 지음, 360쪽, 13,000원
안동 가일 마을 — 풍산들가에 의연히 서다 안동대학교 안동문화연구소 지음, 344쪽, 13,000원
중국 속에 일떠서는 한민족 — 한겨레신문 차한필 기자의 중국 동포사회 리포트 차한필 지음, 336쪽, 15,000원
신간도견문록 박진관 글·사진, 504쪽, 20,000원
선앙과 세습 사라 알란 지음, 오만종 옮김, 318쪽, 17,000원
문경 산북의 마을들 — 서중리, 대상리, 대하리, 김룡리 안동대학교 안동문화연구소 지음, 376쪽, 18,000원
안동 원촌마을 — 선비들의 이상향 안동대학교 안동문화연구소 지음, 288쪽, 16,000원
안동 부포마을 — 물 위로 되살려 낸 천년의 영화 안동대학교 안동문화연구소 지음, 440쪽, 23,000원
독립운동의 큰 울림, 안동 전통마을 김희곤 지음, 384쪽, 26,000원
학봉 김성일, 충군애민의 삶을 살다 한국국학진흥원 기획, 김미영 지음, 144쪽, 12,000원

일본사상총서

도쿠가와 시대의 철학사상 (德川思想小史) 미나모토 료엔 지음, 박규태·이용수 옮김, 260쪽, 8,500원
일본인은 왜 종교가 없다고 말하는가 (日本人はなぜ 無宗教のか) 아마 도시마로 지음, 정형 옮김, 208쪽, 6,500원
일본사상이야기 40 (日本がわかる思想入門) 나가오 다케시 지음, 박규태 옮김, 312쪽, 9,500원
일본도덕사상사 (日本道德思想史) 이에나가 사부로 지음, 세키네 히데유키·윤종갑 옮김, 328쪽, 13,000원
천황의 나라 일본 — 일본의 역사와 천황제 (天皇制と民衆) 고토 야스시 지음, 이남희 옮김, 312쪽, 13,000원
주자학과 근세일본사회 (近世日本社會と宋學) 와타나베 히로시 지음, 박홍규 옮김, 304쪽, 16,000원

노장총서

不二 사상으로 읽는 노자 — 서양철학자의 노자 읽기 이찬훈 지음, 304쪽, 12,000원
김항배 교수의 노자철학 이해 김항배 지음, 280쪽, 15,000원
서양, 도교를 만나다 J. J. Clarke 지음, 조현숙 옮김, 472쪽, 36,000원
중국 도교사 — 신선을 꿈꾼 사람들의 이야기 牟鍾鑒 지음, 이봉호 옮김, 352쪽, 28,000원

남명학연구총서

남명사상의 재조명 남명학연구원 엮음, 384쪽, 22,000원
남명학파 연구의 신지평 남명학연구원 엮음, 448쪽, 26,000원
덕계 오건과 수우당 최영경 남명학연구원 엮음, 400쪽, 24,000원
내암 정인홍 남명학연구원 엮음, 448쪽, 27,000원
한강 정구 남명학연구원 엮음, 560쪽, 32,000원
동강 김우옹 남명학연구원 엮음, 360쪽, 26,000원
망우당 곽재우 남명학연구원 엮음, 440쪽, 33,000원
부사 성여신 남명학연구원 엮음, 352쪽, 28,000원
약포 정탁 남명학연구원 엮음, 320쪽, 28,000원

예문동양사상연구원총서

한국의 사상가 10人 — 원효 예문동양사상연구원/고영섭 편저, 572쪽, 23,000원
한국의 사상가 10人 — 의천 예문동양사상연구원/이병욱 편저, 464쪽, 20,000원
한국의 사상가 10人 — 지눌 예문동양사상연구원/이덕진 편저, 644쪽, 26,000원
한국의 사상가 10人 — 퇴계 이황 예문동양사상연구원/윤사순 편저, 464쪽, 20,000원
한국의 사상가 10人 — 남명 조식 예문동양사상연구원/오이환 편저, 576쪽, 23,000원
한국의 사상가 10人 — 율곡 이이 예문동양사상연구원/황의동 편저, 600쪽, 25,000원
한국의 사상가 10人 — 하곡 정제두 예문동양사상연구원/김교빈 편저, 432쪽, 22,000원
한국의 사상가 10人 — 다산 정약용 예문동양사상연구원/박홍식 편저, 572쪽, 29,000원
한국의 사상가 10人 — 혜강 최한기 예문동양사상연구원/김용헌 편저, 520쪽, 26,000원
한국의 사상가 10人 — 수운 최제우 예문동양사상연구원/오문환 편저, 464쪽, 23,000원

경북의 종가문화

사당을 세운 뜻은, 고령 점필재 김종직 종가 정경주 지음, 203쪽, 15,000원
지금도 「어부가」가 귓전에 들려오는 듯, 안동 농암 이현보 종가 김서령 지음, 225쪽, 17,000원
종가의 멋과 맛이 넘쳐 나는 곳, 봉화 충재 권벌 종가 한필원 지음, 193쪽, 15,000원
한 점 부끄럼 없는 삶을 살다, 경주 회재 이언적 종가 이수환 지음, 178쪽, 14,000원
영남의 큰집, 안동 퇴계 이황 종가 정우락 지음, 227쪽, 17,000원
마르지 않는 효제의 샘물, 상주 소재 노수신 종가 이종호 지음, 303쪽, 22,000원
의리와 충절의 400년, 안동 학봉 김성일 종가 이해영 지음, 199쪽, 15,000원
충효당 높은 마루, 안동 서애 류성룡 종가 이세동 지음, 210쪽, 16,000원
낙중 지역 강안학을 열다, 성주 한강 정구 종가 김학수 지음, 180쪽, 14,000원
모원당 회화나무, 구미 여헌 장현광 종가 이종문 지음, 195쪽, 15,000원
보물은 오직 청백뿐, 안동 보백당 김계행 종가 최은주 지음, 160쪽, 15,000원
은둔과 화순의 선비들, 영주 송설헌 장말손 종가 정순우 지음, 176쪽, 16,000원
처마 끝 소나무에 갈무리한 세월, 경주 송재 손소 종가 황위주 지음, 256쪽, 23,000원
양대 문형과 직신의 가문, 문경 허백정 홍귀달 종가 홍원식 지음, 184쪽, 17,000원
어질고도 청빈한 마음이 이어진 집, 예천 약포 정탁 종가 김낙진 지음, 208쪽, 19,000원
임란의병의 힘, 영천 호수 정세아 종가 우인수 지음, 192쪽, 17,000원
영남을 넘어, 상주 우복 정경세 종가 정우락 지음, 264쪽, 23,000원
선비의 삶, 영덕 갈암 이현일 종가 장윤수 지음, 224쪽, 20,000원
청빈과 지조로 지켜 온 300년 세월, 안동 대산 이상정 종가 김순석 지음, 192쪽, 18,000원
독서종자 높은 뜻, 성주 응와 이원조 종가 이세동 지음, 216쪽, 20,000원
오천칠군자의 향기 서린, 안동 후조당 김부필 종가 김용만 지음, 256쪽, 24,000원
마음이 머무는 자리, 성주 동강 김우옹 종가 정병호 지음, 184쪽, 18,000원
문무의 길, 영덕 청신재 박의장 종가 우인수 지음, 216쪽, 20,000원
형제애의 본보기, 상주 창석 이준 종가 서정화 지음, 176쪽, 17,000원
경주 남폭의 대종가, 경주 잠와 최진립 종가 손숙경 지음, 208쪽, 20,000원
변화하는 시대정신의 구현, 의성 자암 이민환 종가 이시활 지음, 248쪽, 23,000원
무로 빛고 문으로 다듬은 충효와 예학의 명가, 김천 정양공 이숙기 종가 김학수, 184쪽, 18,000원
청백정신과 팔련오계로 빛나는, 안동 허백당 김양진 종가 배영동 지음, 272쪽, 27,000원
학문과 충절이 어우러진, 영천 지산 조호익 종가 박학래 지음, 216쪽, 21,000원
영남 남인의 정치 중심 돌밭, 칠곡 귀암 이원정 종가 박인호 지음, 208쪽, 21,000원
거문고에 새긴 외금내고, 청도 탁영 김일손 종가 강정화, 240쪽, 24,000원
대를 이은 문장과 절의, 울진 해월 황여일 종가 오용원, 200쪽, 20,000원
처사의 삶, 안동 경당 장흥효 종가 장윤수, 240쪽, 24,000원
대의와 지족의 표상, 영양 옥천 조덕린 종가 백순철, 152쪽, 15,000원
군자불기의 임청각, 안동 고성이씨 종가 이종서 지음, 216쪽, 22,000원
소학세가, 현풍 한훤당 김굉필 종가 김훈식 지음, 216쪽, 22,000원
송백의 지조와 지란의 문향으로 일군 명가, 구미 구암 김취문 종가 김학수 지음, 216쪽, 22,000원
백과사전의 산실, 예천 초간 권문해 종가 권경열 지음, 216쪽, 22,000원
전통을 계승하고 세상을 비추다, 성주 완석정 이언영 종가 이영춘 지음, 208쪽, 22,000원
영남학의 맥을 잇다, 안동 정재 류치명 종가 오용원 지음, 224쪽, 22,000원
사천 가에 핀 충효 쌍절, 청송 불원재 신현 종가 백운용 지음, 216쪽, 22,000원
옛 부림의 땅에서 천년을 이어오다, 군위 경재 홍로 종가 홍원식 지음, 200쪽, 20,000원
16세기 문향 의성을 일군, 의성 회당 신원록 종가 신해진 지음, 296쪽, 30,000원
도학의 길을 걷다, 안동 유일재 김언기 종가 김미영 지음, 216쪽, 22,000원
실천으로 꽃핀 실사구시의 가풍, 고령 죽유 오운 종가 박원재 지음, 208쪽, 21,000원
민족고전 「춘향전」의 원류, 봉화 계서 성이성 종가 설성경 지음, 176쪽, 18,000원

기타

다산 정약용의 편지글 이용형 지음, 312쪽, 20,000원
유교와 칸트 李明輝 지음, 김기주·이기훈 옮김, 288쪽, 20,000원
유가 전통과 과학 김영식 지음, 320쪽, 24,000원
조선수학사 ─ 주자학적 전개와 그 종언 가와하라 히데키 지음, 안대옥 옮김, 536쪽, 48,000원